2013 年度国家社会科学基金项目"既判力理论与民事诉讼再审程序研究"（批准号：13XFX008）最终研究成果

JIPANLI LILUN YU

JIPANLI LILUN YU
MINSHI SUSONG ZAISHEN
CHENGXU YANJIU

既判力理论与
民事诉讼再审程序研究

邓辉辉　向忠诚　著

中国政法大学出版社

2019·北京

图书在版编目（ＣＩＰ）数据

既判力理论与民事诉讼再审程序研究/邓辉辉, 向忠诚著. —北京:中国政法大学出版社, 2019.10

ISBN 978-7-5620-9268-1

Ⅰ.①既… Ⅱ.①邓… ②向… Ⅲ.①民事诉讼—再审—研究—中国 Ⅳ.①D925.118.4

中国版本图书馆CIP数据核字(2019)第 233795 号

出 版 者	中国政法大学出版社
地　　址	北京市海淀区西土城路 25 号
邮寄地址	北京 100088 信箱 8034 分箱　邮编 100088
网　　址	http://www.cuplpress.com （网络实名：中国政法大学出版社）
电　　话	010-58908586（编辑部） 58908334（邮购部）
编辑邮箱	zhengfadch@126.com
承　　印	固安华明印业有限公司
开　　本	720mm×960mm　1/16
印　　张	31.75
字　　数	520 千字
版　　次	2019 年 10 月第 1 版
印　　次	2019 年 10 月第 1 次印刷
定　　价	98.00 元

在民事诉讼法学的传统理论体系中，有三大十分重要且较为抽象的基本理论：一是着重关注诉讼开始的诉权理论；二是着重关注诉讼进行的诉讼标的理论；三是着重关注诉讼结束的既判力理论。既判力理论博大精深，简而言之，它指的是法院的生效裁判对诉讼标的作出了判断，当事人不得就该诉讼标的另行起诉，法院不得重复受理和审判；当法院的前诉生效裁判所认定的诉讼标的为后诉诉讼标的的前提，或者后诉与前诉在诉讼标的方面构成了矛盾关系的状态时，在后诉中，当事人提出的主张不得与前诉生效裁判所认定的诉讼标的相矛盾，法院不得作出与前诉生效裁判所认定的诉讼标的相矛盾的判断。对既判力理论在民事诉讼法学中的地位，学者们给予了充分的肯定。例如，王福华教授认为，既判力的内涵及其程序规则，在现代民事诉讼中是解释民事裁判效力的"圣经"。[1]

域外民事诉讼法学者特别是大陆法系国家和地区的民事诉讼法学者对既判力理论的研究较为深刻和精致，不仅尽力使这一理论规范化使之在民事诉讼的立法之中得以体现，而且对这一理论在民事诉讼司法实务操作过程中相关问题的探讨也十分注重，形成了诸多十分有价值的研究成果。在我国，《大清民事诉讼律（草案）》和民国时期的民事诉讼立法已有体现既判力理论的规范。新中国成立以后，我国彻底废除了伪法统，体现既判力理论的民事诉讼立法并没有得以传承。当时我国的立法和法学理论研究主要参照的是苏联社会主义性质的法律。从整体上而言，苏联民事诉讼法继承了德国民事诉讼法，但对德国民事诉讼法中有关既判力理论的规定并没有继承而是予以抛弃。之

---

〔1〕　王福华：《民事诉讼基本结构》，中国检察出版社2002年版，第139~140页。本书在引用参考文献时，直接引用时用引号，间接引用时不用引号。

所以出现这种情形，是因为"社会主义法系的法学家历来在观念上和感情上讨厌使用这些晦涩的、带有翻译色彩的法学概念，反对人为地使理论复杂化，并试图摆脱大陆法系理论的抽象和晦涩。最佳的方法就是抛弃那些令人费解的概念和理论，既判力概念和理论即属于被抛弃之列"。[1]正是因为上述原因，在很长一段时间内，我国并未使用既判力的概念来理解判决的效力，对既判力理论也没有进行研究。从既判力理论在我国的渊源来看，柴发邦老先生1992年主编的《中国民事诉讼法学》教科书是新中国成立以后第一次提到既判力这一概念的学术文本。该教科书第三十六章"判决、裁定、决定"由北京大学刘家兴教授撰写。刘家兴教授在论述"判决的效力"时指出："人民法院的生效判决在法律上具有拘束力、既判力，有给付内容的判决还具有执行力。……既判力，是指判决在法律上的确定力，即判决在程序法上的效力。"[2]《法学研究》1995年第5期刊登的叶自强先生撰写的"论既判力的本质"一文是第一篇专门探讨既判力理论的学术论文。2001年最高人民法院[3]《审监工作座谈会纪要》[4]是我国首次使用"既判力"一词的官方文本。近年来，随着我国法治建设的日益加强和完善，民事诉讼法学的理论研究也随之不断深化，不少的学者开始关注外国民事诉讼理论的引入和介绍。在这种背景之下，既判力理论的研究越来越受到民事诉讼法学者的重视，不少的期刊论文、硕士学位论文、博士学位论文和学术著作对这一问题进行了探讨，甚至可以说既判力理论已经成为民事诉讼法学界研究的热点问题之一。但是，从客观效果来看，对既判力理论的研究，较为理想的状态在我国还没有形成。问题主要在于，理论上虽然较为重视对既判力问题的探讨，但立法上轻视既判力问题，实践中也漠视既判力问题，因而其研究现状处于一种理论

---

[1] 张卫平：《程序公正实现中的冲突与衡平——外国民事诉讼研究引论》，成都出版社1993年版，第347页。

[2] 柴发邦主编：《中国民事诉讼法学》，中国人民公安大学出版社1992年版，第398页。

[3] 本书除了直接引用的内容外，"人民法院"简称为"法院"。

[4] 本书所称"2001年最高人民法院《审监工作座谈会纪要》"，即《最高人民法院关于印发〈全国审判监督工作座谈会关于当前审判监督工作若干问题的纪要〉的通知》（法[2001]161号2001年11月1日）。该纪要在第二部分"关于再审程序中适用判决处理的几个问题"中指出："再审案件的改判必须慎重，既要维护法院判决的既判力和严肃性，又要准确纠正符合法定改判条件且必须纠正的生效判决。"

上较为重视但立法上轻视、实践中漠视的尴尬境地。[1]有学者指出："概念生僻、理论深奥、理解肤浅、孤立研究、立法不明确、实践中轻视是我国现阶段既判力理论的现实困境在立法和司法层面概括性的描述。"[2]我国的民事诉讼立法，虽然在一定程度上体现了既判力理论的精神，但至今仍未使用"既判力"这一术语。在民事诉讼司法实践中，对后诉与前诉是否构成重复起诉的问题，法院大多进行审查，少数法院还将既判力理论体现于裁判理由之中，2005年10月26日最高人民法院发布的《人民法院第二个五年改革纲要（2004-2008）》（法发〔2005〕18号）第9条明确提出了"维护司法既判力"的要求，最高人民法院在2009年知识产权案件年度报告中不仅明确了判断重复起诉的标准，而且还指出已为法院前诉的生效裁判确认其合法性的行为，在生效裁判之后的继续实施属于生效裁判的既判力范围而不能够再次被起诉。[3]但是，从整体上来看，适用既判力理论的情形在民事诉讼司法实践中还较为少见，我国还没有树立体现既判力理论要求的有关司法理念。为了实现既判力理论的价值，为了使既判力理论的内在生命力得到切实地体现，我国既判力理论的研究应当与民事诉讼立法以及民事诉讼司法实践相结合，既判力理论必须予以制度化。

既判力理论作为民事诉讼法学中十分重要的基本理论，其制度化与民事诉讼体制的诸多方面存在关联，正确处理既判力理论与民事诉讼再审程序的关系是最为关键的问题。既判力理论奉行的理念是纠纷的一次性解决，是对法院生效裁判稳定性和权威性的肯定和强调，而民事诉讼再审程序是法院对已经作出生效裁判的案件再次进行审理的程序，突破或损害了法院生效裁判的既判力，与既判力理论明显处于一种矛盾的关系。鉴于启动民事诉讼再审程序是对法院生效裁判既判力的突破或损害，因此，一国的再审政策必须重

---

〔1〕 刘学在："既判力论在中国的困境探析——以民事诉讼为视角"，载《北京科技大学学报（社会科学版）》2003年第3期，第32页。

〔2〕 柯阳友、孙蕊："既判力理论在我国实践中的运用"，载樊崇义主编：《诉讼法学研究》（第10卷），中国检察出版社2006年版，第219页。

〔3〕《最高人民法院知识产权案件年度报告（2009）》第38条"重复诉讼的判断"指出："在黄金假日公司与携程公司不正当竞争裁定上诉案〔（2007）民三终字第4号〕中，最高人民法院认为，判断是否属于重复诉讼，关键要看是否是同一当事人基于同一法律关系、同一法律事实提出的同一诉讼请求；对于已为在先生效裁判确认其合法性的行为，在生效裁判之后的继续实施，仍属于生效裁判的既判力范围，应当受到法律的保护而不能够再次被诉。"

视对法院生效裁判的既判力和法的安定性的维护，严格限定民事诉讼再审程序的适用，尽量平衡对法院错误裁判进行纠正与对既判力予以维护之间的关系。[1]只有对既判力理论与民事诉讼再审程序的关系予以正确处理，以既判力理论为指导来科学地设置民事诉讼再审程序，既判力理论的制度化才能沿着正确的轨道运行。

需要指出的是，对已经作出生效裁判的案件法院再次进行审理的程序，在我国的民事诉讼立法中并不称为"再审程序"而称为"审判监督程序"。民事诉讼立法之所以作这样的选择，主要是基于以下几方面的理由：一是法院对已经作出生效裁判的案件再次进行审理，不仅可能基于当事人的申请再审，而且还可能基于检察院[2]和法院的启动。检察院和法院的启动，分别是检察院法律监督权和法院审判监督权的体现。二是与民事诉讼再审程序"实事求是、有错必纠"的指导思想存在较为紧密的联系，原苏联民事诉讼立法的影响也是一个较为重要的因素。在民事诉讼理论界，关于审判监督程序与民事诉讼再审程序之间的关系，在认识上存在区别说和同一说的分歧。区别说对两者的差异予以强调，内部又有两种不同的观点。一种观点认为，审判监督程序是再审程序的前置性程序，两者是前后有序的两种不同的程序。另一种观点认为，对法院已经作出生效裁判的案件启动再次审理，包括审判监督程序与当事人申请再审两种并列的方式，再审程序既包括检察机关或者法院启动再审，也包括当事人申请再审，检察机关或者法院启动再审的审判监督程序只是再审程序的组成部分，不能将"审判监督程序"混同于"再审程序"。[3]同一说认为，审判监督程序与再审程序只是称谓不同而已，两者实际上是同一概念。我们认为，从我国民事诉讼立法的规定来看，审判监督程序完全等同于民事诉讼再审程序的主张不一定完全妥当，但我国民事诉讼立法应当将"审判监督程序"更名为"再审程序"。立法的这种调整，不仅能够弱化检察院、法院启动对已经作出生效裁判的案件再次审理的权能，更为充分地保障当事人的实体权利和诉讼权利，而且有利于对已经作出生效裁判的案件再次审理当事人与检察院、法院之间所形成的对立或者分歧予以有效消

---

[1] 张嘉军等：《政策抑或法律 民事诉讼政策研究》，法律出版社2015年版，第384页。
[2] 本著作除了直接引用的内容外，"人民检察院"简称为"检察院"或者"检察机关"。
[3] 亓荣霞："再审程序若干概念辨析"，载《政法论坛》2003年第2期，第114页。

除，有利于切实维护法院生效裁判的权威性和稳定性。因此，"最高人民法院在 2011 年 8 月的立法建议稿中，根据各地的审判经验和建议，借鉴世界各国的立法经验，曾建议将章名'审判监督程序'改为'再审程序'，以体现民事诉讼法去职权主义的发展潮流。但遗憾的是，立法机关没有采纳。"〔1〕正是基于上述考虑，本书使用"民事诉讼再审程序"的称谓。

在法治较为发达的国家和地区，民事诉讼程序体系中大多规定了再审程序。但是，民事诉讼再审程序在这些国家和地区是一种例外的和有限的程序设计，只有在具备了十分严格的条件下才能得以启动，只有在维护法院生效裁判既判力的前提下才能寻求其自身存在的合理空间。对民事诉讼再审程序的启动进行较为严格的限制从而对法院生效裁判的既判力尽力地予以维护，可以说是法治较为发达的国家和地区民事诉讼制度的普遍做法。例如，在德国，每年的再审案件不到 1000 件。〔2〕"日本各级裁判所每年受理的再审案件，随民事诉讼案件总数的增加呈渐增的趋势，但即使到了最近几年，再审案件数较少的年份仅为 400 余件，受理案件多的年份也不过 500 余件。"〔3〕在美国，存在较为完善的针对错误生效裁判的再审制度，这种制度主要为《联邦民事诉讼规则》第 59 条规定的申请重新审理以及第 60 条规定的申请撤销判决或命令，但在司法实务中，这两种制度很少予以启用。既判力理论与民事诉讼再审程序能够在法治较为发达国家和地区的民事诉讼制度中得到和谐共处，一个重要的原因是对既判力理论与民事诉讼再审程序的关系进行了较为系统和深入地探讨。例如，德国的尧厄尼希、罗森贝克、施瓦布、戈特瓦尔德以及日本的三月章、兼子一、高桥宏志、竹下守夫、新堂幸司等学者从不同的角度论述了既判力理论与民事诉讼再审程序之间的关系。日本的冈田幸宏教授和铃木正裕教授对已经作出具有既判力的法院裁判的案件为什么能够进行再审的问题，还分别提出了"公序良俗说"和"期待可能性说"。

在中国古代，由最高统治者作为启动再审的唯一主体，亲自受理并审理案件是再审政策的显著形态，"击登闻鼓上诉"与"邀车驾上诉"是典型的形

---

〔1〕 江必新主编：《新民事诉讼法专题讲座》，法律出版社 2012 年版，第 218 页。
〔2〕 孙祥壮：《民事再审程序原理精要与适用》，中国法制出版社 2010 年版，第 25 页。
〔3〕 [日]林屋礼二、菅原郁夫编著：《从数据看到的日本民事诉讼》（第 2 版）有斐阁 2001 年版，第 285 页，转引自王亚新：《对抗与判定——日本民事诉讼的基本结构》（第 2 版），清华大学出版社 2010 年版，第 275 页。

式。〔1〕为了防止和纠正错误裁判,历代王朝逐渐建立和适用了多种救济制度。例如,"乞鞫"制度、上诉重审制度、直诉制度、御史监督制度等。〔2〕清朝时期,依大清律例的规定,对民事案件还建立了案件查考制度、巡历检查制度和供查核、注销的循环簿制度等比较健全的监督机制。〔3〕但是,受"不悍改错"思想的影响,我国古代并不存在维护法院生效裁判权威性和稳定性的既判力制度,对案件的再次审理不仅没有次数的限制和严格的审级限制,对案件再次审理的理由在法律上也没有作出明确的规定。直到清末变法仿效大陆法系进行民事诉讼立法时,才开始有近代意义的民事诉讼再审程序的规定。1910 年 12 月编纂的《大清民事诉讼律草案》规定了再审管辖审判衙门及得为再审之诉的情形、再审之诉的审判程序以及再审判决的效力;1921 年北洋军阀政府的《民事诉讼条例》规定了提起再审之诉的期限以及再审之诉的管辖法院;国民党政府时期的民事诉讼法于 1930 年至 1937 年分两次公布,后经 1935 年、1945 年等多次修正,在该法的第五篇规定了再审发起的主体、再审理由、再审管辖、再审审理等方面的内容。

从我国社会主义性质的民事诉讼制度来看,根据地、解放区以及新中国成立后至 1982 年《民事诉讼法(试行)》〔4〕颁布之前的有关规范性文件和司法实务中的做法都不同程度地体现了民事诉讼再审程序的规定。当事人申请再审起源于 1931 年的《工农检察部的组织条例》第 10 条对当事人申诉权的规定。1934 年《中华苏维埃共和国司法程序》第 6 条规定了检察员的抗诉权是再审程序的启动渠道之一,检察员对终审的案件持有不同的意见为再审的事由。法院依职权启动再审源于新民主主义时期的马锡五审判方式,马锡五审判方式的特点之一是一旦出现错案就及时予以纠正。抗日战争时期,《晋、冀、鲁、豫边区太岳边区暂行司法制度》赋予了第三审法院提审权和再审权。〔5〕《陕甘宁边区高等法院组织条例》规定了检察院在民事诉讼方面的职

---

〔1〕 张嘉军等:《政策抑或法律 民事诉讼政策研究》,法律出版社 2015 年版,第 399 页。

〔2〕 康万福:《民事再审制度理念与机制研究》,中国政法大学出版社 2016 年版,第 24~31 页。

〔3〕 张晋藩主编:《中国民事诉讼制度史》,巴蜀书社 1999 年版,第 226~227 页;李青:《清代档案与民事诉讼制度研究》,中国政法大学出版社 2012 年版,第 268~270 页。

〔4〕 本书所称"1982 年《民事诉讼法(试行)》",即《中华人民共和国民事诉讼法(试行)》(1982 年 3 月 8 日第五届全国人民代表大会常务委员会第二十二次会议通过)。

〔5〕 康万福:《民事再审制度理念与机制研究》,中国政法大学出版社 2016 年版,第 33~34 页。

权为特定案件的诉讼当事人或公益代表人。《陕甘宁边区民事诉讼条例草案》第 40 条规定了当事人提起再审之诉的期限；第 41 条规定了对下级判决确定之案符合再审情形的，上级可以命下级原审机关再审也可以由上级法院提案再审，原审机关发现判决确定之案有再审理由的可以依职权自为再审。〔1〕1949 年的《中国人民政治协商会议共同纲领》延续了对当事人申诉权的规定。新中国成立以后，1951 年的《中华人民共和国人民法院暂行组织条例》第 28 条第 1 款第五项和第六项规定了最高人民法院有权依职权启动再审，启动再审的事由为"发现确定判决有重大错误"；第 38 条第 2 款对检察机关的抗诉权作了规定，抗诉的事由为"确有重大错误"。1951 年的《中央人民政府最高人民检察署暂行组织条例》第 3 条第 1 款第 3 项也规定了检察机关的抗诉权，抗诉再审的事由为审判机关的裁判"违法或不当"。1954 年的《中华人民共和国人民法院组织法》第 12 条第 1 款和第 2 款规定了各级法院对其生效裁判、最高人民法院对各级法院的生效裁判、上级法院对下级法院的生效裁判都有权依职权启动再审，启动再审的事由为对生效裁判"发现在认定事实上或者在适用法律上确有错误"，最高人民法院对各级法院生效裁判提审或者指令再审的事由则为发现生效裁判"确有错误"；第 12 条第 3 款规定了检察机关的抗诉权。1954 年的《中华人民共和国人民检察院组织法》第 16 条规定，对法院的生效裁判在"发现确有错误"时检察机关有权抗诉。需要指出的是，1979 年以前的法律并没有赋予当事人对法院的生效裁判提出申诉的权利，1979 年的《中华人民共和国人民法院组织法》虽然对此作了规定，但并没有规定具体的事由。1979 年的《中华人民共和国人民法院组织法》延续了法院依职权启动再审的理念和制度。

　　1982 年《民事诉讼法（试行）》是我国第一部社会主义性质的民事诉讼法典，它的颁布施行在我国民事诉讼制度史上具有重大的意义。1982 年《民事诉讼法（试行）》第 158 条规定，当事人、法定代理人可以对法院生效的判决、裁定提出申诉，没有规定对法院调解的申诉，申诉的事由为对法院的生效判决、裁定"认为确有错误"；第 14 条虽然规定了检察监督原则，但就检察机关的抗诉权没有作出规定；第 157 条就法院对生效判决、裁定依职权

─────────

　　〔1〕　李喜莲：《陕甘宁边区司法便民理念与民事诉讼制度研究》，湘潭大学出版社 2012 年版，第245 页。

启动再审作了规定。

1991年《民事诉讼法》[1]与1982年《民事诉讼法（试行）》相比，将"申诉"改为了"申请再审"。这是我国民事诉讼立法的一个突破性进步，使当事人的主体地位得以提升，当事人的诉权得到了发展其一方面表明了当事人对法院生效裁判不服而申请再审与一般意义上的申诉存在区别，另一方面也意味着基于现代民事诉讼基本法理的要求和市场经济的内在需要，再审程序之启动主要应当基于当事人的申请。1991年《民事诉讼法》不仅对法院判决、裁定的申请再审作了规定，而且增加了对法院调解申请再审的规定，对申请再审的事由从判决、裁定和法院调解两个方面作了规定，1991年《民事诉讼法》第179条对判决、裁定申请再审的事由将原来规定的"认为确有错误"具体化为五种；[2]第180条规定"提出证据证明调解违反自愿原则或者调解协议的内容违反法律的"为对法院调解申请再审的事由。1991年《民事诉讼法》第185条至第188条规定了检察机关对法院生效判决、裁定的抗诉再审，除了"有新的证据，足以推翻原判决、裁定"之外，抗诉再审的事由与当事人申请再审的事由相同。1991年《民事诉讼法》第177条就法院对生效判决、裁定依职权启动再审作了规定。

从总体上看，与1982年《民事诉讼法（试行）》相比，1991年《民事诉讼法》关于再审程序的规定有了很大程度的完善。但是，在我国的民事诉讼立法和司法实务中，民事诉讼再审程序长期以来存在审查程序缺乏、再审事由抽象、再审次数无限等弊端，对民事诉讼再审程序修改的呼声日趋高涨。为此，2007年《民事诉讼法》[3]修正时，再审程序的修改是最为重要的内容。对当事人申请再审的事由由原来的6项增加到13项，还规定了对违反法定程序可能影响案件正确判决、裁定的情形或者审判人员在审理该案件时有贪污受贿、徇私舞弊、枉法裁判行为的，法院应当再审；对法院调解的再审

---

〔1〕 本书所称"1991年《民事诉讼法》"，即《中华人民共和国民事诉讼法》（1991年4月9日第七届全国人民代表大会第四次会议通过）。

〔2〕 这五种申请再审的事由为：有新的证据，足以推翻原判决、裁定的；原判决、裁定认定事实的主要证据不足的；原判决、裁定适用法律确有错误的；人民法院违反法定程序，可能影响案件正确判决、裁定的；审判人员在审理该案件时有贪污受贿、徇私舞弊、枉法裁判行为的。

〔3〕 本书所称"2007年《民事诉讼法》"，即《中华人民共和国民事诉讼法》（根据2007年10月28日第十届全国人民代表大会常务委员会第三十次会议《关于修改〈中华人民共和国民事诉讼法〉的决定》修正）。

事由仍规定为"提出证据证明调解违反自愿原则或者调解协议的内容违反法律的"。对2007年《民事诉讼法》关于当事人申请再审事由的规定，学者们给予了肯定性的评价。汤维建教授等指出，2007年《民事诉讼法》关于再审事由的变化，可以概括为从主观标准向客观标准转变、从实体性标准向程序性标准转变、从概括性标准向具体性标准转变。[1]张卫平教授认为，2007年《民事诉讼法》关于再审事由的规定，强调了程序正当的重要性，对有关案件事实方面的再审事由进行了细化和补充。[2]2007年《民事诉讼法》不仅对再审事由作了较为具体的规定，而且对再审提起的条件予以明确，规定申请再审由上一级法院管辖；对再审的审查程序有了一定程度的规范，使得当事人主义进一步加强，程序本位主义更加凸现，当事人诉权与法院裁判终局性相得益彰。[3]对抗诉启动再审的问题，2007年《民事诉讼法》明确了法院对抗诉案件裁定再审的时间和抗诉再审案件的审理法院，在抗诉理由方面有重大的变化，与当事人申请再审的事由完全一致。对法院依职权启动再审，2007年《民事诉讼法》与1982年《民事诉讼法（试行）》和1991年《民事诉讼法》的内容相比并无差异。

但是，2007年《民事诉讼法》所规定的再审程序，在司法实务中运行的实际效果并不理想。例如，纠错原则与既判力理论的冲突仍未完全解决；某些事由仍有重实体轻程序的倾向；某些事由仍未改变先定后审的嫌疑；某些事由的规定仍过于原则、笼统而在实践中难于把握。原因在于："立法机关既未充分吸收此前民事诉讼法学界围绕民事诉讼法之修订而进行的系统、深入且富有成效的讨论，也未全面斟酌诉讼实践中的相关具体问题，故而在相当程度上呈现出'闭门修法'的色彩。"[4]

基于上述原因，2012年《民事诉讼法》[5]又一次对再审程序进行了修

---

〔1〕 汤维建、毕海毅、王鸿雁："评民事再审制度的修正案"，载《法学家》2007年第6期，第25~26页。

〔2〕 张卫平："再审事由规范的再调整"，载《中国法学》2011年第3期，第65页。

〔3〕 王桂江："评析我国新民事再审制度"，载《法治论坛》2008年第4期，第239~243页。

〔4〕 江必新、孙祥壮、王朝辉：《新民事诉讼法审判监督程序讲座》，法律出版社2012年版，第7页。

〔5〕 如无特别说明，本书所称《民事诉讼法》，即《中华人民共和国民事诉讼法》（根据2012年8月31日第十一届全国人民代表大会常务委员会第二十八次会议《关于修改〈中华人民共和国民事诉讼法〉的决定》第二次修正；根据2017年6月27日第十二届全国人民代表大会常务委员会第二十八次会议《关于修改〈中华人民共和国民事诉讼法〉和〈中华人民共和国行政诉讼法〉的决定》第三次修正）。

改。其对法院调解申请再审的事由与 2007 年《民事诉讼法》相比没有变化，对法院判决、裁定申请再审的事由则有三个方面的变化：一是删除了"违反法律规定，管辖错误的"再审事由，这主要是考虑到管辖错误不具有统一的标准并且有其他的救济途径。从本质上来讲，确定法院的管辖权是法院内部的管理问题，与当事人程序权利和实体权利的保障不存在直接的关联。二是删除了"对违反法定程序可能影响案件正确判决、裁定的情形"这一兜底的再审事由，克服了再审事由抽象化的弊端，使其范围和数量处于可控的程度，避免了当事人认识的不统一和法官裁量权的任意行使。三是将"对审理案件需要的证据，当事人因客观原因不能自行收集，书面申请人民法院调查收集，人民法院未调查收集的"修改为"对审理案件需要的主要证据，……"将"证据"改为"主要证据"，考虑到了节约司法资源、对对方当事人利益的保护、再审改错的可能性以及再审程序的功能定位和对法院生效裁判既判力的维护等因素。此外，还缩短了申请再审的期限，修改了申请再审管辖上提一级的规定，对再审裁定由院长署名的规定予以删除，使得再审之诉进一步加强，有限再审制度进一步推进，案外第三人权益的救济得到进一步地完善。对检察机关监督民事诉讼的问题，2012 年《民事诉讼法》在第 208 条至 213 条作了规定。与 2007 年《民事诉讼法》相比，主要有四个方面的变化：一是增加了检察院有权对法院生效裁判向同级法院提出再审检察建议，将再审检察建议权与抗诉权作为检察机关启动再审的两种方式。对法院判决、裁定抗诉再审的事由与当事人申请再审的事由规定得完全相同，但对法院调解抗诉再审的事由规定为"发现调解书损害国家利益、社会公共利益的"，不同于当事人对法院调解申请再审的事由。二是规定了检察机关对审判监督程序以外的其他审判程序中审判人员的违法行为有权提出检察建议，检察机关的法律监督进一步强化。三是明确了"当事人申请再审在先，检察监督在后"的原则。四是规定了检察机关"向当事人或者案外人调查核实有关情况"的权力。对法院依职权启动再审，2012 年《民事诉讼法》第 198 条作了规定，适用的对象不仅包括生效判决、裁定而且包括法院调解；法院依职权启动再审的事由与 1982 年《民事诉讼法（试行）》第 157 条、1991 年《民事诉讼法》第 177 条、2007 年《民事诉讼法》第 177 条相同，都规定为"发现确有错误"。

经过 2007 年和 2012 年的两次修改，我国民事诉讼再审程序有了较大程度地完善，但民事诉讼再审程序的一些深层次问题并未得到根本地解决。尤为重要的是，民事诉讼再审程序的运行仍然呈现常态化，法院的生效裁判难以产生既判力的效果。原因在于：一是民事诉讼再审程序的已有改革措施，对我国的历史传统和现实国情等约束条件的考虑并不太充分。二是修改再审制度的核心目标定位为解决"申诉难"的问题，是对司法终局性价值和再审本质属性的根本违背，更加导致了程序设计理念的偏误。[1]三是既判力理论没有被提高到应有的地位，没有将对法院生效裁判既判力的维护作为民事诉讼再审程序改革的主要方向，大多是"头痛医头，脚痛医脚"。

针对我国民事诉讼立法和司法实务中再审程序存在的问题，民事诉讼法学界进行了探讨。1982年《民事诉讼法（试行）》颁布以后，学者们就已经开始关注民事诉讼再审程序的研究，但很长一段时间内，学者们主要是较为孤立地就民事诉讼再审程序自身的问题进行探讨，并没有考虑民事诉讼再审程序与既判力理论之间的关联性。直到2003年，我国才出现了研究既判力理论与民事诉讼再审程序相互关系的学术论文。从研究过程来看，我国民事诉讼法学界对既判力理论与民事诉讼再审程序相互关系的探讨大体上可以分为以下两个阶段：第一个阶段是从2003年至2007年《民事诉讼法》的修正。在这一阶段，在民事诉讼法学的有关学术著作中，有的专门论述了既判力理论与民事诉讼再审程序之间的关系，但对这一问题进行专门探讨的学术论文并不多见。第二个阶段是从2007年到现在。2007年和2012年，民事诉讼立法对再审程序作了两次较大程度的修改。与此相适应，对民事诉讼再审程序的研究不断升温，成了民事诉讼法学研究的重点问题和热点问题。在这些研究成果中，对既判力理论与民事诉讼再审程序相互关系进行探讨的学术论文不仅在数量上明显增加，而且在质量上也有明显地提升。但就整体而言，民事诉讼法学界对既判力理论与民事诉讼再审程序割裂开来分别地进行研究仍属常态，对两者相互关系的探讨并不系统，许多相关问题还有待进一步深入研究。

2007年和2012年民事诉讼立法虽然对再审程序作了两次较大程度的修改，但民事诉讼再审程序运行的现状仍不理想，最为重要的原因是没有以既判力理论为指导来改革民事诉讼再审程序。就学术界的研究现状而言，对既

---

[1] 韩静茹："错位与回归：民事再审制度之反思——以民事程序体系的新发展为背景"，载《现代法学》2013年第2期，第183页。

判力理论与民事诉讼再审程序相互关系的探讨还较为肤浅和抽象，不太深入和具体。基于上述考虑，我们申报了"既判力理论与民事诉讼再审程序研究"的课题，于2013年6月20日被全国哲学社会科学规划办公室批准立项。该课题批准立项后，我们制定了研究计划，收集了有关文献资料，到司法实务部门进行了调研。原来的研究方案是以《民事诉讼法》为依据，2015年最高人民法院《适用民诉法解释》[1]吸收了理论研究的成果和司法实践中的有关经验，对民事诉讼再审程序的问题作了诸多明确和具体的规定，弥补了立法的缺陷和不足。这就使得本课题原来设计的研究方案因这一司法解释的出台需要进行调整。为此，我们申请将本课题的完成时间从2016年6月30日延期至2018年5月30日并获批准。在课题组成员的共同努力下，终于在批准延期的时间内完成了本课题的最终研究成果。

本课题的最终研究成果共分为十章，分别为：既判力理论的基础性问题研究；既判力裁判形式理论与民事诉讼再审程序的适用对象研究；既判力主观范围理论与民事诉讼再审程序的当事人研究；既判力客观范围理论与民事诉讼再审程序的诉讼标的研究；既判力时间范围理论与民事诉讼再审程序的"新证据"研究；既判力理论与民事诉讼再审程序的再审事由研究；既判力理论与民事诉讼当事人申请再审研究；既判力理论与检察机关提出检察建议或抗诉启动民事诉讼再审程序研究；既判力理论与法院依职权启动民事诉讼再审程序研究；既判力理论与民事诉讼再审程序的审理和裁判规则研究。

本课题的研究主要存在以下不足：一是实践性研究缺失。既判力理论与民事诉讼再审程序的研究，既涉及较为复杂的民事诉讼法学理论，又与民事诉讼立法以及司法实务有着十分密切的联系。在本课题的研究过程中，我们有计划地进行了必要的实地调研，但主要是就理论观点的认识进行实践考证，调查的面不广，加之收集有关材料的渠道不太通畅，缺乏司法实务的数据统计和分析判断。因此，从整体上而言，主要采用的是静态的理论分析和制度假设的"经院式研究方法"，缺少动态的"田野调查"数据和分析判断。二是体系和内容安排可能还不太理想。既判力是一个较为庞大的理论体系，既有宏观上的理念，又是由不同的具体理论构成的理论体系。既判力理论与民

---

〔1〕　本书所称"2015年最高人民法院《适用民诉法解释》"，即《最高人民法院关于适用〈中华人民共和国民事诉讼法〉的解释》（法释〔2015〕5号　2015年1月30日）。

事诉讼再审程序之间的关系，在有的情况下，既判力的某一具体理论与民事诉讼再审程序的某一具体问题直接相联系，如既判力的裁判形式理论就与民事诉讼再审程序的适用对象明显相关。但在有的情况下，既判力的某一具体理论与民事诉讼再审程序的诸多问题相勾连，民事诉讼再审程序的有些问题尤其是程序运行的具体规则只是受到既判力理论宏观上理念的指导，很难说与既判力的某一具体理论直接相关。上述因素的存在，给本著作体系和内容安排带来了困难。对这一问题，课题组成员多次进行了讨论，课题负责人还征求了有关专家的意见，形成了本书的方案。之所以采用现在的这种方案，是因为它基本上能实现本课题的研究目标，但这种方案只是与以前的几种方案相比较而言具有一定的合理性，可能还不是理想的状态。三是就比较分析而言，对既判力理论与民事诉讼再审程序之间的关系协调，法治较为发达的国家和地区特别是大陆法系的学者进行了持久和深入的研究，形成了许多有价值的思想和学说。我们尽可能收集了这方面的文献资料，对有关思想和学说进行比较分析，从中找出对我国民事诉讼法学理论有借鉴作用的东西；我们还对我国民事诉讼再审程序与域外民事诉讼再审程序或者与其相类似的制度进行了比较，为我国民事诉讼再审程序的改革提供了借鉴。但是，由于受到课题组主要成员外语水平的限制，无法对外文文献原文进行分析研究，所参考的外文文献都是翻译而来的资料，比较分析的材料和观点缺乏新颖性。

　　本著作的前言、绪论和第一章、第二章、第三章、第七章、第九章、第十章由邓辉辉撰写，第四章、第五章、第六章、第八章由向忠诚撰写。在本课题的研究过程中，我们尽了很大的努力，但由于受到自身学术水平的限制和其他某些主客观条件的影响，本课题研究的最终成果仍有许多欠缺之处，敬请学界同仁予以指正和批评。

C ONTENTS
目　录

| 第一章 |

既判力理论的基础性问题研究

一、既判力的概念

（一）既判力概念的界定

对既判力的概念如何界定，民事诉讼法学界的学者在认识上并不完全一致。

江伟教授认为，既判力"是指确定判决在实体上对于当事人和法院所具有的强制性通用力，表现为判决确定后，当事人不得就该判决确定的法律关系另行起诉，也不得在其他诉讼中就同一法律关系提出与本案诉讼相矛盾的主张，同时，法院亦不得作出与该判决所确定的内容相矛盾的判断"。[1]

蔡虹教授认为，既判力"是指作为诉讼标的的法律关系一经确定，当事人不得再提出与该确定判决内容不一致的主张，不得就已经判决的事项提起诉讼，在其他诉讼的进行中，当事人也不得再提出与该判决内容不一致的主张。对于当事人和其他人提出的与确定判决内容不一致的主张，人民法院不仅应当以违反一事不再理的原则为由不予受理或驳回起诉，而且人民法院自身也受其约束，表现在：后诉法院不得就前诉法院确定判决的事项作出不同的判断，除非是前诉确定判决依法定程序被撤销或变更"。[2]

齐树洁教授认为，既判力"是指作为诉讼标的之法律关系，经生效裁判确认后，即最终确定了当事人之间的民事权利义务关系。当事人不得就该法律关系另行起诉，也不得就判决所确定的内容提出相反的主张。法院在处理后诉时受前诉生效判决的拘束，即应以前诉生效判决中对诉讼标的之判断来

---

〔1〕 江伟主编：《民事诉讼法专论》，中国人民大学出版社 2005 年版，第 77 页。

〔2〕 蔡虹：《民事诉讼法学》（第 4 版），北京大学出版社 2016 年版，第 306 页。

处理后诉，不得作出相异的判决"。[1]

谭兵教授和李浩教授认为："确定的终局判决才具有既判力。既判力的含义是，法院作出的终局判决一旦获得确定（生效），判决中针对当事人请求作出的实体权利义务的判断就成为规定当事人之间法律关系的基准，当事人不能对判决已经确定过的事项再次提出争执，不得提出与该确定判决相矛盾的主张，法院也不能作出与该判决相矛盾或抵触的判断。"[2]

笔者认为，对既判力概念的正确界定，应当明确以下几个问题：一是法院的何种裁判产生既判力；二是既判力对谁产生效力；三是既判力的效力主要体现在哪些方面；四是既判力产生效力的范围。

就法院的何种裁判产生既判力的问题，域外的学者一般表述为"确定判决"。如日本学者中村英郎认为："既判力（Rechtskraft）是指确定判决对后诉的拘束力（《民事诉讼法》第114条）。"[3]我国学者对这一问题的表述存在差异，江伟教授和蔡虹教授表述为"确定判决"；齐树洁教授表述为"生效裁判"；谭兵教授和李浩教授表述为"确定的终局判决"。从诉讼模式和诉讼体制来看，我国民事诉讼与大陆法系较为接近，借鉴大陆法系的做法使用"确定判决"这一法律概念来表明法院裁判的确定性和国家司法权的权威性，应当说并不存在明显的不当。但是，从我国的具体国情来看，使用"生效裁判"这一法律概念应该说更为恰当。理由在于：一是产生既判力的不仅包括法院判决，而且还包括法院调解和某些法院裁定，用"裁判"来表述比用"判决"更为准确，并且就法院判决而言，"生效判决"与"确定判决"在涵义上是一致的，两者并不存在区别。在域外的民事诉讼法学中，确定判决和非确定判决所依据的分类标准是法院作出判决后当事人能否在审级制度内提起上诉。所谓确定判决是指，法院作出判决后当事人在审级制度内不能依上诉程序提起上诉的法院判决；所谓非确定判决是指，法院作出判决后当事人在审级制度内有权依上诉程序行使上诉权提起上诉的法院判决。大陆法系的民事诉讼理论认为，产生既判力的只能是法院的确定判决，即使法院已经作出判决，但如果对该判决当事人在审级制度内仍然存在声明不服的方法，就

---

〔1〕 齐树洁主编：《民事诉讼法》（第11版），厦门大学出版社2017年版，第303页。

〔2〕 谭兵、李浩主编：《民事诉讼法学》，法律出版社2009年版，第336页。

〔3〕 ［日］中村英郎：《新民事诉讼法讲义》，陈刚、林剑锋、郭美松译，常怡审校，法律出版社2001年版，第229页。

没有必要赋予此种判决以既判力。我国民事诉讼语境下的"生效判决"也是指当事人无权再提起上诉的法院判决，与"确定判决"具有相同的涵义。正如张卫平教授所言："判决已经生效时，判决成为确定的判决。"[1]齐树洁教授指出："确定判决系大陆法系国家法律中的概念，我国称其为生效判决。"[2]二是我国虽然曾经使用过"确定判决"的概念。例如，中央人民政府法制委员会在1950年12月颁布的《中华人民共和国诉讼程序试行通则（草案）》第67条规定："民事案件的判决为终审判决者，或者虽非终审判决，但诉讼人已表示舍弃上诉权者，或者虽曾提起上诉而已撤回上诉者，或上诉已逾期而无效者，均为确定的判决。"但是，民事诉讼立法一直使用的是"生效判决、裁定"的概念，具体表述为"发生法律效力的判决、裁定"或"终审的判决、裁定"。[3]也就是说，我国的民事诉讼立法使用的概念是"生效判决"而不是"确定判决"，在表述既判力的概念时使用"生效裁判"的提法与民事诉讼立法的做法是相适应的。三是在我国，无论是法官还是当事人和社会公众，都对"生效裁判"这一概念较为熟悉，对"确定判决"的表述则较为陌生。因此，使用"生效裁判"来表述既判力的概念易于被法官、当事人和社会公众所接受。在学术界，有学者对使用"生效裁判"的概念持反对意见，认为与"生效判决"相对应的"未生效判决"的提法并不科学。"未生效判决"，是法院作出的当事人可以依法上诉且上诉期限还没有届满的一审判决。这种判决可能因当事人提起上诉而被二审法院变更或者废弃，判决的内容并未最终得到确定，故其不能产生既判力。但是，这种"未生效判决"并不是不产生所有的法律效力。例如，依诉讼系属[4]效力，对"未生效判决"当事人不得另行起诉，法院也不得再行受理和审判；依判决对法院的拘束力，"未生效判决"一经宣告，法院非依法定程序不得随意加以变更或者废止。因此，"未生效判决"仍然具有一定的法律效力，使用"未生效判决"这一概

---

〔1〕　张卫平：《民事诉讼法》（第4版），法律出版社2016年版，第421页。

〔2〕　齐树洁主编：《民事诉讼法》（第11版），厦门大学出版社2017年版，第55页。

〔3〕　例如，《民事诉讼法》第155条规定："最高人民法院的判决、裁定，以及依法不准上诉或者超过上诉期没有上诉的判决、裁定，是发生法律效力的判决、裁定。"《民事诉讼法》第175条规定："第二审人民法院的判决、裁定，是终审的判决、裁定。"本著作引用法规章节条款项目的序数，改用阿拉伯数字。

〔4〕　"诉讼系属是指诉讼存在于法院的这样一种事实状态。"郭翔：《民事诉讼法关键词》，法律出版社2006年版，第152页。

念有自相矛盾之嫌，还可能因多种涵义的存在而引起歧义和误解。笔者认为，上述分析是有一定道理的，但并不能因"未生效判决"提法的不科学，而否定依据我国的具体国情使用"生效裁判"来表述既判力概念的合理性。并且"生效判决"指的是最终发生法律效力的判决，与"生效判决"相对应的概念不一定被称为"未生效判决"，可考虑称之为"未最终发生法律效力的判决"。需要指出的是，由于在介绍域外的相关学说时有时会使用"确定判决"的概念，并且也有不少学者使用"确定判决"的概念，因此在本书中，笔者将"确定判决"和"生效裁判"作为同一用语来使用。此外，笔者不赞同谭兵教授和李浩教授表述的"确定的终局判决"。从民事诉讼理论来看，对应终局判决的是中间判决，终局判决和中间判决的分类标准是法院作出判决的时间。"于某一审级，以终结诉讼事件之全部或一部分为目的之判决为终局判决。"〔1〕终局判决是指，在本审级的诉讼程序结束之时法院作出的判决。这种判决的作出，只是表明已经结束了本审级的诉讼程序，终局判决不一定就是确定判决或者生效判决。从世界范围来看，终局判决是否具有既判力是存在差异的。在美国，既判力构成要件的条件之一是判决终局，法院作出了终局判决，意味着法院对本案的争点或者诉求已经作出了定论，不允许轻易地予以动摇或者改变。判决的终局性，在美国法上可以被分为基于争点排除目的的终局性和基于诉求排除目的的终局性。因此，美国法院所作的判决，即使是一审判决也仍存在被上诉审法院推翻的可能性，只要是终局判决，其既判力同样会产生，只有在一审的终局判决被上诉审的终局判决推翻以后，上诉审终局判决的既判力才能替代一审终局判决的既判力。但是，在大陆法系国家和地区，强调产生既判力的判决必须是确定判决，终局判决如果不是确定判决，并不能产生既判力。在学理上，大陆法系也有一些学者使用"终局判决"这一概念，但在涵义上，其与英美法系国家的"终局判决"是存在区别的，实际上指的是"确定判决"。与终局判决相对应的中间判决，是指法院在案件审理的过程中，在还未达到作出终局判决的程度时，对当事人之间争议的某些诉讼程序或者实体上的问题进行事先裁决而作出的判决。中间判决

---

〔1〕 杨建华原著，郑杰夫增订：《民事诉讼法要论》，北京大学出版社2013年版，第174页。

不具有既判力是大陆法系和英美法系的共识。例如，《法国民事诉讼法》[1]第482条和第483条就对中间判决不具有既判力作了明确的规定。[2]法国的学理还认为："中间判决是在诉讼系属中法官对某些具体事项的判断，其中间性还表现在中间判决不具有既决的效力。当事人不能以中间判决对抗本案的终局判决。法院在作出终局判决时，不受法官作出的中间判决的拘束，例如，关于假处分的中间判决。中间判决对法官没有约束力是法国民事诉讼中的一句古老格言。"[3]在美国，"一般而言从来不会赋予一项中间命令以既判力，因为从其本质来看，它要么是在接下来的诉讼当中有一些争点需要决定，要么是在判决登记之前完成某些行为或者达到某种状况"。[4]就诉讼理论而言，中间判决不具有既判力的根本原因有两点：一是中间判决不是针对本案诉讼标的所作的判决，不受既判力客观范围的限制；二是诉讼中的前提问题虽然是中间判决的对象，但它只是为终局判决的作出所准备的，相对于终局判决而言处于辅助性的地位，法院裁决民事纠纷的最终结果只能以终局判决为依据。在我国的民事诉讼立法中，使用裁定的方式来处理诉讼过程中某些诉讼程序上的问题，没有规定诉讼过程中某些作为终局判决前提的实体问题如何处理，并不存在中间判决制度。考虑到中间判决符合诉讼经济原则的要求，对诉讼程序顺利运行有利，并且中间判决在大陆法系国家和地区的民事诉讼立法中大多均有规定，[5]我国的民事诉讼立法也有必要设计中间判决制度。在诉讼过程中，当事人之间争议的某些实体问题可能成为法院作出终局判决的前提性问题。对这些问题，法院如果在作出终局判决时才予以判断，就可能因为其不明确而使当事人无法选择下一步的诉讼方法和策略，从而不利于法院终局判决的正确作出和对当事人程序权利的充分保障。因此，从我国民事诉

---

[1]　本书引用的《法国民事诉讼法》依据的文本为：《法国新民事诉讼法典｜附判例解释｜》，罗结珍译，法律出版社2008年版。

[2]　《法国民事诉讼法》第482条规定："主文仅限于命令某种证据调查措施或临时措施的判决，对本诉讼不具有既判力。"第483条规定："中间判决不使法官停止管辖。"

[3]　张卫平、陈刚编著：《法国民事诉讼法导论》，中国政法大学出版社1997年版，第128页。

[4]　But See Note，"Amalgamation of Interlocutory Orders into Final Judgment"，3 st. Mary's L. J. 207（1971），转引自［美］杰克·H. 弗兰德泰尔、玛丽·凯·凯恩、阿瑟·R. 米勒：《民事诉讼法》（第3版），夏登峻等译，夏登峻校，中国政法大学出版社2003年版，第648页。

[5]　从大陆法系国家和地区的民事诉讼立法来看，中间判决所适用的对象，一般是作出终局判决前提的先决性问题或者某些争点，主要包括独立的攻击或者防御方法、中间争点以及请求的原因及数额具有争执时，法院以其原因为正当者。

讼的法系传统和现实的运行环境来看，应当持大陆法系国家和地区的态度，认为只有生效裁判（即确定判决）才能产生既判力，终局判决不一定产生既判力，在表述既判力的概念时不能使用"终局判决"的提法。即使终局判决本身是生效裁判或者确定判决也是如此，因为与终局判决相对应的中间判决制度在我国现行的民事诉讼立法中并不存在，即使将来的民事诉讼立法对中间判决制度作了规定，也只需要在立法中明确"中间判决不具有既判力"即可。依大陆法系民事诉讼的理念，终局判决不一定是确定判决，但确定判决必然是终局判决。既然确定判决必然是终局判决，提"确定判决"或者"生效判决"即可，没有必要用"确定的终局判决"来表述法院的何种裁判产生既判力。

对于既判力对谁产生效力的问题，上述学者对既判力概念的表述大多明确了既判力是对法院和当事人所产生的效力。既判力之所以对法院产生效力，是由法院审判权行使的统一性原则决定的，同一法院以及不同的法院之间对同一或者相关联的诉讼标的的裁判不能相互矛盾。民事诉讼实行的是"不告不理"的原则，当事人向法院提起诉讼是民事诉讼程序启动的前提条件。对当事人之间的民事争议，法院以当事人双方在诉讼过程中受到了充分的程序保障、法律所赋予的攻击防御手段得到了充分行使为基础作出生效裁判。法院生效裁判的作出，表明当事人之间的民事争议在法律上已经得到了最终的解决，因此，既判力应当对当事人产生效力。

既判力作为法院裁判的一种法律效力，我们在表述其概念时有必然要明确这种效力主要体现在哪些方面。上述学者在表述既判力的概念时大多指出了既判力的效力主要体现为：对当事人而言，不得另行起诉和提出与前诉裁判内容不一致的主张；对法院而言，不得重复受理和作出与前诉裁判相矛盾的判断。这些表述没有对既判力效力体现的不同情形予以明确。事实上，既判力的效力体现在两种情形之下：第一种情形是，在后诉的诉讼标的与前诉的诉讼标的相同时，就前诉的诉讼标的，当事人不得另行起诉，法院不得重复受理和审判；第二种情形是，在后诉的诉讼标的是以前诉的诉讼标的为前提，或者在诉讼标的方面后诉与前诉构成了矛盾关系的状态时，在后诉中，当事人提出的主张不得与前诉生效裁判所认定的诉讼标的相矛盾，法院作出的判断不得与前诉生效裁判所认定的诉讼标的相矛盾。

在表述既判力的概念时，还需要考虑既判力的范围。日本学者新堂幸司指出，除了是否获得对等程序保障之外，决定既判力范围的各种因素可以被归纳为以下几点："（1）对于具有正当解决期待的争点穷尽攻防之义务。……（2）尽可能地实现终局性、强制性解决纠纷之制度目的。……（3）纠纷相对性解决所必需的限度。……（4）与实体法秩序协调之要求。……（5）对既判力以外效力的影响。……（6）对于'受既判力拘束'之情形的处理内容（既判力作用问题），如何予以理解，也影响着既判力的范围。"[1]学者们大多是从客观范围、主观范围和时间范围来分析既判力的范围。有学者认为，空间范围也为既判力的范围之一。"既判力的空间范围，是指既判力在多大的空间范围或地域范围有效。我国法院判决的既判力及于我国整个主权空间。"[2]对既判力的空间范围，理论上一般不作专门探讨的原因在于，其不直接涉及前诉裁判既判力对后诉的作用。此外，既判力的时间范围与客观范围具有十分紧密的联系，甚至可以说，客观范围延伸以后就是时间范围的问题。因此，在界定既判力的概念时，主要考虑的是既判力的客观范围和主观范围。一般来说，法院裁判主文中关于诉讼标的的判断为既判力的客观范围。关于诉讼标的的识别，大陆法系国家和地区的民事诉讼法学者进行了旷日持久的研究，目前仍未形成一致的意见，我国对这一问题的探讨同样不太深入。上述学者在表述既判力的概念时，大多采用诉讼标的理论的旧实体法说，以当事人之间的民事实体权利义务关系作为诉讼标的，并没有考虑到诉讼标的理论的复杂性。至于既判力的主观范围，与既判力对当事人产生效力具有密切的联系，即法院的生效裁判原则上只对当事人产生既判力。蔡虹教授所表述的"对于当事人和其他人提出的与确定判决内容不一致的主张"与既判力主观范围的要求不相符合，因为既判力原则上不及于未参加诉讼的案外人，[3]当事人以外的"其他人"在一般情形下是不受既判力约束的。

　　根据上述分析，笔者认为，可以对既判力的概念作出如下的界定：既判力是指法院的生效裁判对诉讼标的作出了判断，当事人不得就该诉讼标的另

---

〔1〕　[日]新堂幸司：《新民事诉讼法》，林剑锋译，法律出版社2008年版，第477~479页。

〔2〕　江伟主编：《民事诉讼法学关键问题》，中国人民大学出版社2010年版，第34页。邵明：《民事诉讼法学》，中国人民大学出版社2007年版，第65页。

〔3〕　既判力原则上不及于未参加诉讼的案外人，是指法院的生效裁判不对未参加诉讼的案外人产生约束力，当事人无权对未参加诉讼的案外人主张生效裁判的既判力，但未参加诉讼的案外人可以利用既判力来保护自己的合法权益。

行起诉，法院不得重复受理和审判；当法院的前诉生效裁判所认定的诉讼标的为后诉诉讼标的的前提，或者后诉与前诉在诉讼标的方面构成了矛盾关系的状态时，在后诉中，当事人提出的主张不得与前诉生效裁判所认定的诉讼标的相矛盾，法院不得作出与前诉生效裁判所认定的诉讼标的相矛盾的判断。

（二）既判力与法院裁判其他效力之间的关系

在法院裁判效力的整个体系中，既判力作为法院裁判效力的组成部分居于核心的和基础的地位。从某种程度上说，法院裁判的其他效力是既判力的扩展或者延伸。对既判力与法院裁判其他效力之间的关系予以明确，有利于正确解读既判力的概念。

对法院裁判效力的体系如何设定，学者们的认识并不完全一致。通说认为，法院裁判一经宣告，不论其是否产生最终的法律效力，即产生拘束力；在法院裁判生效之后，产生确定力、执行力和形成力。诉讼理论界还认为，法院裁判除上述效力外，还存在附随效力。

1. 既判力与法院裁判的拘束力

法院裁判的拘束力又称羁束力，是指法院的裁判一经宣告，不论其是否产生最终的法律效力，均不允许法院对该裁判随意加以变更或者撤销的效力。法院裁判的这种效力，仅仅具有程序法的属性。在大陆法系国家和地区，民事诉讼理论认为法院裁判的拘束力分为两种情形：一是法院裁判对作出裁判的法院本身所产生的拘束力，即法院宣告裁判后，作出裁判的法院不得对该裁判随意加以变更或者撤销。二是法院裁判对其他法院产生的拘束力，即法院宣告裁判后所产生的对其他法院的拘束力。"在大陆法系国家民事诉讼法中，一般规定事实审法院判决中所认定的事实，对法律审上诉法院具有拘束力；而法律审上诉法院对法律适用问题所作的结论在发回重审时对原审法院有拘束力。"[1]在我国的民事诉讼制度中，由于实行的是两审终审制，不存在专门的法律审作为第三审，一审和二审既是事实审同时也是法律审，故法院裁判的拘束力主要是指，法院裁判宣告以后该裁判对作出裁判的法院本身所产生的拘束力，法院裁判对其他法院产生的拘束力并不明显。

法院裁判的更正能够使其拘束力有所缓和，但也仅仅是校正或者补充法院裁判文书中的漏记、笔误、错算或者表达不确切，不能对法院裁判的内容

---

[1] 谭兵、李浩主编：《民事诉讼法学》，法律出版社 2009 年版，第335页。

予以变更或者撤销。有学者在具体分析既判力理论在民事诉讼实践中存在的问题时指出，在民事审判实务中，有的法院往往于一审判决宣告或送达后又对判决书文字上的笔误或者内容错误擅自进行改动。[1]但实际上，这种情形是违背法院判决拘束力而不是漠视既判力理论。既判力与法院裁判的拘束力存在的区别主要有以下几个方面：一是只有法院的生效裁判才能产生既判力，但法院裁判的拘束力则不论裁判是否生效，只要一经宣告便会产生。"一审终局裁判"不一定是生效裁判，不一定产生既判力，但其在宣告后产生拘束力。法院裁判的拘束力不以其是否生效为前提条件。二是既判力同时对当事人和法院产生效力，法院裁判的拘束力则仅仅作用于法院，当事人并不是法院裁判拘束力作用的对象。三是就法院裁判对法院产生效力的具体内容而言，既判力体现为对生效裁判关于诉讼标的的判断不得重复受理和审判，在后诉诉讼标的是前诉诉讼标的的前提，或者在诉讼标的方面后诉与前诉处于矛盾关系的状态时，在后诉中不得作出与前诉生效裁判相矛盾的判断；法院裁判的拘束力则体现为在裁判宣告后不得随意撤销或者变更该裁判的内容。在法院裁判宣告后"擅自改动判决书"违反了裁判的拘束力，与既判力无关。

2. 既判力与法院裁判的确定力

法院裁判生效以后产生确定力。法院裁判的确定力包括形式和实质两个方面的内容。既判力为法院裁判的实质确定力，在认识上不存在分歧。既判力与法院裁判确定力的关系，主要讨论的是既判力是否包括法院裁判的形式确定力。

法院裁判的形式确定力，是指法院的裁判在生效后，对该生效裁判当事人在审级制度内不得以上诉的方法请求废弃或者变更。对于既判力是否包括法院裁判的形式确定力，学者们的认识存在分歧。

刘家兴教授认为："既判力，是指判决在法律上的确定力，即判决在程序法上的效力。判决的确定力，分为形式上的确定力与实质上的确定力，或者称之为形式意义上的既判力与实质意义上的既判力。"[2]在2013年的《民事

---

〔1〕　叶自强："论判决的既判力"，载《法学研究》1997年第2期，第106页。

〔2〕　柴发邦主编：《中国民事诉讼法学》，中国人民公安大学出版社1992年版，第398页。该教科书第三十六章"判决、裁定、决定"由刘家兴教授撰写。

诉讼法学教程》（第 4 版）中，刘家兴教授和潘剑锋教授同样认为："判决的既判力是指判决在法律上的确定力，它分为实质意义上的既判力和形式意义上的既判力。"[1]李浩教授认为："既判力有形式既判力与实质既判力之分。形式既判力，是指判决一旦确定，当事人就不能通过上诉来对判决声明不服，判决的内容不会由于上诉而撤销、变更。"[2]江伟教授主编的《民事诉讼法学》（第 3 版）指出："判决的既判力包括形式既判力和实质既判力。形式既判力是指裁判一经作出，则其存续得以保障而不受异议或上诉挑战的确定力，其目的和效果在于阻止裁判受制于异议或上诉而被撤销或者变更。"[3]我国学者对既判力包括裁判形式上确定力的认识，在很大程度上受到了德国民事诉讼法学界某些学者对既判力涵义理解的影响。德国学者汉斯-约阿希姆·穆泽拉克认为："形式既判力的效力在于使得任何诉讼都能找到终点；但形式既判力不能阻止败诉当事人通过新的上诉手段和通过法院对同一案件的新裁判来纠正他的不利结果。这只有当禁止任何法院作出与发生形式既判力的裁判不同的判决的时候才能达到。这通过实质（内部的）既判力（Materielle Rechtskraft）发生，它排除了对发生既判力的确认了的法律后果重新进行辩论和裁判的可能性。"[4]德国学者奥特马·尧厄尼希认为："形式既判力是实质既判力的前提，通常情况下也是形成力（Gestaltungswirkung）的前提（例如离婚，《民法典》第 1564 条），如果判决还未假执行（第 704 条第 1 款），则也是可执行力的前提。"[5]

在我国民事诉讼法学界，有不少学者认为既判力仅指法院裁判的实质确定力而不包括形式确定力。高等教育出版社出版的马克思主义理论研究和建设工程重点教材《民事诉讼法学》认为，既判力就是判决实质上的确定力。[6]王福华教授、吴明童教授、田平安教授、赵钢教授以及最高人民法院江必新副

---

〔1〕 刘家兴、潘剑锋主编：《民事诉讼法学教程》（第 4 版），北京大学出版社 2013 年版，第 239 页。

〔2〕 李浩：《民事诉讼法学》（第 3 版），法律出版社 2016 年版，第 250 页。

〔3〕 江伟主编：《民事诉讼法学》（第 3 版），北京大学出版社 2015 年版，第 113~114 页。

〔4〕 ［德］汉斯-约阿希姆·穆泽拉克：《德国民事诉讼法基础教程》，周翠译，中国政法大学出版社 2005 年版，第 324 页。

〔5〕 ［德］奥特马·尧厄尼希：《民事诉讼法》（第 27 版），周翠译，法律出版社 2003 年版，第 316 页。

〔6〕 《民事诉讼法学》编写组编：《民事诉讼法学》，高等教育出版社 2017 年版，第 62 页。

院长等学者都认为，既判力仅指判决实质上的确定力。[1]在大陆法系国家和地区，认为既判力为法院裁判的实质确定力是学术界的通说。日本学者新堂幸司指出："与形式的确定力相对，既判力也被称为实体的确定力。"[2]从法国民事诉讼立法的规定来看，是将既判力限于判决的实质确定力。[3]陈计男先生认为："既判力系指判决发生形式上确定力后，就当事人方面：关于判决内容（实质上）之确定的判决，其后不得再就同一法律关系更行起诉或于其它诉讼上，为确定判决内容相反之主张；就法院方面：后诉之裁判亦不得与该确定判决内容相抵触。"[4]

笔者认为，既判力仅指法院裁判的实质确定力。之所以德国民事诉讼法学界有学者将法院裁判的形式确定力也理解为"既判力"，与德国立法的规定是存在关联的。1781年的《奥地利法院法》和1793年的《普鲁士法院法》在规定既判力时包含了形式确定力和实质确定力两方面的内容，虽然1848年的《普鲁士民事诉讼法（草案）》第254条将既判力仅规定为判决的实质确定力，但1877年德国的《民事诉讼法典》对既判力的规定又恢复到实质确定力和形式确定两个方面，"该法中第293条中的确定力就是指实体确定力，而该法第654条的确定力为形式上的确定力"。[5]但是，由于德国的民事诉讼立法对实质确定力和形式确定力是予以分别规定的，以实质确定力为中心来把

---

〔1〕　王福华教授认为："既判力是判决在实质上的确定力，是与形式上的确定力相对的概念。"王福华：《民事诉讼法学》（第2版），清华大学出版社2015年版，第394~395页。吴明童教授认为，既判力，"它指民事判决实质上的确定力，即形成确定的终局判决内容的判决，所具有的基准性和不可争性效果"。吴明童："既判力的界限研究"，载《中国法学》2001年第6期，第76页。田平安教授认为："既判力，又称为判决实质上的确定力，是指确定的终局判决所裁判的诉讼标的对当事人和法院具有的通用力或确定力。"田平安主编：《民事诉讼法学》（第4版），法律出版社2015年版，第296页。赵钢教授认为："由于既判力所强调的是判决内容的强制性效力，因而又称为实质上的确定力，……"赵钢、占善刚、刘学在：《民事诉讼法》（第3版），武汉大学出版社2015年版，第303页。最高人民法院江必新副院长也赞同既判力的"实质确定力说"。江必新：《新诉讼法讲义：再审的理念、制度与机制》，法律出版社2013年版，第5页。

〔2〕　［日］新堂幸司：《新民事诉讼法》，林剑锋译，法律出版社2008年版，第472页。

〔3〕　《法国民事诉讼法》第480条第1款规定："在主文中对本诉讼之全部或一部作出裁判的判决，或者对程序上的抗辩、诉讼不予受理或其他任何附带事件作出裁判的判决，一经宣告，即相对于其裁判的争议产生既判力。"

〔4〕　陈计男：《民事诉讼法论》（下卷），三民书局1994年版，第60页，转引自胡军辉：《民事既判力扩张问题研究》，中国人民公安大学出版社2011年版，第10页。

〔5〕　张卫平：《民事诉讼：关键词展开》，中国人民大学出版社2005年版，第301页。

握法院裁判的既判力，因此，也有学者将既判力主要理解为裁判的实质确定力。德国学者罗森贝克、施瓦布和戈特瓦尔德撰写的民事诉讼法学权威教科书认为："实质确定力的意思是内容的决定性，也就是其中宣布的对一方当事人所主张的法律后果存在与不存在的认定在提出相同法律后果的任何程序中都有决定性，因此也称为确定效力。……形式既判力和实质既判力是两个完全独立的概念，……"[1]

　　既判力仅指法院裁判的实质确定力，但既判力与法院裁判的形式确定力具有十分密切的联系。法院裁判的形式确定力是既判力的前提条件和基础，法院裁判只有在产生形式确定力以后才会产生既判力。既判力与法院裁判的形式确定力有以下区别：一是并不是所有的法院生效裁判都会产生既判力，但法院裁判只要生效便都会产生形式确定力。二是既判力对法院和当事人都产生效力，法院裁判的形式确定力仅作用于当事人，与法院无关。三是就对当事人的效力而言，既判力强调的是当事人不得对生效裁判确定的诉讼标的另行起诉，在后诉的诉讼标的以前诉生效裁判认定的诉讼标的为前提，或者后诉与前诉在诉讼标的方面构成矛盾关系的状态时，在后诉中当事人提出的主张不得与前诉生效裁判认定的诉讼标的相矛盾；法院裁判的形式确定力，则是就当事人对生效裁判的不可争辩性予以强调。

　　3. 既判力与法院裁判的执行力

　　法院裁判的执行力，是具有给付内容的法院裁判生效以后产生的一种效力，即具有给付内容的法院裁判生效以后，依法院裁判负有义务的当事人在法院裁判规定的履行期届满后拒不履行义务，法院则依民事诉讼执行程序强制义务人履行法院裁判确定的给付义务。法院裁判的执行力，是使既判力所涵盖的请求判断在既判力的基础上得以实现的一种效力。既判力与法院裁判的执行力存在的区别在于：一是不具有给付内容的法院生效裁判也可能产生既判力；法院裁判的执行力则只有生效的具有给付内容的法院裁判才能产生，不具有给付内容的法院裁判即使在生效后也不产生执行力。二是既判力同时作用于当事人和法院，法院裁判的执行力仅针对当事人，对法院而言不存在产生裁判执行力的问题。三是就对当事人的效力而言，既判力强调的是对生

―――――――――――

〔1〕 ［德］罗森贝克、施瓦布、戈特瓦尔德：《德国民事诉讼法》（下），李大雪译，中国法制出版社 2007 年版，第 1143～1144 页。

效裁判认定的诉讼标的不得另行起诉或者在后诉中不得提出与之相矛盾的主张，法院裁判的执行力强调的是当事人对生效的具有给付内容的法院裁判所确定义务的履行。四是在一般情况下既判力无期限的限制，法院裁判的执行力则有法定期限的要求。五是就价值目标而言，既判力关注的是程序保障、纠纷的一次性解决和法的安定性，法院裁判的执行力关注的是权利人的实体利益得到切实的实现。

4. 既判力与法院裁判的形成力

法院裁判的形成力，指的是对既判力拘束的判断所产生的形成效果，即法院裁判生效以后，当事人之间的民事法律关系依法院裁判所确定的内容予以产生、变更或者消灭的效力。

既判力与法院裁判的形成力存在的主要区别在于：一是对形成判决是否具有既判力学者们在认识上存在分歧，但法院生效的给付判决和确认判决可能产生既判力则是一致的认识；法院生效的给付判决和确认判决的形成力则不可能产生，形成力是生效的法院形成判决独有的效力。二是既判力原则上只作用于法院和当事人，未参加诉讼的案外人在一般情况下不受既判力的约束；法院裁判的形成力则具有对世性，主体范围具有绝对性，未参加诉讼的案外人也会受到法院裁判形成力的约束。三是既判力是法院生效裁判中关于诉讼标的的判断所产生的效力；法院裁判的形成力则是指生效的法院形成判决对当事人之间现存的民事法律关系予以变动所产生的效力。四是受到既判力作用的主体，一般存在较为明确的权利义务；受法院裁判形成力作用的主体，在多数情况下只需要不作为即可，并无明确的权利义务。

5. 既判力与法院裁判的附随效力

一般认为，法院裁判的一般性效力包括法院裁判的拘束力、确定力、执行力和形成力。法院裁判除一般性效力外还具有附随的效力。

法院裁判的附随效力，又称其他非规范性效力。对于法院裁判的这种效力具体包括哪些内容，学者们在认识上并不完全一致。依多数学者的观点，法院裁判的附随效力包括法院裁判对其他社会主体的拘束力、法院裁判的预决效力和法院裁判的反射效力。有的学者认为，裁判程序效力、波及效力以及争点效力也属于法院裁判的附随效力。

法院裁判对其他社会主体产生的拘束力，在日本称为"对世效"，它是指"就其他的社会主体而言，民事判决一经发生法律效力，任何个人和单位均不得无视其存在而做出有违其意旨的行为"。[1]法院裁判对其他社会主体产生的拘束力强调的是社会公众对法院裁判和司法权威性的尊重。既判力强调的是法院的生效裁判对法院和当事人产生的拘束作用，与法院裁判对其他社会主体产生的拘束力是完全不同的。

法院裁判的预决效力又称证明效力，是指法院在生效裁判中认定的事实，当事人在后诉中无需证明法院就可以采用。例如，2001 年最高人民法院《民事证据规定》[2]第 9 条规定的除当事人有相反证据足以推翻的以外，当事人无需就已为法院生效裁判确定的事实予以举证，就是关于法院裁判预决效力的规定。对法院裁判的预决效力与既判力的区别，汤维建教授的分析如下："（1）预决效力针对的是作为诉讼标的和诉讼请求基础的案件实体事实，而既判力针对的是诉讼标的；（2）已决事实在以后案件中可以再行提供且无须证明，既判力禁止就既判案件再行起诉。"[3]

法院裁判"反射效力"的概念最先由德国学者海因里奇于 1866 年提出，它是指法院的生效裁判虽然对未参加诉讼的案外人原则上不产生既判力，但如果诉讼中的一方当事人与未参加诉讼的案外人之间存在着实体上的从属关系，既判力在对当事人产生作用后能够对未参加诉讼的案外人反射性地产生有利或者不利的影响。吕太郎先生对既判力与法院裁判的反射效力的区别有如下的论述："（1）既判力系诉讼法上之效力，其既判力仅生诉讼上抗辩之效果（此以对既判力采诉讼法说为前提）；而反射效力则生实体法上抗辩效果。因此（2）既判力为应依职权调查事项；反射效力则须由当事人加以主张始得斟酌。（3）受既判力所及者得为共同诉讼的参加（或称独立参加，民诉六二）；受反射效力所及者，仅得为一般之从参加（民诉五八Ⅰ）。（4）于当事人间通谋为虚伪诉讼时，受既判力所及者，不得以此为理由主张该判决无效；受反射效力所及者，则得为无效之主张。（5）有既判力者通常伴有执行力；但有反射效力者则无之。（6）既判力扩张至第三人时，不问其对第三人有利不利均及

---

〔1〕 江伟主编：《民事诉讼法学原理》，中国人民大学出版社 1999 年版，第 693 页。

〔2〕 本书所称"2001 年最高人民法院《民事证据规定》"，即《最高人民法院关于民事诉讼证据的若干规定》（法释〔2001〕33 号 2001 年 12 月 21 日），依据《最高人民法院关于调整司法解释等文件中引用〈中华人民共和国民事诉讼法〉条文序号的决定》（法释〔2008〕18 号 2008 年 12 月 16 日）第 67 条的规定对第 83 条第 3 款进行了调整。

〔3〕 汤维建主编：《民事诉讼法学原理与案例教程》（第 2 版），中国人民大学出版社 2010 年版，第 48 页。

之；反射效力扩张至第三人时，应依其彼此关系、态样不同而决定其仅有利时扩张或不利时亦扩张。(7)既判力仅于判决主文中经判断者始发生；反射效力则于判决理由中判断之事项亦发生。"[1]

所谓裁判程序效力，是指法院的生效裁判可能对诉讼程序以外的第三方主体产生影响；所谓波及效力，是指法院的生效裁判可能对社会公共政策和立法产生的影响。无论是裁判程序效力还是波及效力，它们与既判力的区分都是十分明了的。对争点效力与既判力的区别，笔者将在后述的相关内容中做专门的探讨。

二、既判力制度的渊源

既判力从词源上来讲来源于拉丁文，直译为"已决事项"。既判力的逻辑依据存在于拉丁文的以下法谚所体现的精神之中：一是为了保护私人利益，一人不能因同一理由被再次起诉。二是为了公共利益，诉讼应当有始有终。在法律发展的历史长河中，既判力作为一项十分古老的法律原则在不同的法律文化体系中早已存在，古老的先例对纠纷解决的排他性和终局性十分关注。例如，既判力原则被古代印度的教义提出，在古印度的法律文本中能够觅到其踪影；而在古希腊的法律传统和罗马法的著作中，我们更是可以明显地看到对既判力的维护。有学者指出："表述已决事项不可违抗性原则（res judicata）的最优美的语言，同时也是表述对即使不公正的裁判也应给予尊重的最具说服力的辩词，都来自于囚禁苏格拉底的监狱。在那里，拒绝逃避死亡判决的苏格拉底用一种极为庄严的方式向世人表述了这个原理。即使到了今天，这个用现代教义阐述的原理仍被力图解决受既判事项约束（甚至是误判）这一棘手问题（agnonizing problem）的诉讼法研究者（proceduralist）所使用。"[2]

（一）罗马法时期既判力制度的萌芽

一般认为，从法律制度而言，既判力萌芽于罗马法时期。在这一时期，为了防止审判的拖延和及时终结诉讼程序，先后形成了与现代既判力制度具

---

[1]　吕太郎：《民事诉讼之基本理论（一）》，中国政法大学出版社 2003 年版，第 363 页。

[2]　P. Calamendrei, "Introduction to the Work of Paoli", Studi Sui Processo Attico, XXVII, as quoted by Biscarai, 42, 转引自陈刚：《民事诉讼法制的现代化》，中国检察出版社 2003 年版，第 236 页。

有相类似精神的"一案不二讼"和"一事不再理"的程序规则。

罗马法时期,诉讼被划分为三个阶段:第一个阶段是法定诉讼时期,即原告必须根据法律规定的诉权进行起诉,诉讼受到严格的形式限制,仅对原告请求的真实性进行审查,使得诉讼具有不可变更性。第二个阶段是程式诉讼时期,即裁判官对当事人的陈述经审查后做成程式书状,承审员依程式记载的指示和争点进行审查,请求诉讼保护的主体权利具有多样性的特征,同时对被告抗辩的真实性进行审查。第三个阶段是非常诉讼时期,即完全由国家官吏管理案件,更多地体现了皇权。这一时期已经开始背离罗马法的基本精神,可以说是帝权专制的产物。

"一案不二讼"是罗马法法定诉讼时期的"证讼制度"所形成的法律效力规则。在罗马法的法定诉讼时期,对案件的审理分为对案件是否受理进行审查的"法律审理"和对案件的实体问题进行审理的"事实审理"两个阶段。所谓的"证讼制度",是指法官在判断原告是否合法行使诉权的基础上,裁决案件是否应当受理。原告对某一具体案件行使诉权的机会只有一次,如果已经审理了某一具体案件,原告不得再次就该案件对被告提起诉讼。由此可见,"证讼制度"不仅能够决定诉讼是否成立,而且使得"一案不二讼"的程序规则得以形成,是对原告诉权滥用的有效防止。但是,"一案不二讼"的程序规则仅仅针对原告,并不能约束被告。也就是说,已经审理的某一具体案件如果败诉,被告可以就同一案件以原告的身份以前诉中胜诉的原告为被告提起诉讼,被告的此种诉权并未丧失。因此,这一规则并没有对已经审理的案件再次进行审理予以彻底排除。如何解决这一问题呢?当时唯一可行的做法是对被告的起诉由大法官予以拒绝。问题在于,依"证讼制度",在前诉中被告并没有行使诉权,对已经审理的案件被告的诉权并未消灭,大法官拒绝被告的起诉并不是因为被告诉权本身的消灭,而是因为大法官通过职权性行为对被告的诉权予以强制剥夺。

到了罗马法的程式诉讼时期,由于对已经审理的案件大法官拒绝受理被告起诉的做法与"证讼制度"的冲突越来越明显,"一案不二讼"规则下对已经审理的案件被告又提起诉讼所产生的弊端也更加突出。大约在公元 2 世纪的时候,当时的罗马法学家们将"一案不二讼"规则发展成为"一事不再理"规则。"一事不再理"规则的主要内容是:对已经作出生效裁判的相同当事人之间产生的同一纠纷,无论在何种情况下都不能再进行第二次的审理。

程式诉讼时期，诉讼分为市民法诉讼和大法官诉讼。针对市民法诉讼适用的法定审理，在作出生效裁判后就彻底和绝对地消灭了本案所有当事人的诉权；针对大法官诉讼适用的职权审理，在作出生效裁判后，如果本案的当事人对已经审理的案件又提起诉讼，被提起诉讼的当事人可以以"既决案件"作为抗辩理由，从而撤销提起诉讼当事人的诉权。"既决案件"是指为了对生效裁判权威性和稳定性予以维护，避免就同一案件多次进行审理，生效裁判不允许被推翻而被视为真理。从上述介绍中我们可以看出，"一事不再理"规则对"一案不二讼"规则有重大的突破。依"一案不二讼"规则，只是对原告的诉权予以约束，不允许原告对已经审理的案件再次提起诉讼，被告的诉权并未消失，后诉与前诉之间的关系并未涉及。依"一事不再理"规则，在市民法诉讼中，在作出生效裁判后，就彻底和绝对地消灭了本案所有当事人的诉权，无论是原告还是被告都不能对已经审理的案件又提起诉讼；在大法官诉讼中，前诉的生效裁判能够约束后诉，对前诉生效裁判已经确认的"既判事项"，当事人如果在后诉中提出，对方当事人可以以"既决案件"作为抗辩理由而请求对当事人就"既决事项"提出的主张予以驳回。由此观之，"一事不再理"规则在涵义上十分接近现代民事诉讼的既判力制度。

"一案不二讼"规则和"一事不再理"规则的理论依据是诉权消耗理论。诉权的消耗，不仅使当事人的起诉权归于消灭，而且也随之消灭了当事人的实体权利。从实体权利被消灭的角度来讲，之所以不允许当事人再度就同一案件提起诉讼，是因为对已经审理的案件丧失了重新审理的可能性。

公元 395 年，古罗马分裂为西罗马帝国和东罗马帝国。西罗马帝国于公元 476 年已经灭亡。东罗马帝国在公元 7 世纪的时候从奴隶社会进入封建社会，罗马法的影响力日渐减小而受到了较长时期的冷遇。在后来"罗马法复兴"的过程之中，学者们对程序问题不太重视，重点的关注对象是民事实体法，因而并没有从实质上发展"一事不再理"规则。

（二）大陆法系对既判力制度的确立

资产阶级革命于 18 世纪至 19 世纪相继在欧洲各国取得了胜利。在资本主义建国初期，因社会经济的不断发展，民事纠纷日益增多，作为解决民事纠纷的民事诉讼法律制度成了独立的法律部门，并且在一定程度上受到了资产阶级所倡导的政治理念和经济观念的影响。在民事诉讼领域，民事实体法中关于契约自由、当事人意思自治等理念逐渐渗透，人们逐渐加深了对程序法的认识，罗马法的"一事不再理"规则得到了重生。人们越来越认识到，当事人之间的民事纠纷应当在某一个终结点最终得到解决，否则，法院适用民事诉讼程序解决民事纠纷就没有多大的意义。因此，大陆法系国家和地区继承和发展了罗马法上的"一事不再理"原则这一珍贵的法律文化传统，在民事诉讼法上确立了既判力制度。

德国在大陆法系继承和发展罗马法"一事不再理"原则和确立既判力制度的过程中起到了承上启下的作用。当时，德国的历史法学派通过研究罗马法，认为实体法上的请求权才是既判力的标准，否认了罗马法"一事不再理"规则的理论依据——诉权消耗理论。德国学者所持的理由为：一是民事诉讼法从实体法中分离出来，使得罗马法上的诉权体系得以解体，实体法上的请求权不包括在诉权的内涵之中，"一事不再理"规则过于原则和抽象等弊端更加明显地呈现出来。二是"一事不再理"规则的哲学依据是朴素的唯物主义世界观。在德国普通法上，这种世界观被排斥甚至可以说已经退出了历史舞台。因此，德国学者放弃了罗马法中"既判事件的抗辩"的提法，用"既判力"这一概念来表达"有既判效力的判决"。就既判力制度的立法过程而言，1781 年的《奥地利普通法院法》第 258 条对"rechtskraft（既判力）"这一法律术语首先予以使用，之前的《萨克森诉讼及法院法》仍然使用的是罗马法"既判事件的抗辩"，并没有使用"既判力"的概念。1793 年的《普鲁士法院法》第 66 条对法院裁判的效力规定为"有既判力的判决"。1848 年的《普鲁士民事诉讼法（草案）》第 254 条用"既判力"的概念和"效力"这一术语来分别表达法院裁判的实质确定力和形式确定力的涵义，从而第一次在立法上将既判力定位为法院裁判的实质确定力。1877 年的《德国民事诉讼法》出于诉讼经济目的的政策要求和法的安定性价值考虑，规定了既判力的问题，对既判力的涵义又恢复到 1781 年《奥地利普通法院法》和 1793 年《普鲁士法院法》所指向的实质确定力和形式确定力两方面的内涵，但对法院裁判的实质确定力和形式确定力是分别予以规定的。《德国民事诉讼法》[1]第 322 条规定了法院裁判的"实质确定力"，第 325 条、第 326 条和第 327 条就"既判力与承继人""后顺位继承时的既判力""遗嘱执行的既判力"等问

---

〔1〕 本书引用的《德国民事诉讼法》依据的文本为：《德国民事诉讼法》，丁启明译，厦门大学出版社 2016 年版。

题作了规定。

在法国，既判力的问题首先被规定在民法典中，因为 1848 年制定民法典的时候，当时的学理将既判力被看作是法律上的推定。"依照 R. 波蒂埃的观点，既判力即为不可推翻的法律推定，即通过判决的既判力推定出判决内容的真实和衡平，所有相反的证明都不能将该判决推翻。"[1]后来，由于对既判力理论的研究不断深入，既判力被称作"既判事由的权威效力"而在法国民事诉讼法典中作了规定。《法国民事诉讼法》第 480 条第 1 款对"既判力"有明文的规定。[2]在既判力理论方面，法国的民事诉讼法学者对罗马法"一事不再理"规则理论所依据的诉权消耗理论予以否认，提出了审判权消耗理论作为解释法院裁判具有既判力的理论依据，从而使既判力作为法院生效裁判的法律效果之一更具有说服力。

在 20 世纪以后，日本的民事诉讼法理论界加入了大陆法系对既判力理论的研讨，形成了不少有价值的研究成果，使得既判力的内涵不断得到充实和扩展。就目前的情况而言，日本可以说是对既判力理论研究最为发达的国家。在民事诉讼立法上，《日本民事诉讼法》[3]第 114 条规定了既判力的范围。[4]

（三）英美法系与既判力诉讼价值相类似的制度

在英美法系，与大陆法系既判力相近似的概念为"Res judicata"。"根据《布莱克法律词典》的解释，'Res judicata'是指'已判决的事项或案件'。在我国，有人把'Res judicata'译成'既判案'，也有人把它译为'既决事项不再理'，甚至还有人把它译为'判决的定案或定案'。由于'Res judicata'原则强调前诉判决所作判断对后诉的影响，实际上与大陆法系既判力理论基本相同，因此，更有人直接将'Res judicata'译为'既判力'。"[5]如果将"Res

---

[1]　张卫平、陈刚编著：《法国民事诉讼法导论》，中国政法大学出版社 1997 年版，第 133 页。

[2]　《法国民事诉讼法》第 480 条第 1 款规定："在主文中对本诉讼之全部或一部作出裁判的判决，或者于程序上的抗辩、诉讼不予受理或其他任何附带事件作出裁判的判决，一经宣告，即相对于其裁判的争议产生既判力。"

[3]　本书引用的《日本民事诉讼法》依据的文本为：《日本民事诉讼法典》，曹云吉译，厦门大学出版社 2017 年版。

[4]　《日本民事诉讼法》第 114 条规定："（一）确定判决限于主文有既判力。（二）对于抵消抗辩是否成立的判断，在抵消的额度内有既判力。"

[5]　常廷彬：《民事判决既判力主观范围研究》，中国人民公安大学出版社 2010 年版，第 1 页。

judicata"直接译为"既判力",就会得出英美法系也存在既判力制度的结论。但不少的学者认为,在民事诉讼法律规范上,英美法系并不存在像大陆法系那样拥有较为完备的既判力制度。这种认识并不意味着英美法系对法院裁判的终局性、权威性和稳定性不予关注。相反,由于对程序正义和程序安定英美法系比大陆法系更为重视,英美法系同样强调(甚至可以说比大陆法系更加强调)法院裁判的终局、权威和稳定,同样存在与大陆法系既判力诉讼价值相类似的制度。

在英国,"禁反言"制度是与大陆法系既判力诉讼价值相类似的制度。"禁反言"制度是对法院已经判决的事件,禁止当事人再次提出请求。通过这一制度,法院的前诉裁判可以对后诉产生与大陆法系的既判力制度相类似的作用。"禁反言"分为"诉因禁反言"和"争点禁反言"。所谓"诉因禁反言",是指法院作出终局裁判以后,诉因随之消灭,当事人不能基于同一诉因再次提出诉讼请求。诉因指的是某人在行使其提起诉讼权利的时候所依据的某一事实或系列事实,[1]包括与权利救济相关的所有必要的情况与事实。当事人基于某一诉因可以提出一个或者多个诉讼请求。"诉因相同"一般是指,当事人诉讼请求的提出是基于相同的证据或者基于同一事实。所谓"争点禁反言",是指不允许当事人对在前诉中已经提出并被法院终局裁判确定的争点问题在后诉中予以驳斥或者推翻。

除了"禁反言"制度,英国法上的"已有救济"和"禁止程序滥用"制度在一定程度上能够起到使前诉法院的裁判阻却后诉的作用,因而也被视为与大陆法系既判力诉讼价值相类似的制度。所谓"已有救济",是指对当事人的请求,法院已经作出裁判并且实施了相应的执行,不允许当事人向法院再次提出执行请求。这一制度与法院裁判既判力作用相类似,其对所内含的执行上的正义更加予以强调。所谓"禁止程序滥用",是指对前诉中的某一争点或请求,当事人应该提出而且能够提出,但是,出于非法目的或其他主观恶意,当事人在前诉中故意不提出而在后诉中再提出,法院在后诉中拒绝对当事人提出的此种争点或请求进行裁判。很明显,这一制度是对使一方当事人免受

---

[1] [美]戴维·M. 沃克:《牛津法律大辞典》,李双元等译,法律出版社 2003 年版,第 178 页。转引自傅攀峰:"普通法系国际商事仲裁裁决既判力问题的处理经验及其启示——以 Associated Electric v. European Re 案为例",载《仲裁研究》2012 年第 2 期,第 67 页。

另一方当事人程序不公行为的侵害所进行的保护。

在美国，"排除规则也称先例判决原则（former adjudication），作为美国民事诉讼中关于判决效力的一项重要制度，它在维护判决的终局性、权威性、一致性以及保证诉讼效率方面发挥了重要的作用"。[1]有学者从实现公平正义的理念、维护司法尊严和效率以及审判实践的角度，对美国与既判力诉讼价值相类似制度的生存空间进行了分析。[2]胡军辉博士认为，美国既判力制度有以下特点：一是既判力规则的形成源于美国司法实践的需求；二是美国法院判例与既判力成文规则共同构成既判力规则体系；三是各州对于既判力规则会有或多或少的立法规定，有些州比较突出；四是美国既判力理论的基石是自身的司法实践；五是既判力规则在美国几乎被完全公式化了，只有很少的制定法以及宪法上的规定提供了一些指导。[3]在美国法上，与大陆法系既判力诉讼价值相类似制度的效力包括请求排除效力和争点排除效力两项内容。[4]因此，在美国，与大陆法系既判力诉讼价值相类似的制度是请求排除规则和争点排除规则。

美国法上的请求排除规则，又称既判事项规则，是指对某个特定的诉求，法院进行了审理并作出了终局裁判，就该诉求而言，当事人就不得再次进行争讼。这一规则的存在有以下几方面的合理依据：一是依据这一规则，法院对当事人之间的纠纷只有一次的审理机会，当事人就同一案件不可能再次向法院提起诉讼。这样，就会促使当事人更加严肃地对待法院的审判，不会在诉讼过程中采用轻率的立场，同时也可以使无辜的被告不会因多次诉讼而受到骚扰。二是这一规则的适用，维护了法院裁判的约束力，有利于防止法院裁判的相互矛盾，不仅体现了对法院裁判稳定性的要求，而且使得当事人对法院裁判的结果可以进行预测。三是依据这一规则，在向法院提起诉讼时，当事人不能人为地将一个诉讼分割为多个诉讼，而应当在能够请求的范围内尽量一次性地提出所有的请求。这样，就体现了对诉讼经济的追求，确保了国家司法制度效率原则的实现。在美国，"最高法院对既判力的热情，展现了对

---

〔1〕 齐树洁主编：《美国司法制度》，厦门大学出版社 2006 年版，第 487 页。

〔2〕 李响：《美国民事诉讼法的制度、案例与材料》，中国政法大学出版社 2006 年版，第 503～504 页。

〔3〕 胡军辉：《美国民事既判力理论研究》，北京师范大学出版社 2015 年版，第 7～8 页。

〔4〕 胡军辉："论美国既判力援引程序及其借鉴"，载《政治与法律》2014 年第 10 期，第 151 页。

司法效率这一简单诉求的普遍接受，以及对一味追求公平性所致实际成本的拒斥"。[1]美国有学者对请求排除规则的合理性作了如下的概括："排除原则服务于一致性、公平和效率的公共政策。该原则通过将法院从不断地解决一个个纠纷中解脱从而鼓励司法效率，通过禁止纠缠性诉讼实现司法公平，通过避免不一致的判决实现司法制度的安定。"[2]从总体上而言，"请求权排除不仅适用于在先前诉讼中那些由当事人提出的并为法院所接受的事项，而且也适用于当事人为支持或挫败某一请求而可以被采纳的事项"。[3]基于成文法中有关管辖的规定，请求排除规则也存在例外情形。例如，"美国《联邦第二判决汇编》第 26 条第 1 款 C 项所规定，若审理前诉的法院对该诉并不具有事物管辖权，前诉判决对新诉并不具有排除或吸收的法律效力，则当事人有权另行起诉"。[4]具体说来，例外情形主要有以下几种：一是基于起诉缺陷的驳回裁定、基于诉因尚不具备的驳回判决、基于超过诉讼时效的驳回判决、自愿撤诉或者按撤诉处理的裁定以及其他情形下的非实质性判决例外。二是管辖或者程序受到限制情形下作出的裁决例外。三是法院裁定或者当事人约定例外。四是违背宪法或者实体法规定的情形、被告虚假陈述的情形以及其他特殊情形等其他的请求排除例外情形。[5]

美国法上的争点排除规则，是指对前诉中的某一争点，双方当事人已进行实质上的讼争，法院在裁判中进行了认定，并且法院作出裁判时确有必要让这一争点进行讼争和认定，那么，在后诉中，对在前诉中已经讼争和认定的争点，当事人不得再次提出争议。依后诉与前诉的诉因是否相同，争点排除规则又可以被分为直接禁止反悔规则和间接禁止反悔规则。在一般情况下，在后诉与前诉的诉因相同的情况下，请求排除规则的适用就能够对后诉当事人的再行争议予以排除。因此，后诉与前诉诉因相同情形下的直接禁止反悔规则并无独立的法律意义，争点排除规则主要指后诉和前诉诉因不同情形下的间

〔1〕〔美〕凯文·M. 克莱蒙特："既判力：司法之必需"，袁开宇译，载《清华法治论衡》2015年第 2 期，第 27 页。

〔2〕〔美〕史蒂文·苏本、玛格瑞特（绮剑）·伍：《美国民事诉讼的真谛——从历史、文化、实务的视角》，蔡彦敏、徐卉译，法律出版社 2002 年版，第 259 页。

〔3〕汤维建主编：《美国民事诉讼规则》，中国检察出版社 2003 年版，第 372 页。

〔4〕邵明：《现代民事诉讼基础理论：以现代正当程序和现代诉讼观为研究视角》，法律出版社2011 年版，第 223 页。

〔5〕胡军辉：《美国民事既判力理论研究》，北京师范大学出版社 2015 年版，第 46~55 页。

接禁止反悔规则。这一规则又被称为间接禁反言规则或者间接不可否认规则。正因为如此，"在美国民事诉讼学中研究判决的效力的时候大都十分偏重间接禁止反悔规则，在有的情况下，甚至就是将争点排除规则与间接禁止反悔规则完全相提并论，等同起来"。[1] 对间接禁止反悔规则的法律意义，有学者做了如下的论述："间接禁反言就像与之相关的既判力原理一样，在保护当事人权益方面有着双重目的，一是使之免受同一当事人或他的相互关系人之间就同一争点重复诉讼的负担，二是通过减少不必要的诉讼而促使诉讼经济。"[2] "既判力与间接不可否认原则在运用上完全不顾事实的真相。按照美国人的说法，其出发点是司法制度不能容忍重新争讼，否则法院的负担将过重。其次，判决必须是稳定的、终局的，人们得凭判决计划未来。最后，司法制度不能被当事人用作折磨他人的工具。间接不可否认原则的理论根据是：即使在第一次诉讼中对争执点所作的裁决是错误的，当事人已有说明事实与法律点的充分机会。"[3] 需要指出的是，争点排除规则的适用，是受到一定条件限制的，主要有以下几个方面：一是在前诉中当事人对争点进行了完全的和实质的争议，享有公正和充分的辩论机会，并且，法院在前诉中对争点进行了实质性的审理和判断。在前诉中，如果当事人提出了重要证据来支持其提出的某一争点，前诉法院对该证据不适当地予以否定，在后诉中适用争点排除规则对该争点予以排除就不具有正当性。二是在证明责任分配上后诉和前诉不存在差异，如果在后诉中主张适用争点排除规则的当事人在前诉中的证明责任分配比在后诉中更为有利，争点排除规则就不能被适用。三是在作出前诉裁判之前，法院对后诉的发生能够进行合理的预见，否则，适用争点排除规则就可能对当事人造成难以估计的严重后果。四是应由当事人提出，不能由法院依职权适用，如果当事人在后诉中未对争点排除规则的适用主动提出，在法律上视为其放弃了对自己有利的抗辩。如果法院依职权主动适用争点排除规则，难以消除当事人的质疑，并且对法院前诉裁判是否具有争点效力进行审查是一项十分繁重的工作，法官难以独立地依职权予以实施。当然，在

---

〔1〕　蔡彦敏、洪浩：《正当程序法律分析——当代美国民事诉讼制度研究》，中国政法大学出版社 2000 年版，第 290 页。

〔2〕　［美］斯蒂文·N. 苏本等：《民事诉讼法——原理、实务与运作环境》，傅郁林等译，中国政法大学出版社 2004 年版，第 788 页。

〔3〕　沈达明编著：《比较民事诉讼法初论》，中国法制出版社 2002 年版，第 105 页。

案件涉及公共利益的情况下，法院也可主动地适用争点排除规则。

美国的争点排除规则与请求排除规则有不同的起源。一般认为，争点排除规则源于古日耳曼法，请求排除规则源于古罗马法。通过上述介绍我们可以看出，美国法上的争点排除规则与请求排除规则存在明显的区别。首先，争点排除规则在适用时只需后诉与前诉中的争点同一，并不要求后诉与前诉的诉因相同，只是强调前诉的认定对后诉产生约束力，就已被前诉法院认定的争点，法院在后诉中应作出与前诉法院完全相同的认定。因此，争点排除规则对后诉的发生和进行并不阻止。请求排除规则在适用时则要求后诉与前诉的诉因相同，完全禁止后诉的发生，即"要么现在就说，要么永远闭嘴"。[1]其次，争点排除规则在适用时要求前诉法院对争点已经进行了充分的审理，但请求排除规则的适用并不以当事人对某个特定事项存在对立意见为前提，也不要求前诉法院对诉因进行了充分的审理。也就是说，争点排除规则，仅对"实际上被纳入诉讼且判决的事项"产生效力，而请求排除规则对"应当但实际未被纳入诉讼的事项"也可以适用。[2]

三、既判力的本质

既判力的本质研究的是既判力是什么的问题。大陆法系的民事诉讼法学者对这一问题进行了较为持久和深入的研究，但并未形成一致的意见。我国学者对这一问题也进行了一定的探讨，但研究成果并不多见且不太深入。下面，笔者将对既判力本质的相关学说进行简要的介绍和评价。

（一）从实体法视角探讨既判力本质的学说

1. 概念法学末期的既判力本质说

概念法学源于"潘德克顿法学"。"潘德克顿法学"诞生于19世纪的德国，是以罗马法的《学说汇纂》作为研究基础而形成的法学体系。它的历史基础是忠于传统和服从规则，它的思维范式是崇尚理性和善于思辨，它的学

---

〔1〕［美］斯蒂文·N.苏本等：《民事诉讼法——原理、实务与运作环境》，傅郁林等译，中国政法大学出版社2004年版，第762页。

〔2〕［美］凯文·M.克莱蒙特："既判力：司法之必需"，袁开宇译，载《清华法治论衡》2015年第2期，第22页。

术品格为恪守严谨和遵从秩序。[1]概念法学适应近代民主、法治、自由和市场经济的需要，把西方多年以来传承的自然法思想与近代的个人主义、理性主义以及科学主义结合起来，对分析法律概念和构造法律体系十分注重，是19世纪德国法学的主要法学学派。到了19世纪晚期，由于利益法学的兴起，概念法学受到了批判，但概念法学奠定了现代法律制度和法治最为重要的基石，被视为是近代法制史上功勋最为卓著的法学学派。

概念法学末期，学者们提出了与既判力本质相关的学说。常怡教授指出："末期概念法学派学者对于既判力所持的见解，即是现在'实体法说'的前身。"[2]概念法学末期的学者们认为，当事人之间的实体法律关系通过法院的裁判予以认定，就同一事件当事人如果再次提起诉讼，就应当适用一事不再理原则。

需要指出的是，概念法学末期学者们提出的与既判力本质相关的学说，仍然继承了罗马法诉讼法与实体法不分的诉权法理。之所以分析既判力的本质能够从实体法的角度出发，是因为当时的学者们对诉讼法与实体法的分离已经予以承认，并且已经开始形成这种分离。

2. 既判力本质的实体法说

最初提出既判力本质实体法说的是德国学者保罗等人。德国学者帕津斯特基、柯勒尔以及日本学者伊东乾等是这一学说的倡导者，法国学者R.波蒂埃对既判力本质同样持实体法说。我国学者田平安教授也认为："就既判力本质论应当采用传统的实体法说。"[3]

既判力本质实体法说的基本观点是：既判力是法院生效裁判实体法上的效力，法院的生效裁判是实体法上的裁判要件事实，是当事人之间的裁判契约，具有创设新的实体法的效果。正确的法院生效裁判所认定的权利符合既存的实体权利状态，法院的生效裁判就证实了既存的实体权利状态，对当事人之间的实体法律关系重新进行了认定，进一步增加了既存的实体权利状态的法律基础，因此，无疑具有既判力。错误的法院生效裁判对当事人之间的实体法律关系进行了变更，甚至创设了当事人之间根本不存在的实体法律关

---

〔1〕　谢冬慧："从民族性格看德国的潘德克顿法学"，载《法学评论》2015年第2期，第181~189页。

〔2〕　常怡主编：《民事诉讼法学》，中国法制出版社2008年版，第117页。

〔3〕　田平安主编：《民事诉讼法学研究》，高等教育出版社2008年版，第272页。

系，法院生效裁判的内容与既存的实体权利状态产生了冲突，使得原来存在的权利被视为不存在而原来不存在的权利被视为存在。但由于法院的生效裁判具有创设新的实体法的效果，错误的法院生效裁判作出后，也应当视为当事人之间实体法律关系与法院生效裁判的内容相一致。因此，即使法院作出的生效裁判是错误的，也同样产生既判力。

法国学者 R·波蒂埃虽然对既判力本质也持实体法说，但他对既判力本质的认识与德国及日本的学者有所不同。R. 波蒂埃认为，"真实拟制说"是既判力理论的核心思想，法院生效裁判内容的真实性是通过既判力推定出来的，任何相反的证据都不能将其推翻，应当将既判力视为是法律上的推定。此外，对既判力的本质还可以从"失权效"的角度进行分析。[1] 对于 R. 波蒂埃关于既判力本质的上述思想，张卫平教授和陈刚教授指出："从 R. 波蒂埃的既判力理论来看，当时人们对既判力的认识仍然受到实体法的局限，当时法国的民事诉讼法实际上并未完全从实体法体系中脱离开来，许多诉讼法上的问题都在民法典中加以规定，……这就导致了人们总是用实体法的概念或从实体法的角度去认识程序上的问题。R. 波蒂埃的既判力理论属于早期的实体法既判力理论。"[2]

既判力本质实体法说的提出主要有两方面的原因：一是实体法在以成文法为特征的大陆法系十分完备。实体法在诉讼过程中是法院裁判当事人之间争议的规范依据，在诉讼之外也能对社会生活起到规范作用。二是与私法诉权说有很大的关联。在当时，"德国学者认为，德国民事诉讼中的'请求'是以实体法上的请求权为基础产生的概念。因此，德国民事诉讼法是以私法诉权说为背景制定的，诉权是指'可以进行诉的请求权'"。[3] 依私法诉权说的观点，在行使一次请求权或者诉权以后，当事人就不能再次行使同一请求权或者诉权。

既判力本质的实体法说，既具有积极意义，也存在明显的缺陷。它的优点主要在于：一是对法院生效裁判所认定的权利状态予以关注，认为必须完全以法院生效裁判的内容为标准，对当事人之间实体权利义务关系的内容进

---

〔1〕 所谓"失权效"，是指债权人向法院起诉时对实现自己债权形成妨碍的相关事实，包括诉讼时效、决讼宣誓和既判力。

〔2〕 张卫平、陈刚编著：《法国民事诉讼法导论》，中国政法大学出版社1997年版，第134页。

〔3〕 江伟、邵明、陈刚：《民事诉权研究》，法律出版社2002年版，第9页。

行认定。因此，能够对法院的生效裁判即使是错误的也能产生既判力的问题进行说明。二是通过对当事人之间实体权利义务关系在法院生效裁判作出之前和作出之后的变化来论证既判力的本质，直接赋予法院的生效裁判具有创设新的实体法的效果，如果仅从实体法的视角来看是无可指责的。三是对法院生效裁判认定的权利状态与诉讼之外存在的权利状态进行了统一，某些民法学者甚至以此作为论证的基础或者根据。

既判力本质的实体法说存在的明显缺陷有以下几个方面：其一，与既判力的相对性原则不符。这一原则认为，既判力原则上对未参加诉讼的案外人不产生作用而只作用于参加诉讼的当事人。但依既判力本质的实体法说，当事人在诉讼之外既存的权利状态都可以转化为法院生效裁判所认定的权利状态，未参加诉讼的案外人也可能受到既判力的约束，这样就是承认了既判力的绝对性。其二，对既判力在诉讼法上的效果和性质没有作出合理的解释。既判力是民事诉讼法上的一项制度，无疑具有公法的性质，只能由法院依职权调查，不能允许依当事人的合意予以排除。但是，依既判力本质的实体法说，法院的生效裁判为当事人之间的裁判契约。因此，这一学说无法阻止当事人合意排除或者任意创设既判力，也不能对既判力属于法院职权调查事项进行说明。其三，对法院的职权定位存在误解。依既判力本质的实体法说，法院的生效裁判具有创设新的实体法的效果。但是，法院的主要职责不是创设法律而是适用法律，从职权定位来讲，法院不是对权利义务予以创设的机关，这一权力应当由立法机关来行使。其四，不能解释诉讼判决的既判力问题。域外法所称的"诉讼判决"，大体相当于我国民事诉讼法中的不予受理和驳回起诉的裁定。"诉讼判决"具有既判力是大陆法系民事诉讼法学界的通说。但是，"诉讼判决"完全属于程序性的事项，其内容与当事人之间的实体权利义务关系明显不存在关联性。既判力本质的实体法说对"诉讼判决"产生既判力就无法进行说明。其五，不能说明既判力产生禁止另行起诉以及禁止重复受理和审判的消极作用，对既判力为什么作用于法院不能进行解释。在不正确的法院生效裁判所认定的权利状态与诉讼之外存在的实体权利状态明显不一致时，既判力本质的实体法说可能存在漏洞而在学理上无法自圆其说。

3. 既判力本质的权利实在说

日本学者兼子一是既判力本质权利实在说的倡导者。这一学说的基本观点是：在法院作出生效裁判之前，并没有实体法上权利的现实存在，此时实体法上的权利还不属于物质的范畴，只是在当事人的意识之中抽象地存在，只是一种权利的假象而不是客观存在的真正的权利。在法院作出生效裁判之前的权利，"只不过是私人的个人法律判断，只是期望性观察的法律假象而已"。[1]要对实体法上规定的权利假象赋予当事人以真正的实体权利，只能通过法院生效裁判的作出才能实现。因此，在法院作出生效裁判后，当事人和法院自然就应当尊重法院生效裁判赋予的当事人真正实在的实体权利，进而，法院生效裁判的既判力得以产生。

日本学者兼子一倡导既判力本质的权利实在说有两方面的学术背景：一是著名哲学家胡塞尔的现象学原理，是兼子一分析既判力本质的理论基础。胡塞尔对因果性问题的现象学分析，是从纯粹意识与因果性问题、因果关系的证明性以及因果性的客观有效性等方面予以展开的。[2]二是与兼子一对民事诉讼目的和民事诉权的理解有关。就民事诉讼目的而言，兼子一持纠纷解决说，认为诉讼制度是先于实体权利而存在的；在民事诉权的理解上，他认为民事诉权是本案判决请求权而不是权利保护请求权。

既判力本质的权利实在说的提出，目的在于对既判力本质实体法说和诉讼法说各自的不足予以克服，存在一定的进步意义。首先，与既判力本质的实体法说不同，它对诉讼之外实体权利的存在不予承认，不需要对既存的权利状态与法院生效裁判认定的权利状态进行比较，不需要对不正当的法院生效裁判的既判力进行说明，不需要将法院生效裁判的既判力解释为既有权利的转化作用。其次，与既判力本质的诉讼法说不同，它考察既判力的本质是从实体权利的角度出发，不会人为地割裂法院裁判与实体权利义务之间的联系以及诉讼法与实体法之间的关系。

但是，既判力本质的权利实在说存在的缺陷也十分明显。一是它主张诉讼之外不会有现实存在的实体法上的权利，只能有权利假象的存在，也就意味着法院的生效裁判不会产生错误，这明显不符合现实。二是它主张"对实体法上规定的权利假象，要赋予当事人以真正的实体权利，只能通过法院生

---

〔1〕 〔日〕兼子一、竹下守夫：《民事诉讼法》（新版），白绿铉译，法律出版社 1995 年版，第157 页。转引自江伟主编：《中国民事诉讼法专论》，中国政法大学出版社 1998 年版，第 158 页。

〔2〕 张小龙、曹志平："胡塞尔现象学中的因果性问题"，载《科学技术哲学研究》2015 年第 5 期，第 32～34 页。

效裁判的作出才能实现"。这一主张并不具备真实的前提。在现实生活中，当事人真正的实体权利，通过法院生效裁判的作出来赋予的只是一小部分，即使是由法院的生效裁判来赋予，这种权利本身也是客观存在的，法院的生效裁判只是对这种权利加以认识和肯定罢了。三是既判力本质实体法说存在的缺陷，除其否认诉讼外实体权利存在的因素外，在既判力本质的权利实在说中同样是存在的。

（二）从诉讼法视角探讨既判力本质的学说

1. 既判力本质的诉讼法说

德国学者斯坦因和赫尔维希是既判力本质诉讼法说的倡导者。既判力本质诉讼法说的基本观点是：既判力不是实体法上的效力而只是纯粹的诉讼法上的效力，法院的生效裁判只能对实体权利是否存在起到肯定或者否定的作用，但它不会影响实体权利状态本身，更不能消灭或者创设实体权利。法院生效裁判的既判力对当事人和法院能够产生作用，是因为需要维护国家司法权的权威性和统一性，既判力的本质与实体法不存在关联而仅仅是基于诉讼法。对法院在前诉中作出的生效裁判对后诉产生拘束效力的问题，以斯坦因和赫尔维希为代表的学者认为，法院生效裁判的既判力产生既判力的积极效果而不产生既判力的消极效果。即：法院在前诉中作出的生效裁判的既判力，只能禁止在后诉中当事人不同主张的提出和法院相矛盾判断的作出，从而达到后诉与前诉在法院生效裁判内容上的完全一致，但不能禁止当事人的另行起诉以及法院的重复受理和审判。

既判力本质诉讼法说的形成有两个方面的原因：一是在诉讼法从实体法分离出来的背景之下，诉讼法学的理论研究不断拓宽和深入，对诉讼法的公法性质，人们越来越予以认同。二是私法诉权说已经逐渐退出了历史舞台而被公法诉权说所取代。

既判力本质的诉讼法说是从诉讼的国家公权性出发来理解既判力的本质，在实体法构成要件中将诉讼对象分离出来，不区分正当裁判和不正当裁判而赋予诉讼以整体性，因而在很大程度上对既判力理论进行了发展和丰富。这一学说还能对既判力同时作用于法院和当事人进行解释，能够解释诉讼判决的既判力问题，也能够对既判力属于法院职权调查的事项进行说明。

既判力本质的诉讼法说存在以下几个方面的瑕疵：一是对既判力本质的理解纯粹从诉讼法出发而将其完全归结于诉讼法上的效果，不仅无法解释实体法与法院审判活动的关系，而且也不能说明法院裁判的作出是实体法与诉讼法相互作用的产物。二是虽然不区分正当裁判与不正当裁判而赋予诉讼以整体性具有合理的因素，但对于法院的不正当裁判对实体权利义务关系的影响完全不予顾及也是不恰当的，因为这一问题是既判力根据中一个十分关键的问题。三是对与实体法存在关联的法院生效裁判涉及的权利性质以及既判力的效力范围等问题，在理论上还有诸多无法克服的难点。

2. 既判力本质的新诉讼法说

在大陆法系国家和地区，持既判力本质新诉讼法说的学者较多。例如，德国学者伯特赫尔和罗森贝克、日本学者三月章和斋藤秀夫、我国台湾地区学者王甲乙、杨建华、郑健才等，都是既判力本质新诉讼法说的主张者。

既判力本质新诉讼法说的基本观点是：法院生效裁判的既判力之所以能够作用于法院和当事人，是因为民事诉讼的最高理念是"一事不再理"，前诉法院作出生效裁判后，当事人不得另行起诉，后诉法院对就前诉生效裁判已经判定的事项当事人另行提起的诉讼享有拒绝受理和审判的权力，应当以起诉欠缺诉讼要件而不合法为由予以驳回。在解释法院生效裁判既判力这种效力的根据时，新诉讼法说内部有不同的认识。"伯特赫尔认为，同一事项不能再行审理是诉讼经济原则的要求；而罗森贝克则认为，应当区分既判力制度的目的和本质两个概念：前者是防止作出与确定判决相矛盾的判决（积极效果），后者是排除对既决事件重新审判的可能（消极效果）。日本学者三月章和斋藤秀夫认为，既判力法律效果的根据在于纠纷一次性解决的要求，这与伯特赫尔的观点相近。"[1]

既判力本质的新诉讼法说不同于既判力本质的实体法说而应当将其归于既判力本质的诉讼法说的范畴，因为它认为既判力的本质仅具有诉讼法上的意义而与实体法无关。既判力本质的新诉讼法说之所以被称为"新"，是因为它对既判力本质的诉讼法说的某些观点进行了修正和发展，两者的主要区别在于：既判力本质的诉讼法说认为，法院生效裁判的既判力不产生消极效果而只产生积极效果，既判力对当事人的另行起诉以及法院的重复受理和审判不能予以阻止，只是不允许在后诉中当事人不同主张的提出和法院相矛盾判断的作出。既判力本质的新诉讼法说则认为，法院生效裁判的既判力不产生积

---

〔1〕 江伟主编：《中国民事诉讼法专论》，中国政法大学出版社1998年版，第160页。

极效果而只产生消极效果，与其禁止在后诉中当事人不同主张的提出和法院相矛盾判断的作出，还不如直接对当事人的另行起诉以及法院的重复受理和审判进行阻止。因为不允许当事人的另行起诉以及法院的重复受理和审判，是阻止在后诉中当事人不同主张的提出和法院相矛盾判断作出的最为彻底的方法。可见，既判力本质的新诉讼法说对民事诉讼中"一事不再理"的原则十分偏重。

既判力本质的新诉讼法说具有且强化了既判力本质诉讼法说的优点，有利于维护法院生效裁判的稳定和权威，有利于纠纷的一次性解决和社会秩序的稳定。

与既判力本质的诉讼法说一样，既判力本质的新诉讼法说就实体法因素对既判力本质的影响不予承认，既判力本质的诉讼法说存在的缺陷对既判力本质的新诉讼法说而言同样无法予以克服。尤为重要的是，既判力本质的新诉讼法说比既判力本质的诉讼法说对一事不再理原则和纠纷的一次性解决更加强调，有可能过分地干涉当事人在民事权利义务关系中处分权的行使，因而有可能背离司法正义的理念。既判力本质的"新诉讼法说以通过强调实体法与诉讼法秩序在价值目标上的一致性，在一定程度上拉近了实体法与诉讼法之间的距离，但因以诉讼法价值目标为出发点而内涵于诉讼法说之中的割裂实体法与诉讼法之关联的理论缺陷并没有因此而彻底消除"。[1]

（三）既判力本质的折中说

前述关于既判力本质的学说，概念法学末期的既判力本质说、既判力本质的实体法说和权利实在说是从实体法意义来理解既判力的本质。既判力本质的诉讼法说和新诉讼法说是从诉讼法意义来理解既判力的本质。既判力本质论实体法说和诉讼法说"两种学说对立的背后，乃是罗马法诉讼法理与日耳曼法诉讼法理的较量。罗马法时代，实体请求权与诉权尚未分化，并为actio 所支配。……在这种诉讼制度下，可以与当下既判力理论相比附者，乃actio 的消耗理论。……因 actio 内含有实体请求权与诉讼上的诉权两个概念，且当时的成文法既是裁判规范又同为社会规范之谓，所以将 actio 的消耗理论理解为起诉前业已存在的实体请求权的消耗并无不妥。……日耳曼法中并没有类似罗马法中的 actio，其运营法理是法乃应于事实中所发现者，而发现法则属于共同体全体自由人的义务。……日耳曼法中判决拘束力的理论根据，

---

〔1〕　田平安主编：《民事诉讼法学研究》，高等教育出版社 2008 年版，第 270 页。

与其说是判决乃案件之法，毋宁说应该在共同体全体参与判决的程序事实中寻找答案。亦即，将日耳曼诉讼中判决的拘束力视为诉讼法上的效果更为确当"。[1]既判力本质的折中说是为了调和纯粹从实体法意义或者纯粹从诉讼法意义理解既判力本质形成的对立而出现的几种学说的简称。这种学说认为，既判力应当同时具有实体法的性质和诉讼法的性质，不能纯粹从实体法的性质或者纯粹从诉讼法的性质出发来理解既判力的本质。由于对实体法性质和诉讼法性质在既判力本质中所起作用的大小或者方式的理解不同，既判力本质的折中说可以被细分为新实体法说、修正的诉讼法说、双重性质说和综合既判力说。

1. 既判力本质的新实体法说

德国的一些学者在继承和修正既判力本质实体法说的基础上，提出了既判力本质的新实体法说。

既判力本质的新实体法说认为，既判力具有实体法性质，这与既判力本质的实体法说和权利实在说是相同的，但在对待诉讼外的实体权利状态的问题上的认识存在差异。既判力本质的实体法说只对法院生效裁判认定的实体权利状态予以关注，认为诉讼外的实体权利状态只有在转化为法院生效裁判所认定的权利状态时才能产生既判力。既判力本质的权利实在说是把诉讼外的实体权利状态视为一种权利假象，认为其并不是客观存在的真正的权利。既判力本质的新实体法说则承认诉讼外实体权利状态的存在，并严格区分法院生效裁判所认定的实体权利状态与诉讼外的实体权利状态，认为前者产生既判力而后者无既判力。对诉讼外的实体权利状态，既判力本质的新实体法说认为，它是当事人在诉讼之外对自身的实体权利状态以实体法为依据在法律上进行的自我评价，是当事人的一种自发行为，是当事人将法律事实要件对实体法自行予以适用而享有的实体权利。由于这种权利并没有经过法院的判断，因而不产生强制性的拘束力而仅仅具有私权的性质，也就无既判力可言。法院生效裁判认定的实体权利状态，是因当事人之间发生争执时是由法院的生效裁判予以认定的，法院生效裁判的这种认定之所以产生既判力，是因为当事人双方在诉讼过程中得到了充分的程序保障，并且这种认定是法院

---

[1] ［日］中村宗雄、中村英郎：《诉讼法学方法论——中村民事诉讼理论精要》，陈刚、段文波译，中国法制出版社 2009 年版，第 203～205 页。

行使审判权作出的。

无论是概念法学末期的既判力本质说还是既判力本质的实体法说和权利实在说，都认为既判力仅具有实体法上的效力而与诉讼法无关。但是，对既判力在法律体系中定位的问题，既判力本质的新实体法说虽然也强调既判力本质的实体法性质，但认为既判力本质同时也有诉讼法的性质，这也是将其归于既判力本质折中说而不归于实体法说的原因所在。在既判力本质的新实体法说看来，既判力在实体方面的作用表现为法院的生效裁判具有创设和形成实体权利的法创造力，在程序方面的作用表现为这种法创造力不是来自实体法而是来自诉讼法。既判力的主观界限和客观界限都具有诉讼法的性质，既判力的本质应当包括一事不再理，对当事人的另行起诉以及法院的重复受理和审判应当予以禁止。

既判力本质的新实体法说虽然认为既判力的本质同时具有实体法性质和诉讼法性质，但对既判力本质的理解偏重于实体法，这是将其命名为"新实体法说"的原因所在。依既判力本质的新实体法说，既判力与实体权利义务之间的关系是十分密切的，最为重要和明显的是既判力在实体法领域的作用，并且既判力的实体作用可以脱离程序作用而单独地产生，当事人对同一事实基于不同的理由有权再次提起诉讼，既判力的程序作用是依附于实体作用的。

既判力本质的新实体法说认为，法院生效裁判的法创造力不是来源于实体法而是来源于诉讼法，其合理地解释了为什么能够对法院的生效裁判启动再审程序的问题。但是，这一学说对既判力本质的理解主要从实体法的性质出发，从实体法视角探讨既判力本质的学说存在的诸多不足仍然无法予以克服的原因，也未对既判力诉讼法上的性质和效果进行较为充分的说明。

2. 既判力本质的修正的诉讼法说

我国著名的诉讼法学家江伟教授是既判力本质修正的诉讼法说的主张者。这种学说认为："既判力的本质首先是判决在程序上的效力，判决的实体法性质虽然也构成既判力本质的一部分，但只是一小部分，因而应当把既判力主要看作是一种诉讼法上的制度或范畴。"[1]

既判力本质的修正的诉讼法说认为，既判力的本质具有诉讼法的性质，这与既判力本质的诉讼法说和新诉讼法说是一致的。它们之间的区别主要有

---

[1]　江伟主编：《中国民事诉讼法专论》，中国政法大学出版社 1998 年版，第 166 页。

两个方面：一是既判力本质的修正的诉讼法说认为既判力的本质仍然具有一定的实体法性质，既判力本质的诉讼法说和新诉讼法说则认为既判力的本质仅具有诉讼法的性质而不具有实体法的性质，不承认实体法因素对既判力本质的影响。二是就既判力本质诉讼法性质而言，既判力本质的诉讼法说强调既判力的积极效果，认为法院生效裁判的既判力禁止在后诉中当事人不同主张的提出和法院相矛盾判断的作出，既判力本质的新诉讼法说强调既判力的消极效果，认为法院生效裁判的既判力禁止当事人的另行起诉以及法院的重复受理和审判。但是，依既判力本质的修正的诉讼法说："在既判力的效果上，我们既采纳了诉讼法说的程序上的积极效果观点，又采纳了新诉讼法说的程序上的消极效果观点，……"[1]"既判力是判决的实体确定力在诉讼程序上对后诉法院的效力。一方面，判决所确认的权利或法律关系，成为当事人和法院必须遵从的内容，当事人和法院不得提出相异主张或作出矛盾判决，这是既判力的积极效果。另一方面，基于公共利益的考虑，为限制当事人滥用诉讼制度，而禁止当事人和法院就既判事项再行起诉和重复审判，这是既判力的消极效果（即一事不再理）。"[2]

既判力本质的修正的诉讼法说与新实体法说都认为既判力的本质同时具有实体法的性质和诉讼法的性质，并且修正的诉讼法说"还采纳了新实体法说的实体法上的消极效果的观点"。[3]因为新实体法说认为，既判力的本质应当包括一事不再理，对当事人的另行起诉以及法院的重复受理和审判应当予以禁止。既判力本质的修正的诉讼法说与新实体法说的主要区别在于：一是修正的诉讼法说认为应当把既判力主要看作是一种诉讼法上的制度或者范畴，新实体法说则认为既判力在实体法领域的作用是最为明显和重要的。二是修正的诉讼法说所指的既判力的积极效果既包括了实体方面，又包括了程序方面，认为"承认既判力的积极效果同时包含实体和程序两个方面，其意义在于：当前诉的裁判事项为后诉的先决问题时，法院应受前诉判决的拘束，其判决应以前诉确定判决为基础（实体方面），但在实践中可能会出现下列情形，即法院忽略了确定判决的既判力，而作成第二个确定的矛盾判决。在这

---

〔1〕 江伟主编：《中国民事诉讼法专论》，中国政法大学出版社1998年版，第166页。
〔2〕 江伟主编：《中国民事诉讼法专论》，中国政法大学出版社1998年版，第165页。
〔3〕 江伟主编：《中国民事诉讼法专论》，中国政法大学出版社1998年版，第166页。

种情况下，就存在认定哪一个判决为有效的问题，这就需要借助既判力程序方面的积极效果来说明了"。[1]新实体法说则是纯粹从实体法方面来认识既判力的积极效果，认为既判力的积极效果就是实体效果或者实体作用，实体作用可以脱离程序作用而单独产生。

3. 既判力本质的双重性质说

既判力本质的双重性质说为德国一些学者所主张，日本学者伊藤真等也是这一学说的主张者。

既判力本质的双重性质说认为："既判力既具有实体法性质的一面又具有诉讼法性质的一面。通过既判力赋予当事人解决纠纷的实体性地位就是实体法性质的一面，这被称为独立的既判力，而既判力诉讼法性质的一面就表现在，当对方当事人在其他诉讼中对既判力所赋予本方当事人的实体性地位进行攻击时，既判力就会对对方当事人的这种行为予以阻断，这被称为附随的既判力。独立的既判力原则上在诉讼外发挥机能，而且，这种独立的既判力也是判决产生波及性效力的根据。"[2]

既判力本质的双重性质说认为既判力同时具有实体法性质和诉讼法性质，这与新实体法说以及修正的诉讼法说是相同的。但是，新实体法说对既判力的实体法性质较为偏重，修正的诉讼法说对既判力的诉讼法性质较为偏重。既判力本质的双重性质说则是将既判力本质的实体法性质与诉讼法性质处于平行的位置，不偏不倚，认为体现实体法性质的独立的既判力和体现诉讼法性质的附随的既判力分别在诉讼之外和诉讼过程中发挥作用。既判力本质的双重性质说的这一认识，割裂了既判力本质的实体法性质和诉讼法性质之间的关系。

4. 既判力本质的综合既判力说

日本学者中村宗雄是既判力本质的综合既判力说的主张者。这一学说的基本思想是：诉讼的形成，既不能单凭诉讼法的作用，也不能单凭实体法的作用，诉讼应当被视为是由诉讼法和实体法的综合作用而形成的"场"。应当同时从诉讼法和实体法两个方面来对既判力的本质进行解读，从诉讼法方面

---

〔1〕　江伟主编：《中国民事诉讼法专论》，中国政法大学出版社 1998 年版，第 165~166 页。

〔2〕　［日］高桥宏志：《民事诉讼法：制度与理论的深层分析》，林剑锋译，法律出版社 2003 年版，第 480 页。

来看，既判力是诉讼程序中法院生效裁判的实体确定力对后诉产生的拘束力，从实体法方面来看，诉讼标的经过法院生效裁判认定以后，就使法或者权利从抽象变为具体，从而产生实体上的确定力。诉讼法方面和实体法方面的既判力是不可分割地共同产生的，因为"既判力尽管表现为程序上的拘束，但其根据是判决实在化了的具体实体法规范的实体确定力"。[1]

既判力本质的综合既判力说和双重性质说都认为既判力的本质同时具有处于平行位置的实体法的性质和诉讼法的性质。两者的区别在于：双重性质说认为既判力本质的实体法性质和诉讼法性质分别作用于诉讼之外和诉讼过程之中，两者是相分离的。综合既判力说则认为既判力本质的实体法性质和诉讼法性质是不可分割地共同产生的，是共同产生作用的一个问题的两个方面。

既判力本质的综合既判力说对既判力本质实体法说和诉讼法说的合理部分进行了综合，肯定了既判力的相对性原则，也能合理地解释了为什么对法院不正当的生效裁判能够启动再审程序的问题。但是，这一学说并没有对当事人在程序上受到既判力约束的问题进行较为充分的论证，并且将拘束力表达为与既判力相邻属性的概念也有可能会引起争议。

（四）对既判力本质的认识

对既判力本质的正确认识，主要应当明确三个问题：

第一个问题是既判力的本质是一元还是二元。有学者认为，事物的本质是一事物区别于另一事物的质的规定性，既判力的本质应当是非此即彼而不能是亦此亦彼。也就是说，既判力的本质应当是一元的，要么具有实体法的性质，要么具有诉讼法的性质，不能同时具有实体法的性质与诉讼法的性质，否则将有违既判力本质的逻辑属性。笔者认为，上述主张是有待商榷的，既判力的本质应当是二元的，揭示既判力的本质应当从实体法和诉讼法两个方面来进行才能找到合理的答案。既判力的本质是指既判力作为法院裁判的效力之一与法院裁判的其他效力相区别的质的规定性。这种质的规定性并不是指既判力的本质只能归属于诉讼法或者只能归属于实体法。从一元论向二元论的转变，是大陆法系国家和地区对既判力本质的研究逐渐深化的发展趋势。

---

[1] 张卫平：《程序公正实现中的冲突与衡平——外国民事诉讼研究引论》，成都出版社 1993 年版，第 358 页。

出现这种趋势的原因在于：自诉讼制度脱离于实体法之后，民事诉讼的过程无疑要体现诉讼法和实体法的综合作用，法院生效裁判的既判力相应地也要对这种诉讼法与实体法的综合作用予以反映，因而应当从诉讼法和实体法两个方面来对既判力的本质予以揭示。如果对既判力本质持二元论而不持一元论，关于既判力本质的实体法说、诉讼法说、权利实在说和新诉讼法说就应当被否定。

　　第二个问题是既判力本质的诉讼法性质和实体法性质的地位是平行的还是有主次之分的。如果对既判力本质应持二元论，那么，既判力本质的诉讼法性质和实体法性质是有主次之分还是处于平行的位置呢？既判力本质的新实体法说和修正的诉讼法说认为既判力本质的诉讼法性质和实体法性质有主次之分而不是平行的，既判力本质的双重性质说和综合既判力说则认为在既判力的本质中诉讼法性质和实体法性质的位置并无主次之分而是平行的。笔者认为，既判力本质的诉讼法性质和实体法性质应当有主次之分，因为在既判力本质的构成中，诉讼法性质和实体法性质是矛盾的两个方面，两者既对立统一又相辅相成。在这一矛盾的两个方面之中，必然有一种性质的矛盾为矛盾的次要方面而另一种性质的矛盾为矛盾的主要方面。笔者不赞同既判力本质的诉讼法性质和实体法性质处于平行的地位的观点，因而对既判力本质的双重性质说和综合既判力说不予认可。

　　第三个问题是既判力本质的诉讼法性质和实体法性质何者为主。既判力本质的新实体法说认为既判力的本质同时具有诉讼法的性质和实体法的性质但以实体法性质为主。对这一学说存在的缺陷，笔者在前述内容中已经做了分析，这表明了笔者对这一学说予以否认的态度。笔者赞同既判力本质的修正的诉讼法说的观点，在既判力本质的诉讼法性质和实体法性质当中，起主导作用的是诉讼法性质，实体法性质只是处于辅助的地位。理由在于：首先，只有通过国家颁布民事诉讼法典的方式，既判力制度才能被确立，法院生效裁判的既判力是民事诉讼法律制度赋予的，揭示和接近既判力的本质应当主要从民事诉讼的角度出发。[1]从问题的根本来讲，既判力可以说是民事诉讼法上规定的专门针对当事人和法院的一种约束。其次，既判力作为民事诉讼制度的组成部分，虽然要服从民事诉讼制度的整体目的，但仍有自己独特的目

---

　　〔1〕　邓辉辉："关于既判力本质说的评介"，载《政法论丛》2005年第4期，第84页。

的。既判力制度自身独特的目的也表明既判力的本质主要体现为诉讼法性质。美国有学者指出："要理解既判事项，就有必要了解为什么一旦就某项请求作出判决，那么不允许就同一争议问题继续进行诉讼这一要求是合理的。英国普通法上的两条格言能够很好地概括出这一原则的一般构成方针。它们是：首先，一个人不应该两次受到相同原因的追诉；第二，终止诉讼是基于国家的利益考虑。因而，既判事项原则服务于私人利益和国家利益的双重目的。"[1]在既判力制度服务于国家利益和私人利益的双重目的之中，主要的是服务于国家利益的目的，因为从法治国家的原理来看，对法的安定性和法律秩序的稳定应当尽力予以维护。既判力制度所体现的思想是，在多数的情况下，法院裁判的稳定比法院裁判得到纠正更为重要。既判力制度有利于有限司法资源的节省和诉讼效率的提高。当事人之间发生纠纷请求法院解决，在法院解决纠纷的诉讼过程中，当事人得到了充分的程序保障，法院在此基础上作出了生效裁判。该生效裁判之所以产生既判力，是因为纠纷的解决应该有一个终点，没有理由认为法院后来作出的第二次裁判或者多次裁判就一定比第一次裁判正确，应当尽量实现纠纷的一次性解决。

虽然笔者赞同既判力本质的修正的诉讼法说，但笔者认为还有必要对这一学说进一步予以完善。既判力本质的修正的诉讼法说同时强调了既判力的积极效果和消极效果，但没有对这两种效果作用的情形完全予以明确。事实上，前诉裁判生效以后，在诉讼标的方面，后诉与前诉有可能存在三种情况：一是在诉讼标的方面后诉与前诉相同。二是前诉的诉讼标的的裁判成为后诉诉讼标的的裁判的前提。三是后诉的诉讼请求与前诉的判决相矛盾。[2]既判力的消极效果适用于上述第一种情形，因为只有在诉讼标的相同的情况下才能"禁止重复"。既判力的积极效果适用于上述第二种情形和第三种情形，因为诉讼标的不同不能"禁止重复"，但在诉讼标的方面后诉与前诉相关联时，应当"禁止矛盾"，不允许当事人不同主张的提出和法院相矛盾判断的作出。此外，修正的诉讼法说认为，既判力的实体法性质仅体现为后诉的判决在实体方面应以前诉的生效裁判为基础，笔者则认为，既判力的实体法性质还体现

---

〔1〕 ［美］杰克·H. 弗兰德泰尔、玛丽·凯·凯恩、阿瑟·R. 米勒：《民事诉讼法》（第3版），夏登峻等译，夏登峻校，中国政法大学出版社2003年版，第618页。

〔2〕 江伟主编：《民事诉讼法》（第5版），高等教育出版社2016年版，第310页。

为法院的生效裁判对诉讼标的的确定力，即实体法规范对生效裁判认定的诉讼标的的所具有的保障作用。笔者还认为，生效裁判这种实体法的性质之所以处于次要地位，是因为生效裁判实体法上的确定力是为诉讼法上的确定力服务的。需要指出的是，笔者对既判力本质的上述认识是以民事诉讼为视角的，由于既判力本质论与诉讼目的论、诉权论、诉讼标的论相关联，不同诉讼形式的裁判在既判力的本质上有可能是存在差异的。例如，行政判决既判力的本质就有不同于民事判决既判力本质的属性。[1]

四、既判力的根据

既判力的根据所探讨的问题是为什么法院的生效裁判会产生既判力，最为关键的是要说明为什么法院不正当的生效裁判原则上也产生既判力。对这一问题，大陆法系包括我国的民事诉讼法学界都进行了一定的研究，但并未取得一致的意见，大体上可以分为一元论、二元论和多元论。

（一）既判力根据的一元论

关于既判力根据的一元论，主要有以下三种学说：

1. 法的安定说

法的安定说，又称制度性效力说或者程序安定说。在 19 世纪末 20 世纪初，这一学说在德国和法国处于通说的地位。日本学者三月章是这一学说的支持者。

在德国，有学者对既判力根据的法的安定说有如下的论述："禁止撤回和形式既判力使判决从其外在状态上看不再能被审判法院和上诉法院消灭。但判决的外在确定力（Bestandskraft）还不足以最终结束双方当事人的权利争议。该判决可能在第二个直接或间接具有同样诉讼标的的诉讼中不被注意，结果是：对同一案件，现在的裁判可能与过去的裁判不相同。在前诉中胜诉也许无任何意义，争议将永无终结之时。这违反了正义和法的安定性。因此，除了外在确定之外，也必须保证裁判结束诉讼的内在确定力，以保证程序的法治国家特性。实质既判力服务于此目的。"[2]

---

〔1〕 向忠诚："行政判决既判力本质论"，载《吉首大学学报（社会科学版）》2010 年第 1 期，第 126~129 页。

〔2〕 ［德］奥特马·尧厄尼希：《民事诉讼法》（第 27 版），周翠译，法律出版社 2003 年版，第 317 页。

这一学说认为，民事诉讼作为国家设立的解决民事纠纷的制度，在客观上无疑有利于对私权的保护，但不能仅仅以此作为民事诉讼的目的，还应当考虑到对社会整体需要的满足，实现对法律状态和社会秩序稳定性的有效维护。既判力制度的根据就在于对国家一次性彻底解决纠纷的需要予以满足，使民事诉讼解决民事纠纷的诉讼目的得以实现，从而使法院生效裁判所确定的权利义务关系的法的安定性得到维护。除了这些之外，对其他方面的依据，既判力制度无需加以考虑。

法的安定说所指的"法的安定性"，核心是程序安定，因为在法院作出生效裁判以后如何实现程序安定是最为重要的任务。基于这一原因，法的安定说又被称为程序安定说。对如何理解程序安定，虽然学者们有不同的认识，但程序安定最重要的内容是程序的终结性是较为一致的观点。"程序的终结性是指民事诉讼程序通过产生一项最终的裁判而告终结。程序的终结性总与程序的时限性联系在一起，因为程序的时限性往往表现了程序的终结性。但两者的侧重点不同。……程序的终结性是程序安定的核心要素。国外学者在论及程序安定时，也往往多是从程序的终结性加以考虑的。"[1]对当事人而言，程序终结性要求其在法院作出生效裁判以后就应当恢复正常的自由和安宁而从诉讼中解脱出来，不能就同一案件另行起诉或者为相反的主张；对法院而言，程序终结性要求其就同一案件不能重复受理和审判或者作出相矛盾的判断。由此可见，程序安定所追求的效果符合既判力理论的价值目标。不仅如此，程序安定还可以作为纽带来连接既判力理论与民事诉讼的价值和目的，因为既判力理论强调实现程序安定能够在真正意义上使诉讼结束，因而能够使民事诉讼的公正价值和效益价值以及解决纠纷的诉讼目的得以实现。

依据法的安定说，应当依据法定的要件将既判力制度一律予以适用，在一般情况下，对当事人善意或者恶意的主观因素不必加以考量。从这种意义上讲，既判力被视为是不可或缺的民事诉讼的制度性效力。法的安定说因此也被称为制度性效力说。

从既判力本质和既判力根据之间的关系来考察，法的安定说可以说是既判力本质新诉讼法说在既判力根据上的延伸。既判力本质的新诉讼法说特别关注一事不再理原则，法的安定说认为既判力是基于一次性解决纠纷的需要

[1] 陈桂明：《程序理念与程序规则》，中国法制出版社1999年版，第6页。

而产生的制度性效力，这两者之间是和谐共存的。从一般的道理来讲，法的安定说的主张并不难理解，具有一定的合理性，因为作为解决民事纠纷的民事诉讼制度必须在某一时点上打上终止的符号而使诉讼予以终结。既判力理论就是关注诉讼终结的理论，如果不依既判力理论的要求，对法院在审级制度内已经最终解决的民事纠纷当事人可以反复争议，法院也可以多次作出相矛盾的判断。这样就会使当事人之间的权利义务关系始终变动不居而无法确定，不会存在真正意义上的纠纷解决，民事诉讼解决民事纠纷的功能将大为减损，社会秩序的稳定将会成为空谈，法院生效裁判的稳定性和权威性也无法得到保障。

2. 程序保障说

程序保障说又被称为权利保障说，其全称是程序保障下的自我归责说。日本学者井上治典在提出程序保障第三波理论时倡导了这一学说，并得到了日本不少的学者尤其是一些年轻学者的接受和赞同。我国学者汤维建教授也认为："既判力的依据是程序保障。"[1]

为了更好地理解这一学说，我们有必要对日本程序保障的理论做简要的考察。在日本，程序保障可以分为第一、第二和第三波理论。程序保障第一波理论的代表人物是山木户克已。他最初使用了"程序保障"这一术语，并提出了"当事人权理论"。山木户克已认为，为了对当事人在民事诉讼中的主体地位予以确立，应当特别重视当事人在民事诉讼过程中的权利保障，保护当事人权则是程序保障的核心所在；辩论权利是当事人权中最为重要的权利，对法院裁判不服当事人可依据此权利进行上诉、申诉。程序保障第二波理论的代表人物是新堂幸司。针对日本最高法院不重视当事人地位的心态，他发表了一篇题为《民事诉讼理论到底为谁?》的学术论文，提出了"民事诉讼理论应当是为了当事人的民事诉讼理论"的主张。新堂幸司认为，就当事人和法院之间的关系而言，是为了当事人才设立民事诉讼，民事诉讼的利用者应当是当事人，程序保障是法院裁判正当化的实质根据，应当从当事人的角度来赋予，在法院裁判的效力上应当体现对当事人的程序保障。程序保障第三波理论的代表人物是井上治典。受到英美法系正当程序宪法原则的影响，他认为对传统的民事诉讼法学应当从程序保障的视角进行重构。依井上治典的

---

〔1〕　汤维建主编：《民事诉讼法学》（第 2 版），北京大学出版社 2014 年版，第 265 页。

观点，在民事纠纷解决的过程中，民事诉讼只是其中的一个环节或者一个阶段，民事诉讼的重要机能是对当事人在程序上自律地进行对话予以保障；在民事诉讼中，当事人的行为责任并不相同，法院应当以当事人攻击防御机会的赋予和保障为基础来作出裁判，民事诉讼目的能否实现的关键是程序保障是否充分。程序保障第三波理论的形成原因在于：对程序保障空洞化的警醒；对程序本身具有保障裁判正统性作用的理论的提倡；重视诉讼外程序的影响；对判断中心型、重视心证型理论的反思。[1]日本学者田中成明认为："随着这些程序保障论的展开，审判正统性的根据也不再限于判决内容的正统性，而是向着还包括保障参加公正程序的方向扩大或者转移；在程序保障的理解上，也不再是各个当事人与法官的垂直关系，而是逐渐认为应当以当事人相互之间的水平关系为中心来把握。"[2]

依既判力根据的程序保障说的观点，不能将既判力视为是法院的一种判断效果，不能从民事诉讼制度自身来寻找既判力的根据；既判力是以当事人有无提出责任为基础而形成的遮断效力，其产生的根据是当事人在诉讼过程中程序保障的获得以及作为诉讼结果的自我责任。也就是说，在诉讼过程中当事人获得了程序保障，就应当承担提出主张和证据的自我责任，如果当事人未能履行这一责任，那么就不能对同一法律关系再次提出相同的请求和主张。

英美法系大多也是以程序保障作为依据来设立与大陆法系既判力诉讼价值相类似的制度的。英美法系为事实出发型的民事诉讼体制，日本学者中村英郎指出："在事实出发型民事诉讼里，从发生诉讼的事件出发，认为裁判应从事件中发现法（舍弃实体法社会规范的一面，只从裁判规范角度出发）。在这里，围绕事件的法应从当事人的争论中发现，判决以当事人在诉讼里竭尽攻击防御方法为前提，具有约束当事人的能力。即将程序保障看成是既判力的根据。"[3]

---

〔1〕 汪振林："程序保障第三波理论之探析"，载陈刚主编：《比较民事诉讼法（2001年卷－2002年卷）》，中国人民大学出版社2002年版，第96~100页。

〔2〕 ［日］田中成明：《现代社会与审判：民事诉讼的地位和作用》，郝振江译，北京大学出版社2016年版，第248页。

〔3〕 ［日］中村英郎：《新民事诉讼法讲义》，陈刚、林剑锋、郭美松译，常怡审校，法律出版社2001年版，第230页。

程序保障说的法理基础有两个方面：一是正当法律程序原则。"民事审判必须符合正当程序的要求。为充分保障当事人双方攻击防御而设立严密程序，司法制度也必须具备与尊重人格和民主主义理念相符的程序制度。"〔1〕依据这一原则，法院在诉讼过程中对当事人充分和平等地参与诉讼有义务予以保障，在一般情况下，只有在双方相互进行攻击和防御的过程中，当事人才能充分和完整地对自己提出的主张和证据予以展示，对抗制应当被定位为民事诉讼程序的基本结构。〔2〕二是处分原则。依民事诉讼的处分原则，当事人在民事诉讼中享有提出主张和证据的权利，当事人提出的主张和证据也是法院作出裁判的基础。在民事诉讼中，如果当事人应当提出而不提出有关的主张和证据致使裁判的结果对其不利，应当视为是在民事诉讼中当事人行使处分权的体现。

3. 国家审判权说

在大陆法系，有学者主张既判力产生的根据是国家审判权。"正如法国民事诉讼法学家 A. Tssier 所言，裁判是以国家的名义进行的，裁判（审判）是国家实施其公务的行为，诉讼是国家发挥其审判功能的方式。民事诉讼法不仅仅是保护私法，即实现私法，同时也是公法的一部分。……既判力的本质和根据不是基于裁判契约，也不是拟制的真实，既判力是从国家赋予法官的裁判权中产生的。作为当事人就应当服从法官所作出的判决，既判力就是当事人对判决尊重的体现。"〔3〕日本学者中村英郎亦指出："给予确定判决这样的效力是因为判决是以国家意思为背景的法的权威，具体地讲是基于国家司法权的威信。"〔4〕

国家审判权说认为，法院的生效裁判之所以产生既判力，是因为法院的生效裁判是法院行使审判权依法作出的，既判力的根据就在于国家审判权。这一学说的核心思想是：既判力服务于维护国家审判权的权威性和统一性，就法院已经作出生效裁判的案件，如果法院重复受理和审判或者在后诉中作

---

〔1〕〔日〕小岛武司：《诉讼制度改革的法理与实证》，陈刚、郭美松等译，法律出版社 2001 年版，第 3 页。

〔2〕在对抗制民事诉讼程序的基本结构中，当事人获得的法院裁判一般被视为是自身努力的结果，法院裁判产生既判力的根据在于程序保障，当事人如果因自身的原因疏于或者不当地行使权利，理应由自己承担对其不利的诉讼后果。

〔3〕张卫平、陈刚编著：《法国民事诉讼法导论》，中国政法大学出版社 1997 年版，第 135~136 页。

〔4〕〔日〕中村英郎：《新民事诉讼法讲义》，陈刚、林剑锋、郭美松译，常怡审校，法律出版社 2001 年版，第 229 页。

出相矛盾的判断，就会对国家审判权的权威性和统一性形成直接的冲击。如果当事人另行起诉或者在后诉中为相反的主张，也就是对国家审判权的权威性不予尊重。此外，国家审判权说是以保障人权为目标，因为无休止的诉讼与人权保障的理念明显不符。

（二）既判力根据的二元论

"从大陆法系任何一种法学理论的论争过程中都可以见到折中说。"[1]既判力根据的二元论实际上是大陆法系关于既判力根据的一种折中观点。在我国民事诉讼法学界，田平安教授认为："就既判力根据论应当采用折中的二元根据说。"[2]

既判力根据的二元论就是所谓的既判力根据的"双重根据说"。这一学说认为既判力的根据不仅包括民事诉讼的制度性效力，"还在于其赋予当事人种种程序上的机能，并且使得'当事人在欲行使这些机能时能够行使'"。[3]可以看出，既判力根据的双重根据说实际上是综合了法的安定说和程序保障说。既判力根据的二元：一是民事诉讼的制度性效力；二是在诉讼过程中当事人获得的程序保障以及作为其逻辑归结的当事人的自我责任。

双重根据说具有一定的积极意义。首先，它以辩证的思想作为方法论，对法的安定说和程序保障说进行了调和，在一定程度上对它们各自存在的不足进行了克服，在理论上也容易站住脚。其次，它从多元的视角出发对既判力根据进行寻找是值得肯定的。

（三）既判力根据的多元论

美国有学者从三个方面论述了与大陆法系既判力诉讼价值相类似的"排除规则"的合理根据："首先，通过提供有约束力的判决并且阻止不一致的判决，排除规则给社会提供了一个稳定的、可预测的和持续的司法制度。如果没有排除规则，那么大量的审判会对相同的纠纷产生不同的结果，因此会鼓励忽视不利的裁决，当事人会寻求持续地再诉讼直至获得一个有利的裁决，而这将导致对判决的不尊重，特别是对作为一个整体的司法制度的不尊重。

---

〔1〕 张卫平：《程序公正实现中的冲突与衡平——外国民事诉讼研究引论》，成都出版社1993年版，第355页。

〔2〕 田平安主编：《民事诉讼法学研究》，高等教育出版社2008年版，第272页。

〔3〕 〔日〕高桥宏志：《民事诉讼法：制度与理论的深层分析》，林剑锋译，法律出版社2003年版，第480页。

其次，排除规则阻止了纠缠性的诉讼。'你只有一个机会使得你的案件被听审'这一事实会消除通过持续无意义的诉讼骚扰无辜被告的可能性。而且，由于不会再有第二次机会，因此当事人会更加倾向于严肃地对待第一次的审判并且比较不可能采取轻率的立场。……最后，排除规则确保了效率。……"〔1〕

在我国民事诉讼法学界，也有学者持既判力根据的多元论。汤维建教授认为"维护确定判决既判力的根据"在于："（1）维护国家法律和法院判决的正当权威。……（2）维护法律和秩序的安定性。……（3）实现正当程序保障下的自我责任。……（4）维护人权。……（5）提高诉讼效率或实现诉讼目的。……"〔2〕

（四）对既判力根据的认识

笔者不赞成既判力根据的法的安定说。这一学说虽然具有一定的合理性，但将民事诉讼制度本身的效力作为既判力的唯一的依据是不全面的，并没有对既判力的本质予以充分揭示。在现代的法治社会，随着诉讼程序的日益完善和发达，程序正义的呼声也日益高涨，如果对诉讼程序的内在结构不予关注，对当事人在诉讼中的地位和作用不予重视，即使法院作出了生效裁判，也不可能得到当事人应有的尊重。从当事人的角度观之，如果诉讼程序的设计和运行不合理，在诉讼过程中当事人没有得到充分的程序保障，让当事人受到既判力的约束就不存在正当性的基础。即使将"法的安定说"作为既判力的根据之一也是不恰当的，因为它所强调的"确保法的安定性"应当被视为是既判力制度的目的，不是既判力的根据，并且这一学说"在论述既判力的界限方面，不免有过于粗略之嫌"。〔3〕

笔者不赞成上述既判力根据二元论的双重根据说。这一学说从表面上看来具有一定的积极意义，兼顾了法的安定与程序保障两方面的因素，但它对法的安定说与程序保障说的对立只是从形式上进行了调和，并没有从实质上消除作为既判力根据所隐藏的法的安定性理念与程序保障理念存在的冲突与

---

〔1〕［美］史蒂文·苏本、玛格瑞特（绮剑）·伍：《美国民事诉讼的真谛——从历史、文化、实务的视角》，蔡彦敏、徐卉译，法律出版社2002年版，第258~259页。

〔2〕汤维建主编：《民事诉讼法学原理与案例教程》（第2版），中国人民大学出版社2010年版，第46~47页。

〔3〕［日］高桥宏志：《民事诉讼法：制度与理论的深层分析》，林剑锋译，法律出版社2003年版，第482页。

对立。此外，持既判力根据二元论的学者大多不并列地理解既判力根据二元之间的关系，认为既判力的主要根据是"制度性效力"，"程序保障与自我归责"只是被视为既判力正当化的条件，与"制度性效力"并不处于平行地位。例如，日本学者小山升主张双重根据说、但他认为："既判力的根据应当从'确定判决之判断的法的安定性'的社会必要性去寻求，而当事人在程序中享有权利与利益的保障则是既判力的实质性条件。"[1]因此，这一学说实际上仍然是既判力根据一元论的法的安定说的观点，同样存在法的安定说所具有的缺陷。

笔者不赞成既判力根据的多元论。多元论从表面上来看对既判力根据的论述是从多个视角来进行的，似乎很全面，但它并没有真正揭示既判力源于何处的问题，并且，这一学说的观点与既判力的意义或功能容易相混同。因此，对既判力根据持多元论的学者并不多见，尤其是大陆法系的学者很少有人持这种观点。

笔者主张既判力的根据在于国家的审判权威和当事人得到的充分的程序保障。这可被视为是一种新的双重根据说，即既判力的根据是国家审判权说和程序保障说的结合。从总体上而言，之所以提出这种学说，是因为审判权和诉权是民事诉讼构成的两个基本因素，正是这两个因素的相互结合推动着民事诉讼程序的运行，法院生效裁判的作出是法院和当事人共同作用的结果，法院的生效裁判对法院和当事人产生既判力的根据，应当在法院的审判权和当事人的诉权这两个支点中去寻找。

既判力的根据是寻找既判力来源何处的问题。正是基于法院的生效裁判是法院行使审判权作出的，为了维护国家审判权的权威性和统一性，法院的生效裁判才产生既判力。有学者认为法院生效裁判的既判力是司法公信力建构的合法性基础，具体体现为：它是法律权威、司法权威的集中体现，构成了司法公信力建构的权威依据；它是社会理性评价个案裁判公正性的前提，构成了司法公信力建构的评价依据；它是司法法律效果和社会效果的集中体现，构成了司法公信力建构的社会基础。[2]因此，既判力制度的基础不是当

---

[1] [日]高桥宏志：《民事诉讼法：制度与理论的深层分析》，林剑锋译，法律出版社2003年版，第481页。

[2] 王国龙："判决的既判力与司法公信力"，载《法学论坛》2016年第4期，第134~136页。

事人之间的裁判契约，而是国家主权和司法权的权威性。[1]将国家审判权作为既判力的根据，还能够说明法院不正当的生效裁判也从原则上产生既判力的问题，能够合理地解释既判力为什么同时对法院和当事人产生作用。尤为重要的是，将国家审判权作为既判力的根据为强化法院生效裁判的既判力找到了正确的方向。就我国目前的司法状况而言，不尊重法院生效裁判的既判力、对再审程序频繁予以启动是较为普遍的现象。要解决这一问题，仅凭再审程序的改革是不够的，"树立司法的权威是抑制再审案件上升的内在条件"。[2]国家审判权说认为法院的生效裁判之所以产生既判力，不仅是因为当事人和法院应当尊重法院生效裁判的权威性和统一性，而且法院生效裁判本身在绝大多数情况下应当是正当的，如果法院的生效裁判明显不正当，就不可能得到应有的尊重。在我国，之所以对再审程序频繁启动而致使生效裁判的既判力得不到尊重，主要有两个方面的原因：一是法院裁判缺乏应有的司法权威。二是受法官法律素质和职业道德的影响，有不少的法院生效裁判存在明显的不当。因此，强化法院生效裁判的既判力，不仅要以既判力理论为指导来改革和完善民事诉讼再审程序，还应当强化法院生效裁判的司法权威，大力提高法官的法律素质和职业道德水准，从而不断增强法院生效裁判的正当性。在法治较为发达的国家，违反法院生效裁判的既判力被视为违反法律，尤其是对法院而言，在审理案件的过程中，如果故意违反法院生效裁判的既判力作出与前诉的法院生效裁判相矛盾的判断，或者对法院生效裁判已经解决的案件又重新受理与审判，实际上是一种比拒不执行法院判决更为恶劣的行为。"因此，对法院故意实施违反既判力的行为，情节严重的，要比照刑法规定的拒不执行判决、裁定罪追究直接责任人的刑事责任；情节较轻的，则给予直接责任人行政纪律处分。"[3]

　　程序保障说体现了对当事人诉权的尊重。诉讼权利是诉权在诉讼程序中的具体体现，尊重当事人的诉权，就要求对当事人在诉讼程序中享有的诉讼权利给予充分的保障。在学术界，虽然有少数学者指出程序保障说存在某些

---

　　[1]　邓辉辉："行政判决与民事判决既判力根据之比较"，载《河北法学》2007年第9期，第137页。

　　[2]　傅郁林：《民事司法制度的功能与结构》，北京大学出版社2006年版，第101页。

　　[3]　邓辉辉："论既判力理论在民事诉讼司法实践中的适用"，载《河北法学》2012年第6期，第157页。

缺陷，但笔者认为程序保障说作为既判力的根据具有充分的正当性。一是它不承认作为诉讼结果的法院裁判内容的差异与既判力存在直接的关联，能够对法院不正当的生效裁判也从原则上产生既判力进行很好的说明。二是它对当事人受到既判力的约束进行了合理解释，十分重视当事人在诉讼程序中的地位和作用。依据程序保障说，当事人之所以受到既判力的约束，是因为其在诉讼过程中受到了充分的程序保障，受到了充分程序保障的当事人对法院的生效裁判所确定的内容之所以不能另行起诉或者在后诉中提出相反的主张，不仅是因为这样做会导致诉讼资源的重复使用，而且是因为当事人丧失了程序上的利益和机会。有学者认为这一学说过于重视程序问题，过于强调对当事人的程序利益的保护，从保护当事人的实体权利的角度而言未免过于苛刻，可能造成对当事人实体权利保护的忽视。但是，就法院生效裁判的程序公正和实体公正而言，程序公正有明确和绝对的标准，可以为实体公正提供可靠的保证，实体公正虽然也具有十分重要的意义但仅具有相对性。法院的生效裁判是否正当，不能以其他外在的某些客观标准来衡量，在很大程度上取决于当事人在诉讼过程中是否受到了充分的程序保障。因此，为当事人提供充分的程序保障是程序公正的关键和核心，通过重视程序问题从而使当事人接受审判的结果是诉讼最为实质和核心的内容。日本学者谷口安平认为："程序保障在广义上意味着为了保证审判的公正而在程序或制度上设定的种种要求和规范性做法。……在狭义上，程序保障则指的是诉讼中充分给予双方当事者对等的攻击防御机会，并形成制度化的程序和在实际的制度运作中遵守这样的程序要求。"[1]禁止当事人对既判事项再争议的逻辑前提是必须对当事人充分争议的机会保障进行赋予，既判力法律意义上的正当性只有在获得争议的机会保障后才能获得。[2]三是它为强化法院生效裁判的既判力指明了方向。经过民事诉讼立法的完善，我国对当事人的程序保障在很大程度上得到了加强，但以处分权主义和辩论权主义为特征的当事人主义诉讼模式并未完全得到确立，当事人的程序主体地位还未能充分地得到体现。这正是我国法院生效裁判既判力不强的原因之一。就当事人的基本程序需求而言，主要体现在

---

〔1〕 [日] 谷口安平：《程序的正义与诉讼》，王亚新、刘荣军译，中国政法大学出版社 1996 年版，第 46 页。

〔2〕 林剑锋："既判力相对性原则在我国制度化的现状与障碍"，载《现代法学》2016 年第 1 期，第 132 页。

两个方面：一是彼此受到同等的关注与对待，包括"诉"的机会均等、对抗时机以及手段的均等或对等、诉讼风险的同等承担、双方在诉讼中受到同样的强制性约束。二是在诉讼中能够获得尽可能多的诉讼资源以支持其诉讼请求或主张，包括证明手段资源、信息资源、可供选择的程序资源、诉讼辅助和诉讼求助资源、应付紧急状态的临时救济措施资源、一定的行为瑕疵补救措施资源。[1]在我国，加强对当事人的程序保障无论在立法上还是在司法实务中都存在较大的空间，进一步加强对当事人的程序保障无疑是强化法院生效裁判既判力的正确方向。有学者认为程序保障说以程序保障下当事人的自我责任作为既判力的根据，并没有对该学说最为关键和核心的在何种情况下当事人的提出责任进行具体的说明。事实上，当事人在何种情况下产生提出责任的问题，取决于当事人在诉讼过程中处于何种位置和当事人所承担的举证责任。在较为完善的民事诉讼制度中，这一问题是十分明了的，无需在既判力根据的学说中再做具体的说明。还有学者认为这一学说对在民事诉讼中如何尊重国家审判权威的问题没有予以关注，即对为什么需要通过法院审判权的行使来解决当事人之间的民事纠纷，以及法院受到生效裁判既判力的约束有何根据没有进行说明和解释。这种认识是正确的，但程序保障说和国家审判权说相结合，可以使这一问题迎刃而解。

五、既判力的理论基础和意义

（一）既判力的理论基础

在我国法学界，叶自强先生最早对既判力的理论基础进行了阐述。他认为既判力原则的理论基础包括"休讼主义""国家司法主义"以及"人权主义"和"诉讼经济主义"等四个方面。[2]另有学者主张对既判力原则理论基础的探讨至少存在诉讼效益最大化、维护国家司法权威和程序安定的要求等三个方面。[3]

笔者认为既判力的理论基础有以下几个方面：一是人权保障主义。在我

---

〔1〕　黄娟：《当事人民事诉讼权利研究——兼谈中国民事诉讼现代化之路径》，北京大学出版社2009年版，第39~62页。

〔2〕　叶自强："论判决的既判力"，载《法学研究》1997年第2期，第102~105页。

〔3〕　吴展才："人民检察院民事再审启动权之合理性探讨——从既判力的角度"，载《韶关学院学报（社会科学版）》2009年第10期，第51~52页。

国，"尊重和保障人权"已被载入宪法，人权保障应当体现在法律制度和司法实务之中。在诉讼过程中，法院审判权的行使必须以保障人权为目标。赋予法院生效裁判以既判力就是从有利于保障人权的角度出发而确立的一项法律原则，因为在法院作出生效裁判后，如果法院的生效裁判不产生既判力，胜诉的当事人就可能受到败诉的当事人另行起诉或为相反主张以及法院重复受理和审判或作出相矛盾的判断等的骚扰，这实际上是对其人权的侵犯。二是法律真实主义。我国之所以长期以来未能确立既判力原则，一个重要的原因在于我国的诉讼制度是以"实事求是"为指导思想，以查明案件的客观真实为追求。在法律真实主义看来，人们认识能力的相对性及有限性和诉讼证明的特殊性，决定了作为法院裁判依据的事实只能是法官依据法律规则所认定的"法律真实"，不一定与"客观事实"完全相符。在诉讼过程中发现真实的任务虽然十分重要，但并非是诉讼中的唯一价值。只要法院生效裁判所认定的事实是法官依据法律规则所认定的，就不应该轻易地被推翻，而应被视为"真理"而赋予其既判力。三是审判权威主义。审判权威应当得到尊重，是基于对国家权威至高无上的推崇，是法治的基本要求。法官是国家审判权的行使者，尊重审判权威就必然要求承认法官的权威。法官的行为具有神圣性、公正性、合法性和自主性。法官是正义的化身，原始的法律思想甚至将法官作出的裁判视为神谕。赋予法院生效裁判以既判力，不仅表明了对法官权威的承认，也是对审判权威的有效维护。四是程序公正主义。程序公正和实体公正有时可能存在冲突，既判力原则所体现的思想是程序公正优先，只要法院依公正的程序作出了生效裁判，不论其在实体上的裁判结果如何，都应当赋予其既判力。程序公正主义之所以认为程序优先，是因为实体公正具有相对性和主观性，程序公正则具有绝对性和客观性，在对实体公正内涵无法揭示的情形下，裁判结果的形成如果经过了公正的程序，也会被认为是合理和公正的，当事人在多数情况下从心理层面能够接受，并且实体公正的追求应当以程序公正作为前提。五是程序效益主义。程序效益主义认为应当实行诉讼经济和纠纷一次性解决原则。案件应当有一个最终的处理决定，法院不能永无休止地一直审理下去，因而必须赋予生效裁判以既判力，否则，当事人就有可能支付十分高昂的诉讼代价，并且可能让当事人陷入讼累。六是程序安定主义。程序安定主义是诉讼过程中"秩序"价值的要求。"秩序"价值以追求社会秩序的稳定为目标，以法的安定性为条件。法的安定性要求立法的规定应十分明确，不可轻易变动和朝令夕改。程序安定主义体现了法的安定性的要求，因为程序运作如果不具有时限性、有序性和终结性，法的安定性便无从谈起。既判力原则禁止了当事人的另行起诉或者再次争执，禁止了法院的重复受理和审判或者作出相矛盾的判断，直接实现了程序的终结性，体现了程序安定主义的要求。

（二）既判力的意义

德国学者罗森贝克在其教科书中对既判力的意义做了如下的描述："实质既判力是要求法院提供权利保护的必然结果，它的宪法依据在于法治国家原则。为了维护当事人之间的法律和平，每一个纠纷都必须有一个尽头；从照顾法院的角度出发，他们不应重新卷入已经不可被辩驳地裁判了的纠纷；为了维护法院的声望，也需要避免出现矛盾的裁判。只有通过禁止再次审理和裁判以及使当事人受既判力的拘束，这一目的才能得到完美地实现。"[1]

法国学理上曾这样对既判力的意义进行论述："'从遥远的从前开始，在各种各样的民族立法中，最后所阐述的法的不安定性是非常之大的，而且一直被认为实际上是完全不堪忍受的危险所在。为防止这种危险，而通过实定法制度采取了必要的措施。这种最高度、最重要的法律制度被称为法官判决的既判力。对于各个争讼来说，由单一的诉和单一的法的判决而形成的终结，其足以认定是具有相当理由的。这是因为如果不是这样的话，那么将会增加诉讼的方法，尤其是在形成了分歧的判决时，更会产生重大的而且难以解决的困难。'这一段话一直被学术界视为对既判力思想的精辟概括，自萨维尼（Savigny）引用来说明既判力的意义后，它就被视为对既判力意义的古典论述而被广泛地引用。"[2]

美国第七巡回上诉法院在一次判决中也阐述了与大陆法系既判力制度相类似的诉讼制度的意义："既判事项旨在确保司法判决的终局性。它不是一个更具技术性的实务或程序事项，它是一个基本的关涉到公共政策和私人安宁的实质正义的规则。它鼓励当事人信赖司法判决，阻止骚扰诉讼，并使法院

---

〔1〕〔德〕罗森贝克、施瓦布、戈特瓦尔德：《德国民事诉讼法》（下），李大雪译，中国法制出版社 2007 年版，第 1151 页。

〔2〕〔德〕汉斯·弗里德海尔姆·高尔：《既判力论文集》，〔日〕松本博之等译，东京信山社 2003 年版，第 16 页，转引自胡军辉：《民事既判力扩张问题研究》，中国人民公安大学出版社 2011 年版，第 15~16 页。

能够脱身来解决其他的纠纷，其执行对于维护社会秩序来说是根本性的。"[1]

在我国民事诉讼法学界，江伟教授最早对既判力的意义进行了较为系统的论述。他在 1999 年主编的《民事诉讼法学原理》一书中从既判力与民事诉讼的价值、既判力与程序保障以及既判力理论与法的创造性等三个方面对既判力理论进行了评价。[2]林剑锋博士认为："司法审判必须具有既判力"，就像诉讼中的证明责任分配问题一样，应当是一种具有超越时代、地域或者体制的普遍存在。[3]随着学者们不断深化对既判力理论的研究，有不少的学者从不同的视角分析了既判力的意义。归纳学者们的观点，既判力的意义主要体现在以下几个方面：一是可以使当事人免受无辜诉讼的骚扰，有利于实现对当事人的人权保障。二是可以使当事人的讼累得以减轻，可以节约诉讼资源和司法成本，有利于实现诉讼经济和诉讼效益原则。三是可以对当事人的程序保障进行完善，有利于程序公正价值目标的实现。四是可以使民事权利义务关系和社会经济秩序得以稳定，有利于实现程序安定和法的安定性以及国家一次性彻底解决纠纷的目的。五是可以提升司法的公信力和树立司法权威，有利于维护国家法制的尊严。

---

[1]　汤维建主编：《美国民事诉讼规则》，中国检察出版社 2003 年版，第 376 页。

[2]　江伟主编：《民事诉讼法学原理》，中国人民大学出版社 1999 年版，第 301~302 页。

[3]　林剑锋："既判力相对性原则在我国制度化的现状与障碍"，载《现代法学》2016 年第 1 期，第 130 页。

| 第二章 |

既判力裁判形式理论与民事诉讼再审程序的
适用对象研究

一、既判力裁判形式理论的基本内容

就既判力理论而言，既判力的裁判形式包括法院的裁判以及仲裁裁决和公证执行文书。由于仲裁裁决和公证执行文书与本书研究的"民事诉讼再审程序"不存在关联，这里仅就既判力裁判形式中的法院裁判进行探讨。在我国的民事诉讼中，法院的裁判主要包括判决、裁定、调解以及决定、命令和通知。既判力裁判形式理论所要讨论的问题是，法院的哪些裁判是产生既判力的裁判而哪些裁判不产生既判力。

（一）判决的既判力问题

在我国的民事诉讼中，判决是指民事案件经过审理之后，法院针对当事人之间争议的实体问题作出的结论性判定。在法院的裁判形式中，判决是最为主要的一种，因为当事人之间发生民事争议诉请法院解决，法院对这种争议必须要进行裁决来表明其态度，不能在进行实体审理后"沉默不语"。可以说，凡是经过法院实体审理的案件，法院在审理之后，除调解结案以及撤诉的以外，在一般情况下都会作出判决。在前述讨论既判力概念时，笔者已经明确了两个问题：一是只有法院的生效裁判才产生既判力，未生效裁判不产生既判力；二是中间判决不产生既判力，只有终局判决才有既判力。在判决的既判力问题上，还需研究部分判决是否具有既判力和形成判决是否具有既判力的问题。

部分判决对应的是全部判决。全部判决和部分判决的分类标准是法院判决所解决的民事纠纷的范围。由于全部判决是针对当事人所有的诉讼请求在已经查清案件的所有事实的基础上作出的判决，只要其是生效判决，全部判决产生既判力是不存在争议的。部分判决则不同，它没有针对所有当事人的诉讼请求或者某一当事人的所有诉讼请求，也没有查明案件的所有事实，并没有一次性地彻底地解决民事纠纷。因此，对其是否产生既判力应进行必要的探讨。从民事诉讼立法来看，无论是我国还是外国都有部分判决的规定。[1]之所以在民事诉讼制度中肯定部分判决的存在，是因为这种判决形式可以及时地使部分当事人的合法权益或者当事人的部分合法权益得到确认和实现，与诉讼经济的价值追求相吻合，其对民事诉讼程序顺利进行的推动是有利的。当然，部分判决与全部判决相比，只能是法院判决形式的例外情形，对此种判决形式不可以滥用。德国的学理认为，法院作出部分判决应具备以下前提条件："（1）属于某一项或多项诉讼标的的独立部分。……（2）达到可为裁判的程度。（3）不依赖于其余部分的诉讼结果。"[2]通说认为，部分判决具有既判力，因为部分判决不同于中间判决，仍属于终局判决，就部分当事人的诉讼请求或者当事人的部分诉讼请求而言，部分判决仍然是法院对民事纠纷所作的权威性的最终判断，与全部判决只存在解决民事纠纷范围上的区别，两者在法律效果上并不具有差异性。正因为如此，《法国民事诉讼法》第480条第1款明确肯定了部分判决的既判力。[3]

　　形成判决对应的是给付判决和确认判决。这三种判决的区分标准是民事判决的具体内容。给付判决和确认判决产生既判力是学者们一致的意见，[4]但对形成判决是否产生既判力存在认识上的分歧。形成判决的内容是使当事人已经存在的某种权利或者当事人之间的某种民事法律关系予以产生、变更或者消灭。有学者认为，形成判决不产生既判力，因为形成判决的内容表明其产生的是形成力，判决的形成力和既判力是相互排斥而不能同时存在的。

---

　　[1]　例如，我国《民事诉讼法》第153条规定："人民法院审理案件，其中一部分事实已经清楚，可以就该部分先行判决。"《日本民事诉讼法》第243条第2款规定："裁判所于适于对诉讼的一部分作出裁判时，可对于该部分作出终局判决。"《德国民事诉讼法》第301条第1款规定："在以一诉所主张的数个请求中的一个请求，或者一个请求中的一部分，或者在提起反诉后，只有本诉或反诉达到作出终局裁判的程度的，法院应当以终局判决（部分判决）作出裁判。"
　　[2]　[德]狄特·克罗林庚：《德国民事诉讼法律与实务》，刘汉富译，法律出版社2000年版，第124~125页。
　　[3]　《法国民事诉讼法》第480条第1款规定："在主文中对本诉讼之全部或一部作出裁判的判决，……一经宣告，即相对于其裁判的争议产生既判力。"
　　[4]　给付判决的内容具有给付性，在判决生效以后，义务人必须自动履行判决所确定的义务，否则权利人可以向法院申请强制执行；确认判决的内容虽不具有给付性，但它确认了当事人双方争议的某种民事法律关系。因此，无论是给付判决和确认判决，在生效后一般会产生拘束后诉的既判力。

例如，陈荣宗先生认为：“形成判决只具有形成力，没有既判力，形成力的范围可以及于一般第三人。而确认之诉或给付之诉的判决仅有既判力，并无对世效力，判决效力仅及于诉讼中的原告、被告之间。”[1]日本学者中村英郎也指出：“如果只将既判力看成是从形式方面约束后诉的一种诉讼程序上的效力，那么形成判决便没有受之约束的后诉。这是由于形成判决形成权利关系后，便没有再次诉讼争议的余地。”[2]另有学者认为，判决的形成力和既判力在性质和功能方面存在差异，但形成判决同样产生既判力。笔者赞同形成判决不产生既判力的主张，因为如果肯定形成判决产生既判力，就会得出“对世效力属既判力范畴”的结论，这有违既判力的相对性原则。依据这一原则，既判力原则上只及于当事人而不及于未参加诉讼的案外人，即使存在既判力主观范围的扩张，扩张的情形也是有严格限制的。形成判决的对世效力，既不属于既判力的主观范围，也不属既判力主观范围扩张的情形。肖建华博士指出：“形成之诉判决的这种对世性质来源于形成之诉的特点，即形成之诉一般适用于社团关系和身份关系案件，并且是在法律有专门规定并能够通过法院判决变更实体法律关系的情况下，有关利害关系人才有形成之诉的利益。所以，形成判决的对世效力是形成判决的自然属性，不是判决效力的扩张。有关原告胜诉的判决是形成判决，即使效果及于第三人，也是形成力直接的效果，并不具有既判力扩张的含义。”[3]

（二）裁定的既判力问题

法院在民事诉讼的过程中就案件的程序问题作出的结论性判定被称为裁定，它在整个诉讼过程中都可以作出。解决案件的程序问题主要用裁定，在同一审级内，一个民事案件有可能作出多个裁定。裁定的形式较为灵活，可以是书面形式，也可以是口头形式。从我国民事诉讼立法的规定来看，可以依法提起上诉的只有不予受理、驳回起诉和管辖权异议这三种一审裁定。与裁定不同，判决适用于案件的实体问题，一般在案件审理完毕后作出。一个

---

〔1〕 陈荣宗等：“婚姻无效与股东会决议无效之诉讼”，载民事诉讼法研究基金会：《民事诉讼法之研讨（四）》，三民书局1993年版，第9、22页，转引自常廷彬：《民事判决既判力主观范围研究》，中国人民公安大学出版社2010年版，第35页。

〔2〕 ［日］中村英郎：《新民事诉讼法讲义》，陈刚、林剑锋、郭美松译，常怡审校，法律出版社2001年版，第230页。

〔3〕 肖建华：《民事诉讼当事人研究》，中国政法大学出版社2002年版，第167~168页。

民事案件，在同一审级内一般只作出一个判决。判决的形式较为严格，只能采用书面形式。除了依小额诉讼程序审理的案件实行一审终审外，对诉讼案件的其他一审判决，我国民事诉讼立法均允许当事人可依法提起上诉。

虽然解决案件的程序问题主要用裁定，但裁定在不同的国家和地区的具体适用范围是存在差异的。对裁定的适用范围，《民事诉讼法》第 154 条第 1 款作了规定。[1]关于裁定是否有既判力的问题，民事诉讼法学者有不同的意见。例如，我国台湾地区就有两种不同的观点：一种观点以陈荣宗教授为代表，认为法院的裁定生效后是否产生既判力应当依裁定的客体是否以实体关系为内容来确定。另一种观点以杨建华教授为代表，认为裁定生效后，就为诉讼标的的实体法上权利义务关系，固不产生既判力，但经该裁定判断的程序上事项应亦有既判力。[2]汤维建教授认为："涉及实质争议事项并具有程序唯一性的裁定，应当具有既判力；针对纯粹的诉讼进展事项所作的、非程序唯一性的裁定，则没有既判力。"[3]笔者认为，由于每一种具体的裁定所针对的事项是不同的，应当根据不同种类的裁定来探讨裁定是否具有既判力的问题。

1. 不予受理裁定和驳回起诉裁定的既判力问题

不予受理裁定和驳回起诉裁定分别在《民事诉讼法》第 154 条第 1 款第 1 项和第 3 项作了规定。当事人提起的诉讼欠缺诉讼要件是这两种裁定适用的共同原因，只不过从时间上而言，不予受理裁定的作出是法院在立案之前认为当事人提起的诉讼欠缺诉讼要件，在立案之后法院认为当事人提起的诉讼欠缺诉讼要件则作出驳回起诉的裁定。在当事人提起的诉讼欠缺诉讼要件时，大陆法系国家和地区的处理形式是"诉讼判决"，并不使用"裁定"，[4]与"诉讼判决"相对应的就实体问题进行处理的判决被称为"本案判决"。

---

〔1〕《民事诉讼法》第 154 条第 1 款规定："裁定适用于下列范围：（一）不予受理；（二）对管辖权有异议的；（三）驳回起诉；（四）保全和先予执行；（五）准许或者不准许撤诉；（六）中止或者终结诉讼；（七）补正判决书中的笔误；（八）中止或者终结执行；（九）撤销或者不予执行仲裁裁决；（十）不予执行公证机关赋予强制执行效力的债权文书；（十一）其他需要裁定解决的事项。"

〔2〕柯阳友、孙蕊："既判力理论在我国实践中的运用"，载樊崇义主编：《诉讼法学研究》（第 10 卷），中国检察出版社 2006 年版，第 224 页。

〔3〕汤维建主编：《民事诉讼法学》（第 2 版），北京大学出版社 2014 年版，第 58 页。

〔4〕例如，《日本民事诉讼法》第 140 条规定："诉不合法且无法补正时，裁判所可不经口头辩论，以判决的形式驳回诉。"

就诉讼判决是否有既判力的问题，早期大陆法系的学者们认为诉讼判决无既判力。学者们所持的理由为：诉讼判决解决的是当事人提起的诉讼欠缺诉讼要件的问题，并没有就本案的诉讼标的从实体上进行判断，既判力的效力要得以产生，应当是基于对案件诉讼标的所进行的判断。这一认识似乎是有理由的，但是，如果对诉讼判决的既判力不予认可，诉讼判决所应当具有的阻止后诉形成的作用就无法得到顾及，民事诉讼强制性和终局性解决民事纠纷的目的也就可能成为空谈。基于这一考虑，学者们对诉讼判决是否有既判力问题的认识逐渐深化，对诉讼判决的既判力予以认可在目前大陆法系民事诉讼的理论界已经成为通说。对诉讼判决有既判力的理由，大陆法系的学者们论证的视角并不完全相同，德国学者罗森贝克对这一问题进行了较为深刻和全面的分析。他认为对诉讼判决产生既判力予以承认的根据主要是："首先，承认诉讼判决的既判力，可以使当事人免于就同一事件重复提起欠缺同一诉讼要件之诉，也可以使法院免于重复为同一判断，从而赋予诉讼要件的解决以安定性；其次，承认诉讼判决的既判力，与既判力本质并不矛盾。依实体法说、权利实在说的既判力本质论，固然不易说明与实体关系无缘的诉讼判决的既判力，但若采取诉讼法说或新诉讼法说则能与既判力本质相调和。最后，诉讼判决并非是对程序事项作出的判决，而是对诉讼请求或诉讼标的作出的裁判。"[1]

本案判决分为给付判决、确认判决和形成判决，诉讼判决没有这样的分类。这就使得诉讼判决的既判力和本案判决的既判力存在差异。诉讼判决和本案判决的既判力的区别主要有以下几个方面：其一，就既判力的客观范围而言，本案判决的既判力原则上仅及于判决主文而不及于判决理由。诉讼判决的既判力只是针对作为驳回起诉理由的某个具体的诉讼要件，并不是在一般意义上确认诉讼要件不存在，不涉及其他的诉讼要件。不仅如此，就欠缺某个具体诉讼要件的起诉，法院作出诉讼判决予以驳回，不仅判决主文中的判断产生既判力，对判决理由的判断也同样产生既判力。欠缺某个具体诉讼要件，法院作出的诉讼判决产生了既判力，如果当事人补正了所欠缺的该具体诉讼要件，当事人再次提起诉讼就应当予以准许。之所以作这样的处理，

〔1〕 骆永家：《既判力之研究》，三民书局 1981 年版，第 201~203 页，转引自江伟主编：《中国民事诉讼法专论》，中国政法大学出版社 1998 年版，第 182 页。

是因为法院在作出诉讼判决时并未审理案件的实体问题，从实现对当事人较为充分的程序保障来考虑，应当尽可能地给当事人提供让法院对案件进行实体审理以解决民事纠纷的机会。其二，为了就当事人对同一诉讼标的的再行起诉和争执予以阻止，本案判决既判力的主观范围原则上是针对当事人。就主观范围而言，诉讼判决有时不一定对当事人绝对产生既判力。例如，法院作出诉讼判决驳回起诉的依据为"当事人欠缺诉讼行为能力"，该诉讼判决的既判力并不能遮断前诉的当事人。也就是说，在此种情形下，当事人提起诉讼应当予以准许，由法院再次审查"当事人是否欠缺诉讼行为能力"，因为"当事人是否欠缺诉讼行为能力"不是一成不变的，是一个动态的过程，判断的标准应当是当事人提起诉讼当时的状态。其三，本案判决既判力的时间范围，是指既判力标准时前存在的事由受到判决既判力的约束。但是，对既判力标准时前存在事由的把握，诉讼判决是较为宽松的，因为法院是在未对案件进行实体审理的情形下作出诉讼判决的，并没有给予当事人像作出本案判决时那样较为充分的程序保障，如果对当事人再次提出标准时前存在的事由绝对地不予准许就显得不太合理了。其四，本案判决的既判力，同时产生消极效果和积极效果。诉讼判决并未对本案的诉讼标的进行裁决，不会产生既判力的积极效果，只产生禁止当事人再次起诉以及禁止法院重复受理和审判的既判力的消极效果。

大陆法系的"诉讼判决"与我国民事诉讼的不予受理和驳回起诉裁定相当。借鉴大陆法系对"诉讼判决"既判力的研究成果，可以认为不予受理和驳回起诉的裁定有既判力，但与法院判决的既判力并不完全相同。

2. 诉讼指挥裁定的既判力问题

在民事诉讼中，可以采用不同的方法对裁定进行分类，将裁定分为不予受理、驳回起诉裁定和诉讼指挥裁定。诉讼指挥裁定是指不予受理、驳回起诉裁定以外的其他裁定，它是依据诉讼进行的实际状态由法院依法作出的。诉讼指挥裁定既可以采用书面形式，也可以采用口头形式。这种裁定的作出，法院通常采用的是类似于行政审批的方式，当事人受到的程序保障程度不高。诉讼指挥裁定作出以后，如果裁定所解决的事项发生了新的情况，不仅当事人可以申请法院撤销或者变更，而且法院也可依职权予以撤销或者变更，否则，对诉讼程序的正常运转和顺利进行就会形成阻碍。因此，在大陆法系，民事诉讼理论的通说不承认诉讼指挥裁定具有既判力，有的国家在民事诉讼立法上还作了明确规定。[1]

《民事诉讼法》第 154 条第 1 款规定的裁定，第 1 项和第 3 项为不予受理、驳回起诉的裁定，第 2 项以及第 4 项至第 11 项均属于诉讼指挥裁定。下面，笔者将就每一项具体的诉讼指挥裁定的既判力问题进行简要讨论。

第一，第 2 项规定的"对管辖权有异议的"裁定的既判力问题。对案件的管辖权提出异议以后，当事人对一审法院作出的裁定不服有权依法提起上诉。在法院处理管辖权异议的期间，诉讼程序中止。"对管辖权有异议的"裁定生效以后，恢复诉讼程序的进行。一般认为，"对管辖权有异议的"裁定只涉及法院内部审判权的分工问题，只是就案件的管辖权这一程序问题的争议进行裁决，并未判断本案的诉讼标的，不具有结束案件审理的效力或者作用。因此，这种裁定不产生既判力。

第二，第 4 项规定的"保全和先予执行"裁定的既判力问题。在法院作出保全裁定或先予执行裁定以后，有可能存在需要对保全措施予以解除或者需要执行回转的情形，并且，此类裁定并未解决案件的实体争议问题，推动诉讼程序的顺利进行是此类裁定的主要目的所在，故此类裁定不具有既判力。

第三，第 5 项规定的"准许或者不准许撤诉"裁定的既判力问题。准许或者不准许撤诉，可能是一审程序的准许撤诉或者不准许撤诉，也可能是二审程序的准许撤回上诉或者不准许撤回上诉。法院裁定准许撤回起诉的法律后果是会结束一审诉讼程序，但法院并未审理案件的实体问题，并且依 2015 年最高人民法院《适用民诉法解释》第 214 条第 1 款的规定，在撤回起诉以后，原则上原告仍然可以再次起诉，这种裁定不会产生既判力。法院裁定准许撤回上诉的法律后果，不仅是会结束二审程序，而且还会导致一审裁判发生法律效力，当事人不得再次起诉和再行争执。但是，阻止当事人再次起诉和再行争执的是基于已经生效的一审裁判的既判力，准许撤回上诉的裁定本身并无既判力可言，因为准许撤回上诉的裁定并未审理当事人的上诉请求，只是对当事人撤回上诉是否符合程序法上的条件进行了审查。至于裁定不准许撤回起诉或者不准许撤回上诉，在裁定作出以后案件仍处于诉讼系属中，即使当事人拒不参加案件的审理对诉讼程序的进行也不会产生影响，法院可依法缺席判决，故这种裁定也无既判力。

---

〔1〕　例如，《法国民事诉讼法》第 488 条第 1 款规定："紧急审理裁定对本诉讼没有既判力。"

第四，第 6 项规定的"中止或者终结诉讼"裁定的既判力问题。中止诉讼的裁定作出后只会暂时停止诉讼程序，如果中止诉讼的原因不存在了，自当事人接到法院的通知准许继续进行诉讼时起，就自动消除了中止诉讼裁定的效力，不必对此种裁定予以撤销。有学者认为，终结诉讼的裁定具有既判力。[1]但是，法院作出终结诉讼裁定的原因在于一方当事人已经死亡而致使本案的诉讼没有必要进行或者无法进行。这种裁定作出后会结束诉讼程序，但对当事人之间的实体争议法院并未进行审理和裁判，只是诉讼程序的非正常结束。因此，无论是中止诉讼的裁定还是终结诉讼的裁定，都是无既判力的裁定。

第五，第 7 项规定的"补正判决书中的笔误"裁定的既判力问题。对判决书中的笔误，法院可以依职权主动地进行补正，只要存在可以补正的法定情形即可。这种裁定并不是判断本案的诉讼标的，只是依法纠正判决书的笔误，不能产生既判力。

第六，第 8 项规定的"中止或者终结执行"裁定的既判力问题。此类裁定不产生既判力，理由与"中止或者终结诉讼"裁定不产生既判力基本上是相同的。

第七，第 9 项规定的"撤销或者不予执行仲裁裁决"裁定的既判力问题。对这一问题，江伟教授认为："在立法论上该裁定对仲裁裁决的效力作出了终局的判断，因而应有既判力；但从司法论上看，法院在作出裁定之前，仅进行形式上的审查，不作实体权利存否之判断，故实务上认为该裁定无既判力。"[2]笔者认为，立法论应当服从司法论，因为司法论所持的理由无法加以改变，是一种客观的存在，并且，当事人在撤销或者不予执行仲裁裁决裁定作出后仍享有向法院提起诉讼的权利。

第八，第 10 项规定的"不予执行公证机关赋予强制执行效力的债权文书"裁定的既判力问题。与"撤销或者不予执行仲裁裁决"裁定不产生既判力的理由基本相同，这种裁定不产生既判力。

第九，第 11 项规定的"其他需要裁定解决的事项"裁定的既判力问题。此种裁定是对裁定适用范围的兜底条款，认定此种裁定不具有既判力的理由

---

[1] 汤维建主编：《民事诉讼法学》（第 2 版），北京大学出版社 2014 年版，第 58 页。
[2] 江伟主编：《中国民事诉讼法专论》，中国政法大学出版社 1998 年版，第 186 页。

为诉讼指挥裁定不具有既判力的一般理由。

3. 非讼程序裁定的既判力问题

非讼程序是与诉讼程序相对应的概念。非讼程序具有不同于诉讼程序的程序规则和程序法理等特殊属性，这些特殊属性存在的根本原因在于非讼程序所处理的民事案件具有非讼性质。[1]也就是说，诉讼程序审理的案件为诉讼案件，非讼程序审理的案件为非讼案件。[2]

大陆法系国家和地区的立法大多规定诉讼程序以判决的方式结案，非讼程序以裁定的方式结案。非讼程序之所以应当以裁定的方式结案，有以下几个方面的理由：一是非讼程序只是确认某种事实状态或者某种权利，并不对当事人之间的实体权利义务争执予以解决，不符合"实体问题用判决"的处理原则。二是适用非讼程序审理的非讼案件，有的并不属于私权的领域，因而不一定适用处分权主义，法院裁判的内容不像诉讼程序那样会受到当事人请求范围的限制。为了对非讼案件作出正确和公正的处理，法院既要以案件本身的事实作为依据，又要认真考量案件处理结果的妥当性、连续性、合社会性和合目的性，从而对社会公共利益和他人合法权益进行保护，非讼程序就应比诉讼程序更加富有弹性地予以运行。非讼程序以裁定的方式结案符合上述要求，因为它可以使法院能够依案件情况的具体变化而相应地变更案件的处理结果。

大陆法系的学者对非讼程序的裁定是否产生既判力的问题长期以来在认识上一直存在分歧。主要有以下几种观点：观点之一，认为非讼程序的裁定不产生既判力，因为非讼程序仅在形式审查的基础上裁决了案件的实体事项，没有认定是否存在实体上的权利，并且通常采用简易的方式进行审理，以合目的性作为案件处理的追求目标。观点之二，认为非讼程序的裁定产生既判力，因为无论是非讼程序的裁定还是诉讼程序的判决，都是法院行使审判权的裁判形式。观点之三，认为应以非讼程序审理的非讼案件是否具有讼争性来考虑是否赋予非讼程序的裁定以既判力。非讼程序审理的非讼案件不具有讼争性的，非讼程序裁定不产生既判力；非讼程序审理的非讼案件具有讼争

---

〔1〕　蔡虹："非讼程序的理论思考与立法完善"，载《华中科技大学学报（社会科学版）》2004年第3期，第25页。

〔2〕　大陆法系国家和地区认为进入诉讼领域的才能被称为案件，将法院依非讼程序审理的案件称为"非讼事件"。

性的，非讼程序裁定产生既判力。观点之四，认为对非讼程序裁定是否产生既判力不能笼统地认定，非讼程序裁定是否产生既判力应当依据不同的具体情形区别对待。例如：非讼程序裁定的作出如果适用了诉讼法理，就产生既判力，否则不产生既判力；非讼程序的裁定判断了实体法律关系或者实体权利的存否，就产生既判力，否则不产生既判力。从大陆法系的通说来看，多数学者认为非讼程序的裁定不产生既判力。这种通说的理由主要有以下三点：一是当事人之间存在私法上的权利义务的争执，当事人之间存在对立，对当事人之间的这种争执和对立法院裁判进行了判定，是既判力产生的前提。非讼程序的裁定不具备这一前提。二是法院作出非讼程序的裁定以后，可以作出合目的性的撤销或者变更。这与既判力所强调的维护法院裁判的稳定性和终局性的理念相违背。三是法院审理非讼案件大多采用的是简易方式，对当事人的程序保障并不充分，如果非讼程序的裁定有既判力，就可能有损当事人的程序权利，因而非讼程序的裁定并不存在既判力产生的根据。郝振江博士从既判力与非讼程序的基本价值追求完全相悖、非讼裁判不具备既判力的以双方当事人对立或私法上权利或法律关系的争执为前提，以及现行非讼程序中不存在既判力产生的根据等方面，对非讼裁判不具有既判力进行了论证。[1]

从立法来看，我国并未规定"非讼程序"，也不存在"非讼案件"的概念。民事诉讼法学界的一般观点是：在我国，与大陆法系"非讼案件"在本质上相通的案件包括依照《民事诉讼法》第十五章"特别程序"审理的案件；依照《民事诉讼法》第十七章"督促程序"审理的案件；依照《民事诉讼法》第十八章"公示催告程序"审理的案件；依照《破产法》规定的破产程序审理的案件。与大陆法系不同，我国的立法对上述案件结案方式的规定较为混乱，大多规定为判决，也有少数规定为裁定。不少的学者主张借鉴大陆法系的做法，上述案件的结案方式宜被统一规定为裁定。在大陆法系，非讼程序裁定不产生既判力是学术界的通说。移植这一学术成果，我国对与大陆法系"非讼案件"本质上相通的案件所作的裁判也不产生既判力，即依特别程序、督促程序、公示催告程序和破产程序审理的案件所作的判决、裁定不产生既判力。

---

〔1〕 郝振江：《非讼程序研究》，法律出版社 2017 年版，第 138～139 页。

　　还需要指出的是，在大陆法系，由于对非讼案件本质的认识存在差异，[1]立法上对"非讼案件"范围的规定并不完全相同，加之我国没有专门的非讼程序法，在大陆法系适用非讼程序审理的非讼案件，在我国很可能适用诉讼程序审理而视为诉讼案件。其中最为典型的是婚姻、收养等身份关系案件。对身份关系案件，大陆法系的立法中大多将其作为非讼案件适用非讼程序来审理。从我国的情况来看，虽然婚姻、收养等身份关系案件目前适用诉讼程序来审理，但此类案件明显区别于财产关系案件，对此类案件判决的既判力问题，可以借鉴大陆法系"非讼程序裁定不产生既判力"的通说，认定法院对婚姻、收养等身份关系案件所作的裁判不产生既判力。此外，法院对身份关系所作的判决在一般情形下为形成判决，如果依"形成判决不产生既判力"的观点，也可以论证其不产生既判力。

　　(三)　法院调解的既判力问题

　　我国的民事诉讼立法，对法院主持的调解和当事人自行进行的和解分别作出了规定，法院调解与诉讼和解在我国民事诉讼的语境中有明显区别，前者由法院主持，后者是无法院介入的当事人双方的自律行为。我国民事诉讼立法规定了诉讼和解，但并未将其作为一项独立的诉讼制度。无论是从制度层面来讲还是从司法实务来讲，在当事人双方自行和解达成协议后，要么由原告以撤诉的方式结束诉讼程序，要么由当事人双方将和解协议交法院审查，由法院制作调解书结束诉讼程序，从而使诉讼和解转化为法院调解。与我国的民事诉讼立法不同，域外的民事诉讼立法并不区分法院调解和诉讼和解，只要是当事人在诉讼过程中通过协商的方式解决民事纠纷，都可被称为"诉讼和解"。例如，《法国民事诉讼法》第127条就将当事人的自行和解和法官提议和解均作为"诉讼和解"加以规定。由于我国民事诉讼立法规定的"诉讼和解"并不具有独立的意义，我国的"法院调解"与域外的"诉讼和解"并不存在原则的区别，甚至可以说是一回事。因此，在本书中，"法院调解"与"诉讼和解"不作区分而作为同一概念使用。

　　1. 法院调解既判力的学术争鸣

　　对法院调解是否具有既判力的问题，大陆法系的学者进行了研究，但在

─────────

　　[1]　对"非讼案件"的本质，大陆法系的学者主要提出了目的说、客观说、手段说、现行法规说、民事行政说等不同主张。赵蕾：《非讼程序论》，中国政法大学出版社2013年版，第52~54页。

认识上大相径庭，主要有否定说、肯定说和限制说三种观点。

德国的罗森贝克、尼克逊和赫尔维奇以及日本的新堂幸司和三月章等学者主张法院调解既判力否定说。这一学说的基本观点是：从性质上而言诉讼和解是一种私法上的行为，既判力具有公权性质，因而在本质上应当被视为是一种国家权力，诉讼和解不能产生既判力。具体说来，这一学说对诉讼和解既判力予以否定主要有两点理由：一是诉讼和解解决纠纷通过协商的方式进行，当事人双方形成合意才能达成诉讼和解。法院在诉讼和解的整个过程中主要起斡旋的作用，对和解协议是否存在瑕疵并没有从实质上进行判断，仅仅对诉讼和解的内容从形式上进行了审查。二是依既判力客观范围理论，既判力不及于法院裁判理由而只及于法院裁判主文中的判断。但是，在诉讼和解的笔录中主文和理由并没有进行明确的严格区分。对诉讼和解的既判力如果予以认可，就等于是对理由中的判断产生既判力进行了肯定，这样，既判力的客观范围就无法予以明确。

日本的兼子一和小山升等学者持法院调解既判力肯定说。兼子一认为诉讼和解产生既判力的原因在于："和解为判决之代用，法律赋予形式上属于自主的解决纷争之和解与形式上为国家审判权之行使的判决以同一之效果。"[1]基于兼子一的上述认识，法院调解既判力肯定说又被称为"判决代用说"。小山升从当事人的诉讼责任这一新的视角对诉讼和解具有既判力进行了论证，并认为在审判机关面前当事人应当特别慎重地进行诉讼和解，如果当事人以存在错误为由主张达成的协议无效，不能予以准许。对日本学者持法院调解既判力肯定说的理由，张大海博士归纳为如下几个方面：一是和解为判决之代用。二是在历史沿革上，和解已被提高到判决的地位。三是和解的形成是在法院面前且以审判机关为中介，对主张和解要素错误应当予以禁止。四是强制执行的执行名义为判决时，如果债务人提起执行异议之诉，须以发生在既判力之基准之后的事实为异议的原因，以和解为执行名义也应准用此要求。[2]

法院调解既判力限制说的主张者为日本学者中村宗雄和菊井雄大等。这

---

[1]　[日]兼子一：《民事诉讼法体系》，第306页，转引自江伟主编：《中国民事诉讼法专论》，中国政法大学出版社1998年版，第186~187页。

[2]　张大海："诉讼调解既判力论"，载《政法论坛（中国政法大学学报）》2008年第5期，第106页。

一学说又称折中说或者有限肯定说。其基本观点是：诉讼和解产生既判力不是绝对的而是有条件的，应当受到限制，只有实体法上无效或可撤销的原因不存在时，才能对诉讼和解的既判力予以肯定。持这种学说的学者主要是从既判力作用产生的不同侧面来加以论证的。他们认为既判力是从两个不同的侧面作用于当事人的。第一个侧面为禁止当事人提出与法院生效裁判结论存在矛盾的主张。从既判力作用于当事人的第一个侧面来看，如果当事人放弃权利是自愿的，并且诉讼和解协议又无瑕疵，就应当不允许当事人就同一诉讼标的再次向法院提起诉讼，应当肯定诉讼和解在这一侧面产生既判力，否则便是明显不恰当和不合理的。第二个侧面为禁止当事人攻击法院生效裁判的形成。法院以判决形式结案，既判力作用于当事人的第二个侧面一般不会出现问题。但是，如果法院以当事人达成诉讼和解协议的方式结案，当事人双方的意志与诉讼和解协议的达成具有直接的联系，既判力作用于当事人的第二个侧面就具有了独立的意义。[1] 因此，从既判力作用于当事人的第二个侧面来看，只有在诉讼和解不存在瑕疵时，才能肯定诉讼和解的既判力，否则就不应当对诉讼和解的既判力予以承认。

2. 法院调解既判力的立法分析

在不同的国家和地区，在立法上对法院调解既判力的规定是存在差异的。

第一种情形是在立法上不承认法院调解的既判力。《德国民事诉讼法》第794条第1款第1项虽然肯定了诉讼和解的执行力，[2]但《德国民法典》第134条对诉讼和解的既判力不予承认。依据该条的规定，诉讼和解缺乏要件、诉讼和解违反法律禁令、诉讼和解未依法记录以及诉讼和解的基础存在共同错误等，都是对诉讼和解的既判力予以否认的理由。在美国，在诉讼过程中当事人达成了和解协议，依当事人的申请，法院根据和解协议的内容制作判决。这种判决称为"合意判决"。"合意判决"与"应诉判决"的既判力并无差异，但"合意判决"的既判力并不是诉讼和解协议本身，而是因为将诉讼

---

〔1〕　也就是说，在当事人双方合意达成的诉讼和解协议存在瑕疵时，就会影响法院生效裁判的形成。

〔2〕《德国民事诉讼法》第794条第1款第1项规定："强制执行，也可以根据以下各项而实施：1.当事人双方之间，或当事人一方与第三人之间，为解决诉讼，对于诉讼的全部或诉讼标的的一部分，在德国法院或在为州司法行政机关所设立的或批准的调解所订立的和解，以及依第一百一十八条第一款第三句或第四百九十二条第三款在法官的记录中记载的和解；……"

和解协议转化成了法院的判决而产生的既判力。在英国，有"整体性和解"的规定。[1]与提起新的诉讼相比，整体性和解命令的效力较强，但并不能说这种整体性和解命令具有既判力。立法上不承认法院调解的既判力是法院调解既判力否定说和限制说在立法上的体现。依法院调解既判力否定说，诉讼和解无既判力，就不能阻止当事人对已经生效的诉讼和解再次提出主张。依法院调解既判力限制说，只有在诉讼和解不存在实体法上的瑕疵时，才能肯定诉讼和解的既判力，如果当事人认为已经生效的诉讼和解存在瑕疵，可以向法院另行起诉来主张撤销诉讼和解或者主张诉讼和解无效。

第二种情形是在立法上承认法院调解的既判力。[2]对法院调解的既判力在立法上予以承认，体现了法院调解既判力肯定说的思想。依据这一学说，诉讼和解从性质上来讲并不是私法上的行为，在诉讼和解制度中不应当存在和解无效或者撤销的问题，当事人达成了诉讼和解协议，就应当产生使正在进行的诉讼程序结束的法律后果。当事人如果要消除诉讼和解的这种法律后果，唯一的办法是援用再审程序，即使当事人对已经生效的诉讼和解反悔而表明不服，也不得就诉讼和解的诉讼标的再次向法院提起诉讼。

3. 法院调解既判力与法院调解的性质

不同国家和地区的立法对法院调解既判力的规定之所以存在差异，一个很重要的原因是对法院调解的性质在理解上并不一致。所以，在研究法院调解的既判力问题时，仅从既判力的本质和根据出发是不够的，必须对法院调解的性质进行专门探讨，否则就无法揭示法院调解既判力的特殊性。

在域外的民事诉讼法学界，对法院调解性质的认识主要有私法行为说、诉讼行为说和混合行为说。

日本学者新堂幸司、石川明、河木喜与之以及德国学者罗森贝克、科勒、埃与斯等是法院调解私法行为说的主张者。将诉讼和解的性质理解为私法行为，大多否认诉讼和解的既判力，在诉讼和解存在实体上的瑕疵时，主张可

---

〔1〕《英国民事诉讼规则》在其"诉讼指引"第40C章第101条规定："整体性和解系支付裁决金额的一种方式，或者为原告在有生之年定期接受一定金额的方式。向原告付款可以通过保险公司支付年金保险的方式，如果付款人为政府机构的，可以直接由该机构向原告付款。"《英国民事诉讼规则》，徐昕译，中国法制出版社2001年版，第608页。
〔2〕例如，《日本民事诉讼法》第267条规定："和解、请求的放弃或者认诺记载于笔录时，该记载与确定判决具有同一效力。"依《法国民法典》第2052条的规定，和解在当事人之间具有终审判决的既判力。

以通过"另行起诉""继续进行原来的诉讼""请求异议之诉"等途径来解决。在美国和英国,之所以不承认诉讼和解的既判力,根本原因在于认为诉讼和解为私法上的契约。在美国,诉讼外的和解和诉讼和解都是当事人之间的一种契约,只能间接地产生结束诉讼程序的法律后果。在英国,学理上认为,诉讼和解相当于当事人在诉讼过程中成立了一个取代原来诉讼原因的新的合同,如果当事人对这一新的合同予以违反,对方当事人应当以这一新的合同作为诉讼标的来提起新的诉讼。

日本学者小山升、兼子一和德国学者比洛夫等是法院调解诉讼行为说的主张者。这一学说内部又分为"合同诉讼行为说"和"结束诉讼合意说"。合同诉讼行为说认为诉讼和解是一种具有合同意义的诉讼行为。结束诉讼合意说认为诉讼和解是以结束诉讼程序为目的的,当事人之间互谅互让而达成的协议。对诉讼和解的性质持诉讼行为说的学者大多对诉讼和解的既判力进行肯定,因为诉讼和解不存在实体法上的性质,即使诉讼和解有实体上的瑕疵,也应当依既判力来阻止当事人对这种瑕疵再次起诉和再次争执,只有通过启动再审程序的途径才能消除这种既判力。日本的民事诉讼立法肯定诉讼和解的既判力,其理论基础就是诉讼行为说。在日本,理论界的通说认为,成立诉讼和解后,不仅结束了诉讼程序,而且还会阻止当事人就同一纠纷再次向法院提起诉讼,诉讼和解的内容如有给付义务的规定,与给付判决产生同等的执行力。

法院调解混合行为说认为诉讼和解同时具有私法和诉讼法的要素。这一学说内部又分为两行为并存说和两行为竞合说。日本学者伊藤真和德国学者赫尔维希等主张两行为并存说,认为诉讼和解从法律层面而言存在两个行为,一个是私法上的和解契约,一个是诉讼法上结束诉讼程序的合意。这两个行为独立存在且独立发挥作用。诉讼和解性质取决于其所产生的法律效果是私法上的法律效果还是诉讼法上的法律效果。[1]日本学者中村英郎和德国学者魏斯曼、施勒克、尼克逊等主张两行为竞合说,认为私法上的和解为诉讼和解的内容,诉讼行为是诉讼和解的形式,诉讼和解是同时体现了私法和诉讼法双重属性的内容和形式结合的单一的一个行为。

---

　〔1〕　依两行为并存说,诉讼和解如果产生私法上的法律效果,为私法行为;如果产生诉讼法上的法律效果,为诉讼行为。私法上的法律效果与诉讼法上的法律效果,在现代实体法与诉讼法相分离的背景之下,不会产生交错。

4. 法院调解既判力的定位

从我国民事诉讼立法来看，对法院调解效力的规定体现了以下几方面的精神：一是并没有对法院调解与法院生效判决具有同等的法律效力作出规定。二是规定了法院调解具有法律效力，可以作为法院强制执行的根据。[1]三是虽然规定了不准许调解协议约定一方不履行协议另一方可以请求法院对案件作出裁判，[2]但并未明文禁止当事人可以对法院调解的案件另行起诉，因而未能对法院调解的既判力作出规定。

我国的民事诉讼立法对法院调解是否产生既判力没有作出明确的规定，那么我国的法院调解是否应当产生既判力呢？学者们对这一问题进行了一定的探讨，既有反对者，也有赞同者。

有学者认为对法院调解的既判力予以否定或许是当前可行的途径，在今后为当事人在法院调解过程中提供的程序保障较为充分时，可以考虑肯定法院调解解决纠纷的终局性。[3]反对法院调解产生既判力的学者们认为，如果法院调解产生既判力，可能与既判力的公权性质存在冲突和矛盾，不利于实现诉讼经济的价值，可能会对实体公正价值的实现产生阻碍作用。

赞同法院调解具有既判力的某些学者认为法院调解应当与判决一样具有既判力，从我国民事诉讼立法的以下规定可以推知：一是在我国的民事诉讼立法中，法院调解一直作为基本原则加以规定，法院调解作为我国民事纠纷的解决方式之一，地位至少与判决同等，甚至比判决更高。二是民事诉讼立法规定法院调解书经当事人签收后即具有法律效力，法院调解书是法院强制执行的依据之一，具有执行力。三是民事诉讼立法规定对存在法定情形的有瑕疵的法院调解，与有错误的判决一样是通过再审程序予以救济。[4]

---

〔1〕《民事诉讼法》第 97 条第 3 款规定："调解书经双方当事人签收后，即具有法律效力。"《民事诉讼法》第 236 条第 2 款规定："调解书和其他应当由人民法院执行的法律文书，当事人必须履行。一方拒绝履行的，对方当事人可以向人民法院申请执行。"

〔2〕《最高人民法院关于人民法院民事调解工作若干问题的规定》（法释〔2004〕12 号 2004年 9 月 16 日）第 10 条第 2 款规定："调解协议约定一方不履行协议，另一方可以请求人民法院对案件作出裁判的条款，人民法院不予准许。"

〔3〕 杨会新："程序保障视角下诉讼调解既判力分析"，载《华东政法大学学报》2017 年第 5 期，第 118 页。

〔4〕 张大海："诉讼调解既判力论"，载《政法论坛（中国政法大学学报）》2008 年第 5 期，第 107 页。

　　笔者认为法院调解应当产生既判力，但法院调解的既判力与法院判决的既判力是存在差异的。

　　法院调解应当产生既判力，从民事诉讼立法的有关规定出发进行论证较为明了，但还不太充分，也不够系统和深入。法院调解之所以应当产生既判力，除了民事诉讼立法本身的规定以外，还有以下理由：

　　首先，法院调解既判力学说中的法院调解既判力肯定说较为合理。法院调解既判力否定说所持的理由有的过于牵强。例如，它认为法院调解不区分主文和理由，但事实上法院调解的结论部分与判决主文中的判断在性质上并无差异。此外，这一学说虽然对当事人的程序保障进行了较为充分的考虑，对法院调解与法院判决之间的区别较为强调，但并不利于民事诉讼的实际运行。因为法院调解完全排除公权力因素的介入，仅仅取决于当事人双方的"合意"，对法院调解解决民事纠纷功能的充分发挥是不利的，而且还会在一定程度上阻碍民事诉讼安定价值和效益价值的实现。法院调解既判力限制说似乎对肯定说和否定说从形式上进行了协调，但它有一个致命的缺陷，即这一学说认为判断法院调解有无既判力的标准是法院调解是否存在瑕疵。但是，既判力的概念本身是绝对的，并不考虑法院裁判是否适当的问题。相比较而言，法院调解既判力肯定说的积极意义是较为明显的，它不仅有利于法院调解解决民事纠纷功能的充分发挥，而且有利于民事诉讼安定价值和效益价值的实现。

　　其次，从法院调解的性质来看，法院调解产生既判力具有较为充分的根据。如前所述，域外关于法院调解的性质存在私法行为说、诉讼行为说和混合行为说。私法行为说存在不足，它很难分辨诉讼外的和解与诉讼中的和解，也很难分辨在诉讼过程中法院主持的调解和当事人双方自行进行的和解，不能合理地解释法院调解仅具有私法性质但能引起诉讼程序结束的诉讼法上的效果。诉讼行为说存在的缺陷在于没有关注当事人双方的"合意"在法院调解过程中的重要性，对当事人在法院调解过程中的积极作用和主动地位予以漠视，不能很好地区分法院调解与法院判决，因而有可能使法院调解与法院判决趋同化。从根本上来讲，它是职权主义民事诉讼模式的产物。此外，这一学说完全抛开法院调解的实体法因素，纯粹从诉讼法的角度来看问题，认为法院调解仅具有诉讼法的性质，主张实体法上的瑕疵对法院调解的成立不产生影响，因而无法说明实体法上的瑕疵会导致法院调解无效的问题。混合行为说的两行为并存说把实际状态下的一个行为人为地肢解为两个相互独立不相关联的行为，明显违反了常理，并且也不符合当事人的意愿。笔者认为，相比较而言，混合行为说的两行为竞合说是较为合理的。这一学说的合理性主要表现在：一是从二元的立场来认识法院调解兼具私法性质和诉讼法性质。与私法行为相比，它考虑到了法院调解过程中法院的作用，能够较为清楚地区分法院调解与法院判决以及法院调解与当事人自行和解。与诉讼行为说相比，它淡化了法院调解过程中法院的作用，对当事人在法院调解过程中的自主地位予以尊重，顺应了民事诉讼模式由职权主义向当事人主义转化的历史潮流。二是它对法院调解性质的理解是从诉讼是诉讼法与实体法共同作用的"场"的角度出发，肯定了诉讼法与实体法之间的互通与交流，认为法院调解有瑕疵时实体法性质和诉讼法性质相互产生影响，不承认实体法行为与诉讼行为的分离性，避免了两行为并存说将实际上的一个法院调解行为人为地分割为相互独立的私法行为和诉讼法行为的违反常理的现象。正是因为上述原因，在德国和我国台湾地区，两行为竞合说是理解法院调解性质的通说。依法院调解的两行为竞合说，法院调解产生既判力符合既判力的本质。[1] 此外，对法院调解的性质，我国民事诉讼法学界从当事人与法院在法院调解过程中地位的角度进行了考察，形成了审判权说、处分权说以及审判权与处分权相结合说。审判权说和处分权说分别与域外民事诉讼理论中的诉讼行为说和私法行为说相似。审判权与处分权相结合说认为在性质上法院调解是在诉讼过程中由法院主持的当事人双方协商解决民事纠纷的一种诉讼活动。就理论界研究的动态而言，审判权与处分权相结合说是学界的通说。依法院调解性质的审判权与处分权相结合说，法院调解既判力在既判力根据的理论中也能找到答案。法院调解具有审判权的性质，体现了国家审判权的行使，定纷止争的功能必然在法院调解制度中有所体现，这与既判力根据论中的国家审判权说是相通的。法院调解同时具有处分权的性质，最为关键的是当事人要真正"自主性"地进行处分，要使当事人在法院调解过程中真正"自主性"地行使处分权利，就必须给予当事人必要的程序保障。虽然在法院调解过程

―――――――――

〔1〕 两行为竞合说认为，法院调解兼具有诉讼法和实体法的性质。依既判力本质的修正的诉讼法说的主张，既判力虽然也有一定的实体法性质，但主要的方面是诉讼法性质，法院调解具有诉讼法性质，与既判力本质的诉讼法性质具有天然的亲和性。也就是说，法院调解兼具诉讼法和实体法性质，既判力兼具诉讼法和实体法性质但以诉讼法性质为主，两者是和谐共存的。

中当事人受到的程序保障不如在审判程序中那么充分，但如果完全忽视当事人在法院调解过程中必要的程序保障，当事人在法院调解过程中的这种"自主性"就有可能受到侵犯。法院调解具有当事人行使处分权的性质，与既判力根据理论中的程序保障说是吻合的。笔者认为既判力的根据是国家审判权说和程序保障说的二元论，法院调解性质的审判权与处分权相结合说与既判力根据是相通或者相吻合的。因此，法院调解的性质决定了法院调解产生既判力在既判力根据理论中也能够找到答案。

　　法院调解具有既判力，但它与判决的既判力是存在差异的。之所以存在差异，一是因为法院调解依赖于当事人处分权的行使，当事人之间的"合意"是法院调解的本质特征，过多的公权力因素掺入其中是不太合理的。二是因为法院调解还具有一定的实体法性质，如果绝对地不允许当事人主张法院调解在实体上"无效或者撤销"的原因，对当事人而言是过于苛刻的。不承认法院调解的既判力与判决的既判力存在的差异，就会混同法院调解与法院判决这两种不同的民事纠纷解决方式。一般认为，法院调解的既判力与判决的既判力主要存在以下几个方面的区别：第一个方面的区别为法院判决的既判力同时产生消极效果和积极效果，法院调解的既判力仅产生消极效果而不产生积极效果。法院调解既判力产生消极效果，是指对本案的诉讼标的，法院调解进行了确认，就该诉讼标的，应当阻止当事人另行起诉，阻止法院重复受理和审判。对法院调解既判力的消极效果，我国民事诉讼法学界的认识是一致的。蔡虹教授认为："经法院调解结案后，表明双方当事人之间的民事权利义务已经得到解决，诉讼程序结束，当事人不得以同一诉讼标的、同一事实对同一被告再行起诉。"[1]李浩教授指出："已生效的调解书、调解笔录与生效判决书具有同等法律效力，已从法律上最终解决了当事人之间的争议，因此当事人不能以同一事实和理由向同一被告再次提起诉讼。"[2]法院调解既判力不产生积极效果，是指在后诉的诉讼标的与法院调解的诉讼标的不同但存在关联的情形下，法院调解对于诉讼标的的认定，不能阻止当事人在后诉中提出相反的主张，不能阻止法院在后诉中作出相矛盾的判断。对法院调解既判力不产生积极效果的原因，学者们进行了分析。江伟教授主编的《民事诉

---

〔1〕　蔡虹：《民事诉讼法学》（第4版），北京大学出版社2016年版，第313页。
〔2〕　李浩：《民事诉讼法学》（第3版），法律出版社2016年版，第242页。

讼法》（第6版）认为："在对当事人的程序保障方面，审判程序明显优于调解过程，在诉讼调解的过程中，当事人的程序权利并没有得到像在审判程序中那样充分的保障。"[1]另有学者指出，调解的达成在很多情况下是通过一方当事人对自己的合法权益部分地进行放弃而实现的，在这种放弃得到的程序保障不充分并显失公正的情形下，在制度上不宜对当事人合意的瑕疵以既判力遮断。[2]对法院调解既判力不产生积极效果的原因，还可以从以下几个方面进行分析：一是当事人在前诉中达成调解协议一般是互谅互让的结果，如果对当事人在后诉中为相反主张予以阻止，当事人就有可能担心这种让步会对今后相关联纠纷的解决产生不利于自己的结果，因而在调解过程中拒绝作出让步。二是法院调解的性质虽然是审判权与处分权相结合，但当事人双方的"合意"是其本质所在，当事人在前诉调解过程中形成的合意阻止法院在后诉中为相异判决，使审判权受制于当事人的处分权，并不具有足够的正当性。三是在法院调解过程中，当事人基于处分权的行使互谅互让所达成的调解协议的内容，可能与法律的具体规定并不相符。如果让这种与法律具体规定不符的法院调解协议的内容阻止在后诉中当事人为相反主张和法院作出相矛盾的判断，明显是不合理的。第二个方面的区别为法院调解不能产生类似于既判力的争点排除效力。理由在于：一是法院调解的内容不像判决书那样重视说理，即使说理，这种理由也可能是基于当事人双方的互谅互让，不一定符合案件的客观真实情况。二是法院调解不像判决那样是在当事人双方进行攻击与防御的基础上作出的，法院调解的内容一般也不叙述当事人双方的争点。三是法院调解不像法院判决那样要求法院一定要查明事实，而对案件的事实进行严格的审查，如果让法院调解产生类似于既判力的争点排除效力，对当事人而言就过于苛刻了。[3]

（四）法院决定、命令、通知的既判力问题

在民事诉讼中，判决、裁定、调解是法院主要的裁判形式。此外，法院的裁判形式还包括决定、命令和通知。

---

〔1〕 江伟主编：《民事诉讼法》（第6版），中国人民大学出版社2013年版，第311页。

〔2〕 张艳、成家林："论法院调解的既判力"，载《滨州学院学报》2015年第1期，第58页。

〔3〕 邓辉辉："法院调解的既判力问题研究"，载《学术论坛》2014年第7期，第81页。

1. 法院决定的既判力问题

决定是指法院针对民事诉讼中的某些特殊事项作出的权威性认定。[1]法院决定不同于法院判决，它所解决的事项不涉及案件的实体问题，属于诉讼中的程序事项。法院决定解决的事项虽然属于诉讼中的程序事项，但它也不同于法院裁定，因为法院决定解决的程序事项具有一次性即时解决的特点，具有一定的紧迫性，一经作出或者送达便立即生效。从法院决定的上述属性来看，法院的决定不能产生既判力。

2. 法院命令的既判力问题

命令这种裁判形式在民事诉讼中较为少见。一般认为，在督促程序中，法院向债务人发出的支付令为命令的一种形式。

对支付令是否具有既判力在认识上是不一致的。例如，"韩国通说与判例认为，支付命令即使在确定的情形下，也仅发生执行力而不发生既判力。但也有学者持反对观点"。[2]张亮博士从"督促程序之法理基础为缺席判决""债务人之通知：有关支付令送达的问题""当事人程序选择权之尊重"以及"实行彻底的一次性审查"等四个方面论证了"我国赋予督促程序之支付令既判力之正当性基础"。[3]有学者认为，主张支付令产生既判力的理由主要为：一是申请人申请支付令等同于向法院起诉，支付令等于法院的判决，债务人不履行支付令时支付令就等于生效判决。二是支付令与判决一样具有强制执行的效力。三是肯定支付令的既判力是"一事不再理"基本诉讼原则的要求，有利于支付令效力的维护，有利于充分发挥督促程序的作用。[4]还有学者认为赋予支付令以既判力是基于督促程序效率价值取向的考虑，但是，为了平等保护债务人的利益，为了对错误支付令产生既判力的严重后果予以减缓或避免，有必要对支付令既判力的范围和程序要件作出相应的限制。[5]笔者认为支付令不同于判决不应肯定其既判力。理由在于：一是肯定支付令的既判

〔1〕 依我国民事诉讼立法的规定，法院适用决定解决的事项有：是否回避的问题；对妨害民事诉讼的人采取强制措施；对当事人申请诉讼费用缓、减、免的问题；对当事人提出顺延诉讼期限的问题；某些重大疑难问题的处理，如法院审判委员会决定提起再审。

〔2〕 ［韩］孙汉琦：《韩国民事诉讼法导论》，陈刚审译，中国法制出版社2010年版，第526页。

〔3〕 张亮："我国督促程序之支付令既判力问题探析——以德国、奥地利督促程序之支付令效力为借镜"，载《山东社会科学》2017年第9期，第163~165页。

〔4〕 周序中等："试论支付令的既判力问题"，载《北京经济瞭望》1999年第3期，第50页。

〔5〕 史长青："支付令既判力之研判"，载《法学杂志》2016年第9期，第83页。

力，难以确定既判力开始的基准点，或者与既判力的概念存在矛盾。支付令自送达时生效，但债务人仍依法享有提出异议的权利，支付令不能确定，而既判力是以法院裁判已经确定为前提的。如果认为从支付令生效后具有强制执行力开始产生支付令的既判力，就混淆了执行力与既判力，而且也与既判力的基本概念相矛盾。二是肯定支付令的既判力不符合正当程序原则，缺乏既判力产生的根据。[1]

为了完善我国的民事诉讼制度，有学者认为"命令"这种裁判形式的适用范围应当予以扩大，以便及时、有效地解决某些诉讼过程中必须立即解决的程序问题，如搜查证据的命令、要求持有人提出证据的命令等。无论命令的适用范围作出何种程度的扩大，都不是对本案诉讼标的的判断，不能肯定其既判力。

3. 法院通知的既判力问题

通知是法院在司法实践中使用的一种法律文书，[2]但在法院裁判形式中的地位不太明显。"通知是适用诉讼中的程序事项，并且有的通知可以不采用书面形式，有的通知还不具有法律强制力。因此，法院的通知不应当具有既判力。"[3]

二、既判力裁判形式理论与民事诉讼再审程序适用对象之间的关系和民事诉讼再审程序适用对象的具体分析

（一）既判力裁判形式理论与民事诉讼再审程序适用对象之间的关系

民事诉讼再审程序的适用对象是指，对法院的哪些裁判可以适用民事诉讼再审程序予以纠正。只有属于民事诉讼再审程序适用对象的法院裁判，才具有被再审的资格，这一问题是启动民事诉讼再审程序的前提和基础。我国民事诉讼立法对再审程序适用对象的规定较为原则，无论是以何种方式启动再审，一般均规定为"法院已生效的判决、裁定和调解书"。这样的规定，民

---

〔1〕 在督促程序中，法院不审查实体问题，当事人也不会进行实质上的法庭辩论，甚至被申请人都没有机会申明主张和提出证据，在这种缺乏充分程序保障的情形下，让支付令具有既判力缺乏应有的根据。

〔2〕 例如，《民事诉讼法》第94条第2款规定："人民法院进行调解，可以用简便方式通知当事人、证人到庭。"依《民事诉讼法》第56条第2款的规定，人民法院可以通知无独立请求权第三人参加诉讼。

〔3〕 邓辉辉："论既判力的裁判形式"，载韦以明、梁娟主编：《法学论丛2004年卷》，中国人民公安大学出版社2004年版，第98页。

事诉讼再审程序的适用对象就很难具体化，在实践中可能有不同的理解，在适用法律时有可能不统一，特别是可能不适当地扩大民事诉讼再审程序的适用范围。此外，民事诉讼再审程序启动主体是否可以多元化，在认识上存在分歧，但即使民事诉讼再审程序启动主体可以多元化，不同主体启动民事诉讼再审程序的适用对象也应当是一致的。[1]

基于《民事诉讼法》对再审程序适用对象规定的情况，最高人民法院在相关的司法解释中作出了一些较为具体的规范。从最高人民法院有关司法解释的内容来看，主要是对当事人申请再审和检察院启动再审的具体适用对象进行明确，且大多是排除式的规定。这些规定存在的问题在于：一是较为零散，有的还前后矛盾且不够全面，致使司法实务中无法适用。二是对当事人申请再审和检察院启动再审的具体适用对象是分别加以规定的，对法院依职权启动再审的具体适用对象则几乎未作任何限制，与《民事诉讼法》相比，因不同的启动主体对民事诉讼再审程序适用的对象作出不同规定的情形更为严重。三是正当性不足，缺乏法理基础。有学者对民事诉讼再审程序的适用对象能否由最高人民法院进行限制提出了疑问，甚至认为最高人民法院的这些限制于法无据，违反了民事诉讼立法的本意。例如，对检察院启动再审，最高人民法院曾规定了诸多限制的情形，不少学者对此有不同意见。汤维建教授认为，不仅生效判决属于抗诉的范围，法院的裁定只要已生效也都应当属于检察机关可以抗诉的范围，这符合法律规定和法理要求。[2]有学者认为，应当以全面监督理念界定民事抗诉的对象范围，明确检察机关对生效判决、生效裁定和生效调解书有权提出抗诉；[3]除了法院撤销或者不撤销仲裁裁决的裁定外，对其他具有终结程序意义的裁定的纠错，都可以通过抗诉来重新启动程序予以审查；[4]从法理基础和现实司法需求的视角来看，民事抗诉对象范围过窄而应当予以扩展；[5]抗诉的范围应拓宽至民事执行、调解和破产

---

〔1〕　民事诉讼立法不能因不同的启动主体对民事诉讼再审程序适用的对象作出不同的规定，但我国民事诉讼的现行立法并没有体现这一原则。例如，依《民事诉讼法》第 202 条的规定，对已经生效的解除婚姻关系的判决、调解书，当事人不得申请再审，但《民事诉讼法》并没有规定对此类判决、调解书检察院不得启动再审和法院不得依职权启动再审。

〔2〕　汤维建："论民事抗诉制度的完善"，载《人民检察》2007 年第 9 期，第 38～39 页。

〔3〕　张文志等：《民事诉讼检察监督论》，法律出版社 2007 年版，第 246 页。

〔4〕　张步洪：《新民事诉讼法讲义——申诉、抗诉与再审》，法律出版社 2012 年版，第 140 页。

〔5〕　田忠："民事抗诉对象的范围应扩展"，载《人民检察》2010 年第 23 期，第 75～76 页。

程序；[1]对法院绝大部分的民事生效裁判都应纳入抗诉的对象，这不仅符合我国民事诉讼法的立法精神，而且也更符合当前的司法实践。[2]有学者还指出，2012 年《民事诉讼法》修改时，将检察监督原则修改为"人民检察院有权对民事诉讼实行法律监督"，最高人民法院关于检察机关不能对民事诉讼和执行过程中作出的裁定提出抗诉的规定应当予以废止，因为基本法的效力级别高于司法解释，司法解释不能与基本法相抵触。[3]

笔者认为，对《民事诉讼法》关于再审程序适用对象的原则规定，最高人民法院可以以司法解释的形式予以具体化，但这种具体化必须具有法理基础和足够的正当性。民事诉讼再审程序的适用对象包括哪些法院裁判？常怡教授和唐力博士认为必须考虑法院生效裁判对当事人利益的影响程度和原则上应当是法院所作出的终局性裁判且当事人已利用并穷尽了裁判生效前的法院内部监督救济机制这两个因素。[4]有学者认为民事诉讼再审程序适用对象的确定应遵循以下原则：一是与当事人的实体权利直接相关。二是已无其他救济途径。三是对没有必要通过再审进行救济的法院裁判，或者无法通过再审进行救济的法院裁判，不适用民事诉讼再审程序。上述认识虽有一定的道理但较为模糊，在理解上难以达成共识。

笔者认为民事诉讼再审程序适用对象的确定应当以既判力裁判形式理论为指导。既判力裁判形式理论所探讨的是法院的哪些裁判产生既判力的问题，民事诉讼再审程序的适用对象是指，法院的哪些裁判可以通过再审程序的启动予以纠正。只有产生既判力的法院裁判，才能阻止当事人的另行起诉或者再行争议，才能对法院重复受理和审判或者为相异判断予以禁止，无既判力的法院裁判不会对后诉产生遮断作用。因此，作为民事诉讼再审程序适用对象的法院裁判只能是具有既判力的法院裁判。从理论上讲，再审程序本身就是一种对法院裁判既判力予以冲破的非正常程序。可见，既判力的裁判形式与民

---

〔1〕 马登科："民事检察抗诉制度的再完善"，载《华南农业大学学报（社会科学版）》2009 年第 3 期，第 134~135 页。

〔2〕 雷万亚："民事抗诉制度的价值及程序问题分析"，载《国家检察官学院学报》2005 年第 5 期，第 62 页。

〔3〕 周平："论民事审判监督置换为民事诉讼法律监督司法规律的法制归位（上）"，载《中国检察官》2013 年第 7 期，第 69 页。

〔4〕 常怡、唐力："民事再审制度的理性分析"，载《河北法学》2002 年第 5 期，第 18 页。

事诉讼再审程序适用对象两者之间是一种完全对应的关系。法院的裁判形式具有既判力，就可以适用民事诉讼再审程序，不具有既判力的法院裁判就不能适用民事诉讼再审程序。江伟教授、肖建国博士主编的《民事诉讼法》（第 7 版）指出："一般而言，只有对于已经发生既判力的裁判，才有通过申请再审加以推翻的必要。"[1]有学者也认为当事人申请再审对象的法院裁判必须具有既判力效果，当事人没有必要针对不具有既判力的法院生效裁判提起再审之诉。[2]

（二）民事诉讼再审程序适用对象的具体分析

法院的裁判形式主要有判决、裁定、调解以及决定、命令和通知。下文从法院的不同裁判形式的视角出发对民事诉讼再审程序适用对象进行具体的分析。

1. 判决

根据既判力裁判形式理论，法院的生效判决产生既判力。因此，从整体上而言，法院的生效判决属于民事诉讼再审程序的适用对象。有学者认为，应当"赋予检察机关对未生效民事行政裁判的抗诉权"[3]这种观点的错误在于，未生效的民事裁判并未产生既判力，不能作为民事诉讼再审程序的适用对象，检察机关当然也无权抗诉而引发再审程序。2001 年最高人民检察院民行检察厅《规范省级检察院办理民行提请抗诉案件意见》[4]第 1 条第 2 项、2001 年最高人民检察院《民行抗诉案件办案规则》[5]第 6 条第 1 项、2011 年最高人民法院《第一次全国民事再审审查工作会议纪要》[6]第 10 条第 5 项和2011 年最高人民法院、最高人民检察院《民事审判与行政诉讼监督意见》[7]

---

〔1〕　江伟、肖建国主编：《民事诉讼法》（第 7 版），中国人民大学出版社 2015 年版，第 347 页。

〔2〕　刘君博："转型中的再审程序"，载《司法改革论评》2013 年第 1 期，第 115 页。

〔3〕　韩成军："检察机关抗诉权及其优化配置"，载《中州学刊》2012 年第 3 期，第 83~84 页。

〔4〕　本书所称"2001 年最高人民检察院民行检察厅《规范省级检察院办理民行提请抗诉案件意见》"，即《最高人民检察院民事行政检察厅关于规范省级人民检察院办理民事行政提请抗诉案件的意见》（［2001］高检民发第 4 号　2001 年 8 月 14 日）。

〔5〕　本书所称"2001 年最高人民检察院《民行抗诉案件办案规则》"，即《人民检察院民事行政抗诉案件办案规则》（2001 年 9 月 30 日最高人民检察院第九届检察委员会第九十七次会议讨论通过高检发［2001］17 号　2001 年 10 月 11 日发布）。

〔6〕　本书所称"2011 年最高人民法院《第一次全国民事再审审查工作会议纪要》"，即《最高人民法院关于印发〈第一次全国民事再审审查工作会议纪要〉的通知》（法［2011］159 号　2011 年 4 月 21 日）。

〔7〕　本书所称"2011 年最高人民法院、最高人民检察院《民事审判与行政诉讼监督意见》"，即《最高人民法院、最高人民检察院关于印发〈关于对民事审判活动与行政诉讼实行法律监督的若干意见（试行）〉的通知》（高检会［2011］1 号　2011 年 3 月 10 日）。

第 4 条，都就法院的未生效判决不属于民事诉讼再审程序的适用对象进行了明确。域外的民事诉讼立法对此也有相应的规定。例如，《日本民事诉讼法》第 338 条第 3 款规定："控诉审对于案件作出本案判决时不得对第一审判决提起再审之诉。"由于部分判决也产生既判力，依《民事诉讼法》第 153 条的规定作出的"先行判决"如果已经生效，也可适用民事诉讼再审程序予以纠正。中间判决不具有既判力是学术界的通说，在我国还未建立中间判决制度的情形下，目前还没有必要将中间判决排除在民事诉讼再审程序之外。

从我国民事诉讼立法来看，对法院的生效判决属于民事诉讼再审程序的适用对象一直有明确的规定。1982 年《民事诉讼法（试行）》、1991 年《民事诉讼法》、2007 年《民事诉讼法》以及现行《民事诉讼法》均规定了当事人可以对生效判决申请再审，法院可以对生效判决依职权启动再审。除 1982 年《民事诉讼法（试行）》未规定检察机关启动再审外，1991 年《民事诉讼法》、2007 年《民事诉讼法》以及现行《民事诉讼法》都规定了检察机关有权对法院的生效判决启动再审程序。在大陆法系国家和地区的民事诉讼立法中，大多对法院的生效判决可以适用民事诉讼再审程序作了规定。例如，《德国民事诉讼法》第 578 条第 1 款规定："对于已确定的终局判决而终结的诉讼程序，可以依无效之诉或回复原状之诉，进行再审。"《法国民事诉讼法》第 593 条规定："申请再审目的旨在请求取消已经产生既判事由确定力的判决，以期在法律上与事实上重新审理裁判。"《日本民事诉讼法》第 338 条第 1 款规定："……对于确定的终局判决，可以再审之诉的形式不服声明。……"

就我国民事诉讼制度而言，法院的生效判决有以下几种：一是第二审法院作出的判决。二是最高人民法院作出的判决。三是基层人民法院依小额诉讼程序审理后作出的判决。四是当事人放弃上诉权上诉期限届满的地方各级人民法院作出的一审判决。在我国，依非讼程序审理的案件虽然有的也使用裁定，但大多是以判决方式结案的，适用非讼程序审理所作的判决、裁定实行一审终审，属于生效的判决、裁定。依据既判力裁判形式理论与民事诉讼再审程序适用对象之间的关系，法院的生效判决可以适用民事诉讼再审程序似乎是理所当然的事情。但是，在我国民事诉讼法学界，除了对第二审法院作出的判决属于民事诉讼再审程序适用对象没有争议以外，[1]其他情形下法院的生效判决是否可以适用民事诉讼再审程序在认识上还存在分歧，学者们还就法院生效判决可否适用民事诉讼再审程序的某些特殊问题进行了研究。下面，笔者对这一问题分别进行讨论，并对判决与裁定、调解一并进行分析。

第一，最高人民法院作出的裁判能否适用民事诉讼再审程序？江伟教授和徐继军博士认为，限制再审可规定不得对最高人民法院终审的案件再审。[2]常怡教授指出："根据中国宪法规定，最高人民法院是最高审判机关。所谓'最高'，一是地位最高，二是审级最高，三是裁判的效力最高，对任何案件它都享有最高审判权、最终裁判权。它所出具的裁判应当是最具权威性的、终局的，应当假定它是不可能有错误的、无可怀疑的，因此也是不能推翻的。如果最高人民法院的裁判也能通过再审程序予以'纠正'，一则与最高审判机关的地位相悖，二是在公众的心目中会破坏其'最高''神圣'的形象。"[3]赵钢教授认为，对最高人民法院作出的裁判一律不得提起再审之诉，因为最高人民法院从未审理过一审民事案件，审理的二审案件在质量上已有相当程序的保障，并且也是维护最高审判机关裁判的权威性、终局性与神圣性的需要。[4]有学者从理论上、审判程序上和审判实践三个方面论述了"最高人民法院终审的案件不得申请再审"。[5]有学者指出，对最高人民法院裁判不允许申请再审，至少不得对经过最高人民法院审判委员会讨论作出的裁判再审，这对司法权威的价值与意义的维护而言是更为深远的。[6]还有学者指出，对最高人民法院审判的案件，如果允许进行再审，势必会陷入立法逻辑的相互矛盾之中。[7]对上述主张笔者不予赞同，认为即使是最高人民法院作出的裁判，也不能排除对其适用民事诉讼再审程序。理由在于：一是从《民事诉讼

---

〔1〕　二审判决予以改判的，一审判决不复存在，二审生效判决为再审的对象；二审判决维持一审判决的，二审和一审两个判决都是生效判决，因而也都是再审的对象。张卫平："民事再审：基础置换与制度重建"，载《中国法学》2003 年第 1 期，第 112 页。

〔2〕　江伟、徐继军："论我国民事审判监督制度的改革"，载《现代法学》2004 年第 2 期，第 34 页。

〔3〕　常怡主编：《比较民事诉讼法》，中国政法大学出版社 2002 年版，第 670 页。

〔4〕　赵钢：《民事诉讼法学专题研究（二）》，中国政法大学出版社 2015 年版，第 9 页。

〔5〕　景汉朝、卢子娟："论民事审判监督程序之重构"，载《法学研究》1999 年第 1 期，第 37 页。

〔6〕　虞政平："论我国审判监督程序的改革"，载《暨南学报（哲学社会科学版）》2012 年第 8 期，第 18 页。

〔7〕　滕威："我国民事再审立案审查制度之构建"，载《金陵法律评论》2005 年第 2 期，第 128 页。

法》的规定来看，对各级法院包括最高人民法院作出的裁判，都可以适用民事诉讼再审程序。对最高人民法院作出的裁判排除民事诉讼再审程序的适用，在法律上是没有依据的。二是最高人民法院的审判权威虽然需要予以维护，但这种维护是以其裁判具有正当性为前提的。虽然最高人民法院审判人员业务素质较高，但也有可能出错，尤为重要的是，个别法官甚至是最高人民法院的负责人还有可能徇私舞弊、枉法裁判，如果规定最高人民法院作出的裁判不适用民事诉讼再审程序，有可能使最高人民法院判决出现错误的可能性加剧。将最高人民法院作出的裁判纳入民事诉讼再审程序的适用范围，会给最高人民法院的审判人员在审理案件时形成一种外在的压力，从而促使其依法裁判。三是虽然从实践中的情况来看，对最高人民法院的裁判当事人申请再审和最高人民检察院抗诉的并不多见，对最高人民法院的裁判裁定准许再审的更是微乎其微，但民事诉讼再审程序本身是审级制度之外的程序设计，如果法院的生效裁判作出以后大多都予以再审，那就不正常了，对最高人民法院的裁判而言更是如此。四是最高人民法院作出的裁判虽然出现错误的可能性较小，但一旦出现错误，影响就十分重大，因为最高人民法院作出的裁判是地方各级法院适用法律的标准和尺度，其出现错误，可能会引起地方各级法院类似案件的审理也会产生错误。由此可见，最高人民法院作出的裁判是产生既判力的裁判，将其排除在民事诉讼再审程序的适用对象之外并不具有正当性。

第二，基层人民法院依小额诉讼程序审理后作出的判决能否适用民事诉讼再审程序？小额诉讼程序是在 2012 年修改《民事诉讼法》时增设的第 162 条。依小额诉讼程序审理后作出的判决，当事人不能上诉，是生效的判决。对基层法院依小额诉讼程序审理作出的判决能否适用民事诉讼再审程序的问题，学者们的认识并不一致。韩静茹博士和潘剑锋教授从程序设计的基本原理、对小额诉讼程序相对独立性的冲击以及国际司法的通行惯例等方面论述了依小额诉讼程序所作的判决不适用民事诉讼再审程序的理由。[1]肖建华教授和唐玉富博士也认为，对小额诉讼程序应当实行有限的二审终审制，不能适

---

〔1〕 韩静茹："错位与回归：民事再审制度之反思——以民事程序体系的新发展为背景"，载《现代法学》2013 年第 2 期，第 185 页；潘剑锋："程序系统视角下对民事再审制度的思考"，载《清华法学》2013 年第 4 期，第 31 页。

用民事诉讼再审程序。[1]杨荣新教授和乔欣博士则认为，小额诉讼程序实行的是有条件的一审终审制，应与宽松条件的再审程序相衔接，即再审程序的启动如果针对一审终审的案件，应相对更为容易。[2]自2012年《民事诉讼法》增设小额诉讼程序以来，司法实务对小额诉讼程序可以适用再审程序是持肯定态度的，有的地方法院在出台的审判指导性意见中明确将小额诉讼程序纳入了再审的范围。例如，上海市高级人民法院的《上海法院开展小额诉讼审判工作实施细则（试行）》和江苏省高级人民法院的《关于小额诉讼案件审理程序的讨论纪要》就规定了依小额诉讼程序审理案件作出的判决可以适用民事诉讼再审程序。2015年最高人民法院《适用民诉法解释》第426条规定了当事人对小额诉讼案件的判决向原审法院申请再审的，法院应当受理。笔者认为，对依小额诉讼程序审理作出的判决，是否可以适用民事诉讼再审程序，应立足于我国民事诉讼制度进行讨论。在小额诉讼程序的救济方面，域外的民事诉讼立法大多提供了多种不同的救济途径，如重新审判、复审制度、裁量性上诉、异议制度等，允许再审的极为少见。我国的情况不同，对小额诉讼程序实行的是绝对的一审终审制，不仅当事人不能提起上诉，而且也未赋予当事人申请复议或者提出异议的权利。但是，依小额诉讼程序审理所作的判决，也有可能出现错误，还有可能出现不应按小额诉讼程序审理而适用小额诉讼程序的情形。如果依小额诉讼程序审理所作的判决不能适用民事诉讼再审程序，小额诉讼程序就无任何救济渠道可言，当事人的合法权益就有可能受到不应有的损害，这与我国民事诉讼制度的目的是不相吻合的。此外，不能认为在民事诉讼立法上不允许当事人提起上诉，就意味着也不允许当事人申请再审。实行一审终审不允许当事人提起上诉，是为了在审级制度内尽快地解决标的额较小的简单的民事案件。如果对此类案件所作的判决出现错误，存在法定的再审事由，当事人享有的申请再审权利应当能够得到行使，在我国现行的民事诉讼再审制度体制下，检察院也可启动再审程序，法院也可依职权启动再审程序。虽然笔者主张依小额诉讼程序所作的判决可适用民事诉讼再审程序，但并不认为对此类案件启动再审程序应当更为容易。

---

〔1〕　肖建华、唐玉富："小额诉讼制度建构的理性思考"，载《河北法学》2012年第8期，第44~46页。

〔2〕　杨荣新、乔欣："重构我国民事诉讼审级制度的探讨"，载《中国法学》2001年第5期，第123页。

第三，当事人放弃上诉权的一审判决能否适用民事诉讼再审程序？当事人放弃上诉权，可能是当事人上诉期限届满未行使上诉权，也可能是当事人上诉以后又撤回上诉。江伟教授和徐继军博士认为不得对当事人没有提起上诉或上诉后又撤回上诉的案件予以再审。[1]常怡教授和唐力博士也主张不允许对当事人放弃行使上诉权的生效判决、裁定进行再审。[2]有学者还明确指出，当事人在一审判决后未行使上诉权的不得申请再审，否则与处分原则的要求不相符合，是对其权利的滥用，也损害了对方当事人的权利。[3]对这一问题，学术界也有不同的意见，认为当事人在一审裁判作出后不提起上诉而直接申请再审应当允许，其理由在于：不允许申请再审在法律上并没有依据；再审程序纠正法院生效裁判的错误，可以是二审中形成的错误，也可以是一审中形成的错误；对当事人而言，上诉权和申请再审权的程序利益和程序风险是不同的；实践中当事人感知"上定下审"或"请示汇报"后若仍先行上诉是陡增诉讼成本。[4]潘剑锋教授认为，此种情形应当根据具体情况区别对待，一审判决作出后，如果当事人因自己的原因未能在法定期限内提起上诉或者自愿放弃上诉权，不应允许其申请再审；如果当事人未能获得二审程序的保障是因不可归责于己的原因，则应当允许其在满足法定事由时申请再审。[5]即，对当事人放弃上诉权上诉期限届满的地方各级法院的一审判决，原则上不允许适用民事诉讼再审程序，但因不可归责于己的原因除外。潘剑锋教授的上述观点在最高人民法院、最高人民检察院相关司法解释中得到了体现。2011年最高人民法院、最高人民检察院《民事审判和行政诉讼监督意见》第4条规定，对可以上诉的一审判决、裁定生效后，当事人没有未提出上诉的正当理由而提出申诉的，不予受理。2013年最高人民检察院《民诉监督规则》[6]

[1] 江伟、徐继军："论我国民事审判监督制度的改革"，载《现代法学》2004年第2期，第34页。
[2] 常怡、唐力："民事再审制度的理性分析"，载《河北法学》2002年第5期，第19页。
[3] 景汉朝、卢子娟："论民事审判监督程序之重构"，载《法学研究》1999年第1期，第36~37页。
[4] 滕威："我国民事再审立案审查制度之构建"，载《金陵法律评论》2005年第2期，第128页。
[5] 潘剑锋："程序系统视角下对民事再审制度的思考"，载《清华法学》2013年第4期，第26~27页。
[6] 本书所称"2013年最高人民检察院《民诉监督规则》"，即《人民检察院民事诉讼监督规则（试行）》（2013年9月23日最高人民检察院第十二届检察委员会第十次会议通过 2013年11月18日颁布）。

第 32 条规定，对一审民事判决、裁定，当事人依法可以上诉但未提出上诉，在法院驳回再审申请或法院逾期未对再审申请作出裁定时，当事人向检察院申请监督的，除有当事人未提出上诉的正当理由之特殊情形外，检察院不予受理。[1] 笔者认为，当事人放弃上诉权的地方各级法院的一审判决可以适用民事诉讼再审程序。理由在于：其一，从《民事诉讼法》第 207 条的规定来看，一审法院作出的生效判决在再审时适用一审程序审理，《民事诉讼法》并未对当事人不经上诉而申请再审予以否定。其二，当事人放弃上诉权，存在较为复杂的原因，有的是客观原因，有的是主观原因。例如，一审判决受公告送达的当事人，可能根本不知悉判决内容而在客观上无法上诉；一些法定的申请再审事由有可能在事后才被发现，难以作为提起上诉的理由。[2] 其三，在现实生活中，当事人基于再审不收费而放弃上诉后申请再审的情形是十分少见的，因为上诉是审级制度内的救济，只要当事人在法定期限内提起上诉，二审程序就会启动；再审则是审级制度外的救济，其启动有十分严格的条件。当事人如果不服一审判决，在一般情形下不会冒申请再审而不予准许的风险。其四，当事人放弃上诉权，并没有额外增加诉讼成本，即使其申请再审，是否准许再审的决定权也仍在法院，并未对法院生效判决的稳定性形成额外的冲击。其五，民事诉讼再审程序的适用对象是在再审立案时予以判断的，当事人申请再审是否存在正当的理由是在再审事由审查阶段进行判断，当事人放弃上诉权而申请再审可以适用"再审事由的补充性"原则在审查再审事由时予以严格审查，但并不能妨碍此种判决作为民事诉讼再审程序的适用对象。其六，当事人放弃上诉权上诉期限届满的地方各级法院的一审判决为产生了既判力的生效判决，这种判决可能存在错误，不允许对其适用民事诉讼再审程序，当事人就无任何救济途径可言，这明显不利于对当事人合法权益的保护。当事人放弃上诉权，并不能推断出当事人同时放弃了申请再审的权利。

第四，依非讼程序审理案件所作的判决、裁定能否适用民事诉讼再审程

---

〔1〕 应当受理的有七种特殊情形：一是变更或者撤销了据以作出原判决、裁定的法律文书的；二是审判人员存在贪污受贿、徇私舞弊、枉法裁判等严重违法行为的；三是法院违反法律规定送达法律文书，对当事人行使上诉权造成影响的；四是因自然灾害等不可抗力，当事人无法行使上诉权的；五是因人身自由被剥夺、限制，或者因严重疾病等客观原因，当事人不能行使上诉权的；六是有证据证明他人以暴力、胁迫、欺诈等方式，对当事人行使上诉权予以阻止的；七是没有提出上诉是因其他不可归责于当事人的原因的。

〔2〕 王亚新、陈杭平、刘君博：《中国民事诉讼法重点讲义》，高等教育出版社 2017 年版，第 289 页。

序？在我国的民事诉讼制度中，在性质上相当于非讼程序的有特别程序、督促程序、公示催告程序和破产程序。有学者认为，并没有明文规定再审程序的启动排除非讼事件，不能仅因其为非讼事件而当然地排除再审程序的启动，应当就有实体既判力的判决与再审程序两者在目的方面的考虑，允许对非讼事件启动再审程序。[1]2009 年最高人民检察院《加强对诉讼活动法律监督意见》[2]第 24 条也对依非讼程序审理案件所作的判决、裁定适用民事诉讼再审程序持肯定的态度。[3]但学术界的主流观点是，依非讼程序审理案件所作的判决、裁定不能适用民事诉讼再审程序。邵明博士认为，错误的或显著违法的民事非讼裁判，应以其他程序而不以再审程序纠正。[4]还有学者就非讼程序中的特别程序不适用民事诉讼再审程序进行了专门的论述。例如，韩静茹博士指出，特别程序中各类程序的主要功能和本质属性决定了再审程序所具有的救济功能并不适应非讼程序的救济需求。[5]胡思博博士认为，适用特别程序审理的案件，实行一方参与、一审终审、自由证明和间接审理等程序规则，与再审的主旨存在差距，通常采用职权探知主义而不是辩论主义，所生裁判一般不具有既判力和羁束力，法院应依职权将非讼裁判撤销或变更。[6]在《民事诉讼法》中，对依非讼程序审理的案件能否适用民事诉讼再审程序并没有作出明确的规定，但最高人民法院的有关司法解释是持否定态度的。1997 年最高人民法院《对破产程序终结裁定抗诉应否受理批复》[7]规定，检

---

〔1〕 刘冬京："关于再审程序修改的若干问题分析——以 2007 年民事诉讼法修正案为对象"，载《法学论坛》2008 年第 2 期，第 118 页。

〔2〕 本书所称 "2009 年最高人民检察院《加强对诉讼活动法律监督意见》"，即《最高人民检察院关于印发〈最高人民检察院关于进一步加强对诉讼活动法律监督工作的意见〉的通知》（检发〔2009〕30 号　2009 年 12 月 29 日）。

〔3〕 依 2009 年最高人民检察院《加强对诉讼活动法律监督意见》第 24 条的规定，要探索采用抗诉等方式对适用特别程序、督促程序、公示催告程序和企业法人破产程序等非讼程序的审判活动进行监督。

〔4〕 邵明："现代民事再审原理论——兼论我国民事再审程序的完善"，载《中国人民大学学报》2007 年第 6 期，第 100 页。

〔5〕 韩静茹："错位与回归：民事再审制度之反思——以民事程序体系的新发展为背景"，载《现代法学》2013 年第 2 期，第 188 页。

〔6〕 胡思博："论民事裁判的不可再审性"，载《中国政法大学学报》2014 年第 4 期，第 131 页。

〔7〕 本书所称 "1997 年最高人民法院《对破产程序终结裁定抗诉应否受理批复》"，即《最高人民法院关于对企业法人破产还债程序终结的裁定的抗诉应否受理问题的批复》（法释〔1997〕2 号　1997 年 7 月 31 日）。

察机关对法院作出的企业法人破产还债程序终结的裁定提出抗诉的法院不予受理。2001年最高人民法院《审监工作座谈会纪要》第14条规定，检察院对法院依照民事诉讼法规定的特别程序、督促程序、公示催告程序、企业法人破产还债程序审理的案件提出抗诉的法院不予受理。2002年最高人民法院《规范再审立案意见》[1]第14条第1项规定，法院不予受理对依照督促程序、公示催告程序和破产还债程序审理的案件的再审申请。2015年最高人民法院《适用民诉法解释》第380条和第414条规定，对适用特别程序、督促程序、公示催告程序、破产程序等非讼程序审理的案件，当事人不得申请再审，法院不受理检察院提起的抗诉。我们可以看出，上述司法解释首先只排除了部分的非讼案件适用民事诉讼再审程序，但2015年最高人民法院《适用民诉法解释》则将所有的非讼案件都规定不适用民事诉讼再审程序。笔者认为，最高人民法院司法解释的上述精神是正确的。对依非讼程序审理的案件，我国使用的是判决、裁定，从整体上而言以判决为主，但大陆法系国家和地区对非讼案件则以裁定的方式予以解决。依大陆法系民事诉讼理论的通说，对非讼案件所作的裁定不产生既判力。借鉴这一成果，我国依非讼程序所作的判决、裁定也不产生既判力。既然依非讼程序所作的判决、裁定不产生既判力，那么对其就不能适用民事诉讼再审程序。需要指出的是，对依非讼程序所作的判决、裁定不适用民事诉讼再审程序，只是不依再审程序予以救济，仍然存在其他的救济措施。例如，在公示催告程序中，利害关系人因正当理由在判决前不能向法院申报权利的，可以在法定期限内依法向作出判决的法院起诉。

第五，已经生效的婚姻关系、收养关系等人身关系案件的判决、调解是否可以适用民事诉讼再审程序？人身关系案件主要包括婚姻关系案件和收养关系案件。1991年《民事诉讼法》第181条和2007年《民事诉讼法》第183条均规定，当事人不得对已经生效的解除婚姻关系的判决申请再审。现行《民事诉讼法》第202条进一步规定，当事人不得对已经生效的解除婚姻关系的判决、调解申请再审。2002年最高人民法院《规范再审立案意见》第14条第3项、2013年最高人民检察院《民诉监督规则》第31条第4项和2015年最高人民法院《适用民诉法解释》第414条也明确了解除婚姻关系的判决、

〔1〕　本书所称"2002年最高人民法院《规范再审立案意见》"，即《最高人民法院关于规范人民法院再审立案的若干意见（试行）》（法发［2002］13号　2002年9月10日）。

调解不适用民事诉讼再审程序，但当事人就财产分割问题申请再审的除外。
2001年最高人民检察院民行检察厅《规范省级检察院办理民行提请抗诉案件意见》第1条第4项、2001年最高人民检察院《民行抗诉案件办案规则》第6条第2项和2001年最高人民法院《审监工作座谈会纪要》第14条规定了解除婚姻关系案件和解除收养关系案件不适用民事诉讼再审程序。笔者认为，不适用民事诉讼再审程序的，不仅包括已经生效的解除婚姻关系的判决、调解，还包括已经生效的解除收养关系等其他人身关系的判决、调解；不仅包括解除婚姻关系、收养关系等人身关系的判决、调解，还包括维持婚姻关系、收养关系等人身关系的生效判决、调解。也就是说，对婚姻关系、收养关系等人身关系案件的生效判决、调解，都不能适用民事诉讼再审程序，但涉及财产部分的除外。之所以对已经生效的解除收养关系等其他人身关系的判决、调解不能适用民事诉讼再审程序，是因为此种判决、调解生效后，像解除婚姻关系案件一样，当事人的身份关系有可能发生变化，如果允许通过再审予以纠正，就可能使再审判决的结果与现实存在的收养关系等其他人身关系相冲突。事实上，即使法院解除收养关系等人身关系的判决、调解已经生效，与解除婚姻关系案件一样并不构成当事人重新恢复收养关系等人身关系的障碍。之所以维持婚姻关系、收养关系等人身关系的已经生效的判决、调解不能适用民事诉讼再审程序，是因为这种生效的判决、调解并不阻碍当事人的另行起诉。《民事诉讼法》第124条第7项规定："判决不准离婚和调解和好的离婚案件，判决、调解维持收养关系的案件，没有新情况、新理由，原告在六个月内又起诉的，不予受理。"《民事诉讼法》第124条第7项的这一规定只限制了原告，没有限制被告。对原告而言，也只存在"没有新情况、新理由"和"六个月"的限制，这种限制是有条件或者期限的，一旦条件变化或者期限届满，原告同样有重新起诉的权利。对婚姻关系、收养关系等人身关系案件的生效判决、调解不适用民事诉讼再审程序，从既判力的裁判形式理论也可以得到说明。在我国，婚姻关系、收养关系等人身关系案件是适用诉讼程序审理的，但在大陆法系国家和地区，大多将这类案件纳入非讼程序来审理。依大陆法系的通说，法院依非讼程序审理的案件所作的裁定不产生既判力，由此也可推断我国的已经生效的婚姻关系、收养关系等人身关系案件的判决、调解不产生既判力。此外，婚姻关系、收养关系等人身关系案件所作的判决，大多是形成判决，而形成判决是不产生既判力的。既然这种判决、调解不产生既判力，就不能成为民事诉讼再审程序的适用对象，当事人可以通过另行起诉的途径来解决相关的问题。当然，当事人就这类案件的财产问题申请再审并不受到限制。

此外，有学者认为，无纠正可能的判决、裁定不得申请再审，无纠正必要的判决、裁定不予再审。[1] 还有学者认为，在执行程序中，达成和解且已履行完毕后，已经化解了当事人之间的涉诉纠纷，生效裁判虽并未撤销，但没有必要重新诉讼或以纠正生效裁判错误为目的再次审理。[2] 笔者不同意上述观点。就第一种观点而言，法院在再审立案时只对申请再审作形式审查，是否裁定准许再审也只审查再审事由，在对案件进行实体审理之前，法院怎么能判断再审的判决无纠正的可能或者必要呢？事实上，再审判决是否存在纠正的可能或者必要是法院审理再审案件后作出裁判时应当考虑的因素，与案件是否适用民事诉讼再审程序不存在关联。第二种观点的不当之处在于：当事人申请再审的主观动机在于认为法院的生效判决存在错误，达成执行和解协议且履行完毕，当事人有可能是因现实因素不得已而为之，不能因此而剥夺其对认为有错误的法院生效裁判申请再审的权利。

2. 裁定

关于民事诉讼再审程序的适用对象，以上是从"判决"的视角所做的探讨，许多规则也是适用于"裁定"的，如只有生效的判决才可以适用民事诉讼再审程序，对裁定而言也同样如此。从我国民事诉讼的立法规定来看，对裁定种类的规定十分繁杂，但大体上可以被分为两大类：一是不予受理和驳回起诉的裁定；二是诉讼指挥的裁定。下面，笔者将从裁定的不同种类出发，对裁定能否作为民事诉讼再审程序的适用对象进行分析。[3]

（1）不予受理和驳回起诉的裁定。少数学者不赞同不予受理和驳回起诉的裁定可以作为民事诉讼再审程序的适用对象。例如，有学者认为，不予受理和驳回起诉的裁定，虽然对是否启动诉讼程序有重大影响，但由于对这两种

---

〔1〕　景汉朝、卢子娟："论民事审判监督程序之重构"，载《法学研究》1999 年第 1 期，第 37~38 页。

〔2〕　张彦强："对再审中发现执行和解且履行完毕情形的处理原则"，载《人民司法》2013 年第 16 期，第 100 页。

〔3〕　邓辉辉、向忠诚："既判力理论视角下的民事裁定再审范围研究"，载《社会科学家》2017 年第 12 期，第 110~113 页。

裁定当事人已享有救济权，不应准许当事人对其提起再审。[1]有学者认为，不予受理和驳回起诉的裁定，当事人不能申请再审的原因在于对当事人诉权只进行了程序处分。[2]但是，认为不予受理和驳回起诉的裁定可以作为民事诉讼再审程序的适用对象是学术界主流的观点。[3]例如，有学者认为，不予受理和驳回起诉的民事裁定对当事人的实体权利义务有实质影响，所以可以对其提起再审。[4]最高人民法院的有关司法解释也一直肯定对不予受理和驳回起诉的裁定可以适用民事诉讼再审程序。2011年最高人民法院《第一次全国民事再审审查工作会议纪要》第6条第2款、2015年最高人民法院《适用民诉法解释》第381条和第414条都对此作了规定。

对不予受理和驳回起诉的裁定可以作为民事诉讼再审程序适用对象的理由，张卫平教授认为是因为这两种裁定与是否给予当事人司法保护的重大问题都存在关联，这两种终局裁定一旦经法院作出，当事人就没有可能再次获得司法救济。尽管对这两种裁定依法可以上诉，但考虑到司法保护对当事人的重要性，允许对这两种裁定提起再审应在法理之中。[5]常怡教授和陈鸣飞博士认为，这两种裁定生效后，当事人已经丧失了通过本诉讼追求实体利益或权利的可能性，应当赋予当事人对确有错误的这两种裁定的最后一条救济途径。[6]另有学者认为，是因为这两种裁定如果不当，就直接否定了当事人的诉权，当事人的实体权利也就不能得到诉讼保护。[7]事实上，从既判力裁判形式理论出发，可以论证不予受理和驳回起诉的裁定可以作为民事诉讼再审

---

〔1〕 刘冬京："关于再审程序修改的若干问题分析——以2007年民事诉讼法修正案为对象"，载《法学论坛》2008年第2期，第118页。

〔2〕 杜闻：《民事再审程序研究》，中国法制出版社2006年版，第61页。

〔3〕 例如，下列著作或论文都赞同不予受理和驳回起诉的裁定可以作为民事诉讼再审程序的适用对象——《民事诉讼法学》编写组：《民事诉讼法学》（马克思主义理论研究和建设工程重点教材），高等教育出版社2017年版，第313页；汤维建主编：《民事诉讼法学》（第2版），北京大学出版社2014年版，第58页；常怡、唐力："民事再审制度的理性分析"，载《河北法学》2002年第5期，第19页；王祺国："民事诉讼当事人申请再审范围的限制"，载《政治与法律》1993年第3期，第59页。

〔4〕 潘元松："论民事审判监督程序的适用对象"，载《人民司法》2009年第9期，第48页。

〔5〕 张卫平："民事再审：基础置换与制度重建"，载《中国法学》2003年第1期，第112页。

〔6〕 常怡、陈鸣飞："管辖权异议裁定生效后能否进入审判监督程序"，载《法律适用》2003年第9期，第31页。

〔7〕 潘元松："论民事审判监督程序的适用对象"，载《人民司法》2009年第9期，第48页。

程序的适用对象。大陆法系通过"诉讼判决"的形式来解决与我国不予受理和驳回起诉的裁定相同的适用事项。诉讼判决具有既判力是大陆法系的通说，因而诉讼判决可以适用民事诉讼再审程序。有学者指出，大陆法系诉讼判决与我国不予受理和驳回起诉的裁定解决的问题具有重合性。因此，在中国的立法体系之下，不予受理和驳回起诉的裁定用再审制度救济不存在立法上的障碍，且从法理上来衡量，这两种裁定涉及当事人启动程序的权利，对其采取的救济手段较为有力也符合程序主体性要求。[1]还需要指出的是，"已赋予了当事人上诉救济权"不能作为否认不予受理和驳回起诉的裁定可以作为民事诉讼再审程序适用对象的理由，因为法律对判决也"已赋予了当事人上诉救济权"，但民事诉讼再审程序的适用对象主要包括法院的生效判决是不存在歧义的。

和判决相比，不予受理和驳回起诉的裁定作为民事诉讼再审程序的适用对象有自己的特殊性，因为不予受理和驳回起诉裁定的既判力与判决不同，仅及于某个具体的诉讼要件，主观范围也不一定绝对地针对当事人，且裁定理由也产生既判力。因此，在这两种裁定生效后：一方面，当事人可以依法申请再审；另一方面，如果不符合诉讼要件的有关情形发生变化又与民事诉讼法规定的起诉条件相符合，当事人再次提起诉讼应当予以允许。2015年最高人民法院《适用民诉法解释》第 212 条规定，原告对裁定不予受理、驳回起诉的案件再次起诉，符合起诉条件，且不属于《民事诉讼法》不予受理情形的，法院应予受理。对最高人民法院司法解释的这一规定应当予以肯定。

（2）诉讼指挥裁定。在我国民事诉讼中，除不予受理和驳回起诉的裁定外，其他裁定均可被归入诉讼指挥裁定。这些裁定主要包括对管辖权异议的裁定、保全和先予执行裁定、准许或者不准许撤诉裁定、中止或者终结诉讼裁定、撤销或者不予撤销仲裁裁决的裁定、不予执行公证机关赋予强制执行效力的债权文书的裁定以及其他需要裁定解决的事项。其他需要裁定解决的事项，如按自动撤回上诉处理的裁定、执行程序中的有关裁定、发回重审的裁定等。对这些具体的裁定，是否可以适用民事诉讼再审程序，在不少问题上学者们的意见并不一致，因此，有必要对这些问题进行分别讨论。

---

〔1〕　王林清、刘鹏飞："民事裁定再审问题研究"，载《法学评论》2012 年第 4 期，第 126 页。

第一，对管辖权有异议的裁定是否可以适用民事诉讼再审程序？1993 年最高人民法院经济庭《上级法院对下级法院管辖权异议终审裁定确有错误能否纠正复函》[1]和 2003 年最高人民法院《驳回管辖异议裁定已生效但未作生效判决前发现原审法院无地域管辖权如何处理复函》[2]规定，上级法院在原审法院驳回当事人管辖异议裁定已生效但未作出生效判决之前，发现原审法院确无地域管辖权，可以依职权裁定撤销该错误裁定并将案件移送有管辖权的法院处理。上述规定实际上是表明对管辖权有异议的裁定不适用民事诉讼再审程序。但是，由于 2007 年《民事诉讼法》肯定"管辖错误"作为再审事由，2011 年最高人民法院《第一次全国民事再审审查工作会议纪要》第 6 条第 2 款规定允许当事人对管辖权异议的裁定申请再审。2012 年《民事诉讼法》将"管辖错误"的再审事由废止以后，2013 年最高人民法院办公厅《民事再审审查工作座谈会纪要》[3]第 13 条第 1 款和第 2 款就当事人对 2013 年 1 月 1 日之前受理的未结案件，依据修改前的民事诉讼法规定的"违反法律规定，管辖错误的"情形申请再审如何处理作了规定。[4] 2015 年最高人民法院《适用民诉法解释》第 381 条没有对管辖权异议的裁定可以申请再审作出规定，只是规定了对生效的不予受理、驳回起诉的裁定错误的可以申请再审。但是，对管辖错误能否作为再审事由以及对管辖权异议的裁定能否适用再审程序的问题，学术界一直存在认识上的分歧。李浩教授、汤维建教授等学者主张，对管辖权异议的裁定可以适用再审程序，管辖错误可以作为再审事

---

[1] 本书所称"1993 年最高人民法院经济庭《上级法院对下级法院管辖权异议终审裁定确有错误能否纠正复函》"，即《最高人民法院经济审判庭关于上级法院对下级法院就当事人管辖权异议的终审裁定确有错误时能否纠正问题的复函》（法经〔1993〕14 号　1993 年 1 月 20 日）。

[2] 本书所称"2003 年最高人民法院《驳回管辖异议裁定已生效但未作生效判决前发现原审法院无地域管辖权如何处理复函》"，即《最高人民法院关于原审法院驳回当事人管辖异议裁定已发生法律效力但尚未作出生效判决前发现原审法院确无地域管辖权应如何处理问题的复函》（〔2003〕民他字第 19 号　2003 年 5 月 30 日）。

[3] 本书所称"2013 年最高人民法院办公厅《民事再审审查工作座谈会纪要》"，即《最高人民法院办公厅关于印发〈全国法院民事再审审查工作座谈会纪要〉的通知》（法办〔2013〕36 号 2013 年 3 月 29 日）。

[4] 依 2013 年最高人民法院办公厅《民事再审审查工作座谈会纪要》第 13 条第 1 款和第 2 款的规定，2013 年 1 月 1 日之前受理的未结案件，当事人依据修改前的民事诉讼法规定的"违反法律规定，管辖错误的"情形申请再审，对生效判决申请再审且未主张其他再审事由的，可以该情形不属于法定再审事由为由，裁定驳回；对管辖权异议裁定申请再审，案件尚未作出生效裁判且该裁定确有错误的，依法裁定再审；案件已经作出生效裁判的，告知当事人对生效判决申请再审，裁定终结审查。

由。[1]但是，对管辖权异议的裁定不属于民事诉讼再审程序的适用对象是多数学者的主张。常怡教授和陈鸣飞博士认为，这种裁定与实体判决不一样，没有对当事人的实体权利或利益产生实质上的确定力，故无必要对它单独进行再审。[2]张卫平教授认为，这种裁定作为再审的客体是没有必要的，因为管辖权问题虽然也是诉讼中的一个重要问题，但没有驳回起诉那样重要，不属于实体保护的重大问题，且从司法统一性的角度来讲，无论哪个法院管辖，法院都会依法对案件进行裁判。[3]张卫平教授还认为，管辖权异议应当实行一审终审，意味着对管辖权异议裁决的再审是没有必要的。[4]有学者认为，管辖权异议裁定不应再成为再审对象的理由在于：一是"违反法律规定，管辖错误"的再审事由在 2012 年《民事诉讼法》修改时已被删除。二是防止和减少司法地方保护主义从来不是设计管辖制度考量的重要因素。三是有利于减少管辖权异议制度严重影响案件实体审理、降低司法效率等方面的负面作用。四是在现行"三加一"的再审模式下，当事人的实体权利能够得到较为充分的保护。[5]笔者认为，对管辖权异议的生效裁定不能适用民事诉讼再审程序。首先，在案件的审理过程中才会有管辖权异议的问题，当事人提出管辖权异议，对管辖权异议的裁定不服，可以依法提起上诉。如果对管辖权异议的裁定可以适用民事诉讼再审程序，就可能拖延和阻碍民事诉讼审理程序的有序进行，无疑会加大诉讼成本，与诉讼效益原则相冲突。其次，管辖权是法院内部对案件的分配，只涉及不同法院之间的职权分工，不会过多地影响案件处理的实体公正和对当事人实体权利的保护。对某一案件，行使管辖权的法院不同，并不与当事人是否胜诉有必然的关联。某一法院对案件没有管辖权，其对案件审理后所作的裁判不一定是损害当事人实体权利的错误裁

---

〔1〕 李浩："管辖错误与再审事由"，载《法学研究》2008 年第 4 期，第 83~95 页；李浩："删而未除的'管辖错误'再审——基于 2013 年以来最高人民法院裁定书的分析"，载《法学研究》2015 年第 2 期，第 158~175 页；汤维建："'管辖错误'作为再审事由不宜删除"，载《法学家》2011 年第 6 期，第 157~162、178 页；汤维建："'管辖错误'作为再审事由的正当性确证及其适用"，载《人民法院报》2009 年 5 月 26 日。

〔2〕 常怡、陈鸣飞："管辖权异议裁定生效后能否进入审判监督程序"，载《法律适用》2003 年第 9 期，第 31 页。

〔3〕 张卫平："民事再审：基础置换与制度重建"，载《中国法学》2003 年第 1 期，第 112 页。

〔4〕 张卫平：《民事诉讼：回归原点的思考》，北京大学出版社 2011 年版，第 366 页。

〔5〕 王朝辉："作为民事再审对象的生效判决、裁定"，载《人民司法（应用）》2016 年第 13 期，第 103 页。

判。最后，确定管辖权十分明显地体现了法院的职权性。在国外，即使属于违反专属管辖规定的管辖错误，也没有将其确定为再审事由。[1]在德国，就法院对管辖权异议作出的裁决，当事人不能提起上诉和抗告，更不允许申请再审。在法国的民事诉讼立法中，虽然当事人可以对管辖争议的裁判提起上诉，但上诉以后就不能再进行再审，而视为当事人所有的救济途径已经穷尽。[2]

第二，按自动撤回上诉处理的裁定是否可以适用民事诉讼再审程序？最高人民法院的司法解释曾对此予以肯定。例如，1998年最高人民法院《二审裁定按自动撤回上诉处理案件一审法院能否再审批复》[3]、2002年最高人民法院《对按自动撤回上诉处理裁定申请再审如何处理批复》[4]和2011年最高人民法院《第一次全国民事再审审查工作会议纪要》第6条第2款都对此作了规定。这种裁定可以适用民事诉讼再审程序的理由，有学者认为是因为这种裁定可能使一审判决生效并产生既判力的法律后果。[5]因为这种裁定从形式上结束了二审程序，与当事人重大的程序利益有关，直接影响了当事人获得司法救济的基本权利，存在给予当事人较为慎重的救济机制之必要。并且这种裁定一旦生效，一审裁判也会相应地生效，与当事人对一审裁判的二审诉权问题有关，生效的一审裁判确定了当事人的实体利益，当事人又无法行使上诉权，生效的一审裁判如果出现错误，有可能对当事人的实体权益产生损害。有学者认为，尽管当事人对一审生效的判决可以申请再审，但按自动撤回上诉处理裁定的作出，使当事人对一审判决丧失了提起上诉的权利，对当事人审级利益这种重大的程序利益造成了损害。[6]笔者不同意上述主张，认为按自动撤回上诉处理的裁定不能适用民事诉讼再审程序。这种裁定作出的原因，或者是因为上诉人未依法缴纳上诉案件受理费，或者是因为在上诉

〔1〕 张卫平："再审事由规范的再调整"，载《中国法学》2011年第3期，第68页。
〔2〕 王林清、刘鹏飞："民事裁定再审问题研究"，载《法学评论》2012年第4期，第128页。
〔3〕 本书所称"1998年最高人民法院《二审裁定按自动撤回上诉处理案件一审法院能否再审批复》"，即《最高人民法院关于第二审法院裁定按自动撤回上诉处理的案件第一审法院能否再审问题的批复》（法释〔1998〕19号 1998年8月10日）。
〔4〕 本书所称"2002年最高人民法院《对按自动撤回上诉处理裁定申请再审如何处理批复》"，即《最高人民法院关于当事人对按自动撤回上诉处理的裁定不服申请再审人民法院应如何处理问题的批复》（法释〔2002〕20号 2002年7月19日）。
〔5〕 王林清、刘鹏飞："民事裁定再审问题研究"，载《法学评论》2012年第4期，第127页。
〔6〕 朱川、周喆："按撤诉处理裁定的再审申请审查标准"，载《人民司法》2012年第18期，第30页。

案件审理过程中，上诉人经传票传唤无正当理由拒不到庭或中途退庭，如果民事诉讼再审程序适用这种裁定，就会遇到"程序不可逆"的法理障碍，[1]而且还可能与一审的裁判在申请再审和执行等方面形成冲突。按自动撤回上诉处理后，一审裁判即生效。如果仅对按撤回上诉处理的裁定进行再审而不对一审生效裁判进行再审，一审生效裁判的效力照样存在，当事人对一审生效裁判申请再审的期限会依法定的规则进行计算，对一审生效裁判还可以依法予以强制执行。这样，就可能出现一个现实的难题，即按自动撤回上诉处理的裁定通过再审得到了纠正，甚至还在再审的过程中，当事人对一审生效裁判申请再审的期限已过，或者一审的生效裁判已经得到了执行。事实上，这种裁定针对的是纯粹的程序性的事项，并无既判力可言，对其不存在适用民事诉讼再审程序的正当理由。

第三，准许或者不准许撤诉的裁定是否可以适用民事诉讼再审程序？准许撤诉包括因申请撤诉准许撤诉和按撤诉处理两种情形。因申请撤诉是当事人自己的意思表示，且裁定准许撤诉后当事人一般可依法重新起诉，此种情形下的准许撤诉的裁定不能适用民事诉讼再审程序，在理论上没有不同的意见。但是，有学者认为，按撤诉处理的裁定致使诉讼程序结束，是法院依职权进行的，影响了当事人的处分权和主体性地位，并且原告在法院作出错误裁定的时候还可能导致时间成本以及诉讼费用的损失，应当允许对此种裁定适用民事诉讼再审程序。笔者认为，法院裁定按撤诉处理后，并未有产生了既判力的法律文书之形成，无论法院的裁定是否有错误，原告一方可以重新起诉，不会对其诉讼权利和实体权利产生实质性的影响。相反，如果允许对按撤诉处理的裁定适用民事诉讼再审程序，诉讼的周期会更长，诉讼的成本会更高，实际上对原告诉权的行使会更为不利。就不准许撤诉的裁定而言，有学者认为这种裁定事关当事人诉权的保障，是由法官依职权单方作出，法律又没有赋予当事人上诉权，故应允许启动再审程序。[2]但是，不准许撤诉的裁定虽是法院依职权作出，但这种裁定并不具有独立的意义，因为它对案件的实体问题无决定性的影响，不准许撤诉后诉讼程序会继续运行，也不会

---

〔1〕　王朝辉："《民事诉讼法》司法解释审判监督程序若干问题解读"，载《法律适用》2015年第10期，第64页。

〔2〕　刘冬京："关于再审程序修改的若干问题分析——以2007年民事诉讼法修正案为对象"，载《法学论坛》2008年第2期，第118页。

影响当事人的程序利益，故此种裁定仍不宜纳入民事诉讼再审程序的适用范围。因此，笔者认为，对准许或者不准许撤诉的裁定，无是论何种情形，均不属于民事诉讼再审程序的适用对象。事实上，早在 2001 年最高人民法院《审监工作座谈会纪要》第 14 条便明确规定了对当事人撤诉或者按撤诉处理的案件，检察院提出抗诉的，法院不予受理。

　　第四，撤销或者不予执行仲裁裁决裁定和不予执行公证机关赋予强制执行效力的债权文书的裁定是否可以适用民事诉讼再审程序？有学者认为，当事人对撤销或者不予执行仲裁裁决的裁定可以申请再审，因为这种裁定对仲裁裁决的强制执行力进行了否定。[1]对这种观点笔者不予赞同，认为撤销或者不予执行仲裁裁决的裁定不属于民事诉讼再审程序的适用范围。当事人在法院作出这种裁定以后，可以向法院提起诉讼，也可以重新达成协议申请仲裁，没有必要通过再审程序进行救济。如果这种裁定适用民事诉讼再审程序，就可能使仲裁裁决的效力无法得到确定，进而可能影响仲裁这一民事纠纷解决方式的发展。从最高人民法院有关司法解释的规定来看，对这种裁定适用民事诉讼再审程序也是持否定态度的。1999 年最高人民法院《对撤销仲裁裁决裁定不服申请再审是否受理批复》[2]否定了当事人对法院撤销或者不予执行仲裁裁决的裁定申请再审的权利。2002 年最高人民法院《规范再审立案意见》第 14 条第 2 项规定了对法院裁定撤销仲裁裁决和裁定不予执行仲裁裁决的案件的再审申请不予受理。2004 年最高人民法院《对驳回申请撤销仲裁裁决申请再审不予受理通知》[3]规定了法院不予受理当事人对法院驳回其申请撤销仲裁裁决的裁定不服而申请的再审。2000 年最高人民法院《对撤销仲裁裁决裁定抗诉应如何处理批复》[4]、2000 年最高人民法院《对不撤销仲裁裁

　　〔1〕　王祺国："民事诉讼当事人申请再审范围的限制"，载《政法与法律》1993 年第 3 期，第 59～60 页。

　　〔2〕　本书所称"1999 年最高人民法院《对撤销仲裁裁决裁定不服申请再审是否受理批复》"，即《最高人民法院关于当事人对人民法院撤销仲裁裁决的裁定不服申请再审人民法院是否受理问题的批复》（法释〔1999〕6 号　1999 年 2 月 11 日）。

　　〔3〕　本书所称"2004 年最高人民法院《对驳回申请撤销仲裁裁决申请再审不予受理通知》"，即《最高人民法院关于当事人对驳回其申请撤销仲裁裁决的裁定不服而申请再审，人民法院不予受理问题的批复》（法释〔2004〕9 号　2004 年 7 月 26 日）。

　　〔4〕　本书所称"2000 年最高人民法院《对撤销仲裁裁决裁定抗诉应如何处理批复》"，即《最高人民法院关于人民检察院对撤销仲裁裁决的民事裁定提起抗诉，人民法院应如何处理问题的批复》（法释〔2000〕17 号　2000 年 7 月 10 日）。

决裁定抗诉应否受理批复》[1]也否定了检察院对撤销仲裁裁决的民事裁定和不撤销仲裁裁决的民事裁定的抗诉权。关于不予执行公证机关赋予强制执行效力的债权文书的裁定，有学者同样认为这种裁定否定了公证机关赋予强制执行效力的债权文书的执行力，因而当事人可以对此申请再审。[2]但问题在于，在法院裁定不予执行公证机关赋予强制执行效力的债权文书后，这种债权文书的强制执行效力被法院否定就仅仅具有证据的性质，当事人可以依法向法院提起民事诉讼，没有必要将此种裁定纳入民事诉讼再审程序的适用范围。因此，笔者认为，撤销或者不予执行仲裁裁决裁定和不予执行公证机关赋予强制执行效力的债权文书的裁定，都不能适用民事诉讼再审程序。

第五，执行程序中的裁定是否可以适用民事诉讼再审程序？常怡教授和唐力博士认为当事人对执行程序中的不予执行裁定、对执行异议的裁定等可以申请再审。[3]有学者认为，对执行程序中的错误裁定，检察机关有必要提出抗诉。[4]还有学者从抗诉监督的诉讼法理论基础、执行裁定的抗诉标准、抗诉监督与其他执行救济的关系等方面就检察机关对民事执行的抗诉监督进行了论证。[5]2005年中央政法委《解决法院执行难的通知》[6]曾明确规定："各级检察机关要加大对人民法院执行工作的监督制度。"2009年最高人民检察院《加强对诉讼活动法律监督意见》在第23条提出了要"研究检察机关对民事执行工作实施法律监督的范围和程序"。但是，从最高人民法院司法解释的规定来看，1995年最高人民法院《执行程序裁定抗诉不予受理批复》[7]对执行程序中的裁定不属于检察抗诉的范围作了规定。1998年最高人民法院

〔1〕 本书所称"2000年最高人民法院《对不撤销仲裁裁决裁定抗诉应否受理批复》"，即《最高人民法院关于人民检察院对不撤销仲裁裁决的民事裁定提出抗诉人民法院应否受理问题的批复》（法释〔2000〕46号 2000年12月13日）。

〔2〕 王祺国："民事诉讼当事人申请再审范围的限制"，载《政法与法律》1993年第3期，第59~60页。

〔3〕 常怡、唐力："民事再审制度的理性分析"，载《河北法学》2002年第5期，第19页。

〔4〕 陈建新："对执行程序中的裁定能否提出抗诉"，载《检察日报》2000年6月26日。

〔5〕 鲁俊华："检察机关对民事执行的抗诉监督"，载《国家检察官学院学报》2010年第4期，第33~40页。

〔6〕 本书所称"2005年中央政法委《解决法院执行难的通知》"，即《中央政法委关于切实解决人民法院执行难问题的通知》（政法〔2005〕52号）。

〔7〕 本书所称"1995年最高人民法院《执行程序裁定抗诉不予受理批复》"，即《最高人民法院关于对执行程序中的裁定的抗诉不予受理的批复》（法复〔1995〕5号 1995年8月10日）。

《发现本院诉前保全裁定和执行裁定确有错误以及对诉前财产保全裁定抗诉应如何处理批复》〔1〕规定，法院院长应当提交审判委员会讨论决定后，裁定撤销发现确有错误认为需要撤销的本院执行程序中的裁定。依 2011 年最高人民法院、最高人民检察院《民事执行监督试点通知》〔2〕以及 2016 年最高人民法院、最高人民检察院《民事执行监督规定》，〔3〕检察机关对法院民事执行活动实施法律监督的方式主要是"提出书面检察建议"，并未规定提起抗诉而启动民事诉讼再审程序。笔者认为，民事诉讼再审程序不适用于执行程序中的裁定。有学者从《民事诉讼法》的篇章结构和执行监督的角度对执行类裁定不是民事诉讼再审程序的适用对象进行了分析。〔4〕就问题的本源来讲，执行程序中的裁定不能适用民事诉讼再审程序，是因为确保审判程序生效裁判所确定的给付义务的履行是执行程序的目的所在，执行程序中的裁定不会使新的实体法上的权利义务关系产生，没有将其纳入民事诉讼再审程序适用对象的必要。如果将民事执行程序中的裁定适用民事诉讼再审程序，会因当事人的争议而导致执行程序进行延缓，不符合执行程序高效、廉价、快速的原则，不利于及时实现权利人的权利。与此相联系的一个问题是：有学者主张当事人对终结执行以及终结诉讼的裁定可以申请再审。〔5〕理由主要是这两种裁定是法院依职权进行的，在裁定生效后执行程序或者诉讼程序就无法继续进行，在裁定出现错误的情形下，当事人无法通过原有的程序来保护自己的权利。但是，无论是终结执行的裁定还是终结诉讼的裁定，虽有可能出现错误，但这两种裁定都没有确认当事人之间的实体权利义务关系，没有形成有既判力的裁判文书，因而缺乏适用民事诉讼再审程序进行救济的前提。

---

〔1〕 本书所称"1998 年最高人民法院《发现本院诉前保全裁定和执行裁定确有错误以及对诉前财产保全裁定抗诉应如何处理批复》"，即《最高人民法院关于人民法院发现本院作出的诉前保全裁定和在执行程序中作出的裁定确有错误以及人民检察院对人民法院作出的诉前保全裁定提出抗诉人民法院应当如何处理的批复》（法释〔1998〕17 号 1998 年 7 月 30 日）。
〔2〕 本书所称"2011 年最高人民法院、最高人民检察院《民事执行监督试点通知》"，即《最高人民法院、最高人民检察院印发关于在部分地方开展民事执行活动法律监督试点工作的通知》（高检〔2011〕2 号 2011 年 3 月 10 日）。
〔3〕 本书所称"2016 年最高人民法院、最高人民检察院《民事执行监督规定》"，即《最高人民法院、最高人民检察院印发〈关于民事执行活动法律监督若干问题的规定〉的通知》（法发〔2016〕30 号 2016 年 11 月 2 日）。
〔4〕 潘元松："论民事审判监督程序的适用对象"，载《人民司法》2009 年第 9 期，第 48 页。
〔5〕 王祺国："民事诉讼当事人申请再审范围的限制"，载《政法与法律》1993 年第 3 期，第 59 页。

除上述问题外，对不予受理和驳回起诉裁定以外的其他裁定不适用民事诉讼再审程序，学者们基本上不存在意见的分歧。对保全和先予执行裁定，虽然 1994 年最高人民法院《经济审判严格执行民诉法规定》[1]第 19 条规定法院可以依职权启动再审，但 1996 年最高人民法院《对先予执行裁定抗诉应如何审理批复》[2]和 1998 年最高人民法院《发现本院诉前保全裁定和执行程序裁定确有错误以及对诉前财产保全裁定抗诉应如何处理批复》对此持否定态度。1996 年最高人民法院《对先予执行裁定抗诉应如何审理批复》规定检察机关对先予执行裁定抗诉于法无据。1998 年最高人民法院《发现本院诉前保全裁定和执行程序裁定确有错误以及对诉前财产保全裁定抗诉应如何处理批复》规定，对本院已生效的诉前保全裁定发现确有错误认为需要撤销的，法院院长应当提交审判委员会讨论决定后裁定撤销原裁定；检察院对法院作出的诉前保全裁定提出抗诉，没有法律依据，法院应当通知其不予受理。学者们的意见同样如此，认为保全和先予执行裁定并没有终局性地解决当事人之间的权利义务关系，不会影响当事人接近司法和终结诉讼程序的权利，不会动摇当事人的程序主体地位，并且有担保和赔偿制度作为可能作出错误裁定的补救，没有必要适用民事诉讼再审程序。此外，保全和先予执行具有效益指向性的基本目的，如允许对此种裁定进行再审，可能会被当事人恶意使用而致使诉讼拖延。还有学者从与司法实践相脱节、不符合临时救济措施的法律性质、临时救济措施有执行力而无既判力、不符合法律规定、与新的再审规定构成冲突等方面对保全和先予执行的临时救济措施予以再审进行了批判。[3]关于中止诉讼和中止执行的裁定，1999 年最高人民检察院《对生效中止诉讼裁定能否抗诉答复》[4]规定了对中止执行的裁定不宜提出抗诉。这两

----

〔1〕　本书所称"1994 年最高人民法院《经济审判严格执行民诉法规定》"，即《最高人民法院关于在经济审判工作中严格执行〈中华人民共和国民事诉讼法〉的若干规定》（法发〔1994〕29 号　1994 年 12 月 22 日）。

〔2〕　本书所称"1996 年最高人民法院《对先予执行裁定抗诉应如何审理批复》"，即《最高人民法院关于检察机关对先予执行的民事裁定提出抗诉人民法院应当如何审理的批复》（法复〔1996〕13 号　1996 年 8 月 8 日）。

〔3〕　朱金高："法院不宜依职权对临时性救济措施决定再审"，载《法学》2012 年第 5 期，第 56~62 页。

〔4〕　本书所称"1999 年最高人民检察院《对生效中止诉讼裁定能否抗诉答复》"，即《最高人民检察院关于对已生效的中止诉讼的裁定能否提出抗诉的答复》（高检发研字〔1999〕13 号　1999 年 9 月 10 日）。

种裁定不适用民事诉讼再审程序的理由是：它们是在审理或者执行过程中因特殊条件或者情形的出现而作出的，对案件的实体问题和程序问题都没有确定力，完全可以在原来的程序内予以纠正。补正判决书笔录的裁定不适用民事诉讼再审程序，是因为这种裁定依附于判决之中，自身并无独立的意义，只是对法院补正判决书程序上的要求，且补正行为属于法院职权行为，补正后的判决才是法院最终的判决，对补正裁定适用再审并无作用，如补正后的生效判决存在错误，则可适用再审程序予以纠正。发回重审的裁定，只是对程序事项进行处理，并未从实体上确认当事人之间的权利义务关系，此种裁定无既判力可言，且如允许对其适用再审，则可能使诉讼程序变得复杂无比。此外，1998 年最高人民法院还下发了《不予受理单独就诉讼费用负担裁定抗诉批复》。[1]

　　我国《民事诉讼法》虽然列举了裁定的种类，但并没有穷尽，司法实践中裁定的种类是多种多样的。笔者虽然从具体裁定的角度分析了不予受理和驳回起诉以外的裁定不适用民事诉讼再审程序，但这种分析是针对每一种具体的裁定，有可能挂一漏万，故有必要从整体上进行论证。马克思主义理论研究和建设工程重点教材《民事诉讼法学》认为，除了不予受理和驳回起诉裁定外，对其他裁定不得申请再审。[2]对这一观点笔者予以赞同，理由在于：第一，主要应从裁定有无实体上的既判力来考虑哪些裁定可以提起再审哪些裁定不能提起再审。只有在实体上发生实质上确定力的裁定，才可给予再审救济。[3]诉讼指挥的裁定不产生既判力是大陆法系民事诉讼理论的通说，由此，我国民事诉讼中不予受理和驳回起诉以外的其他裁定均无既判力。第二，不予受理和驳回起诉以外的裁定，如果只涉及程序问题，对其适用再审程序，可能使审理程序或者执行程序变得更为复杂，不利于案件的及时审理或者执行。即使涉及实体问题，但这种裁定大多具有临时性、假设性、附随性和非结案性的特征，并没有最终解决当事人之间的实体争议，与判决在功

---

〔1〕　本书所称"《不予受理单独就诉讼费用负担裁定抗诉批复》"，即《最高人民法院关于人民法院不予受理人民检察院单独就诉讼费负担裁定提出抗诉问题的批复》（法释〔1998〕22 号　1998 年8 月 31 日）。

〔2〕《民事诉讼法学》编写组：《民事诉讼法学》（马克思主义理论研究和建设工程重点教材），高等教育出版社 2017 年版，第 313 页。

〔3〕　张卫平："民事再审：基础置换与制度重建"，载《中国法学》2003 年第 1 期，第 112 页。

能上有明显的不同。第三，在一般情况下，这些裁定作出以后，在裁定依据的客观情况有变化时，法院可以依当事人的申请或依职权予以撤销或者变更，适用再审程序缺乏必要性，并且裁定作出后因客观情况的变化对再审程序予以适用也不符合既判力时间范围的理论。第四，为了保护当事人的实体权利和程序权利，在这些裁定出现错误时也需要予以救济，但必须考量救济的目的、效率以及必要性与救济的成本之间的关系。在德国、日本和我国台湾地区，对裁定主要是通过抗告程序而不是通过再审制度救济。[1]我国的民事诉讼立法规定了对不同裁定的不同救济方法。例如，《民事诉讼法》第 154 条第 2 款和 2009 年最高人民法院《审理民事级别管辖异议案件规定》[2]第 4 条规定了当事人可以对管辖权异议的裁定和上级向下级转移管辖权的案件提起上诉。《民事诉讼法》第 108 条、第 225 条和 2008 年最高人民法院《适用民诉法执行程序解释》[3]第 3 条规定了当事人可以对保全或者先予执行裁定、当事人利害关系人执行异议裁定、执行中管辖权异议裁定申请复议。笔者认为，对不予受理和驳回起诉以外的裁定，即使需要加大救济的力度，也不能对其打开再审之门，可以考虑赋予当事人提出异议、申请复议甚至提起上诉的权利。需要指出的是，2015 年最高人民法院《适用民诉法解释》第 426 条规定的对小额诉讼案件的裁定当事人可以申请再审并不严谨。实际上，即使是小额诉讼案件，同样只能对不予受理和驳回起诉的裁定适用民事诉讼再审程序。

3. 法院调解

就民事诉讼立法而言，不同主体启动对法院调解的再审存在差异。1982 年《民事诉讼法（试行）》就当事人对法院调解的申请再审未作规定。在 1991 年《民事诉讼法》、2007 年《民事诉讼法》、现行《民事诉讼法》以及 2011 年最高人民法院《第一次全国民事再审审查工作会议纪要》第 6 条第 1 款规定了这一问题。检察机关对法院调解的再审启动，1982 年《民事诉讼法（试行）》未规定检察机关的抗诉监督。1991 年《民事诉讼法》和 2007 年

---

〔1〕　王林清、刘鹏飞：“民事裁定再审问题研究”，载《法学评论》2012 年第 4 期，第 124 页。

〔2〕　本书所称“2009 年最高人民法院《审理民事级别管辖异议案件规定》”，即《最高人民法院关于审理民事级别管辖异议若干问题的规定》（法释〔2009〕17 号　2009 年 11 月 12 日）。

〔3〕　本书所称“2008 年最高人民法院《适用民诉法执行程序解释》”，即《最高人民法院关于适用〈中华人民共和国民事诉讼法〉执行程序若干问题的解释》（法释〔2008〕13 号　2008 年 11 月 3 日）。

《民事诉讼法》未对检察机关对法院调解可以抗诉作出规定；1999 年最高人民法院《对调解书抗诉应否受理批复》〔1〕、2001 年最高人民法院《审监工作座谈会纪要》第 14 条和 2001 年最高人民检察院民行检察厅《规范省级检察院办理民行提请抗诉案件意见》第 1 条第 1 项的规定都就检察院对法院调解提出抗诉持否定态度。但是，2011 年最高人民法院、最高人民检察院《民事审判与行政诉讼监督意见》第 6 条和第 7 条规定了，对法院调解检察机关可以抗诉或者提出检察建议，2012 年现行《民事诉讼法》就此在立法上作出了规定。法院依职权对法院调解启动再审，在 1982 年《民事诉讼法（试行）》、1991 年《民事诉讼法》和 2007 年《民事诉讼法》中均未作出规定，虽然在 1993 年最高人民法院《调解书确有错误未申请再审法院可否再审批复》〔2〕对此予以肯定，但直到 2012 年修正《民事诉讼法》时才正式确立这一问题。从现行《民事诉讼法》的规定来看，对法院调解，当事人可以申请再审，法院可以依职权启动再审，对损害国家利益或者社会公共利益的法院调解，检察机关可以依职权提出再审检察建议或者抗诉，但没有规定当事人可以对法院调解向检察机关申请提出再审检察建议或者抗诉。

　　虽然在我国民事诉讼立法中，原则上规定了法院调解可以适用民事诉讼再审程序，但在理论界反对法院调解可以适用民事诉讼再审程序的呼声一直存在。常怡教授和唐力博士认为对生效的调解书不允许进行再审。〔3〕张卫平教授主张，不宜采用再审之诉来解决调解协议书具有违法事由，可以设置请求撤销调解协议或请求确认调解协议无效的诉讼程序以简便地加以解决。〔4〕邵明博士认为将法院调解纳入再审的范围似乎内含着法院对调解的隐性强制，〔5〕并且对法院调解不应纳入再审的理由做了如下说明："对于法院调解

---

〔1〕　本书所称"1999 年最高人民法院《对调解书抗诉应否受理批复》"，即《最高人民法院关于人民检察院对民事调解书提出抗诉人民法院应否受理问题的批复》（法释〔1999〕4 号　1999 年 1 月 26 日），依据《最高人民法院关于调整司法解释等文件中引用〈中华人民共和国民事诉讼法〉条文序号的决定》（法释〔2008〕18 号　2008 年 12 月 16 日）第 59 条的规定进行了调整。

〔2〕　本书所称"1993 年最高人民法院《调解书确有错误未申请再审法院可否再审批复》"，即《最高人民法院关于民事调解书确有错误当事人没有申请再审的案件人民法院可否再审的批复》（〔93〕民他字第 1 号　1993 年 3 月 8 日）。

〔3〕　常怡、唐力："民事再审制度的理性分析"，载《河北法学》2002 年第 5 期，第 19 页。

〔4〕　张卫平："民事再审：基础置换与制度重建"，载《中国法学》2003 年第 1 期，第 113 页。

〔5〕　邵明："现代民事再审原理论——兼论我国民事再审程序的完善"，载《中国人民大学学报》2007 年第 6 期，第 100 页。

（书）违反合法原则或自愿原则的，不应通过再审程序予以纠正，当事人可以通过'撤销法院调解书之诉'来获得救济。民事诉讼再审的诉讼逻辑前提是民事讼争案件经过初审或上诉审，其判决已经确定了。但是，民事诉讼中的'法院调解'，实质上还是'调解'并非'诉讼'，两者是不同的纠纷解决机制，遵循各自不同的法理，法院调解书是按照调解程序而非审级程序作出的，不具备'再审'的诉讼逻辑前提。"[1]

为什么对法院调解是否可以适用民事诉讼再审程序的问题，学者们的认识与我国民事诉讼立法的规定存在明显的矛盾呢？问题在于对法院调解的性质以及法院调解是否具有既判力的问题，学术界长期以来存在争论，至今也未形成一致的意见。如果对法院调解的性质持私法行为说，大多否认法院调解的既判力，则主张法院调解不可以适用民事诉讼再审程序。如果对法院调解的性质持诉讼行为说，大多肯定了法院调解的既判力，则主张法院调解可以适用民事诉讼再审程序。事实上，对这一问题国外的民事诉讼法学界也存在争议。例如，在日本，理论上与判例中对是否应当将法院调解作为再审的客体都存在一定的争议。[2]

也有不少的学者主张，法院调解可以适用民事诉讼再审程序。有学者认为，对法院调解，如有充分证据证明是在违反当事人自愿和合意的基础上达成的，可以提起再审。[3]还有学者从法院调解事后救济的必要性，以及生效调解书的终局性造就了再审救济的合理性两个方面，论证了法院调解再审救济的正当性。[4]

笔者赞同法院调解可以适用民事诉讼再审程序的主张。在论述既判力的裁判形式理论中，笔者赞同法院调解的两行为竞合说以及审判权与处分权相

---

[1] 邵明：《现代民事诉讼基础理论：以现代正当程序和现代诉讼观为研究视角》，法律出版社2011年版，第243页。

[2] ［日］小室直人：《再审——总括》，载［日］斋藤秀夫等编著：《注解民事诉讼法10》，第一法规出版株式会社平成8年版，第208页，转引自张丽霞："日本民事再审制度的运作现状及启示"，载《南开大学法政学院学术论丛（上）》2002年第0期，第301~302页。

[3] 刘冬京："关于再审程序修改的若干问题分析——以2007年民事诉讼法修正案为对象"，载《法学论坛》2008年第2期，第119页。

[4] 欧元捷、许尚豪："论调解书的再审启动制度——以法院调解的属性为视角"，载《山东警察学院学报》2014年第1期，第10~11页；张艳：《民事诉讼法判例与制度研究》，法律出版社2015年版，第311页。

结合说，肯定法院调解具有诉讼法的性质因而产生既判力。虽然法院调解的既判力不同于法院判决，仅产生消极效果而不产生积极效果，但既判力消极效果的存在，使得当事人另行起诉以及法院的重复受理和审判被禁止。因此，从既判力理论来讲，法院调解适用民事诉讼再审程序具有足够的正当性。还需要说明的是，在我国民事诉讼制度环境中，十分注重法院调解这种民事纠纷的解决方式，如果否定法院调解的既判力，进而不允许对法院调解适用民事诉讼再审程序，对有效解决民事纠纷和构建和谐社会会产生不利的影响。

4. 法院的决定、命令和通知

有学者认为，某些民事决定如申请回避的决定可以适用民事诉讼再审程序，因为依法应当回避的人员没有回避是法定的再审事由。[1]但是，多数学者的观点是法院的决定不属于民事诉讼再审程序的适用对象。理由在于：第一，有的决定法律已经赋予了救济途径，如对回避和强制措施的决定当事人可以申请复议。第二，一般情况下，在决定作出以后，法院可根据情况的变化对决定撤销或者变更，没有必要适用民事诉讼再审程序予以纠正。例如，1994 年最高人民法院《二审发现原审生效民事制裁决定确有错误如何纠正复函》[2]规定，上级法院发现下级法院已生效的民事制裁决定确有错误时，应及时予以纠正。纠正的方法，可以口头或者书面通知下级法院纠正，也可以使用决定书撤销下级法院的决定。第三，法院的决定不会直接影响当事人的实体权利义务。决定只适用于回避、拘留、罚款、顺延期限和诉讼费用的减免缓等程序性事宜，体现出较强法院职权色彩，结论虽会程度不同地影响民事诉讼的进程，但对案件的实体结果一般不会直接产生影响。[3]第四，法院决定不产生既判力是学术界的通说，因而其不具有适用民事诉讼再审程序的理论前提。

命令在我国民事诉讼中使用较少。有学者认为存在法定再审事由的支付

---

〔1〕 刘冬京："关于再审程序修改的若干问题分析——以 2007 年民事诉讼法修正案为对象"，载《法学论坛》2008 年第 2 期，第 119 页。

〔2〕 本书所称"1994 年最高人民法院《二审发现原审生效民事制裁决定确有错误如何纠正复函》"，即《最高人民法院关于第二审人民法院发现原审人民法院已生效的民事制裁决定确有错误应如何纠正的复函》（法经〔1994〕308 号　1994 年 11 月 21 日）。

〔3〕 胡思博："论民事裁判的不可再审性"，载《中国政法大学学报》2014 年第 4 期，第 131 页。

令错误的案件也应成为再审的对象。[1]但是，从最高人民法院司法解释的规定来看，对支付令是不能适用民事诉讼再审程序的。[2]笔者认为，督促程序属于非讼程序的范围，对督促程序不适用民事诉讼再审程序的规定同样适用于督促程序中的支付令，支付令不能适用民事诉讼再审程序。对不产生既判力的支付令适用民事诉讼再审程序，不符合既判力理论的要求。从最高人民法院司法解释的规定来看，已经生效的支付令确有错误需要撤销的，由院长提交审判委员会讨论决定后，即可裁定撤销原支付令，驳回债权人的申请，因而没有必要适用民事诉讼再审程序。[3]

通知不产生既判力是学术界的通说，并且通知是司法行政化的产物，在民事诉讼中适用的范围越来越小，通知不适用民事诉讼再审程序不存在意见上的分歧。

---

〔1〕 刘冬京："关于再审程序修改的若干问题分析——以 2007 年民事诉讼法修正案为对象"，载《法学论坛》2008 年第 2 期，第 119 页。

〔2〕《最高人民法院关于支付令生效后发现确有错误应当如何处理给山东省高级人民法院的复函》（法函〔1992〕98 号　1992 年 7 月 13 日）规定，债务人未在法定期间提出书面异议，支付令即生效，债务人不得申请再审。

〔3〕《最高人民法院关于支付令生效后发现确有错误应当如何处理给山东省高级人民法院的复函》和《最高人民法院关于适用督促程序若干问题的规定》（法释〔2001〕2 号　2001 年 1 月 8 日）第 11 条都对此作了规定。

第三章

既判力主观范围理论与民事诉讼再审程序的当事人研究

一、既判力主观范围理论的基本内容

（一）既判力主观范围的概念

法院生效裁判的既判力并不是对任何人都发生作用，而只能拘束特定的主体。既判力的主观范围就是指法院生效裁判的既判力作用于谁的问题，它又被称为既判力的主体界限。

既判力主观范围具有特定性、法定性和程序保障性的特征。特定性是指法院的生效裁判并不是对所有人都毫无限制地产生既判力，而只是对特定范围的人产生既判力；法定性指的是既判力主观范围及于哪些特定范围的人，应当在法律上作出明确的规定，因为哪些人属于既判力主观范围而受到既判力的约束，与当事人诉权和法院审判权的行使存在密切的联系，如果不在法律上作出明确规定，就可能妨碍当事人诉权和法院审判权的正确、充分和有效行使；程序保障性指的是在法律上规定既判力的主观范围时，依据的主要标准是某一主体在诉讼过程中是否获得了充分的程序保障或者是否有必要给予其充分的程序保障，如果某一主体在诉讼过程中有必要给予其充分的程序保障但未获得充分的程序保障，将其纳入既判力的主观范围就会与正当程序的要求相背离。

常廷彬博士从六个方面对既判力主观范围的价值进行了论述：一是确保、提高国家审判权的权威性。二是程序安定的要求。三是降低诉讼成本、提高诉讼效率。四是阻止、防止纠缠性诉讼。五是诚实信用原则的贯彻和落实。六是良好的法律秩序的确定。[1]笔者认为，从既判力制度本身来考察，既判力主观范围理论的价值主要体现在两个方面：一是确定既判力作用的主体，使

---

〔1〕 常廷彬：《民事判决既判力主观范围研究》，中国人民公安大学出版社 2010 年版，第 18~22 页。

应当受到既判力作用的人能够受到既判力的约束，从而使既判力的作用能够得到正确发挥。二是使不应当受到既判力作用的人不受到既判力的约束，从而充分保护他们在法律上的合法权益。

（二）既判力主观范围的基本对象

1. 既判力主观范围基本对象的确定原则

既判力主观范围基本对象的确定原则为：既判力不及于当事人以外的人而仅及于当事人。

在大陆法系国家和地区，民事诉讼体制为规范出发型，基于法律规范所要求的体系化和逻辑化，在民事诉讼的立法中大多对既判力仅及于请求的相互对立的双方当事人作了明确的规定。不仅如此，大陆法系的学者还对既判力主观范围基本对象的确定原则从法理上进行了较为深刻的论述。德国学者罗森贝克等认为："原则上，既判力仅在当事人之间发生效力。这一点符合既判力作为诉讼法上一个制度设置的本质，并且也是以下衡量的要求，即当事人所引发的、其内容受当事人行为决定的裁判仅在特殊情形中并且仅根据法律的特殊命令可以对没有参加诉讼的，并且也不能够影响判决内容的第三人的法律关系产生影响。"[1]德国学者奥特马·尧厄尼希指出："既判力原则上只为和针对双方当事人发生效力，第325条第1款。这在两方面合理：诉讼应当只消除双方当事人的不明确之处；（因而）其他人对诉讼进展不具有任何法律影响。"[2]日本学者高桥宏志认为："既判力原则上只及于对立的双方当事人之间。判决是为了解决对立的双方当事人之间的纠纷而作出的裁断，而且，正如处分权主义和辩论主义等原则明确的那样，诉讼中的程序保障也仅仅赋予诉讼中双方当事人。民事诉讼中的纠纷限于各方当事人之间的相对性解决，而且，只要达到这种相对性解决的程度就已足够。"[3]

英美法系的民事诉讼的体制为事实出发型，基于判例的传统，一般不在立法上明确和具体地规定与既判力诉讼价值相类似制度的主观范围，而是对

〔1〕［德］罗森贝克、施瓦布、戈特瓦尔德：《德国民事诉讼法》（下），李大雪译，中国法制出版社2007年版，第1174页。

〔2〕［德］奥特马·尧厄尼希：《民事诉讼法》（第27版），周翠译，法律出版社2003年版，第330页。

〔3〕［日］高桥宏志：《民事诉讼法：制度与理论的深层分析》，林剑锋译，法律出版社2003年版，第558页。

相关制度的确立予以重视。实际上，在英美法系的民事诉讼中，由于案件的诉讼标的就是案件本身，将案件的全部关系人都视为案件的当事人，与大陆法系相比更加强调一次性解决民事纠纷的目的，与既判力诉讼价值相类似制度的主观范围及于全部的当事人，从总体上而言，其比大陆法系既判力主观范围更为宽泛。需要指出的是，英美法系与既判力诉讼价值相类似的制度具有多样性，不同国家之间还存在差异，与既判力诉讼价值相类似的制度的主观范围呈现出个性化的特征。在美国，"有关诉讼请求范围及争议排除的一项重要限制就是，它们不适用于没有亲自对问题进行诉讼的人"。[1]后诉与前诉当事人相同，或者后诉的当事人是前诉当事人的利害关系人，是请求排除规定适用的条件之一。[2]至于争点排除规则适用的主体，美国的学理和实务中存在争议。理论界的传统观点认为，虽然当事人的诉讼地位如何不受影响，但只有在后诉和前诉的当事人相同时，才可以适用争点排除规则。在美国，一般情况下争点排除规则适用于前诉的当事人，但有四类当事人不被争点效力所遮断：一是当事人无法律能力。二是当事人以其他身份出庭。三是对方当事人明知的名义当事人。四是同一方当事人。[3]争点排除规则要在后诉中予以适用，后诉的当事人必须是前诉的当事人或者其与前诉当事人存在某种利害关系，与前诉不存在直接联系的人在后诉中不能对其适用争点排除规则。这种传统观点的理由在于：与前诉不存在直接联系的人，在前诉中并没有参加诉讼，没有行使提供证据和对争点进行辩论的权利，不承担前诉裁判的任何责任，如果对其适用争点排除规则，实际上是对其进行诉讼的权利予以剥夺，不符合程序保障的理念和正当程序的要求，并且在前诉中还有可能存在当事人恶意串通损害案外人利益致使案外人丧失法律救济机会的情形。在实务中，美国有的法院也曾对上述观点予以认可，认为让前诉当事人以外的人从前诉判决中受益是不公平的，违背了诉讼公正的基本要求，前诉当事人以

---

〔1〕［美］杰弗里·C. 哈泽德、米歇尔·塔鲁伊：《美国民事诉讼法导论》，张茂译，中国政法大学出版社 1998 年版，第 200 页。

〔2〕 所谓"利害关系人"，在司法实务中主要是指以下几种情形：一是在被提起诉讼或者被判决后就诉讼标的主张权利时，前诉中实质的当事人、贸易关系中的某些利害关系人以及遗嘱执行人等一般权利保护继承人、托管人和遗嘱执行人等承担法定代理职责的人；二是与当事人存在类似代理人和被代理人、雇主和受雇人以及保证人和债务人的关系。

〔3〕 郭翔："美国判决效力理论及其制度化借鉴——基于争点效力理论的分析"，载张卫平主编：《民事诉讼法研讨（一）》，厦门大学出版社 2016 年版，第 173~175 页。

外的人不能因争点排除规则的适用从中受益，不能受到前诉裁判的约束，即使前诉当事人以外的人的对方当事人是前诉的当事人，也不能主张对方当事人受到前诉裁判的约束。这种对前诉当事人以外的人适用争点排除规则对前诉当事人对抗进行禁止的规则，被称为"相互原则"。在英国，与既判力诉讼价值相类似的制度的主观范围，因对物诉讼判决和对人诉讼判决的不同而存在差异。对物诉讼判决的主观范围及于所有的人，因为这种判决的主要目的在于就一项财产的所有权或人身、财产或物体的状态进行确认，只要法院对物具有管辖权，那么这种判决将对世界上所有涉及该物的状态或权利的决定产生排除性效力。[1]对人诉讼判决的主观范围则仅仅及于当事人、拟制当事人、代表诉讼当事人和利害关系人。也就是说，对人诉讼判决在后续争议解决程序中的预防性效力是受到一定限制的，遵守的是相对性规则和相关性规则的规定。[2]尤其需要指出的是，从理论上而言，英美法系民事诉讼"间接禁反言制度"的相互性原则可以说是既判力主观范围基本界限的理论依据。这一原则的基本精神为：对案外人不能适用既判力规则，是因为案外人与当事人之间的法律关系在前诉裁判中并没有确认，前诉的案外人在后诉中的诉因与前诉并不构成同一的诉因，他不会因为前诉的裁判受到什么损失，也不应当在前诉裁判中获得利益，否则，就是对正当程序的破坏。

　　我国的民事诉讼立法并没有规定既判力主观范围的基本界限。在民事诉讼理论界，学者们一般是以"既判力的相对性原则"来论述既判力主观范围仅及于当事人而不及于案外人。江伟教授指出："既判力的对象即诉讼标的，是基于原告的主张确定的，同时在诉讼程序中，基于辩论原则，当事人双方为法院就诉讼标的进行判断提供了资料基础。所以，既判力原则上只能在对

---

　　[1]　Filip De Ly Andley Shep、Andley Sheppard："国际法协会 2004 年柏林大会国际商事仲裁委员会关于既判力原则与仲裁的中期报告"，张戈译，载《商事仲裁》2015 年第 1 期，第 94 页。

　　[2]　相对性规则要求的禁止性必须是相互对应的，这就意味着后诉争议解决程序中的各方当事人（或其利益相关人）必须与先前争议解决程序中的当事人是一致的，后诉争议解决程序中的诉求或反诉必须也与先前争议解决程序中提起的诉求或提出的反诉相一致。相关性规则认为，受一项判决约束的人仅仅为判决中的争议解决程序的当事人或者其利益相关人，故此人将能够得益于该规则的排除效力，任何第三人都不得益于此效力或受其约束。Filip De Ly Andley Shep、Andley Sheppard："国际法协会 2004 年柏林大会国际商事仲裁委员会关于既判力原则与仲裁的中期报告"，张戈译，载《商事仲裁》2015 年第 1 期，第 93 页。

立的两造当事人之间产生，这被称为既判力的相对性。"[1]常廷彬博士认为，既判力相对性原则的依据在于：一是民事诉讼自身的内在要求。二是辩论主义的应有之义。三是程序保障下的自我责任原则。四是诉权制度。[2]笔者认为，既判力的主观范围之所以在原则上只及于当事人，是因为法院裁判的对象为诉讼标的，法院的生效裁判解决的是当事人之间的纠纷，法院的生效裁判作出以后，便意味着在法律上当事人之间的纠纷已经得到了解决，并且法院裁判作出的基础是在诉讼过程中当事人已经受到了充分的程序保障。如果没有参加诉讼的案外人，或者虽然参加了诉讼但获得的程序保障并不充分的人受到既判力的约束，在后诉的诉讼过程中可能形成诉讼突袭，实际上就是对他们的程序参与权和接受裁判权的侵犯，这与辩论原则、处分原则、司法消极原则以及正当程序原则都是相背离的。因此，"他人之间的既判力不能使他人遭受损失，他人也不能从中得利"。[3]依据既判力理论，后诉与前诉的当事人相同是前诉生效裁判对后诉产生既判力的构成要件之一。当事人相同，不仅是指后诉与前诉的当事人是同一的，而且受到既判力主观范围扩张的人也被视为与前诉的当事人相同。

2. 既判力主观范围基本对象的具体范围

既判力主观范围的基本对象为当事人。需要进一步明确的问题是作为既判力主观范围基本对象的当事人的具体范围是什么？在不同国家和地区的民事诉讼制度中，当事人制度是存在差异的，既判力主观范围基本对象的具体范围应在本国民事诉讼当事人制度的框架内进行具体的分析。从我国民事诉讼制度来看，民事诉讼有狭义的当事人和广义的当事人之分。原告和被告为狭义的当事人，原告、被告、共同诉讼人、第三人和诉讼代表人为广义的当事人。虽然在第二审程序中当事人的称谓会发生变化，但一审程序中当事人的地位是当事人制度的基础。因此，有必要讨论不同种类具体的当事人是否属于既判力的主观范围。

作为狭义当事人的原告和被告是民事诉讼中处于对立关系的双方，法院的生效裁判裁决了本案的诉讼标的，也就在法律上使原告和被告之间的民事

---

[1]　江伟主编：《民事诉讼法学原理》，中国人民大学出版社1999年版，第297页。

[2]　常廷彬：《民事判决既判力主观范围研究》，中国人民公安大学出版社2010年版，第24~25页。

[3]　沈达明编著：《比较民事诉讼法初论》，中国法制出版社2002年版，第591页。

争议得到了解决。不仅如此，原告和被告在民事诉讼过程中还得到了充分的程序保障。因此，原告和被告属于既判力主观范围因而受到法院生效裁判既判力的约束在认识上是不存在分歧的。

依据共同诉讼人相互之间存在的关联性程度进行区分，我国民事诉讼立法将共同诉讼区分为普通的共同诉讼和必要的共同诉讼两种情形。共同诉讼人与对方当事人之间的诉讼标的在普通的共同诉讼中是单独存在的，由于这些单独存在的诉讼标的为同一种类，因此在法院认为可以合并审理并经当事人同意时才形成共同诉讼。法院对普通的共同诉讼既可以合并审理也可以分开审理，即使合并审理，法院也应对每一个普通的共同诉讼人与对方当事人之间的诉讼标的单独进行裁判。在普通的共同诉讼中，每个普通的共同诉讼人与对方当事人之间的诉讼标的都不是共同的而只是同一种类，法院在合并审理时又是分别作出裁判，共同诉讼人之间的关联性程度较低，属于可分离之诉，法院对普通的共同诉讼的一个诉讼标的作出生效裁判，其既判力只及于该诉讼的当事人，其他的普通共同诉讼人并不属于既判力的主观范围。共同诉讼人与对方当事人之间在必要的共同诉讼中的诉讼标的则是共同的，相互之间存在着共同的权利义务关系。对必要的共同诉讼，法院必须合并审理，并且要对共同诉讼人与对方当事人之间这种共同的诉讼标的作出同一裁判，这就决定了必要的共同诉讼为不可分之诉，实际上是将必要的共同诉讼人视为一个统一的整体。因此，法院对必要的共同诉讼中共同的诉讼标的所作的生效裁判，既判力及于全体的必要的共同诉讼人，必要的共同诉讼人都属于既判力的主观范围。

大陆法系国家和地区的民事诉讼制度也是将共同诉讼区分为普通的共同诉讼和必要的共同诉讼，但与我国民事诉讼立法的规定相比，在涵义上是存在差异的。所谓普通的共同诉讼，是指不存在共同诉讼与合一确定的必要，仅仅是基于诉的合并的需要形成的共同诉讼。这种共同诉讼，不同诉讼的既判力是单独存在的，相互之间不会产生影响。必要的共同诉讼，又具体分为两种情形：一是固有的必要共同诉讼，即既存在合一确定的必要又存在共同诉讼的必要，必须由所有的共同诉讼人都参加诉讼的必要的共同诉讼。二是类似的必要共同诉讼，即不存在共同诉讼的必要而仅存在合一确定的必要，对所有的共同诉讼人都参加诉讼不作强制性要求的必要的共同诉讼。固有的必要共同诉讼，在诉讼标的方面共同诉讼人与对方当事人之间存在不可分割的联系，共同诉讼人的诉讼程序和诉讼资料也具有统一性，法院对固有的必要共同诉讼所作的生效裁判，其既判力及于所有的固有的必要共同诉讼人。类似的必要共同诉讼，在共同诉讼人都参加诉讼的情形下，与固有的必要共同诉讼一样，法院对类似的必要共同诉讼所作的生效裁判，其既判力及于所有的类似的必要共同诉讼人。在只有部分共同诉讼人参加诉讼的情形下，基于诉讼标的的共同性，并且为了避免法院作出相互矛盾的裁判，法院对部分人参加的类似的必要共同诉讼作出生效裁判后，不仅参加诉讼的类似的必要共同诉讼人受到既判力的约束，而且类似的必要共同诉讼人中没有参加诉讼的人同样属于既判力的主观范围。肖建华教授对此指出："类似的必要共同诉讼人，每个共同诉讼人都有独立实施诉讼的权能，如果他们一同起诉或被诉，则依固有必要共同诉讼处理。而如果只有其中一人起诉或被诉，其他人并未参加，法院所作判决对于未参加诉讼的人也产生效力。"[1]由此可见，我国民事诉讼立法中必要的共同诉讼与普通的共同诉讼与大陆法系国家和地区相比，虽然在涵义上存在区别，但在对既判力主观范围的确定态度上是大体一致的。

　　我国民事诉讼制度中的第三人分为有独立请求权的第三人和无独立请求权的第三人两种情形。有独立请求权的第三人，在其参加诉讼时，原告和被告已经存在于本诉之中，他们之间的诉讼标的已经系属于法院。有独立请求权第三人在本诉开始以后参加诉讼，是他认为对本诉原告和被告的诉讼标的享有独立的请求权而以本诉的原告和被告为共同被告提出了的一个独立的诉讼。有独立请求权第三人所提起的诉讼，其诉讼标的是有独立请求权第三人与原告、被告之间的诉讼标的。有独立请求权第三人在其提起的诉讼中事实上处于原告的地位，本诉的原告和被告处于被告的地位，法院就有独立请求权第三人与本诉原告、被告之间诉讼标的作出生效裁判，无论是有独立请求权第三人还是本诉的原告和被告，无疑均属于既判力的主观范围。问题在于，有独立请求权第三人并不是本诉中原告和被告之间诉讼标的的主体，法院就本诉诉讼标的所作的生效裁判，既判力是否及于参加诉讼的有独立请求权第三人？回答是肯定的。一是因为有独立请求权第三人提起的诉讼，其诉讼标的与本诉的诉讼标的存在对立的关系，有独立请求权第三人是因为其认为对本诉的诉讼标的享有独立请求权才在本诉开始后提起诉讼。二是在有独立请

---

〔1〕 肖建华：《民事诉讼当事人研究》，中国政法大学出版社 2002 年版，第 171 页。

求权第三人提起诉讼以后，法院是从整体上判断本诉原告与被告之间的诉讼标的，以及有独立请求权第三人与本诉原告、被告之间的诉讼标的，只有法院对这两个诉讼标的在整体上所作判断的既判力都及于原告、被告和参加诉讼的有独立请求权第三人，才能实现第三人制度设置的目的。但是，没有参加诉讼的有独立请求权第三人并不受法院就本诉原告与被告之间诉讼标的所作生效裁判既判力的约束，否则，与既判力的根据相悖，并且有独立请求权第三人并不像必要的共同诉讼人那样必须要参加本诉。无独立请求权第三人与有独立请求权第三人相比情形较为复杂。如果其没有参加诉讼，同样不受法院就本诉原告与被告之间诉讼标的所作生效裁判既判力的约束，因为无独立请求权第三人虽然可以由法院通知其参加诉讼，但毕竟不同于必要的共同诉讼人，让没有参加诉讼的无独立请求权第三人受到法院就本诉原告与被告之间诉讼标的所作生效裁判既判力的约束，同样不符合既判力的根据。无独立请求权第三人参加诉讼时，本诉也同样存在了原告和被告，原告和被告之间的诉讼标的也同样系属于法院。但是，对本诉原告和被告的诉讼标的，无独立请求权第三人并没有主张独立的请求权，只是因为其与本诉的原告或者被告之间所存在的民事实体法律关系与本诉原告与被告之间的诉讼标的存在关联，因"与本案的处理结果有利害关系"而参加诉讼。从诉讼法理上讲，无独立请求权第三人与本诉原告或者被告一方所存在的民事实体法律关系，并没有形成为诉讼标的，法院不能进行审理和裁判。但是，从民事诉讼实务的做法和民事诉讼立法的规定来看，法院对这种法律关系是可以进行审理和裁判的，甚至有可能判决无独立请求权第三人承担民事责任。如果法院将无独立请求权第三人与本诉原告或者被告一方所存在的民事实体法律关系与本诉原告和被告之间的诉讼标的一同进行了审判，无独立请求权第三人应当受到法院生效裁判既判力的约束。之所以做这样的设计，是因为既然无独立请求权第三人与本诉原告或者被告之间存在的民事实体法律关系在法院生效裁判中已经得到了裁决，就应当禁止当事人就此法律关系的另行起诉以及法院的重复受理和审判，在后诉中法院也不能为相异的判断，当事人不能为相异的主张，否则就会导致法院裁判之间的冲突。从定纷止争和维护法院审判权威的视角来看，无独立请求权第三人也应当属于既判力的主观范围。由于我国现行民事诉讼立法对无独立请求权第三人的程序保障还不太充分，有学者指出："诉讼第三人制度的发展方向，应在程序保障的基础上来谋求纠纷的一体解决，赋予第三人独立的当事人地位和平等对抗的机会，唯其如此，判决对无独立请求权第三人发生既判力才具有正当性。"[1]这种认识是有道理的，在法院就无独立请求权第三人与一方当事人存在的民事实体法律关系进行审理和裁判时，应当给予无独立请求权第三人与其他当事人同等的诉讼权利。在法院未对无独立请求权第三人与一方当事人存在的民事实体法律关系进行审理和裁判时，无独立请求权第三人是否受到既判力的约束呢？此种情形下的无独立请求权第三人，相当于大陆法系的"从参加"或者"辅助参加"。这种参加人只作为本诉原告或者被告一方的帮手，法院对参加人与本诉原告或者被告之间存在的民事实体法律关系不进行审理和裁判。对于法院就本诉所作出的生效裁判，对"从参加"或者"辅助参加"的参加人具有何种性质，大陆法系的学者存在意见分歧。第一种观点是既判力扩张说。日本学者井上治典是这种学说的主张者。他认为，"从参加"或者"辅助参加"制度的目的，是实现法的安定性而禁止与第一次诉讼相关联请求的重复提出，这一目的与既判力的目的并不存在差异，并且，参加人在通常情况下也得到了较为充分的程序保障。本案裁判对参加人的效力是一种既判力，可以解释为是既判力的扩张。部分学者主张，为了使被参加人获得胜诉，原则上，参加人得辅助进行一切诉讼行为，法律已赋予程序权保障，他造当事人与辅助参加人之间应受到本诉讼生效裁判的"既判力与争点效"的扩张。[2]第二种观点是新既判力说。日本学者新堂幸司持这一学说。他认为，"从参加"或者"辅助参加"的参加人，在参加诉讼以后，与本诉的原告、被告就共同形成了裁判的基础关系，从诚实信用原则的公平要求出发，本诉裁判的拘束力应当较为强烈。这种拘束力表现在：在本诉当事人之间产生既判力与争点效，在"从参加"或者"辅助参加"的参加人与被参加人之间产生参加效力和争点效力，在参加人与对方当事人之间同样产生既判力与争点效力。第三种观点是参加效力说。这一学说由德国学者赫尔维格提出，日本学者兼子一赞同这

---

[1] 蒲一苇："无独立请求权第三人参加诉讼与判决效力范围——以既判力主观范围的扩张为中心"，载胡夏冰等：《民事诉讼法学：规范的逻辑》，法律出版社 2016 年版，第 322 页。

[2] 邱联恭：《口述民事诉讼法讲义（二）》，邱联恭自版 2009 年版，第 378 页；许士宦："第三人诉讼参与与判决效主观范围（下）——以民事诉讼上第三人之程序保障为中心"，载《月旦法学杂志》2010 年第 179 期，第 175 页，转引自刘明生："辅助参加与法院职权通知之效力——以既判力与参加效之区辨为中心"，载《民事程序法研究》2015 年第 2 期，第 159 页。

一学说。依兼子一的观点，"从参加"或者"辅助参加"的参加人在诉讼中的地位具有从属性，他仅仅是帮助一方当事人进行诉讼，让其与本诉当事人承担相同的诉讼后果是过于苛刻的，本诉裁判只是基于参加的事实而产生的对参加人的参加效力，这是一种特定的效力，仅发生在参加人与被参加人之间，并不同于既判力。[1]在上述三种学说中，既判力扩张说和新既判力说忽视了对参加人的程序保障，与既判力的基本原理不符，相比较而言，参加效力说较为合理。正因为如此，在我国，江伟教授主张，本诉裁判对无独立请求权第三人的效力，可以借鉴参加效力说作出如下的规定："无独立请求权的第三人对于其所辅助的当事人，不得主张本诉的裁判不当。但第三人因参加诉讼时不能做出相应的诉讼行为或因该当事人的行为不能提出主张或证据，或当事人因故意或重大过失不能提出第三人所不知的主张、证据的，不在此限。被辅助的当事人与第三人的关系，适用前款规定。"[2]但是，这一主张并未被我国民事诉讼立法所采纳。因此，在我国现行民事诉讼制度中，无独立请求权第三人与本诉原告或者被告之间存在着民事实体法律关系，在法院生效裁判中未进行审理和裁判的情形下，就无正当的理由排斥对此种民事实体法律关系法院另行进行的审理和裁判，因而也就不存在产生既判力的问题了。

我国民事诉讼立法规定了三种诉讼代表人：一是其他组织的诉讼代表人。二是个人合伙的诉讼代表人。三是代表人诉讼的诉讼代表人。

其他组织在民事实体法上不是独立的主体，在民事诉讼法上则具有独立的主体资格，是拟制的当事人。正因为如此，立法上规定其他组织以其主要负责人作为诉讼代表人参加诉讼，就像法人由其法定代表人参加诉讼一样。其他组织作为当事人，法院生效裁判的既判力仅及于其他组织，其他组织的诉讼代表人个人并不属于既判力的主观范围。这与法人作为当事人的情形并不存在差异。

个人合伙则不同，他不是拟制的当事人，在民事诉讼法上并不具有独立的主体资格，全体合伙人为共同诉讼人，个人合伙的诉讼代表人是由全体合伙人推选的。个人合伙作为当事人参加诉讼，法院生效裁判的既判力及于参

---

〔1〕　常廷彬：《民事判决既判力主观范围研究》，中国人民公安大学出版社 2010 年版，第 14~16 页。

〔2〕　中国人民大学法学院《民事诉讼法典的修改与完善》课题组，江伟等：《〈中华人民共和国民事诉讼法〉修改建议稿（第三稿）及立法理由》，人民法院出版社 2005 年版，第 129 页。

加诉讼的个人合伙的诉讼代表人，这是没有疑义的。需要进一步研究的是，个人合伙的其他合伙人是否属于既判力的主观范围？回答应当是肯定的。主要的理由在于：个人合伙的诉讼代表人是由全体合伙人推选的，他实际上既是当事人又是其他合伙人的诉讼代理人，既然其他合伙人已经有自己的诉讼代理人参加诉讼，就理应受到法院生效裁判既判力的约束。

在我国的民事诉讼立法中，代表人诉讼分为人数确定的代表人诉讼和人数不确定的代表人诉讼两种情形。人数确定的代表人诉讼中的诉讼代表人，与个人合伙的诉讼代表人一样，兼具当事人和诉讼代理人的属性，没有实际参加诉讼的当事人实际上是将诉讼代表人视为自己在诉讼中的代理人，法院就人数确定的代表人诉讼所作的生效裁判，其既判力及于诉讼代表人和没有实际参加诉讼的当事人。这在诉讼法上是不存在障碍的。但是，人数不确定的代表人诉讼的情形就较为特殊了。在这种代表人诉讼中，起诉时当事人的人数是不确定的，有的当事人甚至在法院裁判生效以后才出现，将诉讼代表人视为所有当事人的诉讼代理人并不恰当，因而让所有的当事人都受到法院生效裁判既判力的约束缺乏足够的根据。对与我国人数不确定的代表人诉讼相类似的情形，美国的做法是无论法院生效裁判的结果是否有利于集团成员，除了选择退出诉讼的人以外，法院就集团诉讼所作的生效裁判，既判力及于所有的集团成员。但在司法实践中，美国的这种做法一直存在争议。巴西被西方学者称为大陆法系集团诉讼的立法典范，它对美国的上述做法进行了改革，主要有三方面的规定：一是集团在集团诉讼中败诉的原因如果是证据不足，有权代表集团的人可以收集新的证据向法院重新提起集团诉讼，法院的生效裁判不产生既判力。二是法院的裁判对集团有利，法院就集团诉讼所作的生效裁判，既判力及于集团的所有成员。三是法院的裁判对集团不利，法院就集团诉讼所作的生效裁判，只能禁止再次提起集团诉讼，但集团的成员以个人名义可以向法院重新起诉。[1]在我国民事诉讼立法中，人数不确定的代表人诉讼，法院生效裁判的既判力是否及于没有实际参加诉讼的当事人呢？就诉讼代表人的产生而言，在这种情形下，诉讼代表人的产生与人数确定的代表人诉讼中诉讼代表人的产生是存在区别的，由谁担任诉讼代表人并未完全体现没有实际参加诉讼的当事人（尤其是未参加登记的当事人）的意志，

---

〔1〕 李晓蕊："巴西集团诉讼中的既判力规则"，载《人民法院报》2012 年 12 月 14 日。

并且即使当事人进行了登记，"也可以由人民法院在起诉的当事人中指定代表人"，[1]不能将诉讼代表人视为没有实际参加诉讼的当事人的诉讼代理人，对未参加登记的当事人更是如此，让没有实际参加诉讼的当事人受到既判力的约束缺乏正当性的依据。借鉴上述巴西的做法，此种情形可作如下处理：人数不确定的代表人诉讼，人数众多的一方当事人胜诉的，没有实际参加诉讼的当事人受到法院生效裁判既判力的约束。人数众多的一方当事人败诉的，没有实际参加诉讼的当事人不受法院生效裁判既判力的约束。人数众多的一方当事人胜诉的，没有实际参加诉讼的当事人之所以受到法院生效裁判既判力的约束，是因为他重新起诉不具有诉的利益。至于人数不确定的代表人诉讼的诉讼代表人，因其参加了诉讼，当然应受到法院生效裁判既判力的约束。

（三）既判力主观范围的扩张

1. 既判力主观范围扩张的一般原理

从既判力主观范围的基本界限来看，既判力的主观范围不及于当事人以外的人而仅及于当事人。既判力主观范围的这种相对性原则无疑具有正当性。但是，多样化的市场主体和日益成熟的市场经济使得经济关系和社会关系的复杂性日益增加，有时也有可能出现当事人以外的人受到法院生效裁判既判力约束的情形，既判力主观范围扩张的问题也就随之产生了。既判力主观范围的扩张是指在法律规定的某些情形之下，法院的生效裁判对当事人以外的人产生既判力。[2]

无论是大陆法系还是英美法系，对既判力主观范围的扩张或者与既判力诉讼价值相类似制度主观范围的扩张，在民事诉讼立法或者民事诉讼司法实务中都不同程度地予以认可。例如，大陆法系的德国和日本对既判力主观范围及其扩张作了明确规定。[3]美国的法律虽然未对与既判力诉讼价值相类似制度主观范围的扩张作出规定，但对"利害关系人"，美国在实务上一般作广

---

〔1〕 2015年最高人民法院《适用民诉法解释》第77条对此作了规定。

〔2〕 邓辉辉："行政判决与民事判决既判力主观范围之比较"，载《广西社会科学》2007年第7期，第68页。

〔3〕 《德国民事诉讼法》第325条规定："（1）确定判决的效力，其利与不利，及于当事人、在诉讼系属发生后当事人的承继人以及作为当事人或其承继人的间接占有人而占有系争物的人。……"《日本民事诉讼法》第115条第1款规定："确定判决对下列人具有效力：（一）当事人。（二）当事人为他人利益而成为原告或被告情形中的该他人。（三）前两号规定所列之人的口头辩论终结后的承继人。（四）为了前三号规定所列之人的利益而持有请求标的物的人。"

义的理解，包括利益继受关系、合伙关系、赔偿关系、实际代表关系和实际控制诉讼。在坚持法院的终局判决对案外人不具有拘束力的前提下，美国一些法院通过法官自由裁量权的行使也创设出了一些例外情形。例如，在雇主责任类案件中，受害者首先对雇员起诉，法院判决雇员无过错无需承担责任。在受害者对雇主提起的第二次诉讼中，雇主可以援引受害者之前对雇员起诉的判决所认定的雇员无过错而主张免除雇主的替代赔偿责任。[1]美国请求排除规则适用的利害关系人实际上相当于大陆法系既判力主观范围的扩张。美国的争点排除规则一般不作用于案外人，但在以下情形下案外人也应被争点效力所遮断：一是基于某种程序性关系应被争点效力遮断的案外人。二是基于某种实体性关系应被争点效力遮断的案外人。前者包括控制当事人的人、同意受其他当事人之间裁判约束的人以及当事人在诉讼中被实际代表的人；后者包括转让人和受让人之间会产生判决效力；补偿人和受补偿人之间很可能会有争点效力；对公司、合伙组织或者非法人团体所作的判决，在一定条件下也会对其成员有争点效力。保管人和寄托人之间因为实体法的规定可能会有请求效力，但不会有争点效力。[2]理论界也有学者认为，前诉当事人以外的人并不是绝对地不能适用争点排除规则，他在后诉中可以主张适用该规则对抗前诉的当事人，但前诉的当事人不能在后诉中主张适用该规则对抗前诉当事人以外的人。这种主张的理由在于：前诉当事人以外的人，并没有对前诉中的争点进行争执，让其接受前诉裁判的不利后果是不恰当的，但前诉的当事人已经对前诉中的争点进行了充分争执，让其对争执的结果负责，并不违背程序保障的原则。但是，在实务中，随着时代的发展和进步，美国大多法院均已不再固守相互原则，只要后诉的争点与前诉终局判决确定的争点存在同一性，并且被提出主张的人是前诉的当事人或者与当事人具有共同利害关系的人，即使不符合"相互原则"的要求，也可以有条件地允许在后诉中适用争点排除规则。

在民事诉讼理论界，德国学者罗森贝克首先提出了既判力主观范围扩张的理论，后来，德国学者施瓦布和贝特尔曼对这一问题进行了较为深入的探

---

〔1〕 王永亮："美国法中既判力规则对案外人的适用"，载《人民法院报》2006 年 1 月 26 日。

〔2〕 郭翔："美国判决效力理论及其制度化借鉴——基于争点效力理论的分析"，载张卫平主编：《民事诉讼法研讨（一）》，厦门大学出版社 2016 年版，第 175~180 页。

讨。罗森贝克和施瓦布等对既判力主观范围扩张的类型进行了分析。[1]贝特尔曼认为，以既判力主观范围扩张的原因不同，既判力主观范围扩张的情形可以被分为"因适格丧失"而产生和因权利继承而产生。[2]黄国昌先生认为："基于各种不同之考虑及理由，有使得该判决对该纷争具有一定关系之第三人亦产生某种拘束力之必要。第一，为了确保纷争解决之实效性，有必要使判决之效力及于对诉讼标的法律关系或其系争之标的物有一定利害关系之第三人。……第二，为了维持实体法秩序之调和，亦有必要使判决之效力及于对该纷争有一定实体法上利害关系之第三人，此需求特别系在有求偿权之三面法律关系中特别明显。……第三，即使纯粹站在诉讼法上之观点，使判决之效力及于对该纷争有利害关系之第三人，防免后诉提起之必要，亦可达到有效率地运作司法制度、节省法院之资源、避免造成前诉当事人进一步不必要劳费之投入而维持其程序利益及前诉判决之结果、促进纷争之统一解决及防止裁判矛盾等积极之目的，以一举地、终局地、确定地解决社会观念上相关联之纷争，扩大诉讼制度解决纷争之功能。"[3]

肖建华博士对法院判决效力主观范围扩张的诉讼机理从两个方面进行了论述：一是市场主体的利益多元对司法救济的需要，是判决效力主观范围扩张的社会经济基础。二是当事人适格要件的缓和，是判决效力主观范围扩张的技术前提。[4]常廷彬博士认为，既判力主观范围扩张的法理基础，除"社会经济关系的日趋复杂化"和"纠纷一次性解决理念的形成与倡导"外，还包括"当事人适格要件的缓和""当事人适格的基础从管理论向诉的利益论的转型""法院依职权提起示范诉讼的尝试""对诉讼契约自由的尊重"等。[5]笔者不完全同意上述认识。既判力主观范围的扩张是指当事人以外的人受到法院生效裁判既判力的约束。"当事人适格要件的缓和"以及"当事人适格的

〔1〕 罗森贝克和施瓦布等认为，对既判力主观范围的扩张可以划分为以下几种类型：一是为了所有人并且针对所有人的既判力效力；二是既判力延伸至权利继受人；三是诉讼担当时的既判力延伸；四是根据实体法的依赖关系产生既判力的延伸；五是解雇保护的裁定程序。[德]罗森贝克、施瓦布、戈特瓦尔德：《德国民事诉讼法》（下），李大雪译，中国法制出版社 2007 年版，第 1175~1181 页。

〔2〕 吕太郎：《民事诉讼之基本理论（一）》，中国政法大学出版社 2003 年版，第 368 页。

〔3〕 黄国昌：《民事诉讼理论之新开展》，北京大学出版社 2008 年版，第 268~269 页。

〔4〕 肖建华：《中国民事诉讼法判解与法理：当事人问题研析》，中国法制出版社 2001 年版，第 401~406 页。

〔5〕 常廷彬：《民事判决既判力主观范围研究》，中国人民公安大学出版社 2010 年版，第 47~52 页。

基础从管理论向诉的利益论的转型"，是现代民事诉讼制度和理论放宽和扩展了当事人适格的认定标准，把原来在传统上不属于当事人的人纳入了当事人的范围，使当事人的范围扩大，可以说是使既判力主观范围基本对象的范围扩大了，并不属于既判力主观范围的扩张。"法院依职权提起示范诉讼的尝试"和"对诉讼契约自由的尊重"只能被视为是既判力主观范围扩张的表现或者结果，将此视为是既判力主观范围扩张的法理基础同样是不恰当的。事实上，既判力主观范围扩张的原因主要在于两个方面：一是基于实现法的安定性和维护司法权威性的要求。有的时候，法院的生效裁判会与案外人的利益有关，如果案外人无条件地或绝对地不受法院生效裁判既判力的约束，在需要案外人协助实现法院生效裁判确定的内容时就会找不到依据，并且案外人还可能就法院生效裁判已经裁决的事项向法院提起诉讼，受诉法院作出的裁判可能与先前法院的生效裁判形成抵触，从而不利于民事诉讼解决民事纠纷功能的充分发挥。二是基于诉讼经济目的的要求和复杂纠纷解决的现实需要。在经济条件较为简单的背景之下，案外人的利益一般不会被牵涉到当事人之间的争议之中，但不断发展和成熟的市场交易使得市场利益的主体日益多样化，案外人的利益有时也会与法院生效裁判的结果存在某种联系。此种情形之下，如果案外人不受法院生效裁判既判力的约束，对法院生效裁判所确定的诉讼标的，案外人就可以提起诉讼。这样不仅可能导致矛盾判决的形成，而且也不利于纠纷一次性解决目标的实现，有违诉讼经济目的的要求。

需要指出的是，在既判力主观范围的问题上，既判力主观范围的常态和原则是既判力主观范围的基本对象，既判力主观范围的扩张只能是既判力主观范围的特殊情形和例外，因为"既判力主观范围的扩张，难免带来负面影响"。[1] 如果既判力主观范围的扩张不能受到应有的限制，就有可能违背诉讼的基本价值，甚至会动摇既判力理论的基础。因此，应当对既判力主观范围扩张的问题慎重对待，对其进行较为严格的限制。就一般情况而言，主要应从案外人的程序保障和案外人的诉权保障这两个方面的因素来考量如何限制既判力主观范围的扩张。既判力主观范围重要的理论基础为程序保障。案外人没有参加诉讼，如果其受到既判力的约束，是以牺牲其程序保障的利益

---

〔1〕 江必新主编：《民事诉讼新制度讲义》，法律出版社 2013 年版，第 111 页。

为代价的。这种牺牲不能任意为之，必须具有足够的正当性。在案外人即使提起诉讼，其诉讼标的不会超出前诉的范围、举证能力不会超出前诉的当事人，并且案外人与本诉相关联的事项已经接近得到了法院处理的情形之下，案外人受到法院生效裁判既判力的约束，才不会从实质上对程序正义的基本原则予以破坏。在诉权保障方面，如果既判力主观范围扩张至案外人，就阻止了案外人对法院生效裁判确定的诉讼标的提起诉讼的权利，案外人在此种情形下的诉权实际上就被剥夺。但是，在民事诉讼中，诉权是当事人享有的宪法上的基本权利，如果不存在正当的理由，是不能对当事人的诉权予以剥夺的。因此，在探讨既判力主观范围扩张的问题时，务必要充分考虑对案外人诉权保障的必要性。如果有必要对案外人的诉权予以保障，就不允许将既判力的主观范围扩张至案外人。只有在保障案外人诉权行使的必要性已不存在时，才可以考虑将法院生效裁判的既判力扩张至案外人。

2. 既判力主观范围扩张的具体情形

借鉴域外立法和司法实务中的做法，结合民事诉讼理论界的研究成果，既判力主观范围扩张的具体情形主要有以下问题需要进行探讨：

（1）诉讼继受中特定继受人与既判力主观范围的扩张。日本和德国分别称为"诉讼承受"和"诉讼承继"，它是指由于当事人之间发生了民事实体权利义务的转移而相应地产生诉讼资格转移。依据当事人之间民事实体权利义务转移的原因不同，诉讼继受可以区分为概括继受与特定继受。

概括继受是指因当事人丧失权利能力的原因导致民事实体权利义务的转移而产生的诉讼资格的转移，实际上就是指诉讼权利义务的承担。概括继受，无论发生在诉讼之前、诉讼过程中还是诉讼结束之后，都不会产生既判力主观范围扩张的问题，因为它产生的原因是作为被继受人的当事人丧失权利能力而失去了当事人的资格。继受人在承担被继受人的当事人地位以后，法院作出的生效裁判的既判力，不可能及于已经丧失权利能力而失去当事人资格的被继受人，只能及于承担被继受人当事人地位的继受人。实际上，概括继受是由于当事人丧失了权利能力，由其实体权利义务承受人代替其参加诉讼并受到法院生效裁判既判力的约束，可以说是既判力主观范围发生了转移，但并不存在既判力主观范围的扩张，既判力主观范围仍然是单一的。2008 年最高人民法院《适用民诉法审监程序解释》第 41 条第 2 款和 2015 年最高人民法院《适用民诉法解释》第 375 条第 1 款的规定，是概括继受在民事诉讼再审程序中的正常体现，并不存在民事诉讼再审程序自身的特色，故无作出专门规定之必要。

与概括继受不同，特定继受是因当事人丧失权利能力以外的其他原因所形成的。"所谓特定继受是指，因买卖、赠与等法律行为而作出的任意处分，或法院拍卖、转付命令等强制处分，或根据法律规定，而受让诉讼标的的权利义务的情形。"〔1〕在特定继受的情形下，被继受人并没有丧失权利能力，因而需要讨论此种情形下的既判力主观范围扩张的问题。

在诉讼之前发生的特定继受不会产生既判力主观范围的扩张是学者们的一致意见。在诉讼之前发生的特定继受之所以不会产生既判力主观范围扩张的问题，是因为这种特定继受发生在诉讼之前，被继受人的实体权利义务和诉讼资格在未形成诉讼之前就已经转移给了继受人。被继受人因转移了实体权利义务而不具备本案当事人的诉讼资格，没有参加诉讼也不能参加诉讼，法院生效裁判的既判力不能对其产生作用。具备本案当事人资格承受了实体权利义务的继受人才受到既判力的约束，既判力的主观范围是单一的。

既判力主观范围的扩张是否适用于诉讼结束之后发生的特定继受的情形，不同国家在处理这一问题时的做法并不相同，学者们的观点也不一致。赞同既判力基准时点后发生特定继受时，法院生效裁判的既判力不仅及于继受人而且扩张至被继受人的学者们，提出了实体法上的从属关系说、适格继受说、纷争主体继受说等方面的学理依据。〔2〕但是，学界的通说是，既判力的主观范围不应当扩张至诉讼结束之后的特定继受人。虽然在立法和实务中，日本倾向于赞同既判力及于基准时后的特定继受人，但学界持反对态度的学者并不少见。日本有学者论证了既判力主观范围不应扩张至诉讼结束后的特定继受人的观点："上野泰男《关于既判力主观范围的一种考察》，载《关西大学法学论集》第41卷第3号，平成3年第395页以下，尤其是第423页认为，就一般论而言，所谓的诉讼继承是指，对以前诉讼主体的诉讼实施权（当事人适格）为基础的法的地位进行继承的情形，在这种一般论的前提下，金钱诉讼的被告适格之基础不仅仅要求被告是债务人，而且该被告也是该债务责任财产的主体。在发生债务承受时，纵使该债务本身发生了继承，但两者的

---

〔1〕 章武生等：《民事诉讼法学》，浙江大学出版社2010年版，第95页。

〔2〕 常廷彬：《民事判决既判力主观范围研究》，中国人民公安大学出版社2010年版，第75~79页。

责任财产却是不同的，因而并不能说债务人继承了'以前诉讼主体（被告）的诉讼实施权为基础'的法的地位，故而判决的既判力不能扩张至债务承受人。此外，兼子一、松浦馨、新堂幸司、竹下守夫《条解民事诉讼法》，弘文堂，昭和 61 年，第 664 页以下（竹下守夫执笔），也对这种场合下的既判力扩张抱以否定的态度。……如果遵循上野说上述对于债务继受情形说明的思路，那么在债权转让的场合中，债权受让人也并不能说已经继承了'以前诉讼主体（原告）的诉讼实施权为基础'的法的地位。"[1]笔者认为，诉讼结束后的特定继承人之所以不能受到既判力的主观范围的扩张，主要有两方面的理由：一是不符合既判力理论的要求。不受审判可以不受既判力的约束是现代法治国家的宪法原则和重要的民事司法原则。诉讼结束后的特定继受人自始未参加诉讼，让其受到生效裁判既判力的拘束不符合程序保障的要求。问题还在于，如果既判力的主观范围可以扩张至诉讼结束后的特定继受人，就应当为其提供法律救济的手段，包括赋予其独立的攻击防御手段。特定继受人对是否行使法律救济的手段是可以自行取舍的，这样就使得既判力及于诉讼结束后的特定继受人并不是绝对的，有时甚至还取决于特定继受人本人的意志。但是，既判力的约束是不能以当事人的主观意志为转移的。二是实务中难以操作。在某些国家，即使允许既判力主观范围可以扩张至诉讼结束后的特定继受人，一般也限制了其适用的情形，主要有特定继受人继受当事人的权利、特定继受人受让当事人单纯的债务、特定继受人从胜诉的当事人一方受让请求标的物、特定继受人从败诉的当事人一方受让请求标的物等四种情形。对这四种情形的把握是较为困难的，尤其是对"特定继受人从败诉的当事人一方受让请求标的物"的情形，应根据各种不同的复杂情形进行具体的分析，在解释这一情形时还存在认识上的分歧。因此，将既判力主观范围扩张至诉讼结束后的特定继受人，在司法实务中是难以操作的，在法官素质不高的情形下更是如此。在笔者看来，主张既判力主观范围可以扩张至诉讼结束后的特定继受人，对纠纷解决实效性的维护过于关注，对特定继受人的程序保障是不利的，在实务操作层面也存在障碍，并且与对特定继受人的法律救济还可能存在冲突。

---

　　[1]　[日]高桥宏志：《民事诉讼法：制度与理论的深层分析》，林剑锋译，法律出版社 2003 年版，第 559 页。

在特定继受的情形下，既判力主观范围只能扩张至诉讼过程中的特定继受人。这一问题在目前来讲是一般的认识，为学界通说和各国普遍的做法，但从历史进程来看也是经历了一个发展的过程。在罗马法时期，是不允许在诉讼系属中将诉讼标的予以转让的，但自德国普通法时期开始，由于经济的不断发展，为了协调诉讼法与实体法的有序运行以及对诉讼程序安定性的保障，各国的立法才逐渐允许在诉讼过程中当事人将诉讼标的予以转移。

诉讼过程中的特定继受，实际上是当事人在诉讼过程中将债权或者债务转让给案外人的情形。此种情形下既判力主观范围的扩张是指法院作出的生效裁判，其既判力同时及于在诉讼过程中转移债权债务的让与人和受让人。在诉讼标的的转移的情形下，就产生了如何继续进行诉讼程序以及如何确定法院生效裁判既判力主观范围的问题。对这一问题，不同国家和地区的做法和学理上的认识都存在差异，主要存在当事人恒定主义和当事人承继主义的分野。

德国、美国采用的是当事人恒定主义，其中德国是这一主义的代表。当事人恒定主义指的是，当事人在诉讼过程中转移诉讼标的的权利义务给案外人时，作为让与人的当事人并不退出诉讼而失去当事人的地位，作为受让人的案外人并不参加诉讼，诉讼仍在原来的当事人之间进行。法院生效裁判的既判力，不仅对作为让与人的当事人产生作用，而且没有参加诉讼的作为受让人的案外人也属于既判力主观范围扩张的对象。从德国法律规定的情况来看，当事人在诉讼过程中对系争物或者其主张的请求权有权进行转让或者移转，诉讼不受转让或者移转的影响而继续进行，让与人仍然是当事人，并不因其转让实体权利义务而对其当事人的资格产生影响。[1]但在德国，当事人恒定主义并不绝对化，在符合特定条件的情况下，受让人有时也可能参加诉讼。[2]《美国联邦民事诉讼规则》第 25 条（C）的规定也是采用当事人恒定

---

〔1〕《德国民事诉讼法》第 265 条规定："（1）诉讼系属发生后，当事人一方或他方仍有转让系争物或移转其所主张的请求权的权利。（2）转让或移转对诉讼不生影响。……"《德国民事诉讼法》第 325 条的规定："（1）确定判决的效力，其利与不利，及于当事人、在诉讼系属发生后当事人的承继人。……"

〔2〕 在德国，允许特定继受人参加诉讼主要有两种情形：一是在诉讼过程中，如果转让诉讼标的的权利义务的当事人的对方当事人同意，特定继受人有权并有义务代替转让诉讼标的的权利义务的当事人作为主当事人参加诉讼；二是就是否存在土地所有请求的权利、是否存在附着于土地上的义务、是否存在在已经登记的船舶或者建造中的船舶上的义务的诉讼，在占有人与第三人之间进行诉讼的过程中，在土地或者船舶已经转让的情况下，特定继受人在诉讼的现有程度内有权作为主当事人参加诉讼。

主义。[1]采用当事人恒定主义，诉讼过程中当事人实体权利义务的变化对当事人的诉讼地位不产生影响，法院生效裁判的既判力及于参加诉讼的作为让与人的当事人，完全符合既判力主观范围基本对象的确定原则。没有参加诉讼的作为受让人的案外人受到法院生效裁判既判力的约束，则属于既判力主观范围的扩张。学者们提出了众多的理论依据来对这种情形下既判力主观范围扩张的正当性进行解释，主要有受让人与让与人的同一性、基于诉讼法律政策的考量、基于受让人与让与人之间的从属关系以及基于诉讼担当。[2]

　　日本、英国等采用的是诉讼承继主义。所谓诉讼承继主义，是指在诉讼过程中当事人一方转移诉讼标的的权利义务给案外人时，允许作为让与人的当事人从正在进行的诉讼中退出而失去当事人的地位，由受让人参加诉讼从而使其取得当事人的地位，法院生效裁判的既判力，不仅及于后来参加诉讼的受让人，而且同样作用于已经退出诉讼而失去当事人地位的让与人。《日本民事诉讼法》第49条、第50条和第51条分别对权利承继人诉讼参加时的时效中断、义务承继人的诉讼承担、义务承继人的诉讼参加以及权利承继人的诉讼承担等问题作了明确规定。《英国1999年民事诉讼规则》第19·2（4）条规定："惟有符合如下条件的，法院方可责令原当事人更换为新的当事人——（a）原当事人的利益关系或法律责任已经转移至新的当事人；以及（b）法院认为更换当事人适当，有助于解决诉讼程序中争议事项的。"[3]诉讼承继主义认为，让与人虽然退出了诉讼，但他与对方当事人原来进行的诉讼活动对参加诉讼的受让人具有实质上的联系，让与人与对方当事人原来进行的诉讼活动所解决的纠纷对受让人而言具有同一性，在受让人接替让与人参加诉讼之前，让与人是合格的当事人，他的诉讼行为是有效的法律行为，应当对后来参加诉讼的受让人具有拘束力。因此，受让人虽然只参加了案件审理的部分活动，并未自始至终参加诉讼的整个过程，但法院生效裁判对后来参加诉讼的受让人仍然产生既判力。在诉讼过程中，让与人转让了诉讼标的的权利义务以后就退出了诉讼，不再具有当事人的诉讼地位和当事人的诉讼实施权，法院的生效裁判同样对让与人产生既判力。需要指出的是，在实行诉讼承继

---

　　〔1〕　依《美国联邦民事诉讼规则》第25条（C）的规定，在权利转让的场合下，诉讼可以由原当事人或对原当事人继续进行，除非法院根据申请，指示权利受让人在诉讼中替换或联合原当事人。

　　〔2〕　常廷彬：《民事判决既判力主观范围研究》，中国人民公安大学出版社2010年版，第64~66页。

　　〔3〕　《英国民事诉讼规则》，徐昕译，中国法制出版社2001年版，第85页。

主义的国家，当事人一方在诉讼过程中转移诉讼标的的权利义务后，如果让与人并未退出诉讼，受让人并未参加诉讼，比较普遍的观点是，法院的生效裁判只对参加诉讼的让与人产生既判力，未参加诉讼的受让人不受既判力的约束，此种情形不发生既判力主观范围扩张的问题。

对当事人恒定主义和诉讼承继主义应如何评价呢？应该说两者各有利弊。一般的看法是，当事人恒定主义弊大于利，诉讼承继主义则利大于弊。当事人恒定主义否定诉讼过程中由诉讼标的权利义务的变化而引起的当事人地位的变化，对保护对方当事人的利益、稳定诉讼程序、实现诉讼经济是有利的。但它在理论上和实务中存在诸多难以解决的难题：一是让与人已经将诉讼标的的权利义务转移，但仍作为当事人处于诉讼过程之中，与当事人适格理论是相违背的。二是对于受让人没有给予充分的程序保障，让与人已转让了诉讼标的物，他在诉讼中不一定会尽力地进行攻击防御，可能有损受让人的利益。[1]也就是说，受让人在实体上已经取得了诉讼标的的权利义务，但他并不参加诉讼，让他受到既判力的约束与程序保障的法理不符。让与人在实体上已经转让了诉讼标的的权利义务，诉讼的结果与他不存在实际上的利害关系，但他仍然作为当事人处于诉讼过程之中，有可能不会尽心尽力地维护受让人的利益而致使受让人的利益受损。就诉讼承继主义而言，其优点是十分明显的，它与当事人适格理论相适应，有利于提高解决纠纷的功能；它能使受让人有效地参与诉讼从而为攻击防御措施，有利于保护受让人的利益；它使裁判针对实际承受实体权利义务的当事人作出，有利于法院裁判的执行。诉讼承继主义虽然有可能对诉讼程序的稳定性和连续性产生影响，从而使诉讼程序繁杂而不利于诉讼效率的提高，但通过相关诉讼程序的设计，可以在很大程度上解决诉讼承继主义的这些弊端。正因为如此，从国际上的趋势来看，诉讼承继主义越来越受到重视，严格采用当事人恒定主义的国家已经越来越少。

（2）诉讼担当与既判力主观范围的扩张。在民事诉讼中，认定当事人最为基本的标准是产生争议的民事法律关系主体双方。但是，作为争议的民事法律关系主体，有可能在某些特殊情况下无法亲自进行诉讼，不能由自己作

---

〔1〕 祝里里："既判力所及之特定继受人研究——以台湾地区的立法和司法实践为素材"，载《上海交通大学学报（哲学社会科学版）》2015年第4期，第85页。

为当事人，而只能由非民事法律关系主体作为当事人代替他进行诉讼，这就产生了诉讼担当的问题。

所谓诉讼担当，是指非民事法律关系主体为了民事法律关系主体的利益，在民事法律关系主体应当作为当事人但无法亲自进行诉讼不能作为当事人的情形下，以自己的名义作为当事人代替民事法律关系主体进行诉讼。以自己的名义代替民事法律关系主体进行诉讼的非民事法律关系主体称为诉讼担当人，被担当人则是应当作为当事人但本身无法进行诉讼不能作为当事人的民事法律关系主体。依据诉讼担当人取得诉讼实施权的来源不同，诉讼担当可以分为任意的和法定的两种情形。

任意的诉讼担当，是指诉讼担当人依据被担当人的直接授权，以自己的名义作为当事人代替被担当人参加诉讼。在德国，"罗森贝克（Rosenberg）对广泛的、无条件的任意诉讼担当非常推崇，其认为只要有权利人的授权就足以构成任意的诉讼担当"。[1]"后来朱瓦夫对授权说进行修正，除强调当事人的授权外，还要求诉讼的进行必须有固有的法律上的利益。"[2]关于任意诉讼担当的容许性，日本学者进行了较为深入的探讨，形成了正当业务说、实质关系说、任意诉讼担当范围扩大怀疑论、担当人固有利益说等不同学说。[3]就法律上的认可度而言，在德国，任意诉讼担当的适用范围是较为广泛的。在日本，对任意诉讼担当适用范围的限制则十分严格，除了法律有特别的规定以外，一般不承认任意的诉讼担当，这与日本未实行强制律师代理制度是存在关联的。从我国法律层面来看，目前对任意诉讼担当并未予以承认。由于任意诉讼担当可能导致诉讼实施权的滥用，加之强制律师代理制度短时期内在我国还很难实行，笔者认为，建立任意诉讼担当制度的必要性近期内在我国并不存在。

法定的诉讼担当是指依据法律的直接规定，诉讼担当人以自己的名义作为当事人代替被担当人参加诉讼。在不同的国家和地区的立法中，都有关于法定诉讼担当的规定，只不过有的规定在实体法中，有的规定在诉讼法中。例如，许多国家和地区的立法都规定，为了对被宣告破产人的合法权益予以

---

〔1〕　胡军辉：《民事既判力扩张问题研究》，中国人民公安大学出版社 2011 年版，第 47 页。

〔2〕　常廷彬：《民事判决既判力主观范围研究》，中国人民公安大学出版社 2010 年版，第 86 页。

〔3〕　胡军辉：《民事既判力扩张问题研究》，中国人民公安大学出版社 2011 年版，第 47~48 页。

保护，在发生破产财产被非法侵占等事由时，负有管理破产财产职责的破产管理人，可以以自己的名义作为当事人代替被宣告破产人向法院提起诉讼；为了对继承人的合法权益予以保护，在发生遗产被非法侵占等事由时，遗产管理人或者遗嘱执行人可以作为当事人以自己的名义代替继承人向法院提起诉讼。

在法定诉讼担当的情形下，既判力的主观范围扩张至被担当人是立法的普遍做法和理论界的一致主张。日本等大陆法系国家的民事诉讼立法明确规定了法定诉讼担当情形下既判力的主观范围扩张至被担当人。[1]日本学者高桥宏志从代表关系的视角对法定诉讼担当情形下既判力的主观范围扩张至被担当人进行了解释，认为"'担当人是代理被担当人来实施诉讼的'，也即根源于'担当人对被担当人利益的代理行使'"。[2]从理论界的认识来看，认为法定诉讼担当情形下既判力主观范围扩张至被担当人，有以下几个方面的根据：一是从诉讼担当人和被担当人的实体关系来看，法律之所以规定法定的诉讼担当，是基于诉讼担当人与被担当人之间的利害关系具有一致性。二是从诉讼担当人与被担当人的程序关系来看，两者是形式当事人与实质当事人之间的关系。诉讼担当人依法律规定处于形式当事人的地位，被担当人是实质利益的归属主体，由诉讼担当人代替其参加诉讼，其应当享有的接受裁判权和程序保障权，通过诉讼担当人这一形式上的当事人获得了满足，他是实质上的当事人，理应受到生效裁判既判力的拘束。三是法律对法定的诉讼担当实施的效果和依据有明确的规定，法定的诉讼担当是基于对被担当人利益的保护。如果法定诉讼担当情形下既判力主观范围不扩张至被担当人，则被担当人有可能就同一纠纷向法院再次提起诉讼，造成重复起诉和重复审理而有损诉讼经济，有可能使法院形成矛盾裁判而有损法院裁判的公信力，也有违法定诉讼担当制度设置的目的和宗旨。

（3）代位权诉讼与既判力主观范围的扩张。所谓代位权诉讼，是指在债权人与债务人之间的债权债务关系以及债务人与次债务人之间债权债务关系中，对次债务人的到期债权，债务人怠于行使，债权人代替债务人作为原告，

---

〔1〕《日本民事诉讼法》第115条第1款规定："确定判决对以下所列的人有其效力：……2. 当事人为了他人利益而成为原告或被告情形中的该他人。……"

〔2〕［日］高桥宏志：《民事诉讼法：制度与理论的深层分析》，林剑锋译，法律出版社2003年版，第575页。

以次债务人为被告，以自己的名义向法院提起诉讼。[1]

在代位权诉讼中，债权人是原告，次债务人是被告，代位权诉讼法院生效裁判的既判力及于债权人和次债务人，符合既判力主观范围基本对象的确定原则。对代位权诉讼法院生效裁判既判力主观范围是否扩张至债务人的问题，日本学者进行了较为深入的研究，形成了以下不同的学说：一是裁判效力不扩张说，认为法院生效裁判的既判力只在当事人之间产生，债务人不受代位权诉讼生效裁判既判力的约束。这一学说可能导致裁判矛盾情形的产生，纠纷不能一次性得到解决，所以并没有多少的支持者。二是裁判效力全面扩张说。日本学者兼子一是这一学说的最先提出者。他认为，代位权诉讼的生效裁判，不论诉讼的结果债权人是否胜诉，其既判力均扩张至债务人。我国学者张卫平教授是这一观点的支持者。他认为："从既判力角度，也因为无论代位诉讼的原告胜诉还是败诉，其判决的既判力都将及于债务人，债务人也就没有必要提起诉讼，如果允许另行提起诉讼就可能导致裁判的矛盾。"[2]这一学说充分考虑了对次债务人利益的保护，但明显的缺陷在于不利于对债务人利益的保护。三是裁判效力片面扩张说。日本学者三月章认为，代位权诉讼的生效裁判，在裁判对债务人有利时，其既判力扩张至债务人。在裁判结果对债务人不利时，其既判力不扩张至债务人。日本学者力藤正治、松板左一是这一学说的支持者。这一学说充分考虑了对债务人利益的保护，但在裁判结果不利于债务人时，次债务人同样面临被重复起诉的可能。四是加入程序保障因素的全面扩张说。日本学者池田辰夫是这一学者的主张者。这一学说认为，债权人提起代位权诉讼时，具有告知的义务，应当以适当的方式通知债务人和其他相关人员，以综合保护债权人、债务人和次债务人之间的利益，并协调他们之间的相互关系。[3]在上述学说中，加入程序保障因素的全面扩张说是日本的主流学说。这一学说实际上是不将债务人与次债务人之

---

[1]　从我国合同法律制度的规定来看，债权人行使代位诉讼权，即以自己的名义代替债务人起诉次债务人，应当具备以下几个条件：第一，债权人对债务人享有的债权是合法的，并且已经到期；第二，债务人怠于向次债务人行使到期债权，对债权人造成了损害；第三，债务人对次债务人的债权并不是专属于债务人自身的债权；第四，债权人只能以自己的债权为限行使代位权；第五，债权人行使代位权的必要费用，由债务人承担。

[2]　张卫平：《民事诉讼法学：分析的力量》，法律出版社2016年版，第69页。

[3]　胡军辉：《民事既判力扩张问题研究》，中国人民公安大学出版社2011年版，第44~46页。

间的关系视为诉讼标的，而是通过诉讼告知的方式使债务人参加诉讼，从而使债务人直接受到法院生效裁判既判力的约束而不发生既判力主观范围扩张的问题。但是，对于在债务人参加诉讼以后其诉讼地位如何定位，日本在学理上还未取得一致意见。

在我国民事诉讼法学界，因对代位权诉讼的性质在理解上存在差异，就代位权诉讼的法院生效裁判既判力是否扩张至债务人的问题，在认识上同样存在分歧。有学者认为，代位权诉讼属于法定的诉讼担当，债权人是源于法律的规定而不是基于债务人的授权行使诉讼实施权，在债权人代位权诉讼启动以后，债务人对次债务人的诉权将被消灭，否则，就会出现因同一诉讼标的次债务人可能面临两个诉权对其起诉的情形。持代位权诉讼属于法定的诉讼担当的学者，一般主张代位权诉讼的法院生效裁判的既判力扩张至债务人，并且还具体提出了以下理由：一是在代位权诉讼中，法院必然要判断债务人与次债务人之间的法律关系。就债务人与次债务人之间的法律关系，代位权诉讼的判决所作判断的既判力应当及于该债务人。[1]二是代位权诉讼是从法律上对债务人怠于行使到期债权的一种惩罚。代位权诉讼一旦被启动，就意味着债务人已经丧失了就其到期债权的诉权，无论是怎样的诉讼结果，该债务人都不得再次起诉。[2]三是如果代位权诉讼法院生效裁判的既判力不扩张至债务人，债务人就可能存在一种侥幸心理而不向债权人提供充分的证据致使债权人败诉。[3]另有学者认为，代位权诉讼不属于诉讼担当，只是一种独立的让与诉讼实施权的制度，在代位权诉讼中，债权人本身是利益归属的主体，有自己固有的当事人资格，其提起诉讼是为了自己的利益而非为了债务人的利益，代位权诉讼仅仅是实体法为保护债权人的利益而赋予其一项重要的权利。如果将代位权诉讼视为诉讼担当，债务人作为被担当人未参加诉讼无法获得程序保障，让其受到代位权诉讼法院生效裁判既判力的拘束并不公平。笔者赞同代位权诉讼不属于诉讼担当的主张。从形式上看，代位权诉讼是债权人代替债务人以次债务人为被告提起的诉讼，似乎与诉讼担当无异。但是，诉讼担当的原因为"民事法律关系主体应当作为当事人但其无法亲自进行诉

〔1〕 赵钢、刘学在："论代位权诉讼"，载《法学研究》2000年第6期，第19页。
〔2〕 翁晓斌："我国民事判决既判力的范围研究"，载《现代法学》2004年第6期，第82页。
〔3〕 贺桂华、范林军："代位权诉讼既判力述论"，载《广西民族大学学报（哲学社会科学版）》2007年第4期，第101页。

讼不能作为当事人"。也就是说，在诉讼担当的情形下，被担当人不参加诉讼存在法律上或者事实上的障碍，本身并无过错而是无法亲自进行诉讼。提起代位权诉讼的原因在于，债务人对到期债权怠于行使。债务人的这一不作为行为有明显的过错，与诉讼担当中被担当人不参加诉讼的原因是明显不同的。笔者认为，代位权诉讼不属于诉讼担当，不能让债务人不参加诉讼而让代位权诉讼的法院生效裁判对其产生既判力，而应当采取让债务人参加诉讼的办法来解决债务人受到法院生效裁判既判力约束的正当性问题。这种做法的理由在于：一是让债务人参加诉讼甚至对债务人参加诉讼可以强制，可以被视为是债务人因对到期债权怠于行使给债权人利益造成损害所承担的一种法律上的责任。二是借鉴前述日本理论界的研究成果，加入程序保障因素的全面扩张说是主流的学说。这一学说的核心思想也是让债务人参加诉讼来平衡保护债权人、债务人和次债务人的利益。三是这种做法有利于全面、彻底地解决多种类的债权债务纠纷，从我国司法实践的情况来看，也是尽量采取让债务人参加诉讼的做法。四是在债务人参加诉讼的情形下，让债务人受到法院生效裁判既判力的约束，与既判力理论相符。

代位权诉讼，让债务人参加诉讼，如何确定债务人的诉讼地位是一个难题。因此，有必要对这一问题进行单独的讨论。从最高人民法院《合同法解释（一）》[1]第 16 条的规定来看，主张将参加诉讼的债务人列为第三人。笔者认为，这一规定过于简单化。在代位权诉讼中，参加诉讼的债务人不能是无独立请求权第三人。无独立请求权第三人参加诉讼，与对方当事人并不存在实体法律关系，只与他所支持的一方当事人存在实体法律关系。代位权诉讼中参加诉讼的债务人，不仅与债权人存在实体法律关系，而且也与次债务人存在实体法律关系，代位权诉讼中参加诉讼的债务人，不符合无独立请求权第三人参加诉讼时的实体法律关系构造的状态。事实上，应当依债务人与债权人之间是否存在对立关系，来对代位权诉讼中参加诉讼的债务人应当处于何种诉讼地位予以确定。如果债务人与债权人之间存在对立关系，他在参加代位权诉讼时，就既不同意原告的主张，也不同意被告的主张，因而应处于有独立请求权第三人的诉讼地位。在债务人与债权人不存在对立关系时，

---

〔1〕　本书所称"《合同法解释（一）》"，即《最高人民法院关于适用〈中华人民共和国合同法〉若干问题的解释（一）》（法释〔1999〕19 号　1999 年 12 月 19 日）。

因为债务人是次债务人的债权人，债务人应当以共同原告的身份参加诉讼，与债权人形成共同原告的关系一同对次债务人在诉讼中实施攻击。还需要指出的是，为了彻底解决不同种类的相关联的债权债务关系，如果债务人不主动参加诉讼，法院应当强制追加其为有独立请求权第三人或者共同原告，债务人不参加诉讼的，不影响法院对案件的审理和依法作出裁判。在债务人处于共同原告的地位时，法院强制其参加诉讼可以在现行司法解释上找到依据。[1]在债务人处于有独立请求权第三人的地位时，无论是在一般的诉讼法理还是在立法和司法解释中，都不存在强制有独立请求权第三人参加诉讼的问题。但是，在代位权诉讼中，可就此种情形作出特别规定，以作为对债务人怠于行使到期债权行为的一种矫正。因此，在债权人以次债务人为被告依法向法院提起代位权诉讼以后，法院应当依债权人的申请或者依职权通知债务人参加诉讼，依债务人与债权人之间是否存在对立关系，将债务人列为有独立请求权的第三人或者共同原告。债务人拒不参加诉讼的，不影响法院对案件的审理和依法作出裁判。

（4）请求标的物占有人与既判力主观范围的扩张。请求标的物占有人，是指在请求交付特定物的诉讼中，为了当事人或者其继受人的利益，独立、合法占有该诉讼标的物的案外人。从这一概念我们可以看出：一是请求标的物占有人是请求交付特定物诉讼的案外人。如果是案件的当事人占有标的物不属于请求标的物占有人。二是请求标的物占有人对请求交付特定物诉讼的诉讼标的物的占有是独立占有。所谓独立占有，是指案外人自主地占有。如果不是案外人自主地占有，而是由法定代理人占有无行为能力人之物、法人机关占有法人之物，应当视为当事人本人占有，此种占有人在理论上称为占有机关或者辅助占有人。三是请求标的物占有人对请求交付特定物诉讼的诉讼标的物的占有是合法占有。如果是违法占有，有关权利人可对其提起诉讼。四是请求标的物占有人对请求交付特定物诉讼的诉讼标的物的占有是为了当事人或者其继受人的利益。如果案外人是为了自己的利益占有，如质押权人、典权人或者租借人、使用收益权人等，案外人就不能被视为是请求标的物占

---

〔1〕 2015年最高人民法院《适用民诉法解释》第74条规定："人民法院追加共同诉讼的当事人时，应当通知其他当事人。应当追加的原告，已明确表示放弃实体权利的，可不予追加；既不愿意参加诉讼，又不放弃实体权利的，仍应追加为共同原告，其不参加诉讼，不影响人民法院对案件的审理和依法作出判决。"

有人，法律应对此种情形下案外占有人的利益予以保护，一般的做法是允许案外人依法提起执行异议之诉。

法院生效裁判既判力的主观范围扩张至请求交付特定物诉讼中请求标的物占有人，具有以下几个方面的正当性：一是请求标的物的占有人不是为了自己的利益，而是为了当事人或者其继受人的利益，其自身不仅对当事人之间的诉讼标的不享有实体利益，而且对其占有的诉讼标的物也不存在需要保护的实体权利。二是既然请求标的物占有人对当事人之间的诉讼标的不享有实体利益，对其占有的诉讼标的物也不存在需要保护的实体权利，对其程序权利的保障也就失去了目标和意义，没有必要让其参加诉讼来保护其利益或者权利。因此，请求标的物占有人虽为案外人并未参加诉讼，但与受到既判力的约束与程序保障的基本法理并不相违背。三是如果法院生效裁判的既判力主观范围不扩张至请求标的物占有人，在请求交付特定物的诉讼中，法院的生效裁判在执行过程中可能会遇到障碍，从而不利于法院生效裁判所确定的胜诉当事人的实体权利。[1]

（5）公益诉讼与既判力主观范围的扩张。江伟教授认为，公益诉讼裁判仅具有单向的既判力，即"公益原告胜诉的，人民检察院、行政主体、有关组织等其他有起诉资格的主体对于同一败诉的被告，不得就同一公益性请求再次向人民法院起诉。但公益诉讼的原告败诉的，其他有起诉资格的主体不受限制"。[2]从我国的民事诉讼立法来看，有权提起公益诉讼的主体是多元的。法院就公益诉讼作出了生效裁判，既判力的主观范围应及于提起公益诉讼的主体和有权提起公益诉讼但没有提起公益诉讼的主体，否则，公益诉讼生效裁判的稳定性就无法得到维护，而不论公益诉讼的原告是胜诉还是败诉。在这一点上，公益诉讼案件是不同于人数不确定的代表人诉讼的，因为，公益诉讼案件不存在人数不确定的代表人诉讼中诉讼代表人诉讼实施权限是否体现当事人意志的问题。公共利益由众多的个人的利益所构成，但公益诉讼

---

〔1〕　从大陆法系国家和地区的民事诉讼立法来看，大多规定了法院生效裁判的既判力的主观范围扩张至请求标的物占有人。例如，《日本民事诉讼法》第115条第1款规定："确定判决对下列人具有效力：（1）当事人。……（4）为了前三号规定所列之人的利益而持有请求标的物的人。"《德国民事诉讼法》第325条第1款规定："确定判决的效力，其利与不利，及于当事人……以及作为当事人或其承继人的间接占有人而占有系争物的人。"

〔2〕　江伟主编：《民事诉讼法》（第6版），中国人民大学出版社2013年版，第163页。

强调对公共利益的关注，具有相对的独立性，公共利益与个人的利益有可能产生分离。因此，法院对公益诉讼所作的生效裁判，对公益诉讼案件中个人利益受到损害的受害人不产生既判力。

（6）示范诉讼与既判力主观范围的扩张。示范诉讼，又称范示诉讼，是指群体性纠纷的不同案件，虽然诉讼标的不同，但案件的证据和事实相同。所要解决的法律问题也相同，法院依职权或者根据当事人自愿选择的协议，作出一个相当于合并审理的裁定，从众多的案件中选择一个首先进行审理和裁判，法院对这一案件所作裁判的既判力及于众多案件中的全体当事人。有学者指出："随着范示诉讼的实施，从诉讼经济的角度考虑，总体来说将大幅度地减轻法院的负担，从而促进一般事件的审理过程，对其他的一般事件也不会带来多大的有害影响。"[1]

英国、美国、德国、奥地利、瑞士等国家的民事诉讼中都有示范诉讼制度的存在，德国还存在专门的《示范诉讼法》。在德国，"在联邦高等法院作出示范裁判后，各邦地方法院（受诉法院）所停止的程序重新启动，并依据示范裁判进行审理。示范裁判不仅对于示范诉讼原告和示范诉讼被告产生既判力，对于其他利害关系人（被通知参与程序之人）也产生既判力。不论有利还是不利，也不论是裁判的主体部分还是争点事实部分，其他利害关系人均不得否认。（第14条）另外，示范诉讼发生事实上的判决先例效果，受通知人及示范诉讼被告在后续其他诉讼程序中不得作矛盾的陈述"。[2]

示范诉讼既判力主观范围之所以发生扩张，有以下几个方面的依据：一是基于公共利益的保护，有利于实现纠纷一次性解决的目的。二是基于对诉讼效率和诉讼经济价值的追求。三是为了避免法院作出相互矛盾的裁判。

二、既判力主观范围理论与民事诉讼再审程序当事人范围之间的关系和民事诉讼再审程序当事人范围的具体分析

（一）既判力主观范围理论与民事诉讼再审程序当事人之间的关系

既判力主观范围理论有两个核心的问题：一是既判力主观范围的基本对

〔1〕　［日］小岛武司："范示诉讼（model action）之提倡"，郭美松译，载陈刚主编：《自律型社会与正义的综合体系——小岛武司先生七十华诞纪念文集》，陈刚等译，中国法制出版社2006年版，第155页。

〔2〕　胡军辉：《民事既判力扩张问题研究》，中国人民公安大学出版社2011年版，第61页。

象。二是既判力主观范围的扩张。无论是属于既判力主观范围基本对象的主体还是属于既判力主观范围扩张的主体，都是受到法院生效裁判既判力约束的主体。某一主体，如果受到法院生效裁判既判力的约束，就不能对法院生效裁判确定的诉讼标的再行起诉，也不能在后诉中提出与法院前诉生效裁判相矛盾的主张。反过来讲，某一主体，如果既不属于既判力主观范围的基本对象，又不属于既判力主观范围扩张的情形，其就不会受到法院生效裁判既判力的约束，法院的生效裁判作出以后，不能阻止其行使再行起诉和再行主张的权利。就民事诉讼再审程序的设置而言，它就是给受到法院生效裁判既判力约束的人在例外情形下再次救济自己权利的机会，法院生效裁判作出以后，因为其受到了法院生效裁判既判力的约束，不能再行起诉和再行主张，只能依法申请再审。

对民事诉讼再审程序当事人与既判力主观范围之间的关系，有学者认为，再审的当事人与原审判决既判力的主观范围即原审中的当事人以及原审言词辩论终结后的诉讼承继人是相同的，否则，就不是对原审案件或原审判决的再审，而是审理一个新诉。[1]有学者认为，以既判力的主观范围为标准，受到既判力约束的当事人，都应当享有再审申请权。[2]我国台湾地区有学者也认为，再审之诉原告或被告适格，必须其为原生效判决的当事人，或该生效判决既判力所及之人。再审之诉虽然形式上为新开始的诉讼程序，实质上仍为前诉讼的续行或再开，再审的当事人仍应为前诉的当事人或其既判力所及之人。[3]2009 年最高人民法院《受理审查民事申请再审案件意见》[4]第 6 条第 1 款第 1 项和 2011 年最高人民法院《第一次全国民事再审审查工作会议纪要》第 10 条第 1 款第 1 项也对既判力的主观范围与民事诉讼再审程序当事人之

[1]　邵明："现代民事再审原理论——兼论我国民事再审程序的完善"，载《中国人民大学学报》2007 年第 6 期，第 101 页。

[2]　蒋集跃、杨永华："论我国民事再审制度的完善——兼谈申诉问题的理性解决"，载《政法论坛》2003 年第 2 期，第 111 页。

[3]　王甲乙、杨建华、郑健才：《民事诉讼法新论》，三民书局 2002 年版，第 625、629 页，转引自黄良友："民事再审之诉若干问题研究"，载《河北法学》2010 年第 1 期，第 141 页。

[4]　本书所称"2009 年最高人民法院《受理审查民事申请再审案件意见》"，即《最高人民法院印发〈关于受理审查民事申请再审案件的若干意见〉的通知》（法发［2009］26 号　2009 年 4 月 27 日）。

间的一致性进行了规定。[1]

依上述分析，既判力主观范围理论与民事诉讼再审程序当事人之间的关系为：只有属于既判力主观范围的基本对象或者既判力主观范围扩张的主体，才能成为民事诉讼再审程序的当事人。不属于既判力的主观范围基本对象或者既判力主观范围扩张的主体之所以不能成为民事诉讼再审程序的当事人，是因为法院的生效裁判对他没有产生既判力，对法院生效裁判确认的诉讼标的他仍然享有提起诉讼和提出主张的权利，不必也不应当通过再审程序来保护他的合法权益。

（二）民事诉讼再审程序当事人范围的具体分析

无论是域外还是我国的民事诉讼立法，对民事诉讼再审程序当事人范围的规定都较为原则。《法国民事诉讼法》第 594 条规定为"原判决的当事人或代理人"。德国和日本的民事诉讼法典中无明文的规定。我国《民事诉讼法》第 199 条和第 201 条规定为"当事人"，2008 年最高人民法院《适用民诉法审监程序解释》[2]第 41 条第 1 句规定为"民事再审案件的当事人应为原审案件的当事人"。民事诉讼再审程序当事人的具体范围，应当依据某一主体是否属于既判力主观范围的基本对象或者既判力主观范围扩张的情形来确定。原审案件的当事人，在多数情况下，属于既判力主观范围的基本对象而成为民事诉讼再审程序的当事人，但在少数情形下也有例外。[3]此外，只要属于既判力主观范围扩张的对象，即使不是原审案件的当事人，同样可以成为民事诉讼再审程序的当事人。

原告和被告是狭义的当事人，作为民事诉讼中相互对立的双方，原告和被告直接受到法院生效裁判的约束，他们属于既判力主观范围的基本对象是

---

[1] 依 2009 年最高人民法院《受理审查民事申请再审案件意见》第 6 条第 1 款第 1 项的规定，申请再审人是生效裁判文书列明的当事人，或者符合法律和司法解释规定的案外人，为申请再审人提出的再审申请符合的条件之一。依 2011 年最高人民法院《第一次全国民事再审审查工作会议纪要》第 10 条第 1 款第 1 项的规定，申请再审人不是原审当事人、原审当事人的权利义务继受人或者《最高人民法院关于适用〈中华人民共和国民事诉讼法〉审判监督程序若干问题的解释》第 5 条规定的案外人，法院应当向申请再审人释明。

[2] 本书所称"2008 年最高人民法院《适用民诉法审监程序解释》"，即《最高人民法院关于适用〈中华人民共和国民事诉讼法〉审判监督程序若干问题的解释》（法释［2008］14 号 2008 年11 月 25 日）。

[3] 例如，原审案件的无独立请求权的第三人，就不一定都是民事诉讼再审程序的当事人。

不存在争议的，原诉讼中的原告和被告无疑为民事诉讼再审程序的当事人。

　　普通的共同诉讼虽然诉讼标的是同一种类，但由于属于可分离之诉，并且法院分别作出裁判，普通的共同诉讼人并不属于既判力主观范围的基本对象和扩张的对象，在讨论民事诉讼再审程序当事人的问题时，没有必要对普通的共同诉讼的情形予以考虑。必要的共同诉讼与之不同，不仅诉讼标的是共同的，而且属于不可分之诉且法院必须合并审理和作出同一裁判，既判力主观范围的基本对象为全体必要的共同诉讼人。必要共同诉讼人如参加了原诉讼其为民事诉讼再审程序的当事人是肯定的，没有参加原诉讼的必要共同诉讼人能否作为民事诉讼再审程序的当事人呢？最高人民法院的司法解释对此予以肯定。[1] 张卫平教授和李浩教授指出：“原审中本应作为当事人但没有列入的，也有资格申请再审，因为如果不能作为当事人申请再审，其权利便无法得到再审救济。”[2] 没有参加原诉讼的必要共同诉讼人和参加原诉讼的必要共同诉讼人与对方当事人之间的诉讼标的是共同的，他和已经参加原诉讼的必要共同诉讼人之间具有牵连性和统一性，在形式上是案外人实际上却是当事人，没有参加原诉讼的必要共同诉讼人也应当为民事诉讼再审程序的当事人。也就是说，原生效裁判固有的效力作用于必要的共同诉讼人，必要的共同诉讼人对原生效裁判提起诉讼通常就是争执原诉讼标的本身。因此，应当允许必要共同诉讼人通过再审程序进行救济。[3]

　　邵明博士认为：“第三人不是本诉或本案的当事人，所以无资格对本诉判决提起上诉或申请再审。”[4] 笔者不同意这一主张。有独立请求权第三人是以本诉的原告和被告为共同被告并以原告的身份提起诉讼，有独立请求权第三人和本诉的原告和被告当然是有独立请求权第三人提起诉讼的民事诉讼再审程序的当事人。有独立请求权第三人提起诉讼的诉讼标的，虽然并不同于本诉原告和被告之间的诉讼标的，但由于他既不同意本诉原告的主张，也不同意

---

〔1〕 依 2008 年最高人民法院《适用民诉法审监程序解释》第 42 条的规定，案外人申请再审，如果案外人为必要的共同诉讼当事人，在按一审程序再审时应追加其为当事人。依 2015 年最高人民法院《适用民诉法解释》第 422 条第 1 款的规定，必须共同进行诉讼的当事人自知道或者应当知道之日起 6 个月内可依法申请再审。
〔2〕 张卫平、李浩：《新民事诉讼法原理与适用》，人民法院出版社 2012 年版，第 337 页。
〔3〕 吴泽勇："第三人撤销之诉的原告适格"，载《法学研究》2014 年第 3 期，第 163 页。
〔4〕 邵明：《现代民事诉讼基础理论：以现代正当程序和现代诉讼观为研究视角》，法律出版社 2011 年版，第 246 页。

本诉被告的主张，在诉讼标的方面有独立请求权第三人提起的诉讼与原告和被告之间的本诉处于对立状态，法院在裁判文书中将其作为一个整体来判断，参加原诉讼的有独立请求权的第三人受到法院就本诉原告和被告之间诉讼标的所作的生效裁判既判力的约束，应当为原告和被告之间本诉的民事诉讼再审程序的当事人。当然，有独立请求权第三人没有参加原诉讼的，法院就本诉原告和被告之间诉讼标的所作生效裁判的既判力对其不产生作用，不能成为原告和被告之间本诉的民事诉讼再审程序的当事人，就无独立请求权第三人而言，法院对无独立请求权第三人与本诉原告或者被告之间的民事实体法律关系，可能与本诉的诉讼标的一并进行审理与裁判，也有可能另案处理而不一并进行审理与裁判。在一并进行审理与裁判的时候，无独立请求权第三人为民事诉讼再审程序的当事人。法院对无独立请求权第三人与本诉原告或者被告之间的民事实体法律关系没有一并进行审理与裁判而是另案处理，以及无独立请求权第三人未参加诉讼，无独立请求权第三人不是民事诉讼再审程序的当事人，因为此种情形的无独立请求权第三人并不受法院生效裁判既判力的约束。

　　其他组织为拟制的当事人，民事诉讼再审程序的当事人是其他组织而不是其他组织的诉讼代表人，其他组织的诉讼代表人与法人的法定代表人一样，只是由其代表其他组织行使诉讼权利和履行诉讼义务。就法人的法定代表人和其他组织的诉讼代表人参加诉讼而言，民事诉讼再审程序并不存在特殊性因而无需对此作出规定。个人合伙的诉讼代表人是由全体合伙人推选的，全体合伙人是共同诉讼人，法院就个人合伙所作的生效裁判的既判力及于诉讼代表人和全体合伙人，可以作为民事诉讼再审程序当事人的，不仅包括个人合伙的诉讼代表人，而且也包括未参加诉讼的其他合伙人。无论何种代表人诉讼，法院生效裁判的既判力都及于参加诉讼的诉讼代表人，诉讼代表人为民事诉讼再审程序的当事人。人数确定的代表人诉讼，法院生效裁判的既判力及于没有实际参加诉讼的当事人，没有实际参加诉讼的人数确定的代表人诉讼的当事人也是民事诉讼再审程序的当事人。至于人数不确定的代表人诉讼，由于法院生效裁判的既判力只及于胜诉的人数众多的一方当事人。因此，人数众多的一方当事人胜诉的，未实际参加诉讼的当事人是民事诉讼再审程序的当事人。人数众多的一方当事人败诉的，未实际参加诉讼的当事人不是民事诉讼再审程序的当事人，可以以个人名义另行提起诉讼。

　　民事诉讼再审程序当事人的范围，虽然主要取决于其是否属于既判力主观范围的基本对象，但与既判力主观范围的扩张也存在密切的联系。因为受到既判力主观范围扩张的主体，同样被禁止就法院生效裁判所确定的诉讼标的提起诉讼和在后诉中为相反的主张，因而也需要赋予其对法院的生效裁判申请再审的权利，而作为民事诉讼再审程序的当事人。以既判力主观范围扩张的理论为指导，笔者就这一问题做如下分析：

　　第一，特定继受情形下的民事诉讼再审程序当事人的范围。在现实生活中，特定继受的情形是时有发生的，并且随着经济交往的日益频繁，这种情形可能会越来越多。特定继受发生在诉讼之前，不会产生既判力的主观范围扩张的问题，对民事诉讼再审程序当事人的确定也不会产生影响。从现代各国民事诉讼立法来看，大多承认诉讼过程中的特定继受。从 2015 年最高人民法院《适用民诉法解释》第 249 条和第 250 条〔1〕规定的内容来看，我国对诉讼过程中的特定继受是采用当事人恒定主义还是采用诉讼继受主义的态度是不明确的，既规定了当事人诉讼主体资格和诉讼地位不受诉讼过程中争议的民事实体权利义务转移的影响，又规定了法院可以裁定受让人代替当事人承担诉讼，还规定了受让人可以以无独立请求权的第三人身份参加诉讼。事实上，虽然从实体法律关系的构造来看，受让人似乎符合无独立请求权的第三人的条件，但受让人代替让与人接受了作为诉讼标的的民事权利义务，认为其对诉讼标的不享有独立请求权是不太科学的，受让人参与诉讼的动因是不同于无独立请求权第三人的，并且，从域外立法来看也无此种处理办法。笔者认为，由于诉讼过程中的特定继受采取诉讼继受主义是国际上的发展趋势，我国在处理这一问题时也应顺应这一趋势。争议的民事权利义务在诉讼过程中转移的，依据当事人的申请，法院应当在审查属实的基础上裁定准许受让人参加诉讼和让与人退出诉讼，受让人代替让与人参加诉讼后，诉讼程序继续进行，让与人原来进行的诉讼行为对受让人具有拘束力，法院的生效裁判

　　〔1〕　依 2015 年最高人民法院《适用民诉法解释》第 249 条和第 250 条的规定，争议的民事权利义务在诉讼中转移的对当事人的诉讼主体资格和诉讼地位不产生影响，法院作出的生效裁判对受让人具有拘束力。法院可以准许受让人申请以无独立请求权的第三人身份参加诉讼。受让人申请替代当事人承担诉讼的，法院可以根据案件的具体情况决定是否准许。法院准许的，裁定变更当事人，变更当事人后，以受让人为当事人继续进行诉讼程序，原当事人应当从诉讼中退出，其已完成的诉讼行为对受让人具有拘束力；法院不予准许的，可以追加其为无独立请求权的第三人。

对受让人和让与人均发生法律效力，受让人和让与人均为民事诉讼再审程序的当事人。如果让与人并未退出诉讼，受让人并未参加诉讼，让与人为民事诉讼再审程序的当事人，受让人不是民事诉讼再审程序的当事人。由于诉讼理论界对法院生效裁判的既判力是否及于诉讼结束后的特定继受人存在不同的认识，诉讼结束后的特定继受是否准许受让人作为民事诉讼再审程序的当事人，实务上的做法存在差异，理论上的认识存在分歧。在日本，一般准许既判力基准时点后的特定继受人具有再审原告的资格，德国在实务上则倾向于采取否定的态度。[1]从学界的通说来看，大多赞同既判力的主观范围不扩张至诉讼结束后的特定继受人，既判力基准时点后的特定继受人不可以作为民事诉讼再审程序的当事人。在我国，2011 年最高人民法院《判决生效后债权受让人申请再审是否受理批复》、[2]2011 年最高人民法院《第一次全国民事再审审查工作会议纪要》第 8 条第 2 款以及 2015 年最高人民法院《适用民诉法解释》第 375 条第 2 款都规定，当事人在法院裁判生效后转让法院裁判确认的债权时，债权受让人不得对该裁判申请再审。从规定的内容来看，我国也采取否定的态度，但规定得并不全面，只规定了债权转让，并未规定债务转让，只规定债权受让人不得作为民事诉讼再审程序的当事人，没有规定债务受让人不得作为民事诉讼再审程序的当事人。笔者认为，法院裁判生效以后，当事人将法院裁判确认的债权债务转让的，法院的生效裁判对债权债务的受让人没有约束力，受让人不能作为民事诉讼再审程序的当事人。

第二，诉讼担当情形下民事诉讼再审程序当事人的范围。任意的诉讼担当在法律上的认可度还存在争议，加之我国律师代理制度不太发达，目前还不宜认可任意的诉讼担当，笔者在这里要重点讨论法定诉讼担当。在我国的民事诉讼理论和司法实务中，虽然对当事人的认定标准是实体法上的"直接利害关系"长期以来都较为强调，但由于经济体制改革所带来的利益多元化和市场主体多元化，我国在有关立法中对法定的诉讼担当作了某些

〔1〕 卢正敏："论案外人申请再审制度中的适格案外人"，载《厦门大学学报（哲学社会科学版）》2012 年第 1 期，第 53 页。

〔2〕 本书所称"2011 年最高人民法院《判决生效后债权受让人申请再审是否受理批复》"，即《最高人民法院关于判决生效后当事人将判决确认的债权转让债权受让人对该判决不服提出再审申请人民法院是否受理问题的批复》（法释〔2011〕2 号　2011 年 1 月 7 日）。

具体的规定。[1]从总体上看，我国的立法对诉讼担当范围的规定是比较狭窄的，如大陆法系国家和地区的立法普遍作为法定诉讼担当人的遗嘱执行人、遗产管理人，我国在立法上只规定了其实体法上的地位，并未赋予其诉讼担当人的诉讼地位。我国的立法规定了法定的诉讼担当，相应地要对此种情形下法院裁判的效力予以认可。以自己的名义根据法律的直接规定代替他人进行诉讼，参加诉讼的诉讼担当人和没有参加诉讼的被担当人同时受到法院生效裁判的约束，均为法院生效裁判的民事诉讼再审程序的当事人。

第三，公益诉讼情形下民事诉讼再审程序当事人的范围。《民事诉讼法》第55条对公益诉讼制度作了规定。[2]公益诉讼案件有权起诉的主体，既包括法律规定的机关和有关组织，也包括符合法定条件的检察机关。对公益诉讼案件法院所作生效裁判的民事诉讼再审程序的当事人，既包括提起公益诉讼的主体，又包括有权提起公益诉讼而没有提起公益诉讼的主体。就公益诉讼案件法院所作的生效裁判，有权提起公益诉讼而没有提起公益诉讼的主体不能另行提起公益诉讼。2015年最高人民法院《适用民诉法解释》第291条[3]对此作了规定。2015年最高人民法院《审理环境民事公益诉讼案件解释》[4]第28条第1款虽然也对此作了原则规定，但又规定了有权提起诉讼的其他机关和社会组织在前案原告被裁定驳回起诉和申请撤诉被裁定准许的两种情形下

---

〔1〕　例如，依《中华人民共和国保险法》第60条第1款的规定，第三者对保险标的的损害造成保险事故，保险人享有代替被保险人对第三者行使请求赔偿的权利；依《中华人民共和国企业破产法》第25条第1款第7项的规定，破产管理人代表作为债务人的破产企业参加诉讼是其应履行的职责之一；依《中华人民共和国公司法》第151条的规定，符合法律规定条件的股东，为了公司的利益，可以以自己的名义向法院提起的诉讼；依《中华人民共和国劳动合同法》第56条的规定，对集体劳动合同，工会可以代表企业职工依法提起诉讼。

〔2〕《民事诉讼法》第55条规定："对环境污染、侵害众多消费者合法权益等损害社会公共利益的行为，法律规定的机关和有关组织可以向人民法院提起诉讼。人民检察院在履行职责中发现破坏生态环境和资源保护、食品药品安全领域侵害众多消费者合法权益等损害社会公共利益的行为，在没有前款规定的机关和组织或者前款规定的机关和组织不提起诉讼的情况下，可以向人民法院提起诉讼。前款规定的机关或者组织提起诉讼的，人民检察院可以支持起诉。"

〔3〕　依2015年最高人民法院《适用民诉法解释》第291条的规定，公益诉讼案件的裁判生效后，法院不予受理其他依法具有原告资格的机关和有关组织就同一侵权行为另行提起的公益诉讼，但法律、司法解释另有规定的除外。

〔4〕　本书所称"2015年最高人民法院《审理环境民事公益诉讼案件解释》"，即《最高人民法院关于审理环境民事公益诉讼案件适用法律若干问题的解释》（法释［2015］1号　2015年1月6日）。

可以另行起诉。〔1〕笔者认为，这两种情形并不是公益诉讼案件自身的特殊性所在，因为驳回起诉和不予受理裁定的既判力并不影响符合条件下的另行起诉，准许撤诉的裁定并无既判力，更加不影响当事人的重新起诉。但是，公益诉讼案件中个人利益受到损害的受害人，不受公益诉讼案件法院生效裁判既判力的约束，公益诉讼案件不影响个人利益受到损害的受害人依法提起诉讼。最高人民法院司法解释对此也持肯定态度。〔2〕

笔者认为，既判力主观范围扩张的其他几种情形，与民事诉讼再审程序当事人的范围没有关联，或者说就目前而言还没有关联。代位权诉讼是否产生既判力主观范围扩张的问题，在认识上还存在分歧，目前的主流学说是强调对债务人的程序保障，采取让债务人参加诉讼的办法来解决这一问题。因此，依一般的原则就可以明确民事诉讼再审程序当事人的范围。请求标的物占有人虽属于既判力主观范围扩张的对象，但我国的民事诉讼立法只是从协助执行的角度作出规定，〔3〕与请求标的物占有人并不是同一概念。至于示范诉讼，我国还未建立这一制度，至少就目前而言与民事诉讼再审程序当事人的范围没有关联。

三、既判力主观范围理论与案外人申请再审和第三人撤销之诉的协调

（一）对案外人提供救济的模式分析

采取何种方式为案外人提供救济，从世界范围来看主要有四种模式：第一种是另行起诉模式。德国是这一模式的代表。这种模式固守法院裁判效力的相对性原则，案外人没有实际参与诉讼程序，不能受到法院裁判效力的拘束，他完全可以以其固有的地位另行提起诉讼，对前诉生效裁判确定的内容

---

〔1〕 依该规定，负有环境保护监督管理职责的部门依法履行监管职责而使原告诉讼请求全部实现，原告申请撤诉且法院准许的除外。

〔2〕 依2015年最高人民法院《适用民诉法解释》第288条的规定，法院受理公益诉讼案件，对同一侵权行为的受害人依法提起诉讼不产生影响。依2015年最高人民法院《审理环境民事公益诉讼案件解释》第10条第3款的规定，公民、法人和其他组织，以人身、财产受到损害为由申请参加诉讼的，告知其另行起诉。依2015年最高人民法院《审理环境民事公益诉讼案件解释》第29条的规定，法律规定的机关和社会组织提起环境民事公益诉讼的，对因同一污染环境、破坏生态行为受到人身、财产损害的公民、法人和其他组织依法提起诉讼不产生影响。

〔3〕 《民事诉讼法》第249条第2款和第3款规定："有关单位持有该财物或者票证的，应当根据人民法院的协助执行通知书转交，并由被交付人签收。有关公民持有该项财物或者票证的，人民法院通知其交出。拒不交出的，强制执行。"

予以否定或者争执。第二种模式是第三人撤销之诉模式。采用这一模式的较少，法国是这一模式的代表。法国最早在民事诉讼立法上规定了第三人撤销判决异议制度。它基于特有的既判力制度为保障第三人权益而设置，是针对法院生效裁判的一种救济制度。在法国，既判力的相对性原则是予以认可的，这一原则也能对第三人的权益予以保护。之所以还采用第三人撤销之诉的模式，一是因为基于实体法律关系的复杂性，法院裁判相对性事实不会发生作用，或者虽然仅对参与诉讼的当事人来讲法院裁判原则上发生作用，但实际上诉讼以外的第三人也会受到法院裁判的作用。为了对法院裁判效力扩张带来的影响予以消化，有必要对受法院裁判效力扩张影响的案外人在程序上提供救济。二是因为诉讼过程中诉讼欺诈情形的发生可能对案外人的利益造成损害，需要对案外人权益提供保护。在论述第三人异议与既判力的关系时，法国学者指出："第三人异议制度与既判事实的既判力似乎是不相容的，但实际上我们可以通过一定推理方式来解决这一矛盾：从原则上来说，只有在判决具有相对既判力的情况下，第三人才可以提出异议；而在判决具有绝对的既判力的情况下，第三人异议只是一种抗辩，其目的是为了保障抗辩权获得尊重。"[1]法国的第三人撤销之诉模式实际上起到了平衡裁判的既判力与案外第三人利益保护之间关系的作用。第三种模式是第三人再审之诉制度模式。日本采用的是这种模式。在日本，是通过扩大再审原告适格主体的方式，在特定的情形下允许受到生效裁判侵害的第三人向法院申请再审。第四种模式是事前保障和事后保障相结合的模式。英美法系大多采用这种模式。事前保障，是指在某些事前程序的设置中，主要通过扩大当事人的范围和完善对当事人权利告知的程序，尽可能在萌芽状态就将有可能威胁案外人利益的情形予以消灭。事后保障，是指案外第三人不是因为自己的原因未参加前面的诉讼程序，允许其对前诉终局判决的既判力规则进行抗辩。

（二）案外人申请再审与第三人撤销之诉的立法和理论评析

从《民事诉讼法》和最高人民法院司法解释的规定来看，对案外人的权利救济同时规定了案外人申请再审制度和第三人撤销之诉制度。案外人申请

---

〔1〕〔法〕洛伊克·卡迪耶主编：《法国民事司法法》（原书第3版），杨艺宁译，陆建平审校，中国政法大学出版社2010年版，第518页。

再审制度分为执行程序中案外人申请再审[1]和执行程序外的案外人申请再审两种情形。依现行立法和司法解释的规定，执行程序中案外人申请再审的条件为对执行标的主张权利且认为原判决、裁定、调解书内容错误，运行的程序规则为："案外人书面异议—法院裁定驳回—案外人不服裁定申请再审"。从2008年最高人民法院《适用民诉法审监程序解释》第5条第1款和2011年最高人民法院《第一次全国民事再审审查工作会议纪要》第8条第1款的规定可以看出，执行程序外的案外人申请再审的条件为，案外人对法院生效裁判确定的执行标的物主张权利且无法提起新的诉讼解决争议。第三人撤销之诉是在2012年修改《民事诉讼法》时在第56条第3款[2]新增设的一项制度，在2015年最高人民法院《适用民诉法解释》第292条至第303条对第三人撤销之诉的程序规则又作了诸多具体的规定。

如何在《民事诉讼法》和最高人民法院司法解释规定的框架内协调案外人申请再审和第三人撤销之诉的关系呢？2015年最高人民法院《适用民诉法解释》第422条第1款和第301条、第303条的规定表明了最高人民法院的以下态度：一是执行程序中案外人申请再审比执行程序外的案外人申请再审优先适用。二是法院在第三人撤销之诉审理期间对同一生效裁判裁定再审的，再审程序吸收第三人撤销之诉，提起第三人撤销之诉法定情形存在的，裁定中止再审程序，对第三人撤销之诉先行审理。三是案外人对第三人撤销之诉与案外人申请再审只能选择一条救济途径。第三人提起撤销之诉后，未中止生效裁判的执行，如又提出执行异议，在法院作出驳回异议裁定后，无权就原生效裁判申请再审。案外人尚未提起第三人撤销之诉，在提出执行异议被驳回后，只能申请再审，不能再提起第三人撤销之诉。

但是，最高人民法院的上述态度缺乏足够的理论依据。例如，为什么执行程序中的案外人申请再审比执行程序外的案外人申请再审优先适用？第三

---

[1] 1991年《民事诉讼法》第208条就作了规定，在2007年《民事诉讼法》第204条和2008年最高人民法院《适用民诉法审监程序解释》第5条第2款同样予以肯定。现行《民事诉讼法》第227条和2015年最高人民法院《适用民诉法解释》第423条再次进行了明确。

[2] 《民事诉讼法》第56条第3款规定："前两款规定的第三人，因不能归责于本人的事由未参加诉讼，但有证据证明发生法律效力的判决、裁定、调解书的部分或者全部内容错误，损害其民事权益的，可以自知道或者应当知道其民事权益受到损害之日起六个月内，向作出该判决、裁定、调解书的人民法院提起诉讼。人民法院经审理，诉讼请求成立的，应当改变或者撤销原判决、裁定、调解书；诉讼请求不成立的，驳回诉讼请求。"

人撤销之诉和案外人申请再审的主体资格以及所产生的法律效果等方面都不相同，两种制度的性质不同，为什么只能选择一条救济途径？正因为如此，最高人民法院上述有关司法解释在司法实务中是难以操作的。从民事诉讼理论界研究的情况来看，学者们对如何协调案外人申请再审与第三人撤销之诉的关系进行了较为深入的研究，但意见并未取得一致，主要有以下几种不同的观点。

观点之一为优先论。这种观点认为，第三人撤销之诉在适用上应当优先于案外人申请再审。持这种观点的学者主要提出的理由为：一是启动第三人撤销之诉，在限制条件上比案外人申请再审要少。二是与案外人申请再审相比，第三人撤销之诉对法的安定性和权威性的影响也不太强烈，对原裁判及原审当事人的影响要小。三是对案外人申请再审，司法解释规定了"无法提起新的诉讼解决争议"的限制条件。四是对案外人申请再审，法律上的规定过于简单，理解上容易产生差异，在司法实务中不太好操作。[1]

观点之二为选择论。王亚新教授指出，对案外人申请再审和第三人撤销之诉原则上只能选择之一为之，"一条路不行走另一条"那样的选择不应予以准许。[2]有学者认为，第三人撤销之诉与案外人申请再审之协调，在非竞合领域，各司其职；在竞合领域，第三人享有程序选择权。[3]对选择论的依据，学者们从不同的视角进行了论述。有学者认为是为了避免司法资源的浪费并基于对当事人程序选择权的尊重。[4]

观点之三为替代论。这一观点认为，第三人撤销之诉在《民事诉讼法》中作出规定以后，应当将案外人申请再审制度废除，案外人申请再审制度应当完全被第三人撤销之诉制度所替代。替代论在学术界有相当大的影响力，不少的著名民事诉讼法学家都持这种观点。蔡虹教授在 2012 年《民事诉讼法》修改之前就主张《民事诉讼法》应对"第三人撤销之诉"作出专门的规定，从而取代"案外人申请再审"，因为与"案外人申请再审"相比，"第三人撤销之诉"对民事司法救济目的的实现更为有利，在提法上也更为严谨和

---

〔1〕　石春雷："第三人撤销之诉与案外人申请再审比较研究"，载《牡丹江大学学报》2015 年第6 期，第 137 页。

〔2〕　王亚新："第三人撤销之诉的解释适用"，载《人民法院报》2012 年 9 月 26 日。

〔3〕　李卫国、伍芳瑶："论第三人撤销之诉与案外人申请再审的适用关系"，载《湖北社会科学》2017 年第 5 期，第 148～149 页。

〔4〕　田媛媛："试析第三人撤销之诉与案外人申请再审之关系"，载《湖北函授大学学报》2015 年第 13 期，第 86 页。

准确。[1]江伟教授主编的《民事诉讼法学》（第3版）认为："原理上，案外人未参加一审和二审程序，因此在生效裁判侵害其合法权益时，其救济途径只能是申请撤销该裁判，不能申请再审；而且案外人申请撤销的范围仅限于生效裁判中与其相关的部分，而不是整个裁判。"[2]吴泽勇教授认为，现行的民事诉讼法本来就没有对案外人申请再审作出规定，执行程序案外人异议之诉只是例外规定而没有扩展到执行程序之外，限定原审当事人为再审的主体可以说是现行法中的应有之义。因此，在第三人撤销之诉确定后，案外人申请再审不宜继续保留。[3]许少波博士主张，不能完全拘泥于立法的规范、文本和逻辑，在第三人撤销之诉作为唯一的案外第三人的救济程序时，就必须扩展第三人撤销之诉的适用范围，否则，第三人撤销之诉的设立目的就无法实现。[4]有学者从规避冲突的价值选择和诉讼效益的现实层面出发，对应当废止案外人申请再审的规定而将第三人撤销之诉作为再审诉权的一种类型进行了分析。[5]有学者认为："在立法增设第三人撤销之诉制度后，对第三人合法权益的保护，应在合理扩大第三人撤销之诉主体适格范围的前提下，主要依赖第三人撤销之诉制度，而将申请再审的主体限制为原诉讼当事人。"[6]有学者认为，案外人申请再审制度在我国民事诉讼法层面上其实并未建立，我国在《民事诉讼法》上已经建立了"第三人撤销之诉"，从而使案外人获得了相应的救济途径，就应当对法国第三人撤销之诉以及日本式损害赔偿之诉进行借鉴来完善第三人撤销之诉，逐步废除司法实践中的案外人申请再审制度，并建议建立案外人诉讼参加制度和诉讼通报制度，以完善对案外人进行救济的配套机制。[7]

---

[1] 蔡虹："民事再审程序立法的完善——以《中华人民共和国民事诉讼法修正案（草案）》为中心的考察"，载《法商研究》2012年第2期，第28页。

[2] 江伟主编：《民事诉讼法学》（第3版），北京大学出版社2015年版，第304页。

[3] 吴泽勇："第三人撤销之诉的原告适格"，载《法学研究》2014年第3期，第159页。

[4] 许少波："第三人撤销之诉与申请再审的选择"，载《河南大学学报（社会科学版）》2015年第1期，第32页。

[5] 达瓦玉珍、李云、方晋晔："互补抑或相悖：案外人权利救济路径之厘清——第三人撤销之诉与再审制度的整合与重构"，载贺荣主编：《司法体制改革与民商事法律适用问题研究——全国法院第26届学术讨论会获奖论文集》，人民法院出版社2015年版，第816~817页。

[6] 张艳丽、于鹏、周建华：《民事诉讼理论与制度》，法律出版社2017年版，第233页。

[7] 阚道祥："案外人救济机制竞合问题研究——以我国新《民事诉讼法》施行为背景"，载《太原大学学报》2013年第3期，第45~47页。

　　观点之四为改造论。谭秋桂教授认为，将第三人撤销之诉解释为民事再审程序的原因和方式是目前的权宜之计，最根本的办法是对第三人撤销之诉进行全面改造将其置于民事再审程序中作出规定。他认为，通过一个依通常诉讼程序审理作出的裁判来变更或者撤销另一个已经确定的裁判或者调解结果，是对诉讼基本规律和既判力理论的直接违反，在法理上完全行不通。第三人撤销之诉忽视了民事诉讼基本规律的要求，错误地将没有参加诉讼的第三人与案外人等同起来，对所有需要通过这种制度来维护其合法权益的主体的需要不能予以满足。暂时将第三人撤销之诉解释为民事再审程序的原因和方式，能够顺利地解决第三人撤销之诉与案外人申请再审的制度衔接问题，有利于顺利地确定第三人撤销之诉审理和裁判所适用的程序制度。从根本上来讲，应当以构建救济型民事再审制度为理念基础，将现行的第三人撤销之诉和案外人申请再审制度改造为再审之诉制度，将第三人撤销之诉置于民事诉讼再审程序中作出规定。[1]此外，董少谋教授认为，应将第三人撤销之诉改造为案外人撤销之诉，即"一是由'第三人'改为案外人。二是废除最高人民法院司法解释的案外人申请再审。三是独立成节，扩大到对仲裁裁决的撤销"。[2]最高人民法院江必新副院长也是这种观点的主张者，认为将案外人申请再审统一纳入撤销之诉，第三人撤销之诉改为案外人撤销之诉更妥。[3]

　　观点之五为共存论。王福华教授认为，对法院生效裁判全部或部分损害案外人民事权益的救济，《民事诉讼法》实施以后，申请再审和第三人撤销之诉两种途径共存的格局已经形成，应当相互配合地适用第三人撤销之诉与案外人申请再审。[4]有学者认为，第三人撤销之诉制度与案外人申请再审制度，在法条上同时并存，在性质上不尽相同，在程序上截然不同，在效果上优势互补。案外人申请再审制度不能简单地被第三人撤销之诉所取代，而是应当对第三人行使撤销之诉和案外人申请再审的权利给予充分尊重和保护，使第三人撤销之诉制度和案外人申请再审制度各自的优势得到充分的发挥。[5]有

〔1〕　谭秋桂："论第三人撤销之诉与民事再审制度的协调"，载《人民法院报》2014年8月27日。
〔2〕　董少谋主编：《民事诉讼法学》（第3版），法律出版社2017年版，第409页。
〔3〕　江必新主编：《民事诉讼新制度讲义》，法律出版社2013年版，第109页。
〔4〕　王福华："第三人撤销之诉的制度逻辑"，载《环球法律评论》2014年第4期，第94页。
〔5〕　汪晖："案外人撤销之诉制度与案外人申请再审制度之比较"，载《人民法院报》2013年5月22日。

学者认为："第三人撤销之诉与申请再审属于法律设置的两种不同的救济制度，立法应当作出明确的区分，并明确两种不同制度的法律地位，使两种制度充分发挥作用。"[1]另有学者也指出，第三人撤销之诉和案外人申请再审这两种制度可以在各自的适用范围内发挥作用，可在现行制度框架内自行其道。[2]

笔者不赞同优先论、选择论、替代论和改造论的主张。优先论主张第三人撤销之诉比案外人申请再审优先，最高人民法院司法解释规定的执行程序外的案外人申请再审要以"无法提起新的诉讼解决争议"为条件是其主要依据，故在第三人撤销之诉能够提起时案外人申请再审就不能适用。但是，最高人民法院上述司法解释的正当性本身是值得怀疑的。正因为如此，在学术界赞同优先论的学者是极少的，这一主张基本上没有多少影响力。选择论主张对第三人撤销之诉和案外人申请再审只能选择之一为之。这一主张有王亚新教授等著名学者的支持。但这一主张使案外人在行使救济权利时缺少可预测性，对第三人撤销之诉和案外人申请再审两种制度所存在的深层次的冲突和矛盾进行了回避，即使最高人民法院司法解释肯定了这一主张，它对司法实践的指导意义也不明显。有学者还从法理层面、比较法层面和司法实践层面对选择论可能带来的困扰进行了分析。[3]替代论主张通过完善第三人撤销之诉制度来替代或废除案外人申请再审制度。这种主张主要是以法国的第三人撤销之诉为借鉴，在学术界有相当大的影响力。但应当看到，我国的第三人撤销之诉与法国的第三人撤销之诉是存在区别的，《民事诉讼法》第三人撤销之诉所规定的"第三人"是有特定范围限制的，将"第三人"的范围予以扩展不仅有违《民事诉讼法》的立法精神，而且有可能导致第三人滥用撤销申请权，使原审当事人讼累增加，从而使司法资源耗费且对法的安定性产生不利影响。在我国民事诉讼制度中，用第三人撤销之诉完全取代案外人申请再审制度的观点是很难予以证实的，难以令人信服。单纯的第三人撤销之诉作为案外人权利救济的模式，即使在法国的理论和实务中也存在相当大的争议。改造论主张改造第三人撤销之诉制度和案外人申请再审制度为再审之诉制度

---

[1] 刘金华：《民事诉讼法专题研究》，中国政法大学出版社2014年版，第221~222页。

[2] 谢琼丽："案外人权利保护路径——基于案外人申请再审制度与第三人撤销之诉的辩争"，载《探求》2015年第4期，第67页。

[3] 阚道祥："案外人救济机制竞合问题研究——以我国新《民事诉讼法》施行为背景"，载《太原大学学报》2013年第3期，第45页。

或案外人撤销之诉制度，忽视了不同制度之间的区别，与《民事诉讼法》的立法精神也是相背离的。从我国民事诉讼制度看，案外人申请再审制度，属于再审之诉制度的一种特殊情形，但再审之诉制度并不包括第三人撤销之诉制度，是无法将第三人撤销之诉改造为再审之诉制度或案外人撤销之诉制度的。需要指出的是，无论是优先论、选择论、替代论还是改造论，它们都没有深入揭示我国民事诉讼制度下第三人撤销之诉和案外人申请再审之诉的区别，大多没有从我国民事诉讼立法的精神出发来探讨问题，因而无法有效地体现理论对实践的指导价值。

笔者赞同共存论。之所以赞同这一主张，是因为共存论符合既判力理论的要求，能够从我国民事诉讼立法的精神出发找到第三人撤销之诉与案外人申请再审之诉的区别，尤其是能够对"第三人"和"案外人"的不同范围进行界定，因而可以使第三人撤销之诉制度和案外人申请再审制度在不同的情形下各自发挥应有的作用。

（三）案外人申请再审与第三人撤销之诉的区分

王福华教授认为，要以是否有必要推翻裁判既判力作为标准来确定是适用案外人申请再审还是适用第三人撤销之诉。需要推翻前诉既判力的，适用案外人申请再审；无需推翻前诉既判力的，则适用第三人撤销之诉。[1]学者们对第三人撤销之诉与案外人申请再审之诉的区别进行了探讨。许少波博士从程序目的不同、发动理由不同、适格原告不同、程序框架不同等四个方面论述了第三人撤销之诉与申请再审的界分。[2]有学者认为，在诉讼标的、审理范围等方面第三人撤销之诉与案外人申请再审存在区别。基于本书的研究任务，笔者不准备对第三人撤销之诉与案外人申请再审的区别展开全面的讨论，只对第三人撤销之诉与案外人申请再审之诉提起主体方面的区别重点进行分析，力求对提起第三人撤销之诉的"第三人"和案外人申请再审之诉的"案外人"的具体范围予以准确的界定。

学者们对提起第三人撤销之诉的"第三人"的范围在认识上是存在分歧的。有学者认为，提起第三人撤销之诉的"第三人"是案外人，即除了原诉

---

〔1〕　王福华："第三人撤销之诉的制度逻辑"，载《环球法律评论》2014年第4期，第102页。

〔2〕　许少波："第三人撤销之诉与申请再审的选择"，载《河南大学学报（社会科学版）》2015年第1期，第30~31页。

讼当事人以外的所有人。[1]有学者认为:"将第三人撤销之诉的原告资格限定为诉讼第三人,范围失之过窄,……不必严格拘泥于诉讼第三人的标准,而着重于判断该案外第三人与裁判结果是否存在利害关系。"[2]有学者认为,因恶意诉讼而受到损害的第三人可能并不属于《民事诉讼法》第56条第3款所界定的第三人,原审遗漏的应当作为必要共同诉讼人的人并不能被《民事诉讼法》第56条第3款所界定的第三人所涵盖,现有规定不能涵盖所有受生效裁判侵害之第三人。[3]有学者认为,应当把有权提起第三人撤销之诉的"有独立请求权第三人的主体范围扩展至涵盖大陆法系的'诈害防止参加诉讼',即'他人之间出于非法目的而进行诉讼且结果会使其利益受到损害'的第三人"。[4]但是,第三人撤销之诉的原告应当是《民事诉讼法》第56条规定的有独立请求权第三人或者无独立请求权第三人是多数学者的主张。[5]笔者认为,《民事诉讼法》第56条第1款和第2款分别规定的是有独立请求权第三人和无独立请求权第三人,第三人撤销之诉规定在《民事诉讼法》第56条第3款,《民事诉讼法》第56条第3款对第三人撤销之诉提起的主体规定为"前两款规定的第三人",将第三人撤销之诉提起的主体理解为,在法院作出生效裁判的案件中符合有独立请求权第三人或者无独立请求权第三人条件的人才符合民事诉讼立法的本意,不能将其理解为除了原诉讼当事人以外的案外人。张卫平教授指出:"综合考虑第三人撤销之诉的相关实践可以发现,司法机关对第三人撤销之诉的主体条件进行了严格地贯彻,可见主张放松和去除主体条件限定的观点并未得到司法实务部门的采纳和认可。"[6]但是,对提起第三人撤销之诉的"第三人"的范围仅作上述理解是不够的。有学者认为,第三人在第三人参加之诉与案外人第三人撤销之诉之主体适格上的界

---

[1] 高民智:"关于案外人撤销之诉制度的理解与适用",载《人民法院报》2012年12月11日。

[2] 蒲一苇:"第三人撤销之诉适用范围的实体法分析",载张卫平主编:《民事诉讼法研讨(一)》,厦门大学出版社2016年版,第57页。

[3] 张丽丽:《第三人撤销之诉研究》,知识产权出版社2016年版,第108~112页。

[4] 韩艳:《第三人撤销之诉制度研究》,浙江大学出版社2017年版,第79页。

[5] 王亚新:"第三人撤销之诉原告适格的再考察",载《法学研究》2014年第6期,第134页;郑学林:"简论民事再审审查制度实施的若干问题",载《中国政法大学学报》2014年第1期,第88页;王学棉、蒲一苇、郭小冬:《民事诉讼法教程》,北京大学出版社2016年版,第430~431页。

[6] 张卫平主编:《最高人民法院民事诉讼法司法解释要点解读》,中国法制出版社2015年版,第258页。

分为诉讼第三人和案外第三人；第三人在案外第三人撤销之诉与申请再审之原告适格上的界分为案外第三人与原案当事人（诉讼第三人）。[1] 这种观点与民事诉讼立法精神较为符合。笔者认为，有独立请求权第三人参加了原诉讼，有独立请求权第三人属于法院生效裁判既判力的主观范围；无独立请求权第三人如果参加了原诉讼，法院就无独立请求权第三人与当事人一方存在的民事实体法律关系进行审理和裁判时，无独立请求权第三人也属于法院生效裁判既判力的主观范围。在此种情形下，第三人只能申请再审而不能提起第三人撤销之诉。但是，法院不能依职权强制有独立请求权第三人参加诉讼，他有权选择以原告的身份向有管辖权的法院起诉或者以第三人的身份参加诉讼。虽然无独立请求权第三人可依申请或者由法院通知参加，但他与必要的共同诉讼人是不同的，并不一定都参加诉讼。无论是有独立请求权第三人还是无独立请求权第三人都并不具有必要的共同诉讼人那样的不可分性，其参加诉讼与本诉是可以分离的，因此，没有参加诉讼的有独立请求权第三人或者无独立请求权第三人，不具有既判力主观范围的"程序保障性"，既不属于既判力主观范围的基本对象，也不属于既判力主观范围扩张的人。正是因为他们是不受既判力约束的人，他们与案外人申请再审不同，只能提起第三人撤销之诉，不能对法院的生效裁判申请再审。立法机关的同志对此的解释是，以第三人撤销之诉而非另行起诉的方式解决案外人救济问题，一个重要理由就是"另行起诉不能解决原生效裁判的效力问题"。[2] 需要指出的是，无独立请求权第三人在参加诉讼以后，如果法院就其与当事人一方之间的民事实体法律关系未作审理和裁判，法院的生效裁判对其不产生既判力，他也有权对法院的生效裁判提起第三人撤销之诉。因此，在法院作出生效裁判的案件中，符合有独立请求权第三人或者无独立请求权第三人条件的人没有参加诉讼，在法院生效裁判作出以后，有权依法提起第三人撤销之诉；在法院作出生效裁判的案件中符合无独立请求权第三人条件的人，虽已参加诉讼，但法院未就其与当事人一方存在的民事实体法律关系进行审理和裁判，也有权在法院的裁判生效以后依法提起第三人撤销之诉。

---

〔1〕 杨卫国：《案外第三人撤销之诉研究》，中国法制出版社 2015 年版，第 184~189 页。

〔2〕 全国人大常委会法制工作委员会民法室编著：《2012 民事诉讼法修改决定条文释解》，中国法制出版社 2012 年版，第 64 页。

对案外人申请再审的"案外人"范围的问题，首先要明确的是是否有必要区分执行程序中的案外人和执行程序外的案外人。虽然两者分别由《民事诉讼法》和最高人民法院的司法解释予以规定，但《民事诉讼法》并没有对在执行程序之外案外人不能申请再审作出规定。之所以在执行程序的内容中作出规定，只是考虑到案外人申请再审主要发生在执行程序中，执行程序中的案外人申请再审和执行程序外的案外人申请再审并无本质上的区别。多数情况下，案外人在案件进入执行程序后才知晓自己的权利受到了侵害而在执行程序中主张自己的实体权利，但实际上案外人的权利是否受到侵害与执行程序并没有太大关系。如果法院生效裁判侵害了案外人的权利，在法院生效裁判作出的那一刻起案外人的权利就已经受到了侵害。[1]对案外人申请再审的"案外人"的范围，必须有严格的限制，否则，法院生效裁判的既判力就会受到不应有的挑战。有学者认为，有权申请再审的案外人必须是判决效力所及的第三人。[2]有学者认为，有权申请再审的案外人必须是原审当事人以外的人，但并不是指所有当事人以外的人。[3]有学者认为，有权申请再审的案外人是指与生效裁判的处理结果有直接利害关系的人。[4]笔者认为，有权申请再审的案外人，首先是法院生效裁判中的当事人以外的人，对这一点认识是不应该存在分歧的。其次，有权申请再审的案外人，还必须是法院生效裁判既判力所及之人。之所以做这样的理解，是因为既判力主观范围与民事诉讼再审程序当事人之间具有对应的关系。某一主体只有受到法院生效裁判既判力的约束，才有权申请再审，否则他可以不受既判力的约束另行起诉。法院生效裁判中的当事人以外的有权申请再审的人，根据前述对既判力主观范围理论与民事诉讼再审程序当事人之间关系进行的研究，主要包括四种情形：一是没有参加诉讼的必要共同诉讼人有权申请再审；二是在诉讼过程中，争议的民事权利义务转移，法院裁定准许受让人参加诉讼和让与人退出诉讼，退出诉讼的让与人有权申请再审；三是根据法律的直接规定，被他人代替进

〔1〕 蔡虹、冯娟："案外人申请再审制度初探"，载《山东警察学院学报》2012 年第 2 期，第 39 页。
〔2〕 卢正敏："论案外人申请再审制度中的适格案外人"，载《厦门大学学报（哲学社会科学版）》2012 年第 1 期，第 51 页。
〔3〕 蔡虹、冯娟："案外人申请再审制度初探"，载《山东警察学院学报》2012 年第 2 期，第 41 页。
〔4〕 詹伟雄："论民事再审程序之重构——以司法实践为视角"，载《民事程序法研究》2008 年第 0 期，第 345 页。

行诉讼自己并没有参加诉讼的被担当人，有权申请再审；四是有权提起公益诉讼但没有提起公益诉讼的主体有权申请再审。从我国现行的做法来看，最高人民法院的司法解释只是肯定了没有参加诉讼的必要共同诉讼人有权申请再审，对案外人申请再审的其他情形没有作出规定，对此有必要在民事诉讼再审程序的当事人中从整体上予以明确。

第四章

既判力客观范围理论与民事诉讼再审程序的
诉讼标的研究

一、既判力客观范围理论的基本内容

(一) 既判力客观范围的概念

既判力的客观范围是指法院在前诉中作出的生效裁判能够对后诉的主张和请求形成遮断作用是在什么样的范围之内，法院生效裁判的既判力产生不得争执的效果为哪些事项。既判力的客观范围，从理论上讲又称既判力物的界限或者既判力物的范围，它所解决的问题是法院生效裁判中有既判力的是哪些既判事项。[1] 就当事人争议的对象而言，既判力的客观范围决定了法院生效裁判解决和终结纠纷的作用覆盖面的大小，凡是属于既判力客观范围内的既判事项，在法院的裁判生效以后，当事人不得再行起诉，或者不能在后诉中提出与此相矛盾的主张。就法院的审判而言，凡是属于既判力客观范围的既判事项，在法院的裁判生效以后，法院不得重复受理当事人提起的诉讼，或者在后诉中不能作出与此相矛盾的判断。

(二) 既判力客观范围的基本对象

在英美法系国家，与既判力诉讼价值相类似的制度一般不存在"客观范围"的用语。在美国，后诉与前诉的诉讼请求相同是请求排除规则适用必须具备的条件之一。针对适用请求排除规则如何界定"诉讼请求"，过去曾有多种方法和学说，但大多是从"诉因"的角度来界定。"而诉因的识别标准，又可以分为诉讼程式（Form of Action）、基本权利（Primary Right）、救济权利

---

〔1〕 向忠诚："论行政判决既判力的效力范围"，载《政法论丛》2008年第1期，第23页。

（Remedial Right）、相同证据（Same Evidence）等多种方式。"[1]由于诉因识别标准有可能使一个完整的诉讼支离破碎，《第二次审判重述》对这一标准予以放弃，"今天的联邦法律和大多数州的法律都采用了一种交易标准（Transactional Test）来界定诉讼请求"。[2]这种标准比较灵活，"在'交易检验'方法下，前诉判决对后诉产生阻却效力的前提是，当事人提起后诉乃源自于当事人提起前诉相同的事实背景"。[3]交易理论鼓励就当事人和诉讼请求在同一个诉讼中进行广泛的合并，有利于在保证司法公正的前提下，方便诉讼和实现诉讼效率的最大化。但是，"并非所有的州都已采用交易标准来界定诉讼请求的范围。另一种学派关注的是被告行为所侵犯的权利。……诉讼请求人对被告侵犯的每一权利拥有一个单独的诉讼请求（因而能够提起一个单独诉讼）"。[4]关于争点排除规则"争点"的条件，从美国法的规定来看有以下几点要求：一是法院在前诉中对"争点"作出判断，必须是法院在作出前诉裁判时所必须作出的判断，并且该争点裁判是判决的基础。二是后诉中的争点与前诉中的争点必须是同一的。"为方便人们判断争点的同一性，《第二次审判重述》提出了如下几点具有参考意义的建议：其一，如果前后两诉的主张和证据重合程度很高，就可以认为是同一争点。……其二，法院对主要事实的裁判，对作为主要事实裁判基础的证据事实有争点效力。……"[5]三是该争点被实际诉讼并且裁判过。在前诉存在无效情形或后诉中诉讼机会更优越时，当事人在前诉中未获得充分且公正的诉讼机会，为没有争点效力的争点。争点排除规则中的"争点"不包括对"诉讼请求"的争议，因为对"诉讼请求"的争议适用的是请求排除规则。早期的观点认为，"争点"仅指事实争点而不包括法律争点。理由在于：当事人对事实争点是亲自经历的也是最

---

　　[1]　郭翔："美国判决效力理论及其制度化借鉴——基于争点效力理论的分析"，载张卫平主编：《民事诉讼法研讨（一）》，厦门大学出版社 2016 年版，第 154 页。

　　[2]　[美]理查德·D.弗里尔：《美国民事诉讼法》（下），张利民、孙国平、赵艳敏译，商务印书馆 2013 年版，第 661 页。

　　[3]　傅攀峰："国际投资仲裁中既判力原则的适用标准——从形式主义走向实质主义"，载《比较法研究》2016 年第 4 期，第 150 页。

　　[4]　[美]理查德·D.弗里尔：《美国民事诉讼法》（下），张利民、孙国平、赵艳敏译，商务印书馆 2013 年版，第 662 页。

　　[5]　郭翔："美国判决效力理论及其制度化借鉴——基于争点效力理论的分析"，载张卫平主编：《民事诉讼法研讨（一）》，厦门大学出版社 2016 年版，第 163~164 页。

为了解的，如果当事人对事实争点已经认真地进行了讼争并且法院的裁判也作出了认定，应当认为该事实争点在法律上已经得到了解决，不能准许当事人对此再次进行争议。对法律争点，虽然当事人之间可以进行争议，但当事人对法律的适用并无决定权，只有法官才有权解释法律，并且当事人之间对法律争点进行争议与当事人是否诚实不存在关联性。但是，在近年来，美国有的法官并不对事实争点和法律争点予以严格区分，争点排除规则不仅适用于前诉法院对事实争议的认定，并且在多数情形下也适用于前诉法院对案件适用的法律结论。美国法学界目前主流的观点是，事实争点和法律争点均为争点排除规则中的争点，因为有时不容易区别法律争点和事实争点。争点包括法律争点，在某些场合下可以排除明确的法律争点，并且可以避免当事人就同一法律争点多次进行诉讼。在美国，不具有争点效力的法律争点主要有三类：第一类是在前诉中无复审机会的法律争点。第二类是与诉讼请求无关的法律争点。第三类是法律适用情况发生了变化的法律争点。[1]

在大陆法系国家和地区，民事诉讼立法大多对既判力的客观范围作了明确的规定。[2]从规定的内容来看，大多规定法院生效裁判的主文中关于诉讼标的的判断为既判力客观范围的基本对象。[3]

既然法院生效裁判的主文中关于诉讼标的的判断为既判力客观范围的基本对象，那么，我们有必要了解裁判文书的体系结构。作为法院裁判文书中最为主要的一种，判决书一般由程序性记载事项、当事人的诉讼请求和案件事实主张、判决理由、判决主文四个部分组成。[4]其中，判决书体系结构中最为核心的内容是判决理由和判决主文。判决理由是法官依诉讼资料作出判决结论的判断过程，判决主文是针对当事人提出的诉讼请求法官进行的直接

---

〔1〕 郭翔："美国判决效力理论及其制度化借鉴——基于争点效力理论的分析"，载张卫平主编：《民事诉讼法研讨（一）》，厦门大学出版社2016年版，第164~165页。

〔2〕 例如，《日本民事诉讼法》第114条第1款规定："确定判决限于主文具有既判力。"《德国民事诉讼法》第322条第1款规定："判决中，只有对于以诉或反诉而提起的请求所作出的裁判有确定力。"《法国民事诉讼法》第480条第1款规定："在主文中对本诉讼之全部或一部作出裁判的判决，或者对程序上的抗辩、诉讼不予受理或其他任何附带事件作出裁判的判决，一经宣告，即相对于其裁判的争议产生既判力。"

〔3〕 在大陆法系民事诉讼理论界，大体形成了一个判断公式，即"当事人请求＝诉讼标的＝既判力的客观范围"。

〔4〕 丁宝同：《民事判决既判力研究》，法律出版社2012年版，第104~106页。

判断和针对诉讼费用负担状态进行的直接判断。[1]关于既判力客观范围基本对象的确定理由，分两个问题进行分析：一是为什么既判力的客观范围原则上限于裁判主文中关于诉讼标的的判断；二是为什么裁判理由中的判断原则上不产生既判力。

对于将限于裁判主文中关于诉讼标的的判断作为既判力客观范围的正当性，林剑锋博士认为：从实际效果层面来看，对作为本案争点的法律关系或事实关系在其他诉讼中适用的可能性，当事人无须进行考虑，只需关注诉讼标的结论即可，可以无须对案件细枝末节过度纠缠。正是鉴于当事人的这种诉讼态度，在争点的审理顺序方面，法院可以按照"尽快获得判决结论"的逻辑而不受实体法的逻辑顺序约束来组织审理活动，获得了一种自由。[2]上述分析无疑是正确的。笔者认为，其之所以原则上限于裁判主文中关于诉讼标的的判断作为既判力的客观范围，还存在以下几方面的理由：一是符合民事诉讼目的的要求。"民事诉讼目的，就是以观念形态表达的，国家进行民事诉讼所希望达到的目标或结果。"[3]在民事诉讼法学界，虽然对如何认定民事诉讼的目的还存在意见上的分歧，但一般认为，民事诉讼的基本目的应定位为解决当事人之间的民事纠纷，否则，民事诉讼制度就没有存在的必要。德国有学者指出："法院的裁判是对法律争议的标的作出的。当事人在诉讼中发生争议的东西，法院都应当进行裁判。因此诉讼标的和裁判标的之间没有区别，正如多位学者所主张的一样。和诉讼标的一样，裁判标的也是原告希望作出与诉讼请求（和案件事实）相符的裁判的要求。"[4]也就是说，法院在裁判的主文中对当事人双方围绕诉讼标的所进行的争议都要作出判断。法院一旦作出了这样的判断并形成了生效裁判，就表明已经在法律上解决了当事人之间的民事纠纷，已经实现了民事诉讼的基本目的。对法院生效裁判主文中关于诉讼标的的判断，如果还允许当事人再次起诉或者再行争执，就可能使法院审理民事案件的整个程序活动徒而无功，民事诉讼的目的也将无法实

---

〔1〕 田平安主编：《民事诉讼法·基础理论篇》，厦门大学出版社 2009 年版，第 168 页。

〔2〕 林剑锋："既判力相对性原则在我国制度化的现状与障碍"，载《现代法学》2016 年第 1 期，第 133 页。

〔3〕 李祖军：《民事诉讼目的论》，法律出版社 2000 年版，第 15 页。

〔4〕 〔德〕罗森贝克、施瓦布、戈特瓦尔德：《德国民事诉讼法》（下），李大雪译，中国法制出版社 2007 年版，第 1157 页。

现。二是体现了程序保障的法理。当事人在民事诉讼过程中争执的核心是诉讼标的。在绝大多数情况下，当事人为了获得对自己有利的裁判结果，会竭尽全力展开对诉讼标的的争执，并且民事诉讼立法也为当事人之间这种对诉讼标的的争执提供了一切尽可能的条件。在这种前提下，对法院生效裁判主文中关于诉讼标的的判断，不允许当事人再行起诉和再次争执，可以解释为是因为在前诉诉讼过程中，当事人双方对于诉讼标的的攻击与防御的方法已经穷尽，对当事人双方的程序保障已经充分，赋予当事人对这一诉讼标的再行起诉和再次争执的权利已经没有必要。三是符合辩论主义原则的要求。根据辩论主义原则的要求，在民事诉讼中，当事人双方争议的诉讼标的与法院在裁判主文中裁判的诉讼标的应当具有一致性。这种一致性表现为：一方面，对当事人提出的诉讼请求，法院在裁判主文中都要作出判断，裁判主文不能遗漏当事人的诉讼请求；另一方面，对当事人没有提出的诉讼请求，法院在裁判主文中不能作出判断，裁判主文不能超出当事人的诉讼请求。在我国的《民事诉讼法》中，第 168 条[1]限定了二审围绕上诉请求进行审查，对一审程序中法院审理和裁判的范围没有作出规定，但由于将"遗漏或者超出诉讼请求"作为法定的再审事由，表明我国《民事诉讼法》对裁判主文中关于诉讼标的的判断与当事人争议的诉讼标的的一致性持肯定态度。既然裁判主文中关于诉讼标的的判断与当事人争议的诉讼标的具有一致性，既不能遗漏，也不能超越，不允许当事人就法院生效裁判的主文中关于诉讼标的的判断再行起诉和再行争执，对当事人而言，就不会对其产生不应有的责任承担和法律后果。

另一个问题是为什么裁判理由中的判断原则上不产生既判力？在论证这一问题之前，我们需要对裁判理由本身做简要的介绍。从裁判文书制度的历史渊源来看，对裁判文书说明理由在奴隶社会和封建社会并未作出要求，因而当时的裁判文书制度并不包括裁判理由。在现代的诉讼制度中，裁判理由成了裁判文书的重要组成部分，甚至被视为是裁判的灵魂，因为裁判理由是法官的理性和良知的体现，是司法民主化、公开化和现代化的重要标志，是确保司法公正的内在要求。正因为如此，在法治较为发达的国家，大多在法

---

[1] 《民事诉讼法》第 168 条规定："第二审人民法院应当对上诉请求的有关事实和适用法律进行审查。"

律上规定了裁判文书必须说明理由，也十分注重司法实务中裁判文书的说理性。裁判理由在裁判文书的构成中既然具有十分重要的地位，那么，为什么裁判理由中的判断原则上不产生既判力呢？"大陆法系的理论通说认为，为了尊重当事人的意思或主体性以及与个别诉讼任务相符，不承认判决理由有既判力。在辩论主义原则下，诉讼当事人的目标以及本诉讼的任务即为解决诉讼标的或原告请求权之存否。限于该诉讼目标，当事人才放心地提出各种攻击防御手段（理由），包括有不争执或自认的自由，若判决理由部分对这些手段的判定也有既判力，从而影响了当事人对其他请求权的主张，则显然有违当事人之主体意思，并会于无形中压制当事人辩论的自由，进而影响本案诉讼任务的达成。同时，为了迅速达成本案诉讼任务，法院也不受当事人提出攻击防御手段之顺序的拘束，可以自由选择某一手段（理由）而为判断，以完结本诉讼。当事人在对判决主文无异议的情况下，不能单独对判决理由提起上诉，以免影响本诉讼目标与任务的达成。但是，如果判决理由有既判力，则容易损及当事人的实体权益，此时出于公平，则必须允许当事人在对判决主文无异议的情况下，单独就判决理由提起上诉，而这无疑会影响本诉讼的迅速完结。"[1]笔者认为，原则上，裁判理由中的判断无既判力，原因主要有两个方面：第一，大陆法系国家和地区的民事诉讼制度是将当事人的请求权与基础权利予以分开。当事人的请求权构成本案的诉讼标的，由法院在裁判主文中作出判断。当事人的基础权利是指当事人通过提供事实和法律方面的依据，为了支持自己的诉讼请求进而获得有利于自己的裁判结果而进行的攻击与防御，由法院在裁判理由中作出判断。如果让裁判理由中的判断产生既判力，对基础权利和请求权，当事人双方就要给予同等的重视，整个民事诉讼过程就会失去重心和中心，可能会使当事人和法院对基础权利花费的时间和精力过多而不利于诉讼效率的提高，从而不利于民事纠纷的有效解决。第二，不让裁判理由中的判断产生既判力，与程序保障的原则相符，可以防止诉讼突袭现象的发生。当事人的请求权是诉讼过程中的核心问题，因而构成了案件的诉讼标的。对作为诉讼标的的当事人的请求权，当事人双方相互之间都进行了较为直接、充分、集中的攻击与防御，在裁判主文中法院关于诉

---

〔1〕　骆永家：《既判力之研究》，三民书局1996年版，第63~65页，转引自章武生等：《民事诉讼法学》，浙江大学出版社2010年版，第100页。

讼标的的判断产生既判力，是因为对诉讼标的的攻击与防御当事人双方已经得到了充分的程序保障，不会对当事人形成诉讼突袭。当事人的基础权利则与之不同，虽然它在民事诉讼中也很重要，但与当事人的请求权相比较而言，它只是一种手段而处于次要的或者辅助性的地位。正因为如此，在诉讼过程中，当事人双方对基础权利并不像对作为诉讼标的的请求权那样，将其视为诉讼的中心所在而认真地进行思考与关注，一般不会对基础权利进行较为直接、充分、集中的攻击与防御，当事人受到的程序保障较弱。因此，如果让裁判理由中关于基础权利的判断产生既判力，不仅不符合程序保障的原则，而且可能对当事人形成诉讼突袭。此外，让裁判理由中的判断产生既判力，就"剥夺了当事人的处分权。当事人作为诉讼主体对提出哪些基础事项及诉讼材料享有自由处分的权利，而这些诉讼资料、法庭辩论及质证也都是围绕诉讼请求而进行。如果直接承认基础事项也有既判力，那么判决一经确定，当事人就不能再就该基础事项发生争执，提出其他诉讼请求和诉讼资料。这无疑剥夺了当事人的合法权益"。[1]

（三）对作为既判力客观范围基本对象的诉讼标的的分析

法院生效裁判的主文中关于诉讼标的的判断为既判力客观范围的基本对象。要准确地对既判力的客观范围进行界定，就必须正确地对诉讼标的予以认定，因为诉讼标的从某种意义上讲就是既判力的客观范围。但是，如何认定诉讼标的，在民事诉讼理论界是一个十分复杂的问题，长期以来，学者们在认识上一直存在争议且目前仍未取得一致的意见。

在大陆法系国家和地区，民事诉讼法学者对诉讼标的理论进行了较长时期的研究，形成了旧实体法说、诉讼法说、新实体法说等不同的学术观点。

旧实体法说是诉讼标的理论体系中最早产生的一种学说。德国学者阿道夫·瓦希提出的权利保护请求权说可以被视为是这一学说的起源，德国学者赫尔维格是这一学说的首创者。旧实体法说在日本有较大的影响，日本学者中田淳一和兼子一等都是这一学说的支持者。旧实体法说的基本观点是，原告在诉讼上所提出的实体法上的权利主张或者法律关系为诉讼标的。这一学说最大的优点是，既判力的客观范围与诉讼标的是完全一致的，既判力的客观范围十分明确因而也就容易判定，在认识上一般不会产生分歧。但是，旧

---

〔1〕 张艳丽主编：《民事诉讼法》（第 2 版），北京大学出版社 2017 年版，第 417 页。

实体法说也存在明显的缺陷，主要表现为在请求权竞合的情况下，如果当事人只提出了一个请求给付的目的，但实体法上的法律关系或者权利主张有多个，那么，诉讼标的的范围就会过小从而使既判力的客观范围也随之过小，无法对重复起诉和矛盾判决情形的出现予以阻止，有可能有碍既判力维护法的安定性目标的实现。

由于旧实体法说在司法实务中存在的缺陷越来越明显，学者们也越来越怀疑这一学说的价值和合理性，因而在批判这一学说的基础上产生了诉讼标的的诉讼法说。诉讼标的的诉讼法说，从发展历程而言分为"二分肢说"和"一分肢说"两个阶段。德国学者罗森贝克是"二分肢说"的最早创立者，哈比凯斯、托马斯、阿伦斯、普措等德国学者是这一学说的支持者。"二分肢说"认为，对诉讼标的的定义应当以诉的声明和事实关系作为价值相同的两个标准。[1]在认定诉讼标的时，这一学说将诉的声明和事实关系两者相结合，在使旧实体法说请求权竞合情形下，诉讼标的理论存在的缺陷基本上能够得到克服，但它本身也有明显的瑕疵。最重要的瑕疵为，它在定义诉讼标的时将事实关系与诉的声明作为价值相同的两个标准并由此决定既判力的客观范围，实际上使既判力的客观范围也包括了诉的理由，这明显不符合民事诉讼法学的传统理论。除此之外，它还有可能在认定诉讼标的时违背原告的主观愿望，原告未主张的事实关系或者实体权利有可能被包括在既判力的客观范围之中而使得既判力的客观范围显得过大。由于"二分肢说"存在明显瑕疵，德国学者又提出了"一分肢说"。德国学者伯特赫尔、施瓦布是这一学说的主张者。"一分肢说"认为，诉的声明是认定诉讼标的的唯一标准，事实关系与诉讼标的的认定没有关联。这一学说似乎克服了"二分肢说"存在的瑕疵，也似乎解决了旧实体法说在请求权竞合情形下诉讼标的的识别存在的难题，但它本身又出现了难以解决的问题。如果认定诉讼标的仅仅以诉的声明作为唯一的标准，并由此决定既判力的客观范围，既判力的客观范围会显得过大而无法对其进行定位。为了解决这一难题，持"一分肢说"的学者们又加入了事实因素来认定既判力的客观范围。这样，不仅使得"一分肢说"与"二分肢说"在事实上并没有区分开来，而且对"诉讼标的与既判力的客观范围相

---

〔1〕即诉的声明和事实关系为单数，诉讼标的为单数；诉的声明和事实关系有一个为复数，诉讼标的为复数。

一致"的传统命题进行了否定。需要说明的是，对于诉讼标的的诉讼法说，不仅德国民事诉讼法学界对此进行了探讨，其在日本也有一定的影响。日本学者三月章在理解诉讼标的时虽有自己的特色，但与"二分肢说"是十分相似的。日本学者小山升对诉讼标的的认识基本上持"一分肢说"。

诉讼标的理论的诉讼法说，无论是"二分肢说"还是"一分肢说"都存在程度不同的缺陷。因此，学者们又将视角转向了实体法，从而产生了诉讼标的的新实体法说。德国学者尼克逊是这一学说的倡导者，德国学者格伦斯基和亨克尔、日本学者斋藤秀夫等都对新实体法说持支持的态度。之所以称新实体法说，是因为它在定义诉讼标的时是从实体法的角度出发，与旧实体法说一样都属于实体法说。新实体法说与旧实体法说的区别在于，它修正了旧实体法说实体法上请求权竞合的理论，将请求权基础的竞合与请求权的竞合予以分开，限定了事实关系的范围。对旧实体法说和诉讼法说各自存在的不足，新实体法说似乎进行了协调，但对诉讼标的的问题它仍然没有很好地予以解决，因为对请求权基础的竞合和请求权的竞合如何予以区分，新实体法说并没有提供一个令人信服的统一标准，从而使得在司法实践中新实体法说难有用武之地。

除上述学说外，还有诉讼标的相对论观点，它包括诉讼标的与判决标的分离说和诉讼标的标准可变说。[1]诉讼标的相对论的观点始于德国。"该理论认为，民诉法采用处分权主义，承认原告有主导特定诉讼标的之权能与责任，其为平衡保护系争实体利益及程序利益，俾与系争实体私权同受'宪法'保障之系争标的外诸权利，不致因起诉及程序遭受不必要之额外耗损，得为诉讼标的之选择性、相对性特定，既可选择以某法律关系（实体私权）为诉讼标的（权利单位型诉讼标的），亦可选择以某纷争为诉讼标的而以原因事实予以特定（纷争单位型诉讼标的），借以划定可资平衡追求实体利益及程序利益之本案审判对象（诉讼标的）范围，而避免因未如此特定时所可能招致之程序上不利益或实体上不利益。"[2]这种理论打破了诉讼标的的统一说，其架构和适用有诸多问题需要进行深入研究，尤其是诉讼标的相对论与既判力客观范围的关系难以把握。

---

[1] 张艳丽、于鹏、周建华：《民事诉讼理论与制度》，法律出版社2017年版，第74~75页。
[2] 许士宦：《新民事诉讼法》，北京大学出版社2013年版，第67~68页。

从上述介绍可以观之，在大陆法系国家和地区，学者们对诉讼标的理论的探讨仍未形成较为理想的研究成果。在我国民事诉讼法学界，学者们也探讨了诉讼标的理论，主要有以下不同的观点：一是主张采用稍加修正的诉讼标的的旧实体法说。李龙博士是这种观点的主张者。[1] 二是主张采用诉讼标的理论的诉讼法说。段厚省博士认为："在目前的我国，应将诉讼标的界定为原告在诉的声明中所表明的抽象的法律效果的主张，在给付之诉中，是获得给付的法律效果；在确认之诉中，是实体权利或法律关系存在或不存在的法律效果；在形成之诉中，是形成新的实体权利或法律关系的法律效果。"[2] 三是主张采用诉讼标的理论的新实体法说。有学者认为，相比较而言，新实体法说更适合我国的国情，因为旧实体法说比较适合于我国法治建设的初期，诉讼法说与我国当下的法官素质状况以及当事人程序保障的程度不相适应，新实体法说正好适应了我国从不重视当事人程序保障向强化当事人程序保障的过渡，以及法官素质从普遍过低向逐渐提高方向发展的现实。四是主张诉讼标的的新二分肢说。这一学说的基本观点是："诉讼标的是诉讼法上的概念，它以当事人诉的声明结合原因事实作为识别标准，诉的声明与原因事实两者中，有一个要素为单一时，诉讼标的即为单一，两者均为多数时，则构成多个诉讼标的。"[3] 这一学说与诉讼法说的二分肢说是不同的，它认为诉的声明与原因事实有一个为单数时，诉讼标的就为单数，两个均为多数时，诉讼标的才为多数。诉讼法说的二分肢说认为，诉的声明与原因事实都为单数时诉讼标的为单数，诉的声明与原因事实有一个为多数时诉讼标的就为多数。与诉讼法说的二分肢说相比，新二分肢说在识别诉讼标的时并没有将原因事实与诉的声明同等地予以对待，在大多数情况下是以诉的声明作为识别诉讼标的的标准，原因事实只是一个参考的标准，但在一个原因事实产生多个诉的声明时，诉讼标的仍然是单一的。五是主张以不同的诉讼类型分别适用诉讼法说和旧实体法说，将诉讼标的定位为"诉讼请求"。张卫平教授认为："给付之诉的诉讼标的应当是当事人关于对方履行给付义务的诉讼请求。……确认之诉和变更之诉的诉讼标的应当是当事人要求法院关于确认和变更实体法

---

〔1〕　李龙：《民事诉讼标的的理论研究》，法律出版社 2003 年版，第 227～228 页。

〔2〕　段厚省：《请求权竞合与诉讼标的研究》，吉林人民出版社 2004 年版，第 261 页。

〔3〕　江伟主编：《中国民事诉讼法专论》，中国政法大学出版社 1998 年版，第 88 页。

律关系的诉讼请求。"[1]

民事诉讼法学界对诉讼标的理论没有圆满的和较为理想的研究成果。但是，"诉讼标的"这一概念在立法和司法实务中又经常被使用，必须对其内涵有一个较为一致的理解。笔者认为，应当采纳张卫平教授的主张，将诉讼标的定位为"诉讼请求"。江伟教授也曾经指出："我们主张诉讼标的与诉讼请求是同义的，因为诉讼标的与诉讼请求的区别在理论和实务运用上并没有实际意义，徒增诉讼理论的繁琐，并且世界各国也采取了诉讼标的与诉讼请求同义的做法，而将二者等同也便于对话和交流。"[2]笔者认为，为了强调法院审理和裁判的对象与当事人诉讼请求的一致性，没有必要区分诉讼标的与裁判标的。正如江伟教授所言："这种在民事诉讼中予以审理和判断的对象就是诉讼标的。从诉讼标的最简单的含义上讲就是诉讼的对象。"[3]综合上述理解，我们可以对诉讼标的的概念做如下表述：诉讼标的，就是指诉讼请求，即当事人向法院提出的保护自己合法权益的请求，也是法院审理和裁判的对象。依据上述概念，就形成了"诉讼请求＝法院审理和裁判的对象＝诉讼标的＝既判力的客观范围"的判断公式。这一判断公式与立法和司法实践紧密相连，便于理解与操作，在对诉讼标的研究未形成理想的研究结果之前其是一种较为理想的现实选择。无论是何种诉讼理论，目的都是为诉讼立法和诉讼实践提供理论上的指导，过分纠缠于对诉讼理论本身的探讨，对诉讼理论过于玄虚化，忽视其指导的功能，诉讼理论的价值就会大打折扣。

（四）部分请求诉讼既判力客观范围的基本对象

在一般情况下，当事人在起诉时会将全部的诉讼请求提出，法院基于辩论主义原则的要求，也会审理和裁判当事人提出的全部的诉讼请求。此时，法院生效裁判的主文中关于诉讼标的的判断作为既判力的客观范围，对后诉所形成的拘束作用的范围是较为明确的。但是，在司法实践中，某些债权如果在数量上具有可处分性，当事人基于能否胜诉的担心和考虑到负担诉讼费用的风险，有可能在向法院起诉时并不就整个债权提出诉讼请求，而只就债

---

〔1〕 张卫平：《诉讼构架与程式 民事诉讼的法理分析》，清华大学出版社2000年版，第241~242页。

〔2〕 江伟主编：《民事诉讼法》（第2版），高等教育出版社、北京大学出版社2004年版，第12页。

〔3〕 江伟主编：《民事诉讼法》（第3版），高等教育出版社2007年版，第56页。

权的某一部分提出诉讼请求。法院对当事人已经起诉的部分诉讼请求进行审理和裁判，对已经起诉的部分诉讼请求法院在生效裁判的主文中所作的判断无疑为既判力的客观范围。部分请求诉讼的既判力客观范围所要讨论的特殊问题是，法院就当事人已经提出的部分诉讼请求所作的生效裁判，对当事人向法院起诉时尚未提出的剩余诉讼请求是否产生既判力？[1]

关于部分请求诉讼的问题，德国和日本等大陆法系的学者进行了探讨，大体上形成了全面肯定说、全面否定说、明示说以及明示加胜诉说等不同的学术观点。

全面肯定说是最早出现的一种学术观点，德国学者伦特以及日本学者中田淳一、川木统一郎和伊东乾等是这一学说的主张者。这一学说认为，对当事人仅就部分请求提起的诉讼应当予以允许，法院就部分请求诉讼所作的生效裁判，不对尚未提起诉讼的剩余部分的诉讼请求产生既判力，当事人可以就剩余部分的诉讼请求另行提起诉讼。在日本，对部分请求诉讼予以赞同的学者提出的根据主要有以下几点："第一，在诉讼外的实体法生活中，认可权利的部分行使。第二，在诉讼中承认原告行使其私法权利的自由正是民事诉讼法中处分权主义的要求。第三，认可原告分割请求还具有实定法的法条根据，即《日本民事诉讼法》第246条规定，原告可以自由地设定诉讼标的。"[2]全面肯定说实际上是将诉讼法上的处分原则直接对应于实体法上的意思自治，侧重于全面和充分地保护作为原告的权利人的利益，如果从实体法的视角来看，这也许是无可厚非的。但是，这一学说不考虑和关注诉讼程序的特殊性是有欠妥当的，因为在民事诉讼中当事人处于平等的地位，对原告和被告的利益要同等地进行保护，如果对原告提起部分请求诉讼的权利在法律上不作任何的限制，被告就会面临多次应诉的讼累，这对被告而言是不公平的，并且也会使其利益受到损害。此外，全面肯定说还会导致增加诉讼成本和浪费国家有限的司法资源，不符合"纠纷一次性解决"的理念。正是因为上述原因，在诉讼实践中，全面肯定说已经逐渐丧失了影响力。

全面否定说的支持者有德国学者罗森贝克以及日本学者兼子一、高桥宏

[1] 邓辉辉："部分请求诉讼的既判力问题研究"，载《广西社会科学》2015年第3期，第102页。

[2] [日]纳古广美："一部请求与残额请求"，载[日]《法学家》杂志增刊——青山善充、伊藤真编：《民事诉讼法的争点》（第3版），有斐阁1998年版，第145页，转引自林剑锋：《民事判决既判力客观范围研究》，厦门大学出版社2006年版，第201页。

志、新堂幸司、小宜直人和五十部丰乡等。这一学说认为，如果当事人就部分请求提起诉讼，法院就部分请求诉讼所作的生效裁判，不仅对已经提起诉讼的部分请求产生既判力，而且对尚未提起诉讼的剩余诉讼请求也产生既判力，对尚未提起诉讼的剩余诉讼请求，不允许当事人另行起诉和另行争议。这一学说还认为，尚未提起的剩余诉讼请求的诉讼与已经提起的部分请求诉讼实际上只有一个诉讼标的，即使原告在起诉时提起的是部分请求诉讼，他也完全可以在诉讼过程中将诉讼请求予以增加，起诉剩余的诉讼请求并没有必要。与全面肯定说相比，全面否定说对被告利益的保护给予了一定程度的关注。从司法实务界和学术界的情况来看，普遍赞同全面否定说，因为这一学说充分地考虑了民事诉讼作为民事纠纷解决机制的优越性，注重对原告和被告双方利益的平等保护，对节省国家的有限司法资源和实现诉讼经济的价值目标也是有利的。

明示说的主张者为日本学者村松俊夫和江藤泰等。这一学说主张，原告起诉时对其提起的诉讼为部分请求诉讼没有向法院明确表示时，法院就部分请求诉讼所作的生效裁判，同时对已经提起诉讼的部分请求诉讼和尚未提起诉讼的剩余诉讼请求产生既判力。原告向法院起诉时已经向法院明确表示其提起的诉讼为部分请求诉讼，法院就部分请求诉讼所作的生效裁判，仅对已经提起诉讼的部分请求产生既判力，对尚未提起诉讼的剩余诉讼请求不产生既判力。明示说的基本理由是：原告在起诉时对自己提起的是部分请求诉讼已经明确表示，被告就应当知道原告还存在剩余诉讼请求，被告完全可以以提起反诉的方式请求法院来确认原告的剩余诉讼请求不存在。但是，这一学说在理论上存在的缺陷是十分明显的：一是并没有充分保护被告的利益，要求被告提起反诉来请求法院对原告的剩余诉讼请求不存在进行确认是对被告过于苛刻的要求，因为被告并没有提起反诉的责任，原告如果提起的不是部分请求诉讼，就不会产生需要被告提起反诉的问题。二是法院有可能对案件重复进行审理，不利于民事纠纷的及时解决。

明示加胜诉说的支持者有日本学者竹下守夫、伊藤真、三月章、中野贞一郎和井上正三等。在原告起诉时，如果其对自己提起的诉讼为部分请求诉讼没有向法院明确表示，这一学说的观点与明示说是一致的。但是，在原告起诉时，如果其就自己提起的诉讼为部分请求诉讼向法院明确表示了，这一学说的观点则不同于明示说。它认为，只有在原告提起的部分请求诉讼胜诉时，法院就部分请求诉讼所作的生效裁判才对尚未起诉的剩余部分请求不产生既判力，而允许原告对剩余的诉讼请求另行起诉。如果原告提起的部分请求诉讼败诉，法院就部分请求诉讼所作的生效裁判，对尚未起诉的剩余诉讼请求产生既判力，不允许原告对剩余的诉讼请求另行起诉。关于明示加胜诉说的理论依据，学者们的认识并不一致，有的认为是前诉中的程序保障，有的认为是诉讼费用按比例征收制度，有的认为是禁反言原则。这一学说最主要的理由是：原告提起的部分请求诉讼败诉，可以认为对原告的整个诉讼请求法院进行了否定，因此，原告另行起诉剩余的诉讼请求不能予以准许。明示加胜诉说似乎有一定的道理，但严格说来仍然有欠妥当，因为法院生效裁判的既判力是绝对性的概念，不能与裁判的结果相联系，与裁判是否正当也不产生关联，并且这一学说的理论依据尚未取得共识，有的见解明显不能令人信服。[1]

　　部分请求诉讼的问题在我国民事诉讼司法实践中也有可能出现。借鉴上述德国和日本等大陆法系学者的研究成果，我国对部分请求诉讼原则上也应当采用全面否定说，即：原告对于数量上具有可处分性的债权，仅就部分请求向法院起诉，就已经起诉的部分诉讼请求法院所作生效裁判的既判力同时作用于已经起诉的诉讼请求和尚未起诉的剩余诉讼请求，对尚未起诉的剩余诉讼请求当事人另行起诉不能予以准许。从最高人民法院有关司法解释的规定来看，我国对部分请求诉讼也是持全面否定说的态度。例如，2001 年最高人民法院《确定民事侵权精神赔偿责任解释》[2]第 6 条规定，在侵权诉讼中，当事人没有提出精神损害赔偿的诉讼请求，基于同一侵权事实，在诉讼终结后又另行起诉请求赔偿精神损害的，法院不予受理。2008 年最高人民法院《适用诉讼时效制度规定》[3]第 11 条规定，对同一债权中的部分债权，除权利人明确表示放弃剩余债权的情形以外，权利人主张权利时诉讼时效中断的效力及于剩余债权。

---

　　〔1〕　例如，诉讼费用按比例征收制度，意在防止诉权滥用，且是诉讼中的普遍做法，将其作为提起部分请求诉讼的依据就不能令人信服。

　　〔2〕　本书所称"2001 年最高人民法院《确定民事侵权精神赔偿责任解释》"，即《最高人民法院关于确定民事侵权精神损害赔偿责任若干问题的解释》（法释〔2001〕7 号　2001 年 3 月 8 日）。

　　〔3〕　本书所称"2008 年最高人民法院《适用诉讼时效制度规定》"，即《最高人民法院关于审理民事案件适用诉讼时效制度若干问题的规定》（法释〔2008〕11 号　2008 年 8 月 21 日）。

对部分请求诉讼的全面否定，是以原告在前诉中能够提出全部诉讼请求为前提的。如果原告在前诉中无法提出全部的诉讼请求，原告尚未起诉的剩余诉讼请求不能受到法院生效裁判既判力的约束，应当允许原告对尚未起诉的剩余诉讼请求另行起诉。最为典型的例子是后发性损害赔偿之债，损害的结果有时并不一定在提起诉讼时就十分明了，在前诉的诉讼过程中原告也可能并不知道，而是在法院的前诉裁判生效以后才知道。对这种事后才知道的损害结果，不允许原告另行起诉主张自己的权利是不合理的。林剑锋博士认为："为了对这种例外化、类型化的部分请求作进一步的限制，那么还可以设置一个条件，即原告对'其在提起前诉中在客观上无法提出剩余请求'之事实承担证明责任。"[1]因此，原告有证据证明在前诉中无法提出的剩余诉讼请求存在客观原因，部分请求诉讼生效裁判既判力不作用于原告，就尚未起诉的剩余诉讼请求原告可以另行提起诉讼。

（五）既判力客观范围扩张的理论探讨

既判力客观范围的扩张有两方面的意思：一是既判力客观范围扩张至裁判理由中的判断。二是裁判理由中的判断虽然不产生既判力，但具有类似于既判力的效力。

1. 探讨既判力客观范围扩张的原因

既然既判力客观范围的基本对象具有明显的正当性，为什么学者们还要讨论既判力客观范围扩张的问题呢？这主要有以下几方面的原因：

第一，在很多情况下裁判主文是较为简单的，裁判理由与裁判主文之间的联系十分密切。"裁判理由实际上具有对裁判主文的支配地位，反过来也可以说，裁判主文实际上是依附于裁判理由而存在的。裁判理由与裁判主文之间是支配与依附的关系。"[2]在仅凭裁判主文对既判力的客观范围难以确定时，往往需要借助于裁判理由来确定裁判主文的具体内容。法国有学者认为，既判力有时也会游离于裁判的主文之外。例如，裁判理由与法官的决定密不可分的也会有既判力。暗示性决定的问题有时也具有既判力。[3]因此，完全否定裁判理由中的判断具有既判力是有失偏颇的。

---

〔1〕 林剑锋：《民事判决既判力客观范围研究》，厦门大学出版社 2006 年版，第 214~215 页。

〔2〕 叶自强：《中国民事诉讼法》，法律出版社 2004 年版，第 402 页。

〔3〕 ［法］洛伊克·卡迪耶主编：《法国民事司法法》（原书第 3 版），杨艺宁译，陆建平审校，中国政法大学出版社 2010 年版，第 515 页。

第二，传统的既判力客观范围理论可能存在抽象法律制度与现实纠纷之间的不契合。林剑锋博士对此做了如下的分析："在这种大陆法系国家的传统思维定式下，也难免会产生一些问题，而这些问题产生的根源也在于诉讼标的概念的本身。例如，作为抽象性概念的诉讼标的能否完全地与诉讼中的实际纠纷形成对应？诉讼标的从诉讼开始至诉讼终结是否是一成不变的？诉讼标的是否可以完全地囊括当事人的所有争议，以及能否涵盖法院判决主旨的全部内容？依据'诉讼标的=既判力客观范围'这种思维定式，或者说以诉讼标的来确定既判力客观范围之做法，是否可以完全实现既判力制度的目的——防止当事人对既判事项的重复争议？"[1] 姚瑞光先生认为："诉讼标的，经判决确定者，始有既判力。否则，纵于理由中论断（判决有无、真伪、存否），亦无确定力。固属合法，但极不合理。在今日讼事与日俱增的社会，已成浪费人力、物力、时间的羁绊，实有做适宜的除汰、调整之必要。"[2] 实际上，对裁判理由的既判力有条件地予以承认，不仅可以对与裁判理由中有既判力判断相抵触的重复起诉予以防止，而且还可以对当事人不同于重复起诉的重复争讼予以阻止。[3]

第三，无论是在裁判主文还是在裁判理由中作出的判断，都渗入了国家审判权威的因素，都是法院行使审判权的体现。法院在裁判理由中的判断不产生既判力，当事人在后诉中就可以重新争议裁判理由中判断的事项，有可能使法院的前诉生效裁判中对于理由的判断被后诉法院予以否定，从而有可能导致矛盾判决的形成，从根本上而言是对既判力制度的违反。

2. 探讨既判力客观范围扩张的有关理论

大陆法系的学者对既判力客观范围扩张进行了探讨，主要形成了以下几种不同的理论：

（1）赋予裁判理由以既判力的理论。这一理论又被称为既判力扩张论，它的基本观点是：在后诉与前诉存在不同的诉讼标的的情形下，虽然法院的前诉生效裁判一般对后诉不产生既判力，但如果法院的前诉生效裁判所确定的法律关系有可能受到后诉请求的破坏，从法和权利的安定性来衡量，可以

---

〔1〕　林剑锋：《民事判决既判力客观范围研究》，厦门大学出版社 2006 年版，第 79 页。
〔2〕　姚瑞光：《近年修正民事诉讼法总评》，中国政法大学出版社 2011 年版，第 109 页。
〔3〕　严仁群："既判力客观范围之新进展"，载《中外法学》2017 年第 2 期，第 554 页。

对法院的前诉生效裁判中对于理由的判断产生既判力予以认可。由于这一理论所主张的裁判理由中的判断产生既判力是有条件的，依学者们对此种"条件"的认识所存在的差异，这一理论又可被细分为以下几种不同的学说：

第一，萨维尼的扩张说。最早的主张裁判理由中的判断产生既判力的是德国学者萨维尼。他认为，裁判理由可以被分为主观理由和客观理由。主观理由是法官对其裁判要素具有一定心证的裁判理由，这种裁判理由不产生既判力。客观理由是作为法律关系构成要素本身的裁判理由，它属于就先决权利关系所作的判断，并且，在案件审理过程中当事人进行了必要的争执，法院也认真地进行了审查，这种裁判理由应当产生既判力。由于这一理论有违当事人的意思自治原则，有可能对当事人的主体性地位造成损害，没有被德国民事诉讼立法所采纳，并且在学术界受到了翁格尔、维特泽等学者的批评。但是，从历史发展的过程来看，萨维尼的扩张论仍有相当数量的支持者，它的影响力也十分深远。

第二，策纳的"意思关联说"。德国学者策纳认为，在诉讼标的方面如果后诉与前诉具有意思上的关联，前诉裁判理由中的判断就会对后诉产生既判力。所谓"意思上的关联"，应当同时符合两个要件：第一个要件是后诉对前诉裁判理由中的判断进行的争执，将会对前诉裁判主文所确定的法律效果造成实质上的破坏。第二个要件为对当事人就前诉裁判理由中的判断进行争执予以禁止，不能超出当事人的合理预测范围。这一学说对裁判理由中的判断产生既判力的条件进行了具体的界定，但它可能有以下危险的存在，即"当事人可能受到拘束的突袭，因为相应的界限不可预测并且毫不清晰。如果第一次判决证明是错误的，则存在连续司法不公的更大危险"。[1]

第三，目的论一致标准说和矛盾关系扩张说。在策纳的意思关联说的启发之下，有学者提出了"目的论一致标准说"和"矛盾关系扩张说"。"目的论一致标准说"是对策纳的"意思关联说"的继承和发展，为日本学者上村明广所提出。它的基本思想是：在目的论上后诉与前诉具有一致性时，应当对前诉裁判理由的既判力予以承认。"目的论一致标准说"与策纳的"意思关联说"不同，并不认为决定既判力客观范围的唯一依据是诉讼标的，认为即

---

[1] ［德］罗森贝克、施瓦布、戈特瓦尔德：《德国民事诉讼法》（下），李大雪译，中国法制出版社 2007 年版，第 1168 页。

使后诉与前诉在诉讼标的方面不同，但只要后诉与前诉在目的论上具有一致性，就应当认可前诉裁判理由的既判力。"矛盾关系扩张说"也是对策纳"意思关联说"进行发展演变而形成的一种学说，为德国学者伦特和日本学者柏森邦良所主张。这一学说认为，法院对诉讼标的在后诉中所作的判断如果与对裁判理由前诉所作的判断处于一种矛盾关系的状态，应当承认前诉裁判理由中的判断产生既判力。无论是"目的论一致标准说"还是"矛盾关系扩张说"，基本思路没有脱离策纳的"意思关联说"，因而与策纳的"意思关联说"存在着相同的危险。

第四，先决法律关系说和裁判理由产生既判力情形说。德国学者亨克尔提出了"先决法律关系说"，认为在考虑裁判理由是否具有既判力时，应当以当事人在前诉中就先决法律关系的确定受到了多大程度的辩论机会作为标准，他还从经济价值的标准探讨了裁判理由产生既判力的要件问题。在法国，有学者具体分析了裁判理由产生既判力的情形。这些情形主要有：其一，"决讼性理由"如同裁判主文一样也具有既判力。所谓"决讼性理由"是指那些"对本诉讼之一部作出裁决的理由"，这种理由法官有时也可能本应放到裁判主文中却留在裁判理由当中作出了表述。其二，没有明文表述但包含在裁判主文中的事项也具有既判力，也就是说，承认"附带于判决明文裁决的问题的那些问题"也具有既判力。其三，"判决的必要的后续结果"也具有既判力。这种情况属于裁判作出之后的情形。[1]亨克尔的"先决法律关系说"以辩论机会的程度作为裁判理由是否产生既判力的标准不好把握，从经济价值的标准来论证难以令人信服，法国学者所列裁判理由产生既判力情形未有理论上的统一指导。因此，上述学说和主张在学术界并没有多大的影响力。

（2）默示的中间确认之诉说。德国在制定民事诉讼法典时，虽然对萨维尼的既判力扩张论没有予以采纳，但对防止矛盾裁判和维护裁判安定性的必要性有了一定程度的认识，因而在立法上既肯定了既判力客观范围的一般原则，又创设了中间确认之诉制度。学者们在研究中间确认之诉的基础上，通过扩大理解中间确认之诉制度来对裁判理由中的判断产生既判力进行解释，从而形成了"默示的中间确认之诉说"。

---

〔1〕〔法〕让·文森、塞尔日·金沙尔：《法国民事诉讼法要义》（上），罗结珍译，中国法制出版社2001年版，第243~245页。

德国民事诉讼法上的中间确认之诉，是指当事人在法院作出最终裁判之前，将诉讼标的的前提问题向法院提起的诉讼。从本来意义上讲，诉讼标的的前提问题属于裁判理由，但是，通过提起中间确认之诉，诉讼标的的前提问题就转化为了诉讼标的，其受到既判力的拘束符合既判力客观范围的一般原则，至少从法律上而言这种情形不属于裁判理由中的判断产生既判力。默示的中间确认之诉说对立法上的中间确认之诉作了进一步的扩大理解，认为即使当事人没有对作为诉讼标的的前提问题提起中间确认之诉，只要在前诉中当事人对这一前提问题进行了攻击防御，得到了充分的程序保障，前诉中关于诉讼标的前提问题的判断虽然属于裁判理由中的判断，也应当具有既判力。由此可见，这一学说的基本观点是：作为诉讼标的的前提问题，只要在前诉中当事人进行了攻击防御，得到了充分的程序保障，在当事人没有提起中间确认之诉时，也推定为像当事人提起了中间确认之诉那样，前诉中关于诉讼标的的前提问题所作的判断产生既判力。

默示的中间确认之诉说，并不要求当事人提起中间确认之诉，有可能对当事人形成诉讼突袭，并且，它的适用范围也是有限的，因为并不是所有的裁判理由都可以成为诉讼标的的前提问题。

（3）统一请求权说。日本学者加藤雅信在研究诉讼标的的过程中，为了解决请求权的竞合问题，形成了既判力客观范围的统一请求权说这一附带性的研究成果。传统的诉讼标的理论认为，诉讼标的在整个诉讼过程中都是诉讼的中心问题，是固定不变的。既判力客观范围扩张的统一请求权说认为，随着当事人双方在诉讼过程中抗辩的状况以及诉讼程序的推进，诉讼标的在实体法上所获得的评价有存在差异的可能性，诉讼标的在诉讼过程中有可能发展变化而不是固定不变的，裁判理由作为双方当事人攻击防御的手段，也可被视为是诉讼标的进而具有既判力。这一学说对诉讼标的是从动态的过程进行理解，不能使既判力的客观范围与诉讼标的之间形成一种对应关系，显然与传统的诉讼标的理论以及既判力客观范围理论存在冲突。

（4）裁判的参加性效力扩张理论。"裁判的参加性效力"这一概念是由日本学者兼子一首先提出的。所谓裁判的参加性效力，是指在辅助参加人参加诉讼时，如果被参加人败诉，裁判对辅助参加人与被参加人之间产生的一种拘束力。这种拘束力主要体现为产生禁反言的诉讼效果。裁判的参加性效力针对的是裁判理由中的判断，只有在被参加人败诉时才产生，并且要以当事人在诉讼过程中主张援用作为前提，因此它明显不同于既判力。作为既判力客观范围扩张的裁判的参加性扩张理论认为，应将仅限于辅助参加人与被参加人之间的参加性效力扩张至当事人，从而使裁判理由中的判断具有既判力。虽然公平责任负担的要求是这一理论的出发点，但这一理论并没有从制度层面进行论证，标准和范围如何确定也不明确，在实务中难以操作和适用。

（5）争点效理论。争点效理论的首创者是日本学者新堂幸司。所谓"争点效"，是指裁判理由中对主要争点的判断所产生的禁止再行争执和禁止为相异判断的确定力。争点效不同于既判力，两者存在以下主要的区别：一是争点效针对的是裁判理由中对主要争点的判断，既判力针对的是裁判主文中关于诉讼标的的判断。二是争点效一般作用于裁判理由中对主要争点的判断所及之人，不会作用于缺席判决的当事人，既判力一般作用于裁判主文中关于诉讼标的的判断所及之人，有可能作用于缺席判决的当事人。三是争点效的适用须由当事人在后诉中提出主张，既判力的适用则属于法院职权调查事项，不以当事人的意志为转移。四是争点效的适用较为缓和，如果当事人在后诉中提出了足以推翻前诉对主要争点判断的新的诉讼资料，就不会产生争点效的问题。既判力的适用较为刚性，如果不存在法定事由，不允许对既判力予以突破。此外，"既判力关心的重心在于保证诉讼制度在实现诉讼目标方面所具有的实效性及正当性，而争点效则以确立当事人之间的公平为目标"。[1]

争点效理论认为，争点效的适用应当具备以下条件：一是作为争点效的"争点"，必须在后诉与前诉中都是诉讼过程中的主要争点。争点如果不是主要的争点，不能产生争点效。二是对诉讼过程中的主要争点，在前诉中当事人已经进行了严肃的、认真的争执，穷尽了攻击与防御的手段，当事人获得了足够的程序保障。三是法院在前诉中已经对诉讼过程中的主要争点作出了实质性的结论。四是就诉讼过程中主要争点的争议，当事人在前诉中系争的利益应当大于至少等于当事人在后诉中系争的利益，因为当事人在程序中的重视程度与系争利益的大小是呈正比例关系的。

争点效理论的基础是民事诉讼当事人之间的公平原则和民事诉讼法的诚实信用原则。这一理论在大陆法系关于既判力客观范围扩张的理论中是最有影响力的，因为它既对传统的既判力客观范围理论进行了维护，又对新诉讼

---

[1]　汤维建主编：《民事诉讼法学》（第2版），北京大学出版社2014年版，第66页。

标的理论的不足进行了克服，并且有利于新诉讼标的理论所倡导的"一次性解决纠纷"理念的实现。争点效存在的自身价值有其理论基础，体现为有利于诉讼经济、有利于判决的稳定性、有利于社会的有序发展、有利于弥补既判力的不足。[1]

但是，争点效理论也存在某些明显的缺陷：一是适用要件不太明确。例如，对何为主要争点以及对当事人获得足够的程序保障如何进行判断并没有一个可以量化的标准，在司法实务中难于掌握。二是这一理论使当事人在诉讼过程中对不是诉讼标的问题的主要争点也要认真对待，在一定程度上抑制了当事人辩论权的自由行使，也加重了当事人的诉讼负担。三是对争点效产生效力的范围是较为模糊的，如果前诉的裁判存在不当，则存在使法院的错误判断继续扩大的危险。正是因为上述缺陷的存在，在日本，争点效理论虽然在学术界获得了较为集中的支持，但在司法实务中基本上不承认争点效理论。

日本学者新堂幸司致力于研究既判力客观范围扩张的理论，在争点效理论发展的后期，又提出了"遮断效"理论和"程序事实群"理论，对争点效理论进行了发展和突破。"遮断效"指的是，当事人在诉讼过程中具有"正当解决期待"的争议事项，即使法院前诉的生效裁判没有对其作出判断，仍然产生"阻断后诉"的约束性效果。[2]依新堂幸司的认识，"遮断效"不同于既判力，也不同于争点效。"遮断效"不是针对前诉的诉讼标的而是针对当事人具有"正当解决期待"的争议事项，因此它与既判力不同。"遮断效"的适用并不要求前诉法院作出实质性的结论和当事人获得足够的程序保障，而是基于诚实信用原则所产生的"遮断后诉"的效力，争点效的适用则应以前诉法院作出实质性的结论和当事人获得足够的程序保障为条件，它与争点效也不相同。新堂幸司提出的程序事实群理论，主张以"程序事实群"[3]作为基准来确定既判力的客观范围。这一理论的基本观点是：既判力客观范围的大小会受到程序事实群的影响，不能以诉讼标的作为唯一标准来对既判力的客观范围进行判断。程序事实群理论的提出使得既判力与争点效之间很难区

〔1〕 赵泽君：《民事诉讼规则疑难问题例说》，中国检察出版社2003年版，第165~167页。
〔2〕 丁宝同：《民事判决既判力研究》，法律出版社2012年版，第137页。
〔3〕 "程序事实群"实际上就是"前诉程序进行的状况"。程序事实群包括"前诉中的争议状况""法院的诉讼指挥或释明""案件在时间方面的进展状况""被告方的对策有无"等。蔡虹：《民事诉讼法学》（第2版），北京大学出版社2010年版，第98页。

分，因而这一理论被视为是衔接争点效与既判力之间的桥梁。但是，无论是"遮断效"还是"程序事实群"，都没有对"争点效理论"所存在的缺陷从根本上予以克服。

（6）依诚实信用原则赋予裁判理由以拘束力的理论。在新堂幸司的争点效理论中，诚实信用原则是其基础之一，他所提出的"遮断效"理论同样是基于诚实信用原则。对依诚实信用原则赋予裁判理由以拘束力的理论，日本学者竹下守夫进行了系统论述。这一理论认为，可以认为前诉生效裁判中裁判理由中的判断拘束后诉的直接依据为诚实信用原则。在这一基本观点的基础之上，竹下守夫还提出了权利失效和矛盾行为之禁止的法理来对裁判理由产生拘束力进行解释。他认为，权利失效作用于前诉中败诉的当事人，矛盾行为之禁止作用于前诉中胜诉的当事人，判断裁判理由是否产生拘束力的标准，则依上述不同的法理设置了不同的具体条件。但是，这一理论所指的判断裁判理由是否产生拘束力的条件不太明确，在司法实务中难以把握，因而很难取得主导性的地位。

（7）提出责任效理论。提出责任效理论体现在日本持"程序保障第三波"理论的学者提出的相关主张之中。依"程序保障第三波"理论，程序本身是诉讼的目的所在而不能仅仅将其视为是一种手段，程序保障就是要实质性地赋予诉讼当事人以对等地位，在对当事人各方各自作用分担规则进行保障的基础上，在诉讼过程中让当事人双方展开讨论和对话。基于上述程序保障的理念，日本学者水谷畅首创了"提出责任"的概念。"所谓的提出责任，是作为指导当事人在前诉程序过程中应当提出什么事项之行为规范以确定的责任。"[1] 提出责任效理论认为，既判力客观范围的确定，不是以诉讼标的作为依据，而是基于当事人双方在诉讼过程中的作用分担。因此，某一事项是否产生失权效，应当以当事人是否具有"提出责任"为标准来进行判断，从而使既判力被理解为是因为当事人未负"提出责任"而产生的"失权"的效果。这一理论并没有提供具有实际操作性的方案和明确的标准，尤其是很难与传统的大陆法系的理念进行整合，动摇了既判力理论的根基，因而在实务上基本上没有产生什么影响力。

---

〔1〕　水谷畅："后诉中的审理拒绝"，载《民事诉讼法杂志》1981 年第 26 期，第 60 页，转引自林剑锋：《民事判决既判力客观范围研究》，厦门大学出版社 2006 年版，第 115 页。

3. 我国对既判力客观范围扩张的态度

大陆法系的学者对既判力客观范围的扩张在理论上的探讨十分热烈，形成了多种学说。那么，我国对既判力客观范围的扩张应持何种态度呢？笔者的基本观点是：不能直接肯定裁判理由中的判断有既判力。就目前而言，裁判理由中的判断也不能产生拘束力。只有在当事人的程序保障达到很高的程度时，才可以考虑赋予裁判理由一定的拘束力。[1]事实上，对既判力客观范围的扩张，虽然大陆法系的学者们对此进行的探讨较为深入和细致，但几乎每一种理论都存在程度不同的缺陷。因此，大陆法系国家和地区在立法和司法实务中对既判力客观范围的扩张大多持十分谨慎的态度，很少有对既判力客观范围的扩张予以肯定的做法。我国并没有深入地研讨既判力客观范围扩张的理论，尤其是程序保障的程度还没有达到应有的高度，在立法和司法实务上对既判力客观范围的扩张持否定的态度无疑是正确的选择。

（六）诉讼抵销既判力的客观范围

诉讼抵销是在裁判理由中作出的判断。讨论既判力客观范围扩张的问题，有必要对诉讼抵销是否产生既判力进行分析。大陆法系的学者们对既判力客观范围扩张的探讨虽然十分热烈，但立法和司法实务对既判力客观范围的扩张基本上不予认可。诉讼抵销的判断虽为裁判理由的判断，但不同于既判力客观范围的扩张的一般情形，基于诉讼抵销的特殊性，大陆法系国家和地区的民事诉讼立法对法院在裁判理由中关于诉讼抵销的判断具有既判力大多予以承认。[2]这就是对诉讼抵销既判力客观范围进行单独讨论的原因所在。

1. 诉讼抵销的基本理论

当事人的诉讼抵销权是以其实体法上的抵销权为基础的。自罗马法以来，各国的民事实体法都认同抵销为债消灭的原因之一。所谓抵销，是指两个以上的民事主体相互之间存在债权债务关系，债务的给付种类是相同的，其中的任何一个民事主体都可以以自己向对方享有的债权来充抵自己应当向对方承担的义务。从实体法的视角观之，抵销存在着两个实体法律关系和两个债

---

[1] 邓辉辉："论判决理由的既判力"，载《理论探索》2006年第6期，第151～152页；邓辉辉："行政判决与民事判决既判力客观范围之比较"，载《广西社会科学》2007年第6期，第67页。

[2] 例如，《德国民事诉讼法》第322条第2款规定："被告主张反对债权的抵销，而裁判反对债权不存在时，在主张抵销的数额内，判决有确定力。"《日本民事诉讼法》第114条第2款规定："对于抵消抗辩是否成立的判断，在抵消的额度内有既判力。"

权,用来抵销的债权被称为抵销债权或者主动债权,被抵销的债权被称为被动债权。一般说来,民事实体法上的抵销应具备的条件为:一是双方当事人之间存在债权债务关系。二是主动债权和被动债权合法存在。三是主动债权和被动债权都已经超过债权清偿的期限。四是主动债权和被动债权债的标的种类相同。五是依据法律的规定或者债务的性质,主动债权和被动债权可以相互抵销。

从性质上而言,诉讼抵销属于诉讼过程中的抗辩。在诉讼过程中,一方当事人对另一方当事人的主张予以反驳,可以被区分为抗辩和否认两种情形。所谓抗辩,是指一方当事人对对方当事人的主张予以认可,通过提出由自己负举证责任的新的主张来与对方当事人进行对抗。所谓否认,是指一方当事人对对方当事人的主张直接不予认可。诉讼抵销在性质上属于诉讼过程中的抗辩,故诉讼抵销又被称为抵销抗辩,它是指在诉讼过程中,被告在依法享有民事实体法上的抵销权的情形下,为了达到抵销原告诉讼主张的目的,以自己享有的抵销债权作为抗辩的内容而提出的抵销请求。

在依法享有民事实体法上的抵销权的情形下,被告可以依法行使诉讼抵销权,也可以依法提起反诉,还可以依法另行起诉。诉讼抵销权与提起反诉、另行起诉是存在区别的。

肖建华博士认为:"我国应当赋予抵销以既判力,但是,这种既判力应当基于独立的诉讼请求(反诉)而产生,只有这样才能为抵销的既判力去寻找正当化的根源。"[1]"建立反诉型抵销诉讼合理解决了抵销的既判力问题,而不涉及判决理由的问题。"[2]上述认识实际上是将诉讼抵销权的行使和提起反诉等同起来。反诉,是指在本诉中,本诉的被告作为原告以本诉的原告为被告向法院提起的独立的反请求。诉讼抵销权的行使,本诉的被告并未以原告的身份以本诉的原告为被告向法院提起独立的反请求,只是在诉讼理由中以抵销债权作为抗辩的内容来对抗对方当事人的主张。反诉是一种独立的反请求,虽然其提起要以本诉的存在为前提,但一旦提起反诉,它就具有独立性,即使本诉撤回也不影响法院对反诉的审理和裁判。诉讼抵销权的行使不具有这种独立性,完全依附于已经开始的诉讼程序。抵销抗辩作为一种防御权利

---

〔1〕 肖建华主编:《民事诉讼立法研讨与理论探索》,法律出版社 2008 年版,第 467 页。
〔2〕 肖建华主编:《民事诉讼立法研讨与理论探索》,法律出版社 2008 年版,第 468~469 页。

具有消极性，如果相对方撤回诉讼，或者相对方的诉讼请求不成立，就不会产生抵销的后果，对抵销人的主动债权，法院不会进行独立审判的保护。[1]还需要指出的是，被告在能够行使诉讼抵销权的情形下不一定能够提起反诉，因为反诉的提起还受到牵连性等条件的约束。

另行起诉，是指依法享有抵销抗辩权的人，在本诉诉讼程序之外，以自己享有的民事实体法上的抵销权作为诉讼标的，以原告的身份以对方当事人为被告另行向法院提起的诉讼。另行起诉与提起反诉的区别在于：前者存在于本诉诉讼程序之外，后者存在于本诉诉讼程序的过程之中。另行起诉与提起反诉都是依法享有抵销抗辩权的人向对方提起的独立的诉讼请求，另行起诉也明显不同于抵销抗辩。

在被告依法享有民事实体法上的抵销权的情形下，如果被告没有行使诉讼抵销权，而是依法提起了反诉或者依法另行起诉，法院对反诉或者另行起诉所作的生效裁判既判力的客观范围仍然是及于裁判主文中关于诉讼标的的判断，并不存在特殊性。但是，如果被告行使诉讼抵销权，法院是在裁判理由中对诉讼抵销进行判断，则属于既判力客观范围扩张的情形。法律之所以允许被告在依法享有民事实体法上的抵销权的情形下可以不提起反诉或者另行起诉而行使诉讼抵销权，是基于纠纷一次性解决原则的要求。

2. 诉讼抵销产生既判力的原因

被告是在诉讼过程中主张诉讼抵销，法院是在裁判理由中对诉讼抵销作出判断。依既判力客观范围确定的一般原则，法院生效裁判的既判力仅及于裁判主文而不及于裁判理由，但为什么多数国家的立法例外地承认法院生效裁判的裁判理由中关于诉讼抵销的抗辩产生既判力呢？王锡三教授在分析德国和日本的相关立法后指出："立法理由有三：第一，如不承认抵销抗辩有既判力，在承认抵销抗辩时，败诉的原告以后可能主张反对债权已经消灭、免除债务，已经支付的款项是不当得利，提起不当得利之诉，否定前诉判决的既判力。第二，原告排除了抵销取得胜诉时，被告以理由中的判断没有既判力为由，以后可以取回因为败诉支付的款项。第三，在抵销的请求被驳回时，被告可能主张原告的债权从最初起就不成立主张反对债权，二重利用反对债权。从而，除承认上述的原则外，同时也承认在判决理由中，关于主张抵销

---

[1] 王静："法院对抵销抗辩的认定具有既判力"，载《人民司法》2014年第2期，第59页。

的请求成立不成立的判断有既判力为例外。这种规定，符合诉讼经济原则，可供参考。"〔1〕笔者认为，对裁判理由中关于诉讼抵销的判断具有既判力，民事诉讼立法予以肯定的原因主要有三点：第一点为诉讼抵销权本身自有的特殊性。与一般的抗辩权不同，被告在行使诉讼抵销权的情形之下，他往往可以依法提起反诉或者依法另行起诉，只是因为在诉讼过程中他行使了诉讼抵销权才构成了一种抗辩的诉讼理由。在行使诉讼抵销权时，被告虽然没有向法院提起独立的诉讼请求，但他在诉讼理由中对自己的抵销债权主张权利作为抗辩的内容。法院虽然是在裁判理由中对抵销债权作出判断，实际上与裁判主文中作出判断并无本质上的区别，也可以说是裁判主文中的判断延伸至裁判理由之中。第二点为符合程序保障的法理。在诉讼过程中，被告行使诉讼抵销权主张自己的抵销债权成立。对被告这种权利的行使，原告会比一般的诉讼理由更为认真地予以对待，因为诉讼抵销这一诉讼理由会直接影响裁判的结果，如果对被告的诉讼抵销权法院予以认定，原告的诉讼请求即使法院予以肯定也会因诉讼抵销权的冲抵而失去意义。被告虽然是在诉讼理由中主张诉讼抵销，双方当事人也会像对待诉讼标的那样进行充分的攻击与防御。因此，让裁判理由中关于诉讼抵销的判断产生既判力，不会对当事人形成诉讼突袭，与程序保障的法理是相吻合的。第三点为司法实践的需要。法院关于诉讼抵销的判断如果不产生既判力，将不利于纠纷的一次性解决，不利于民事实体法上抵销制度的落实，不仅有违实体法的原则，而且也不利于维护实体法的秩序。

3. 诉讼抵销既判力客观范围的确定

在诉讼过程中，被告在诉讼理由中主张诉讼抵销权，在法院裁判的裁判理由中可能会作出两种判断：一是抵销债权是否成立的判断；二是抵销抗辩是否成立的判断。在裁判理由中，法院以抵销债权不成立为由驳回抵销抗辩的判断产生既判力，在认识上不存在分歧。但是，如果法院在裁判理由中认定抵销债权成立而认可抵销抗辩，对于如何确定既判力的客观范围，在日本法学界，学者们的认识并不一致。以兼子一和新堂幸司为代表的学者们认为，法院作出的"两种债权因抵销而消灭"和"诉求请求与反对债权成立"这两种判断都具有既判力。以中野贞一郎为代表的学者们则认为，只有法院作出

〔1〕　王锡三：《民事诉讼法研究》，重庆大学出版社1996年版，第296~297页。

的"反对债权存在"的判断具有既判力。事实上,既判力的客观范围无论以上述何种方式进行表述,都既可以阻止原告以被告的反对债权不存在为由再次起诉,也可以阻止被告以原告的诉求请求不存在为由再次起诉。因此,高桥宏志指出:"说到底,这是一种'无关实质,仅针对表述'的论争。"[1]此外,被告的反对债权部分被认可、部分被驳回的,认可的部分产生"反对债权成立"和"因抵销而消灭"的既判力,驳回的部分产生"反对债权不成立"的既判力。

诉讼抵销的既判力,关于产生既判力的反对债权的额度问题,应当以抵销对抗的金额为限。如果反对债权的数额大于原告诉求债权的数额,超过的部分不能具有既判力,因为从诉讼法的角度来看,让超过部分产生既判力对被告而言是不公平的,并且法院的判断并没有就没有对抗的债权是否存在予以确定。对反对债权的余额,被告可以依法提起反诉或者另行起诉。

二、民事诉讼再审程序诉讼标的的理论探讨以及既判力客观范围理论与民事诉讼再审程序诉讼标的之间的关系

(一)民事诉讼再审程序诉讼标的的理论探讨

关于民事诉讼再审程序的诉讼标的,大陆法系的学者进行了探讨,主要有二元诉讼标的说和一元诉讼标的说。

二元诉讼标的说在早期的德国和日本是学术界的通说。德国有学者认为:"再审之诉具有两重目标:撤销被声明不服的判决并且通过新的、对声明不服人有利的裁判代替被声明不服的裁判。"[2]这一学说认为,民事诉讼再审程序有两个诉讼标的:第一个诉讼标的为再审申请人根据法定的再审事由撤销或者变更原生效裁判的请求。第二个诉讼标的为法院原生效裁判的诉讼标的。就第一个诉讼标的而言,基于旧诉讼标的理论与新诉讼标的理论在认识上的分歧,二元诉讼标的说内部存在不同的主张。旧诉讼标的理论认为,第一个诉讼标的为再审申请人主张的特定的法定再审事由,不同的法定再审事由构

---

[1] [日]高桥宏志:《民事诉讼法 制度与理论的深层分析》,林剑锋译,法律出版社2003年版,第513页。

[2] [德]卡尔·奥古斯特·贝特尔曼:"声明不服和撤销——对于民事诉讼法中的法律救济的正确理解",载[德]米夏埃尔·施蒂尔纳编:《德国民事诉讼法学文萃》,赵秀举译,中国政法大学出版社2005年版,第537页。

成不同的诉讼标的。这种认识的理由在于：法定再审事由必须在再审申请书中记载，不同的法定再审事由具有相对的独立性，法定再审事由不同除斥期间的计算也不相同。依据这一主张，当事人申请再审被驳回后，如果再审申请人更换法定再审事由，为新的再审之诉。新诉讼标的理论又有"一分肢说"和"二分肢说"的区别。"一分肢说"认为，第一个诉讼的诉讼标的为再审申请人请求撤销或者变更法院原生效裁判的声明或者主张，法定再审事由只是属于诉讼中的攻击与防御方法，并不是诉讼标的，如果允许再审申请人更换法定再审事由申请再审，可能使法院的生效裁判被多次启动再审而不恰当地形成对法院生效裁判既判力的多次冲击，再审申请被驳回后，再审申请人再次申请再审的，构成重复申请再审，法院不予受理。"二分肢说"则认为，再审申请人请求撤销或者变更法院原生效裁判的声明，或者主张和法定再审事由共同构成民事诉讼再审程序的诉讼标的，即使再审申请人的声明或者主张只有一个，如果有多个法定再审事由，仍然构成多个再审诉讼标的。

　　二元诉讼标的说旨在对再审审查程序具有相对独立于再审案件审理程序的独特价值和地位予以承认，充分体现了再审程序的阶段性和双重目的性，与再审程序是诉讼公正的最后保障的性质相符。其注重尊重传统的诉讼法理，为重新审理法院原生效裁判提供了合理的依据，并且有利于当事人双方对法定再审事由进行争执，有利于避免法院生效裁判不恰当地被启动再审，能够合理地解释再审之诉无理被驳回的情形。在我国，有学者从再审之诉的构造、判决的效力以及司法实务上的要求等三个方面对赞同二元诉讼标的说的理由进行了分析。[1]李浩教授认为，在两个或两个以上再审事由存在时，无论从哪个角度看，都不必强求在一个诉讼中要求当事人对数个再审事由同时提出主张，应当把先后提出的不同的再审事由和诉讼声明视为独立的诉讼标的，对当事人分别提起再审之诉予以准许，不会严重损害诉讼效率。[2]冯浩博士也认为："民事再审就其本质而言是偏重于救济的，尤其是对原审裁判声明不服的一方当事人，所以应允许当事人就其存在的数个再审事由自行选择一并或分别申请再审。这就是说，为了达到纠正再审事由可能导致的裁判错误的

---

〔1〕　于海生："论再审之诉的诉讼标的"，载《云南大学学报（法学版）》2004年第2期，第71~72页。

〔2〕　李浩："构建再审之诉的三个程序设计"，载《法商研究》2006年第4期，第39页。

目的，程序的安定性需要作出适当让步。"[1]

对"二元诉讼标的说"存在的缺陷，我国学者进行了分析。黄良友博士认为，"二元诉讼标的说"存在以下无法克服的缺陷：一是对再审之诉的诉讼标的的分阶段进行考察以诉讼过程为依据既无必要也不科学。二是二元诉讼标的说既主张再审之诉本身具有诉讼标的，又认为对其无法作出独立的判决显然是矛盾的。三是再审之诉的目的不是撤销原判决，重在对原诉讼重新进行审理。四是在当事人提出多个再审事由时，二元诉讼标的说存在着难以解决的问题。[2]耿翔博士从再审之诉的性质、诉讼标的的性质、再审之诉审理程序的阶段性特点以及现实操作层面等方面，分析了二元诉讼标的说难以克服的理论障碍与现实困境。[3]

一元诉讼标的说由德国学者贝赫首先提出。他在 1968 年撰写的《再审程序之诉讼标的》一文中，主张再审的诉讼标的只能是法院原生效裁判的诉讼标的，再审申请人根据法定再审事由撤销或者变更法院原生效裁判的请求不是诉讼标的，只是再审之诉的合法要件。1969 年，德国著名学者施瓦布将贝赫对于再审诉讼标的的认识写进了民事诉讼法学教科书中，使这一观点成为有力的学说，获得了德国不少学者的赞同。日本学者斋藤秀夫在 1974 年发表的《再审手续之诉讼标的》一文中，反对日本传统的二元诉讼标的说，也对一元诉讼标的说持肯定的态度。在日本，一元诉讼标的说又称本案诉讼说，上村明广和小山升等学者是这一学说的支持者。一元诉讼标的说与二元诉讼标的说的区别在于，是否承认法定再审事由或者再审申请人提出了撤销或者变更法院生效裁判的请求属于再审程序的诉讼标的。一元诉讼标的说对此予以否定，其理由主要有两个方面：一是再审的目的主要是为当事人提供最后救济的机会，本质上是对既判案件的再次审判，再审的案件应当与原诉属于同一案件。二是在上诉审中，诉讼标的仅为一审案件的诉讼标的，对上诉人要求撤销或者变更一审裁判的诉讼法上的形成权并未作为诉讼标的。虽然不能将再审程序完全等同于上诉审程序，但再审的功能与上诉审相似，两者都是对法院已经作出的裁判声明不服而请求对其予以撤销或者变更的救济方法，

---

〔1〕 冯浩：《民事再审事由研析》，中国法制出版社 2016 年版，第 39 页。

〔2〕 黄良友："民事再审之诉若干问题研究"，载《河北法学》2010 年第 1 期，第 140 页。

〔3〕 耿翔："论我国再审诉讼标的一元说的实践意义——兼评《民事诉讼法》第 209、205 条的适用"，载《法律适用》2015 年第 3 期，第 94～95 页。

在诉讼标的方面不应当与上诉审程序存在差异。在上诉审和再审中,之所以法院裁判要求变更或者撤销的诉讼法上的形成权不能作为诉讼标的,是因为这种形成权不同于实体法上的形成权,它只是为作出本案裁判服务的,依附于法院裁判而存在,并不具有独立的意义。诉讼法上的形成权并不是构成纠纷或者诉讼核心的法律关系,从诉权和诉的性质来看,单独将其作为诉讼标的不具备诉的利益。

在大陆法系中,"二元诉讼标的说"已经被抛弃而采用的是"一元诉讼标的说"。在我国,学者们对一元诉讼标的说也普遍持赞同的态度。邵明博士认为,再审是再次审判既判案件,再审的诉讼标的如果是其他诉讼标的而不是既判案件的诉讼标的,则是审理另一个案件而不是再审。[1]张卫平教授也指出,考察再审之诉诉讼标的的一个基本点是,在再审之诉中当事人所要诉求的究竟是什么,寻求撤销原判决并不是当事人的基本诉求,通过撤销原判决从而最终实现自己权利的救济才是当事人的基本诉求,因此再审之诉的诉讼标的要求法院对原诉讼中的权利义务进行审理裁判。[2]黄良友博士对赞同一元诉讼标的说的理由从以下几个方面进行了论述:符合诉讼的基本特征,符合再审程序设立的目的,体现了再审诉讼与原诉讼之间的天然联系,有利于对裁判的安定性与公正性之间的关系予以平衡。[3]段厚省博士认为,无论是法院主动发动再审、检察院抗诉引发再审还是当事人申请再审,再审之诉的诉讼标的都只有一个,即原确定裁判的诉讼标的。[4]廖中洪教授认为:"再审事由是原审案件进入诉讼程序的要件之一,诉讼程序中,法院必须对它进行审理,但不能由此而认为它是诉讼标的。"[5]杜闻博士认为:"民事再审程序中,只有一个诉讼标的:本案之诉讼标的。而再审事由在性质上应当属于广义的'诉讼要件'范围(在狭义上被称为'诉讼的权利保护要件')。"[6]

笔者同样反对二元诉讼标的说而赞同一元诉讼标的说。无论是采旧诉讼标的的理论还是采新诉讼标的的理论,在新诉讼标的的理论中无论是采"一分肢说"

〔1〕　邵明:"现代民事再审原理论——兼论我国民事再审程序的完善",载《中国人民大学学报》2007年第6期,第101页。

〔2〕　张卫平:"民事再审:基础置换与制度重建",载《中国法学》2003年第1期,第111页。

〔3〕　黄良友:"民事再审之诉若干问题研究",载《河北法学》2010年第1期,第141页。

〔4〕　段厚省:《民事诉讼标的论》,中国人民公安大学出版社2004年版,第184~188页。

〔5〕　廖中洪主编:《民事诉讼法·诉讼程序篇》,厦门大学出版社2005年版,第177页。

〔6〕　杜闻:《民事再审程序研究》,中国法制出版社2006年版,第20页。

还是"二分肢说",二元诉讼标的说主张的诉讼标的只能有法定再审事由,或者再审申请人撤销或者变更原生效裁判的请求这两个要素。法定再审事由不能作为再审的诉讼标的,有以下几个方面的理由:其一,法定再审事由只是启动再审程序的钥匙或者必备条件,它不直接影响当事人之间的实体权利义务,因为即使存在法定再审事由,也不一定意味着法院原生效裁判是错误的。其二,无论是从诉讼标的理论的实体法说还是从诉讼标的理论的诉讼法说来考察,法定再审事由都只是一种法律事实,不符合诉讼标的的本质特征。其三,将法定再审事由作为再审的诉讼标的,过分强调了再审事由审查的独立性,还可能导致法院的生效裁判多次受到当事人申请再审的冲击,不利于法院生效裁判稳定性和权威性的维护。撤销或者变更法院生效裁判的请求不是再审的诉讼标的,因为这种请求是当事人申请再审的应有之义,当事人申请再审表明了其有请求撤销或者变更生效裁判的意思表示。对再审程序一元诉讼标的说的肯定,除上述学者论证的理由外,笔者认为,这一学说揭示了当事人申请再审是为了获得于己有利的裁判这一根本目的。使再审程序作为一个整体围绕原生效裁判的诉讼标的运行,有利于维护法院生效裁判的稳定性,有利于合理地解决我国多年以来存在的终审不终的问题,且与既判力理论的价值相吻合。

(二)既判力客观范围理论与民事诉讼再审程序诉讼标的之间的关系

在诉讼标的方面后诉与前诉相同,是既判力的构成要素之一。从既判力的作用形式来看,后诉和前诉的诉讼标的相同有两种不同的情形。第一种情形是后诉与前诉的诉讼标的是同一的,也就是说后诉的诉讼标的就是前诉的诉讼标的。在这种情形下,法院在前诉中的生效裁判对于诉讼标的的判断,就会产生既判力的消极作用或者消极效果,就该诉讼标的,当事人再次起诉不予准许,法院不得再次受理。法国的学理认为:"只有在新的诉讼请求对同一事物的同一权利进行质疑的情况下,新的诉讼请求才会因为'既判力抗辩'而不被法院受理。"[1]第二种情形是后诉与前诉在诉讼标的方面并不同一,但后诉以在前诉中法院的生效裁判对于诉讼标的的判断为先决问题,或者后诉的诉讼标的与在前诉中法院的生效裁判对于诉讼标的的判断构成矛盾关系的状况。这种情形也属于诉讼标的相同,理论上称为"诉讼标的的相反性"。在

---

〔1〕[法]洛伊克·卡迪耶主编:《法国民事司法法》(原书第3版),杨艺宁译,陆建平审校,中国政法大学出版社2010年版,第516页。

"诉讼标的相反性"的情形下，法院在前诉中的生效裁判对于诉讼标的的判断也产生既判力。日本学者认为："当后诉请求具有与前诉的确定判决不相容的否定内容时，即使后述请求与前述请求相异，既判力也会波及后述请求。"[1]德国也有学者认为："通过对法律后果的裁判，同时也对它的互不相关的（对席的）反面进行了裁判。在这种情况下，如果以前的被告使得诉讼的反面系属并且申请已经在第一个诉讼中宣告的法律后果的对席反面，则主流的观点认为诉讼标的相同。"[2]但是，后诉与前诉基于"诉讼标的相反性"的诉讼标的相同，不产生既判力的消极效果或者消极作用，只产生既判力的积极效果或者积极作用。也就是说，法院在前诉中的生效裁判对于诉讼标的的判断，不能禁止当事人就诉讼标的再次起诉和法院再次受理，但禁止当事人在后诉中作出与法院前诉生效裁判对于诉讼标的的判断相矛盾的主张，也禁止法院在后诉中作出与法院前诉生效裁判对于诉讼标的的判断相矛盾的判断。由此可见，既判力禁止当事人再次起诉，只发生在后诉与前诉诉讼标的是同一的情形下，如果后诉与前诉的诉讼标的是基于"诉讼标的相反性"的诉讼标的相同，当事人仍然享有再次起诉的权利。民事诉讼再审程序是对既判力的突破。这种突破是因为法院前诉的生效裁判可能存在错误，在具备法定再审事由的情形下，当事人无法行使再次起诉的权利，只能通过申请再审的方式谋求对已经作出的法院生效裁判再次进行审理。因此，只有在当事人再次主张权利时的诉讼标的与前诉生效裁判予以判断的诉讼标的是同一的情形下，才需要民事诉讼再审程序的启动。如果当事人再次主张权利时的诉讼标的与法院前诉生效裁判予以判断的诉讼标的不同，即使存在"诉讼标的相反性"的情形，也不必启动民事诉讼再审程序，因为当事人依法提起诉讼的权利并未丧失。因此，再审的诉讼标的就是法院生效裁判的诉讼标的。由于当事人可能是针对法院生效裁判判断的诉讼标的的整体提出再审的诉讼请求，也可能只针对法院生效裁判判断的诉讼标的的部分内容提出再审的诉讼请求，再审的诉讼标的只能等于或者小于法院生效裁判的诉讼标的，不能超越法院生效裁判的诉讼标的。如果当事人在法院生效裁判的诉讼标的之外主张权利，只

---

〔1〕［日］中村英郎：《新民事诉讼法讲义》，陈刚、林剑锋、郭美松译，常怡审校，法律出版社2001年版，第235页。

〔2〕［德］汉斯-约阿希姆·穆泽拉克：《德国民事诉讼法基础教程》，周翠译，中国政法大学出版社2005年版，第327页。

能另行提起诉讼而不能申请再审。

既判力的客观范围所要解决的问题是法院在生效裁判中判断的哪些事项产生既判力。只有法院生效裁判中产生既判力的判断事项，才能禁止当事人再次起诉，才能允许当事人申请再审。既判力的客观范围决定了法院生效裁判判断的哪些事项当事人可以申请再审，它具体地决定了再审的诉讼标的。邵明博士对此指出："再审案件的诉讼标的是原审案件的诉讼标的（属于既判力的客观范围）。"[1]因此，再审的诉讼标的不能超越而只能小于或者等于既判力的客观范围，只有在既判力的客观范围之内，当事人才能提出再审的诉讼请求。根据前述对既判力客观范围的分析，前诉法院生效裁判的判断属于既判力客观范围或既判力客观范围扩张的事项有：一是法院生效裁判的主文中对于当事人诉讼请求作出的判断。二是对于数量上具有可处分性的债权，当事人仅提起部分请求诉讼，法院生效裁判的主文中对已经起诉的部分诉讼请求所作的判断和尚未起诉的剩余诉讼请求，但当事人有证据证明因客观原因无法提出的剩余诉讼请求除外。三是法院生效裁判的理由中对于诉讼抵销作出的判断，但以抵销对抗的金额为限。

三、既判力客观范围理论与民事诉讼再审程序诉讼标的的具体分析

笔者将诉讼标的理解为"诉讼请求"，并且"诉讼标的是法院审理和裁判的对象"。[2]因此，对再审的诉讼标的可以细化为当事人的再审诉讼请求以及再审案件审理和裁判的对象两个方面。此外，对申请再审与执行异议之诉的区分，笔者将从既判力客观范围理论的视角进行专门的讨论。

（一）既判力客观范围理论与当事人的再审诉讼请求

当事人的再审诉讼请求，有两个问题需要进行讨论：一是如何确定当事人的再审诉讼请求？二是当事人在再审过程中能否增加、变更诉讼请求、提起反诉。

如何确定当事人的再审诉讼请求，在《民事诉讼法》中没有作出规定，最高人民法院的有关司法解释规定了这一问题。2002年最高人民法院《民事

---

〔1〕 邵明：《现代民事诉讼基础理论：以现代正当程序和现代诉讼观为研究视角》，法律出版社2011年版，第239页。

〔2〕 江伟主编：《民事诉讼法》（第5版），高等教育出版社2016年版，第67页。

损害赔偿案件再审申请超出原审诉讼请求是否应当再审批复》[1]中规定了,民事损害赔偿案件当事人的再审申请超出原审诉讼请求的法院应当依法驳回。2015 年最高人民法院《适用民诉法解释》第 405 条第 1 款第 2 句和 2015 年最高人民法院《民事审监程序指令再审和发回重审规定》[2]第 7 条第 3 句规定,当事人的再审请求不能超出原审的诉讼请求,构成另案诉讼的,当事人可以另行起诉。上述规定具有一定的正当性。江伟教授主编的《民事诉讼法学》(第 3 版)对这一问题作了如下论述:"再审程序仅就再审动议所指认的事实错误或法律错误进行局部审理,这一原则符合再审程序的基本功能定位。再审程序的启动以原裁判存在错误为前提,以纠正原审错误为目标,原审裁判是针对原审的诉讼请求作出的,超出原审的诉讼请求,对于原审裁判的错误与否就丧失了评价标准。同时根据两审终审、程序公平等原则,再审超越原审诉讼标的进行审理和裁判,可能导致要么新请求丧失上诉机会,要么整个案件复杂化和拖延的结果。"[3]但是,上述将原审的诉讼请求确定为当事人的再审诉讼请求,存在以下问题:第一,法院作出生效裁判后,申请再审的主体可能是原审中的原告、上诉人,也可能是原审中的被告、被上诉人。原告、上诉人在原审中提出了诉讼请求,但被告、被上诉人并未在原审中提出诉讼请求。那么,在被告、被上诉人申请再审时,这一规则无法确定当事人的再审诉讼请求。有学者认为,此种情形下应当将"原审诉讼请求"理解为"原审判决其承担的民事责任"。[4]笔者认为,这是一种无可奈何的解释,将"诉讼请求"理解为"民事责任"显然是没有道理的。第二,当事人之所以要求再审,是因为他认为法院的生效裁判存在错误,当事人的再审诉讼请求应当针对法院的生效裁判提出,就像当事人的上诉请求针对的是一审裁判提出一样。从既判力的理论来看,对属于既判力客观范围的事项,当事人只能

〔1〕 本书所称"2002 年最高人民法院《民事损害赔偿案件再审申请超出原审诉讼请求是否应当再审批复》",即《最高人民法院关于民事损害赔偿案件当事人的再审申请超出原审诉讼请求,人民法院是否应当再审问题的批复》(法释〔2002〕19 号　2002 年 7 月 18 日)。

〔2〕 本书所称"2015 年最高人民法院《民事审监程序指令再审和发回重审规定》",即《最高人民法院关于民事审判监督程序严格依法适用指令再审和发回重审若干问题的规定》(法释〔2015〕7 号　2015 年 2 月 6 日)。

〔3〕 江伟主编:《民事诉讼法学》(第 3 版),北京大学出版社 2015 年版,第 315 页。

〔4〕 王朝辉:"《民事诉讼法》司法解释审判监督程序若干问题解读",载《法律适用》2015 年第 10 期,第 67 页。

申请再审而不能另行提起诉讼。因此，当事人的再审诉讼请求应当限于既判力客观范围和客观范围扩张的事项。依据上述对法院前诉生效裁判属于既判力客观范围的事项的理解，对当事人的再审诉讼请求应作如下的规范：当事人有权对法院生效裁判的主文中关于当事人诉讼请求的判断提出变更或者撤销的再审诉讼请求；当事人对于数量上具有可处分性的债权仅就部分请求向法院起诉，对已经起诉的部分诉讼请求法院在生效裁判的主文中所作的判断，当事人有权提出变更或者撤销的再审诉讼请求，当事人也可提出尚未起诉的剩余诉讼请求作为再审诉讼请求，但对有证据证明因客观原因无法提出的剩余诉讼请求，当事人可以另行起诉；就法院生效裁判的理由中关于诉讼抵销的判断，以抵销抗辩的金额为限，当事人有权提出变更或者撤销的再审诉讼请求。

《民事诉讼法》没有规定当事人在再审过程中能否增加、变更诉讼请求或者提起反诉的问题。2008 年最高人民法院《适用民诉法审监程序解释》第 33 条第 1 款第 2 句、第 3 句和第 2 款规定，当事人在再审过程中增加、变更诉讼请求，除特殊情形外，[1]不得超出原审范围，但经再审裁定撤销原判发回重审的案件，当事人可以依法增加诉讼请求。2015 年最高人民法院《适用民诉法解释》第 252 条规定了在再审裁定撤销原裁判发回重审时法院应当准许当事人申请变更、增加诉讼请求或者提出反诉的四种情形。[2]2015 年最高人民法院《民事审监程序指令再审和发回重审规定》第 8 条规定，再审发回重审的案件应当围绕当事人原诉讼请求进行审理，重申了 2015 年最高人民法院《适用民诉法解释》第 252 条的规定，并规定了当事人对其在原审中的诉讼主张、质证及辩论意见予以变更时应当说明理由并提交相应的证据，否则法院不予支持。2015 年最高人民法院的上述两项司法解释的规定与 2008 年最高人民法院《适用民诉法审监程序解释》第 33 条的规定相比，有以下几点变化：一是没有对再审增加、变更诉讼请求原则上不得超出原审的范围作出限定。二是只规定了再审裁定撤销原裁判发回重审时增加、变更诉讼请求的情形。三是增加了提起反诉的规定。四是对增加、变更诉讼请求规定了适用的具体

---

〔1〕 特殊情形是指，涉及国家利益、社会公共利益，或者当事人在原审诉讼中已经依法要求增加、变更诉讼请求，原审未予审理且客观上不能形成其他诉讼的情形。

〔2〕 这四种情形为：原审未合法传唤缺席判决，影响当事人行使诉讼权利的；追加新的诉讼当事人的；诉讼标的物灭失或者发生变化致使原诉讼请求无法实现的；当事人申请变更、增加的诉讼请求或者提出的反诉，无法通过另诉解决的。

情形。五是明确了当事人变更其在原审中的诉讼主张、质证及辩论意见应当说明理由并提交相应的证据。有学者认为，为使当事人获得实质正义，存在原审裁判已无法执行的，或者增加的诉讼请求是基于原诉讼请求产生的情形，可以给予当事人变更、增加诉讼请求的选择权。[1] 对上述司法解释的规定和学者的观点，不少的学者持否定的态度。有学者认为，再审发回重审的案件，不应当规定当事人有申请变更、增加诉讼请求或提起反诉的权利。[2] 有学者指出："如果允许在原审诉请外主张权利，或者在再审中变更原审诉请，显然违背了再审是对原生效裁判存在错误进行纠正的救济程序的宗旨。"[3] 有学者认为，再审发回重审是再审程序的延伸因而具有再审程序的性质，应按再审程序审理，审理内容应以当事人诉讼请求为限，当事人不得增加诉讼请求和提起反诉。[4] 笔者认为，申请再审不是另行提起的诉讼，当事人申请再审提出的再审诉讼请求，应当限于既判力的客观范围内的事项。即使再审发回重审，也应当围绕原诉讼进行审理，适用再审程序的规则。因此，当事人增加或者变更再审诉讼请求，不论再审案件是否发回重审，都不得超出当事人有权提出的再审诉讼请求的范围。当事人增加或者变更的诉讼请求如果不属于既判力客观范围的事项，就不会受到既判力的约束，当事人完全可以另行起诉。至于提起反诉，不论再审案件是否发回重审，在再审案件审理过程中均不应予以准许，因为如果允许提起，反诉是再审程序中新产生的诉讼，法院原生效裁判并未对此进行审理和裁判，不可能属于原生效裁判既判力的客观范围的事项。笔者认为，在当事人有权提出再审诉讼请求的范围内，当事人依法增加、变更再审的诉讼请求，是处分原则在再审程序中的体现，不应当有具体情形的限制，也无须当事人说明理由并提交相应的证据。当事人对质证及辩论意见的变更，不是诉讼请求的变更，而是诉讼理由的变更，因为法院生效裁判中理由的判断原则上不产生既判力，要求当事人说明理由并提交相应

---

〔1〕　刘振、马倩："民事再审裁判理念之提炼及其运用"，载《法律适用》2014年第8期，第79页。

〔2〕　颜卉："民事再审之诉的功能及当事人的诉权形态分析——以新修改的《民事诉讼法》第252条为视角"，载《民事程序法研究》2016年第1期，第98～99页。

〔3〕　江必新主编：《最高人民法院关于适用民事诉讼法审判监督程序司法解释理解与适用》，人民法院出版社2008年版，第265页，转引自肖森华："民事再审发回重审后的程序适用探讨"，载《福建法学》2010年第4期，第86页。

〔4〕　肖森华："民事再审发回重审后的程序适用探讨"，载《福建法学》2010年第4期，第83～84页。

的证据与既判力理论是不相符合的。

（二）既判力客观范围理论与申请再审和执行异议之诉的区分

在 2007 年我国修改《民事诉讼法》时，第 204 条首次明确规定了可以通过执行异议之诉的方式就执行标的的执行错误请求救济，现行《民事诉讼法》第 227 条〔1〕作了与 2007 年《民事诉讼法》第 204 条内容完全相同的规定。2015 年最高人民法院《适用民诉法解释》第 304 条至第 316 条对执行异议之诉作了具体规定，第 464 条和第 465 条对适用《民事诉讼法》第 227 条作了规定。

从《民事诉讼法》第 227 条规定的内容来看，实际上包含了三种救济渠道。第一种是执行异议。〔2〕第二种是案外人、当事人申请再审。〔3〕第三种是执行异议之诉。〔4〕上述三种救济渠道中，执行异议包括仅针对执行程序违法的异议声明和针对实体权益争议的执行异议。异议声明与案外人、当事人申请再审以及执行异议之诉的区别是十分明显的。异议声明，是认为执行存在程序上的违法，基于程序上的事由，执行当事人对执行机关声明不服而请求予以撤销或更正的制度。〔5〕无论是案外人、当事人申请再审还是执行异议之诉，都是基于实体法上的事由提出的主张。对于申请再审与执行异议之诉的区别，学者们进行了探讨，在认识上并不完全一致。有学者认为，两者的不同之处主要有：主体称谓和诉讼地位不同；是否主张原生效法律文书有错误不同；诉讼请求不同；受理和管辖的法院不同；所启动审理程序的级别不同；能否再次上诉不同；是否可能由基层法院受理和审理不同。〔6〕事实上，诉讼请求所针对的对象不同是案外人、当事人申请再审与执行异议之诉最为关键

〔1〕《民事诉讼法》第 227 条规定："执行过程中，案外人对执行标的提出书面异议的，人民法院应当自收到书面异议之日起十五日内审查，理由成立的，裁定中止对该标的的执行；理由不成立的，裁定驳回。案外人、当事人对裁定不服，认为原判决、裁定错误的，依照审判监督程序办理；与原判决、裁定无关的，可以自裁定送达之日起十五日内向人民法院提起诉讼。"
〔2〕即该条第 1 句规定："执行过程中，案外人对执行标的提出书面异议的，人民法院应当自收到书面异议之日起十五日内审查，理由成立的，裁定中止对该标的的执行；理由不成立的，裁定驳回。"
〔3〕即该条第 2 句前一部分的规定："案外人、当事人对裁定不服，认为原判决、裁定错误的，依照审判监督程序办理；"
〔4〕即该条第 2 句后一部分的规定："与原判决、裁定无关的，可以自裁定送达之日起十五日内向人民法院提起诉讼。"
〔5〕张卫平："案外人异议之诉"，载《法学研究》2009 年第 1 期，第 5 页。
〔6〕马登科："基于案外人再审之诉民事执行救济扩展的比较与探讨"，载《广东行政学院学报》2010 年第 6 期，第 55~56 页。

的区别所在。案外人、当事人申请再审所提出的再审诉讼请求，是法院生效裁判既判力客观范围的事项，案外人、当事人是请求法院撤销或者变更已经生效的法院裁判所确定的内容。执行异议之诉的原告所提出的诉讼请求与法院的生效裁判没有关联，不是因为作为执行根据的法院生效裁判出现了错误，并不属于既判力客观范围的事项，只是对执行标的物主张自己的权利。因此，2015 年最高人民法院《适用民诉法解释》第 305 条第 1 款第 2 项对执行异议之诉规定为"有明确的排除对执行标的执行的诉讼请求"且"诉讼请求与原判决、裁定无关"。执行异议之诉的诉讼标的，与审判程序中已经确定的争议法律关系无直接关联，执行异议之诉与作为执行根据的既判力无关，其规制的对象并不是原生效裁判的错误与否，只与该裁判是否对案外人争议的特定标的物是否具有执行力有关。[1]对执行异议、申请再审和执行异议之诉的关系，从既判力客观范围理论来讲其区分是十分明了的。执行异议包括仅针对执行程序违法的异议声明和针对实体权益争议的执行异议。仅针对执行程序违法的异议声明，不涉及实体问题，因而与既判力客观范围无关，不存在申请再审的问题。法院针对实体权益争议的执行异议裁定作出后，当事人以及与执行标的物存在权利义务关系的人，认为法院的生效裁判并无错误，仅对执行标的物主张自己的权利，与既判力客观范围无关的，可依法提起执行异议之诉。符合民事诉讼再审程序当事人条件的人，认为法院的生效裁判有错误主张自己的权利，与既判力客观范围有关，可以依法申请再审。认为法院的生效裁判有错误与既判力客观范围有关，主张自己权利的人不符合民事诉讼再审程序当事人的条件，无权申请再审，可依法提起第三人撤销之诉或另行起诉。

　　还需要指出的是，申请再审与执行异议之诉提出的主体是否存在区别，同样在认识上存在分歧。张卫平教授指出，执行异议之诉的原告只能是案外人，因为只有案外人才能对执行标的主张实体法上的权利并以此为根据排除执行。[2]但是，从《民事诉讼法》第 227 条第 2 句对申请再审和执行异议之诉主体的规定来看，均为"案外人、当事人"，不能将"当事人"排除在执行异议之诉的原告范围之外。2008 年最高人民法院《关于适用民诉法执行程

---

　　〔1〕　林剑锋："既判力相对性原则在我国制度化的现状与障碍"，载《现代法学》2016 年第 1 期，第 134~135 页。
　　〔2〕　张卫平："案外人异议之诉"，载《法学研究》2009 年第 1 期，第 6 页。

序解释》对提出执行异议之诉的主体范围规定得较为广泛，具体分为案外人异议之诉、债权人异议之诉、参与分配异议之诉和债务人异议之诉四种类型，2015 年最高人民法院《适用民诉法解释》仅将执行异议之诉区分为案外人提出的执行异议之诉和申请执行人提起的执行异议之诉。笔者认为，有权申请再审的人，必须是既判力主观范围约束之人，但执行异议之诉的诉讼请求与原裁判无关，没有冲击裁判的既判力。因此，有权提起执行异议之诉的人并不要求受到既判力主观范围的约束，当事人以及与执行标的物存在权利义务关系的人在对执行标的物主张权利时，都可以作为执行异议之诉的原告。只有作这样的理解，才符合民事诉讼立法的精神，并且与既判力的理论相吻合。

（三）既判力客观范围理论与再审案件审理和裁判的对象

传统的观点认为，因为我国的再审程序不是基于当事人的再审诉权而是建立在审判监督权基础之上，法院审理和裁判再审案件不受当事人再审诉讼请求的限制。有学者认为，在我国现行民事诉讼法律制度下，再审程序的发动是基于审判监督者行使审判监督权而发生的，法院、检察院行使审判监督权时，是行使国家公权力来监督法院的司法行为，如果法院在再审时的审理和裁判受到当事人再审诉讼请求或检察机关抗诉范围的限制，必然会产生审判监督权与当事人诉讼权利不协调的矛盾，将会变相鼓励所有不服生效裁判的当事人都去申请再审。[1]杨荣馨教授指出："再审程序的最终目的是纠正裁判存在的错误，包括认定事实和适用法律方面的错误，而不只是对当事人声明的不服是否正确作出裁判。因此，再审案件的实质审理范围又不能局限于当事人声明不服的事项，而必须以当事人声明不服为基础，对案件重新进行全面审理。"[2]

对再审案件进行全面审理和裁判的主张，是民事诉讼再审程序"实事求是、有错必纠"指导思想的体现，是职权主义民事诉讼模式的产物，与苏联民事诉讼立法的影响也有一定的联系。但是，随着民事诉讼理论研究的不断深入，尤其是 2007 年和 2012 年两次《民事诉讼法》修正时对再审程序的修改，民事诉讼案件有限再审的观念已经逐渐树立，学术界赞同对民事再审案件审理和裁判的对象进行限制的学者越来越多，甚至已经得到最高人民法院

---

〔1〕 邱星美："民事再审案件审理范围探讨"，载《法律适用》2006 年第 12 期，第 35 页。
〔2〕 杨荣馨主编：《民事诉讼原理》，法律出版社 2003 年版，第 495 页。

有关司法解释的肯定。有学者认为，再审应当与第二审一样，法院应当原则上就再审请求的范围进行审查。[1]张卫平教授指出，根据民事诉讼处分原则，法院对再审之诉的审理和裁判应当与一审程序和上诉程序一样受到当事人请求范围的限制。[2]最高人民法院副院长沈德咏也认为，已经存在生效裁判是再审案件审理的前提，再审案件的审理没有超范围地涉及的必要。[3]韩静茹博士从规范文本方面、民事纠纷的本质属性和民事程序的普适性原理以及民事程序立法的世界趋势等方面论证了再审的审理范围应当受到当事人申请再审的限制。[4]笔者同样认为，再审案件审理和裁判的对象，应当以当事人提出的再审诉讼请求为限。具体理由为：一是符合民事诉讼处分原则的要求。在再审程序中，法院生效裁判的某些内容即使存在错误或者不当，如果当事人没有对此提出再审诉讼请求，应当视为当事人行使处分权放弃了这一权利。二是有利于法院对再审案件的审理以当事人的再审诉讼请求为中心，从而促使再审案件诉讼效率的提高。三是与世界各国民事诉讼立法的通例和学术界的通说相一致。对法院审理和裁判再审案件以当事人提出的再审诉讼请求为限，《法国民事诉讼法》第 602 条、[5]《德国民事诉讼法》第 590 条第 1 款、[6]《日本民事诉讼法》第 348 条第 1 款[7]均作了规定。日本学者高桥宏志指出，再审案件"本案之辩论属于前诉的展开和继续。那么，与上诉的情形相同，法院应当在当事人提起的再审或附带再审所划定的针对原判决之不服申请的限度内进行审判（第 348 条第 1 款）"。[8]

从我国民事诉讼立法来看，对上诉案件审理和裁判的对象，《民事诉讼

---

〔1〕 李春霖、夏军："试论申请再审制的若干问题"，载《政法论坛》1996 年第 5 期，第 76 页。

〔2〕 张卫平："民事再审：基础置换与制度重建"，载《中国法学》2003 年第 1 期，第 115 页。

〔3〕 沈德咏："关于再审之诉改革的几个问题"，载《人民司法》2005 年第 9 期，第 37~38 页。

〔4〕 韩静茹："错位与回归：民事再审制度之反思——以民事程序体系的新发展为背景"，载《现代法学》2013 年第 2 期，第 190~191 页。

〔5〕《法国民事诉讼法》第 602 条规定："如只针对原判决的某一事项有申请再审的正当理由，只有该事项受到再审，但是，如其他争点依赖于此事由者，不在此限。"

〔6〕《德国民事诉讼法》第 590 条第 1 款规定："在声明不服的理由所涉及的范围内，就本案进行新的辩论。"

〔7〕《日本民事诉讼法》第 348 条第 1 款规定："裁判所于再审开始决定确定后，在不服申请的限度内，进行本案审理并裁判。"

〔8〕 [日] 高桥宏志：《重点讲义民事诉讼法》，张卫平、许可译，法律出版社 2007 年版，第 500 页。

法》168 条规定了二审法院应当对上诉请求的有关事项和适用法律进行审查。对再审案件审理和裁判的对象，《民事诉讼法》中则没有相应的规定。在我国目前的民事诉讼制度中，除了当事人申请再审外，还存在检察院提出检察建议或者抗诉启动再审以及法院依职权启动再审的情形，最高人民法院的司法解释对不同情形再审案件审理和裁判的对象及相关问题作了规定。下面对此进行分别的探讨。

1. 当事人申请再审案件审理和裁判的对象

2001 年最高人民法院《审监工作座谈会纪要》第 10 条规定，由当事人申请再审启动的再审案件，应当在原审范围内确定审理范围，申请人诉什么就审什么，不诉不审。2008 年最高人民法院《适用民诉法审监程序解释》第 33 条第 1 款、2015 年最高人民法院《适用民诉法解释》第 405 条第 1 款和第 2 款以及 2015 年最高人民法院《民事审监程序指令再审和发回重审规定》第 7 条第 1 句都明确了，"再审案件应当围绕申请人的再审请求进行审理和裁判"。由此可见，对当事人申请再审的案件，再审案件的审理和裁判的对象限于当事人的再审诉讼请求是最高人民法院司法解释一直所持的态度，与域外民事诉讼立法的做法相一致，对此应当予以肯定。

2. 检察机关提出再审检察建议或者抗诉启动再审案件审理和裁判的对象

2001 年最高人民法院《审监工作座谈会纪要》第 15 条规定抗诉案件应当围绕抗诉内容进行审理，抗诉内容与当事人申请再审理由不一致的，原则上应当以检察机关的抗诉书为准。2008 年最高人民法院《适用民诉法审监程序解释》第 33 条第 1 款则规定抗诉案件在抗诉支持当事人请求的范围内审理再审案件。

对这一问题，学者们的认识并不一致。有学者从抗诉的监督属性、经济分析角度和制度博弈均衡理论等方面进行了分析，认为抗诉案件的审理范围应当以检察机关的抗诉范围为准。[1]最高人民法院江必新副院长也认为，在检察院提出抗诉的请求和理由不同于当事人的请求和理由时，原则上应以审查检察院抗诉的请求与理由为主。[2]

但是，有学者认为，抗诉案件，抗什么审什么，既不科学，也不合理，

[1] 王水明："民事抗诉案再审范围应以抗诉范围为准"，载《检察日报》2007 年 12 月 24 日。
[2] 江必新："论民事审判监督制度之完善"，载《中国法学》2011 年第 5 期，第 136 页。

有违当事人处分原则，与诉讼标的理论不符。不利于法院裁判，也与抗诉权的性质不符，应当围绕当事人的实质性诉求来对抗诉案件进行审理，抗诉案件的审理范围不应限制在抗诉的范围之内，因为与当事人申请再审的案件相比，抗诉案件在审理对象上并没有区别处理的现实意义和法理基础，并且抗诉书的功能与再审申请书的功能决定了抗诉案件应当以申诉人的申诉内容为基础确定审理范围。[1]有学者认为，以检察机关的抗诉内容来确定案件的审理范围，难以实现民事诉讼再审程序依法纠错的功能，与民事诉讼当事人的处分原则相冲突，违背民事诉讼当事人地位平等原则。[2]

笔者认为，对检察机关依职权提出再审检察建议或抗诉的涉及国家利益、社会公共利益的案件，以检察机关提出的对法院生效裁判实体处理结果予以纠正的要求作为法院审理和裁判的对象。对检察机关因当事人申请提出再审检察建议或抗诉的案件，以当事人在申请再审检察建议或者抗诉时提出的再审诉讼请求作为法院审理和裁判的对象。检察机关因当事人申请提出再审检察建议或抗诉的案件，不涉及国家利益、社会公共利益，检察机关启动再审不必对法院的再审裁判或生效裁判的实体结果进行审查，不必对法院的再审裁判或生效裁判的实体处理结果提出具体的意见，这是民事诉讼当事人地位平等原则和处分原则的要求。

3. 法院依职权启动再审案件审理和裁判的对象

2001 年最高人民法院《审监工作座谈会纪要》第 10 条规定，由上级法院或者院长发现程序启动的再审，应当在原审案件的范围内全案审查，但上级法院有明确审理范围意见的除外。这是基于当时的民事诉讼立法条件所作的规定。有学者认为，法院依职权提起再审程序的案件，"以全案审查为原则，只有在上级法院明确了审查范围的情况下，才可以不全案审查"。[3]但是，有学者指出："根据设立依职权再审的宗旨来看，审理范围亦应限于当事人在原审诉讼中的诉讼请求范围。"[4]事实上，法院依职权启动再审，同样应

---

[1] 应秀良："民事抗诉案件的审理范围与诉答程序"，载《法律适用》2011 年第 6 期，第 69~71 页。

[2] 杨飞跃："如何确定民事抗诉再审案件的审理范围"，载《人民法院报》2007 年 1 月 15 日。

[3] 史西岗等：《再审抗诉法律实务》，人民法院出版社 2013 年版，第 162 页。

[4] 江必新、孙祥壮、王朝辉：《新民事诉讼法审判监督程序讲座》，法律出版社 2012 年版，第 120 页。

基于当事人的申诉，法院依职权启动再审的案件，应以申诉人的再审诉讼请求作为法院审理和裁判的对象。

4. 再审案件审理和裁判对象的超越

2008 年最高人民法院《适用民诉法审监程序解释》第 33 条第 1 款规定再审限于当事人请求范围，但"涉及国家利益、社会公共利益，……的除外"。2015 年最高人民法院《适用民诉讼法解释》第 405 条第 3 款规定，法院经过再审，发现生效判决、裁定损害国家利益、公共利益、他人合法权益的应一并审理，与《适用民诉法审监程序解释》第 33 条第 1 款的规定相比，增加了损害"他人合法权益"也属于法院主动审理的范围。从整体上而言，2015 年最高人民法院《适用民诉讼法解释》第 405 条第 3 款的规定是合理的，再审案件审理和裁判，不能对损害国家利益、公共利益的情形视而不见，也不能对损害他人合法权益的情形视而不见，但就范围上而言还应当明确包括"调解书"。

需要说明的是，2008 年最高人民法院《适用民诉法审监程序解释》第 42 条第 2 款和 2015 年最高人民法院《适用民事诉讼法解释》第 424 条第 2 款就案外人不是必要的共同诉讼人的再审案件的审理对象，分别规定为对原判决提出异议的部分的合法性和原判决、裁定、调解书对其民事权益造成损害的内容。笔者认为，无论是法院原生效裁判的当事人还是案外人，只要是属于既判力主观范围的基本对象或者既判力主观范围扩张的情形，都有权申请再审，再审的诉讼请求都必须限于既判力客观范围的基本对象或者既判力客观范围扩张的情形，对这种情形下的再审案件审理和裁判的对象，没有必要作出特别规定，适用再审案件审理和裁判对象确定的一般规则即可。

|第五章|

既判力时间范围理论与民事诉讼
再审程序的"新证据"研究

一、既判力时间范围理论的基本内容

(一) 既判力时间范围的概念

有学者从广义上来理解既判力的时间范围，认为其包括既判力的发生之时、既判力的标准时和既判力的消灭之时。[1]从法院的前诉生效裁判作用于后诉的范围界定而言，既判力时间范围最为核心和最为关键的问题是既判力的标准时，所以多数学者仅将既判力的时间范围理解为既判力的标准时。既判力的标准时，又称既判力的基准时，是指"某一特定的时间点"，在此特定的时间点之前发生的事实法院的生效裁判才对其产生既判力。[2]

当事人之间发生民事纠纷起诉至法院后，法院依据纠纷的事实所作的生效裁判产生既判力。之所以要明确既判力的标准时，是因为民事诉讼的诉讼标的有可能处于变动的状态，明确既判力的标准时是衡量既判力效果的一个重要因素，诉讼标的如果不采用这种方法予以固定，就无法确定既判力的作用范围。从时间关系来讲，法院的生效裁判只对既判力标准时以前的作为裁判基础的事实产生既判力。在现实生活中，法院的裁判生效以后，作为裁判基础的事实有可能出现新的情况或者有新的变化，法院生效裁判不能对此产生既判力。德国有学者指出："发生既判力的判决只确定特定时刻的权利状态，而不是确定所有未来的权利状态，因为通常情况权利状态后来会发生变化，所确认的请求权被履行和被消灭，原告被确认的财产所有权又被转让等。

---

〔1〕 齐树洁主编：《民事诉讼法》（第 11 版），厦门大学出版社 2017 年版，第 58~59 页。

〔2〕 邓辉辉："行政判决与民事判决既判力时间范围之比较"，载《广西社会科学》2007 年第 8 期，第 97 页。

195

在新诉讼中陈述该变更不能因既判力而受到排除。"[1]

研究既判力的标准时具有重大的意义。首先，它表明了法院的生效裁判产生既判力的正当性。对既判力标准时之前作为裁判基础的事实，当事人在诉讼过程中进行了充分的攻击与防御，受到了较为充分的程序保障，基于"程序保障、自我决定、自我责任"的程序逻辑形成的定式，[2]法院的生效裁判对这种事实产生既判力是公正合理的。在判断当事人提出的后一诉讼是否构成重复起诉时，既判力的基准时是重要的依据。[3]对诉讼结束之后发生的新的争议，既判力不具有约束力，不会产生重复起诉的问题。[4]如果不设定既判力的标准时，就有可能无限扩大既判力的作用范围，既判力标准时以后出现的事由也可能受到既判力的遮断，从而有可能对当事人的诉讼权利和实体权利造成损害。明确了既判力的标准时，就可以以当事人提出诉讼请求依据的事由存在的时间为标准，在认定是否重复起诉的基础上，对申请再审和另行提起诉讼进行明确的区分。最后，既判力的标准时是判断"新证据"作为再审事由的重要因素。如果某一证据形成于既判力标准时之后，是不受既判力约束的，不能作为再审事由的"新证据"。如果某一证据虽形成于既判力标准时之前，但并非客观原因不能在诉讼中提出，也不能作为再审事由的"新证据"。

（二）确定既判力时间范围的一般原则

1. 确定既判力时间范围一般原则的域外考察

由于两大法系的审级制度存在差异，对既判力标准时的规定并不相同。

大陆法系民事诉讼的一审和二审既是事实审又是法律审，第三审仅为法律审，在一般情况下，当事人在第二审中也可以提出新的理由和证据，故大陆法系既判力的标准时为事实审的法庭辩论终结之时，一般是指第二审的法庭辩论终结时。在一审后如果当事人没有上诉，或者上诉被驳回或一审后依

---

[1] ［德］奥特马·尧厄尼希：《民事诉讼法》（第 27 版），周翠译，法律出版社 2003 年版，第 332 页。

[2] 林剑锋："既判力时间范围制度适用的类型化分析"，载《国家检察官学院学报》2016 年第 4 期，第 15 页。

[3] 张兰芳、邓继好："既判力的基准时与重复起诉的识别"，载《山西大同大学学报（社会科学版）》2016 年第 1 期，第 6 页。

[4] 黄海涛：《民事诉讼法学实践问题研究》，中国政法大学出版社 2015 年版，第 59 页。

法越过第二审而向第三审法院"飞越抗告",事实审的法庭辩论终结之时则为第一审的法庭辩论终结之时。不过,从大陆法系国家的民事诉讼立法来看,并没有明文规定既判力的标准时,只是规定了从法律上冻结当事人有关诉讼行为的时点。[1]

在英美法系的民事诉讼制度中,上诉被认为是一种独立的诉讼,只有在审理案件的法院对案件作出终局判决时,才可能被准许上诉。从美国有关上诉指导原则的要求来看,对上诉通知中没有提到的上诉理由,当事人在上诉时不能提出,在上诉时只能提出其在一审中提出过的法律争点,一般不能提出新的证据,而且上诉法院在一般情况下不会重新考虑一审法院已经决定的事实问题,上诉法院无权改变一审陪审团的决定,对即使是一审法院未经陪审团审理而由法官认定的事实,上诉法院也会给予相类似的尊重,只对一审的证据是否作出了合理裁决作有限的考虑。依《美国联邦民事诉讼规则》第16条第3款第15项的规定,审前会议上争议的事项之一就是"规定准许提出证据的合理期限的命令"。[2]如果违反审前命令当事人提出了新的证据,对当事人的证明活动,法官可以进行限制,甚至可以拒绝审理。由此可见,在美国,与既判力诉讼价值相类似制度的标准时一般为第一审的法庭辩论终结之时。

对将既判力的标准时确定为事实审法庭辩论终结之时的合理性,域外特别是大陆法系的学者从不同的视角进行了论述。德国学者奥特马·尧厄尼希指出:"涉及实体既判力的时刻与双方当事人在诉讼进行中能够提出新的事实主张的截止时刻相同。由此得出的结论是:发生既判力的判决建立在双方当事人的至迟最后一次言词辩论结束前还可以变更和补充的事实陈述的基础上。在上告法院原则上不能进行任何有关事实的言词辩论。如果诉讼在上告审结束,则原则上控诉审的辩论结束时刻具有决定意义。所有的、能在该时刻之前被提起的事实在第二个诉讼中都被排除(因既判力而失效)。所有的在此之

---

〔1〕　例如,依《法国民事诉讼法》第135条、《德国民事诉讼法》第296条之一和第767条第1款及第2款、《日本民事诉讼法》第165条第1款和《日本强制执行法》第35条第2款的规定,事实审的法庭辩论终结之后,当事人不能再进行与本案有关的诉讼行为,由此可以推断既判力的标准时为事实审的法庭辩论终结之时。

〔2〕　《美国联邦民事诉讼规则:证据规则》,白绿铉、卞建林译,中国法制出版社2000年版,第38页。

后对已确认的法律后果的变更不受既判力的触及。"[1]日本教学高桥宏志认为："既判力于事实审的口头辩论终结时点产生效果。将口头辩论终结时点作为既判力产生时间的根据在于如下两点考虑：首先从口头辩论一体性的角度来看，辩论在其终结时点可以作出一体性的判断，其次，从当事人的视角来看，至口头辩论终结时点为止的所有事由应当是当事人能主张的事由，因此，禁止对这些事由再度进行争议，对于当事人而言也是无可厚非的。这种事实审的口头辩论终结时点〔若判决只经过第一审就得以确定，则是第一审的口头辩论终结时点；若诉讼进入第二审（控诉审），则是第二审的口头辩论终结时点；而第三审由于是法律审，因此，即使诉讼发展到第三审，仍然以第二审的口头辩论终结时点为准〕就被称为既判力的标准时或基准时。"[2]

2. 我国关于确定既判力时间范围一般原则的探讨

对确定既判力时间范围的一般原则，我国民事诉讼法学者进行了探讨，主要有以下几种不同的观点：

第一种观点认为，应当借鉴两大法系的做法，将既判力的标准时确定为事实审的法庭辩论终结之时。[3]

第二种观点认为，既判力的标准时应确定为举证期限届满之时，因为举证期限是对当事人提供证据时间方面的要求，超过举证期限，当事人在一般情况下就丧失了向法院提供证据的权利，将举证期限届满之时确定为既判力的标准时，就使举证期限制度与既判力制度能够有机地结合。

第三种观点认为，应将法院裁判生效之时或者法庭审理终结之时确定为既判力的标准时。江伟教授主编的《民事诉讼法学》（第3版）指出："既判力是判决效力的一部分，判决生效表现为判决宣告或送达，那么照理说，判决生效后才会产生既判力。既判力作用的时间在判决产生既判力之前，从逻辑上理解有点困难。再者，对于辩论终结前已经提出却被法院漏判的主张和争点，按照这种起算方式就不能另行起诉了。如果说在严格坚持处分权主义和辩论主义的西方国家，从既判力的'禁反言'功能上来理解这种确定既判

---

[1] [德] 奥特马·尧厄尼希：《民事诉讼法》（第27版），周翠译，法律出版社2003年版，第332页。

[2] [日] 高桥宏志：《民事诉讼法：制度与理论的深层分析》，林剑锋译，法律出版社2003年版，第488~489页。

[3] 林剑锋：《民事判决既判力客观范围研究》，厦门大学出版社2006年版，第175~176页。

力的时间范围的标准，还勉强说得通，那么在我国，这种逻辑冲突和实践困境就更加明显了。因此，根据我国的实际状况，理论上将既判力的时间范围解读为与判决生效的时间保持一致，可能更为妥当。"[1]吴明童教授和董少谋教授则主张既判力的标准时为法庭审理终结时。吴明童教授所持的理由在于：《民事诉讼法》规定当事人在庭审阶段可以随时提出新的证据，在法庭辩论结束后有最后发言的权利，法院此时还可以进行调解。[2]董少谋教授认为："我国《民事诉讼法》的规定则有所不同，即在开庭审判的法庭上当事人可以提出新证据，法庭辩论结束当事人有最后陈述的权利，甚至法庭审理结束在闭庭后当事人还可以提出新证据。这就可能引起法官对新提出的证据重新审查、认定。因此，既判力的基准时不能定在法庭审理的言词辩论终结前，而应定在法庭审理终结时。"[3]张力博士也认为："在我国既判力的基准时点为法庭审理终结时。"[4]

笔者认为，第一种观点所主张的将既判力的标准时定在事实审的法庭辩论终结之时，是对两大法系做法的借鉴，符合民事诉讼的本质和辩论主义原则的要求，与程序保障的诉讼原理也相吻合，似乎具有足够的正当性。但是，将两大法系的这种做法直接移植到我国民事诉讼制度之中，也会出现一些不便和困惑：一是我国在日常生活中很少使用"事实审"这一概念，当事人及社会公众可能对"事实审口头辩论终结之时"在理解上存在困难，不便于在司法实践中操作。二是在我国的民事诉讼制度之中，一审和二审既是事实审又是法律审，在绝大多数情形下，事实审的口头辩论终结之时也就是第二审的口头辩论终结之时。但是，依《民事诉讼法》第 169 条第 1 款[5]的规定，第二审有时也可能不开庭审理。在第二审不开庭审理时，就无法以口头辩论终结之时作为既判力的标准时。因此，直接移植两大法系的做法，将既判力的标准时定在事实审口头辩论终结之时并不是恰当的方案。第二种观点主张

---

〔1〕 江伟主编：《民事诉讼法学》（第 3 版），北京大学出版社 2015 年版，第 115~116 页。

〔2〕 吴明童："既判力的界限研究"，载《中国法学》2001 年第 6 期，第 82 页。

〔3〕 董少谋主编：《民事诉讼法学》，法律出版社 2011 年版，第 54 页。

〔4〕 张力："论既判力的界线"，载江伟教授执教五十周年庆典活动筹备组：《民事诉讼法学前沿问题研究》，北京大学出版社 2006 年版，第 390 页。

〔5〕 《民事诉讼法》第 169 条第 1 款规定："第二审人民法院对上诉案件，应当组成合议庭，开庭审理。经过阅卷、调查和询问当事人，对没有提出新的事实、证据或者理由，合议庭认为不需要开庭审理的，可以不开庭审理。"

将既判力的标准时与当事人举证期限届满之时保持一致，似乎具有合理性，但严格说来是不可取的。为了解决实践中"证据随时提出主义"存在的弊端，我国民事诉讼理论界和实务界对举证期限制度进行了探讨，但在 2012 年修正《民事诉讼法》以前，举证期限制度仅限于司法解释及司法实务层面，在 1991 年《民事诉讼法》和 2007 年《民事诉讼法》中并没有作出规定。2001 年最高人民法院《民事证据规定》第 33 条和第 34 条对举证期限制度作了较为全面和系统的规定。最高人民法院上述司法解释关于举证期限制度的实施，虽然有一定的积极效果，但负面效应也十分明显，尤其是与《民事诉讼法》的相关规定存在冲突。例如，举证期限届满之时大多在开庭审理之前，举证期限届满视为当事人放弃举证权利的规定，与《民事诉讼法》规定的"当事人在法庭上可以提出新的证据"存在明显的冲突。2001 年最高人民法院《民事证据规定》第 34 条第 3 款规定当事人增加、变更诉讼请求或者提起反诉应当在举证期限届满前进行，《民事诉讼法》则规定在开庭审理过程中，原告可以增加诉讼请求，被告可以提出反诉，第三人可以提出与本案有关的诉讼请求。由此可见，从《民事诉讼法》的立法精神来看，在整个开庭审理过程中，当事人都可以通过攻击与防御手段的实施来争取对自己最为有利的诉讼结果，并不是举证期限届满当事人就丧失了举证的权利，否则就可能损害当事人的程序保障利益，不利于案件的公正审理。正是考虑上述因素，2012 年修正的《民事诉讼法》第 65 条首次正式确立了举证期限制度，2015 年最高人民法院《适用民诉法解释》第 90 条和第 99 条至第 102 条又作了具体化的规范，与以往最高人民法院司法解释关于举证期限的制度相比，有以下几方面的重大变化：一是当事人未在举证期限之内提交证据，并不"视为放弃举证权利"，不能"不组织质证"，即使当事人逾期提供证据"拒不说明理由或者理由不成立的"，法院既可以"不采纳该证据"，也可以"采纳该证据但予以训诫"。因此，当事人逾期提供证据并不必然产生证据失权的效果。二是负有举证责任的当事人承担败诉风险的前提并不是举证期限届满前未提供证据或者证据不足，而是"在作出判决前，当事人未能提供证据或者证据不足以证明其事实主张的，由负有举证证明责任的当事人承担不利的后果"。[1] 有学者认为，这些变化是证据适时提出主义温和派的体现，确认了证据失权制度的适用正在

---

〔1〕 2015 年最高人民法院《适用民诉法解释》第 90 条第 2 款。

从严趋宽的司法事实。[1]有学者更形象地指出，《民事诉讼法》尽管对举证期限仍然强调，但限制逾期证据的"诉讼之门已经由之前的加锁之门改为虚掩之门"。[2]既然举证期限届满之日只是关闭了一道"没有加锁的虚掩之门"，就无法将其确定为既判力的标准时。笔者赞同上述第三种观点，主张将既判力的标准时定在裁判生效之时。将既判力的标准时定在裁判生效之时或者法庭审理终结之时在内容上没有什么区别。汤维建教授指出："在我国，法庭辩论终结并不是当事人提供相关诉讼资料的终点，法院判决的基础亦不局限于辩论终结之前的诉讼资料，所以说，既判力的基准时点不是法庭辩论终结时，而应当是审理终结之时，就是判决书生效之时。"[3]但是，将既判力的标准时规定为"裁判生效之时"更符合我国民事诉讼的语境，使既判力标准时十分明确，便于法官、当事人和社会公众知晓和在司法实务中操作。需要说明的是，与两大法系通常做法将既判力标准时定在事实审口头辩论终结之时相比，从时间维度上讲，事实审口头辩论终结之时与裁判生效之时可能还有一段时间距离。在此期间，还有合议庭的评议甚至审判委员会的讨论、判决书的制作和宣判等环节。如果法院不当庭宣判并送达判决书，在事实审口头辩论终结之后至裁判生效之时，当事人之间的民事法律关系存在发生变化的可能性，诉讼程序信息交流的渠道可能并未关闭，甚至法院有可能依未经当事人双方质证的证据来进行裁判从而有违民事诉讼的基本法理。但应当看到的是，任何制度的设计都很难做到完美无缺，如果我们在民事诉讼过程中强化当庭宣判并送达判决书，上述可能存在的弊端就不会得以产生。即使定期宣判，一般情况下时间距离不太长，产生上述弊端的可能性也不太大。退一步讲，即使出现了上述弊端后，通过再审程序的启动也可以予以纠正。

（三）确定既判力时间范围的特殊情形

在一般情况下，依据确定既判力时间范围的一般原则来规定既判力的标准时不会产生不妥当的结果。但是，民事法律关系有时是十分复杂的，确定既判力时间范围的一般原则有可能与某些案件的个体特征并不相符合，依此来规定既判力的标准时可能无法公正地保护当事人的权利。因此，有必要对

---

〔1〕郎立惠："论民事再审审查程序对新证据的认定"，载《河北学刊》2014年第3期，第138页。

〔2〕王朝辉："《民事诉讼法》司法解释审判监督程序若干问题解读"，载《法律适用》2015年第10期，第65页。

〔3〕汤维建主编：《民事诉讼法学》（第2版），北京大学出版社2014年版，第60页。

"确定既判力时间范围的特殊情形"进行探讨，以便在特殊情形下正确界定既判力作用的时间范围。

1. 不可预料事由与既判力的时间范围

在一般情况下，既判力标准时之前存在的事由应受既判力的约束，但不可预料事由如果适用这一规则，有时可能产生不妥当的结果。所谓不可预料的事由，是指有证据证明，当事人在诉讼过程中不可能知道其存在的事实。对不可预料事由而言，当事人在前诉中是无法知晓和提出的，不能受到法院前诉生效裁判既判力的约束。当然，没有足够的理由，不能对既判力的制度性效力予以削弱，对"不可预料事由"的认定应当从严掌握而不能作较为宽泛的理解。日本学者高桥宏志指出："当事人仅仅以'在前诉中自己不知道该事实存在'为理由来主张其不受既判力遮断恐怕是不足够的，应该说，只有当其在前诉中存在合理原因而不知道该事实存在的，对于该事实的主张才可以不受既判力的遮断。"[1]

不可预料事由最为典型的例子是后发性的损害赔偿请求。对侵权行为造成的损害，当事人在前诉中提出了损害赔偿的请求，但有证据证明当事人在前诉中不可能知道而在既判力标准时后才知道有其他侵害存在的，当事人可以对该伤害另行提出损害赔偿的诉讼。对这种另行提出的损害赔偿诉讼，《日本民事诉讼法》第117条第1款作了规定，[2]日本理论界和实务界的意见是一致的，主张其不受法院生效裁判既判力的约束。如何为这一结论寻找正当化的理论依据，日本学者提出了以下四种方案：一是将另行起诉的损害赔偿诉讼作为部分请求诉讼的剩余诉讼请求来对待，以部分请求诉讼全面否定说的例外情形来说明这一问题。这种方案在前述"既判力客观范围理论与民事诉讼再审程序的诉讼标的研究"的探讨过程中已经作了说明。但是，部分请求诉讼全面否定说的例外情形在部分请求诉讼既判力理论本身中不能得到说明，并且部分请求诉讼及其既判力问题在理论界本身还存在较大的分歧。二

---

[1] [日]高桥宏志：《民事诉讼法：制度与理论的深层分析》，林剑锋译，法律出版社2003年版，第493页。

[2] 《日本民事诉讼法》第117条规定："（一）对于口头辩论终结前所生的损害，作出以定期金的方式予以赔偿的判决确定时，若在口头辩论终结后，后遗症的程度、工资水平以及其他作为损害额算定基础的情事产生显著变更时，可以提起判决变更之诉。但是要求变更的范围仅限于诉提起之日以后的到期定期金。……"

是以后诉和前诉的诉讼标的不同来说明这一问题。这一方案较为明快和直接，但如何认定诉讼标的一直是民事诉讼法学界的难题之一，细化侵权行为诉讼的诉讼标的并从理论上予以论证同样十分困难。三是以确定既判力的时间范围的一般原则来说明，认为后发性的损害赔偿请求是基于既判力标准时以后形成的事实造成的。但问题在于，后发性的损害赔偿请求，损害的事实很可能在既判力标准时以前就已经形成，只是当事人在前诉中不可能知道而在既判力标准时以后才知道。依确定既判力标准时间的一般原则，在既判力标准时前存在的事由受既判力的约束。四是依确定既判力时间范围的特殊情形来说明，即："如果当事人对于前诉中的主张不具有可预料性（可期待性），那么，既判力的遮断效就不及于该主张"。[1] 相比较而言，第四种方案较为合理。2003 年最高人民法院《人身损害赔偿案件适用法律解释》[2] 第 19 条第 2款对后发性的损害赔偿请求不受既判力的约束而允许当事人另行起诉也作出了规定。因此，对裁判生效以前已经发生的事实，当事人有证据证明不可能知道该事实在法院裁判生效以前存在的，可以在法院裁判生效之后以该事实为由向法院另行提起诉讼。

2. 预测型裁判与既判力的时间范围

预测型裁判，是指基于对当事人之间未来一段时间内法律关系状态的预测，法院判令败诉方在未来一段时间内向对方持续为给付义务的裁判。[3] 预测型裁判不同于一般的法院裁判，它确定的是当事人未来的权利状态，使法院生效裁判既判力的时间范围在既判力标准时以后予以延伸，强化了既判力制度的作用。

预测型裁判是针对未来权利状态所进行的确认，在法院裁判生效以后，作为法院裁判基础的事实发生变化的可能性是存在的。随着时间的推移，法院裁判在当时所确认的事实状态与法院裁判生效后现实存在的事实状态可能存在差异，如果因这种差异的存在需要调整法院生效裁判所确认的事实状态，法院生效裁判既判力的时间范围延伸至既判力标准时以后，就阻止了当事人

---

〔1〕 ［日］高桥宏志：《民事诉讼法：制度与理论的深层分析》，林剑锋译，法律出版社 2003 年版，第 492 页。

〔2〕 本书所称"2003 年最高人民法院《人身损害赔偿案件适用法律解释》"，即《最高人民法院关于审理人身损害赔偿案件适用法律若干问题的解释》（法释［2003］20 号　2003 年 12 月 26 日）。

〔3〕 王娣、王德新："论既判力的时间范围"，载《时代法学》2008 年第 4 期，第 57 页。

的另行起诉和再行争议，不能通过一般意义的再审程序来推翻法院生效的预测型裁判的既判力。因为再审程序是纠正错误的法院生效裁判所适用的程序，预测型裁判是对未来权利状态的确认，如果作为裁判基础的事实状态在法院裁判生效以后发生变化，并不能说明预测型裁判存在错误或者不当。我们不能要求法院作出的预测型裁判能够对未来的事实状态的变化准确地进行预测。正是因为上述原因，在预测型裁判生效以后，如果案件的事实状态发生变化时，德国采取的是允许当事人提起变更之诉的做法，但提起变更之诉的事实必须是在既判力标准时以后存在，并且当事人在预测型裁判生效以前的前诉中是不可能考虑和预见的。《德国民事诉讼法》第 323 条[1]对此作了明确规定。需要指出的是，当事人在此种情形下提起变更之诉与一般情形下既判力标准时后新事由的出现允许当事人另行起诉似乎不存在区别，但两者的前提是不一样的，前者是对既判力的突破，后者是因为不受既判力的约束。

从我国的立法来看，也有预测型裁判的规定。例如，《中华人民共和国婚姻法》第 37 条第 2 款规定了在"必要时"允许子女对父母任何一方提起对生活费和抚育费的变更之诉。但是，上述规定没有对"必要时"作具体的限定，有可能导致变更之诉的滥用而不利于对法院生效裁判既判力的维护，并且我国的立法和司法解释没有对预测型裁判的变更之诉作一般性的规定。笔者认为，可以借鉴德国的做法，对预测型裁判变更之诉的提起作如下规定：对当事人的未来权利，法院的生效裁判进行了确认，当事人以法院的裁判生效以后发生的且在裁判生效以前不可能考虑和预见的事实为由，有权提起变更法院生效裁判的诉讼。

对确定既判力时间范围的特殊情形，除上述两种情形外，在德国和日本，还对形成权的行使与既判力的时间范围进行了探讨。形成权主要包括撤销权、解除权和抵销权等，是指仅凭权利人一方的意思表示就能发生变动的权利。形成权与既判力的时间范围所要讨论的问题是：如果形成权存在于既判力标准时之前是否同样受到既判力的约束？在既判力标准时之后是否还可以行使

---

[1]《德国民事诉讼法》第 323 条规定："(1) 在判令履行将来到期的定期给付时，当事人各方均可申请变更。只有在原告提交的事实导致法院判决依据的事实关系和法律关系发生了重大变化时，才能提起变更之诉。(2) 请求变更之诉所依据的原因发生在言词辩论终结之后，因而不能主张异议时，方可提起请求变更判决之诉。(3) 只有在起诉后的日期，才能对判决加以变更。(4) 如果事实关系和法律关系发生了重大变化，判决的变更应保持原判决所依据的未变基础。"

形成权？德国和日本的学者对这一问题首先从整体上进行探讨，形成了全面肯定说、全面否定说和折中说，虽然相对而言持折中说的学者较多，但学者们的意见很难达成一致。正因为如此，日本学者很早就放弃了从整体上研究这一问题的做法，德国学者近年来也开始主张对这一问题进行个体的研究。德国和日本学者具体探讨撤销权、解除权、抵销权与既判力时间范围的问题时，主流的观点是撤销权人、解除权人应当受到法院生效裁判既判力的约束，这两种权利在既判力时间范围上不存在特殊性，但抵销权人不受法院生效裁判既判力的约束。不过，学者们的意见仍不一致，还存在反对的观点和折中的主张。考虑到德国、日本对这一问题的研究并未取得意见的一致性，我国民事诉讼法学界对这一问题更缺乏深入的探讨，笔者认为，在我国目前的立法和司法实务中，暂时可以对形成权的行使与既判力时间范围的特殊性不作考虑。

二、既判力时间范围理论与民事诉讼再审程序"新证据"的认定以及与另行起诉和申请再审的区分

（一）既判力时间范围理论指导下民事诉讼再审程序"新证据"的认定

民事诉讼再审程序中的"新证据"，德国对此没有作出规定。日本曾经规定重要书证可以作为再审事由，在 1925 年修订法律时也取消了这一再审事由。但是，有些国家和地区，仍有对民事诉讼再审程序中"新证据"的规定。例如，《意大利民事诉讼法》[1]第 395 条第 3 项规定："在判决作出后，又出现了一份或多份可能影响定案的新文件，而当事人在之前的诉讼中由于不可抗力或受第三人阻挠未能提交该文件（第 326、329、396、398 条）"。《法国民事诉讼法》第 595 条第 2 项规定："如原判决作出以后发现因另一方当事人所为，一些具有决定性作用的书证被扣留而没有提交法庭"。《俄罗斯民事诉讼法》[2]第 392 条第 2 款第 1 项规定："发现申请人不知道或不可能知道的重大情节"。

在我国，1991 年《民事诉讼法》第 179 条第 1 款第 1 项、2007 年《民事诉讼法》第 179 条第 1 款第 1 项以及现行《民事诉讼法》第 200 条第 1 项均

---

〔1〕 本书引用的《意大利民事诉讼法》依据的文本为：《意大利民事诉讼法典》，白绿、李一娴译，中国政法大学出版社 2017 年版。

〔2〕 本书引用的《俄罗斯民事诉讼法》依据的文本为：《俄罗斯联邦民事诉讼法典》，黄道秀译，中国人民公安大学出版社 2003 年版。

规定，"有新的证据，足以推翻原判决、裁定的"是启动民事诉讼再审程序的法定事由之一。最高人民法院以往的司法解释对民事诉讼举证期限的要求较为严格，对如何认定民事诉讼再审程序"新证据"也提出了较为严格的要求。2001 年最高人民法院《民事证据规定》第 44 条第 1 款规定，民事诉讼再审程序"新证据"是指原审庭审结束后新发现的证据。2002 年最高人民法院《规范再审立案意见》第 8 条第 1 项规定民事诉讼再审程序"新证据"是再审申请人以前不知道或者举证不能的证据。2008 年最高人民法院《适用民诉法审监程序解释》第 10 条对民事诉讼再审程序"新证据"作了更为具体的规定，与上述两个规定相比，强调了"新证据"原则上是原审庭审结束前形成的证据。〔1〕2008 年最高人民法院《适用〈民事证据规定〉举证时限规定通知》〔2〕第 10 条规定，除非逾期举证存在"故意或者重大过失"，不允许作为民事诉讼再审程序"新证据"。2011 年最高人民法院《第一次全国民事再审审查工作会议纪要》第 21 条第 1 款规定以鉴定结论、勘验笔录作为新证据申请再审的不予支持，改变了 2008 年最高人民法院《适用民诉法审监程序解释》的相关规定。2012 年修正的《民事诉讼法》正式确立了举证期限制度，但对举证期限的要求比最高人民法院以往司法解释的规定更为宽松，2015 年最高人民法院《适用民诉法解释》对民事诉讼再审程序"新证据"的要求也随之降低，第 388 条第 1 款规定了认定再审申请人逾期提供证据的理由成立的三种情形，〔3〕第

---

〔1〕 原审庭审结束前形成的证据具体有四种情形：一是原审庭审结束前已经客观存在而在庭审结束后新发现的证据，为民事再审事由的"新证据"；二是原审庭审结束前已经发现，但因客观原因无法取得或者在规定的期限内不能提供的证据，为民事再审事由的"新证据"；三是原审庭审结束后原作出鉴定结论、勘验笔录者重新鉴定、勘验，推翻原结论的证据，为民事再审事由的"新证据"；四是当事人在原审中提供的主要证据，原审未予质证、认证，但足以推翻原判决、裁定的，视为民事诉讼再审程序"新证据"。

〔2〕 本书所称"2008 年最高人民法院《适用〈民事证据规定〉举证时限规定通知》"，即《最高人民法院关于适用〈关于民事诉讼证据的若干规定〉中有关举证时限规定的通知》（法发〔2008〕42 号 2008 年 12 月 11 日）。

〔3〕 这四种情形为：一是在原审庭审结束前已经存在，因客观原因于庭审结束后才发现的证据。与 2008 年最高人民法院《适用民诉法审监程序解释》的规定相比，强调了庭审结束后发现的证据是"因客观原因"。二是在原审庭审结束前已经发现，但因客观原因无法取得或者在规定的期限内不能提供的证据。这与 2008 年最高人民法院《适用民诉法审监程序解释》的规定相同。三是在原审庭审结束后形成，无法据此另行提起诉讼的证据。这是新作出的规定。四是在原审中已经提供，原审法院未组织质证且未作为裁判根据的，除法院依法不予采纳的以外，视为民事诉讼再审程序"新证据"。这种情形与 2008 年最高人民法院《适用民诉法审监程序解释》的规定相比有所变化。

387条则基本上按照一审和二审程序举证期限的要求，对民事诉讼再审程序"新证据"作出了十分宽松的规定。[1]此外，2013年最高人民检察院《民诉监督规则》第78条也对民事诉讼再审程序"新证据"作了规定，内容与2008年最高人民法院《适用民诉法审监程序解释》第10条是一致的。

从上述最高人民法院关于民事诉讼再审程序"新证据"的规定可以看出，最高人民法院对这一问题的认识有一个变化的过程，有的规定相互矛盾，并且对民事诉讼再审程序"新证据"的要求有放松的趋势。这种态势是十分危险的，因为如果允许当事人不加限制地提出"新证据"启动再审程序，其危害性是十分明显的。例如，会造成且助长轻视第一审甚至第二审的现象，会阻碍实体公正的实现，容易形成突袭性裁判，不利于交易的安全和社会的稳定，尤其对保护善意第三人的利益是不利的。[2]在实务操作过程中，对最高人民法院关于民事诉讼再审程序"新证据"的规定在理解上并不统一，引发了法院受理再审案件适用标准不统一，助长了当事人恶意诉讼和证据突袭，导致案件的审而难结等诸多问题。[3]正因为如此，对民事诉讼再审程序"新证据"的界定问题，学者们进行了研究。有学者认为，从动态新证据观视野下，界定民事诉讼再审程序"新证据"应当考察主体方面的因素、主观方面的因素、客观方面的因素和客体方面的因素。[4]这种认识具有一定的合理性，但对新证据的界定不能仅从动态新证据观的视野下来考察，还应当有静态的客观标准来对民事诉讼再审程序"新证据"进行界定，才能便于司法实务中的操作。笔者认为，界定民事诉讼再审程序"新证据"，重点要解决好"新证据"的形成时

---

[1] 依2015年最高人民法院《适用民诉法解释》第387条的规定，再审申请人提供的新的证据，能够证明原判决、裁定认定基本事实或者裁判结果错误的，应当认定为《民事诉讼法》规定的再审事由。对于符合上述规定的证据，法院应当责令再审申请人说明其逾期提供该证据的理由。拒不说明理由或者理由不成立的，法院根据不同情形可以不采纳该证据，或者采纳该证据但予以训诫、罚款。即：当事人因故意或者重大过失逾期提供的证据，法院不予采纳，但该证据与案件基本事实有关的，法院应当采纳，并依法予以训诫、罚款；当事人非因故意或者重大过失逾期提供的证据，法院应当采纳，并对当事人予以训诫。

[2] 钟文："论我国民事再审程序与'证据随时提出主义'"，载《沈阳教育学院学报》2000年第3期，第28~29页。

[3] 付婷婷："民事再审启动事由中新证据的界定"，载《山西省政法管理干部学院学报》2008年第2期，第65页。

[4] 邓和军："论动态新证据观——以民事再审新证据为分析对象"，载《海南大学学报（人文社会科学版）》2008年第6期，第657~659页。

间、基本样态、提出主体、证据种类和证明力这五个问题。下面对这五个问题
分别展开讨论。

关于民事诉讼再审程序"新证据"形成的时间，2002 年最高人民法院
《规范再审立案意见》和 2001 年最高人民法院《民事证据规定》并没有作出
明确规定，从理解上来讲，它可能是原审庭审结束以前形成的证据，也可能
是原审庭审结束以后形成的证据。2008 年最高人民法院《适用民诉法审监程
序解释》规定的四种情形的民事再审事由的"新证据"，为原审庭审结束前形
成的证据有三种情形，为原审庭审结束以后形成的证据只有一种情形，即原
审庭审结束以后作出鉴定结论、勘验笔录者重新鉴定、勘验，推翻原结论的
证据，但这种情形被 2011 年最高人民法院《第一次全国民事再审审查工作会
议纪要》第 21 条第 1 款规定所否定。2015 年最高人民法院《适用民诉法解
释》第 388 条第 1 款规定的逾期提供证据理由成立的三种情形中，也只有一
种情形是原审庭审结束以后形成的证据，即原审庭审结束以后形成的无法据
此另行提起诉讼的证据。从学者们的观点来看，对这一问题主要有以下几种
不同的认识：第一种观点认为，民事诉讼再审程序"新证据"一般应当是形
成于原审庭审结束之后的证据。理由在于，对再审"新证据"作这样的规定，
有利于法院查清事实和纠正错误裁判，可以避免再审诉讼层面证据适用的混
乱，便于对当事人合法权益的有效保护，能够使一些本应予以纠正的案件进入
再审程序。[1]第二种观点认为，民事诉讼再审程序"新证据"应当是当事人
超出举证期限提供的证据，因为提供证据超出举证期限，除非属于新证据，否
则就会产生证据失权的后果。[2]第三种观点认为，民事诉讼再审程序"新证
据"形成的时间应当是终审裁判作出之前。理由在于，证据在终审裁判作出
之前没有被发现，根据判决作出之前的证据所作出的裁判并不存在错误。[3]
有学者还明确指出，基于既判力时间效力范围的作用和既判力正当化的根据，

---

〔1〕 湖北省高级人民法院审判监督庭第三庭："民事再审新证据的认定与运用"，载《人民司
法》2010 年第 17 期，第 10 页。

〔2〕 李海霞："民事再审新证据适用的困境与完善"，载《河南科技大学学报（社会科学版）》
2012 年第 3 期，第 99 页。

〔3〕 王橄："论我国民事再审事由中'新的证据'的限制"，载《中州大学学报》2012 年第 1 期，
第 26 页。

再审新证据不能是判决生效后新生成的证据。[1]第四种观点认为，民事诉讼再审程序"新证据"，既包括原存在的证据，又包括新形成的证据。[2]有学者认为，依照"一事不再理"原理和现代诉讼追求纠纷一次性解决的精神，为了避免同一纠纷出现两个矛盾判决的情形，将新形成的证据完全排除在再审新证据之外是很不合理的。[3]有学者认为，再审新证据包括生效裁判作出以后新产生的证据和生效裁判作出以前就已经产生但在生效裁判作出以后才发现的证据。[4]笔者同意上述第三种观点，认为民事诉讼再审程序"新证据"是法院裁判生效以前形成的证据。民事诉讼再审程序"新证据"形成时间的问题涉及既判力理论中的既判力的标准时。[5]在既判力标准时之前发生的事实，法院的生效裁判才对其产生既判力。根据前述内容的分析，笔者主张既判力的标准时应为法院裁判生效之时，作为民事诉讼再审程序"新证据"只能是法院裁判生效之前形成的证据，法院裁判生效之后形成的证据是不受既判力约束的，因而不能成为民事诉讼再审程序"新证据"。以法院裁判生效以后形成的证据作为民事诉讼再审程序"新证据"，还会产生以下难以解决的问题：一是再审是对已经生效的错误裁判的纠正，某一证据形成于法院裁判生效之后，法院在作出生效裁判的时候是不可能加以考量的，以此作为启动再审程序的事由不合情理，对双方当事人来讲也不公平。二是民事诉讼再审程序"新证据"如果可以在法院裁判生效以后形成，当事人就有可能反复寻找"新证据"来启动再审程序，诉讼可能很难休止，可能损害法院生效裁判的稳定性和权威性。事实上，法院裁判生效以后形成的证据，从既判力时间范围理论上来讲，是不受既判力约束的，当事人可以另行提起诉讼。无论从诉讼理论还是从司法实践来看，法院裁判生效以后形成的证据，不会存在无法据此

---

[1]　王胜全："判决生效后新生成的证据不能用作再审新证据"，载《人民法院报》2009年11月24日。

[2]　储敏："民事再审新证据探析"，载《江淮论坛》2005年第1期，第46页；赵敏、王俊、孙海峰："对民事再审新证据的整体解读"，载《东方法学》2011年第2期，第36页；史西岗等：《再审抗诉法律实务》，人民法院出版社2013年版，第95页。

[3]　卢正敏："民事诉讼再审新证据之定位与运用"，载《厦门大学学报（哲学社会科学版）》2009年第3期，第124页。

[4]　李后龙、花玉军、葛文："再审新证据认定和运用的实证分析"，载《人民司法》2009年第21期，第71页。

[5]　李浩："民事诉讼法典修改后的'新证据'——《审监解释》对'新证据'界定的可能意义"，载《中国法学》2009年第3期，第157页。

另行提起诉讼的情形，2015 年最高人民法院《适用民诉法解释》第 388 条规定逾期提供证据理由成立情形的"在原审庭审结束后形成，无法据此另行提起诉讼的"证据是不恰当的。当然，预测型裁判是对未来权利的确认，其民事诉讼再审程序的"新证据"有可能是裁判生效以后出现的证据。

关于民事诉讼再审程序"新证据"的基本样态，2001 年最高人民法院《民事证据规定》规定为"新发现的证据"，2002 年最高人民法院《规范再审立案意见》规定为"以前不知道或举证不能的证据"，2008 年最高人民法院《适用民诉法审监程序解释》规定为"新发现的证据""因客观原因无法取得或在规定的期限内不能提供的证据"以及"在原审中提供的主要证据，原审未予质证、认证，但足以推翻原判决、裁定的"证据，2008 年最高人民法院《适用〈民事证据规定〉举证时限规定通知》规定为不存在"故意或者重大过失"逾期提供证据，2015 年最高人民法院《适用民诉法解释》第 388 条规定逾期提供证据理由成立的情形为"因客观原因于庭审结束后才发现的"证据、"因客观原因无法取得或者在规定的期限内不能提供的"证据以及"原审中已经提供，原审人民法院未组织质证且未作为裁判根据的"证据，但法院依法不予采纳的除外。民事诉讼再审程序"新证据"基本样态包括行为和原因两个方面。就行为样态而言，最高人民法院的司法解释规定了"新发现""举证不能"等情形，学者们的分析则更为复杂。例如，有学者认为，在民事司法实践中，再审新证据包括原审已形成但未发现的证据、原审已发现但未收集的证据、原审已收集但未提交的证据、原审已提交但未质证的证据以及原审未形成而无法提交的证据等五种情形。[1]笔者认为，对民事诉讼再审程序"新证据"的行为样态，没有必要作过于细致的规定，只需规定"对法院裁判生效以前形成的当事人在一审和二审程序中没有向法院提交"即可。需要指出的是，2008 年最高人民法院《适用民诉法审监程序解释》和 2015 年最高人民法院《适用民诉法解释》第 388 条都对原审中已经提交但未质证的证据可以作为"新证据"的情形作了规定。实际上，原审中已经提供但未予质证或认证的证据可以作为"新证据"是不合理的，因为原审对已经提供的证据未予质证或认证，是基于当事人提供证据已经超过了举证期限，此种情形

---

[1] 罗飞云："民事再审新证据的认定与运用"，载《法律科学（西北政法大学学报）》2011年第 5 期，第 163~165 页。

如果认定为"新证据",就否认了法院不质证或认证的合法性,举证期限制度也就丧失了意义。因此,民事诉讼再审程序"新证据"只包括在原审中当事人没有向法院提交的证据,原审中当事人已经向法院提交的证据是不能作为民事诉讼再审程序"新证据"的。就民事诉讼再审程序"新证据"基本样态的原因而言,最高人民法院的司法解释曾规定"以前不知道""非故意或者重大过失"以及"客观原因"。2015 年最高人民法院《适用民诉法解释》第102 条规定,只要该证据与案件基本事实有关,即使因故意或者重大过失逾期提供证据,法院也应当采纳并依法予以训诫、罚款。这一规定实际上是不考虑民事诉讼再审程序"新证据"基本样态的原因。就学者们的认识来看,主要有两种观点。一种观点认为,当事人在原审中没有向法院提交证据,只有不属于"故意或者重大过失"才属于"新证据",一般的过失不宜禁止其在再审中提出,否则会过分侵蚀实体公正。[1]这种观点还认为,对一般的过失,当事人在原审中没有向法院提交的证据可作为民事诉讼再审程序"新证据",但此种情形可适用费用制裁制度,因为这一制度削弱了实体公正与程序公正之间的冲突,在现行法规中能够找到依据,并增加了裁判的可接受性。[2]2008年最高人民法院《适用民诉法审监程序解释》第 39 条第 2 款[3]实际上是这种主张的体现。另一种观点认为,当事人在原审中没有向法院提交证据,只有因"客观原因"未提交的才属于民事诉讼再审程序"新证据"。有学者指出,确实由于客观原因而非主观上的原因当事人未发现而未在原审提交的证据,才构成民事诉讼再审程序"新证据"。[4]笔者赞同后一种观点,认为只有因客观原因在原审中当事人没有向法院提交的证据,才属于民事诉讼再审程序"新证据"。从域外立法的规定来看,对这一问题,法国的规定为"提出再审申请的人自己无过错",美国的规定为"即使相当地注意也不可能被发

---

〔1〕 李浩:"再审的补充性原则与民事再审事由",载《法学家》2007 年第 6 期,第 11 页。

〔2〕 李浩:"民事诉讼法法典修改后的'新证据'——《审监解释》对'新证据'界定的可能意义",载《中国法学》2009 年第 3 期,第 167 页。

〔3〕 2008 年最高人民法院《适用民诉法审监程序解释》第 39 条第 2 款规定:"申请再审人或者申请抗诉的当事人提出新的证据致使再审改判,被申请人等当事人因申请再审人或者申请抗诉的当事人的过错未能在原审程序中及时举证,请求补偿其增加的差旅、误工等诉讼费用的,人民法院应当支持;请求赔偿其由此扩大的直接损失,可以另行提起诉讼解决。"

〔4〕 陈朝阳:"论我国民事再审程序的重构——看得见的正义",载《福建政法管理干部学院学报》2003 年第 1 期,第 72 页。

现", 俄罗斯的规定为"不知道或者不可能知道", 我国澳门特别行政区的规定为"不是由于自己的过失"。强调因"客观原因"未提交的证据才属于"新证据", 有利于防止诉讼突袭和维护审判秩序, 有利于节省司法资源, 有利于维护法律的公平正义和增强司法公信力。考虑证据与案件基本事实有关而不问当事人逾期提供证据的主观原因允许提供新证据, 以及因当事人过错未能及时举证而适用的费用制裁制度, 在一审和二审中也许是比较理性的。但是, 再审制度突破与冲击了法院生效裁判的既判力, 对再审新证据采用对待一审、二审的新证据的立法或解释的态度是不无疑问的。[1]在再审程序中, 与一审、二审程序相比, 之所以要限定"新的证据", 其正当性在于：一是司法政策支持, 二是审判资源有限, 三是程序保障。[2]

关于民事诉讼再审程序"新证据"的提出主体, 民事诉讼立法和司法解释都没有作出规定。在我国, 除了当事人可以申请再审外, 检察院可提出检察建议或者抗诉启动再审, 法院还可依职权启动再审。在 2007 年《民事诉讼法》中, 检察院抗诉的情形与当事人申请再审的法定事由实现了同一化, 尤其是现行《民事诉讼法》第 210 条规定了检察院在提出检察建议或者抗诉时, 享有向当事人或者案外人调查核实有关情况的权利。至于法院依职权启动再审, 《民事诉讼法》赋予了法院很大的自由裁量权。因此, 有必要讨论检察机关或者法院依职权调取的证据能否作为启动民事诉讼再审程序的"新证据"。在学术界, 学者们对检察机关或者法院依职权调取的证据能否作为启动民事诉讼再审程序的"新证据"进行了探讨。有学者明确指出, 检察机关不宜以"新的证据"为由提起抗诉。[3]有学者认为, 法院、检察机关依职权调取"新证据"启动再审应有范围的限制, 如应限于原审法院依职权应调查收集而未调查收集的证据, [4]应限于证明在审判案件过程中法院存在程序违法或审

〔1〕 李乾、张继峰："关于我国再审事由中'新的证据'的要件分析", 载《南阳师范学院学报》2014 年第 7 期, 第 11 页。
〔2〕 李树训："从再审职能角度看再审程序中'新的证据'", 载《湘南学院学报》2017 年第 1 期, 第 36 页。
〔3〕 于金强："再审新证据制度之反思与重构", 载《山东审判》2012 年第 1 期, 第 75~76 页。
〔4〕 罗飞云："民事再审新证据的认定与运用", 载《法律科学（西北政法大学学报）》2011 年第 5 期, 第 168~169 页。

判人员存在贪污受贿、徇私舞弊、枉法裁判等行为的证据。[1]我们认为，检察机关依职权调取的证据不能作为启动民事诉讼再审程序的"新证据"，但案件涉及国家利益或者社会公共利益的可以除外。"证据"作为抗诉的法定情形，应当理解为当事人向检察机关申请提出检察建议或者抗诉时提交的"新证据"。检察机关"享有调查核实有关情况的权利"并不能与依职权调取新证据等同起来。新证据作为再审事由也不能与"审判人员审理该案时有贪污受贿、徇私舞弊、枉法裁判行为的"等其他再审事由相混淆。法院依职权调取的证据不能作为启动民事诉讼再审程序的"新证据"，是因为法院依职权启动再审也应以当事人提出申诉为前提。

关于民事诉讼再审程序"新证据"的种类，我国的民事诉讼立法和司法解释同样没有作出规定。从域外立法来看，多数国家和地区对民事诉讼再审程序"新证据"的种类作了限定。例如，法国限定为"文字、字据"，德国限定为"证书"，包括法院就同一事件所作的生效判决和其他证书，日本在1925年修订法律前限定为"书证"。将民事再审事由"新证据"限定为客观性较强的"文字、字据""证书""证物"或者"文件"是具有合理性的，因为这类证据法院容易确定其可靠性和真实性，便于判断其是否属于"新证据"。相反，对当事人陈述、证人证言、鉴定意见、勘验笔录等主观性较强的证据，法院难以确定其可靠性和真实性，如果允许当事人以此类证据作为新证据申请再审，法院生效裁判的既判力很容易被冲破，不利于法院生效裁判稳定性的维护。2008年最高人民法院《适用民诉法审监程序解释》规定的，"原审庭审结束后原作出鉴定结论、勘验笔录者重新鉴定、勘验，推翻原结论的证据"为民事诉讼再审程序"新证据"是明显不合理的。因为对同一事项，即使是同一鉴定结论、勘验笔录的作出者作出的不同结论，也可能存在某些非正常的因素而偏向委托人，如果将此种情形认定为"新证据"，法院生效裁判的既判力极易被打破。正是基于上述考虑，2011年最高人民法院《第一次全国民事再审审查工作会议纪要》第21条第1款否定了此种情形作为民事诉讼再审程序"新证据"，2015年最高人民法院《适用民诉法解释》也没有对此作出规定。在我国，是否应对民事诉讼再审程序"新证据"的种类进行

---

〔1〕 李海霞："民事再审新证据适用的困境与完善"，载《河南科技大学学报（社会科学版）》2012年第3期，第98页。

限制呢？学者们的认识并不一致。有学者认为，暂时不宜对再审新证据的种类进行严格限制。[1]另有学者则认为，可以被认定为新证据是书证、物证，但鉴定意见、勘验笔录、证人证言等一般不得认定为新证据。[2]笔者认为，从维护法院生效裁判既判力的角度出发，应当对民事再审事由"新证据"的种类作一定的限制，但考虑到我国当事人的法律意识还不太强，且律师代理诉讼制度并未普遍实行，这种限制不能过于严格。基于上述原因，对民事诉讼再审程序"新证据"可限定为"书证、物证、视听资料和电子数据"，同时要明确不能以"当事人陈述、证人证言、鉴定意见、勘验笔录"作为"新证据"申请再审。

关于民事诉讼再审程序"新证据"的证明力，我国民事诉讼立法一直规定为"足以推翻原判决、裁定"。这种规定较为模糊和原则，不同的法官会作出不同的判断。在实践中由于法官的判断不同，有的采用盖然性标准，有的采用必然性标准。此外，"足以推翻原判决、裁定"，在启动再审时是很难作实质性的审查的，只能从形式上予以判断。从域外规定来看，法国对民事诉讼再审程序"新证据"的证明力规定为"必须具有决定性的作用"，奥地利和我国台湾地区等大多规定为"可以使自己得到有利的裁判"。对我国民事诉讼立法规定的"足以推翻原判决、裁定的"，笔者认为也可理解为"可以使提出新证据的当事人得到有利的裁判"。

（二）民事诉讼再审程序"新证据"与另行起诉和申请再审的区分

既判力时间范围理论是指，依据法院作出裁判的基础事实是存在于既判力标准时之前还是标准时之后来判断其是否受到法院生效裁判既判力的约束，从而从时间维度方面来划定既判力的作用范围。依据前述对既判力标准时的探讨，在我国，既判力的标准时在一般情形下应确定为法院裁判生效之时。

民事诉讼再审程序"新证据"应在法院裁判生效以前形成，既判力标准时以后发生的新的事实是不受既判力约束的，不能作为"新证据"成为民事再审事由。因此，当事人以法院裁判生效以后新发生的事实为由向法院再次

---

〔1〕 罗飞云："民事再审新证据的认定与运用"，载《法律科学（西北政法大学学报）》2011年第5期，第169页。

〔2〕 孙瑞玺："最高人民法院《关于民事诉讼证据的若干规定》'新证据'制度几个问题探讨"，中外民商裁判网2005年12月28日，转引自卢正敏："民事诉讼再审新证据之定位与运用"，载《厦门大学学报（哲学社会科学版）》2009年第3期，第125页。

提起诉讼的,法院应当依法受理。这是因为,新发生的事实存在于既判力标准时以后,当事人在前诉中不可能提出这种事实,法院在前诉中也不可能对这种事实作出判断。法院裁判生效以后新发生的事实,是法院裁判所确定的权利义务状态在法院裁判生效以后发生变化的表现,不具有既判力所具有的不可争辩性,不存在既判力产生的正当性。日本有学者指出:"关于标准时后的事项也与既判力无关,这在某种意义上而言也是一种不言自明的结论。在标准时后出现的新的事由并不能成为前诉的判决依据,因为,就当事人的立场而言,这种新事由是当事人'即使想提出主张但也无法主张'的事实。因此,如果让前诉的既判力在后诉中对此新事实予以遮断就会显得不妥当。"[1]在我国,最高人民法院的有关司法解释对此亦有明确的规定。2015年最高人民法院《适用民诉法解释》第248条规定,裁判生效以后发生新的事实,当事人再次提起诉讼的,法院应依法受理。这一规定与既判力时间范围理论是相符合的,因为裁判生效以后发生新的事实,是既判力标准时之后的事实,是不受既判力约束的,当事人可以再次提起诉讼。林剑锋博士认为,最高人民法院的这一司法解释,首次在我国民事诉讼中确立了"基准时"概念,基准时之后产生了将导致已被生效裁判所确认的法律关系发生变化的新事由,当事人基于该新事由再次起诉是基于新的事实关系提出的新诉,不属于严格意义上的"再诉",不是对前诉的重复,不是对一事不再理原则的违反。[2]

民事诉讼再审程序"新证据",是当事人因客观原因在原审中没有向法院提交的证据,但不包括不可预测事由。既判力标准时之前发生的事实是否受到既判力的约束,还应当进行具体的分析。在前诉中,如果当事人对法院裁判生效以前存在的事实已经提出主张,由法院对这种事实作出了判断,法院的这种判断就会产生既判力,这符合既判力的程序保障原理。但是,如果当事人在前诉中对法院裁判生效以前存在的事实没有提出主张,该事实是否受到既判力的约束,在认识上存在分歧。有的学者认为,不论当事人知道还是不知道,不论当事人是善意还是恶意,不论当事人是故意还是过失,也就是说,不论因为何种理由,这种事实都应当受到既判力的约束。无论当事人是

---

〔1〕　〔日〕高桥宏志:《民事诉讼法:制度与理论的深层分析》,林剑锋译,法律出版社2003年版,第489页。

〔2〕　林剑锋:"既判力相对性原则在我国制度化的现状与障碍",载《现代法学》2016年第1期,第136~137页。

否提出主张，在基准时以后对于基准时以前的所有事项都应该受既判力的约束，当事人不得再次起诉。[1]另有学者认为，是否受到既判力的约束应当依据当事人是否有责任提出该事实来予以确定。日本学者上田彻一郎主张的"提出责任说"就是这种主张。笔者认为，前一主张过于绝对化，有可能产生不公平的诉讼后果，后一主张的标准不明显而缺乏操作性。2001 年最高人民法院《确定民事侵权精神赔偿责任解释》第 6 条规定，在侵权诉讼中，当事人没有提出精神损害赔偿的诉讼请求，基于同一侵权事实，在诉讼终结后另行起诉请求赔偿精神损害的，法院不予受理。从既判力时间范围理论来讲，这一规定的正当性在于：当事人另行起诉所基于的同一侵权事实是存在于既判力标准时之前的，受到既判力的约束，故法院对当事人的另行起诉不予受理。从既判力时间范围理论来看，在一般情形下，既判力标准时之前存在的事实是受到既判力的约束的，但不可预测事由则是例外。也就是说，当事人有证据证明在诉讼过程中不可能知道其存在的事实，是不受既判力约束的。因此，当事人有证据证明不可能知道法院裁判生效以前存在的事实，可以以该事实为由另行起诉。

民事诉讼再审程序"新证据"存在于法院裁判生效以前，但对未来权利确认的预测型裁判例外。预测型裁判是对未来权利的确认，其既判力的时间范围属于特殊情形，会延伸至既判力标准时之后。预测型裁判生效以后发生的并且当事人在前诉中不可能考虑和预见的事实是不受既判力约束的。因此，法院生效裁判对当事人未来的权利状态进行了确认，当事人以法院裁判生效以后发生的且在法院裁判生效之前当事人不可能考虑和预见的事实为由，有权向法院提起变更之诉，要求调整法院生效裁判所确认的权利状态。[2]

---

〔1〕 张兰芳、邓继好："既判力的基准时与重复起诉的识别"，载《山西大同大学学报（社会科学版）》2016 年第 1 期，第 7 页。

〔2〕 依 2002 年最高人民法院《民事损害赔偿案件再审申请超出原审诉讼请求是否应当再审批复》的规定，当事人在原审判决裁定执行终结之前，以物价变动等为由向法院申请再审的，法院应当依法予以驳回。事实上，此种情形如果符合提起变更之诉条件的，当事人有权提起变更之诉。

第六章

既判力理论与民事诉讼再审
程序的再审事由研究

~~~

一、既判力理论与民事诉讼再审事由之间的关系

（一）既判力理论视角下再审程序的指导思想与民事诉讼再审事由

民事诉讼立法和司法解释对民事诉讼再审程序的指导思想并没有作出规定。从民事诉讼立法条文所体现的精神和司法实务中运行的实际状态来看，学者们一般认为民事诉讼再审程序以"实事求是、有错必纠"为指导思想。

民事诉讼再审程序以"实事求是、有错必纠"为指导思想，既有历史的原因，也有现实的因素。就法律传统而言，我国历史上长期以来是重实体轻程序，对案件实体真实的追求十分重视。从我国社会主义性质司法制度的萌芽和发展过程观之，第二次国内革命战争到新中国成立后冤假错案的平反，都体现了有错必纠的方针。有错必纠原本是在长期错综复杂的政治斗争中形成的政治观念，作为党的反映哲学理念的一项原则逐渐得以形成，其对人们的法律观念也深深地产生了影响。这一原则在引进法律领域后，进一步扩展为一项法律原则。[1]在我国，为什么"实事求是、有错必纠"作为民事诉讼再审程序的指导思想得到了较为广泛的认同？为什么人们会要求再审"普适化"呢？这不仅与以往的观念有关，还与人们对司法现状的"负性效应"、再审事由规定过于抽象、人们对正当性的认同以及现行的审级制度等有关。[2]

多数学者的观点是："实事求是、有错必纠"作为一项政治原则，不能否认其正当性，但将这一原则作为民事诉讼再审程序的指导思想，则值得反思。在学术界，不少的学者对"实事求是、有错必纠"作为民事诉讼再审程序的

---

[1] 张卫平："民事再审：基础置换与制度重建"，载《中国法学》2003年第1期，第102页。

[2] 张卫平："有限纠错——再审制度的价值"，载《法律适用》2006年第7期，第2~4页。

指导思想所存在的弊端进行了分析。章武生教授指出，"实事求是、有错必纠"的原则与法院生效裁判稳定性之间存在冲突，是我国再审制度存在的问题之一。[1]李祖军博士指出，民事再审程序"实事求是、有错必纠"的指导思想有违民事诉讼自身的规律。[2]张卫平教授指出，"实事求是、有错必纠"指导思想所形成的再审普适化之消极影响有以下几个方面：裁判所确定的法律关系始终处于不确定状态，对裁判形式的确定力产生影响，影响纠纷解决的效率，动摇了一审中心主义，不利于与国际司法惯例相接轨。[3]笔者认为，民事诉讼再审程序的指导思想为"实事求是、有错必纠"主要存在以下几个方面的弊端：一是过分偏重法院生效裁判错误的可救济性，忽视了既判力理论的作用和功能。民事诉讼再审程序以"实事求是、有错必纠"为指导思想，就可能轻易地启动民事诉讼再审程序，某些不应当被再审的案件也可能被启动民事诉讼再审程序，势必对法院生效裁判的稳定性和权威性产生损害，民事诉讼解决纠纷的功能就会弱化，既判力理论的作用和功能就无法发挥，既判力理论所追求的安定价值和效率价值就无法实现。对"实事求是、有错必纠"过分地予以强调，不利于对裁判既判力的维护。[4]二是过分偏重追求法院生效裁判的实体公正，忽视了程序公正价值的相对独立性。在民事纠纷的解决过程中，总是最大限度地去追求法院生效裁判的实体公正，但诉讼公正不仅包括实体公正，而且包括程序公正。随着市场经济体制的逐步确立和民事诉讼模式逐步由职权主义向当事人主义过渡，程序公正价值的相对独立性越来越显现出来。程序公正的价值在于：它是司法活动追求的目标，是使司法具有权威性的基础，可以有效地弥补实体公正的不足，并且实体的正义必须通过公正的程序才能实现。[5]程序公正促进和体现了程序正义，因为"程序正义与程序公正基本上是一回事。如果正义与公正有什么区别的话，那就是前者更倾向于内容，后者更倾向于形式；前者是灵魂，后者是躯体；前者

〔1〕 章武生："论民事再审程序的改革"，载《法律科学（西北政法学院学报）》2002年第1期，第106页。

〔2〕 李祖军："论民事再审程序"，载《现代法学》2002年第2期，第107~108页。

〔3〕 张卫平："有限纠错——再审制度的价值"，载《法律适用》2006年第7期，第4页。

〔4〕 黄良友："论构建民事再审之诉的基本理念"，载《海南大学学报（人文社会科学版）》2010年第6期，第77页。

〔5〕 王利明：《司法改革研究》（修订本），法律出版社2001年版，第54~61页。

更贴近理想，后者更贴近现实"。[1] 程序正义的一般要求为裁判者的公正性、关于获得审判的机会、判决理由以及形式正义。[2] 可见，"程序正义不仅具有形式合理性，而且还具有实质合理性。"[3] 在法律调整中，程序正义对正当程序的要求，彰显了决定的正统性，调整着法律行为，促进了准确适用法律。[4] 从程序公正的价值来看，只要法院依体现程序正义的正当程序作出了生效裁判，就应当认为在法律上已经对当事人之间的民事纠纷进行了最终的解决，不允许再次进行争执。"实事求是、有错必纠"的民事诉讼再审程序的指导思想，试图纠正每一个法院生效裁判的所有错误，是片面地理解诉讼公正的价值。诉讼公正并不是要求法院的每一个生效裁判在实体处理上都是完全正确的。三是对诉讼公正价值的追求过分强调，违背了诉讼效益的价值目标。离开了诉讼效益，诉讼公正也可能谈不上真正的公正。"实事求是、有错必纠"作为民事诉讼再审程序的指导思想是以牺牲部分诉讼效益价值为代价的，因为对有错误的法院生效裁判都启动民事诉讼再审程序，会导致国家司法资源的重复投入和当事人诉讼成本的增加，并没有考虑成本与效益之间的关系，不仅可能使某些案件进入再审后仍不能得到纠正而致使民事诉讼再审程序"徒而无功"，而且可能使某些案件进行再审后即使得到纠正但因成本过大而"得不偿失"。四是过分强调对客观真实和纠正错案的要求，忽视了人类认识的相对性，不符合民事诉讼中法院审理案件的规律性。如果说哲学上的"实事求是"和科学上的"实事求是"作为人们探寻客观规律的态度可以认可的话，那么，司法上的"实事求是"在很多情况下是无法做到的，也就无所谓"有错必纠"。首先，在民事诉讼中，法院司法权的行使具有被动性，要遵循当事人处分原则。法院的生效裁判存在错误甚至是严重的错误，如果当事人不主动提出纠正，在一般情况下是不需要纠正的，因而并不是所谓的"有错必纠"。其次，基于主客观因素的影响，有的案件事实是无法查清的，加之法院审理案件有审理期限的要求，诉讼程序的展开受到了时空的限制。最后，在案件审理过程中，认定事实和适用法律的主体是法官。法官对案件作出了生效裁判，如果后面的法官依自己的主观认识不同对案件启动再审并予以改

---

[1]　鲁千晓、吴新梅：《诉讼程序公正论》，人民法院出版社 2004 年版，第 15 页。
[2]　樊崇义主编：《诉讼原理》，法律出版社 2003 年版，第 235~256 页。
[3]　杨一平：《司法正义论》，法律出版社 1999 年版，第 115 页。
[4]　孙祥壮：《民事再审程序原理精要与适用》，中国法制出版社 2010 年版，第 5~6 页。

判，很难说后面的法官所作的裁判就是正确的。所以，不能用一般意义上的"错误"标准来衡量法院生效裁判是否有错误。能够启动民事诉讼再审程序的法院生效裁判，不仅应当是有违司法公正的存在重大瑕疵的法院生效裁判，而且这种法院生效裁判的错误应当有客观的判断标准，不能以不同法官的认识和意志为转移。

民事诉讼再审程序以"实事求是、有错必纠"为指导思想所引起的上述弊端，不仅学者们已经认识到，而且立法者、司法实务工作者、当事人以及社会公众都认识到了这一问题。正因为如此，1991年《民事诉讼法》颁布以后，在2007年和2012年进行两次修改的过程中，民事诉讼再审程序的修改都是重要的内容。2007年的修改，虽然对民事诉讼再审程序的完善起到了一定的促进作用，但再审程序在实务中运行的现状仍不理想。正是基于这一原因，2012年修改《民事诉讼法》时，又进一步完善了我国民事诉讼再审程序。但是，2012年《民事诉讼法》修改以后，不论是当事人还是法官，对民事诉讼再审程序的运行现状仍不满意，可以说民事诉讼再审程序的改革并没有达到理想的目标。为什么会出现这种状况呢？问题的关键在于，2007年和2012年对民事诉讼再审程序的修改，并没有调整民事诉讼再审程序的指导思想，并没有对"实事求是、有错必纠"的指导思想从根本上予以抛弃，修改的出发点是为了解决"申诉难"或者"申请再审难"的问题。这一出发点本身是片面的，甚至可以说是错误的。民事诉讼再审程序是一种审级制度之外的补正不公正既判案件的非正常程序，"申请再审难"应当是正常状态。任何一国的司法制度，"案件再审易"既不可能也不应该，否则终审制度将形同虚设，司法权威将荡然无存。[1]

民事诉讼再审程序的深化改革，首先必须调整其指导思想。民事诉讼再审程序指导思想的调整，首要的问题是要对当事人申请再审权的宪法基础进行明确。学理上长期以来只将宪法上的申诉权作为当事人申请再审权的宪法基础，这就使申请再审权与申诉权难以区分。事实上，申诉权所涵盖的内容十分广泛，仅以此作为申请再审权的宪法基础，无法体现申请再审权的特殊性。申请再审权针对的是法院不公正的生效裁判，公正裁判请求权也是申请

---

〔1〕 付少军："'案件再审难'之我见"，载《人民法院报》2011年6月11日。

再审权的宪法基础。[1] 在现代法治国家，一般将裁判请求权视为人权保障的逻辑前提，而在宪法上将其作为公民的基本权利加以规定。因此，民事诉讼再审程序的指导思想之一应当是保障当事人的公正裁判请求权。其次，民事诉讼再审程序的指导思想，应当考虑对法院生效裁判既判力的维护。章武生教授认为，民事诉讼再审程序的指导思想应当将实事求是、有错必纠更新为对纠正错误裁判与维护法院生效裁判的稳定性予以平衡。[2] 无论是从哪一个角度来讲，民事诉讼再审程序都属于纠正法院生效裁判错误的程序。张卫平教授指出："思考有错必纠的问题也同样需要考虑不同的环境、条件和方法，有错必纠不应当是一个不考虑外在因素的简单而绝对的口号。"[3] 不少的学者认为，民事诉讼再审程序应当是"依法纠错"。李祖军博士认为，民事诉讼再审程序，应当以"确信真实、依法纠错"为指导思想。[4] 最高人民法院副院长沈德咏也主张，"确立和坚持依法纠错原则，维护司法权威"是再审之诉的原则之一。[5] 也有学者认为，民事诉讼再审程序应当是"有限纠错"。张卫平教授指出，较好的做法是有限纠错，依然维持再审作为非常程序的性质，并从再审客体、再审事由和再审程序等方面的有限性进行了论证。[6] 笔者认为，上述主张都有一定的理由。"依法纠错"指的是民事诉讼再审程序纠错的依据，"有限纠错"指的是民事诉讼再审程序纠错的程度。较为理想的提法是将两者相结合，即民事诉讼再审程序是对法院生效裁判的依法有限纠错。

　　笔者认为，民事诉讼再审程序的指导思想应当是保障当事人的公正裁判请求权，做到维护法院生效裁判的既判力与依法有限纠错的统一。民事诉讼再审程序的这一指导思想，要求对民事诉讼再审事由的确定应当有十分严格的要求。民事诉讼再审程序的启动是为了对法院生效裁判的错误进行纠正，但存在哪些再审事由允许民事诉讼再审程序的启动，应当考虑法院的生效裁

---

　　〔1〕　公正裁判请求权，是指当事人在审判过程中享有的获得公正审判的权利，是裁判请求权的重要组成部分。

　　〔2〕　章武生："论民事再审程序的改革"，载《法律科学（西北政法学院学报）》2002 年第 1 期，第 107 页。

　　〔3〕　张卫平：《转换的逻辑：民事诉讼体制转型分析》（修订版），法律出版社 2007 年版，第 422 页。

　　〔4〕　李祖军："论民事再审程序"，载《现代法学》2002 年第 2 期，第 111~112 页。

　　〔5〕　沈德咏："关于再审之诉改革的几个问题"，载《人民司法》2005 年第 9 期，第 35 页。

　　〔6〕　张卫平："有限纠错——再审制度的价值"，载《法律适用》2006 年第 7 期，第 4~5 页。

判是否侵犯了当事人的公正裁判请求权，应当考虑维护法院生效裁判的既判力所要求的实现法院生效裁判的终局性、法的安定性以及司法公信力，应当考虑纠正法院生效裁判的错误不是有错必纠而是依法有限纠错。

为了十分严格地确定民事诉讼再审事由，民事诉讼再审事由的确定应当具有法定性和封闭性。所谓法定性和封闭性，是指民事诉讼再审事由的确定只能由法律明文规定，法律上对再审事由的规定构成了一个相对封闭的系统，除了民事诉讼法规定的再审事由外，不允许有其他的再审事由存在，只有在符合民事诉讼再审事由的前提之下，才能启动民事诉讼再审程序。民事诉讼再审事由的确定具有法定性和封闭性，是为了维护法院生效裁判的既判力以及司法裁判的权威性，有利于稳定民事法律关系，对再审程序的适用予以限制，对再审程序的普适化予以防止。

（二）既判力理论视角下再审程序的功能定位与民事诉讼再审事由

民事诉讼再审程序存在的问题，与对民事诉讼再审程序的功能定位没有合理地予以平衡有很大的关系。有学者在审视民事再审制度功能理论的基础上，对民事再审制度功能实现的途径从强化两审终审的基础作用、优化再审本体机制以及多层次、多渠道最大化实现再审阶段的矛盾化解等三个方面进行了思考。[1]笔者认为，既判力理论视角下民事诉讼再审程序的功能定位，主要应解决好以下三个问题：

第一，合理平衡客观真实和法律真实。在我国民事诉讼法律制度中，以事实为根据是长期以来奉行的基本原则。由于受传统法律思想、自身的文化底蕴以及苏联、东欧立法理论的影响，我国对以事实为根据的"事实"一般理解为"客观真实"，追求案件的客观真实是民事诉讼程序设置的主要目的，民事诉讼再审程序也是如此。这种观点来源于唯物主义认识论和公众朴素的思想感情。[2]在法治较为发达的国家，追求个案正确判决的渴望一般被终局性的原则所压倒，"但中国法似乎更重视'必达真理'而非'足够即停止'"。[3]民事诉讼再审程序的功能定位为追求客观真实是不恰当的。理由在于：其一，案件事实有时是难以绝对查清的。在有些情况下，客观事实

---

〔1〕 王信芳："民事再审制度功能实现的路径思考"，载《法学》2009 年第 10 期，第 124~134 页。

〔2〕 景汉朝：《中国司法改革策论》，中国检察出版社 2002 年版，第 81~82 页。

〔3〕 ［美］凯文·M. 克莱蒙特："既判力：司法之必需"，袁开宇译，载《清华法治论衡》2015 年第 2 期，第 81 页。

是难以查明的，因为受到人们认识能力的限制，受到当事人处分原则的制约，受到民事诉讼其他价值目标的影响。[1] 就民事诉讼的案件事实来说，由于当事人之间的诉讼请求和诉讼利益存在对立关系，当事人大多是极力向法官隐瞒对自己不利的证据和展示对自己有利的证据，法院审理民事案件有法定审限的要求，法院在审限届满之前必须对案件事实的真伪作出判断，加之法官、当事人以及诉讼代理人的认识能力有限，法院裁判认定的事实不一定是案件事实的客观真实状态。司法实践中存在矛盾证据无法排除、大量事实无法绝对查清等现象就是有力的证明。其二，民事诉讼规则没有要求实现案件事实的客观真实。已经发生的客观事实有时不一定能够通过证据完全再现出来。法律推定的事实可以作为认定案件事实的依据，但不一定与案件事实的真实情况相符。达到民事诉讼高度盖然性证明标准的案件事实的认定同样存在与案件客观真实情况不相符的可能性。在设计民事诉讼再审程序时，应当将追求"法律真实"作为民事诉讼再审程序的功能。所谓"法律真实"，是指在民事诉讼中，法官应当在分析判断证据关联性、真实性和合法性的基础上来认定案件事实。"法律真实"才是衡量案件事实认定是否正确的标准，因而要对"法官依托于证据认定案件事实"的证据裁判主义予以肯定。日本有学者也认为："民事诉讼不是以绝对解决全部现实纠纷为目的，它只停留在对纠纷的法律内容作出部分的裁定。"[2]

第二，合理平衡纠正错误裁判与实现当事人的权利救济。关于再审程序的功能，学术界主要存在"公权监督说""纠错说""权利救济说""维护裁判权威说""补充性权利救济说"等不同的学说，[3] 但一般认为，再审程序主要具有纠错功能、救济功能和监督与保障功能。[4] 再审程序分为救济型再审和监督型再审两种模式。救济型再审应当尊重当事人的诉讼地位和处分权利，其功能在于实现当事人的权利救济。监督型再审重视国家职权的干预，主要的功能是纠正错误裁判，监督与保障可以视为是此种再审模式的一种手段。

---

〔1〕　唐德华主编：《民事诉讼理念与机制》，中国政法大学出版社 2005 年版，第 476~477 页。

〔2〕　[日] 小岛武司、伊藤真编：《诉讼外纠纷解决法》，丁婕译，向宇校，中国政法大学出版社 2005 年版，第 222 页。

〔3〕　韩静茹："错位与回归：民事再审制度之反思——以民事程序体系的新发展为背景"，载《现代法学》2013 年第 2 期，第 183~184 页。

〔4〕　江伟、肖建国主编：《民事诉讼法》（第 7 版），中国人民大学出版社 2015 年版，第 335 页。

因此，从再审程序的模式来考察，再审程序功能的平衡主要在于纠正错误裁判与实现当事人权利救济之间的平衡。再审程序的主要目的是为当事人提供最后的诉讼救济机会，[1]具有实现当事人的权利救济功能。但是，对再审程序是否具有"纠错"的功能，存在不同的认识。有学者认为，因为客观真实的实现不能、"客观真实"与程序错误的矛盾，"纠错"不应成为再审的功能。[2]但多数学者认为，如果不纠正法院生效的错误裁判，再审程序就不具有设置的必要性，再审程序应当具有纠错的功能。有学者对民事诉讼再审程序应当具有纠正错误的理念从以下几个方面进行了论证：中国的司法现实状况表明，对实体错误的纠正仍有必要。现行的民事司法制度使纠正错误的再审成为可能。维护裁判的公信力与纠正错误裁判之间并不存在截然对立。以没有后续的程序判断是否确有错误为理由否定再审的纠错功能是一种逻辑悖论。[3]笔者认为，在再审程序纠正错误裁判与实现当事人的权利救济之间，实现当事人的权利救济应当是再审程序的主要功能。[4]民事诉讼是为了解决民事权利义务争执，当事人意思自治为私法领域的核心原则，在不损害国家利益和社会公共利益的情形下，当事人可以依自己的意志决定其权利是否行使和如何行使。法院的生效裁判即使存在错误，在一般情形之下，当事人如果没有主动提出申请，就不能启动再审程序。我国 2007 年和 2012 年对民事诉讼再审程序的两次修改，在很大程度上强化了再审程序实现当事人的权利救济的功能，但仍未达到理想的状态，在价值取向上仍然过于偏向对错误裁判的纠正。实现当事人的权利救济是再审程序的基础和前提，纠正错误裁判只是再审程序的努力方向。进一步改革我国的民事诉讼再审程序，应当对再审程序实现当事人权利救济的功能更加强化。有学者认为，再审程序恢复了裁判公信力，有可能对原判同时予以改变，这种改判如果不是"纠错"，那么

---

〔1〕 邵明："现代民事再审原理——兼论我国民事再审程序的完善"，载《中国人民大学学报》2007 年第 6 期，第 101 页。

〔2〕 任俊琳："民事再审功能的重新审视——兼评我国《民事诉讼法》第 179 条的再审条件"，载《法学杂志》2012 年第 10 期，第 83 页。

〔3〕 赵信会："民事再审事由：理念反思与修改评价"，载《甘肃政法学院学报》2009 年第 6 期，第 54 页。

〔4〕 邓辉辉："既判力视角下民事诉讼再审程序的进一步改革和完善"，载《广西社会科学》2011年第 11 期，第 75 页。

只能将此时的"纠错"视为再审程序的附加值或者一个副产品。[1]

第三,合理平衡民事诉讼再审程序与审级制度的功能。为了解决司法终局性名存实亡的问题,在探讨民事诉讼再审程序的同时,有学者提出要改革审级制度,实行有条件的三审终审制,有的学者甚至提出应废除民事诉讼再审程序而建立三审终审制。傅郁林教授认为,从理论上而言,促使一审和二审程序的强化和提高,应当是审判监督程序的运行效果和目标,不能将法院工作重心向再审转移。[2]"常怡、张卫平先生提出更大胆的设想,即取消再审制度,完善审级制度。"[3]不可否认的是,审级制度与民事诉讼再审程序有十分密切的联系。首先,审级制度的设置是否科学,决定了当事人能否受到合理的审级制度内的公正程序的保障。当事人受到的程序保障越充分,法院生效裁判的既判力就越强,其权威性和终局性就越能得到维护。我国目前实行的是两审制终审制,审级层次较少,当事人并未受到充分的程序保障。实行有条件的三审终审制,改革审级制度,可以强化对当事人的程序保障。其次,要从根本上对民事诉讼再审程序存在的问题予以解决,尽可能地减少错案是问题的关键所在。我国的民事诉讼再审程序虽然在 2007 年和 2012 年经过了两次修改,但程序滥用等弊端仍然存在。这固然有民事诉讼再审程序设计本身的问题,但错案太多是最为根本的原因。造成错案的原因主要有司法体制和法官队伍建设问题以及审级过少两个方面。第一个方面的原因,我国目前正在进行有效的改革,有望在近期内取得明显的效果。至于第二个方面的原因,虽然不能说审级越多案件审判质量就会绝对地予以提高,但实行有条件的三审终审制,给当事人增加一次救济的机会,审级制度内增加一次法院再行审理的机会,法院生效裁判出现错误的可能性在多数情况下会有所减少。审级制度与民事诉讼再审程序的联系虽然十分密切,但完善审级制度从而取消民事诉讼再审程序的主张是不可取的。审级制度解决的是法院生效裁判要经过几级法院进行几次审理才能形成的问题,再审程序解决的是在什么情况下对法院的生效裁判可以再次审理以及如何再次审理的问题,两者在程

---

[1] 王新华、梁伟栋:"民事再审程序中父爱主义的缺陷——从我国民事再审程序的价值功能谈起",载《华东交通大学学报》2009 年第 6 期,第 111 页。

[2] 傅郁林:"司法职能分层目标下的高层法院职能转型——以民事再审级别管辖裁量权的行使为契机",载《清华法学》2009 年第 5 期,第 123 页。

[3] 章武生等:《司法现代化与民事诉讼制度的建构》,法律出版社 2000 年版,第 574 页。

序的功能、启动程序的事由、适用的法院以及法院权限和程序运作等方面都是不同的。[1]再审程序是审级制度运行完毕之后的程序设计，它是纠正法院生效裁判错误的特殊救济程序，第三审程序则是审级制度内纠正未生效裁判错误的普通救济程序。因此，"三审终审制中的第三审与再审具有完全不同的程序功能，相互之间根本无法替代和取代"。[2]再次，即使构建了完备的审级制度，实行有条件的三审终审制度，也不能完全杜绝错案的发生。第三审只是法律审，目的在于统一法律的适用，对事实认定发生的错误是无能为力的。再审程序既可以纠正法律适用的错误，也可以纠正事实认定的错误。从域外的民事诉讼制度来看，大陆法系国家和地区一般采用三审终审制，但这些国家和地区并没有因为三审终审制而不设立再审程序。即使改革审级制度实行有条件的三审终审制，也不能以此为由废除再审程序，三审终审制与再审程序并不是你存我亡的关系。在法学界，多数学者亦赞同此种主张。例如，齐树洁教授从第三审审理范围的限制、提起条件的限制、程序规则的限制、实行飞跃上诉制度等四个方面提出了实行有限三审终审制的设想，并同时主张对民事诉讼再审程序予以重构。[3]有学者认为，应实行三审终审制，三审终结以后，严格限制再审。[4]还有学者认为，应实行有条件的三审终审制，充分发挥上诉审的功能，对再审的提起进行限制，做好上诉审与再审的衔接。[5]

既然民事诉讼再审程序的功能定位是追求法律真实而不是追求客观真实，既然民事诉讼再审程序应当更加强化实现当事人权利救济的功能，既然民事诉讼再审程序是不同于第三审的审级制度外的特殊救济程序，在规定民事诉讼再审事由时，就要对法律真实与客观真实的合理差距以及人类认识的局限进行考虑，[6]民事诉讼再审事由就应当具有重大性而不能是一般性的事由。民事诉讼再审事由的重大性，是指构成民事诉讼再审的事由必须是有违司法

---

〔1〕 江伟主编：《民事诉讼法学》（第3版），北京大学出版社2015年版，第301~302页。

〔2〕 廖中洪：《中国民事诉讼程序制度研究》，中国检察出版社2004年版，第372页。

〔3〕 齐树洁："论我国民事上诉制度的改革与完善——兼论民事再审制度之重构"，载《法学评论》2004年第4期，第47~52页。

〔4〕 何兵、潘剑锋："司法之根本：最后的审判抑或最好的审判？——对我国再审制度的再审视"，载《比较法研究》2000年第4期，第424~425页。

〔5〕 王敏："略论我国民事上诉审与再审关系之衡平"，载《宁夏社会科学》2003年第5期，第15页。

〔6〕 张艳丽主编：《民事诉讼法》（第2版），北京大学出版社2017年版，第440页。

公正的严重的实体瑕疵或者严重的程序瑕疵。再审事由界定的标准应当是法院生效裁判的既判力是否具有正当性。也就是说，再审事由应当是导致法院生效裁判的既判力不具有正当性的事由。因此，有学者从法院生效裁判的正当性出发，认为再审事由是法院生效裁判侵害国家司法权威或者程序保障或程序救济不充分的事由。例如，江伟教授和崔蕴涛博士认为，程序救济充分是再审事由有限的基本前提，并对程序救济充分的判断标准进行了分析。[1]就再审事由的分类而言，从域外民事诉讼立法来看，除法国只规定了实体性再审事由外，将民事诉讼再审事由区分为实体性再审事由和程序性再审事由是大多数国家和地区民事诉讼立法的做法。例如，在德国，恢复原状之诉是基于实体性再审事由，取消之诉是基于程序性再审事由。日本等国家和地区的民事诉讼再审事由也基本上可以区分为实体和程序两个方面。在我国，《民事诉讼法》同样是将再审事由从实体和程序两个方面加以规定。对实体性再审事由和程序性再审事由在再审事由中的地位问题，学者们的认识并不相同。最高人民法院江必新副院长认为，确定民事诉讼再审事由应实行"实体权益为重原则"，不应当提倡对当事人实体权益保护没有利益的"空走程序"的再审。[2]赵钢教授和刘学在博士从中外法律和社会环境的差异、我国过去的司法实践以及实体性事由的多数情形下的可知性等三个方面论证了实体性再审事由存在的合理性。[3]冯浩博士认为："民事再审作为特殊救济途径，其法定事由设置如再不以实体公正为核心价值追求，那么必将面临更大的危险和代价。"[4]陈桂明教授则认为，《民事诉讼法》修改的一个失误在于将实质性事项列入再审事由，实体的事由不能直接作为再审事由，可以将其转化为形式上的错误。[5]笔者认为，在民事诉讼再审事由中，程序性再审事由应当居于主导地位，实体性再审事由是次要的。程序瑕疵作为再审事由，是程序正义理念在再审程序中的体现。程序正义有客观的判断标准。依程序正义的理念，

---

[1]　江伟、崔蕴涛："程序救济与再审事由设置"，载《江淮论坛》2011年第1期，第86~88页。

[2]　江必新："民事再审事由：问题与探索——对《民事诉讼法》有关再审事由规定的再思考"，载《法治研究》2012年第1期，第6页。

[3]　赵钢、刘学在："民事审监程序修改过程中若干争议问题之思考"，载《中国检察官》2009年第10期，第163~165页。

[4]　冯浩：《民事再审事由研析》，中国法制出版社2016年版，第184页。

[5]　陈桂明："再审事由应当如何确定——兼评2007年民事诉讼法修改之得失"，载《法学家》2007年第6期，第4页。

依正当程序进行的审判，其所作出的实体处理结果也被视为是公正的。因此，民事诉讼再审事由，应实行程序错误为重的原则，更多地体现对程序错误的纠正。实体性再审事由主要是指法院不能正确地认定案件事实和适用法律。由于民事诉讼证明标准的盖然性、法律适用的主观性以及主观判断的差异性，实体性的错误原则上应当予以否定。当然，实体性再审事由虽然是次要的，但也不能完全否定其存在，因为毕竟案件的处理结果是当事人最为追求和关心的，英美国家以正当程序作为立法理念，对实体正义的追求也不会放弃，[1] 并且实体正义并非绝对地没有任何的客观的判断标准。民事诉讼再审程序具有纠错的功能，但它追求的是法律真实而不是客观真实，并不能对生效裁判所有的程序瑕疵和实体瑕疵都予以纠正，而只能对有违司法公正的严重的程序瑕疵和实体瑕疵予以纠正。因为此种"重大瑕疵"的存在，表明法院生效裁判或者处于无效状态，或者使当事人的权益遭受了重大损失且在正常程序运行中不可弥补，启动再审程序纠正此种"重大瑕疵"的法院生效裁判的利益已经大于维护法的安定性和既判力的利益。所谓有违司法公正的严重程序瑕疵，是指法院生效裁判的作出，违背了具有人权性质的程序保障规则，或者说违背了基本的程序公正规则，诉讼程序的运行侵害了当事人基本的程序权利。所谓有违司法公正的严重实体瑕疵，是指作为裁判基础的诉讼资料或者根据存在重大瑕疵，如果不允许对存在此种瑕疵的生效裁判启动再审，会损害国民对司法裁判的信赖而影响司法公信力。民事诉讼再审事由的瑕疵，是指性质和后果达到了有违司法公正的重大的程序瑕疵和实体瑕疵，对一般的或者轻微的程序瑕疵和实体瑕疵，则不能作为民事诉讼的再审事由，因为从法经济学的角度来讲，再审程序运行的成本较高，用其来纠正法院生效裁判的一般的或者轻微的瑕疵是不值得的，有违诉讼效益原则，并且也不利于对法院生效裁判既判力的维护。再审程序不是审级制度内的纠错程序，而是非常救济程序，应当优先考虑对法院生效裁判既判力的维护。法院生效裁判在程序或者实体方面存在有违司法公正的重大瑕疵时，其既判力正当性的基础已经动摇，再审程序就有开启的必要。法院生效裁判存在一般的或者轻微的瑕疵，是不能以此作为再审事由的，因为一个反复无常的法院生效裁判要赢得民众对司法的信赖是十分困难的。

---

〔1〕 赵信会："民事再审事由修改的理念及反思"，载《北方法学》2009 年第 4 期，第 77 页。

二、既判力理论与民事诉讼再审事由的确立原则和具体适用

（一）既判力理论与民事诉讼再审事由的确立原则

法院生效裁判的既判力缺乏正当化的根据时，才有必要启动民事诉讼再审程序。在民事诉讼中，正是对再审事由的严格限制，使得对法院的生效裁判在多数情况下不能轻易启动再审程序而应维持其既判力。因此，应当科学合理地设置再审事由，做到宽窄适当。再审事由如果设置过窄，对缺乏正当化根据的法院生效裁判的既判力也予以维护，司法公正就会遭受质疑。再审事由如果设置过宽，将会使不应当启动再审程序的案件也进入再审程序，法院生效裁判的既判力将难以维护，司法权威就会遭受动摇。

大陆法系国家是民事诉讼再审程序的起源地，在古罗马时期的罗马法和罗马-教会法中就有关于再审程序的诸多规定。由于大陆法系对逻辑的演绎和理性的建构较为强调，对司法的合理性和有效性较为坚持，且基于成文法的传统，大多在民事诉讼立法中明确列举了民事诉讼再审事由。英美法系并不存在像大陆法系那样典型的再审程序，其对案件质量的控制主要通过法官独立和法官的素质来保证。但是，对法院作出的终局裁判仍有救济的手段，一般是赋予当事人在一定期限内对终局裁判提出重新审理的动议或者上诉。如果出现了某些可以将原判决推翻的法定事由时，即使逾期没有提出重新审理的动议或者上诉，当事人还可以在一定期限内申请法院对原判决撤销而予以再次审理。从这个意义上讲，英美法系也存在与大陆法系再审程序诉讼价值相类似的程序。

从域外民事诉讼立法和民事诉讼理论来看，民事诉讼再审事由的确定遵循了以下原则。

1. 补充性原则

什么是民事诉讼再审事由的补充性原则？日本学者高桥宏志有如下权威的论述："在判决确定前当事人于上诉中主张了再审事由、但是被驳回时以及虽然知道存在再审事由但在上诉中没有主张时，判决确定后都不允许提出再审申请。"[1]

对再审事由的补充性原则，域外的民事诉讼立法大多作出了明确规定。《德

---

〔1〕［日］高桥宏志：《重点讲义民事诉讼法》，张卫平、许可译，法律出版社 2007 年版，第 478 页。

国民事诉讼法》第 579 条第 2 款和第 582 条、[1]《法国民事诉讼法》第 595 条第 2 款、[2]《日本民事诉讼法》第 338 条第 1 款[3]都对再审事由的补充性原则作出了规定。

在法院裁判生效以前，当事人在上诉中主张了再审事由但被驳回，在法院裁判生效以后，不得以该再审事由申请再审，是因为再审事由的提出应当遵循"程序顺位性原则"，即先通过正常的救济程序提出，只有在无法通过正常的救济程序提出时，才可以通过非正常的救济程序提出。既然再审事由已经在上诉中主张，虽然被驳回，但当事人已经享有了一次救济机会，如果在法院裁判生效以后再给予一次救济机会就是多余的，审级制度可能会形同虚设。在法院裁判生效以前，对已知的再审事由，当事人在上诉中未提出主张，在法院裁判生效以后当事人以该再审事由申请再审的，除当事人有正当理由的以外，法院应当认定该再审事由不成立。在我国，对再审事由补充性原则的要求予以明确，是要对法院生效裁判的稳定性尽可能予以维护，把再审限定在一个较小的范围内，[4]有利于一审和二审正常审级制度功能的充分发挥，有利于提高诉讼效率，有利于保护对方当事人的合法权益。

2. 明确具体原则

明确具体原则，是指民事诉讼再审事由的确定，应当通过外观形式直接识别出来，再审事由应当是单纯通过外观上和形式上就可以作出判断的事项，应当是一种不能以当事人或法官的意志或主观判断为转移的客观存在的事实。[5]

民事诉讼再审事由确定的明确具体原则，使得民事诉讼再审事由呈现出客观化、明晰化和直观化的状态。对当事人而言，由于再审事由的构成要件

---

〔1〕《德国民事诉讼法》第 579 条第 2 款规定："在前款第一项和第三项的情形，如果可以通过上诉而主张该判决无效时，不能提起无效之诉。"第 582 条规定："回复原状之诉，只有在当事人非因自己的过失而不能在前诉程序中，特别是不能用声明异议或控诉的方法，或者不能用附带控诉的方法提出回复原状的理由时，方准许提起。"

〔2〕《法国民事诉讼法》第 595 条第 2 款规定："所有情况，仅在提出再审申请的人自己无过错，没有能够在原裁判决定产生既判事由之确定力以前提出其援用的理由时，再审申请始予受理。"

〔3〕《日本民事诉讼法》第 338 条第 1 款规定："若存在下列事由，对于确定的终局判决，可以再审之诉的形式声明不服。但是当事人已于控诉或上告主张事由时，或者明知该事由而不主张时，不在此限。"

〔4〕李浩："再审的补充性原则与民事再审事由"，载《法学家》2007 年第 6 期，第 10 页。

〔5〕张丽霞："日本民事再审程序中值得借鉴的几个方面"，载《河南社会科学》2002 年第 1 期，第 54 页。

明白无疑，在法院裁判生效以后，就能够准确地判断申请再审是否符合法定的再审事由，增强了当事人申请再审的针对性。相反，如果民事诉讼再审事由的确定模糊抽象，会造成当事人认识上的不确定，无法弄清提出的再审申请是否符合法定的再审事由。对法院而言，再审事由明确具体，当事人申请再审不需要通过复杂的程序就能够判断其是否符合法定的再审事由，不仅缩减了法官审查再审事由的自由裁量权，有利于实现司法的统一性，而且还可使法官审查再审事由的透明度得以提升。正因为如此，在域外的民事诉讼立法中，虽然对再审事由的规定存在差异，但都采用绝对的列举主义，每一项再审事由都有十分明确的内涵，不会产生歧义，易于理解、识别和适用，便于在司法实务中操作。民事诉讼再审事由的明确具体原则，还要求在确定民事诉讼再审事由时，对某些民事再审事由要另行规定一定的条件。[1]我国关于再审事由的规定，离民事诉讼再审事由确定的明确具体原则还有一定的距离。

3. 统一性原则

再审事由的统一性，是指无论当事人申请再审还是检察机关启动再审或法院依职权启动再审，作为再审启动实体根据的再审事由应当是统一的。[2]再审事由确定的统一性原则，在再审程序单一启动方式的国家和地区并无意义，但在我国目前多元化的再审程序启动方式的条件下则具有讨论的价值。

对案外人申请再审，2008 年最高人民法院《适用民诉法审监程序解释》第 5 条第 1 款对执行程序外的案外人申请再审的再审事由作了规定，[3]2007 年《民事诉讼法》第 204 条和现行《民事诉讼法》第 227 条、2015 年最高人民法院《适用民诉法解释》第 423 条对执行程序中的案外人申请再审的再审事由作了规定。[4]有学者据此认为："人民法院审查案外人申请再审，应当重点审查申请人所主张的权利是否符合法定情形，而不是审查其依据《民事诉讼法》

---

〔1〕　例如，对涉及犯罪行为或者其他不当行为的再审事由，一般应当由有罪的生效刑事或者相关的法律文书予以确认。

〔2〕　张卫平："再审事由规范的再调整"，载《中国法学》2011 年第 3 期，第 66 页。

〔3〕　2008 年《适用民诉法审监程序解释》第 5 条第 1 款对执行程序外的案外人申请再审的再审事由规定为："对原判决、裁定、调解书确定的执行标的物主张权利，且无法提起新的诉讼解决争议的。"

〔4〕　2007 年《民事诉讼法》第 204 条和现行《民事诉讼法》第 227 条对执行程序中的案外人申请再审的再审事由规定为：对执行异议裁定不服"认为原判决、裁定错误的"。2015 年最高人民法院《适用民诉法解释》第 423 条对执行程序中的案外人申请再审的再审事由规定为：对驳回执行异议裁定不服"认为原判决、裁定、调解书内容错误损害其民事权益的"。

第 200 条所列举的再审事由。"〔1〕"案外人只要认为生效法律文书损害了其合法权益，且无法通过另诉解决的，均可选择申请再审的方式寻求救济。"〔2〕笔者不同意上述认识，再审事由应当是统一的，案外人申请再审只是对其主体资格的界定，就再审事由而言不应存在特殊规则。

从我国民事诉讼立法来看，当事人申请再审的事由和检察机关通过抗诉启动再审的事由自 2007 年《民事诉讼法》修改以后就已经完全相同，实现了再审事由的统一性。但是，从学术界的研究动态来看，不少的学者对此仍持反对的意见。李浩教授认为，申请再审与抗诉事由不宜完全统一，因为把发现足以推翻原裁判的新证据作为抗诉的事由未必恰当。〔3〕赵信会博士把反对者的意见归纳为：以新证据作为抗诉的理由，会增加检察机关的工作负担，影响当事人双方的攻防平等，与实事求是、有错必纠的抗诉原则和抗诉功能定位冲突，还可能引起检法两家争夺申诉案源的现象。〔4〕许尚豪博士认为，应根据检察机关的法律监督特性，将检察机关的抗诉理由严格界定在涉及公共利益的范围之内，在再审理由方面，应区别检察机关抗诉的理由与当事人申请再审的理由，抗诉事由应当不同于当事人申请再审的事由，应有严格公益性。〔5〕有学者认为，再审事由与抗诉事由合一的弊端在于欠缺法理基础和实践操作难，〔6〕抗诉事由与申请再审事由同一的错误在于混淆了民事再审的目的与民事抗诉的目的，违背了诉讼程序的一般逻辑，导致理论与实践的诸多争议，〔7〕将抗诉事由与当事人申请再审的理由统一起来，没有考虑当事人和

〔1〕 江必新等：《新民事诉讼法再审程序疑难问题解答与裁判指导》，法律出版社 2014 年版，第 11 页。

〔2〕 冯浩：《民事再审事由研析》，中国法制出版社 2016 年版，第 230~231 页。

〔3〕 李浩："民事再审程序的修订：问题与探索——兼评《修正案（草案）》对再审程序的修订"，载《法律科学（西北政法学院学报）》2007 年第 6 期，第 136~137 页。

〔4〕 赵信会："民事再审事由修改的理念及反思"，载《北方法学》2009 年第 4 期，第 78~79 页。

〔5〕 许尚豪："论独立民事抗诉再审程序之构建"，载《政治与法律》2010 年第 4 期，第 32 页。许尚豪、康健："分理、分离、独立——民事抗诉特别程序的立场及路径"，载《法律科学（西北政法大学学报）》2017 年第 2 期，第 166 页。

〔6〕 张华："再审事由与抗诉事由之分离研究"，载《中共郑州市委党校学报》2015 年第 6 期，第 73~74 页。

〔7〕 熊国钦："民事抗诉程序之重构"，载《人民检察》2011 年第 12 期，第 136~137 页。

检察机关在性质和价值方面的差异，与检察机关的法律定位存在冲突。[1]关于法院依职权启动再审的事由，笔者将在后述相关问题中予以探讨。

笔者认为，再审事由解决的是存在何种错误的法院生效裁判应当通过再审程序予以纠正的问题，它只能与法院生效裁判本身相关联，与谁启动再审无关，再审事由应当是统一的。如果依不同的启动主体设置不同的再审事由，就与再审事由的基本性质不符。张卫平教授明确指出，作为启动再审的实质根据，再审事由应当具有统一性。[2]

（二）既判力理论与民事诉讼再审事由的具体适用

从《民事诉讼法》的规定来看，当事人对判决、裁定申请再审和检察院对判决、裁定提出检察建议或者抗诉启动再审，第200条规定了13项事由；第201条和第208条分别规定了当事人对调解书申请再审以及检察院对调解书提出检察建议或者抗诉启动再审的事由。《民事诉讼法》第200条第1项规定的"有新的证据，足以推翻原判决、裁定的"再审事由，在前述"既判力时间范围理论与民事诉讼再审程序的新证据研究"中已经做了专门的探讨，这里就《民事诉讼法》规定的其他民事诉讼再审事由如何具体适用进行分析。

1. 《民事诉讼法》第200条第2项规定的"原判决、裁定认定的基本事实缺乏证据证明的"

1991年《民事诉讼法》第179条第1款第2项和第185条第1款第1项对这一再审事由规定为"原判决、裁定认定事实的主要证据不足的"。2001年最高人民检察院《民行抗诉案件办案规则》第33条将这一抗诉事由细化为8种情形。[3]2002年最高人民法院《规范再审立案意见》第8条将此种申请

---

〔1〕　邵世星："民事审判监督程序的定位与结构设计"，载《国家检察官学院学报》2014年第2期，第36页。

〔2〕　张卫平："再审事由规范的再调整"，载《中国法学》2011年第3期，第66页。

〔3〕　这八种情形为：原判决、裁定所认定事实没有证据或者没有足够证据支持的；原判决、裁定对有足够证据支持的事实不予认定的；原判决、裁定采信了伪证并作为认定事实的主要证据的；原审当事人及其诉讼代理人由于客观原因不能自行收集的主要证据，人民法院应予调查取证而未进行调查取证，影响原判决、裁定正确认定事实的；原审当事人提供的证据互相矛盾，人民法院应予调查取证而未进行调查取证，影响原判决、裁定正确认定事实的；原判决、裁定所采信的鉴定结论的鉴定程序违法或者鉴定人不具备鉴定资格的；原审法院应当进行鉴定或者勘验而未鉴定、勘验的；原判决、裁定认定事实的主要证据不足的其他情形。

再审事由表述为"主要证据不充分或者不具有证明力的"。由于"原判决、裁定认定事实的主要证据不足的"这一规定较为原则和抽象，最高人民检察院的解释过于宽泛，最高人民法院的解释又过于模糊，使得这一再审事由很难把握而在实务操作中较为混乱。据统计，在 2007 年《民事诉讼法》修改之前，70%以上的申请再审案件是以此作为再审事由的，可以说这一再审事由规定得不科学是当时再审程序普适化的一个重要原因。

2007 年《民事诉讼法》将"原判决、裁定认定事实的主要证据不足的"修改为"原判决、裁定认定的基本事实缺乏证据证明的"，现行《民事诉讼法》沿袭了这一规定。在 2007 年《民事诉讼法》修改以后，最高人民法院和最高人民检察院的有关司法解释对这一再审事由进行了具体的明确。2008 年最高人民法院《适用民诉法审监程序解释》第 11 条就"基本事实"进行了限定，[1]但没有对"基本事实"的认定予以具体化，何为"基本事实"实际上只能由法官根据个案情况进行裁量。2011 年最高人民法院《第一次全国民事再审审查工作会议纪要》第 21 条第 2 款规定了可以认定为"原判决、裁定认定的基本事实缺乏证据证明的"再审事由的特殊情形。[2]笔者认为，这一规定的情形可以纳入"对审理案件需要的主要证据，当事人因客观原因不能自行收集，书面申请人民法院调查收集，人民法院未调查收集的"再审事由之中。2013 年最高人民检察院《民诉监督规则》第 79 条规定了应当认定为"原判决、裁定认定的基本事实缺乏证据证明的"再审事由的四种情形。[3]这一规定对"缺乏证据证明"的理解混淆了"缺乏证据"与"证据虚假"的界限，并内含了事实认定的主观因素。从域外民事诉讼立法关于再审事由的规定来看，没有"原判决、裁定认定的基本事实缺乏证据证明的"再审事由

---

〔1〕 2008 年最高人民法院《适用民诉法审监程序解释》第 11 条就"基本事实"限定为：对原判决、裁定的结果有实质影响、用以确定当事人主体资格、案件性质、具体权利义务和民事责任等主要内容所依据的事实。

〔2〕 依 2011 年最高人民法院《第一次全国民事再审审查工作会议纪要》第 21 条第 2 款的规定，"申请再审人在原审中依法申请鉴定、勘验，原审人民法院应当准许而未予准许，且未经鉴定、勘验可能影响案件基本事实认定的"，可以认定为"原判决、裁定认定的基本事实缺乏证据证明的"再审事由。

〔3〕 这四种情形为：认定的基本事实没有证据支持，或者认定的基本事实所依据的证据虚假、缺乏证明力的；认定的基本事实所依据的证据不合法的；对基本事实的认定违反逻辑推理或者日常生活法则的；认定的基本事实缺乏证据证明的其他情形。

的规定。实际上，在我国民事诉讼立法上规定这一再审事由是不恰当的，因为案件事实本身具有不确定性的基本属性，并且民事诉讼高度盖然性证明标准赋予了法官较大的裁量权。因此，在我国现行民事诉讼立法的条件下，对"原判决、裁定认定的基本事实缺乏证据证明的"再审事由应当从严掌握，对这一再审事由的认定应当更加体现民事诉讼再审事由确定的严格性。"缺乏证据证明"和"主要证据不足"是不同的。"主要证据不足"是指有证据但达不到证明标准；"缺乏证据证明"是指对基本事实的认定没有证据证明，又不是众所周知的事实、推定的事实、自然规律、定理以及为法院生效裁判、仲裁机构的生效裁决、有效公证文书所确认或者证明的事实。

2. 《民事诉讼法》第 200 条第 3 项规定的"原判决、裁定认定事实的主要证据是伪造的"

2007 年的《民事诉讼法》第 179 条第 1 款第 3 项和现行《民事诉讼法》第 200 条第 3 项规定了这一再审事由。2011 年最高人民法院《第一次全国民事再审审查工作会议纪要》第 22 条将这一再审事由的"主要证据"解释为，是指原判决、裁定认定基本事实的证据。但这一解释并无多大实际价值，从域外民事诉讼立法来看，并未将此种再审事由限定为"主要证据"，因为何为"主要证据"是难以从客观上进行判断的。

此种再审事由指的是，作为法院生效裁判基础的证据存在重大瑕疵，不同法域的民事诉讼立法中大多对此作了规定。《德国民事诉讼法》第 580 条第 1 项至第 4 项，[1]《法国民事诉讼法》第 595 条第 1 款第 1 项、第 3 项、第 4 项，[2]《日本民事诉讼法》第 338 条第 1 款第 5 项、第 6 项、第 7 项[3]和

---

[1] 《德国民事诉讼法》第 580 条第 1 项至第 4 项规定的情形为：对方当事人宣誓作证，判决即以其证言为基础，而该当事人关于此证言犯有故意或过失违反宣誓义务的罪行；作为判决基础的证书是伪造或者变造的；判决系以证言或鉴定为基础，而证人或鉴定人犯有违反真实义务的罪行。当事人的代理人或对方当事人或其代理人犯有与诉讼事件有关的罪行，而判决是基于这种行为作出的。

[2] 《法国民事诉讼法》第 595 条第 1 款第 1 项、第 3 项、第 4 项规定的情形为：如原判决作出以后发现该判决是对其有利的一方当事人欺诈取得的；如发现原判决是以其在作出以后经认定或经裁判属于伪造的书证为依据；如发现判决是以其在作出以后经裁判宣告属于伪证的假证明、假证言、假宣誓为依据。

[3] 《日本民事诉讼法》第 338 条第 1 款第 5 项、第 6 项、第 7 项规定的情形为：因他人应受刑事处罚的行为而作出自认或妨碍提出影响判决的攻击或防御方法；以伪造或变造的文书及其他物件作为证据作出判决；以证人、鉴定人、翻译人、宣誓当事人或法定代理人的虚假陈述作为判决的证据。

《俄罗斯民事诉讼法》第 392 条第 2 款第 2 项、第 3 项[1]规定了此种再审事由。《意大利民事诉讼法》第 395 条第 2 款规定："在判决作出后，判决所依据的证据被发现是伪造的，或以任何方式被宣告是伪造的，或者败诉方在判决前并不知道伪造证据的情况已被发现或被宣告（第 326、329、396、398条，《民法典》第 2738 条）。"与域外民事诉讼立法相比，我国对这种再审事由的规定范围过小，没有明确证据瑕疵与裁判结果的关联性，且未设置先行确认程序。参照域外民事诉讼立法的上述规定，结合我国的实际情况，可以将此种再审事由扩大理解为以下几种情形：一是原判决、裁定认定事实的证据是伪造或者变造的。就证据种类而言，德国规定为"证书"，法国规定为"书证"，日本规定为"文书或其他物件"，意大利和俄罗斯则只规定为"证据"。笔者认为，对证据的种类不宜作出规定，这样可以更为周全，因为伪造或者变造证据的客体主要是书证，但物证、视听资料、鉴定意见、书面证言等其他证据也可能被伪造或者变造。之所以提伪造或者变造，是因为变造是伪造的一种特殊形式，德国、奥地利都是规定"伪造或变造"。二是证人、鉴定人、翻译人员作伪证、作虚假鉴定、作虚假翻译，且原判决、裁定是以此认定事实的。这种情形在域外的民事诉讼立法中大多作了规定，只是在范围上有所不同，例如有的没有规定翻译人员，有的规定了翻译人员。三是当事人的诉讼代理人、对方当事人及其诉讼代理人犯有与诉讼事件相关的罪行，且原裁判是基于这种行为作出的。这种情形是域外立法的普遍做法。[2]

就作为法院生效裁判基础的证据存在重大瑕疵作为再审事由，域外的民事诉讼立法除了规定适用的情形及证据瑕疵与裁判结果的关联性之外，还设置了先行确认程序。《德国民事诉讼法》第 581 条[3]和《日本民事诉讼法》

---

〔1〕《俄罗斯民事诉讼法》第 392 条第 2 款第 2 项、第 3 项规定的情形为：证人故意作虚假陈述、鉴定人故意作虚假鉴定结论、翻译人员故意作不正确翻译、伪造证据等，导致作出了非法的或者没有根据的判决、裁定，而且上述事由已经发生法律效力的刑事判决所确认；当事人、案件其他参加人、他们的代理人在该案审理和解决时实施犯罪并且犯罪事实已经发生法律效力的刑事判决所确认。

〔2〕需要指出的是，"当事人陈述"虽然是法定的证据种类，但在我国的司法实务中，并未有当事人宣誓的做法，除当事人作出对自己不利的自认外，一般将"当事人陈述"定为证明对象。因此，伪造或者变造证据的情形不宜包括当事人的虚假陈述。刘义柱："关于民事再审事由适用的若干思考"，载《山东审判》2014 年第 3 期，第 98 页。

〔3〕《德国民事诉讼法》第 581 条规定："存在由于犯罪行为而得到确定有罪判决，或者刑事诉讼程序因欠缺证据以外的原因而不能开始或进行，不能用讯问的方法取得证明。"

第 338 条第 2 款[1] 对此作了规定。《俄罗斯民事诉讼法》第 392 条第 2 款第 3 项规定为："由已经发生法律效力的刑事判决所确认。"之所以要设置先行确认程序，是为了防止当事人过于容易和随便地以此种再审事由申请再审，并且也可以避免申请再审的当事人和受理再审申请的法院之间存在不必要的冲突。从域外立法来看，大多将确定的刑事有罪判决作为先行确认程序。在我国，由于刑法对民事诉讼中伪造、变造证据以及提供虚假证据等行为打击不力，一律要求以刑事有罪判决作为先行确认程序并不恰当，但当事人必须依相关法律程序证明存在此种再审事由。

3. 《民事诉讼法》第 200 条第 4 项规定的"原判决、裁定认定事实的主要证据未经质证的"

2007 年《民事诉讼法》第 179 条第 1 款第 4 项和现行《民事诉讼法》第 200 条第 4 项规定了这种再审事由。2011 年最高人民法院《第一次全国民事再审审查工作会议纪要》第 22 条将此种再审事由的"主要证据"解释为，是指"原判决、裁定认定基本事实的证据"。与前述理由相同，这一规定并无多大实际价值。第 23 条[2] 前一段关于判断主要证据是否未经质证的规定过于原则和抽象，对司法实践的指导意义不大。2015 年最高人民法院《适用民诉法解释》第 389 条就当事人对原判决、裁定认定事实的主要证据在原审中拒绝发表质证意见或者在质证中未对证据发表质证意见的，不属于"原判决、裁定认定事实的主要证据未经质证的"再审事由进一步进行了明确。这一规定有利于限制这一再审事由的适用，有必要予以保留。

我国之所以规定这一再审事由，主要是考虑到质证是当事人的一项重要的诉讼权利。但是，从域外民事诉讼立法的规定来看，均无这一再审事由的规定。原因在于，并不是所有的证据都必须质证，尤其是未经质证的证据作为定案的根据，虽然存在导致事实错误的可能性，但经过质证后也可能认定

---

[1] 《日本民事诉讼法》第 338 条第 2 款规定："在存在前项第 4 号至第 7 号所列事由的情形中，关于应受惩罚的行为，当有罪判决或罚款的裁判确定时，或者非因证据不足而未获得确定的有罪判决或罚款的确定裁判时，可提起再审之诉。"

[2] 依 2011 年最高人民法院《第一次全国民事再审审查工作会议纪要》第 23 条的规定，法院可以根据原审案卷中的庭审笔录、证据交换笔录、答辩意见、代理词等材料判断原判决、裁定认定事实的主要证据是否未经质证；申请再审人对原判决、裁定认定事实的主要证据在原审中拒绝发表质证意见，又以此再审事由申请再审的，不予支持。

证据本身并无问题。张卫平教授认为,完全可以在上诉程序解决质证的问题,没有必要将证据没有质证作为再审事由。[1]因此,从长远来讲,这一再审事由应当从民事诉讼立法中删除。

在现行立法条件下,如何把握这一再审事由呢?总的原则是从严把握,不能因质证权引起过多的案件进入再审。除 2015 年最高人民法院《适用民诉法解释》第 389 条的规定应当维持外,还应规定原判决、裁定认定事实的主要证据未经质证的,是指以当事人根本不知晓的证据作为原裁判认定事实的证据,或者应当予以质证的证据,未在法庭上出示,也未通过其他途径质证,原裁判以此认定案件事实的。

4. 《民事诉讼法》第 200 条第 5 项规定的"对审理案件需要的主要证据,当事人因客观原因不能自行收集,书面申请人民法院调查收集,人民法院未调查收集的"

2007 年《民事诉讼法》第 179 条第 1 款第 5 项规定了这一事由,现行《民事诉讼法》第 200 条第 5 项只是在此基础上将"证据"修改为"主要证据",目的在于体现再审事由确定的重大性原则。但由于对何为"主要证据"很难在客观上进行判断,这一修改的实际意义并不大。2008 年最高人民法院《适用民诉法审监程序解释》第 12 条将"对审理案件需要的证据"解释为,是指法院认定案件基本事实所必需的证据。这一规定并没有将"对审理案件需要的证据"具体化,也无多大的指导意义。

我国民事诉讼立法之所以规定这一再审事由,是考虑到目前当事人收集证据的环境不太好,收集证据的能力也不太强,同时不少的案件并没有律师代理诉讼,这也是我国民事诉讼模式并未完全过渡到当事人主义的体现。从域外民事诉讼立法的规定来看,找不到这种再审事由。在法治较为发达的国家和地区,民事诉讼的当事人主义诉讼模式较为彻底,诉讼证据由当事人提供,几乎不存在当事人申请法院调查证据或者法院依职权调查证据的情形,即使是在特殊情形下救济当事人较弱的取证能力,一般的做法也是在通常程序中赋予当事人较强的调查证据能力,而不是适用民事诉讼再审程序进行救济。因此,从发展趋势来讲,此种再审事由在我国民事诉讼立法中也应当予以废除。

在现有立法条件下,应当认真审查和严格把握这一再审事由。对此种再审

---

〔1〕 张卫平:"再审事由规范的再调整",载《中国法学》2011 年第 3 期,第 68 页。

事由，依最高人民法院司法解释的规定，一审中当事人享有申请复议权和上诉权，已经给予了当事人充分的救济，而二审中当事人仅有申请复议的权利。因此，此种再审事由只有存在于第二审时，才可以作为民事诉讼再审事由。这不仅是对此种再审事由严格把握的要求，而且也符合再审事由确定的补充性原则。

5. 《民事诉讼法》第 200 条第 6 项规定的 "原判决、裁定适用法律确有错误的"

1991 年《民事诉讼法》第 179 第和第 185 条、2007 年《民事诉讼法》第 179 条第 1 款第 6 项以及现行《民事诉讼法》第 200 条第 6 项规定了这一再审事由。

大陆法系一般是通过三审制或者特别上诉制来审查下级法院的法律适用是否正确。我国实行的是两审终审制，没有专门的审级和程序来解决法律适用统一性的问题，将"适用法律确有错误"作为再审事由，在一定程度上可以弥补我国在法律统一适用方面的不足。

就"原判决、裁定适用法律确有错误"的再审事由而言，"适用法律"是主观性较浓的活动，对同一案件如何适用法律，国内著名的法学家之间还可能存在意见的分歧。上级法院有统一适用法律的功能，但不能绝对地认为上级法院的法官在"适用法律"上就一定比下级法院的法官高明。"适用法律"的过程实际上是解释法律的过程，在法律条文存在多种含义时，如何结合具体案情恰当地适用法律，实现案件处理法律效果与社会效果的统一，是审判工作的基本要求之一。对"适用法律确有错误"这一再审事由的理解，应当遵循客观性和关联性原则。客观性原则就是无需过多的主观判断就能发现确实法律适用明显有错误；关联性原则是指法律适用的错误只有在导致判决、裁定的结果错误时才能作为再审事由。

如何理解这一再审事由，最高人民检察院、最高人民法院的有关司法解释或者规范性文件作了规定。2001 年最高人民检察院《民行抗诉案件办案规则》第 34 条将"原判决、裁定适用法律确有错误"细化为六种情形。[1] 2002 年最高人民法院《规范再审立案意见》第 8 条将"原判决、裁定适用法

---

〔1〕 2001 年最高人民检察院《民行抗诉案件办案规则》第 34 条规定的六种情形为：原判决、裁定错误认定法律关系性质的；原判决、裁定错误认定民事法律关系主体的；原判决、裁定确定权利归属、责任承担或者责任划分发生错误的；原判决、裁定遗漏诉讼请求或者超出原告诉讼请求范围判令被告承担责任的；原判决、裁定对未超过诉讼时效的诉讼请求不予支持，或者对超过诉讼时效的诉讼请求予以支持的；适用法律错误的其他情形。

律确有错误"理解为，引用法律条文错误或者适用失效、尚未生效法律以及违反法律关于溯及力规定。2008 年最高人民法院《适用民诉法审监程序解释》第 13 条将"适用法律确有错误"解释为，原判决、裁定适用法律、法规或者司法解释存在六种情形之一。[1] 2013 年最高人民检察院《民诉监督规则》第 80 条将"适用法律确有错误"规定九种情形。[2] 2015 年最高人民法院《适用民诉法解释》第 390 条规定了适用法律确有错误的六种情形，与2008 年最高人民法院《适用民诉法审监程序解释》第 13 条的内容完全相同，但增加了适用法律错误只有在导致判决、裁定结果错误时才能成为再审事由。在学术界，学者们对如何理解"适用法律确有错误"也进行了探讨。例如，肖建国博士认为，除了司法解释所作的规定外，适用法律确有错误还包括：本应适用此法却适用了彼法或者应当适用此法的此款，却适用了此法的彼款或彼法的彼款；漏引、多引、错引法条；引用法条模糊不清，原判决、裁定无明确的法律依据；引用法条未具体到款、项、目。[3]

笔者认为，2008 年最高人民法院《适用民诉法审监程序解释》第 13 条和 2015 年最高人民法院《适用民诉法解释》第 390 条的规定，除适用法律"明显违背立法原意的"以外，其他 5 种情形的规定符合民事再审事由确定的客观性原则。2015 年最高人民法院《适用民诉法解释》第 390 条与 2008 年最高人民法院《适用民诉法审监程序解释》第 13 条规定，相比所增加的关联性原则的要求也当然应当予以肯定。适用法律"明显违背立法原意的"之所以不能作为"适用法律确有错误"的情形，是因为不少的法律存在多种含义。有学者从"明显违背立法本意"之内涵、探寻立法本意的方法之难、探寻立法本意的过程之难、探寻立法本意的结果之难等四个方面对"明显违背立法

---

〔1〕 2008 年最高人民法院《适用民诉法审监程序解释》第 13 条规定的六种情形为：适用的法律与案件性质明显不符的；确定民事责任明显违背当事人约定或者法律规定的；适用已经失效或者尚未施行的法律的；违反法律溯及力规定的；违反法律适用规则的；明显违背立法本意的。

〔2〕 2013 年最高人民检察院《民诉监督规则》第 80 条规定"适用法律确有错误"的九种情形为：适用法律与案件性质明显不符的；认定法律关系主体、性质或者法律行为效力错误的；确定民事责任明显违背当事人有效约定或者法律规定的；适用的法律已经失效或者尚未施行的；违反法律溯及力规定的；违反法律适用规则的；适用法律明显违背立法本意的；适用诉讼时效规定错误的；适用法律错误的其他情形。

〔3〕 肖建国："民事再审事由的类型化及其审查——基于解释论的思考"，载《法律适用》2013 年第 4 期，第 8 页。

本意"作为"适用法律确有错误"的情形进行了批判。[1]

邵明博士认为,"判决理由与主文显有矛盾的",应当属于再审的事由。[2]"判决理由与主文显有矛盾者",在我国台湾地区是作为独立的再审事由的。[3]这一事由对强化判决书的说理具有积极意义,在我国目前而言具有现实的意义,并且便于从客观上进行判断,可以考虑将这一情形解释为"适用法律确有错误"的再审事由。

邵明博士还认为,"申请再审的判决与以前确定判决相抵触的",应当属于再审的事由。[4]有学者也认为,"同案不同判"可以作为"适用法律确有错误"再审事由。[5]"申请再审的判决与以前确定判决相抵触"的情形,实际上是指法院的生效裁判违反前诉裁判的既判力,基于违反既判力视为违反法律的理念,域外民事诉讼立法大多规定了此种情形的再审事由。《日本民事诉讼法》第338条第1款第10项规定:"申请再审的判决与以前的确定判决相抵触"。《意大利民事诉讼法》第395条第5项规定:"判决与之前已对当事人产生了既判力的另一终局性判决相冲突,而该判决又没有表明可以存在相应的例外(第324、327条,《民法典》第2909条)。"《德国民事诉讼法》第580条第7项[6]也有此种再审事由的规定。在我国以往的司法解释中,对此也有相关的规定。[7]

对"申请再审的判决与以前生效判决相抵触"的情形,笔者将从后诉法院作出的生效民事裁判与前诉法院作出的生效民事裁判相矛盾,以及不同诉讼形式既判力作用的协调方面分别予以讨论。

---

〔1〕 罗倩:"'明显违背立法本意'之追问——评《审判监督解释》第13条第六项",载《广西政法管理干部学院学报》2011年第2期,第53~57页。

〔2〕 邵明:《现代民事诉讼基础理论:以现代正当程序和现代诉讼观为研究视角》,法律出版社2011年版,第241页。

〔3〕 齐树洁主编:《台湾地区民事诉讼制度》,厦门大学出版社2016年版,第204页。

〔4〕 邵明:《现代民事诉讼基础理论:以现代正当程序和现代诉讼观为研究视角》,法律出版社2011年版,第241页。

〔5〕 刘义柱:"关于民事再审事由适用的若干思考",载《山东审判》2014年第3期,第98页。

〔6〕 《德国民事诉讼法》第580条第7项规定:"当事人发现以前就同一事件所作的确定判决,或者发现另一种书证,而自己能使用这种判决或书证使自己得到有利的裁判。"

〔7〕 例如,依2002年最高人民法院《规范再审立案意见》第8条第4项的规定,就同一法律事实或同一法律关系存在两个相互矛盾的生效法律文书,再审申请人对后一生效法律文书提出再审申请的,法院应当裁定再审。

如果后诉法院作出的生效民事裁判与前诉法院作出的生效民事裁判相矛盾，如何认定这两个裁判的效力呢？从既判力的积极作用或积极效果而言，在后诉中，法院不得作出与前诉法院生效裁判相矛盾的判断，否则，就是违反了前诉法院生效裁判既判力。因此，如果后诉法院作出的生效民事裁判与前诉法院作出的生效民事裁判相抵触，对后诉法院的生效民事裁判可以以"原判决、裁定适用法律确有错误"作为再审事由依法启动再审程序。

之所以存在不同诉讼形式既判力作用的协调，是因为在民事诉讼、刑事诉讼和行政诉讼三种诉讼形式中，都存在既判力制度。基于国家审判权行使的整体性，民事诉讼中的既判力可能与刑事诉讼和行政诉讼的既判力存在相互的关联和影响，需要对不同诉讼形式既判力的作用在法律上予以协调。既判力的消极作用在于禁止诉讼标的同一情形下后诉的形成，但既判力的积极作用是以防止裁判出现矛盾为宗旨，有可能波及或者延伸至其他诉讼形式之中。

民事诉讼与刑事诉讼存在关联时，先进行刑事诉讼后进行民事诉讼是较为普遍的做法。这就是所谓的刑事裁判暂时中止民事裁判的原则。[1]但是，在司法实践中，这一原则并不是绝对的，在特殊情形下有时也可以先进行民事诉讼后进行刑事诉讼。在民事诉讼先行的情形下，民事诉讼对后来的刑事诉讼是否产生拘束力呢？在大陆法系，民事诉讼绝对地不影响后来的刑事诉讼，"刑事诉讼具有绝对的权威，即使是在民事诉讼中被告人胜诉，同样可能在刑事诉讼中受到有罪判决"。[2]在英美法系，民事诉讼中与既判力诉讼价值相类似的制度，在一般情况下很难对后来的刑事诉讼产生拘束力，但不像大陆法系那样绝对，可能有例外的情形。例如，"在美国也存在民事裁判中所确定的事项对随后的刑事诉讼有既判力的情况"。[3]笔者认为，民事诉讼是否对后来的刑事诉讼产生拘束力，首先要区分刑事诉讼是公诉还是自诉案件，其次要区分自诉案件的原告在民事诉讼中是胜诉还是败诉。如果后来的刑事诉讼

---

〔1〕 这一规则是指，在某一刑事案件同时引发刑事诉讼和民事诉讼的情况下，如果该刑事案件的公诉已启动，则在民事法院提起的民事诉讼应延迟裁判，直到最终的刑事判决作出为止。施鹏鹏："刑事既判力理论及其中国化"，载《法学研究》2014年第1期，第160页。

〔2〕 李哲：《刑事裁判的既判力研究》，北京大学出版社2008年版，第219页。

〔3〕 李哲：《刑事裁判的既判力研究》，北京大学出版社2008年版，第217页。美国之所以存在此种特殊情形，是出于对被告人的保护和有关承担证明责任能力的判断。

为公诉案件，民事诉讼对后来的刑事诉讼不产生拘束力。理由在于：刑事诉讼案件和民事诉讼案件的当事人明显不同，不符合既判力的相对性原则，并且刑事诉讼的证明标准要高于民事诉讼。就刑事自诉案件而言，因为民事诉讼的证明标准低于刑事诉讼，被告在民事诉讼中败诉在后来的刑事诉讼中不一定受到有罪判决。但是，如果原告在民事诉讼中败诉，又以自诉人的身份启动刑事诉讼，民事诉讼则对后来的刑事诉讼产生拘束力，因为原告在证明标准较低的民事诉讼中没有胜诉，完全可以推断其在证明标准较高的刑事诉讼中不可能胜诉。民事诉讼与刑事诉讼存在关联时，如果先进行刑事诉讼，后进行民事诉讼，刑事诉讼是否对后来的民事诉讼产生拘束力呢？从两大法系的做法来看，依刑事诉讼的判决是有罪判决还是无罪判决存在不同的规则。刑事诉讼的判决是有罪判决，英美法系的做法是刑事诉讼原则上对后来的民事诉讼产生拘束力，但允许存在例外情形，[1]大陆法系的做法是刑事诉讼绝对地对后来的民事诉讼产生约束力。刑事诉讼的判决是无罪判决，英美法系的做法是刑事诉讼对后来的民事诉讼不产生拘束力，大陆法系的做法则是刑事诉讼对后来的民事诉讼产生拘束力。从上述分析可以看出，当刑事诉讼的判决是有罪判决时，两大法系的做法大体上是一致的，肯定刑事诉讼对后来的民事诉讼产生约束力。这种做法是有充足的法理基础的，因为刑事有罪判决是在证明标准较高的基础上作出的，刑事有罪判决对犯罪事实的认定，在证明标准较低的民事诉讼中完全可以得到满足。当刑事诉讼的判决是无罪判决时，两大法系的做法存在明显的差异，原因在于它们的诉讼模式存在差异。英美法系对案件事实十分注重，否定刑事无罪判决对后来的民事诉讼产生拘束力，是因为民事诉讼的证明标准低于刑事诉讼，大陆法系则对法律规范的统一适用十分注重。笔者认为，对这一问题，应当借鉴两大法系做法的优点，依据以下原则予以处理：一是刑事有罪判决，对后来的民事诉讼产生拘束力。二是存疑的刑事无罪判决，对后来的民事诉讼不产生拘束力。三是不存疑的刑事无罪判决，对后来的民事诉讼产生拘束力。刑事无罪判决之所以要区分存疑和不存疑两种情形，是因为存疑的无罪判决，在刑事诉讼中被告达不到

---

〔1〕 英美法系之所以允许例外情形的存在，一是考虑到被告在刑事诉讼中可能存在某些对其不利的因素，如诉讼过程中的偏见、证据展示有限、无法获得很好的律师等，没有平等、充分的诉讼机会；二是考虑到被告在作出有罪答辩时，可能对犯罪事实没有展开充分的辩论。

证明其为有罪的证明标准，并不意味着在证明标准较低的民事诉讼中被告也达不到证明其实施了某一违法行为的证明标准，故刑事无罪判决对后来的民事诉讼不能产生拘束力。不存疑的刑事无罪判决，在刑事诉讼中已经证明被告没有实施犯罪行为，后来的民事诉讼不能抵触刑事判决，故不存疑的刑事无罪判决对后来的民事诉讼产生拘束力。需要特别指出的是，在上述情形中，刑事判决对后来的民事诉讼所产生的拘束力，不能理解为既判力的作用，而应当理解为刑事判决的证明效。因为刑事诉讼在多数情形下是以公诉的形式进行的，刑事诉讼与民事诉讼的当事人并不相同，如果理解为既判力的作用，就不符合既判力的相对性原则。事实上，在美国，刑事有罪判决对后来的民事诉讼所产生的拘束力，并不认为是"主张阻却"，英国的民事诉讼将其明确规定为"作为证据"。如果将刑事自诉案件作为特殊情况来讨论，只有刑事自诉案件中不存疑的刑事无罪判决对后来的民事诉讼产生既判力。

民事诉讼的结果是对行政行为进行合法性审查的前提，法院对行政案件的审理和裁判要以民事诉讼的判决为依据，应当先进行民事诉讼后进行行政诉讼。此种情形下，民事诉讼的判决对后来的行政诉讼具有拘束力。在行政行为的合法性认定是民事案件处理的前提时，法院在行政诉讼中对行政行为合法性的认定，对后来进行的民事诉讼或者附带提起的民事诉讼具有拘束力。因为民事诉讼和行政诉讼的当事人不同，上述拘束力也应当理解为民事判决或者行政判决的证明效，而不能理解为民事判决或者行政判决既判力的作用。

依据上述分析，以民事诉讼为中心，可以对不同诉讼形式裁判结果的协调情形下，视为"原判决、裁定适用法律确有错误"的再审事由作出如下规定：一是民事诉讼与刑事诉讼存在关联，先进行刑事诉讼时，刑事诉讼的最终结果为有罪裁决或者不存疑的无罪裁决，民事生效裁判的结果与刑事裁决相矛盾的，除非刑事裁决被依法撤销或者变更，对民事生效裁判可以以"原判决、裁定适用法律确有错误"作为再审事由依法启动再审程序；刑事诉讼的结果为存疑的无罪裁判，不影响民事诉讼的裁判结果。二是民事案件的处理以行政行为合法性认定为前提，法院的民事生效裁判与关于行政行为合法性认定的生效行政裁判相矛盾，除非行政裁判依法撤销或者被变更，对民事生效裁判，可以以"原判决、裁定适用法律确有错误"作为再审事由依法启动再审程序。

此外，有学者认为，可以将"原诉讼举证责任分配不当，导致不应承担举证责任的当事人败诉的"情形理解为,《民事诉讼法》第 200 条第 2 项规定的"原判决、裁定认定的基本事实缺乏证据证明的"再审事由。笔者认为,这种理解有点牵强。举证责任分配不当将使判决的结果产生明显的错误,对举证责任的分配也可以从客观上予以判断,此种情形可以作为再审事由,但由于对举证责任的分配是法官适用法律的活动,将此种情形理解为《民事诉讼法》第 200 条第 6 项规定的"原判决、裁定适用法律确有错误的"再审事由也许更为恰当。

6. 《民事诉讼法》第 200 条第 7 项规定的"审判组织的组成不合法或者依法应当回避的审判人员没有回避的"

2007 年《民事诉讼法》第 179 条第 1 款第 8 项和现行《民事诉讼法》第 200 条第 7 项规定了这一再审事由。

这一再审事由是指审判主体不合法,不同法域的民事诉讼立法大多将其作为重要的再审事由。《德国民事诉讼法》第 579 条第 1 款第 1 项至第 3 项、[1]《日本民事诉讼法》第 338 条第 1 款第 1 项和第 2 项[2]对这种再审事由作了规定。

这一再审事由包括两种情形:一是审判组织的组成不合法;二是依法应当回避的审判人员没有回避的。

2011 年最高人民法院《第一次全国民事再审审查工作会议纪要》第 25 条规定了审判组织的组成不合法的六种情形。[3] 2013 年最高人民检察院《民诉监督规则》第 81 条规定有五种情形之一的应当认定为"审判组织的组成不合法"。[4] 笔者认为,2011 年最高人民法院《第一次全国民事再审审查工作会议纪要》第 25 条第 3 项规定的"合议庭成员曾参加同一案件一审、二审或者

---

〔1〕 《德国民事诉讼法》第 579 条第 1 款第 1 项至第 3 项规定的情形为:作出判决的法院不是依法组成的;依法不得执行法官职务的法官参与裁判,但主张此种回避原因而提出回避申请或上诉,未经批准的除外;法官因有偏颇之虞应行回避,并且回避申请已经宣告有理由,而该法官仍参加审判。

〔2〕 《日本民事诉讼法》第 338 条第 1 款第 1 项和第 2 项规定的情形为:未依法组成判决裁判所;依法不能参与判决的法官参与判决。

〔3〕 六种情形为:人民陪审员独任审理的;应当组成合议庭审理的案件采用独任制审理的;合议庭成员曾参加同一案件的一审、二审或再审程序审理的;参加开庭审理的审判组织成员与参加合议、在判决书、裁定书上签名的审判组织成员不一致的,但依法变更审判组织成员的除外;变更审判组织成员未依法告知当事人的;其他属于审判组织不合法的情形。

〔4〕 五种情形为:应当组成合议庭审理的案件独任审判的;人民陪审员参与第二审案件审理的;再审、发回重审的案件没有另行组成合议庭的;审理案件的人员不具有审判资格的;审判组织或者人员不合法的其他情形。

再审程序审理的"以及 2013 年最高人民检察院《民诉监督规则》第 81 条第 3 项规定的"再审、发回重审的案件没有另行组成合议庭的",应当属于对于回避制度的违反,而不是审判组织的组成不合法。[1] 因此,审判组织的组成不合法具体应包括以下情形:其一,审理案件的人员不具备审判资格的。其二,人民陪审员独任审理的或人民陪审员参与第二审审理的。其三,合议庭审理的案件独任审判的。其四,在裁判文书上签名的审判人员与参加开庭的审判人员不一致的,但依法变更的除外。其五,合议庭成员未达到法定人数的;其六,未依法告知当事人审判人员已经变更的。

2011 年最高人民法院《第一次全国民事再审审查工作会议纪要》第 26 条规定"依法应当回避的审判人员没有回避的"再审事由的"审判人员"包括参加一审、二审、再审程序审理的审判人员。笔者认为,此种理解也不恰当,应当仅指作出生效裁判的审判人员,理由在于:一是如果案件是二审生效的,对一审中的回避问题,当事人享有申请权,对法院的决定不服还享有申请复议权,不需要通过再审程序救济。二是再审程序审理的对象是法院的生效裁判,未生效裁判的实体问题和程序问题在再审中法院并不直接加以审查。还需要指出的是,回避对象不仅适用于审判人员,还适用于书记员、翻译人员、鉴定人、勘验人,但作为再审事由,回避仅针对审判人员而言,对此也有必要予以明确。从域外的立法规定来看,也只是针对"法官"作出的规定,书记员、翻译人员、鉴定人、勘验人如果存在伪造或者变造证据、作伪证等情形的,可适用其他再审事由。2001 年最高人民检察院《民行抗诉案件办案规则》第 35 条第 1 项就将"审理案件的审判人员、书记员依法应当回避而未回避的"作为抗诉的情形之一作了规定。这一规定将记员依法应当回避而未回避的作为抗诉的情形并不恰当。

7. 《民事诉讼法》第 200 条第 8 项规定的"无诉讼行为能力人未经法定代理人代为诉讼或者应当参加诉讼的当事人,因不能归责于本人或者其诉讼代理人的事由,未参加诉讼的"

2007 年《民事诉讼法》第 179 条第 1 款第 9 项和现行《民事诉讼法》第 200 条第 8 项规定了这一再审事由。这一再审事由实际上是将两种再审事由合

---

[1] 因为在回避制度中已经明确规定,在一个审判程序中参与过本案审判工作的审判人员,原则上不得再参与该案其他程序的审判。

一作出规定。

在最高人民法院的司法解释中没有具体规定"无诉讼行为能力人未经法定代理人代为诉讼"的再审事由。此种再审事由系诉讼代理不合法,《德国民事诉讼法》第 579 条第 1 款第 4 项〔1〕和《日本民事诉讼法》第 338 条第 1 款第 3 项〔2〕等域外的民事诉讼立法中对此作了明确规定。参照域外民事诉讼立法的规定,可以看出我国《民事诉讼法》对这一再审事由的规定是不太全面和严谨的,因为诉讼代理不仅有法定代理,还有委托代理,法定代理人既可以亲自代为诉讼,也可以委托代理人代为诉讼。因此,《民事诉讼法》第 200 条第 8 项规定的"无诉讼行为能力人未经法定代理人代为诉讼"的再审事由,是指无诉讼行为能力人未经法定代理人代为诉讼,或者未经法定代理人的委托代理人进行诉讼。委托代理人超越当事人、法定代理人的授权进行诉讼且未经当事人、法定代理人追认的,视为符合《民事诉讼法》第 200 条第 8 项规定的再审事由。

由于对案外人提供救济的模式存在差异,从域外民事诉讼法关于再审事由的规定来看,无法找到"应当参加诉讼的当事人,因不能归责于本人或其诉讼代理人的事由,未参加诉讼的"再审事由的规定。就我国民事诉讼立法规定的这种再审事由,江伟教授主编的《民事诉讼法学》(第 3 版)指出:"对于'应当参加诉讼的当事人'未参加诉讼而成为再审事由,也不应作扩大解释,限于必要的共同诉讼人。"〔3〕在我国,对必要的共同诉讼的不可分性较为强调,认为没有参加诉讼的必要的共同诉讼人也应当与诉讼中的当事人一样受到既判力的约束,因而赋予其对法院生效裁判申请再审的权利。从最高人民法院司法解释的规定来看,法院在追加必要的共同诉讼人时,未参加诉讼的必要共同诉讼人基本上无责任可言。〔4〕实际上,没有参加诉讼的必要的

---

〔1〕《德国民事诉讼法》第 579 条第 1 款第 4 项规定的情形为:当事人一方在诉讼中未经合法代理,但当事人对于诉讼进行已明示或者默示地承认的除外。

〔2〕《日本民事诉讼法》第 338 条第 1 款第 3 项规定的情形为:欠缺法定代理权、诉讼代理权,代理人欠缺作出诉讼行为的必要授权。

〔3〕 江伟主编:《民事诉讼法学》(第 3 版),北京大学出版社 2015 年版,第 308 页。

〔4〕 对共同被告可以强制追加,对共同原告除明确表示放弃实体权利的以外,也可以强制追加。2015 年最高人民法院《适用民诉法解释》第 73 条和第 74 条对此作了规定。因此,在法院查清了必要的共同诉讼中诉讼主体的条件下,必要的共同诉讼人都可以参加诉讼,如果法院的生效裁判遗漏了必要的共同诉讼人,主要的责任在于法院。

共同诉讼人申请再审，只需证明自己为必要的共同诉讼人即可，但明确表示放弃实体权利的未参加诉讼的必要共同原告除外。明确表示放弃实体权利的未参加诉讼的必要共同原告，之所以不能申请再审，是因为他已经明确放弃了实体权利而不具有申请再审的诉的利益。

8.《民事诉讼法》第 200 条第 9 项规定的"违反法律规定，剥夺当事人辩论权利的"

2007 年《民事诉讼法》第 179 条第 1 款第 10 项和现行《民事诉讼法》第 200 条第 9 项规定了这一再审事由。

域外的民事诉讼立法中没有规定这一再审事由。原因在于：一是辩论权涉及的范围十分广泛，刘学在博士对辩论原则的内容从辩论原则与诉讼标的、辩论原则所适用的事实范围、辩论原则与证据资料的收集提供、自认等四个方面进行了较为全面的分析，[1] 辩论权的行使贯穿于民事诉讼的整个过程，很难将这种再审事由具体化。二是不易区分对辩论权的剥夺与对辩论权的正当限制，且司法实务中剥夺当事人辩论权的情形也较为少见。

如何适用这一再审事由？2008 年最高人民法院《适用民诉法审监程序解释》第 15 条[2] 以及 2013 年最高人民检察院《民诉监督规则》第 82 条和 2015 年最高人民法院《适用民诉法解释》第 391 条[3] 作了规定。最高人民法院、最高人民检察院对此种再审事由适用情形的规定，有许多地方是不恰当的。例如，2013 年最高人民检察院《民诉监督规则》第 82 条第 1 项规定"不允许或者严重限制当事人行使辩论权利的"情形过于抽象，不符合民事诉讼再审事由确定的明确具体性原则。2015 年最高人民法院《适用民诉法解释》第 391 条第 1 项规定"不允许当事人发表辩论意见的"情形，很难区分

---

〔1〕 刘学在：《民事诉讼辩论原则研究》，武汉大学出版社 2007 年版，第 98~186 页。

〔2〕 依 2008 年最高人民法院《适用民诉法审监程序解释》第 15 条的规定，剥夺当事人辩论权利"是指，原审开庭过程中，审判人员不允许当事人行使辩论权或者以不送达起诉状副本或上诉状副本等其他方式致使当事人无法行使辩论权利，但依法缺席审理、依法进行判决、裁定的除外。

〔3〕 依 2013 年最高人民检察院《民诉监督规则》第 82 条和 2015 年最高人民法院《适用民诉法解释》第 391 条的规定，"违反法律规定，剥夺当事人辩论权利"的情形有三种是共同的：一是应当开庭审理而未开庭审理；二是违反法律规定送达起诉状副本或者上诉状副本，致使当事人无法行使辩论权利；三是违法剥夺当事人辩论权利的其他情形。区别在于，依 2013 年最高人民检察院《民诉监督规则》第 82 条的规定，不允许或者严重限制当事人行使辩论权利为"违反法律规定，剥夺当事人辩论权利"的情形；2015 年最高人民法院《适用民诉法解释》第 391 条则仅规定为不允许当事人发表辩论意见。

正当限制与非法剥夺当事人辩论权的界限。上述司法解释和规范性文件规定的"违法剥夺当事人辩论权利的其他情形"与民事诉讼再审事由的封闭性不符。

对我国民事诉讼立法规定的这一再审事由，学者们也进行了探讨。除了最高人民法院和最高人民检察院上述司法解释或者规范性文件规定的情形外，学者们还列举了其他情形。例如，认为对当事人正常发表意见合议庭过度干预的，[1]属于非法剥夺辩论权的情形。认为违反法律规定，剥夺诉讼代理人的辩论权利，开庭审理中遗漏了辩论环节，未按照法律规定使用语言文字审理案件或者为当事人提供翻译，致使当事人无法充分行使辩论权利，也属于非法剥夺辩论权利。[2]学者们对这一再审事由的上述理解大多过于宽泛，可能导致再审程序的不适当启动和滥用，对法院生效裁判的既判力形成不应有的冲击。

这种再审事由是我国独有的，必须十分严格地予以限制。对此种再审事由控制在以下两种情形是较为适当的：一是应当开庭审理而未开庭审理的。对席、当庭和口头形式是最为直接和理想的行使辩论权的方式。这些方式是以开庭审理为基本前提的，如果应当开庭审理而未开庭审理，当事人就无法用这些最为直接和理想的方式行使辩论权，是对当事人辩论权利的严重剥夺。这一情形不仅在上述最高人民法院或者最高人民检察院的司法解释或者规范性文件中作了规定，早在2001年最高人民检察院《民行抗诉案件办案规则》第35条第2项就规定，"应当开庭审理的案件，未经开庭审理即作出判决、裁定的"，属于严重违反法定程序可能影响正确判决、裁定的抗诉事由。二是未依法送达起诉状副本、上诉状副本或者答辩状副本致使当事人无法行使辩论权利的。当事人收到起诉状副本、上诉状副本、答辩状副本，可以知晓对方当事人的主张和意见，从而便于其行使辩论权。与上述司法解释或者规范性文件相比，增加了"答辩状副本"，是考虑到对当事人双方辩论权利的平等保护。将"不送达"和"违反法律规定送达"调整为"未依法送达"，既表明了依法应当送达而未送达，也表明了虽然已经送达但送达违反法律规定，

---

〔1〕刘义柱："关于民事再审事由适用的若干思考"，载《山东审判》2014年第3期，第100页。

〔2〕刘学在："违法剥夺当事人辩论权利之再审事由的认定"，载《公民与法（法学版）》2010年第7期，第3~4页。

表述更为简洁。

9.《民事诉讼法》第 200 条第 10 项规定的"未经传票传唤，缺席判决的"

2007 年《民事诉讼法》第 179 条第 1 款第 11 项和现行《民事诉讼法》第 200 条第 10 项规定了这一再审事由。2001 年最高人民检察院《民行抗诉案件办案规则》第 35 条曾规定了适用普通程序审理案件时，当事人未经传票传唤而缺席裁判可能严重影响正确判决、裁定的，检察机关应当依法提起抗诉。应该说，无论适用何种程序审理，即使是适用简易程序，缺席判决都要求用传票传唤作为前提。因此，这一规定并不严谨。

10.《民事诉讼法》第 200 条第 11 项规定的"原判决、裁定遗漏或者超出诉讼请求的"

2007 年《民事诉讼法》第 179 条第 1 款第 12 项和现行《民事诉讼法》第 200 条第 11 项规定了这一再审事由。

从域外民事诉讼立法来看，只有日本《民事诉讼法》第 338 条第 1 款第九项有相类似的"对影响判决的重要事项未予判断时"这一再审事由的规定。这一规定针对的是影响判决的重要事项，并不是针对诉讼请求，并且只规定了"未予判断"并没有规定"超出"。为什么域外的立法普遍不规定这一再审事由呢？就原判决、裁定超出诉讼请求而言，它可能是法院违反司法中立和被动性原则实施的超职权行为，但也可能是基于司法能动而实现司法公正的行为。在法治发达的国家，法院超出当事人诉讼请求下判的个别情形也是存在的，并且受到了社会公众的赞同。至于遗漏诉讼请求，法院的裁判主文并没有对该诉讼请求作出判断，而法院生效裁判既判力的客观范围原则上仅限于裁判主文中对诉讼标的的判断。在一般情形下，遗漏的诉讼请求并不受法院生效裁判既判力的约束，当事人可以另行起诉。对遗漏诉讼请求，有的国家还采用追加判决或者补充判决的方式来处理。[1]

---

〔1〕 例如，《法国民事诉讼法》第 463 条第 1 款规定："法院漏于审理裁判某项请求要点时，也可对其判决做出补充，但相对于其他请求要点而言，不得损及已判事由；如有必要，应重新认定各方当事人对各自诉讼主张所做的真正陈述以及他们的理由。"在美国，也不认为遗漏或者超出诉讼请求的情形是重新裁判的基础，"法官在判决中对诉讼请求事项的遗漏，应当视为请求权排除规则的例外情形，而判决内容超出诉讼请求，则恰好可以构成上诉的可能基础。"Huang, International Recognition and Enforcement of Civil and Commercial Judgments, At 194。转引自〔美〕凯文·M. 克莱蒙特："既判力：司法之必需"，袁开宇译，载《清华法治论衡》2015 年第 2 期，第 90 页。

　　江伟教授主编的《民事诉讼法学》（第3版）指出了，将"遗漏或超出诉讼请求"作为再审事由存在两方面的问题："其一，遗漏诉讼请求的情形，可通过就遗漏部分进行补充审理和判决的方式解决，除非必须，否则不应成为撤销整个生效裁判进行再审的当然事由。其二，超出诉讼请求的情形，在我国诉讼标的理论尚未达成共识并为实务界普遍熟知的情况下，特别是在强调司法为民、注重社会效果的背景下，立法尚未正面规定诉讼请求构成对审判对象的限定，却将超出诉讼请求作为质疑生效裁判、通过再审的特别救济途径挑战裁判权限，违背了权利行使与权利救济、权力配置与权力问责的法律逻辑。"[1]有学者从民事再审程序的性质和功能、诉讼系属、当事人的程序保障等角度，对"遗漏诉讼请求"作为再审事由进行了否定。[2]因此，就发展趋势而言，这一再审事由应当在我国民事诉讼立法中消失。

　　在我国现行立法条件下，如何适用这一再审事由呢？2011年最高人民法院《第一次全国民事再审审查工作会议纪要》第27条将这一再审事由解释为包括遗漏或者超出一审原告、二审上诉人、再审申请人的诉讼请求、上诉请求、再审请求以及被告的反诉请求。笔者认为，反诉是具有相对独立性的特殊起诉，再审的诉讼请求基于原诉讼而产生，没有必要针对反诉和再审作出规定。2011年最高人民法院《第一次全国民事再审审查工作会议纪要》第28条规定的情形中，[3]确认之诉并不具有独立的意义，也无规定之必要。依2015年最高人民法院《适用民诉法解释》第392条的规定，"原判决、裁定遗漏或者超出诉讼请求"包括一审诉讼请求、二审上诉请求，但对一审判决、裁定遗漏或者超出诉讼请求当事人未提起上诉的除外。这一规定大体上是正确的。此外，应严格限制这一再审事由的适用，遗漏诉讼请求只有在无法进行补充审理和判决的情形下，超越诉讼请求只有在有违司法公正的情形下，才能成为再审事由。

---

〔1〕　江伟主编：《民事诉讼法学》（第3版），北京大学出版社2015年版，第308页。

〔2〕　胡夏冰："'遗漏诉讼请求'能否作为再审事由"，载《人民法院报》2009年6月16日。

〔3〕　依2011年最高人民法院《第一次全国民事再审审查工作会议纪要》第28条的规定，确认之诉是给付之诉前提条件时，当事人同时提出给付之诉和确认之诉，在主文里，原判决仅判定了给付之诉，但在判决理由中分析认定确认之诉，不属于遗漏诉讼请求的情形。

11. 《民事诉讼法》第200条第12项规定的"据以作出原判决、裁定的
法律文书被撤销或者变更的"

2007年《民事诉讼法》第179条第1款第13项和现行《民事诉讼法》第
200条第12项规定了这一再审事由。2002年最高人民法院《规范再审立案意
见》第8条规定了原裁判的主要事实依据被依法变更或撤销的法院应当裁定
再审。

不同法域的民事诉讼立法大多对基于法院生效裁判的根据存在瑕疵的这
种再审事由作了规定。如意大利《民事诉讼法》第395条第4项规定:"判决
是基于一项源自案件诉讼文书或文件的事实性错误而作出的,且错误的产生,
是因为判决是以假定某事实的存在为基础的,而实际上可以确定该事实不存
在,或者判决是以不存在某事实的假设为基础,而事实证明实际上存在该事
实,并且在以上两种情况下,判决对上述事实的存在与否并没有提出疑问
(第324、327、338条)。"《德国民事诉讼法》第580条第6项、[1]《日本民
事诉讼法》第338条第1款第8项、[2]俄罗斯《民事诉讼法》第392条第2
款第4项[3]也对此种再审事由作了规定。2008年最高人民法院《适用民诉
法审监程序解释》第16条[4]对这一再审事由的理解,并没有进一步明晰这
一再审事由。依2015年最高人民法院《适用民诉法解释》第393条的规定,
据以作出原判决、裁定的法律文书被撤销的法律文书包括生效的判决书、裁
定书、调解书,生效的仲裁裁决书和具有强制执行效力的公证债权文书。这
一规定明晰了据以作出原判决、裁定的法律文书的范围,应当继续适用。

12. 《民事诉讼法》第200条第13项规定的"审判人员审理该案件时有
贪污受贿,徇私舞弊,枉法裁判行为的"

1991年《民事诉讼法》第179条第1款第5项和第185条第1款第4项、

---

〔1〕 《德国民事诉讼法》第580条第六项规定的情形为:"判决是以某普通法院、原特别法院或
某一行政法院判决为基础时,而这些判决已由另一确定判决所撤销。"

〔2〕 《日本民事诉讼法》第338条第1款第八项规定的情形为:"作为判决基础的民事或刑事判
决及其他裁判或行政处分被以后的裁判或行政处分变更。"

〔3〕 《俄罗斯民事诉讼法》第392条第2款第四项规定的情形为:"作出法院判决、裁定所依据
的法院民事判决、刑事判决或裁定以及国家机关或地方自治机关的决议被撤销的。"

〔4〕 依2008年最高人民法院《适用民诉法审监程序解释》第16条的规定,原判决、裁定根据
其他法律文书对基本事实和案件性质作出了认定,所根据的法律文书被撤销或变更的,法院可以认定
为"据以作出原判决、裁定的法律文书被撤销或者变更"的情形。

2007 年《民事诉讼法》第 179 条第 2 款和现行《民事诉讼法》第 200 条第 13 项规定了这一再审事由。2001 年最高人民检察院《民行抗诉案件办案规则》第 36 条、2002 年最高人民法院《规范再审立案意见》第 8 条第 9 项也规定了此种再审事由。

此种再审事由是指在审理案件过程中法官实施了职务犯罪或者违纪行为，域外的民事诉讼立法均有相应的规定。如《意大利民事诉讼法》第 395 条第 6 项规定："判决是法官恶意作出的，而这一点已经得到有既判力的终局性判决确认（第 324、325、326、329、396、398 条）。"《俄罗斯民事诉讼法》第 392 条第 2 款第 3 项规定："法官在该案审理和解决时实施犯罪并且犯罪事实已经发生法律效力的刑事判决所确认。"《德国民事诉讼法》第 580 条第 5 项、[1]《日本民事诉讼法》第 338 条第 1 款第 4 项[2]也对此种再审事由作了规定。

对这一再审事由的适用，依 2008 年最高人民法院《适用民诉法审监程序解释》第 18 条的规定，"审判人员在审理该案件时有贪污受贿，徇私舞弊，枉法裁判行为"是指，该行为已经相关刑事法律文书或者纪律处分决定确认的情形。2015 年最高人民法院《适用民诉法解释》第 394 条的规定与 2008 年最高人民法院《适用民诉法审监程序解释》第 18 条的规定相比，在"刑事法律文书或者纪律处分决定"前增加了"生效"二字，表述更为准确。对这种再审事由，与作为法院生效裁判基础的证据存在重大瑕疵的再审事由一样，域外的民事诉讼立法大多设置了先行确认程序。最高人民法院上述司法解释的内容与域外立法的这一做法是相一致的。从域外的上述立法来看，对此种再审事由，不少的国家和地区还强调了法官职务犯罪或者违纪行为与诉讼的关联性或者对当事人造成的不利影响。2002 年最高人民法院《规范再审立案意见》第 8 条第 9 项在规定这一再审事由时附加了"并导致枉法裁判的"要求，在一定程度上体现了这一精神，将其表述为"这种行为只有在致使该案件的裁判结果对当事人造成不利影响时才可能成为再审事由"也许更为妥当。因此，《民事诉讼法》第 200 条第 13 项规定的"审判人员审理该案件时有贪

---

〔1〕《德国民事诉讼法》第 580 条第五项规定的情形为："参与判决的法官犯有与诉讼有关的、不利于当事人的违反其职务上义务的罪行。"

〔2〕《日本民事诉讼法》第 338 条第 1 款第四项规定的情形为："参与判决的法官作出与案件相关的职务上的犯罪。"

污受贿，徇私舞弊，枉法裁判行为的"再审事由，是指该行为已经由生效的相关刑事法律文书或者纪律处分决定确认的情形，并且这种行为致使该案件的裁判结果对当事人造成了不利影响。

13. 关于法院生效调解书的再审事由

对法院生效调解的再审事由，我国的民事诉讼立法是依据启动再审程序的主体不同而分别设置的。这是因为对生效的法院调解检察院通过提出检察建议或者抗诉启动再审程序，主要是基于检察机关作为公共利益代表人的身份，可以认为是再审事由统一性原则的例外情形。

当事人对生效的法院调解申请再审的事由，1991 年《民事诉讼法》第180 条、2007 年《民事诉讼法》第 182 条以及现行《民事诉讼法》第 201 条规定："提出证据证明调解违反自愿原则或者调解协议的内容违反法律的"。对这一再审事由，2002 年最高人民法院《规范再审立案意见》第 8 条曾规定，对明显违反自愿原则或者内容违反法律或损害国家利益、公共利益和他人利益的调解协议，法院应当裁定再审。从民事诉讼立法的精神来看，只要求提出证据证明调解违反自愿原则即可，并未要求"明显"违反。《民事诉讼法》只规定了提出证据证明调解协议的内容违反法律规定，生效的法院调解"损害国家利益、社会公共利益"是检察院通过提出再审检察建议或者抗诉启动再审的事由，《民事诉讼法》对生效的法院调解均无损害"他人利益的"再审事由的规定。最高人民法院的司法解释不能与法律条文存在明显的冲突。笔者认为，对生效的法院调解申请再审的事由可具体化为：《民事诉讼法》第201 条规定的调解违反自愿原则，是指调解的开始、调解的进行或者调解协议的达成不是当事人真实意思的表示。"调解协议的内容违反法律"，是指调解协议的内容违反法律、法规、规章、司法解释的禁止性规定。

对生效的法院调解，检察院通过提出检察建议或者抗诉启动再审程序的事由，《民事诉讼法》第 208 条规定为"发现调解书损害国家利益、社会公共利益"。2011 年最高人民法院、最高人民检察院《民事审判与行政诉讼监督意见》第 6 条和 2013 最高人民检察院《民诉监督规则》第 77 条也作了相同的规定。有学者认为，损害他人利益的调解书应纳入抗诉的范围，理由在于：调解属于民事诉讼检察监督的对象，有利于实现检察机关的法律监督职责，体现了权益法律保护和救济方式的平等性，并且损害他人利益的调解结果扰乱诉讼秩序需要加强检察监督。[1] 实际上，损害他人利益之所以没有规定为检察院对生效的法院调解通过提出检察建议或者抗诉启动再审程序的事由，是因为对他人利益的保护法律上有其他相关的制度来规定，检察机关只是国家利益、社会公共利益的代表机关，况且法院在审理民事案件时会关注对他人利益的保护。在学术界，有的学者试图就检察院对生效的法院调解，通过提出检察建议或者抗诉启动再审程序的法定事由进行具体的理解和解释，以达到准确适用法律的目的。这种努力可能会起到一定的作用，但笔者认为，由于"国家利益、社会公共利益"是一个不确定的法律概念，"发现调解书损害国家利益、社会公共利益"这种再审事由可以由检察机关裁量，不必细化。

---

〔1〕　兰蔚生："损害他人利益的调解书也应纳入抗诉范围"，载《检察日报》2016 年 10 月 17 日。

| 第七章 |

既判力理论与民事诉讼当事人
申请再审研究

一、既判力理论与民事诉讼当事人申请再审之间的关系

既判力理论的核心在于，为了实现纠纷解决的终局性，就法院的生效裁判对法院和当事人所产生的拘束作用十分强调，原则上否定对已决纠纷的再一次解决。当事人申请再审启动民事诉讼再审程序，是对已经产生既判力的法院生效裁判的再一次审理，与既判力理论存在的矛盾与冲突是十分明显的，甚至可以说是排除或者消灭了法院生效裁判的既判力。如果将既判力理论绝对化，民事诉讼再审程序就没有生存的空间，更谈不上其应有功能的发挥。如果不考虑既判力理论的要求来设计民事诉讼当事人申请再审制度，民事诉讼再审程序就可能被随意地加以启动，既判力理论就会受到冲击甚至有可能名存实亡。从世界各国的立法来看，既判力理论与当事人申请再审启动民事诉讼再审程序是并存于民事诉讼制度之中的，既不能将既判力理论绝对化而对当事人申请再审启动民事诉讼再审程序完全予以禁止，也不能在设计民事诉讼当事人申请再审制度时不考虑既判力的效力。在民事诉讼法学中，如何协调既判力理论与当事人申请再审启动民事诉讼再审程序之间的关系历来是一个难题，对民事诉讼再审程序进行改革时务必要解决这一问题。

（一）既判力理论对民事诉讼当事人申请再审的制约

1. 既判力的宏观功能对民事诉讼当事人申请再审的制约

既判力的功能可以分为宏观和微观[1]两个方面。江伟教授曾经指出，既判力的宏观功能包括维护法律秩序和维护公共利益两个方面。[2]笔者认为，

---

[1] 既判力的微观功能，就是后述的既判力的作用。

[2] 江伟主编：《民事诉讼法》（第4版），中国人民大学出版社2008年版，第319页。

绝大多数法律制度都具有这两方面的功能，上述认识并没有揭示既判力宏观功能的特殊性。就既判力而言，它的宏观功能包括程序功能和社会功能也许更为恰当。

（1）既判力的程序功能。既判力制度的程序功能强调对法院生效裁判稳定性的维护，法院的裁判生效以后，不论是否存在错误，都不能轻易地进行改动。

既判力具有程序功能，主要基于以下两个方面的原因：一是法院的生效裁判产生既判力，主要的根据在于它是程序保障下当事人自我责任承担的一种表现。法院的生效裁判是以当事人双方自身的程序活动为基础而形成的结论，在诉讼程序过程中当事人受到的程序保障较为充分，就应当接受既判力的约束，不能就同一诉讼标的再次提出主张。从某种意义上讲，既判力的程序功能，是追究当事人自我责任的必然要求。二是法院的生效裁判应当具有终局性。司法的终结性必然体现为法院生效裁判的终局性。司法之所以应当具有终结性，是因为司法终结性是维护法治国家尊严的必需，是法的功能的必然要求，也是法的效率的必然要求。[1]"正如美国大法官所言：我们能够正确作出最终判决并非我们判决正确，相反，我们之所以正确，是因为我们享有终审权。"[2]法院生效裁判的既判力是其终局性效力的重要内容。

（2）既判力的社会功能。既判力的社会功能，是指基于法院生效裁判的权威性和统一性，法院生效裁判确定的内容成为人们日常生活行为的参照标准，从而有利于社会秩序的稳定。

法院生效裁判的权威性和统一性来源于司法权的权威性和统一性。法院的生效裁判之所以产生既判力，一个重要的原因在于它是由法院依法行使审判权作出的。在法国，"既判力"直译为"既判事项权威"。司法权具有权威性，才能成为解决纠纷的最有约束力的方式。

当事人之间产生纠纷以后，由于双方利益的对立，对纠纷解决的诉求也存在对立，社会公众基于不同的立场对纠纷的解决也可能存在不同的观点。但是，在法院作出生效裁判以后，为了对法院生效裁判的权威性予以维护，

---

〔1〕向瑛、黄铁文："论司法终结性——以再审制度为视角"，载《东南大学学报（哲学社会科学版）》2009年第S1期，第65~66页。

〔2〕贺卫方：《司法的理念与制度》，中国政法大学出版社1998年版，第262页，转引自刘绍彬、李卓甫："再审程序对既判力的冲突问题研究"，载《成都行政学院学报》2015年第2期，第29页。

对法院生效裁判所确定的内容当事人不能轻易地再讨价还价，而必须尊重法院作出的生效裁判。对相同的或者相类似的纠纷，基于司法权的统一性，法院作出相同的或者相类似的生效裁判，社会公众就能从中找到具有公共权威性的统一点。如果法院的生效裁判不轻易变动而且得到切实执行的话，法院连续统一的生效裁判所确定的内容就会变成一种外在的和可视的规范，具有稳定的可预测性，人们的日常生活行为可以以此作为参照标准。这一标准为其提供了事先的"计算可能性"，使人们有可能按法院生效裁判所示的规范行动。这无疑有利于增强人们日常生活行为的安定性，有利于避免纠纷的产生，有利于社会秩序的稳定。这就是既判力社会功能的实质所在。

既判力社会功能的实现，依赖于对法院生效裁判权威性的尊重和统一性的维护。如果法院的生效裁判不具有权威性可以轻易地被启动再审，如果法院的生效裁判不具有统一性而相互之间存在矛盾和冲突，就无法实现既判力的社会功能，既判力制度还有可能不复存在。在我国，缺乏尊重法院生效裁判权威性和维护法院生效裁判统一性的传统，除了在制度层面上要进行有针对性的科学设计之外，还应当在思想层面上树立既判力的观念。

2. 既判力的作用对民事诉讼当事人申请再审的制约

依既判力作用产生的条件和内容不同，既判力的作用可以区分为积极作用和消极作用。

（1）既判力对当事人的积极作用。既判力的积极作用，包括程序方面的积极作用和实体方面的积极作用。

既判力在程序方面对当事人的积极作用表现为：前诉法院作出了生效裁判，如果在诉讼标的方面后诉不同于前诉，但后诉以前诉法院生效裁判关于诉讼标的的判断为先决问题，或者在诉讼标的方面后诉与前诉处于矛盾关系，在后诉中，当事人不能提出与法院前诉生效裁判相矛盾的主张。既判力程序方面的积极作用虽然在域外的民事诉讼立法中大多没有作出明确规定，但民事诉讼法学界对此一般持肯定的态度，诉讼理论上有时将其概括为"禁止矛盾"，但它并不阻止当事人的起诉。

在实体方面既判力对当事人的积极作用，是指当事人之间争议的实体权利义务关系经法院的生效裁判确认以后，当事人基于法院生效裁判的权威性而必须对法院生效裁判确认的内容予以遵守。既判力的积极作用之所以具有实体方面的内容，主要有两个方面的原因：一是如果既判力的积极作用没有实体方面的内容，当事人之间争议的实体权利义务关系不产生实体上的确定力，程序方面的积极作用就无对象可言。既判力实体方面的积极作用也只有通过在后诉中既判力程序方面的积极作用才能体现出来。既判力制度在诉讼程序之外并不能对私人生活领域绝对地侵袭，法院作出生效裁判以后，当事人双方在诉讼程序之外自由处分或者变更被法院生效裁判确认的民事权利义务关系，仅属于民事实体法调整的民事行为。二是从既判力的本质观之，虽然既判力具有诉讼法性质的主张越来越处于主导的地位，但也不能对既判力的实体法性质完全忽视。既然既判力仍然具有一定的实体法性质，其在实体方面也就能够发挥一定的作用。

（2）既判力对当事人的消极作用。既判力制度对当事人的消极作用，是指法院作出生效裁判以后，对法院生效裁判认定的同一诉讼标的，当事人不能再行起诉。它的目的主要在于禁止重复诉讼，故诉讼理论上有时将其概括为"禁止反复"。

既判力的消极作用具有程序的内容，这是十分明显的，因而也不存在争议。对既判力的消极作用是否具有实体方面的内容，在诉讼理论界存在"一事不再理说"和"拘束力说"的分歧。依"一事不再理说"，就本质上而言既判力就是一个诉讼要件，仅从形式上进行审查，法院就可以判断在诉讼标的方面后诉与前诉是否相同，并不需要通过对案件进行实体审理来进行判断。因此，既判力的消极作用并不具有实体方面的内容。"拘束力说"则认为，既判力从本质上来讲是一个实体要件，法院只有对案件进行实体审理后才能判断在诉讼标的方面后诉与前诉是否相同。因此，既判力的消极作用具有实体方面的内容。理论界的通说是，既判力的消极作用不具有实体方面的内容，因为"一事不再理说"更为直接和经济，并且学术界的主流观点主要是从诉讼法的角度来理解既判力的本质，而"拘束力说"表明只有对案件进行重新审理后才能判断后诉与前诉的诉讼标的是否相同，与既判力制度的目的不符。

对既判力的消极作用，各国的学理普遍持肯定的态度。在德国，由于在学理上对诉讼标的大多持新诉讼法说或者新实体法说，因而不允许当事人就同一诉讼标的再次提起诉讼。在法国，学理上认为："如果第一次判决是在所有正规的保证已经得到的情况下作成的，就视为讼争已经得到一次性的解决。"[1]在英美法系，与既判力诉讼价值相类似的制度实行的是依息讼政策而形成的"定案不再理"原则，与既判力的消极作用基本相同。依据"定案不再理"原则，前诉已有终局判决，如果后诉与前诉涉及同一诉讼原因或者诉讼请求，对于后诉，法院应当裁定驳回。在我国，民事诉讼学者对既判力的消极作用也早有认识。[2]

既判力的消极作用和积极作用是存在区别的，主要表现在：一是范围不同。既判力的消极作用仅指程序方面的消极作用，既判力的积极作用则同时包括程序和实体方面的内容。二是适用的情形不同。既判力制度的消极作用适用于后诉与前诉诉讼标的相同的情形。既判力的积极作用适用的情形为在诉讼标的方面后诉不同于前诉，但后诉以前诉法院生效裁判关于诉讼标的的判断为先决问题，或者在诉讼标的方面后诉与前诉处于矛盾关系。三是内容不同。就当事人而言，既判力的消极作用的内容为禁止当事人再行起诉，消灭当事人的诉权，就法院已经作出生效裁判的案件禁止其再次进入诉讼程序。既判力的积极作用并不对当事人的起诉予以禁止，而是不允许在后诉中当事人提出不同的主张。

（二）当事人申请再审启动民事诉讼再审程序具有排除或者消灭法院生效裁判既判力的功能

1. 法院生效裁判的既判力可以被排除或者消灭的原因

既判力理论将法院的生效裁判视为是合法的和有效的，甚至被视为是"真理"。但是，这只是从法律上进行的一种推定而已，在现实生活中并非都是如此。法院的生效裁判如果不存在瑕疵，当然需要贴上既判力的"封条"，从而固定被法院裁判所确认的私法秩序。但是，由于案件本身的复杂因素，加之法官素质和认识能力的差异以及某些非正常因素的影响，法院生效裁判出现瑕疵的可能性是客观存在的。虽然在一般情况下，考虑到法的安定性和司法解决终局性的要求，对存在瑕疵的法院生效裁判也应当尽力维护其既判

---

[1] 沈达明编著：《比较民事诉讼法初论》，中国法制出版社2002年版，第589页。

[2] 在1983年，柴发邦老先生就指出："民事判决发生法律效力后，彻底解决了当事人之间争议的法律关系，排除了同一当事人重新起诉的可能，排除了人民法院对同一案件重新审理的可能。也就是说，民事判决一旦发生法律效力，同一当事人不得对同一诉讼标的、同一事实和理由，再行起诉；如果再行起诉，人民法院不予受理。"法学教材编辑部《民事诉讼法教程》编写组：《民事诉讼法教程》，法律出版社1983年版，第343页。

力，但这种做法不能绝对化。正所谓，"再审的门不能随意敞开，但绝对不能不开"。[1] "对于诉讼程序有较轻微的瑕疵，尚没有导致判决的正当性发生动摇，那么应当维护判决的稳定性，不能动辄推翻判决，进行重新审判。"[2] 因此，法院生效裁判存在一般的瑕疵，维护其既判力是具有合理性的。但是，如果对存在重大瑕疵的法院生效裁判仍然维持其既判力，就不具有合理性。"在审判正当性不足情形下固化既判力，不能持久推动正当性提升。两者之间复杂的互动关联，需要置于程序环境、程序结构、程序技术（程序主体要素纳入此部分）的中国语境下加以解析。"[3] 法院的生效裁判存在重大瑕疵，动摇了其既判力形成的正当性，只有通过"补强"以后得到修正，才能重新获得既判力。对法院生效裁判既判力的维护，是以完善的诉讼程序运行和完善的诉讼结果为前提的，当这样的结果不存在时，法院生效裁判的既判力就有可能被排除或者消灭。如果法院的生效裁判存在重大瑕疵，仍然对其既判力予以维护而使其无条件地永久存在，就有可能导致对国家司法权威的损害和民众对司法的不信任，甚至有可能动摇整个法治的根基，并且也不利于保护当事人的合法权益。最高人民法院副院长江必新认为，法院生效裁判如果有明显错误且损害了当事人或利害关系人合法权益，就不能赋予或者维护其既判力，否则，就与实现社会公正和司法公正这一诉讼制度的根本目的相悖，也背离了以人为本的价值理念。[4] 法律虽然要服务于公共利益，但不能将公共利益视为与单个社会成员利益无关的规则。一味强调法院生效裁判的稳定，赋予法院生效裁判以绝对的既判力而过分牺牲个案的正义，不具有合理性和正当性。"如果片面追求法院生效裁判的稳定性和既判力，断然取消再审和涉诉信访途径，无疑等于纵容司法不公、漠视人民权利，极有可能激发民愤民怨，埋下社会动荡不安的种子。"[5] 因此，当法院的生效裁判存在重大瑕疵，已经违反了司法公正的基本要求，成了不公正的既判案件时，就应当排除或者消灭这种法院生效裁判的既判力，不能放弃对司法公正终极目标的追求而绝对地对法院生效裁判的既判力予以维护。

---

[1] 胡军辉：《美国民事既判力理论研究》，北京师范大学出版社 2015 年版，第 15 页。

[2] 刘敏：《当代中国的民事司法改革》，中国法制出版社 2001 年版，第 324 页。

[3] 韩波：《当代中国民事诉讼思潮探究》，华中科技大学出版社 2015 年版，第 20 页。

[4] 江必新："审判监督制度的基本理念"，载《人民司法》2012 年第 13 期，第 22 页。

[5] 王德新：《诉讼文化冲突与民事诉讼制度的变革》，知识产权出版社 2017 年版，第 230 页。

2. 当事人申请再审启动民事诉讼再审程序是排除或者消灭法院生效裁判既判力的主要途径

从各国的立法来看，变更之诉是排除法院生效裁判既判力的一种途径。"判决书的灭失"是导致法院生效裁判既判力消灭的原因之一。但当事人申请再审启动民事诉讼再审程序是排除或者消灭法院生效裁判既判力的主要途径。

作为排除法院生效裁判既判力途径的变更之诉，指的是法院的生效裁判对当事人未来的权利进行了确认，从而使其对法院裁判生效以后的事实也产生了既判力。如果法院裁判生效以后的事实发生了变化，需要调整法院生效裁判所确定的内容，当事人申请再审启动民事诉讼再审程序就不太恰当。因为再审程序是以纠正法院错误的生效裁判为目的的程序，此种情形下不能认为法院的生效裁判有错误，法院在作出裁判时对未来的事实状态是无法完全作出准确预测的。因此，只能通过赋予当事人提出变更之诉的权利来排除法院生效裁判的既判力。

导致法院生效裁判既判力消灭的一种特殊原因为"判决书的灭失"。"判决书灭失，且根据法院档案记录也难以认定原生效判决书实质内容的，原判决既判力消灭。此种情形的出现，或使当事人之间争议的民事权利义务失去确定的根据，纠纷依然，或使前诉判决的既判事由难以查明。因此应认定既判力消灭，使当事人之间的纠纷能经由诉讼或其他途径解决。"[1]

当事人申请再审启动民事诉讼再审程序是最为主要的排除或者消灭法院生效裁判既判力的途径。在大陆法系国家和地区，虽然既判力制度获得了高度的理论化，但当事人仍然可以申请再审启动民事诉讼再审程序来排除或者消灭法院生效裁判既判力。在美国，尽管典型意义上的民事诉讼再审程序并不存在，但在法院的裁判生效以后，仍然允许法官纠正错误，在诉讼理论上，学者们甚至将排除或者消灭法院生效裁判既判力和"修正非正义诉讼结果的程序"就称为民事诉讼再审程序。

3. 当事人申请再审启动民事诉讼再审程序排除或者消灭法院生效裁判既判力的合理性

（1）当事人申请再审启动民事诉讼再审程序排除或者消灭既判力的理论学说。法院的生效裁判具有既判力，为什么能够通过当事人申请再审启动民

---

[1] 常怡主编：《民事诉讼法学》（第6版），中国政法大学出版社2008年版，第82页。

事诉讼再审程序将既判力予以排除或者消灭，学者们提出了不同的学说，其中日本学者冈田幸宏的"公序良俗说"和铃木正裕的"期待可能性说"具有代表性。

冈田幸宏的"公序良俗说"认为，作为法学上整体概念的"公序良俗"是维持社会秩序和道德观念的基本法理之体现，对民事诉讼过程中的行为同样产生拘束力。尽管法律上对再审事由存在不同种类的规定，但完全可以将再审事由归纳为诉讼程序的不正当、判决结果的不正当和当事人目的意图的不正当这三种不正当的情形。判断再审事由是否符合这三种不正当的情形，应当以是否违反了"公序良俗"为基准。法院的生效裁判如果有违公序良俗，就不应当肯定其既判力，而应当通过当事人申请再审启动民事诉讼再审程序来排除或者消灭其既判力。这一学说明确了对法院生效裁判当事人申请再审启动民事再审程序的要件，协调了既判力制度与当事人申请再审启动民事诉讼再审程序之间的关系，但也存在明显的不足。依据这一学说，法院在对生效裁判是否违反"公序良俗"进行审查时，有可能混同对再审要件的审查和对案件的再审理，并且"公序良俗"这一概念并不确定，有可能被扩大理解而致使当事人申请再审启动民事诉讼再审程序的条件较为宽松。"这样一来，在前诉中得到有利判决的一方当事人被完全地忽视，无法得到既判力的保护。此外，'公序良俗'始终是个较为模糊的概念，怎样将其标准化，从而便于法官适用，也是个问题。"[1]

基于诉讼材料存在瑕疵的再审事由，铃木正裕的"期待可能性说"对当事人申请再审启动民事诉讼再审程序的"回复原状"之诉从"期待可能性"的角度进行了论证。他认为，在前诉中因在程序上或者实体上存在瑕疵，前诉的当事人即使胜诉，他所希望的裁判结果实际上也无法获得，并不存在前诉的胜诉当事人提出充分恰当的主张所要求的"期待可能性"。因此，应当排除或者消灭法院前诉生效裁判的既判力。这一学说对法院生效裁判的瑕疵与当事人的"期待可能性"的关联十分注重，具有一定的合理性，但是还有必要深入地探讨许多问题，如需要更为具体地设计"不具备期待可能性"的条件。

（2）当事人申请再审启动民事诉讼再审程序可以补正不公正的既判案件。

---

〔1〕　吴杰主编：《民事再审原理及程序构造》，法律出版社 2012 年版，第 114 页。

当事人申请再审启动民事诉讼再审程序是审级制度之外的程序设计，用来纠正不公正的法院生效裁判，它的程序价值基础是对私权争议的公正裁判，它构筑的目的基础是对法院裁判既判力正当性的追求。[1]当事人申请再审启动民事诉讼再审程序的目的是，排除或者消灭不公正的法院生效裁判的既判力，另外为当事人开辟了一条伸张正义的道路。从一定意义上讲，当事人申请再审启动民事诉讼再审程序发挥了对伪既判力予以揭露和对真既判力予以补强从而为既判力正名的作用。日本有学者指出："如果对判决中存在着的重大瑕疵置之不理，那么不仅违反裁判公正之理念，而且对于当事人而言也显得过于残酷，进而使裁判无法获得其应有的权威和人们对其的信赖，这正是再审制度之必要及根据所在。"[2]我国学者也对当事人申请再审启动民事诉讼再审程序，补正不公正既判案件的合理性进行了论述。江伟教授指出，为什么要保持打破既判力的民事诉讼再审程序这样一种救济呢？"一种理论根据是，该判决本身欠缺使既判力正当化的根据，而再审程序的存在就是对判决既判力正当化的直接否定。因此，法院可以在当事人提出再审事由后，通过再审否定原判决。这种理论的深层基础是国外的现代法治理论，即认为当事人有权获得法院公正的裁判。这既包括实体上的，又包括程序上的。当所获得的裁判没有体现实体上和程序上的公正时，该裁判就没有正当性，应当予以否定。"[3]王亚新教授认为："终局性并不意味着判决一旦成立就绝对地不可改变，在受到法定要件严格制约的前提下，制度上仍然存在把业已作出过确定判决的案件重新纳入诉讼程序、进行再次审理并另下新判的余地。称为'再审'的这种制度确实表明了判定的终局性也是相对的，……"[4]最高人民法院的有关负责同志也曾经指出："审判维护生效裁判的既判力，是以该裁判公正、正确为前提的。笼统地讲维护生效裁判的既判力，会给外界造成法院不愿意纠正错误裁判的错觉。尤其是在《民事诉讼法》修改之后，存在再审事由，并且有再审可能和必要的，就必须提起再审。对于应当改判的案件，

---

〔1〕 杨秀清："民事再审制度的理论阐释"，载《河北法学》2004 年第 5 期，第 18～20 页。

〔2〕 ［日］新堂幸司：《新民事诉讼法》，林剑锋译，法律出版社 2008 年版，第 665 页。

〔3〕 江伟主编：《民事诉讼法专论》，中国人民大学出版社 2005 年版，第 417～418 页。

〔4〕 王亚新：《对抗与判定——日本民事诉讼的基本结构》（第 2 版），清华大学出版社 2010 年版，第 251 页。

也绝不允许以维护生效裁判的既判力、稳定性为借口而不予改判。"〔1〕

　　4. 当事人申请再审启动民事诉讼再审程序排除或者消灭法院生效裁判既判力的有限性

　　在民事诉讼中，"抛开既判力概念和理论，就等于拆掉了一座桥的一个桥墩一样，其重要性可想而知。"〔2〕在大陆法系国家和地区，法官及当事人在既判力面前恰如"温顺的羔羊"。〔3〕当事人之间发生民事纠纷向法院提起诉讼，法院的裁判生效以后就产生了既判力。法院生效裁判产生既判力以后，事实关系和法律关系在经过程序认定以后就被一一地贴上了封条，成为不可动摇的真正过去。〔4〕在法院作出生效裁判以后，表明在法律上已经最终解决了当事人之间的纠纷，当事人不能再行起诉或者再行争议。既判力理论强调的是对法院的生效裁判不能轻易地加以改变。法院的生效裁判代表着司法的正义，强调对生效裁判既判力的维护，有利于司法权威的树立以及法院生效裁判稳定性的维持，有利于社会秩序的维护，有利于当事人诉讼成本和国家有限司法资源的节省。

　　当事人申请再审启动民事诉讼再审程序排除或者消灭法院生效裁判的既判力具有有限性，从民事诉讼再审程序本身也可以得到说明。首先，再审程序是正常的诉讼程序进行完毕之后的非正常的补救程序，它的司法效益低下，有可能对司法公信力产生损害。从经济理性的角度看，民事再审制度的存在应具有合理性，其产生的社会效益必须大于社会成本。〔5〕其次，纠正法院生效裁判的错误来实现司法公正是再审程序的目的所在。但是，法律问题不一定都有正确答案。基于法律本身具有不确定性，加之客观事实与法律事实的偏差以及自由裁量权的存在，司法公正具有相对性。〔6〕如果无法寻找正确答

　　〔1〕 刘敏：《原理与制度：民事诉讼法修订研究》，法律出版社 2009 年版，第 173 页。
　　〔2〕 张卫平：《程序公正实现中的冲突与衡平——外国民事诉讼研究引论》，成都出版社 1993 年版，第 348 页。
　　〔3〕 陶建国、张维新："既判力与我国民事再审事由的重构"，载樊崇义主编：《诉讼法学研究》（第 10 卷），中国检察出版社 2006 年版，第 263 页。
　　〔4〕 季卫东：《法治秩序的建构》，中国政法大学出版社 1999 年版，第 19 页，转引自李浩："再审的补充性原则与民事再审事由"，载《法学家》2007 年第 6 期，第 7 页。
　　〔5〕 宁静波、魏建："民事再审制度的法经济学分析"，载《山东大学法律评论》2010 年第 0 期，第 154 页。
　　〔6〕 江必新："审判监督制度的基本理念"，载《人民司法》2012 年第 13 期，第 21 页。

案或者正确答案不存在，对于案件的再次审理就会毫无意义可言。[1]再次，再审程序可能导致法院生效裁判的变更。但是，"法院变更其判决的频率愈高，那么其判决的合法性就愈低"。[2]不仅如此，如果法院的生效裁判频繁地被变更，就谈不上司法权威的树立和司法效率的提高。最后，如果再审程序可以被轻易地启动，当事人有可能并不重视审级制度内的程序而把精力放在再审程序上，审级制度内通过正常的诉讼程序解决纠纷的功能有可能被降低。

在既判力理论与当事人申请再审启动民事诉讼再审程序的相互关系中，尽力维护法院生效裁判的既判力是居于主导地位的。当事人申请再审启动民事诉讼再审程序只是为了防止过分绝对地强调既判力制度存在的弊端而在一定程度上弥补其价值缺陷。法院的裁判生效以后，首先考虑的问题是维护其既判力的问题，只有在法院生效裁判既判力形成的基础明显缺乏正当性时，才考虑是否通过当事人申请再审启动民事诉讼再审程序来排除或者消灭法院生效裁判的既判力。

当事人申请再审启动民事诉讼再审程序排除或者消灭法院生效裁判既判力的限制性体现在以下几个方面：一是再审范围的有限性。在法院裁判生效以后，只有在极其例外的情形之下，当事人才可以申请再审启动民事诉讼再审程序。当事人申请再审启动民事诉讼再审程序，"这一制度实际上是通过严格控制再审的法定要件，从相反方面显示出判决一经确立就不得再容许轻易改变的程序"。[3]二是对当事人申请再审权保护的适当性。2011年最高人民法院《第一次全国民事再审审查工作会议纪要》第3条强调了民事再审审查工作要做到对注重保护当事人的申请再审权的保护和对法院生效裁判的既判力的维护两方面的同时注重。对当事人的申请再审权只能依法保护而不能过于强调这种保护，否则，就会使法院生效裁判的效力长期无法得到固定，不仅会影响当事人之间民事权利义务关系的稳定，而且也难以实现社会经济秩序的平衡。三是再审次数的有限性。对再审的次数应当作出十分严格的限制。

[1] 何兵、潘剑锋："司法之根本：最后的审判抑或最好的审判？——对我国再审制度的再审视"，载《比较法研究》2000年第4期，第421页。
[2] Planned Parenthood of Southeastern pa. V. Casey，505 U. s. 883，866（1992），转引自刘练军："既判力、再审制度与司法公正"，载《杭州师范大学学报（社会科学版）》2012年第5期，第125页。
[3] 王亚新：《对抗与判定——日本民事诉讼的基本结构》（第2版），清华大学出版社2010年版，第251页。

"再审程序一直处于维护司法既判力与依法纠错的平衡点上，如果一个国家的再审程序被频繁启动，说明该国的司法终局性或多或少地存在问题，则既判力弱；如果一个国家的再审程序不常使用，属于一种极少利用的情形，则说明一国的司法既判力强，法院裁判具有很高的终局性。"[1]

当事人申请再审启动民事诉讼再审程序排除或者消灭法院生效裁判的既判力具有有限性，体现了在通常情况下个案的公正性要服从于法的安定性。既判力理论可以说是一种使个案正义予以牺牲从而对整个司法机器稳定性进行保护的理论。[2]在民事诉讼中，除了对既判力的作用予以强调外，还十分关注保护当事人的民事权利，并且民事诉讼的价值目标包含了实体公正的内容。因此，在民事案件的审理过程中，追求个案的公正性以保护当事人的权利，也是民事诉讼制度的目的所在。但是，既判力理论强调维护法院生效裁判的权威性和稳定性，强调民事诉讼"定纷止争"的功能，以法的安定性为追求目标，强调个案的公正性要对法的安定性予以服从。

（三）既判力理论与当事人申请再审启动民事诉讼再审程序的协调统一

江伟教授指出，再审程序的价值取向包括安定、秩序与公正之协调以及公正与效率之协调。[3]最高人民法院副院长江必新指出，民事诉讼再审程序涉及多重价值取向的协调。[4]有学者从"诉讼正义"的视角分析了再审程序的价值，认为审判公正是诉讼正义的重要维度，诉讼正义包括实现形式、实质和程序上的公正，效率也是"诉讼正义"在现代诉讼中另一个重要维度，并且诉讼正义的实现离不开秩序这一法律的另一价值诉求。[5]有学者从法律秩序

---

〔1〕　孙祥壮：《民事再审程序原理精要与适用》，中国法制出版社 2010 年版，第 11 页。

〔2〕　胡军辉："论民事既判力效力对司法公信力的影响"，载《湘潭大学学报（哲学社会科学版）》2013 年第 5 期，第 31 页。

〔3〕　江伟："民事再审程序的价值取向与申请再审程序的完善"，载《法商研究》2006 年第 4 期，第 25~26 页。

〔4〕　具体来说要正确处理以下几方面的关系：纠正法院错误裁判与维护法的安定性之间的关系；保护申请再审人权利与保护被申请人权利之间的关系；防止法院违法审判与节约司法资源的关系；注重个案效果与追求整体利益之间的关系；有错必究与维护司法权威之间的关系；治理再审"难"与治理再审"滥"之间的关系。江必新："论民事审判监督制度之完善"，载《中国法学》2011 年第 5 期，第 131~132 页。

〔5〕　王刚："诉讼中的正义——关于我国再审制度的法理思考"，载《福建法学》2003 年第 4 期，第 56~58 页。

的一般价值分析出发，探讨了再审程序的外在独立价值和内在独立价值。[1]有学者从以下几个方面阐述了民事再审制度改革的价值转变：从公权主导向尊重当事人意思自治转变，从职能纠错向再审之诉转变，从诉审混同向诉审分离转变，从无序再审向维护裁判的既判力和正当性并重转变，从审判监督向程序救济转变。[2]

"诉讼价值应指诉讼程序在设计和运作中所体现的基本价值标准。"[3]笔者认为，对当事人申请再审启动民事诉讼再审程序价值取向的探讨，应当从法律价值和诉讼价值的一般原理出发，尤其是要与既判力理论的价值取向协调统一。我国台湾地区学者黄国昌先生指出："在民事诉讼法学之领域内，如何调和相对立之基本价值及理念之冲突，往往系最为困难但重要之根本课题，就相冲突之基本价值及理念之最佳平衡点（optimal equulibrium）之探索，自然地亦成为大多数民事诉讼法学者所终生苦思追求之目标。"[4]

民事诉讼制度的价值取向的多元化，使得既判力理论与当事人申请再审启动民事诉讼再审程序可能存在冲突。段厚省博士认为，既判力制度的价值功能包括实现诉讼经济、维护程序和法的安定性、尊重审判权威。[5]既判力理论对法院生效裁判的权威性和稳定性较为强调，对民事诉讼的效率价值和安定价值较为关注。当事人申请再审启动民事诉讼再审程序，是对已经生效的法院裁判的再次审理，追求最大限度地将案件的事实状态予以还原，更多地关注的是民事诉讼的公正价值。如果既判力理论所关注的效率价值和安定价值与当事人申请再审启动民事诉讼再审程序所关注的公正价值能够协调统一，就有可能化解当事人申请再审启动民事诉讼再审程序与既判力理论之间可能存在的冲突，两者在民事诉讼制度的整体框架中就有可能和谐共处。

效率价值对纠纷的尽快解决十分重视，所谓"诉讼过分迟延等同于拒绝裁判""迟到的正义非正义"等理念就是效率价值的鲜明体现。依既判力理论的要求，对当事人提起的民事诉讼，在经历了审级制度之内的民事诉讼程序

〔1〕 曹也汝："略论再审程序的独立价值"，载《金陵法律评论》2007年第1期，第108~114页。
〔2〕 周晖国："论民事再审制度改革的价值转变"，载《江海学刊》2006年第5期，第136~141页。
〔3〕 李晓春、刘丽：《诉讼法基本范畴研究》，吉林人民出版社2002年版，第35页。
〔4〕 黄国昌：《民事诉讼理论之新开展》，北京大学出版社2008年版，第263页。
〔5〕 段厚省："论既判力规则与民事抗诉机制的冲突与协调"，载江伟教授执教五十周年庆典活动筹备组：《民事诉讼法学前沿问题研究》，北京大学出版社2006年版，第400~401页。

之后，法院作出了生效裁判，就不应该出现程序的反复而浪费当事人的诉讼成本和耗费国家有限的司法资源，诉讼程序应当朝着最低成本的方向运行。安定价值是法的安定性在民事诉讼程序中的体现，既判力理论对此更为关注。诉讼安定，主要是指诉讼程序的安定、程序运行的安定和诉讼结果的安定。[1]法的安定性可以分为实体安定和程序安定两个方面。实体安定强调的是法律规范的稳定性和连续性，强调的是对人们行为进行法律判断时的明确性，强调的是法律对社会关系调整和维持的确定性和一贯性。所谓程序安定，是指不能反复无常地运行诉讼程序，诉讼程序的运行应当依据一定的逻辑顺序，应当尽量避免法院重复受理同一纠纷或者作出相互矛盾的裁判。既判力理论强调的是法院生效裁判不能变动，并通过其消极作用和积极作用的发挥，明确地彰显了其对安定价值的追求。既判力理论虽然更多地关注民事诉讼程序的效率价值和安定价值，但也不能对公正价值完全置之不顾。毕竟在民事诉讼的价值体系中，公正价值是最为核心的价值。法院的生效裁判是正确的，或者只存在一般的瑕疵，强调效率价值和安定价值的追求是具有合理性的。但是，如果法院的生效裁判存在重大的瑕疵，达到了有违司法公正的程度，就动摇了其产生既判力的正当性基础，不仅不利于保护当事人的合法权益，而且对法律的统一实施会造成影响，甚至还有可能危及整个民事诉讼制度的存在。因此，在法院的生效裁判存在有违司法公正的情形之下，效率价值和安定价值的追求就应当让位于公正价值，有必要对有违司法公正的法院生效裁判通过民事诉讼再审程序进行修正。

当事人申请再审启动民事诉讼再审程序主要追求的无疑是公正价值。当事人申请再审启动民事诉讼再审程序，总是致力于纠正法院生效裁判的错误，但不能不考虑效率价值的追求。"再审程序是代价最昂贵的实现正义途径。"[2]当事人申请再审启动民事诉讼再审程序是审级制度之内诉讼程序运行完毕之后诉讼资源的重复投入。因此，必须在考虑冲破形式既判力的成本、再审程序的成本以及恢复裁判公信力所带来的收益之基础上，对再审的启动和审理慎重地予以决定。再审启动和运行成本大于恢复裁判公信力的收益时，则不能

---

〔1〕　汤维建主编：《民事诉讼法学原理与案例教程》（第2版），中国人民大学出版社2010年版，第44~45页。

〔2〕　傅郁林：《民事司法制度的功能与结构》，北京大学出版社2006年版，第98页。

启动再审。[1]当事人申请再审启动民事诉讼再审程序如果不关注效率价值，其自身所追求的公正价值也可能无法实现。有学者指出，如果"终审认定并不是司法公正的标准，而且由于再审之后还有再审，认定之后还有认定，不同的认定和裁判可以相互推翻，法律上没有次数限制，认定一直不能成为法律上具有确定力的结论，即使是再审认定和裁判，也不意味着公正的产生，没有人知道哪一个认定体现了司法公正。在没完没了的自我否定中，司法实际上失去了方向盘，在公正的海洋里迷失了"[2]当事人申请再审启动民事诉讼再审程序对公正价值的追求，也不能以牺牲法的安定性为代价，不能为了片面追求个案的公正而影响对法律秩序的维护。因此，在法院作出生效裁判以后，如果法院的生效裁判只存在一般的瑕疵而没有达到有违司法公正的程度，公正价值就要服从于效率价值和安定价值，不允许当事人对此种法院生效裁判申请再审启动民事诉讼再审程序而应当维护其既判力，否则，就会破坏民事诉讼程序的效率价值和安定价值，甚至会对国家法律制度的权威性和尊严产生危害。

既判力理论与当事人申请再审启动民事诉讼再审程序的协调统一，核心的问题是在何种情形下效率价值和安定价值优于公正价值，在何种情形下公正价值优于效率价值和安定价值。当事人申请再审启动民事诉讼再审程序的制度设计，必须为之找到一个平衡点。这个平衡点就是法院生效裁判的错误是否有违司法公正，法院生效裁判形成既判力的正当性基础是否发生了动摇。有学者指出，再审对原裁判的改变与对既判力的维护总是对立的，但裁判的公正性是两者的统一性所在。[3]从域外民事诉讼立法来看，大多对法院生效裁判有违司法公正的情形作了十分严格的限制，对法院生效裁判形成既判力的正当性基础有较为宽松的依据，从整体上而言，侧重于对民事诉讼程序效率价值和安定价值的追求，大多对法院生效裁判作出以后个案的公正性作出了很大程度的牺牲，从而对当事人申请再审启动民事诉讼再审程序进行了严格控制。

---

〔1〕 韩清、赵信会："既判力视域下的民事检察制度建构"，载《河北法学》2011年第11期，第32页。

〔2〕 宋炉安："我国再审制度批判"，载樊崇义主编：《诉讼法学研究》（第6卷），中国检察出版社2003年版，第32页。

〔3〕 宋建立："对再审立案标准与再审改判原则若干问题的思考"，载《法律适用（国家法官学院学报）》2001年第7期，第48页。

二、既判力理论指导下民事诉讼当事人申请再审相关问题的探讨

（一）当事人向法院申请再审的条件

当事人申请再审被视为是一种准诉权，"我国民事诉讼制度的设计和运作，首先应当加强诉权保障，但同时又要防治诉权滥用"。[1]当事人申请再审，关键的问题是要规范当事人申请再审的条件。维护法院生效裁判的既判力，严格限制再审程序的适用，除了对再审事由予以限制外，还要对当事人申请再审的条件进行明确的规范。对再审程序适用的限制，再审事由是从实质上予以限制，再审条件是从形式上予以限制。申请再审不同于起诉和上诉，它针对的是法院已经生效的裁判，当事人申请再审权非规范意义上的诉权，系一种准诉权。[2]因此，与起诉和上诉不同，申请再审难具有正当性，在很大程度上是一种应有之难、正常之难和合法之难。只有这样，当事人才能充分珍惜审级制度内的诉讼程序，千方百计地利用审级制度内的诉讼程序来维护自己的合法权益。如果申请再审不难，就可能虚化正常的诉讼程序，就会轻易地冲破法院生效裁判的既判力，民事诉讼制度解决纠纷的功能就无法得到应有的发挥。民事诉讼再审程序的设计，如果以"解决申请再审难"作为出发点，可以说是方向性的错误。

以往的民事诉讼立法和司法解释对当事人向法院申请再审应当具备哪些条件没有作出集中统一的规定。笔者认为，应当从当事人、适用对象、诉讼请求、事由、管辖法院、申请期限、申请材料等方面来规范当事人向法院申请再审的条件，同时还将讨论申请再审时诉讼费用缴纳的问题。

1. 当事人条件

关于申请再审的当事人条件，2002 年最高人民法院《规范再审立案意见》第 13 条曾规定，对不符合法定主体资格的再审申请或申诉，法院不予受理。对再审程序当事人的称谓，最高人民法院以往的司法解释比较灵乱，有时称再审申请人与再审被申请人，有时称申请再审人与被申请人。有学者认为，无论从逻辑关系还是从语言法规的角度分析，称申请再审人都欠妥当，

---

〔1〕　刘敏：《诉权保障研究——宪法与民事诉讼法视角的考察》，中国人民公安大学出版社 2014 年版，第 207 页。

〔2〕　王信峰："民事申请再审制度的抽象思考和多维审视"，载《山东审判》2015 年第 6 期，第 43 页。

2015 年最高人民法院《适用民诉法解释》将申请再审的当事人称为"再审申请人"。[1] 笔者认为，再审程序的当事人称再审申请人和被申请人较为恰当。对民事诉讼再审程序当事人的范围，已经在前述"既判力主观范围理论与民事诉讼再审程序的当事人研究"中进行了具体的探讨。

再审当事人的确立，应依下列规则：再审申请人，为属于民事再审程序当事人范围的人中提出再审申请的人；再审被申请人，为属于民事再审程序当事人范围的人中未提出再审申请与申请人的再审请求相对立的人；既不提出再审申请，与再审申请人的再审请求又不存在对立关系的人，依原审诉讼地位列明。

在学术界，有学者主张，申请再审的当事人应当是在原审中败诉的当事人，如果当事人在原审中全部胜诉，则无权申请再审。这种观点是有道理的，但从实践中的情况来看，原审中全部胜诉的当事人申请再审的情形几乎不会发生，故没有必要对此予以规范。

此外，2011 年最高人民法院《第一次全国民事再审审查工作会议纪要》10 条第 1 款第 2 项[2]关于申请人委托代理的规定，并没有体现当事人申请再审时诉讼代理规则的特殊性，没有必要作为申请再审的当事人条件予以规范。

2. 适用对象条件

就适用对象而言，当事人申请再审的必须属于可以适用民事诉讼再审程序的法院裁判。对不能适用民事诉讼再审程序的法院裁判，当事人不能申请再审。这一问题已经在前述"既判力裁判形式理论与民事诉讼再审程序的适用对象研究"中进行了具体的探讨。

3. 诉讼请求条件

当事人申请再审启动民事诉讼再审程序是对法院生效裁判既判力的突破，如果当事人提出的诉讼请求不属于既判力客观范围或者客观范围扩张的事项，他就享有提起诉讼的权利而不能申请再审。因此，当事人申请再审的诉讼请求，应当限于既判力客观范围或者客观范围扩张的事项，符合对民事诉讼再审诉讼请求的要求。这一问题在前述"既判力客观理论与民事诉讼再审程序

---

〔1〕 孙祥壮：《民事再审程序：从立法意图到司法实践》，法律出版社 2016 年版，第 44~45 页。

〔2〕 依 2011 年最高人民法院《第一次全国民事再审审查工作会议纪要》第 10 条第 1 款第 2 项的规定，他人未经授权，以委托代理人名义代理当事人提出再审申请，法院应当向申请再审人释明。

的诉讼标的研究"中也已经进行了具体的探讨。

4. 再审事由条件

当事人对判决、裁定申请再审，必须列明《民事诉讼法》第 200 条规定的再审事由之一，对法院调解申请再审，必须列明《民事诉讼法》第 201 条规定的再审事由。当事人申请再审时未列明再审事由，或者列明的再审事由不属于《民事诉讼法》规定的范围的，不予受理。依再审事由的补充性原则，法院裁判生效以前，当事人在上诉中主张了再审事由但被驳回，或者当事人知道再审事由的存在但在上诉中未提出主张，在法院裁判生效以后，当事人不得以该再审事由申请再审。

5. 管辖法院条件

关于申请再审案件的管辖法院，不同国家和地区的立法虽然存在差异，但一般规定为由一审法院或者作出生效裁判的原审法院管辖。依《德国民事诉讼法》第 584 条的规定，再审之诉在一般情况下专属于一审法院管辖，对执行命令提起的再审之诉则专属于对该案件的裁判有管辖权的法院管辖。但是，如果再审之诉涉及州法院作出的判决，或者对上告审判决依回复原状之诉第 1 至第 3 项、第 6 项、第 7 项的事由申请再审，再审之诉专属于该控诉法院管辖；如果对上告审判决依无效之诉的事由或者回复原状之诉第 4 项、第 5 项的事由申请再审，再审之诉专属于该上告法院管辖。在法国，"再审之诉是一种取消（撤回）原判决的诉讼，属于作出受到攻击的原判决的法院管辖权限。"[1] 依《意大利民事诉讼法》第 398 条第 1 款的规定，当事人"应当向作出被质疑判决的法官提交再审申请书（第 163 条）"。域外的学者也对原审法院管辖申请再审案件的合理性进行了论述。法国学者让·文森和塞尔日·金沙尔认为："由于再审申请始终是一种（请求原法院）'撤销原判决的途径'，所以，提出的再审申请将回到作出受到攻击的判决的原法院。"[2] 在日本，"理论上认为，'原审法院对案件精通，最适于判断再审事由的有无'"。[3]

---

〔1〕《法国新民事诉讼法典 I 附判例解释 I 》（上），罗结珍译，法律出版社 2008 年版，第 648 页。

〔2〕［法］让·文森、塞尔日·金沙尔：《法国民事诉讼法要义》（下），罗结珍译，中国法制出版社 2001 年版，第 1301 页。

〔3〕［日］染野义信、木川统一郎、中村英郎：《口语民事诉讼法》，自由国民社 2000 年版，第 280 页，转引自张丽霞："日本民事再审制度的运作现状及启示"，载《南开大学法政学院学术论丛（上）》2002 年第 0 期，第 304 页。

在我国，也有不少的学者主张，应当由原审法院而不宜由原审法院的上一级法院受理当事人申请再审的案件。张卫平教授认为，相比之下，申请再审案件还是由原裁判法院管辖较妥，这便于诉讼资料的利用和当事人进行诉讼，并且尽管仍由原诉讼法院审理，但可以另行组成合议庭审理再审案件，或者由法院专门的再审机构专门审理再审案件，也能与原诉讼在审理人员上保持一定的隔离状态以保证再审的公正性。[1]陈桂明教授指出，再审案件的审理权，应配置于案件的一审或原审法院，高级人民法院与最高人民法院不再对再审案件行使管辖权。[2]李浩教授认为，再审不具有移审的效力，它是不同于上诉的一种特殊的救济手段，当事人提起再审之诉并不能使案件系属于上一级法院。[3]有学者还认为，申请再审案件如果由上一级法院管辖，民事申请再审上提一级审查，对重新分配各级法院的审判任务、对法院职能及审判监督机构功能、对审判监督程序具体运作以及对法院其他工作机制等都会产生影响。[4]持这种观点的学者还认为，一是由原审法院管辖申请再审案件，原审法院熟悉案情和审理过程，可以较为便利地尽快审查再审事由是否成立从而及时裁决申请再审案件，也可以使当事人节省人力、物力和财力而方便诉讼，符合诉讼经济原则，有利于适当减少"生产正义"的成本。二是原审法院管辖申请再审案件，符合再审之诉为原诉讼之重开与续行的根本特征。三是原审法院管辖申请再审案件，可以减轻高级人民法院和最高人民法院的负担而使其集中精力审理重大复杂案件。相反，如果申请再审案件由原审法院的上一级法院管辖，案卷调取时间过长，当事人申请再审成本增加，不利于案件的及时处理，并且使诉讼案件矛盾上移，下级法院化解纠纷的功能减弱，二审终审制的功能削减，高级人民法院和最高人民法院案多人少的矛盾更加突出，会加重其工作负担并弱化其应有职能的发挥。

但是，从我国民事诉讼立法来看，关于申请再审管辖法院的规定与域外的立法相比明显不同，对申请再审的案件应由原审法院管辖的主张未予采纳。

---

〔1〕 张卫平："民事再审：基础置换与制度重建"，载《中国法学》2003年第1期，第114页。

〔2〕 陈桂明、吴如巧："再审案件审理权的配置——以《民诉法》修改为视角的分析"，载《甘肃政法学院学报》2009年第4期，第6页。

〔3〕 李浩："民事再审程序的修订：问题与探索——兼评《修正案（草案）》对再审程序的修订"，载《法律科学（西北政法学院学报）》2007年第6期，第140页。

〔4〕 吴世琦："民事申请再审上提一级审查对再审管辖制度的影响及对策"，载《法律适用》2009年第12期，第112页。

1982 年《民事诉讼法（试行）》第 158 条规定的是当事人的申诉可以向原审法院或上级法院提出。原审法院的上级法院受理再审申请，存在管辖不明、多层管辖、越级申请等弊端，有可能造成原审法院及其上级法院相互推诿，当事人投诉无门的状况，还有可能使申请再审案件过度集中到高级人民法院甚至最高人民法院。因此，1991 年《民事诉讼法》第 178 条不仅将申诉改为申请再审，而且将当事人的申诉可以向原审法院或上级法院提出改为当事人申请再审可以向原审法院或上一级法院提出，当事人申请再审不能越级向上级法院提出。2002 年最高人民法院《规范再审立案意见》第 6 条的规定〔1〕在当时的立法条件下对上一级法院受理再审申请进行了限制。2007 年《民事诉讼法》第 178 条将原审法院受理申请再审案件的权力予以取消，对申请再审案件有管辖权的法院仅规定为作出生效裁判法院的上一级法院。2008 年最高人民法院《适用民诉法审监程序解释》第 1 条，2009 年最高人民法院《受理审查民事申请再审案件意见》第 6 条第 1 款第 2 项、第 7 条、第 8 条，2011 年最高人民法院《第一次全国民事再审审查工作会议纪要》第 6 条、第 9 条、第 10 条，都强调了 2007 年《民事诉讼法》第 178 条的这一要求。现行《民事诉讼法》第 199 条原则上肯定了"上一级人民法院"对申请再审案件的管辖权，但同时又规定了对"当事人一方人数众多或者当事人双方为公民的案件"，当事人也可以向原审法院申请再审。

对民事诉讼立法规定的申请再审案件由原审法院的上一级法院管辖，不少学者表示赞同。有学者认为，由终审法院的上一级法院受理申请再审案件，能使当事人的诉讼心理要求得以满足，同时还可以使下级法院审理再审案件的负担得以减轻而使其集中力量和精力处理好一、二审案件。〔2〕有学者认为，申请再审由原审法院管辖是不合理的。首先，在我国，申请再审可以视为是严格限制下的三审终审制，为保证案件的再审质量，需要由较高审级的法院审理。其次，由原审法院受理再审申请意味着原审法院审理自己的案件，显然违背了"任何人不得为自己案件的法官"的自然正义原则的要求。最后，再审申请人对原审法院往往不信任，若由其受理再审申请，不利于再审程序

---

〔1〕　依 2002 年最高人民法院《规范再审立案意见（试行）》第 6 条第 1 款和第 2 款的规定，申请再审或申诉原则上由终审法院负责审查的，对终审法院审查处理后仍坚持申请再审或申诉的，上一级法院应当受理。

〔2〕　景汉朝、卢子娟："论民事审判监督程序之重构"，载《法学研究》1999 年第 1 期，第 39 页。

平息、消解民事纠纷功能的发挥。[1]这一主张的其他方面的理由还有以下几点：一是原审法院自己再审，可能顾及自己的面子和威信予以排斥，虽然再审会另行组成合议庭，但原审法官可能对再审案件施加不正当的影响，司法的地方化和司法地方保护主义也有可能对再审产生消极的作用，加之我国实行的是法院独立审判而非法官独任审判。因此，原审法院不一定具备纠正错案的勇气和能力。相反，原审法院的上一级法院，与原诉讼不存在关联，地位较为超然和中立，远离案件发生地，对排除地方保护主义和其他因素的干扰较为有利，能够独立和公正地处理再审案件，有利于保护当事人的再审诉权。二是相比较而言，高级人民法院和最高人民法院法官的素质较高，加之我国传统上存在"向上寻求正义"的诉讼心理文化，当事人对上级法院审判公正性和权威性的认可度大于原审法院，由原审法院的上一级法院管辖申请再审案件，即使当事人在再审中败诉，息讼的可能性也比较大。如果由原审法院管辖，当事人对再审的结果很有可能仍然表示怀疑或者不信任，当事人难以认同再审结果的公正性。三是我国采取的是二审终审制的审级制度，在制度安排上缺乏第三审来负责统一法律适用，在以法律适用错误作为再审事由时，"上提一级"再审管辖可以说是再审制度的必然的逻辑安排。四是由原审法院的上一级法院管辖申请再审案件，老百姓满意且社会普遍支持，符合诉讼制度改革的内在要求。

笔者的观点是，当事人向法院申请再审，原则上应当向作出生效裁判的原审法院提出，只有在例外情形下才由原审法院的上一级法院管辖。除前述学者所持理由外，还有以下几方面的理由：一是虽然原审法院管辖申请再审案件存在一定的弊端，但同时也存在足够的正当性，并且是域外民事诉讼立法的通常做法，在没有充分理由的情况下，我国不能因为某些因素的影响而标新立异。二是将再审视为"有条件的三审制"或者"严格限制下的三审终审制"是不恰当的，因为再审是审级制度外的程序设计，第三审是审级制度内的程序设计，且第三审只解决法律适用的统一问题，并不解决事实认定问题。笔者不能将非正常的再审程序与正常的第三审程序混为一谈。三是自十八届三中全会《中共中央关于全面深化改革若干重大问题的决定》提出"改

---

〔1〕 蒋集跃、杨永华："论我国民事再审制度的完善——兼谈申诉问题的理性解决"，载《政法论坛》2003 年第 2 期，第 111 页。

革司法管理体制，推动省以下地方法院、检察院人财物统一管理"以来，司法地方化和司法地方保护的问题得到了有效的解决，法官员额制的改革增强了法官在审判过程中的独立地位，强化了法官办案责任制，法官队伍建设促进了法官政治素质和业务素质的提高，由原审法院管辖申请再审案件的不利因素正在逐渐消除。四是与域外民事诉讼立法不同，我国的再审制度中不仅有当事人申请再审，而且还有检察机关和法院启动再审。从三种启动再审的途径来看，当事人申请再审是先行途径。如果当事人申请再审的管辖法院级别过高，检察机关和法院启动再审时审理再审案件法院的级别可能更高。从这一意义上讲，我国更加不能轻易地提高申请再审案件管辖法院的级别。至于以原审法院的上一级法院管辖为例外的情形，最高人民法院副院长江必新认为："凡是以适用法律错误事由提起再审的，或者申请再审的一方当事人为异地的，或者该案经过原审审判委员会讨论的，由上一级法院管辖，其他则由作出原生效（或确定）裁判的法院管辖。"[1] 笔者赞同当事人以法律适用错误作为再审事由申请再审的案件和原审法院经过审判委员会讨论决定作出裁判的案件应作为例外情形由原审法院的上一级法院管辖，但认为申请再审的一方当事人为异地的案件由原审法院的上一级法院管辖并不具有足够的正当性。[2]

在现行民事诉讼立法的条件下，适用申请再审案件管辖法院的规定，主要应解决好两个问题：首先，为了执行《民事诉讼法》关于申请再审案件原则上由上一级法院管辖的规定，第一审民商事案件的管辖权应当尽量下放至下级法院，以便上级法院有能力来审理申请再审案件。2008 年最高人民法院《调整高院和中院管辖一审民商事案件标准通知》[3]和 2015 年最高人民法院

---

〔1〕　江必新：《新诉讼法讲义：再审的理念、制度与机制》，法律出版社 2013 年版，第 73 页。

〔2〕　我国实行的是二审终审制，当事人以法律适用错误作为再审事由申请再审的案件由原审法院的上一级法院管辖，可以发挥上级法院统一适用法律的功能。原审法院经过审判委员会讨论决定作出裁判的案件由原审法院的上一级法院管辖，是因为此类案件由原审法院再审难以实现再审程序的纠错功能。但是，申请再审的一方当事人为异地的案件由原审法院的上一级法院管辖，并不具有足够的正当性。

〔3〕　本书所称"2008 年最高人民法院《调整高院和中院管辖一审民商事案件标准通知》"，即《最高人民法院关于调整高级人民法院和中级人民法院管辖第一审民商事案件标准的通知》（法发[2008] 10 号 2008 年 2 月 3 日）。

《调整高院和中院管辖一审民商事案件标准通知》[1]表明了最高人民法院将第一审民商事案件的管辖权应当尽量下放至下级法院的态度。其次，要正确适用《民事诉讼法》第 199 条的规定。[2]如何具体确定《民事诉讼法》第 199 条规定的申请再审的管辖法院，2013 年最高人民法院办公厅《全国民事再审审查工作座谈会纪要》和 2015 年最高人民法院《适用民诉法解释》作了相关规定。笔者认为，在现行立法的条件下，尽可能扩张当事人可以选择向原审法院申请再审的案件范围，但同时有必要作出一定的限制。何为当事人一方人数众多的案件，2013 年最高人民法院办公厅《全国民事再审审查工作座谈会纪要》第 2 条规定为，是指原告或者被告一方为 3 人以上的案件。依 2015 年最高人民法院《适用民诉法解释》第 75 条的规定，申请再审管辖规定的"当事人一方人数众多"，一般指 10 人以上。应该说前者的规定有利于当事人可以选择向原审法院申请再审的案件范围的扩大。在不同诉讼程序中当事人有不同的称谓，原告和被告是一审程序中当事人的称谓，再审程序的当事人称再审申请人、再审被申请人以及依原审诉讼地位列明的人。因此，应当明确"当事人一方人数众多"的案件是指再审申请人，或者再审被申请人，或者依原审诉讼地位列明的人为 3 人以上的案件。2013 年最高人民法院办公厅《全国民事再审审查工作座谈会纪要》第 2 条[3]的规定并不合理，因为既然诉讼标的为同一种类，在未形成代表人诉讼的情形下，这种诉讼为普通的共同诉讼，是具有可分离性的。依 2015 年最高人民法院《适用民诉法解释》第 376 条的规定，申请再审管辖规定的"人数众多的一方当事人"，包括公民、法人和其他组织。这一规定具有合理性。何为当事人双方为公民的案件，2013 年最高人民法院办公厅《全国民事再审审查工作座谈会纪要》第 3 条和 2015 年最高人民法院《适用民诉法解释》第 376 条规定，是指原告和被

---

〔1〕 本书所称"2015 年最高人民法院《调整高院和中院管辖一审民商事案件标准通知》"，即《最高人民法院关于调整高级人民法院和中级人民法院管辖第一审民商事案件标准的通知》（法发〔2015〕7 号 2015 年 4 月 30 日）。

〔2〕 依《民事诉讼法》第 199 条的规定，当事人一方人数众多或者当事人双方为公民的案件，可以向原审法院申请再审，也可以向原审法院的上一级法院申请再审，其他案件则只能向原审法院的上一级法院申请再审。

〔3〕 2013 年最高人民法院办公厅《全国民事再审审查工作座谈会纪要》第 2 条第 2 款规定："原审人民法院受理的三件以上的劳动争议、物业服务合同纠纷等一方当事人相同且诉讼标的是同一种类的案件，其中三件以上案件当事人申请再审的，可以作为当事人一方人数众多的案件。"

告均为公民的案件。笔者认为，规定为"再审申请人和再审被申请人均为公民的案件"更为恰当。作为尽可能扩大当事人可以选择向原审法院申请再审案件范围的限制，是指当事人以"原判决、裁定适用法律确有错误"为再审事由申请再审，或者当事人对经审判委员会讨论决定作出的裁判申请再审，应当向原审法院的上一级法院提出。依 2015 年最高人民法院《适用民诉法解释》第 426 条的规定，对小额诉讼案件的判决、裁定，当事人无论是以《民事诉讼法》规定的再审事由还是以不应按小额诉讼案件审理为由申请再审的，由原审法院受理。这一规定符合小额诉讼案件的特点和尽可能由原审法院管辖的原则，应当予以维持。需要探讨的另一个问题是：当事人一方人数众多或者当事人双方为公民的案件，原审法院和原审法院的上一级法院都有管辖权，以何者为原则何者为例外。从高级人民法院和最高人民法院的态度来看，倾向于由原审法院管辖为原则，最高人民法院有关司法解释也体现了这种态度。但是，2013 年最高人民法院办公厅《全国民事再审审查工作座谈会纪要》第 1 条要求当事人应当向原审法院提交申请再审材料，是对《民事诉讼法》赋予当事人选择权的侵犯。2015 年最高人民法院《适用民诉法解释》第 379 条[1]的规定不太明确，不便于操作，也没有考虑上述应由上一级法院管辖的特殊情形。笔者认为，当事人一方人数众多或者当事人双方为公民的案件，是由原审法院还是由原审法院的上一级法院管辖，一方面应当尽量尊重当事人的程序选择权，另一方面又可以规定在一定条件下推定由原审法院管辖申请再审案件。因此，对当事人一方人数众多的案件或者当事人双方为公民的案件，当事人同时向原审法院和原审法院的上一级法院申请再审，或者不同的当事人分别向原审法院和原审法院的上一级法院申请再审，除上述特别规定由原审法院上一级法院受理的以外，应由原审法院受理。

6. 申请期限条件

当事人对法院的生效裁判享有申请再审的权利，但这种权利的行使不能没有时间的限制，否则，法院生效裁判所确定的法律关系始终存在被变更或

---

〔1〕 依 2015 年最高人民法院《适用民诉法解释》第 379 条的规定，"当事人一方人数众多或者当事人双方为公民的案件"，当事人分别向原审法院和上一级法院申请再审在不能协商一致时由原审法院受理。

者被推翻的危险，法院生效裁判的既判力也随时有可能被突破，并且在法院裁判生效后的较长时间申请再审，再审案件判断证据可能十分不便，无疑会增加再审案件的审理难度。正因为如此，当事人向法院申请再审应当有期限的限制。

域外的民事诉讼立法对申请再审期间的规定主要有两种模式。第一种模式为不变期间加除斥期间的模式。这种模式既规定了较短的提起再审之诉的期间，又规定了不得提起再审之诉的最长时间。德国和日本是这种模式的代表。我国澳门特别行政区也规定，再审上诉的期限为 60 日，自判决确定之日或者当事人获得有关依据的文件或知悉有关依据的事实之日起计算，但是，如果已经确定的判决逾期 5 年，当事人则丧失了提起再审上诉的权利。[1] 第二种模式为不变期间的模式。这种模式没有规定除斥期间，只对当事人应当在某一起算点开始的一段时间内申请再审作了规定。[2]

我国民事诉讼立法关于申请再审的期限的规定，经历了一个从无到有、整体上从较长到较短直至基本稳定的过程。但是，借鉴域外民事诉讼立法的规定，结合我国司法实践的具体情况，申请再审的期限还有必要进一步进行完善。这些完善的措施，有的可以在现行立法框架内由最高人民法院作出司法解释予以补充，有的则只能在以后再次修正民事诉讼法时才能予以解决。具体说来，有以下几个问题需要具体讨论。

第一个问题是申请再审期间的长短问题。1982 年《民事诉讼法（试行）》没有对申诉的期限作出规定。1991 年《民事诉讼法》第 182 条规定和 2002 年最高人民法院《规范再审立案意见》第 12 条[3] 规定申请再审的期限为法院裁判生效之后 2 年之内。2007 年《民事诉讼法》第 184 条既规定了当事人申

---

〔1〕 黎晓平、蔡肖文：《澳门民事诉讼制度改革研究》，社会科学文献出版社 2016 年版，第 109 页。

〔2〕 例如，《法国民事诉讼法》第 596 条规定："提出再审申请的期间为 2 个月。期间自当事人了解其可以援引的再审原因之日起开始计算。"《俄罗斯民事诉讼法》第 394 条规定："要求根据新发现的情节对法院判决、裁定进行再审的申请、抗诉由当事人、检察长、案件其他参加人向作出判决、裁定的法院提出。这种申请、抗诉可以在确定再审根据之日起三个月内提出。"在美国，"申请再审的时间各州民事诉讼法规定得不尽一致，但一般规定申请再审应当在判决作出登记后的半年或一年之内提出"。汤维建：《美国民事司法制度与民事诉讼程序》，中国法制出版社 2001 年版，第 544 页。

〔3〕 依 2002 年最高人民法院《规范再审立案意见》第 12 条规定，民事、行政案件的再审申请人或申诉人，提出再审申请或申诉超过 2 年的，法院不予受理。

请再审应当在判决、裁定发生法律效力后 2 年内提出，又规定了应当自知道或者应当知道之日起 3 个月内提出的例外情形。[1] 2008 年最高人民法院《适用民诉法审监程序解释》第 5 条第 1 款规定了案外人申请再审的期限适用当事人申请再审的规定。2009 年最高人民法院《受理审查民事申请再审案件意见》第 26 条规定了，法院经审查认为再审申请超过法定期间的应裁定驳回申请。2012 年《民事诉讼法》第 205 条将当事人申请再审的期限规定为 6 个月，一般情况下自裁判生效之日起计算，特殊情形自知道或者应当知道之日起计算。[2] 依 2015 年最高人民法院《适用民诉法解释》第 384 条的规定，对已经生效的调解书，当事人申请再审，应当在调解书生效后 6 个月内提出。从我国民事诉讼立法来看，申请再审的时间从 2 年过渡至 2 年加 3 个月的特殊情形，再到现行立法规定的 6 个月。但是，相对于法国的 2 个月、德国的 1 个月、日本的 30 日，这一期间还是过长，建议以后再次修正民事诉讼法时将这一期间规定为 3 个月。

第二个问题是我国没有规定不得申请再审的除斥期间，只规定了可以申请再审的期间。德国、日本都有不得提起再审之诉的除斥期间的规定，时间均为 5 年，起算之日为裁判生效之日或者再审事由发生之日，并明确规定了不适用除斥期间的某些再审事由。除斥期间的规定，明确了不能申请再审的期间，此期间经过，当事人的再审申请权绝对地予以消灭，排除了无期限申请再审的可能性，使得法院生效裁判的既判力可以在除斥期间经过以后绝对地免受再审程序的威胁。我国正处于经济高速发展的时期，维护社会经济关系的稳定具有十分重要的意义，建议在以后再次修改民事诉讼法时规定申请再审的除斥期间。

第三个问题是申请再审的期间能否延长的问题。依 2008 年最高人民法院《适用民诉法审监程序解释》第 2 条的规定，中止、中断和延长的规定不适用申请再审的期限。但是，申请再审的期间不同于诉讼时效，绝对地不允许延长可能并不利于对当事人申请再审权的保护。笔者认为，超过申请再审期限，

〔1〕　例外情形是指：2 年后据以作出原判决、裁定的法律文书被撤销或者变更，以及发现审判人员在审理该案件时有贪污受贿、徇私舞弊、枉法裁判行为的。

〔2〕　特殊情形是指，以有"新的证据，足以推翻原判决、裁定的""原判决、裁定认定事实的主要证据是伪造的""据以作出原判决、裁定的法律文书被撤销或者变更的"以及"审判人员在审理该案件时有贪污受贿，徇私舞弊，枉法裁判行为的"再审事由申请再审的。

如果是因不可抗力或者其他非因当事人主观的原因，当事人可以向法院申请延期，法院经审查属实的，应当予以准许。对于当事人能够举证证明的在途期间，应当在申请再审的期限内予以扣除。

第四个问题是申请再审期限的起算问题。从域外立法来看，大多是作统一的规定，原则上为法院裁判生效之日，再审事由在法院裁判生效之日后发生的，为知悉再审事由之日。我国《民事诉讼法》依据不同的再审事由分别规定为，从法院裁判生效之日和知道或者应当知道再审事由之日开始计算，一般的再审事由是从法院裁判生效之日开始计算，有四种再审事由[1]是自知道或者应当知道再审事由之日开始计算。这种规定以当事人发现再审事由的难易程度为标准，是一种事先的主观判断，但可能存在不合理的因素。例如，《民事诉讼法》第 200 条第 8 项[2]的规定也是为不易被当事人所发现的较为隐蔽的再审事由，[3]"依法应当回避的审判人员没有回避的"也可能属于当事人有正当理由无法在裁判生效之时获悉的再审事由，[4]但并没有被《民事诉讼法》列入以"知道或者应当知道再审事由之日开始计算申请再审期限"的再审事由之中。建议以后再修正民事诉讼法时，不必区分再审事由来规定申请再审期限的起算。可借鉴域外立法作出统一规定，即原则上从法院裁判生效之日开始计算，再审事由知悉在法院裁判生效之后的，从知道或者应当知道再审事由之日开始计算。还需进一步讨论的是，在现行民事诉讼立法的框架内，如何具体确定申请再审期限的起算问题，实际上是要解决如何判断"裁判生效之日"和"知道或者应当知道再审事由之日"。"裁判生效之日"是指，裁判的生效时间问题，大陆法系一般规定为"判决宣告之日"；在英美法系，英国规定为判决作出之日或者法院指定之日，美国采用的是判决登记生效的立法体制。在我国，《民事诉讼法》没有规定这一问题。2009 年最高人

---

[1] 这四种再审事由为："有新的证据，足以推翻原判决、裁定的"；"原判决、裁定认定事实的主要证据是伪造的"；"据以作出原判决、裁定的法律文书被撤销或者变更的"；"审判人员审理该案件时有贪污受贿、徇私舞弊、枉法裁判行为的"。

[2] 《民事诉讼法》第 200 条第 8 项规定的情形为："无诉讼行为能力人未经法定代理人代为诉讼或者应当参加诉讼的当事人，因不能归责于本人或者其诉讼代理人的事由，未参加诉讼的"。

[3] 江必新、谷国艳："论民事诉讼申请再审期间制度之重构——以《民事诉讼法》修改为背景"，载《现代法学》2011 年第 6 期，第 129 页。

[4] 冯浩：《民事再审事由研析》，中国法制出版社 2016 年版，第 171 页。

民法院《受理审查民事申请再审案件意见》第 9 条[1]对此作了原则的规定。实践中的普遍做法是,从当事人双方都收到法院的生效裁判之日为裁判生效之日,开始计算申请再审的期限,再审申请人无法提供证据证明的,由作出生效裁判的法院出具法院裁判何时生效的证明。上述做法适用于对法院调解书以及可以上诉的一审判决、裁定申请再审是合理的,因为法院调解书只有双方当事人签收以后才发生法律效力,可以上诉的一审判决、裁定只有在双方当事人上诉期限均已届满时才发生法律效力。但是,对于二审案件的判决、裁定以及小额诉讼案件的判决、裁定,可以以再审申请人在送达回证上的签收日期开始计算申请再审的期限,对于不需要制作调解书的调解协议,以双方当事人、审判人员、书记员签名或者盖章的日期开始计算申请再审期限。上述情形之所以可以适用这种较为简单的程序规则,是因为法院裁判必定会生效的事实具有不可改变性,没有必要考虑对方当事人是否签收或者何时签收法院裁判文书的问题,并且也有利于当事人方便且尽快行使申请再审的权利,及时稳定民事法律关系。当事人无法提供证据证明裁判生效之日的,作出生效判决、裁定或者调解书的法院应当出具裁判生效之日的书面证明。关于如何判断"知道或者应当知道再审事由之日",2013 年最高人民法院办公厅《民事再审审查工作座谈会纪要》第 6 条规定,当事人应书面说明知道或者应当知道所依据的再审事由的时间并提交相应的证据是合理的,但如果当事人无法提供证据证明,则适用"在法院裁判生效后六个月内申请再审的"申请再审期限的起算日计算规则。

　　第五个问题是申请再审期限新旧法律的衔接问题。对这一问题,依 2012 年最高人民法院《修改后的民诉法施行时未结案件适用法律规定》[2]第 6 条的规定,对 2013 年 1 月 1 日前已生效的裁判,当事人申请再审的,法院应当依据 2012 年《民事诉讼法》修改前的规定审查确定当事人申请再审的期间,但在 2013 年 6 月 30 日该期间尚未届满的,截止到 2013 年 6 月 30 日。这一规

---

　　[1]　依 2009 年最高人民法院《受理审查民事申请再审案件意见》第 9 条的规定,申请再审人认为未超过法定期间的,法院可以限期要求其提交生效裁判文书的送达回证复印件或其他能够证明裁判文书实际生效日期的相应证据材料。

　　[2]　本书所称"2012 年最高人民法院《修改后的民诉法施行时未结案件适用法律规定》",即《最高人民法院关于修改后的民事诉讼法施行时未结案件适用法律若干问题的规定》(法释〔2012〕23 号　2012 年 12 月 28 日)。

定没有考虑不同再审事由申请再审期限起算规则的差异，可能不利于对当事人申请再审权利的依法充分保护。2013年最高人民法院办公厅《民事再审审查工作座谈会纪要》第7条对2012年《民事诉讼法》生效后申请再审的期限新旧法律适用的衔接作出了规定，[1]目的在于尽可能充分保护再审申请人申请再审的权利，使其申请再审的期限不因法律的修改而不合理地被缩短，但过于繁琐，并且细究起来也不太严谨。例如，以"有新的证据，足以推翻原判决、裁定的"和"原判决、裁定认定事实的主要证据是伪造的"作为再审事由申请再审，2007年《民事诉讼法》第184条规定的申请再审期限为裁判生效后2年内，现行《民事诉讼法》规定为"自知道或者应当知道之日起六个月内"，因为"知道或者应当知道再审事由之日"的不确定性，适用2007年的《民事诉讼法》第184条规定的申请再审的期限可能比适用现行《民事诉讼法》的规定还更短，并不利于对申请人申请再审权的保护。因此，建议对申请再审期限新旧立法的衔接问题作如下规定：当事人对2013年1月1日之后生效的法院裁判申请再审的期限，适用现行《民事诉讼法》的规定。当事人对2013年1月1日以前生效的法院裁判申请再审的期限，依2007年的《民事诉讼法》和现行《民事诉讼法》规定计算，适用期限较长的规定。

　7. 申请材料条件

　为了便于法院对当事人申请再审是否符合条件进行判断，并为可能进行的再审事由审查甚至再审案件的审理奠定基础，有必要对申请再审的材料进行规范。在域外民事诉讼立法中，大多对再审之诉的诉状内容作出了明确的

---

　〔1〕 2013年最高人民法院办公厅《民事再审审查工作座谈会纪要》第7条对2012年《民事诉讼法》生效后申请再审的期限新旧法律适用的衔接规定为：对2013年1月1日之前生效的裁判申请再审，适用修改前的《民事诉讼法》规定计算申请期限，在2013年1月1日前申请期限已届满，当事人在2013年1月1日后申请再审的，不予受理，在2013年1月1日至6月30日之间申请期限届满的，计算至届满之日。在2013年6月30日后上述裁判申请期限届满的，计算至2013年6月30日，但下列情形仍适用修改前《民事诉讼法》的规定，即：当事人以"有新的证据，足以推翻原判决、裁定"或以"以原判决、裁定认定事实的主要证据系伪造"为由申请再审的，应当在裁判生效后2年内提出。裁判生效2年后，当事人以"据以作出原裁判的法律文书被撤销或者变更"或"审判人员在审理该案件时有贪污受贿，徇私舞弊，枉法裁判行为"为由申请再审的，应当自知道或者应当知道之日起3个月内提出。

规定。[1]

依 2002 年最高人民法院《规范再审立案意见》第 5 条第 1 款第 2 项的规定，再审申请人或申诉人向法院申请再审或申诉应当提交再审申请书或申诉状及原一、二审判决书、裁定书等法律文书等材料。2007 年《民事诉讼法》第 180 条规定了当事人申请再审应提交再审申请书等材料。2008 年最高人民法院《适用民诉法审监程序解释》第 3 条第 2 款规定了再审申请书应载明四个方面的事项，[2]并要求按照对方当事人人数提出副本，第 4 条规定了当事人申请再审应当向法院提交已生效的裁判文书、身份证明及相关证据材料，第 6 条对再审申请书或其他材料的补充或改正作了规定。[3]2009 年最高人民法院《受理审查民事申请再审案件意见》第 1 条强调了 2007 年《民事诉讼法》第 180 条和 2008 年最高人民法院《适用民诉法审监程序解释》第 3 条的要求。第 2 条规定了再审申请书应当载明的事项，将 2008 年最高人民法院《适用民诉法审监程序解释》第 3 条第 2 款规定的四个方面调整为六个方面，在内容上也有所变化。[4]第 3 条规定了申请再审人申请再审除应提交再审申

---

〔1〕 例如，《德国民事诉讼法》第 587 条规定，在诉状中应表明对之提起无效之诉或回复原状之诉的判决，并应说明提起何种诉讼。第 588 条规定，起诉的准备书状中应记载下列各项：声明不服的理由；提出证据方法证明起诉的理由以及遵守不变期间的事实；在何种程度内申请废除被声明不服的判决，并申请对本案另外作出如何的裁判。提起回复原状之诉时，应将起诉所依据的证书的原本或副本附于书状之中。书状不存在原告手中时，原告应说明，为取得书证，他要提出如何的申请。在我国台湾地区，"当事人提起再审之诉时，应向管辖法院递交再审诉状，诉状内容应包括以下事项：（1）当事人及法定代理人。（2）声明不服的判决及提起再审之诉的陈述。（3）应在何种程度上废弃原判决并就本案如何判决的声明。（4）再审理由及关于再审理由并遵守不变期间的证据。……此外，在诉状内还应记载准备本案言词辩论的事项以及确定终局判决的缮本或复印件。"齐树洁主编：《台湾地区民事诉讼制度》，厦门大学出版社 2016 年版，第 217～218 页。

〔2〕 四个方面的事项为：申请再审人与对方当事人的姓名、住所及有效联系方式等基本情况，法人或其他组织的名称、住所和法定代表人或主要负责人的姓名、职务及有效联系方式等基本情况；原审人民法院的名称，原判决、裁定、调解文书案号；申请再审的法定情形及具体事实、理由；具体的再审请求。

〔3〕 依 2008 年最高人民法院《适用民诉法审监程序解释》第 6 条的规定，申请再审人提交的再审申请书或者其他材料不符合规定的，或者有人身攻击等内容可能引起矛盾激化的，法院应当要求申请再审人补充或改正。

〔4〕 六个方面的事项为：一是申请再审人、被申请人及原审其他当事人的基本情况，当事人是自然人的，应列明姓名、性别、年龄、民族、职业、工作单位、住所及有效联系电话、邮寄地址，当事人是法人或者其他组织的，应列明名称、住所和法定代表人或者主要负责人的姓名、职务及有效联系电话、邮寄地址；二是原审法院名称，原判决、裁定、调解文书案号；三是具体的再审请求；四是申请再审的法定事由及具体事实、理由；五是受理再审申请的法院名称；六是申请再审人的签名或者盖章。

请书和四个方面的材料，与 2002 年最高人民法院《规范再审立案意见》第 5 条规定应当提交材料的要求存在区别。[1]第 4 条规定了申请再审人应提交材料清单一式两份，并可附申请再审材料的电子文本，同时填写送达地址确认书。第 5 条重申了 2008 年最高人民法院《适用民诉法审监程序解释》第 6 条的内容，并规定再审申请书等材料符合要求时，法院应在材料清单上注明收到日期和加盖收件章，将其中一份清单返还申请再审人。依 2011 年最高人民法院《第一次全国民事再审审查工作会议纪要》第 10 条第 1 款第 6 项规定，再审申请书未列明再审事由或者列明的再审事由不属于《民事诉讼法》规定的再审事由范围，法院应向申请再审人释明，受理再审申请后发现的，裁定驳回再审申请。现行《民事诉讼法》第 203 条原则上规定了当事人申请再审应当提交再审申请书等材料。2015 年最高人民法院《适用民诉法解释》第 377 条规定了当事人申请再审应当提交四方面的材料，与 2009 年最高人民法院《受理审查民事申请再审案件意见》第 3 条相比，在内容上也有所不同，并且规定除再审申请书外，其他材料可以是与原件核对无异的复印件。[2]第 378 条第 1 款规定了再审申请书应当记明四个方面的事项，与 2009 年最高人民法院《受理审查民事申请再审案件意见》第 2 条规定的内容大体相同。[3]从上述介绍可以看出，《民事诉讼法》对申请再审的材料要求较为原则，最高人民法院的司法解释较为零乱，某些规定并不合理。这里就再审申请书当事人的基本情况、再审的诉讼请求和证据材料的提供进行说明。

---

[1] 四方面的材料为：申请再审人是自然人的，应提交身份证明复印件，申请再审人是法人或其他组织的，应提交营业执照复印件、法定代表人或主要负责人身份证明书，委托他人代为申请的，应提交授权委托和代理人身份证明；申请再审的生效裁判文书原件，或者经核对无误的复印件，生效裁判系二审、再审裁判的，应同时提交一审、二审裁判文书原件，或者经核对无误的复印件；在原审诉讼过程中提交的主要证据复印件；支持申请再审事由和再审诉讼请求的证据材料。

[2] 2015 年最高人民法院《适用民诉法解释》第 377 条第 1 款规定，当事人申请再审应当提交四方面的材料为：再审申请书，并按照被申请人和原审其他当事人的人数提交副本；再审申请人是自然人的，应当提交身份证明，再审申请人是法人或者其他组织的，应当提交营业执照、组织机构代码证书、法定代表人或者主要负责人身份证明书，委托他人代为申请的，应当提交授权委托书和代理人身份证明；原审判决书、裁定书、调解书；反映案件基本事实的主要证据及其他材料。

[3] 2015 年最高人民法院《适用民诉法解释》第 378 条规定，再审申请书应当记明四方面的事项为：再审申请人与被申请人及原审其他当事人的基本信息；原审法院的名称，原审裁判文书案号；具体的再审请求；申请再审的法定情形及具体事实、理由，并规定再审申请书应当明确申请再审的法院，由再审申请人签名、捺印或者盖章。

在再审申请书中，载明当事人基本情况的目的在于使当事人特定化，并便于法院送达诉讼文书。再审申请书中，当事人基本情况写法的要求应当是：当事人是自然人的，载明当事人的姓名、身份证号码、邮寄地址及联系方式。当事人是法人或者其他组织的，载明当事人的名称，法定代表人或者主要负责人的姓名、职务、身份证号码、邮寄地址及联系方式。由诉讼代理人代为申请再审的，载明诉讼代理人的姓名、单位、身份证号码、邮寄地址及联系方式。公民作为当事人的其他基本情况，法人或者其他组织作为当事人的营业执照、组织机构代码证等基本情况，在原审法院的裁判文书中已经列明或者已经存于原审案卷，不必要求在再审申请书中再详细列出或者在申请再审时再提交。

再审的诉讼请求是申请人请求法院对生效裁判的内容予以变更或者废除，应当属于既判力客观范围或既判力客观范围扩张的事项。因此，再审申请书要写明对法院生效裁判的内容予以变更或者废除的具体请求及理由。

关于证据材料的提供，从域外民事诉讼立法来看，当事人申请再审时应当提供的证据材料主要是证明申请再审符合法定期限的证据材料和证明存在法定再审事由的证据材料。此外，其他证明再审申请符合条件的证据材料，当事人也应当提供。例如，法院生效裁判中的当事人死亡，其权利义务承受人申请再审，应当提交权利义务承受的证据材料。至于"原审诉讼过程中提交的主要证据"或者其他"反映案件基本事实的证据"，没有必要要求当事人在申请再审时提供，因为这些证据材料在法院裁定准许再审后对案件进行再审时才使用，并且大多已经存在于原案卷之中。此外，当事人申请再审时，不仅要提供生效法律文书，如果是二审生效的，还应当提交一审的法律文书，因为二审裁判的内容是在一审裁判的基础上作出的，与一审裁判存在关联性。

关于申请再审是否应当缴纳诉讼费用的问题，最高人民法院以往的规范性文件曾规定法院依照审判监督程序进行提审、再审的案件免收诉讼费用，后来又曾规定法院依职权提起的再审案件和检察院抗诉的再审案件当事人不需缴纳诉讼费用，但对当事人申请再审的案件是否需要缴纳诉讼费用没有作出规定。依 1999 年最高人民法院印发的《〈人民法院诉讼收费办法〉补充规定》第 5 条和 2006 年国务院颁布的《诉讼费用交纳办法》第 9 条的规定，只有两类再审案件应当缴纳诉讼费用。[1]

除少数案件外，我国长期以来规定申请再审免收诉讼费用，主要有两个方面的理由：一是在传统的司法理念看来，对法院的生效裁判启动再审，意味着该裁判存在错误，让申请再审的当事人交纳诉讼费用是不公平的。二是如果要求当事人在申请再审时缴纳诉讼费用，申请再审的权利当事人可能予以放弃，转而寻求信访救济，不利于再审化解"涉诉信访"功能的发挥。

笔者认为，上述理由是不成立的。申请再审，是当事人认为生效裁判有错误，但被申请再审的法院生效裁判不一定有错误，即使有错误也不一定是法院造成的。从既判力制度的角度来讲，法院的生效裁判在被依法撤销之前，应当推定其无错误。因此，不能事先推定被申请再审的法院生效裁判有错误，而不让申请再审的当事人缴纳诉讼费用。至于上述第二个方面的理由，在程序设计上已经将申请再审作为向检察机关申请再审检察建议或抗诉的前置程序，还可进一步设计申请再审、申请再审检察建议或抗诉作为涉诉信访的前置程序。在学术界，多数学者的意见是当事人申请再审应当缴纳诉讼费用。最高人民法院副院长江必新认为："常规审程序中应当缴纳诉讼费用的逻辑，应当延伸至审判监督程序中。"[2]廖中洪教授认为："再审案件仍然应缴纳必要的裁判费用。"[3]张艳丽教授等认为，应适当收取申请再审费用。[4]廖永安教授和王聪博士认为，对当事人申请再审案件均预收案件受理费，符合再审之诉的基本原理，有利于引导当事人理性地行使再审诉权，避免明显无益的再审申请浪费司法资源，有助于平等保护对方当事人的程序利益，维护生效裁判的稳定性和权威性。[5]有学者认为："既然建立了再审之诉，就应当酌情收取一定的诉讼费用。"[6]主张申请再审应当交纳诉讼费用的学者们，具体提出了以下理由：第一，如果申请再审不收费，"从当事人这个角度来说，

---

[1] 应当缴纳诉讼费用的两类再审案件为：一是当事人有新的证据，足以推翻原判决、裁定，向法院申请再审，法院经审查决定再审的案件；二是当事人对法院第一审判决或者裁定未提出上诉，第一审判决、裁定或者调解书发生法律效力后又申请再审，法院经审查决定再审的案件。

[2] 江必新：《新诉讼法讲义：再审的理念、制度与机制》，法律出版社2013年版，第71页。

[3] 廖中洪：《中国民事诉讼程序制度研究》，中国检察出版社2004年版，第396页。

[4] 张艳丽、于鹏、周建华：《民事诉讼理论与制度》，法律出版社2017年版，第417页。

[5] 廖永安、王聪："我国民事再审案件受理费制度检视——以再审之诉的功能为视角"，载《湘潭大学学报（哲学社会科学版）》2018年第1期，第60~61页。

[6] 柯葛壮等：《诉讼法的理念与运作》，上海人民出版社2005年版，第374页。

既然有再审程序这一免费的午餐，又何必去利用上诉程序这一昂贵而又不确
定的手段呢?"[1]申请再审收费可以促使当事人以理性的心态来维护自己的
合法权益，可以对当事人滥用申请再审权进行有效地防止，使不必要的再审
诉讼得以减少，有利于节省国家有限的司法资源。"再审申请人预交全部或部
分诉讼费用的合理性在于，当事人在行使法定申请再审权利时应当先行慎重
考虑胜诉的可能性，这与提出上诉启动第二审程序类似。"[2]第二，申请再审
收费，可以平衡当事人的权利和义务。当事人申请再审的目的是为了维护自
己的合法权益，如因自身原因导致被裁定不准许再审或者在再审中败诉，理
应承担因再审程序所需的必要的诉讼费用。不仅如此，再审程序的启动使对
方当事人被拖入已经结束的诉讼，不利于法律关系的稳定，没有义务的权利
会造成权利的畸形。第三，申请再审收费是域外民事诉讼的通常做法。例如，
在日本，当事人提出再审之诉缴纳诉讼费用似乎是天经地义的事情。[3]日本
的再审诉状，应"贴用印纸，缴纳法定的手续费（向简易法院提起再审之诉
时为 1500 日元，除此之外，其他各级法院为 3000 日元——民事诉讼法第费
用法第 1 条第八项)，……"[4]在韩国，民事诉讼立法也规定"再审诉状应当
贴附印花"，[5]这种贴附印花实际上是当事人缴纳诉讼费用的表现形式。笔者
认为，上述理由是成立的，当事人在申请再审时应当缴纳诉讼费用。由于再
审不同于审级制度内的二审，再审的诉讼费用制度既要体现诉讼费用制度的
一般性质，又要体现自身的特殊性。具体说来，可制定以下规则：一是既要
坚持当事人在申请再审时应当预交诉讼费用的原则，又要适用诉讼费用缴纳
的缓、减、免制度，不能让经济有困难的当事人因无力缴纳诉讼费用而不能
申请再审。二是当事人申请再审，法院经审查再审事由不成立裁定驳回再审
申请，减半征收申请再审人的诉讼费用。此种情形之所以要由申请人承担诉
讼费用，是因为再审事由不成立的责任完全在申请人。之所以要减半征收，

---

[1]　廖永安等：《诉讼费用研究——以当事人诉权保护为分析视角》，中国政法大学出版社 2006
年版，第 32 页。

[2]　孙祥壮：《民事再审程序：从立法意图到司法实践》，法律出版社 2016 年版，第 159 页。

[3]　张丽霞："日本民事再审制度的运作现状及启示"，载《南开大学法政学院学术论丛（上）》
2002 年第 0 期，第 304 页。

[4]　[日]中村英郎：《新民事诉讼法讲义》，陈刚、林剑锋、郭美松译，常怡审校，法律出版社
2001 年版，第 285 页。

[5]　[韩]孙汉琦：《韩国民事诉讼法导论》，陈刚审译，中国法制出版社 2010 年版，第 517 页。

是因为毕竟案件只审查了再审事由，并未审理再审案件，法院投入的司法资源较少。三是在法院裁定准许对案件进行再审以后，法院生效裁判的错误是由法院造成的，不由当事人承担诉讼费用，否则，对当事人而言是不公平的。法院生效裁判的错误与法院无关，如果再审申请人败诉，由其承担诉讼费用，这可视为对其不恰当地行使申请再审权的一种惩罚或者制裁。但是，在法院生效裁判的错误与法院无关时，如果再审的被申请人败诉，则不宜由其承担诉讼费用。理由在于，再审的被申请人败诉，法院应当根据再审的结果调整一审、二审诉讼费用的负担，被申请人承担诉讼费用的责任会加重，让其再承担再审程序的诉讼费用，并无足够的理由，因为再审程序毕竟不是审级制度内的程序设计，被申请人没有三次承担诉讼费用的义务。此种情形由申请人承担诉讼费用也没有依据，因而不应让当事人承担再审的诉讼费用而应由国库负担。

需要说明的是，我国现行的收费办法是国务院制定的，上述建议不宜由最高人民法院的司法解释予以规定，只能供国务院在修改《人民法院诉讼收费办法》时参考。在国务院作出修改之前，法院仍然只能执行国务院关于诉讼费用的现行规定，即使应当缴纳诉讼费用的两类再审案件，也规定为只有法院经审查决定再审后才由当事人缴纳诉讼费用，目前还不能将诉讼费用缴纳作为申请再审的条件。

（二）再审之诉程序构造的学说与法院对当事人申请再审的审查

在大陆法系，关于再审之诉的程序构造，存在一阶构论、二阶构论和三阶构论，又称一阶段说、二阶段说和三阶段说。

一阶段说将再审之诉是否合法、再审之诉是否存在理由以及再审案件的审理不作为独立的阶段，未对再审程序的阶段作出划分而将全部再审程序视为一个整体。一阶段说是德国和日本早期的学说，德国 1877 年的《民事诉讼法》和日本 1996 年以前的《民事诉讼法》采用的是一阶段说。依一阶段说设计的再审之诉的程序，呈现出笼统混乱、模糊弹性、简略粗犷的状态，再审程序的阶段性和递进性之特点未能得到体现，其缺陷主要表现在：一是使得再审之诉程序的运行变得十分复杂，而且使得再审程序启动的标准弹性过大，对当事人申请再审救济的权利保护功能没有进行筛选过滤，影响了对法院生效裁判既判力的维护。二是不利于诉讼效率的提高，不便于法院高效、有序地处理再审之诉。例如，如果再审的裁判依法可以上诉，再审时同时对再审之诉是否合法、再审之诉是否存在理由以及再审案件进行审理，二审法院认为再审之诉不合法或者再审之诉不存在理由，再审时对再审案件的审理就毫无意义可言。

二阶段说将再审之诉的程序分为两个阶段：一是审查再审之诉是否合法和再审之诉是否存在理由。二是审理再审案件。奥地利 1895 年的《民事诉讼法》采用的是二阶段说。1996 年日本修改《民事诉讼法》后从过去的一阶段说改为二阶段说，理论上也采二阶段说。在日本，第一阶段称为"再审评否阶段"，第二阶段称为"本案审判"阶段。与一阶段说相比，二阶段说明确了再审之诉两个不同阶段的不同审查对象和不同任务，体现了再审之诉立审分立和程序细化的特点，尤其是突出了再审事由审查的先决性和重要性。将再审之诉分为两个阶段，有利于使法院在第一个阶段集中精力审查再审之诉是否合法和再审之诉是否存在理由，从而使再审之诉的程序能够有序地运行。

三阶段说将再审之诉的程序分为三个阶段：一是审查再审之诉是否合法。二是审查再审之诉是否存在理由。三是审理再审案件。与二阶段说相比，三阶段说将对再审之诉是否合法的审查和再审之诉是否存在理由的审查区分为两个相对独立的阶段，从实际操作层面来看，与法院实际处理再审案件程序的实际情形是真正相符合的。在德国，通过 1910 年 12 月 1 日大审院的判例确立了"三阶段说"。我国台湾地区也是采用三阶段说。日本 1996 年修改《民事诉讼法》虽在立法和理论上采用二阶段说，但从法律规定的实际操作步骤来看，其实与三阶段说的特征更为相符。从现行民事诉讼制度来看，三阶段说可以说是绝大多数国家和地区再审之诉程序构造普遍采用的学说。三阶段说有利于规范法院的行为且符合再审程序的运行规则从而保障再审审判工作的顺利进行，有利于体现再审程序阶段性和递进性的特点从而筛选不符合条件的再审之诉，以防止当事人滥用再审诉权，有利于节约司法资源，使再审程序有可能及时地结束。"三阶段说"对再审之诉程序的处理，把再审程序的整个程序更为精细地划分为三个阶段，对为什么再审之诉能够进入本案审理或者为什么再审之诉会被驳回的问题，可以具体地向当事人说明，并且通过对再审之诉是否合法和再审之诉是否存在理由这两道审查程序，可以将不符合再审条件的案件过滤掉而在较早的阶段将其驳回，使经过严格筛选后的真正符合再审条件的案件进入再审案件的审理程序。[1]

需要指出的是，再审程序分为三个阶段，是从程序运行的先后顺序所做的划分，并不意味着法院内部是由三个部门负责。在法院的告诉申诉庭分解为立案庭和审监庭[2]后，再审程序三阶段的分工主要有两种做法：一是立案庭负责审查当事人申请再审是否符合条件和当事人提出的再审事由是否成立，审监庭负责审理再审案件。二是立案庭负责审查当事人申请再审是否符合条件，审监庭负责审查当事人提出的再审事由是否成立和审理再审案件。由于《民事诉讼法》对申请再审案件管辖法院上调，最高人民法院和不少的高级人民法院的审监庭无力承担本应由其承担的任务，相关的民事审判庭也承担审查当事人提出的再审事由是否成立和审理再审案件的任务。上述两种做法各有利弊。第一种做法将再审事由是否成立的审查与再审案件的审理予以分离，有利于在审查再审事由是否存在时保持相对的独立性，不会将再审改错标准与对再审事由是否成立的审查相混同。弊端在于法院对同一问题的审查结果可能形成冲突，并且不利于提高诉讼效率有可能造成司法资源的浪费。第二种做法有利于防止诉讼的不经济，也有利于法院审查结果的协调统一。弊端在于有可能混同对再审事由是否成立的审查与再审改错标准，对再审事由是否成立审查的独立性形同虚设，有违再审程序运行的正常规则。从实践中的情形来看，目前大多采用第二种做法。笔者认为，第二种做法利大于弊，对其可能存在的弊端可以设计相关的程序规则予以预防和解决。本书对相关问题的探讨将以第二种做法为基准。

（三）法院对当事人申请再审是否符合条件的立案审查

依 2009 年最高人民法院《受理审查民事申请再审案件意见》第 6 条第 1 款等司法解释中的规定，申请再审符合条件的，制作受理通知书。依 2009 年最高人民法院《受理审查民事申请再审案件意见》第 6 条第 2 款的规定，对申请再审不符合条件的，应及时告知申请再审人，但未规定使用何种法律文书。考虑再审程序是非正常的补救程序，申请再审只是当事人的准诉权，为了与受理通知书相对应，且与法院对再审事由审查阶段所使用的裁定相区别，笔者认为制作不予受理通知书比较适宜。

---

〔1〕 李浩："构建再审之诉的三个程序设计"，载《法商研究》2006 年第 4 期，第 41 页。

〔2〕 本书所称"审监庭"，即审判监督庭的简称。

　　除上述规定外，最高人民法院的司法解释没有专门或系统地规定法院对当事人申请再审是否符合条件的立案审查，《民事诉讼法》对再审立案审查和再审事由的审查是统一加以规定的，2008 年最高人民法院《统一再审立案和审理阶段民事案件编号通知》[1]也只是将再审立案阶段和再审审理阶段的民事案件分别予以编号。基于再审之诉程序构造三阶段说的科学性和合理性，加之司法实践中大多是由立案庭负责对当事人申请再审是否符合条件进行审查，由审监庭或相关的民事审判庭负责对当事人提出的再审事由是否成立进行审查和对再审案件进行审理，有必要就法院对当事人申请再审是否符合条件的立案审查规定专门的和系统的程序规则。这一规则的设计，应当落实立案登记制度，尽可能当场进行，并且应当对当事人的申请再审诉权予以有效保障。具体方案为：

　　（1）立案庭在收到当事人提交的再审申请书和申请再审的其他有关材料后，应当接收材料，并在申请人提交材料清单上注明收到日期，加盖收件章，将其中的一份清单返还当事人。

　　（2）立案庭应当在接收材料时当场进行审查。经审查，认为当事人的申请符合条件的，当场决定受理并立案登记编定案号，及时将案件移交审监庭或者相关民事审判庭。申请再审不符合条件但可以补正的，责令申请人限期补正。当事人的申请明显不符合条件且无法补正的，应当说服当事人放弃申请。当事人坚持申请的，向当事人制发不予受理通知书，不予受理通知书应当载明不予受理的具体理由。

　　（3）不能当场决定是否受理的，立案庭应当在收到再审申请书之日起 7日内依据下列情形分别作出处理：一是申请再审符合条件的，法院决定受理并立案登记编定案号，及时将案件移交审监庭或者相关民事审判庭。二是申请再审不符合条件且不能补正，或者虽能补正但超过指定期限拒不补正的，应当说服当事人放弃申请。当事人坚持申请的，向当事人制发不予受理通知书，不予受理通知书应当载明不予受理的具体理由。三是不能判断当事人的申请再审是否符合条件，应当先行受理，受理以后由审监庭或者相关民事审

---

　　[1]　本书所称"2008 年最高人民法院《统一再审立案和审理阶段民事案件编号通知》"，即《最高人民法院关于统一再审立案阶段和再审审理阶段民事案件编号的通知》（法［2008］127 号 2008 年 4 月 7 日）。

判庭再审查当事人的申请再审是否符合条件。

（4）对不予受理再审申请的通知，当事人有异议的，可以向决定不予受理的法院申请复议。法院对当事人的申请再审决定不予受理后，当事人再次申请再审符合条件的，法院应当依法予以受理。[1]

（四）法院对当事人提出的再审事由是否成立的审查

在接到立案庭移交的当事人申请再审案件后，对当事人提出的再审事由是否成立，审监庭或者相关民事审判庭应当进行实质性的审查，以决定是否启动再审程序。这一阶段，应当规范审查的原则、审查的组织、诉讼文书的发送和诉讼权利义务的告知、审查的内容、审查的方法以及再审申请的撤回、中止审查和终结审查以及裁定驳回再审申请或者裁定再审、审查期限等问题。

1. 审查的原则

对这一问题，尚未见到理论界的研究成果。2011 年最高人民法院《第一次全国民事再审审查工作会议纪要》第 1 条、第 2 条和第 3 条规定了这一问题。上述规定的内容明确了以下原则：一是法院依法履行监督职能，保障当事人诉讼权利的原则。二是对当事人双方合法权益平等保护原则。三是依法裁定原则，依再审事由是否成立裁定再审或者裁定驳回再审申请。四是保护当事人的申请再审权与维护生效裁判既判力并重的原则。这些原则应当说仍然是符合现行民事诉讼立法精神的，有必要予以坚持。

2. 审查的组织

2008 年最高人民法院《适用民诉法审监程序解释》第 8 条和 2009 年最高人民法院《受理审查民事申请再审案件意见》第 10 条都规定了对再审事由应当组成合议庭。[2] 对组成合议庭的时间，目前的司法解释没有作出规定，建议规定为审监庭或者相关民事审判庭在立案登记后 3 日内另行组成合议庭，原来参与案件审理的审判人员不得参与对再审事由的审查。在申请再审案件由原审法院管辖的情形下，规定另行组成合议庭仍然是有必要的，这不仅是

---

〔1〕 设计这一规则的理由在于，法院认为申请再审不符有条件决定不予受理，应给当事人设计必要的救济手段，申请再审是否符合条件应以申请时状态为准。例如，申请人申请再审，以法院裁判生效之日计算申请再审期限已过期，法院决定不予受理，后来，当事人知道了自知道或者应当知道再审事由之日开始计算申请再审期限的再审事由存在，应当允许当事人有再次申请再审的权利。

〔2〕 法院对当事人提出的再审事由是否成立进行审查，之所以要组成合议庭进行审查，主要有两方面的理由：一是再审事由是否成立的审查属于实质性的审查；二是再审事由是启动再审程序的钥匙，对再审事由是否成立的审查十分关键，决定再审程序的是否启动。

基于回避制度，而且从既判力理论来讲，既判力对法官的效力表现为法官摆脱对案件的审理。

3. 诉讼文书的发送和诉讼权利义务的告知

2007 年《民事诉讼法》第 180 条和现行《民事诉讼法》第 203 条对再审事由审查阶段诉讼文书的送达作了规定，内容完全相同。2008 年最高人民法院《适用民诉法审监程序解释》第 7 条、2009 年最高人民法院《受理审查民事申请再审案件意见》第 6 条第 1 款、2011 年最高人民法院《第一次全国民事再审审查工作会议纪要》第 11 条、2015 年最高人民法院《适用民诉法解释》第 385 条都对此有相应的规定。此外，基于保障当事人诉讼权利的原则，有必要在送达诉讼文书的同时书面告知当事人在再审事由审查阶段的权利和义务。

笔者认为，对诉讼文书的送达和权利义务的告知，应明确以下问题：一是诉讼文书送达和诉讼权利义务告知的时间。对这一问题，2007 年《民事诉讼法》第 180 条和现行《民事诉讼法》第 203 条规定为"收到再审申请书之日起五日内"，2008 年最高人民法院《适用民诉法审监程序解释》第 7 条、2015 年最高人民法院《适用民诉法解释》第 385 条规定为"收到符合条件的再审申请书等材料之日起五日内"。笔者认为，规定为"再审立案之日起五日内"更为恰当，这不仅便于再审立案阶段与再审事由审查阶段的衔接，而且将《民事诉讼法》规定的"收到再审申请书之日"理解为"再审立案之日"并不违背《民事诉讼法》的立法精神。将"收到再审申请书之日"作一般意义上的理解，就会忽视再审立案阶段的相对独立性，在实务中可能无法操作。二是诉讼文书送达的对象。2007 年《民事诉讼法》第 180 条和现行《民事诉讼法》第 203 条规定了向对方当事人发送再审申请书副本。2008 年最高人民法院《适用民诉法审监程序解释》第 7 条规定了向申请再审人和对方当事人送达受理通知书以及向对方当事人发送再审申请书副本。2009 年最高人民法院《受理审查民事申请再审案件意见》第 6 条第 1 款和 2011 年最高人民法院《第一次全国民事再审审查工作会议纪要》第 11 条规定了向申请再审人、被申请人及原审其他当事人送达受理通知书，向被申请人及原审其他当事人还应送达再审申请书副本及送达地址确认书。2015 年最高人民法院《适用民诉法解释》第 385 条规定了向再审申请人送达受理通知书，向被申请人和原审其他当事人送达应诉通知书、再审申请书副本等材料。应该说 2015 年最高人民法院《适用民诉法解释》第 385 条的规定是合理的，送达的对象除了申请人和被申请人外，还应当包括原审其他当事人；向被申请人及原审其他当事人送达应诉通知书比送达受理通知书更为恰当；对被申请人及原审其他当事人送达地址的确认，申请再审的材料已对此作出要求，大多在再审立案审查时予以完成，一般情况下没有必要发送送达地址确认书。三是诉讼权义务告知的内容。当事人在再审事由审查阶段的权利和义务，目前的民事诉讼立法和最高人民法院的司法解释未作出明确规定。笔者认为，在再审事由审查阶段，当事人享有的主要权利有：补充有关材料和证据、向法院陈述意见、申请回避、撤回再审申请、变更或者增加再审事由、对法院的裁定提出复议申请。当事人的主要义务为：依法行使诉讼权利、遵守诉讼秩序、按要求参加法院主持的听证。四是诉讼文书送达和诉讼权利义务告知的方式。诉讼权利义务告知，应在向再审申请人送达受理通知书，向被申请人和原审其他当事人送达应诉通知书、再审申请书副本等材料的同时以书面形式进行。为了保障当事人实际参与再审事由的审查过程，应当强调诉讼文书送达和诉讼权利义务告知应采用法定的送达方式。2011 年最高人民法院《第一次全国民事再审审查工作会议纪要》第 11 条[1]的规定是不恰当的，可能使当事人不能实际参与再审事由的审查过程。五是被申请人和原审其他当事人不提出书面意见的处理。这一问题适用《民事诉讼法》第 203 条的规定即可，即：被申请人和原审其他当事人应当在收到材料之日起 15 日内提出书面意见，不提出书面意见的，不影响法院的审查。

4. 审查的内容

法院就对当事人提出的再审事由是否成立的审查，应当明确以下几个问题：

问题之一是法院应当审查当事人主张的再审事由是否成立，对当事人未主张的再审事由不予审查，当事人依据的事实或者理由与主张的再审事由不一致的，可以向当事人予以释明。2008 年最高人民法院《适用民诉法审监程序解释》第 9 条、2009 年最高人民法院《受理审查民事申请再审案件意见》第 11 条、2011 年最高人民法院《第一次全国民事再审审查工作会议纪要》第 12 条、2015 年最高人民法院《适用民诉法解释》第 386 条的规定都体现了

---

〔1〕 2011 年最高人民法院《第一次全国民事再审审查工作会议纪要》第 11 条规定："因通讯地址不详等原因，受理通知书、再审申请书副本等材料未发送至当事人的，不影响案件的审查。"

上述精神。主张何种再审事由是当事人的权利，法院不能依职权予以变更或者追加。对再审事由的审查之所以限于当事人主张的范围，对当事人未主张的再审事由不予审查，是基于民事诉讼当事人处分原则和"不告不理"原则的要求，并且有利于避免全面审查所造成的诉讼资源浪费，有利于对法院生效裁判的既判力予以维护。对法院判决、裁定和调解的再审事由，《民事诉讼法》第 200 条和第 201 条分别作了规定。如何适用《民事诉讼法》规定的再审事由，在前述相关内容中已进行了探讨。2009 年最高人民法院《受理审查民事申请再审案件意见》第 12 条所规定的对当事人诉讼主体资格变化情况的审查一般是在再审立案阶段进行，作为再审事由的审查内容予以规定是不恰当的。2008 年最高人民法院《适用民诉法审监程序解释》第 40 条〔1〕所规定的对调解案件裁定再审后再审查调解启动再审事由是不正确的。案件裁定再审后，法院的任务就是对再审案件进行审理，对再审事由的审查是在法院裁定再审之前进行的。这是再审程序运行的正常轨道。对案件先裁定再审然后再对再审事由进行审查，违背了再审程序阶段性和递进性的特征。

　　问题之二是对当事人申请再审是否符合条件在必要时再次进行审查。2008 年最高人民法院《适用民诉法审监程序解释》第 19 条第 2 款对申请再审期限以及是否超过法定的再审事由范围法院可以再次进行审查，如果不符合条件，应裁定驳回再审申请。2009 年最高人民法院《受理审查民事申请再审案件意见》第 26 条规定了对再审申请超过法定期限的，裁定不予受理。但是，这些规定并没有规定对当事人申请审查的所有条件都可以再次进行审查，也没有明确在再审事由审查阶段对当事人申请再审是否符合条件再次进行审查的情形。2011 年最高人民法院《第一次全国民事再审审查工作会议纪要》第 10 条规定了受理再审申请后对再审申请是否符合法定条件的审查，并明确了"发现当事人申请再审不符合法定条件的，裁定驳回再审申请"。实际上，这种审查主要发生在三种情形：一是立案庭对当事人申请再审是否符合条件难以作出判断而先予受理的。二是被申请人或者原审其他当事人认为申请再审不符合条件在再审事由审查阶段提出异议的。三是法院在审查再审事由的

---

　　〔1〕　2008 年最高人民法院《适用民诉法审监程序解释》第 40 条规定："人民法院以调解方式审结的案件裁定再审后，经审理发现申请再审人提出的调解违反自愿原则的事由不成立，且调解协议的内容不违反法律强制性规定的，应当裁定驳回再审申请，并恢复原调解书的执行。"

过程中认为申请再审可能不符合条件的。

问题之三是被申请人或者原审其他当事人如果提出了再审申请，将其列为再审申请人，依法审查其提出的再审申请是否符合条件和提出的再审事由是否成立。在对当事人提出的再审事由是否成立进行审查的过程中，被申请人或者原审其他当事人也有可能提出再审申请，基于对当事人合法权益予以平等保护的考虑，不能对这种再审申请予以拒绝。但是，由于此种再审申请没有经过立案环节，法院在对其提出的再审事由是否成立进行审查之前，应先行审查其提出的再审申请是否符合条件。2008 年最高人民法院《适用民诉法审监程序解释》第 22 条、2009 年最高人民法院《受理审查民事申请再审案件意见》第 22 条、2011 年最高人民法院《第一次全国民事再审审查工作会议纪要》第 7 条、2015 年最高人民法院《适用民诉法解释》第 398 条都对此作了规定。从上述规定来看，强调了对被申请人或者原审其他当事人提出的再审事由进行审查，但未强调对其申请再审是否符合条件的审查。事实上，此种情形下的申请再审，只是在提出的时间点上存在特殊性，对其进行审查的原则并无区分。由于此时案件已经进入对再审事由是否成立进行审查的阶段，没有必要将再审申请是否符合条件再交由立案庭来进行审查，与再审事由是否成立一并进行审查即可。此外，从 2011 年最高人民法院《第一次全国民事再审审查工作会议纪要》第 7 条的规定来看，还有两个问题需要讨论：一是由于再审事由与案件的裁判结果可能不存在直接的关联，就再审事由是否成立而言，可能是一种再审申请的再审事由成立，另一种再审申请的再审事由不成立，也可能是两种再审申请的再审事由都不成立，还有可能是两种再审申请的再审事由都成立。最高人民法院的司法解释没有规定两种再审申请的再审事由都成立的情形。实际上，没有必要作过于细致的规定，只需明确进行审查即可。二是被申请人或者原审其他当事人提出再审申请的时间，最高人民法院司法解释规定在案件裁定再审后不再进行审查，并告知其对新作出的再审裁判主张权利。问题在于，由于不同的再审事由可能存在不同的申请再审期限的起算规则，在案件裁定再审后，被申请人或者原审其他当事人申请再审，有可能并未超过法定的申请再审期限，其提出的再审申请有可能符合条件，其主张的再审事由也有可能成立。不对其进行审查，有侵犯被申请人或者原审其他当事人申请再审诉权之嫌。笔者认为，在法院再审裁判作出之前，被申请人或者原审其他当事人都可以依法申请再审，这不仅对当事人再审申请诉权的保护有利，而且有利于充分了解当事人对法院生效裁判处理结果的意见而有效、彻底地解决纠纷。

问题之四是在法定的申请再审期限内，当事人如果书面要求增加或者变更属于民事诉讼法明确列举的再审事由，法院应当对此进行审查。域外立法对当事人可以在再审事由审查阶段变更再审事由有相关的规定。例如，依《日本民事诉讼法》第 344 条的规定，提起再审之诉的当事人可以变更不服的理由。在我国，2013 年最高人民法院办公厅《民事再审审查工作座谈会纪要》第 8 条 [1] 对此作了规定。这是充分保障当事人申请再审诉权的要求，但没有必要要求当事人变更再审申请书，只需要求书面提出增加或者变更再审事由的申请即可。

问题之五是法院在对当事人提出的再审事由是否成立进行审查时，不必审查被申请再审的法院生效裁判是否存在错误，只要存在法定的再审事由，就应当裁定再审，不能将法院生效裁判的改判标准作为裁定再审的标准。2011 年最高人民法院《第一次全国民事再审审查工作会议纪要》第 5 条虽明确了再审事由审查和再审案件审理两个阶段所具有的不同功能和裁判标准，强调"不能简单地以再审改判率评判再审审查工作的质量"，第 20 条规定了应当区分再审事由的种类进行审查，但在司法实践中，不少的法院在对当事人提出的再审事由是否成立进行审查时，不仅审查再审事由是否成立，而且审查被申请再审的法院生效裁判是否存在错误需要改判，个别的法院甚至对再审事由成立的并不裁定再审，只有在被申请再审的法院生效裁判存在百分之百错误需要改判时才裁定再审。这种做法不符合民事诉讼程序构造的三阶段说，将再审事由审查与再审案件审理相混同，甚至完全忽视对再审事由的审查，使《民事诉讼法》对再审事由的规定丧失了独立的价值甚至完全形同虚设，造成了再审事由审查期限的不正当延长，侵犯了当事人享有的对法院生效裁判要求法院再次进行审理的权利，并且还存在先定后审的嫌疑。事实上，法院在对当事人提出的再审事由进行审查时，不必对被申请再审的法院生效裁判是否存在错误进行审查。再审事由的成立与被申请再审的法院生效

---

〔1〕 2013 年最高人民法院办公厅《民事再审审查工作座谈会纪要》第 8 条规定："人民法院在审查申请再审案件过程中，再审申请人变更或者增加再审事由，符合民事诉讼法第二百零五条规定的期间要求的，人民法院应当向被申请人及原审其他当事人发送变更后的再审申请书副本，审查期限重新计算，必要时可再次组织询问；不符合民事诉讼法第二百零五条规定的，不予审查。"

裁判是否存在错误并不存在直接的因果关系。再审事由成立，被申请再审的法院生效裁判可能并没有错误。再审事由的设置可能是法院生效裁判在实体上存在瑕疵，但更多的是法院生效裁判在程序上存在瑕疵。允许对再审事由成立的法院生效裁判再次进行审理，目的并不仅在于改变法院生效裁判的实体处理结果，主要是为了给予当事人应有的足够的程序保障，以彰显法院生效裁判的公正性。域外的民事诉讼法中也有"再审事由成立，但原判决并无不当的，判决驳回再审之诉"的规定。

5. 审查的方法

（1）法院在进行审查时，应当审查当事人提交的书面材料和询问当事人。审查当事人提交的再审申请书、书面意见等材料和询问当事人，在 2009 年最高人民法院《受理审查民事申请再审案件意见》第 13 条的审查方式中作了规定。法院在进行审查时应当审查当事人提交的书面材料，这是无争议的。这里仅讨论"询问当事人"的问题。2007 年《民事诉讼法》第 180 条和现行《民事诉讼法》第 203 条规定了可以"询问有关事项"，并没有将询问当事人作为必须采用的审查方法。2008 年最高人民法院《适用民诉法审监程序解释》第 21 条、2009 年最高人民法院《受理审查民事申请再审案件意见》第 17 条、2011 年最高人民法院《第一次全国民事再审审查工作会议纪要》第 13 条和第 15 条第 1 款也没有将询问当事人作为必须采用的审查方法。2015 年最高人民法院《适用民诉法解释》第 397 条只是规定了以新的证据可能推翻原判决、裁定为由申请再审的，法院才应当询问当事人。2011 年最高人民法院《第一次全国民事再审审查工作会议纪要》第 15 条第 2 款[1]对询问当事人的规则作了规定。笔者认为，在对当事人提出的再审事由进行审查时，不仅审查当事人提交的书面材料是必须采用的审查方法，而且法院还必须询问当事人。理由在于：首先，再审事由审查后会决定是否启动再审程序，关系到当事人的切身利益，当事人应当享有参与权和知情权。其次，法院在没有询问当事人时就径行裁定驳回再审申请或者裁定再审，当事人与法官见面的机会都没有，会对审查工作的公正性产生怀疑。最后，域外民事诉讼立法有相类

---

〔1〕 2011 年最高人民法院《第一次全国民事再审审查工作会议纪要》第 15 条第 2 款规定："询问由审判长或承办法官主持，围绕与再审事由相关的证据采信、事实认定、法律适用、裁判结果以及诉讼程序等问题和法院应当依职权查明的事项进行。"

似规定可供借鉴，如《日本民事诉讼法》第 346 条第 2 款规定："裁判所作出前项决定时，应审寻对方当事人。"

（2）法院在进行审查时，根据案件的具体情况，可以依职权调查核实案件事实，可以组织当事人听证，可以调卷审阅原审卷宗。

2009 年最高人民法院《受理审查民事申请再审案件意见》第 13 条规定了审查方式中包括审阅原审卷宗和组织当事人听证。2011 年最高人民法院《第一次全国民事再审审查工作会议纪要》第 13 条、第 14 条和第 17 条规定了审阅原审卷宗和依职权调查核实案件事实。事实上，当事人提出的再审事由是否成立，是法院依职权调查的事项，法院应当主动地进行调查，应当明确这种审查方法。组织当事人听证，实践证明是行之有效的一种审查方法，有利于增强审判工作的透明度，可以有效缓解双方的对立情绪，有利于当事人行使诉讼权利，有利于化解矛盾和解决纠纷。调卷审阅原审卷宗更是较为直接的审查方法。2008 年最高人民法院《适用民诉法审监程序解释》第 19 条第 1 款规定了进行裁定再审。2009 年最高人民法院《受理审查民事申请再审案件意见》第 14 条、第 15 条分别就径行裁定驳回再审申请和径行裁定再审的情形作了规定，第 18 条还对可以组织当事人听证的情形作了规定。这些规定实际上并没有必要。审查方法只是手段，只要达到了能够确定当事人提出的再审事由是否成立的目的即可。因此，只需要规定必须审查当事人提交的书面材料和询问当事人。至于依职权调查核实案件事实、组织当事人听证、调卷审阅原审卷宗这三种审查方法，可以都不采用，也可以采用其中的一种或者两种，还可以三种全部采用，完全可以由负责审查的合议庭根据案件的具体情况来决定。2008 年最高人民法院《适用民诉法审监程序解释》第 20 条[1]的规定同样是不恰当的，因为法院在审查书面材料难以作出裁定时，并不一定都要调阅原审案卷予以审查，也可以依职权调查核实案件事实或者组织当事人听证。

关于法院依职权调查核实案件事实的审查方法，2011 年最高人民法院《第一次全国民事再审审查工作会议纪要》第 17 条对此作了明确规定，还规定了可以向原审法院了解案件审理中的有关情况。2007 年《民事诉讼法》第

---

〔1〕 2008 年最高人民法院《适用民诉法审监程序解释》第 20 条规定："人民法院认为仅审查再审申请书等材料难以作出裁定的，应当调阅原审卷宗予以审查。"

180 条和现行《民事诉讼法》第 203 条规定了法院可以要求申请人和对方当事人补充有关材料。为了避免审查职能与审判职能相混淆，为了对再审事由认定的主观随意性予以克服，2011 年最高人民法院《第一次全国民事再审审查工作会议纪要》第 21 条第 1 款规定了审查再审事由期间申请人不得申请法院委托鉴定或者勘验，2015 年最高人民法院《适用民诉法解释》第 399 条明确规定了再审申请人在审查再审申请期间申请法院委托鉴定、勘验的法院不予支持。实际上，在审查再审申请期间，法院同样不能依职权委托鉴定和勘验。

组织当事人听证的审查方法，2009 年最高人民法院《受理审查民事申请再审案件意见》第 19 条和第 20 条[1]作了规定。听证"围绕再审事由成立进行"没有必要在审查方法中加以规定，因为在审查内容上已经明确了这一问题。因此，对组织当事人听证的审查方法，只需规定根据案件的具体情况，法院可以组织当事人听证。听证应当在 5 日前通知当事人，由审判长主持。

调卷审阅原审卷宗的审查方法，2009 年最高人民法院《受理审查民事申请再审案件意见》第 16 条第 1 款和 2011 年最高人民法院《第一次全国民事再审审查工作会议纪要》第 14 条第 2 款作了规定，前者规定报送卷宗的时间为 15 日，后者改为 1 个月。后者的规定更符合实际。建议规定为：根据案件的具体情况，法院可以调卷审阅原审卷宗。原审法院应当在收到上级法院的调卷函后，在 1 个月内按要求报送卷宗。

需另外讨论的一个问题是，在对当事人提出的再审事由是否成立进行审查的阶段，法院能否进行调解。最高人民法院的有关司法解释对此持肯定的态度。2009 年最高人民法院《受理审查民事申请再审案件意见》第 24 条、2011年最高人民法院《第一次全国民事再审审查工作会议纪要》第 4 条和第 16 条都对此作了规定。在理论界，也有不少的学者对此予以赞同。有学者认为，应当强化调解功能，将矛盾化解在再审审查阶段；[2]在再审事由审查阶段建立诉前调解制度，可以获得节省司法资源、减少当事人讼累以及促进社会和谐

---

〔1〕 2009 年最高人民法院《受理审查民事申请再审案件意见》第 19 条规定："合议庭决定听证的案件，应在听证 5 日前通知当事人。"第 20 条规定："听证由审判长主持，围绕申请再审事由是否成立进行。"

〔2〕 王玮："检视与反思：民事再审审查环节存在的问题及对策建议——以民事再审权利救济功能的实现为视角"，载《山东法官培训学院学报（山东审判）》2011 年第 6 期，第 71 页。

等多重效果；[1]调解结案方式的缺失阻碍了民事再审审查工作的顺利进行；
[2]民事再审立案调解，有利于化解矛盾纷争，有利于修补当事人对法院的信
赖，维护司法权威和法院形象；可以节省司法资源，减少当事人的讼累。[3]笔
者认为，对这一问题应当进行冷思考，在法院对当事人提出再审事由是否成
立进行审查的阶段，不能进行调解。理由是：其一，调解是法院审理案件的
方法之一，再审事由是否成立尚在审查过程中，案件还未裁定再审，在案件
还未裁定再次审理之前就适用审理案件的调解方法，违背了程序运作的正常
顺序。其二，在案件未裁定再审之前，法院生效裁判的既判力应当予以维护，
对未裁定再审的案件进行调解，可能对法院生效裁判既判力形成不恰当的突
破。在再审事由审查阶段，当事人之间达成和解协议，可以由当事人撤回再
审申请，但法院在此阶段不能主持当事人进行调解。在案件被裁定再审以后，
法院主持当事人双方进行调解才具有正当性。

6. 再审申请的撤回、中止审查和终结审查

2008 年最高人民法院《适用民诉法审监程序解释》第 23 条、2009 年最
高人民法院《受理审查民事申请再审案件意见》第 21 条、2015 年最高人民
法院《适用民诉法解释》第 400 条对再审事由审查期间撤回再审申请的情形
比照撤诉作了规定：一是申请人撤回再审申请的，是否准许，由法院裁定。
二是申请人经传票传唤，无正当理由拒不接受询问或者参加听证，或者未经
许可中途退出的，可以裁定按撤回再审申请处理。关于再审申请撤回的效力，
依 2015 年最高人民法院《适用民诉法解释》第 401 条的规定，在准许撤回再
审申请或者按撤回再审申请处理后，申请人原则上不得再次申请再审，但有
以"自知道或者应当知道之日"起算申请再审期限的再审事由存在的除外。
这是因为准许撤回再审申请或者按撤回再审申请处理，法院则终结对再审事
由的审查，但如果有以"知道或者应当知道"起算申请再审期限的再审事由
存在而不允许其申请再审，当事人申请再审的权利就不能得到有效保护。

---

[1]　周喆："民事申请再审案件受理程序规范化改造"，载《广西社会主义学院学报》2012 年第 2
期，第 102 页。

[2]　公丕祥："关于增加民事申请再审案件调解结案方式的建议"，载《法制资讯》2012 年第 Z1
期，第 77~78 页。

[3]　初昊铭："浅议诉讼调解在民事再审立案阶段的实践适用，"载《山东审判》2015 年第 2 期，
第 91~92 页。

2009 年最高人民法院《受理审查民事申请再审案件意见》第 21 条规定的"被申请人及原审其他当事人不参加询问、听证或未经许可中途退出的,视为放弃在询问、听证过程中陈述意见的权利"同样是恰当的。

《民事诉讼法》和最高人民法院的司法解释没有对再审事由审查阶段的"审查中止"作出规定。所谓审查中止,是指因为某些原因的出现,审查程序应当暂停进行,待中止审查的原因消除后再恢复审查。在实践中,审查中止的情形是可能存在的,并且也有自己的特殊性。笔者认为,有下列情形之一的,应当中止对再审事由的审查:一方当事人死亡,需要等待继承人表明是否参加审查程序的。一方当事人丧失诉讼行为能力,尚未确定法定代理人的。作为一方当事人的法人或者其他组织终止,尚未确定权利义务承受人的。一方当事人因不可抗拒的事由,不能参加审查程序的,以及其他应当中止审查的情形。中止审查的,应当制作中止审查决定书,并送达当事人。中止审查的原因消除后,应当恢复审查。需要说明的是,中止诉讼的理由包括"本案必须以另一案的处理结果为依据,而另一案尚未审结的",但不能以此作为中止审查的理由,因为法院对再审事由的审查并不是对案件进行审理。2009 年最高人民法院《受理审查民事申请再审案件意见》第 25 条第 1 项和第 2 项关于当事人死亡或者终止后申请人或者被申请人变更的规定没有必要,因为此种情形实际上是诉讼权利义务的承担在再审事由审查阶段的体现,并不存在特殊性,在理论上和实务操作中都不会出现意见的分歧。

终结审查,是因为某些特殊原因的出现,法院对再审事由的审查没有必要再继续进行,从而结束正在进行的审查程序。2008 年最高人民法院《适用民诉法审监程序解释》第 25 条、2009 年最高人民法院《关于受理审查民事申请再审案件意见》第 25 条第 3 项和第 4 项、2011 年最高人民法院《第一次全国民事再审审查工作会议纪要》第 19 条、2015 年最高人民法院《适用民诉法解释》第 402 条对终结审查的情形作了规定。上述规定中关于终结审查情形的规范,有的并不恰当,有的在现行民事诉讼制度中已无规定的必要。法人或者其他组织终止后权利的享有和义务的承担较为复杂,并不属于诉讼终止的情形,纳入终结审查的情形同样不恰当。当事人达成执行和解协议,应依撤回再审申请的规则来处理。"他人未经授权,以委托代理人名义代理当事人提出再审申请的",以及应当不予受理而已经受理的和当事人之间的争议可以另案解决的,属于当事人不符合申请再审条件,应裁定驳回再审申请。

由于现行《民事诉讼法》已经确定了"当事人申请再审在先、检察机关抗诉在后"的法检顺位，"人民检察院对该案提出抗诉的"和"原审或者上一级人民法院已经裁定再审的"也没有必要作为终结审查的情形。2015 年最高人民法院《适用民诉法解释》第 402 条第 6 项规定的"有本解释第三百八十三条第一款规定情形的"系再审申请不符合条件本应不予受理，在再审事由审查阶段宜裁定驳回再审申请。根据上述分析，参照《民事诉讼法》第 151 条关于诉讼终结的规定，有下列情形之一的，应当终结对再审事由的审查：申请人撤回再审申请被准许或者裁定按撤回再审申请处理的。申请人死亡，没有继承人或者继承人放弃权利的。被申请人死亡，没有遗产，也没有应当承担义务的人的。追索赡养费、抚养费、抚育费案件的一方当事人死亡的。法院决定终结审查，应当制作《终结审查决定书》，送达当事人。当事人对终结审查决定有异议的，可以向受理再审申请的法院提出复议申请。对法院终结审查的案件，当事人再次提出再审申请的，除另有规定外，法院不予受理。需要说明的是，诉讼终结情形的"离婚案件一方当事人死亡的"，以及"解除收养关系案件的一方当事人死亡的"之所以没有纳入终结审查的情形，是因为此类案件不属于民事诉讼再审程序的适用对象。

7. 裁定驳回再审申请或者裁定再审

对当事人申请再审审查完毕后进行处理的法律文书，不符合再审条件的，1982 年《民事诉讼法（试行）》第 158 条第 2 款规定的是"通知驳回"，1991年《民事诉讼法》第 179 条第 2 款规定的是"予以驳回"而没有规定用何种法律文书。2001 年最高人民法院《审监工作座谈会纪要》第 23 条和第 24 条对制作驳回再审申请（申诉）通知书和民事再审裁定书提出了具体要求。2007年《民事诉讼法》第 181 条第 1 款和现行《民事诉讼法》第 204 条第 1 款规定的是使用裁定，依不同的审查结果分别裁定再审或者裁定驳回申请。2008年最高人民法院《适用民诉法审监程序解释》第 24 条第 1 款规定了再审事由不成立的裁定驳回再审申请。2009 年最高人民法院《受理审查民事申请再审案件意见》第 30 条第 1 款对驳回再审申请裁定书应包括的内容作了规定。2013 年最高人民法院办公厅《民事再审审查工作座谈会纪要》第 12 条〔1〕对

---

〔1〕　2013 年最高人民法院办公厅《全国民事再审审查工作座谈会纪要》第 12 条规定："人民法院审查民事申请再审案件所作的裁定由审判人员、书记员署名，加盖人民法院印章。"

裁定书的签名、印章作了规定。2015 年最高人民法院《适用民诉法解释》第 395 条[1]对裁定再审和裁定驳回再审申请条件的规定，同时考虑了再审事由是否成立和当事人申请再审是否符合条件。由于是否裁定再审关系到当事人双方的切身利益，当事人对裁定有异议的，可以向受理再审申请的法院申请复议，但不得再次向法院申请再审。

下面对驳回再审申请裁定的效力作专门的说明。从最高人民法院司法解释的规定来看，2002 年最高人民法院《规范再审立案意见》第 15 条和第 16 条、2008 年最高人民法院《适用民诉法审监程序解释》第 24 条第 2 款和 2009 年最高人民法院《受理民事申请再审案件意见》第 31 条只规定了对驳回再审申请裁定在一定条件下不得再次向法院申请再审。依 2013 年最高人民法院《民事再审审查工作座谈会纪要》第 4 条第 1 项和 2015 年最高人民法院《适用民诉法解释》第 383 条第 1 款第 1 项的规定，再审申请被驳回后，无论在何种情形下，不能再次向法院申请再审。这一规定的理由在于：第一，再审不是通常诉讼程序，是例外的程序设计，当事人对申请再审的权利应当慎重地行使，再审申请被裁定驳回后，当事人实际上已经获得司法救济的机会，只是没有达到当事人的目的而已。此时，应当着重考虑司法资源的有限性和诉讼的安定性。对此类裁定当事人如果再次申请再审，法院又得再次进行审查，当事人和法院都会付出高昂的诉讼成本，对法院生效裁判的既判力也可能形成破坏。第二，当事人向法院申请再审的权利只能行使一次，有利于减少再审案件的数量，有利于当事人更为重视申请再审权利的行使。当事人如果向法院多次申请再审，对胜诉当事人而言，其内心上的焦虑心理和不安全感会长期存在，不利于稳定当事人之间的民事权利义务，不利于法律权威的树立与和谐社会的构建。第三，在驳回再审申请裁定存在错误，或者因新的事由或者后来发生的原因符合再审条件或者再审事由时，可以为当事人设计另外的救济途径，但当事人不能再次向法院申请再审。在域外的民事诉讼立法中，一般赋予了当事人对驳回再审申请裁定以上诉权，还规定了因新的事

---

[1] 2015 年最高人民法院《适用民诉法解释》第 395 条规定："当事人主张的再审事由成立，且符合民事诉讼法和本解释规定的申请再审条件的，人民法院应当裁定再审。当事人主张的再审事由不成立，或者当事人申请再审超过法定申请再审期限、超出法定再审事由范围等不符合民事诉讼法和本解释规定的申请再审条件的，人民法院应当裁定驳回再审申请。"

由或后来发生的原因符合申请再审的条件可以再次向法院申请再审。[1] 但在我国，由于管辖再审案件的法院级别较高，不能赋予当事人对驳回再审申请裁定以上诉权。当事人对裁定有异议的，只能向受理再审申请的法院申请复议。我国的再审程序不仅可以依当事人的申请启动，还可能依检察院提出再审检察建议或抗诉或者由法院依职权启动。驳回再审申请的裁定可能出现错误，当事人可能因新的事由或者后来发生的原因符合申请再审的条件，但是，驳回再审申请裁定作出以后，由于当事人享有向检察机关申请提出再审检察建议或抗诉的权利，从当事人合法权益的保护和程序安定的平衡来考虑，对驳回再审申请的裁定，当事人不得再次向法院申请再审。

8. 审查期限

2007 年《民事诉讼法》第 181 条第 1 款、2009 年最高人民法院《受理审查民事申请再审案件意见》第 32 条、2011 年最高人民法院《第一次全国民事再审审查工作会议纪要》第 18 条、2012 年现行《民事诉讼法》第 204 条第 1 款、2013 年最高人民法院办公厅《民事再审审查工作座谈会纪要》第 14 条都规定了审查再审事由是否成立的期限为收到再审申请书之日起 3 个月，有特殊情况需要延长的，本院院长批准。延长审查期限，只规定了审批程序，可以延长多长时间没有作出规定，建议规定可以延长 3 个月。审查期限的扣除，2009 年最高人民法院《受理审查民事申请再审案件意见》第 32 条只规定鉴定期间等不计入审查期限，2011 年最高人民法院《第一次全国民事再审审查工作会议纪要》第 18 条和 2013 年最高人民法院办公厅《民事再审审查工作座谈会纪要》第 14 条规定了"公告期间""申请调解期间""调卷期间"不计入审查期限，2011 年最高人民法院《第一次全国民事再审审查工作会议纪要》第 18 条也规定了"鉴定期间"不计入审查期限。笔者不主张在再审事由审查阶段进行调解，"申请调解期间"不应作出规定，法院在审查再审事由期间不能依当事人申请或者依职权委托鉴定，"鉴定期间"也不应作出规定。笔者主张确定"中止审查"制度，"中止审查"应当属于审查期限扣除的情形。

---

〔1〕 例如，依《日本民事诉讼法》第 347 条和第 349 条第 1 款的规定，对再审之诉不合法予以驳回的裁定、再审之诉无理由而驳回再审申请的裁定以及存在再审事由而启动再审程序的裁定，当事人可以提出即时抗告，对于以即时抗告可以声明不服的裁定或者命令被确定的，可以提出再审的申请。《法国民事诉讼法》第 603 条第 1 款规定："当事人一方不得对其已经提出过再审申请的判决申请再审，但如果是由于后来发生的某种原因申请再审，不在此限。"

依 2015 年最高人民法院《适用民诉法解释》第 398 条的规定，被申请人或者原审其他当事人在再审事由审查期间提出再审申请，审查期限重新计算。依 2013 年最高人民法院办公厅《民事再审审查工作座谈会纪要》第 8 条的规定，当事人在再审事由审查阶段变更或者增加再审事由的，审查期限重新计算。上述这两个规定是具有合理性的。

| 第八章 |

既判力理论与检察机关启动民事诉讼
再审程序研究

一、检察机关启动民事诉讼再审程序的学术争鸣和正当性分析

（一）检察机关启动民事诉讼再审程序的学术争鸣

对检察机关能否启动民事诉讼再审程序的问题，学术界长期以来存在不同的观点。对检察机关就法院的生效裁判能否提出再审检察建议的问题，学者们也存在认识上的分歧。就检察机关能否启动民事诉讼再审程序的问题，学术界主有以下几种观点。

第一种观点是取消论。这种观点认为，检察机关对法院生效民事裁判启动再审的权力应当予以取消。持这种观点的学者从不同的视角进行了论述。检察机关的抗诉监督之所以没有必要，主要是因为民事诉讼中应当对当事人的处分权予以充分保障，当事人对法院生效裁判的再审请求权放弃时，如果检察机关启动再审，就是侵犯了当事人的处分权，还可能增加当事人的诉讼成本，在实践中，检察机关启动再审的前提条件是当事人的反映或者请求，对当事人直接申请再审法律已经作出了规定，就没有必要保留检察机关的抗诉监督。[1]检察机关抗诉中止判决效力的功能与诉讼机理相矛盾，检察监督中"发现错误"的职责可以交由当事人和其律师来完成，启动再审程序的功能可通过三审终审制由当事人自己来解决，因此，"检察机关在民事诉讼中就无安身立命之所"。[2]民事抗诉制度存在理论前提的虚假性、强制效力的破坏性、运行过程的矛盾性等基础性缺陷，因此，应当废除民事抗诉制度。[3]理论

---

〔1〕 景汉朝、卢子娟："论民事审判监督程序之重构"，载《法学研究》1999年第1期，第35页。

〔2〕 何兵、潘剑锋："司法之根本：最后的审判抑或最好的审判？——对我国再审制度的再审视"，载《比较法研究》2000年第4期，第423~424页。

〔3〕 林劲松："民事抗诉制度的基础性缺陷"，载《河北法学》2005年第1期，第129~132页。

上检察院不应是民事再审的启动主体，实践上检察院作为民事再审的启动主体引发了不少的问题和矛盾。[1]有学者从用抗诉方式进行监督是对检察机关法律监督的误解、民事抗诉制度与法院独立行使审判权原则不相适应、民事抗诉制度影响了当事人在民事诉讼中处分权的行使、民事抗诉制度不能体现民事诉讼当事人诉讼地位平等原则、民事抗诉程序设计给司法实践带来诸多不便等五个方面，对我国的民事抗诉制度进行了质疑。[2]还有学者以诉讼模式与民事抗诉制度的关系为理论基础，以当事人主义诉讼模式为视角，论证了废除民事抗诉制度的合理性。[3]

第二种观点是限制论。这种观点认为，对检察机关启动再审虽然不能进行取消，但应当对其进行限制。这种观点内部有五种不同的主张。第一种主张认为，检察机关只有对涉及国家利益或者公共利益的案件才能启动再审，对一般的民事案件检察机关不具有发动再审的权力。黄宣博士认为，立法应当明确限定涉及民事公共权利及利益的法院生效裁判为民事抗诉案件的范围。[4]江伟教授认为，检察院对于不涉及公共利益的一般民事案件（民事私益案件）不能发动再审，当然也不宜提出或参加诉讼，检察院对涉及公共利益的民事案件应有提起诉讼、参加诉讼和发动再审的权力。[5]有学者认为，检察机关不能对一般的民事案件抗诉启动再审是因为检察院在再审审判中的地位无法确认，抗诉启动再审限于公共利益的案件则具有法理基础和可操作性；[6]对不涉及公共利益的一般民事案件检察机关发动再审，背离了检察机关的职责与任务；[7]检察机关对法院生效的民事裁判抗诉只限于侵害国家利益、社会公共利益的民事违法行为，原因之一在于，检察机关并未亲自参加民

---

〔1〕 成永军："对我国民事再审启动主体制度存在问题的思考"，载《河南师范大学学报（哲学社会科学版）》2007年第4期，第111~112页。

〔2〕 袁小文、万金湖："质疑我国的民事抗诉制度"，载《湖南广播电视大学学报》2009年第1期，第46~49页。

〔3〕 侯永宽："论民事抗诉制度的废除——以当事人主义诉讼模式为视角"，载《安徽大学法律评论》2010年第1期，第184~192页。

〔4〕 黄宣："论我国民事诉讼再审程序的改革"，载《西南政法大学学报》1999年第2期，第28页。

〔5〕 江伟主编：《民事诉讼法学》（第2版），复旦大学出版社2010年版，第370~371页。

〔6〕 刘猛："略论民事诉讼中人民检察院的抗诉——兼论民事诉讼中再审程序的完善"，载《沈阳教育学院学报》2002年第4期，第19页。

〔7〕 孙莉、张径舟："民事再审发动程序之重构"，载《法学论坛》2002年第5期，第110页。

事诉讼，对民事案件并不了解；[1]检察院对纯属私权纠纷的案件提起再审，存在检察院可能费力不讨好、在某种程度上影响法院的公正审判以及浪费检察资源等方面的不足之处；[2]"我国民事检察抗诉要针对社会公益性案件，非公益性案件由当事人发动'再审之诉'，这是我国民事再审制度下一步改革的方向。"[3]在学术界，还有不少学者是这一主张的支持者。限制论的第二种主张由张卫平所倡导。他认为，由于"没有理由说明检察机关的判断就一定比法院的判断更高明"等原因，应当限制检察机关提出再审，[4]但检察机关介入民事诉讼的范围，不仅包括涉及公共利益的纠纷，还包括身份关系纠纷。"民事诉讼实际上包括一般的契约、侵权纠纷和身份关系纠纷、涉及公共利益的纠纷，对于身份关系纠纷和涉及公共利益的纠纷，由于涉及人身关系、人权和公共利益，这类民事诉讼已经不同于契约和侵权纠纷的民事诉讼，因此检察机关介入这些民事诉讼是比较合理的。"[5]有学者也认为，应当"将检察院对民事诉讼活动的监督限制在牵涉国家利益、社会公共利益的案件，以及与社会公共利益相关的涉及人事关系的诉讼之中。"[6]限制论的第三种主张认为，检察机关抗诉启动再审的案件除涉及国家利益和社会公共利益的案件外，还包括审判人员在审理该案时有贪污受贿、枉法裁判行为的案件。[7]限制论的第四种主张认为，改革检察机关民事审判监督制度的最终方向是取消民事检察监督权，但第一步改革的内容是对检察机关民事审判监督权进行必要的限制，包括提出抗诉的只能是法院适用法律错误的案件，限于重大、疑难的案件为可以抗诉的案件范围，发动再审程序应当受到时间限制。[8]限制论的第五种主张认为，对检察机关的再审抗诉限定在公共利益的民事案件范围

---

[1] 蒋集跃、杨永华："论我国民事再审制度的完善——兼谈申诉问题的理论解决"，载《政法论坛》2003 年第 2 期，第 110 页。

[2] 王贵东、杨宪文："民事再审程序提起主体制度之改造"，载《河北法学》2005 年第 10 期，第 86 页。

[3] 张雅洁："我国民事再审程序启动主体研究"，载《河北公安警察职业学院学报》2017 年第 1 期，第 44 页。

[4] 张卫平："民事再审：基础置换与制度重建"，载《中国法学》2003 年第 1 期，第 106 页。

[5] 张卫平：《民事诉讼法》（第 3 版），中国人民大学出版社 2015 年版，第 338 页。

[6] 张嘉军等：《政策抑或法律：民事诉讼政策研究》，法律出版社 2015 年版，第 452 页。

[7] 詹伟雄："论民事再审程序之重构——以司法实践为视角"，载《民事程序法研究》第 2008 年第 0 期，第 344 页。

[8] 常怡、唐力："民事再审制度的理性分析"，载《河北法学》2002 年第 5 期，第 17~18 页。

是存在问题的，因为"公共利益"不是一个法律概念，"公共利益"往往与其他利益交织在一起难以区分。因此，对检察机关再审抗诉的限制应当从实体内容上的限制转变为程序和方式上的限制。[1]

第三种观点是检察机关一元化启动再审论。这种观点的基本内容是：当事人对法院的生效裁判不服，只能向检察机关申请再审，检察机关决定再审后，再审案件再由法院来审理，检察机关是启动再审程序的唯一主体，在特殊情况下，检察机关也可以依职权启动再审。持这种观点的学者从不同的视角进行了论述。汤维建教授认为，实行民事抗诉再审启动一元制，理由根据为：法院作出生效裁判后即受既判力的约束，不得也无权加以改变，法院依职权启动再审与当事人自由处分原则的精神相悖，不合法理；法院的生效裁判是当事人申请再审指向的对象，对当事人的再审申请由检察机关进行判断更为适宜，有利于切实保障当事人申请再审的权利；从再审程序运转流程来看更具可操作性；有利于转移当事人将矛头指向法院，可以对法院生效裁判的正当性予以强化。[2]有学者认为，构建检察院作为启动再审单一主体制度，与我国宪法对检察机关的定位和国家权力分配构架相符合，是一项具有中国特色的司法制度，有利于检察院和法院两个司法机关通过司法权之间的监督和制约实现司法公正，可以将对法院裁判的监督和对法官行为的监督有机地结合起来，真正实现监督的目的和效果，有利于社会秩序的稳定。[3]赋予检察院再审启动权，构建民事再审程序启动主体单一制度，是因为由法院自己监督自己，对审判权与监督权分离原则的实现不利，与诉审分离的基本理论不符，并且上级法院对下级法院的审判活动进行监督的职责难以实现。[4]构建检察院一元化启动民事再审程序主体模式，实现了再审启动程序与再审案件审判程序的科学分工，符合现行民事诉讼法的程序设置，也能更好地发挥检察

---

[1] 廖中洪：《中国民事诉讼程序制度研究》，中国检察出版社 2004 年版，第 384～387 页。

[2] 汤维建："论民事抗诉制度的完善"，载《人民检察》2007 年第 9 期，第 38 页；汤维建、季桥龙："民事再审程序启动机制研究——以检察机关一元化审理申请再审案件模式为中心"，载《山东社会科学》2009 年第 9 期，第 105 页。

[3] 王鸿翼、杨明刚："审判监督程序中再审启动主体制度的重构"，载《人民检察》2006 年第 9 期，第 10～11 页。

[4] 张学武："我国民事再审程序启动主体的反思与重构"，载《法学论坛》2008 年第 4 期，第 125～126 页。

院的监督职责，有效避免司法资源浪费。[1]民事再审的唯一启动主体为检察机关，是检察机关和法院的权力分工与权力制约的法治精神的体现，既能有效地保护当事人的再审申请权利，又能阻却和制止滥诉行为，避免司法资源浪费和法检两院的冲突。[2]还有学者从我国《民事诉讼法》相关规定和取消法院审判监督权的视角，论述了民事抗诉再审启动一元制的合理性与必要性，对民事抗诉再审启动一元机制的相关问题进行了探讨。[3]

第四种观点是保留论。这种观点认为，应当保留现行的当事人向法院申请再审、检察机关启动再审的模式，应当加强和完善检察机关启动再审。这种观点得到了检察机关、法院以及诉讼理论界众多学者的支持。在检察系统，当时在最高人民检察院任职的杨立新教授论述了"全面坚持和发展民事行政诉讼检察监督，是坚持依法治国、保障司法公正的必然要求"，认为坚持民事行政诉讼检察监督的法理基础在于：国家设立这一制度的基础是人民代表大会制度；审判独立，并不排斥对审判活动的监督；检察机关坚持违法必究，直接体现公平、正义理念。[4]有学者从认识论、权力制约论、司法公正和人权保障四个方面深入论述了检察机关审判监督的理论基础。[5]另有学者从权力分配制约理论与中国检察制度、抗诉制度体现检察权对审判权的制约监督、抗诉制度保障实质正义与公平的顺利实现、我国司法实践是抗诉制度存在的支撑等方面探讨了权力分工制约与我国抗诉制度的正当性问题。[6]在法院系统，也有不少的学者持保留论。有学者认为，民事抗诉权的合法性不容置疑，它来源于宪法及法律的授权，是检察院行使法律监督权力的一种主要形式。[7]检察

---

〔1〕　吴伟瑾、余扬帆："浅谈我国民事再审程序启动主体的重构——以完善民事抗诉制度为契机"，载陈桂明、王鸿翼主编：《司法改革与民事诉讼监督制度完善（中国法学会民事诉讼法学研究会年会论文集）》（2010年卷·上卷），厦门大学出版社2010年版，第476~477页。

〔2〕　蔡福华："应将检察院作为民事再审的唯一启动主体"，载《检察日报》2011年12月23日。

〔3〕　肖森华："刍议民事抗诉再审启动一元机制"，载《重庆交通大学学报（社会科学版）》2008年第2期，第29~32页。

〔4〕　杨立新："民事行政诉讼检察监督与司法公正"，载《法学研究》2000年第4期，第55~56页。

〔5〕　邓思清："论审判监督的理论基础"，载《法律科学（西北政法学院学报）》2003年第3期，第56~67页。

〔6〕　田凯、张韶国："论权力分工制约与我国抗诉制度的正当性"，载《河南省政法管理干部学院学报》2008年第4期，第142~147页。

〔7〕　陈斯："检察监督权之检讨——以民事抗诉权之运行为例"，载《法学》2007年第10期，第133页。

机关的民事抗诉权具有天然的合理性和必要性，因为民事抗诉权制约着审判权和对司法公平正义的维护是检察权在民事领域的体现。[1]应当肯定我国民事检察制度在维护法律统一适用和强化再审法律续造公信力方面的积极作用。[2]在诉讼理论界，孙谦教授和郑成良教授、李浩教授、张晋红教授、范愉教授、蔡虹教授、田平安教授、王亚新教授、宋小海博士、梁开斌博士、温树斌博士、段厚省博士等学者，都是保留论的主张者。孙谦教授和郑成良教授认为，民事抗诉制度存在的必要性在于，抗诉是检察院进行民事诉讼监督的重要途径，是公民、组织获得再审救济、保障自身合法权益的重要制度，取消民事抗诉，不仅会对当事人获取再审救济的权利保障予以弱化，而且对从根本上解决纠纷是不利的。[3]李浩教授认为，在现阶段，应当进一步加强和完善而不能取消或弱化检察机关的抗诉监督，应使检察机关的抗诉监督在程序上更合理和更具有实效性。[4]张晋红教授认为，确立并增强民事抗诉权，是切实实现法律监督权、维护司法公正的必要手段；是弥补法律监督的立法空白、规范法院审判行为的重要手段；是保护国家、集体利益、维护社会善良风俗的重要手段；是及时维护当事人合法权益、实现诉讼经济的重要手段。[5]张晋红教授还从民事抗诉制度与司法权威的关系、抗诉制度与当事人之间平等及平衡关系的冲突、抗诉制度与最高人民法院的作用和终审权的关系、抗诉制度与外国相应立法的关系、关于抗诉制度其他弊端与缺陷的分析等方面对取消与弱化民事抗诉制度提出了质疑。[6]范愉教授认为，民事抗诉制度有存在的必要性和合理性，即使建立三审终审制，对抗诉的存在及意义仍不能予以完全否定。[7]蔡虹教授认为，民事抗诉制度与再审程序具有追求司法公正的价

---

[1] 卢君、孙南翔："民事抗诉再审制度理论审视与实效分析——以当事人穷尽上诉救济之建构为视角"，载《法律适用》2012年第7期，第71页。

[2] 李琪、王朝辉："我国民事再审制度与法律续造"，载《法律适用》2014年第9期，第56页。

[3] 孙谦、郑成良主编：《司法改革报告：中国的检察院、法院改革》，法律出版社2004年版，第161~162页。

[4] 李浩："民事再审程序改造论"，载《法学研究》2000年第5期，第94页。

[5] 张晋红、郑斌峰："关于检察机关民事抗诉权若干问题的思考"，载《河北法学》2000年第5期，第67~69页。

[6] 张晋红："对取消与弱化民事抗诉制度的几点质疑"，载《国家检察官学院学报》2004年第3期，第96~102页。

[7] 范愉："司法监督的功能及制度设计（上）——检察院民事行政案件抗诉与人大个案监督的制度比较"，载《中国司法》2004年第5期，第22~23页。

值目标和既判力的例外的共同前提，民事抗诉机制具有正当性和必要性，以抗诉为主要内容和方式的检察监督具有专门性监督、外部监督以及法定性与强制性监督的独到的功能，并且对民事抗诉机制存在的合理性进行了论证。[1]田平安教授认为，民事抗诉制度的存在具有现实必要性，它是一项适合我国国情的并且于法有据、实践需要、有理论支持的制度。[2]王亚新教授认为，保留以抗诉的方式对法院的民事审判进行检察监督的理由是：与信访制度一样，为再审申请被驳回的当事人再留一条救济途径。[3]宋小海博士认为，民事抗诉制度的实质，是检察机关对法院再审案件完整的司法权进行的"司法分权制约"，对保护和规范当事人再审诉权的行使以及维护当事人实体合法权益和促进司法公正都是有利的。[4]梁开斌博士认为，民事检察监督有着法院监督所不具有的独特功能是需要监督的最简单的理由；司法腐败下高压反腐的需要是需要监督的最有力的理由。[5]温树斌博士认为，对民事抗诉制度我国仍宜保留，一个简单的理由是，在法官职业素质不高、司法腐败状况堪忧、法院的司法公信力日益下降且引发较多社会不稳定因素的情况下，在客观上需要检察院的法律监督力量。[6]段厚省博士认为，民事抗诉机制作为再审发动途径的制度价值为：民事诉讼法在赋予检察机关对审判活动监督权时，已比较充分地考虑了民事诉讼的特点，应仅限于私权领域来尊重当事人的处分权，应以法院裁判的正义为前提对既判力和法院独立行使审判权予以尊重。[7]

另一个问题是，虽然在1998年至1999年开始检察机关开始探索检察建议适用于民事检察监督领域，但长期以来民事诉讼法上抗诉是检察监督启动再审的唯一方式，将检察建议作为检察机关启动再审的一种方式直到2012年修正《民事诉讼法》才予以确立。在学术界，学者们对检察机关能否就法院

〔1〕　蔡虹："民事抗诉机制与再审程序关系探析"，载《法商研究》2006年第4期，第42~45页。

〔2〕　田平安："完善民事抗诉制度是立法的紧迫课题"，载《检察日报》2007年5月14日。

〔3〕　王亚新："民事审判监督制度整体的程序设计——以《民事诉讼法修正案》为出发点"，载《中国法学》2007年第5期，第187页。

〔4〕　宋小海："论民事抗诉制度的程序法定位 基于修改后民事诉讼法的分析"，载《中外法学》2010年第4期，第574页。

〔5〕　梁开斌："民事再审构造的程序视角分析"，载《民事程序法研究》2011年第0期，第47页。

〔6〕　温树斌："民事抗诉制度的尴尬"，载《河北法学》2012年第2期，第190页。

〔7〕　段厚省："论既判力规则与民事抗诉机制的冲突与协调"，载江伟教授执教五十周年庆典活动筹备组编：《民事诉讼法学前沿问题研究》，北京大学出版社2006年版，第402~404页。

的生效裁判提出再审检察建议也存在认识上的分歧。

再审检察建议，是针对法院的生效裁判，检察机关以启动再审为目的而提出的检察建议。与抗诉的主要区别在于，再审检察建议是检察机关对同级法院的生效裁判启动再审提出的建议，这种建议对法院没有绝对的约束力，属于柔性化的检察监督机制。抗诉是上级检察机关针对下级法院的生效裁判启动再审，抗诉对法院具有约束力，属于刚性化的检察监督机制。

学术界对再审检察建议有不少赞同的观点。有学者认为，再审检察建议具有较强的可行性和优越性，主要表现为：可以合理利用司法资源，可以使诉讼成本减少从而节约司法资源，可以使诉讼周期缩短，可以减少当事人的讼累，有效化解矛盾，在实践中具有较强的灵活性，监督范围广。民事再审检察建议的制度价值为：是中国法治自主型进路的实践体现，是化解社会矛盾构建和谐社会的必然要求，是完善司法权力监督制约机制的重要手段。[1]有学者认为，再审检察建议制度的理论基础是检察官的客观义务理论和协同监督理论。[2]有学者认为，再审检察建议的进步意义主要体现为，对检察机关业务量的倒三角与人员配置的正三角之间的矛盾矛以扭转，开创同级监督之先河；使监督机关与被监督机关之间的对抗得以减少，是民事检察权谦抑性的体现，开创协同性监督之先河；[3]民事再审检察建议的制度优势为，有利于提高办案效率节约诉讼成本，有利于改善办案结构合理配置检察资源，有利于就近化解矛盾促进社会和谐，有利于加强检法协作维护司法公正；[4]民事再审检察建议的程序价值为，实现案件分流促进司法资源合理配置，丰富民事检察监督的方式，简化再审启动程序降低司法成本，运用协商性法律监督模式有助于法律监督机关和审判机关形成良性诉讼机制；[5]民事再审检察建议的价值定位为柔性且有效的检察监督，体现为提高司法效率、优化检察资

〔1〕 夏黎阳："民事行政个案再审检察建议之适用与完善"，载《法学杂志》2006 年第 5 期，第 98~99 页。夏黎阳："民事再审检察建议的运行机制"，载《国家检察官学院学报》2015 年第 3 期，第 131~133 页。

〔2〕 彭智刚、于伟香："民事再审检察建议制度研究"，载《求索》2014 年第 12 期，第 114~115 页。

〔3〕 胡思博："论民事再审检察建议柔中带刚的效力本质"，载《探求》2015 年第 2 期，第 66 页。

〔4〕 陈冰如、赵辉："民事再审检察建议研究"，载《甘肃广播电视大学学报》2016 年第 6 期，第 48~49 页。

〔5〕 田彬、孙洁、李瑾："论民事再审检察建议"，载《人民检察》2016 年第 15 期，第 24~26 页。

源配置、柔性监督效果好以及促进法律监督功能的实现。[1]

对再审检察建议，有学者持否定态度，认为启动民事诉讼再审程序不能采用提出检察建议的方式。有学者认为，再审检察建议的做法存在着非诉讼文书诉讼化、唯效率论、对法院再审决定权的盲从以及对检察监督必要性的忽视等四个方面的认识误区；[2]再审检察建议会弱化检察监督，影响法、检两家在民事诉讼中监督与被监督的正常法定关系。[3]

（二）检察机关启动民事诉讼再审程序的正当性分析

从域外民事诉讼立法来看，有的也规定了检察机关对涉及国家利益和公共利益的民事案件有权参加诉讼和提起诉讼，对参加和提起的民事诉讼有权提出抗诉。"不过在此情形下，检察官的身份并不是审判机关的监督者，而是享有当事人的资格和权利，检察官介入包括再审在内的诉讼程序的根据并不是审判监督权，而是公共利益权。"[4]在苏联，检察长在民事诉讼中不仅是纯粹的当事人，还是处于法院之上的监督机关，但苏联解体以后，依 2002 年《俄罗斯民事诉讼法典》的规定，检察机关只能对其参加审判的案件提出抗诉，[5]"检察机关从诉讼中的监督者转变为诉讼中的参与者"。[6]实际上，"在监督权的涵义上，普通法系、民法法系国家和社会主义国家虽然都以不同形式赋予最高检察长撤销生效裁判、启动再审程序的权力，但仅限于在最高司法机构层面上，因为审判监督的基本涵义应当是上级法院对下级法院的审判监督，而且检察院以监督名义撤销生效裁判，所撤销的是判决的判例效力，也就是撤销裁判超越司法权限作出的判决所产生的判例效力，而不是该判决对当事人私人利益和法律关系的确定力"。[7]可以认为，在域外民事诉讼立法中很难找到与我国相类似的检察机关提出检察建议或者抗诉启动再审的做法，检察机关提出检察建议或者抗诉启动再审是我国民事诉讼立法中独有的制度

---

〔1〕　谢琼丽："民事再审检察建议案件的价值定位与架构完善——兼与民事抗诉制度并行的角度"，载《法治论坛》2016 年第 3 期，第 79～80 页。

〔2〕　郤超："不宜以检察建议方式提起再审抗诉"，载《检察日报》2007 年 12 月 16 日。

〔3〕　陈长均："对符合抗诉条件的民行裁判不宜适用再审检察建议"，载《检察日报》2009 年 5 月 4 日。

〔4〕　江伟主编：《民事诉讼法学》（第 3 版），北京大学出版社 2015 年版，第 303 页。

〔5〕　李昕："俄罗斯民事抗诉制度的新发展"，载《学术论坛》2013 年第 2 期，第 94 页。

〔6〕　王朝辉："民事抗诉制度的程序冲突与改造"，载《法律适用》2011 年第 8 期，第 54 页。

〔7〕　江伟主编：《民事诉讼法学》（第 3 版），北京大学出版社 2015 年版，第 303 页。

设计。对这种制度设计，有必要探讨其正当性。

对检察机关能否启动民事诉讼再审程序持取消论的学者，大多认为这种制度设计有违既判力理论的要求，会对法院生效裁判的既判力形成冲击。实际上，仅从民事诉讼的既判力理论而言，是无法找到检察机关启动民事诉讼再审程序的正当性依据的，因为除了公益诉讼案件外，检察机关不是原诉讼中的当事人，既不属于既判力主观范围的基本对象，也不属于既判力主观范围扩张的对象，因而不能成为民事诉讼再审程序的当事人。但是，民事诉讼法作为部门法，不仅要受自身理论的指导，还必须以作为国家根本大法的宪法为依据，并且民事诉讼理论是多元的，既判力理论只是其中一个十分重要的基本理论。取消论的错误在于，只从民事诉讼法自身来考虑问题，漠视了作为国家根本大法的宪法；只从既判力理论来考虑问题，漠视了民事诉讼的其他理论。笔者认为，检察机关有权启动民事诉讼再审程序，其正当性在于宪法的授权。检察机关作为国家机关具有何种职责，取决于宪法的规定。检察机关是国家的法律监督机关对民事诉讼有权实行法律监督，是我国宪法明确规定的检察机关的职权。取消论与宪法的规定是不相符合的。检察机关启动再审，在理论上或者在实践中可能存在某些问题，甚至有的问题在解决时还有相当大的难度，但这并不构成取消检察机关启动再审权力的理由，而只能视为改革与完善这一制度的努力方向。对涉及国家利益或者社会公共利益的案件，检察机关有权依职权启动民事诉讼再审程序，其正当性还在于我国民事诉讼制度已确立了检察机关公益代表人的地位。

检察机关一元启动再审论，实际上是将民事检察监督权异化为了一种"审判权"，不仅在域外没有先例，而且在操作上也不具有可行性。正因为如此，这种观点在学术界并没有多大的影响力。

限制论和保留论应该说各有其理，但保留论似乎占据主导地位。笔者的观点是：虽然加强和完善检察机关启动再审，有利于促进我国民事审判质量的提高，有利于保护当事人的合法权益，但随着民事诉讼检察监督从事后监督逐渐扩展到事前监督和事中监督，随着我国民事审判质量的日益提高，检察机关以法律监督者的身份启动再审的范围从发展趋势来看将会受到限制。虽然检察机关启动民事诉讼再审程序在既判力理论中无法找到正当性的依据，但检察机关启动民事诉讼再审程序仍然要受到既判力理论的制约，毕竟在一个法治较为发达的国家，再审程序的启动只能是十分例外的情形。因此，可以说限制论应当是我国民事检察监督制度的理性选择。

就再审检察建议而言，对其评价不能绝对化。韩静茹博士选择了效率、成本、收益、价值冲突平衡能力四项指标，对抗诉与再审检察建议各自的积极功效与不足之处进行了综合考量，认为与抗诉相比，再审检察建议在效率和实体性收益方面的确定性较差，但其具有对抗性较弱、运行成本较低等方面的优势。[1]这种认识问题的角度是正确的，对再审检察建议的价值既不能高估，也不能完全予以否定。之所以不能高估，是因为再审检察建议毕竟是柔性监督，柔性监督既是其优点也同时是其不足。之所以不能完全否定，是因为《民事诉讼法》对此给予了规定，司法实践中也积累了一定的经验。再审检察建议能否体现出其价值和优势，关键在于要制定科学合理的程序规则，使再审检察建议真正在检察机关监督法院生效裁判方面占有一席之地。

二、既判力理论指导下检察机关启动民事诉讼再审程序相关问题的探讨

（一）检察机关启动民事诉讼再审程序的情形

对检察机关启动民事诉讼再审程序的情形，最高人民检察院的有关司法解释没有作出规定，但规定了抗诉案件或者民事诉讼监督案件的来源。依 2001 年最高人民检察院《民行抗诉案件办案规则》第 4 条的规定，检察院受理民事案件的主要来源有当事人或者其他利害关系人申诉、国家权力机关或者其他机关转办、上级检察院交办以及检察院自行发现。依 2013 年最高人民检察院《民诉监督规则》第 23 条的规定，民事诉讼监督案件的来源包括当事人向检察院申请监督，当事人以外的公民、法人和其他组织向检察院控告、举报以及检察院依职权发现。上述规定并没有对抗诉、检察建议监督与当事人处分权的关系进行合理配置，体现了依职权启动再审的思想，有浓厚的职权主义倾向。

对检察机关启动民事诉讼再审程序的情形，诉讼理论界大多从依当事人申请而启动和由检察机关依职权而启动来进行讨论，主要有三种意见。第一种意见认为，即使当事人不提出申请，检察机关也可以依职权启动再审。有学者认为，即使没有当事人的申诉，检察院认为法院的生效裁判违法也应当主

---

〔1〕　韩静茹："民事检察建议刍议——以与抗诉的关系协调为视角"，载《西南政法大学学报》2013 年第 1 期，第 36 页。

动提起抗诉，否则就是检察机关的失职。[1]检察机关可以主动启动再审的理由是，当事人的私权并不排除国家干预，当事人的处分权并不是绝对的，它应当受到法律的限制，民事检察监督具有超越个案的公共性。[2]第二种意见认为，如果当事人不提出申请，检察机关不可以依职权启动再审。李浩教授认为，民事诉讼制度的利用和程序的展开，要尊重当事人的选择和取决于当事人的意愿，检察机关在民事诉讼中履行监督职责也必须符合民事诉讼制度的本质。如此一来，当事人的意愿和行为又制约着检察机关对民事诉讼实施法律监督，当事人不向其申诉检察机关就不能对法院的民事审判活动主动地实施监督。[3]有学者认为，当事人的申诉应是抗诉案件的唯一来源，检察机关不能在当事人没有提出申诉的情况下依职权主动抗诉。[4]"既然是从当事人申请抗诉开始，那么申请抗诉与否的决定权便在当事人手里，当事人享有处分权。换言之，检察机关原则上不能无视当事人的意愿而依职权直接提出抗诉，须以当事人的申请为前提。"[5]第三种意见认为，检察机关可以对损害国家利益、社会公共利益的法院生效裁判依职权启动再审，对不涉及国家利益、社会公共利益的民事案件只能基于当事人的申请而不能依职权启动再审。有学者认为，依据纠纷的公益性和救济性可以划分为主动型抗诉和救济型抗诉，主动型抗诉的对象只能是国家利益、社会公共利益受损的法院生效判决、裁定、调解书；[6]除损害国家利益和社会公共利益等特殊情形，即使生效裁判存在抗诉事由，检察机关一般不得依职权抗诉。[7]

笔者赞同上述第三种意见。对损害国家利益、社会公共利益的民事案件

---

〔1〕 熊国钦："民事抗诉程序之重构"，载《人民检察》2011 年第 12 期，第 138 页。

〔2〕 刘拥："论民事行政抗诉程序规范化建设的几个问题"，载《法学评论》2007 年第 4 期，第 153~154 页。

〔3〕 李浩："处分原则与审判监督——对第 7 号指导性案例的解读"，载《法学评论》2012 年第 6 期，第 150 页。

〔4〕 赵信会、宋新龙："民事抗诉基础的转换与补充性抗诉机制的建立"，载《河北法学》2010 年第 4 期，第 156 页。

〔5〕 宋小海："论民事抗诉制度新构造与典型民事诉讼的原理相融性"，载《中外法学》2016 年第 6 期，第 1639~1640 页。

〔6〕 郑世保："从第七号指导性案例透析民事抗诉的类型化"，载《法学》2013 年第 12 期，第 50~51 页。

〔7〕 刘本荣："申请抗诉诉权化对现行抗诉办案模式的影响"，载《上海政法学院学报（法治论丛）》2013 年第 1 期，第 123 页。

检察机关可以依职权启动再审，是因为检察机关既是法律监督机关，又是国家利益、社会公共利益的代表机关。就检察机关提起公益诉讼的问题，理论界进行了较长时期的探讨，实践中也在进行摸索。2015 年最高人民检察院《提起公益诉讼实施办法》[1]和 2016 年最高人民法院《审理检察院提起公益诉讼案件办法》[2]的颁布，尤其是 2017 年 6 月 27 日第十二届全国人民代表大会常务委员会第二十八次会议通过了《关于修改〈中华人民共和国民事诉讼法〉和〈中华人民共和国行政诉讼法〉的决定》，对《民事诉讼法》第 55 条增加 1 款作为第 2 款，[3]从而在我国的民事诉讼立法中正式确定了检察机关作为公共利益代表人的地位。对检察机关可以依职权对损害国家利益、社会公共利益的法院生效裁判启动再审程序，《民事诉讼法》和有关的司法解释作了程度不同的规定。《民事诉讼法》第 208 条规定了对损害国家利益、社会公共利益的调解书检察机关可以依法提出检察建议或者提出抗诉。依 2013 年最高人民检察院《民诉监督规则》第 41 条第 1 项的规定，"损害国家利益或者社会公共利益的"民事案件，是检察院应当依职权进行监督的情形之一。依 2015 年最高人民法院《适用民诉法解释》第 413 条的规定，法院应予受理检察院对损害国家利益、社会公共利益的生效裁判依法提出的抗诉或者经检察院检察委员会讨论决定提出的再审检察建议。

需要指出的是，虽然对损害国家利益、社会公共利益的法院生效裁判，检察机关可以依职权启动再审，但这种情形在实践中并不多见，也不宜作扩大化的解释。据统计，2013 年至 2015 年 5 月，河北省法院收到的抗诉案件和受理的再审检察建议，全部源于当事人申请提出检察建议或者抗诉，几乎没

---

〔1〕　本书所称"2015 年最高人民检察院《提起公益诉讼实施办法》"，即《人民检察院提起公益诉讼试点工作实施办法》（2015 年 12 月 16 日最高人民检察院第十二届检察委员会第四十五次会议通过　2015 年 12 月 24 日公布）。

〔2〕　本书所称"2016 年最高人民法院《审理检察院提起公益诉讼案件办法》"，即《最高人民法院关于印发〈人民法院审理人民检察院提起公益诉讼案件试点工作实施办法〉的通知》（法发〔2016〕6 号　2016 年 2 月 25 日）。

〔3〕《民事诉讼法》第 55 条第 2 款规定："人民检察院在履行职责中发现破坏生态环境和资源保护、食品药品安全领域侵害众多消费者合法权益等损害社会公共利益的行为，在没有前款规定的机关和组织或者前款规定的机关和组织不起诉的情况下，可以向人民法院提起诉讼。前款规定的机关或者组织提起诉讼的，人民检察院可以支持起诉。"

有公益类案件进入检察监督的视野。[1]对检察机关依职权启动再审，只需就某些问题作出特殊规定即可，一般问题可以参照检察机关依当事人申请启动再审的规定。另一个问题是，有学者认为，"存在法官贪渎可能的"，检察机关也应当依职权主动提出抗诉；[2]审判人员在审理该民事案件中有徇私舞弊、贪污受贿、枉法裁判等渎职行为的，检察机关可以依职权提出抗诉。[3]笔者不同意这种主张，因为"存在法官贪渎可能的"案件，检察机关只是应当依法追究刑事责任，何况在监察体制改革以后，法官贪渎行为由监察机关负责查处。因此，"存在法官贪渎可能的"，在刑事责任确定以后，是否需要启动再审程序，检察机关同样应当尊重当事人的意志，不能将刑事犯罪的主动追究与启动再审混为一谈。还有学者认为，应当允许检察院就原审裁判"适用法律确有错误"情形主动提出抗诉或者检察建议，但应以取得双方当事人同意为前提。[4]笔者也不同意这一主张，因为"适用法律确有错误"并不一定导致对国家利益和公共利益的损害，检察机关作为法律监督机关并不意味着其具有代替法院适用法律的职能，并且"应以取得双方当事人同意为前提"在实务中可能是无法做到的。

　　检察机关对不涉及国家利益、社会公共利益的民事案件只能基于当事人的申请而不能依职权启动再审，是因为存在"尊重当事人处分权""维护法院生效裁判的既判力"以及"适应检察机关民事检察工作的现状"等几个方面的理由。[5]对此类案件，如果不明确检察机关只能基于当事人的申请而不能依职权启动再审，检察机关启动再审就有可能超越当事人的诉权，构成对当事人诉权行使的侵犯。2015年最高人民法院《适用民诉法解释》第415条关于检察机关"对有明显错误的再审判决、裁定提出抗诉或者再审检察建议的，人民法院应予受理"的规定，可能使人理解为对明显错误的再审判决、裁定检察机关可以依职权启动再审，这一规定是不符合民事诉讼理论和立法精

　　〔1〕 郎立惠、程周彪："关于审理民事再审抗诉案件情况的调研报告"，载《经济研究导刊》2016年第6期，第185页。

　　〔2〕 王燕："民事抗诉程序的缺失与补救攻略"，载《人民司法》2011年第7期，第93页。

　　〔3〕 张步洪：《新民事诉讼法讲义——申诉、抗诉与再审》，法律出版社2012年版，第103~104页。董红卫："方式与选择：民事检察监督改革的基本思路"，载《民事程序法研究》2006年第0期，第74页。

　　〔4〕 冯浩：《民事再审事由研析》，中国法制出版社2016年版，第227~228页。

　　〔5〕 郭建华："民事抗诉制度研究"，载《国家检察官学院学报》2000年第1期，第76~77页。

神的。

（二）当事人向检察机关申请再审检察建议或者抗诉的条件

对当事人向检察机关申请再审检察建议或者抗诉的条件如何设置，与当事人向检察机关申请再审检察建议或者抗诉的权利属于何种性质的权利密切相关。在 2012 年《民事诉讼法》修改以前，当事人向检察机关提出要求抗诉的申请一般被视为是申诉权，而属于检察机关抗诉案件的重要来源，在法律上并无独立的地位。《民事诉讼法》第 209 条第 1 款规定了当事人可以向检察机关申请再审检察建议或者抗诉的情形，当事人向检察机关申请再审检察建议或者抗诉的权利就不再是一般意义上的申请权，而是民事诉讼立法上的诉讼权利。有学者指出，2012 年《民事诉讼法》修改以后，申请抗诉是一种由当事人自主支配和自由处分而与起诉权、上诉权、申请再审权一样的诉讼权利，不再是具有信访性质的申诉。[1]现行民事诉讼立法规定的当事人申请检察监督权是一种具有诉权性质的准诉权，因为它与诉权具有相同的形式特征，本质上具有诉权的理论内涵，并且司法政策角度的申请监督权具有与诉权相同的现实考量。[2]再审检察监督申请权诉权化定性，符合我国司法机关分立为法院与检察院的二元司法体系结构，是对检察院涉诉信访的法治化解决，是针对司法现实中权利制约权力疲弱现象的权宜之举。[3]笔者认为，最能与当事人申请再审检察建议或者抗诉的权利进行比较的是当事人的申请再审权，两者都是针对法院的生效裁判，目的都是为了启动再审程序，只是前者是向检察机关申请，后者是向法院申请。因此，作为一种诉讼权利或者具有诉权性质的准诉权，当事人向检察机关申请再审检察建议或者抗诉的条件就可以比照当事人向法院申请再审的条件来设置。

在司法实践中，上级检察机关往往向下级检察机关下达提出再审检察建议或者抗诉的考核指标，尤其是在监察体制改革以后，检察机关加大了对民事和行政诉讼监督工作的力度。下级检察机关为了完成考核指标，大多对当事

---

〔1〕　刘本荣：“申请抗诉诉权化对现行抗诉办案模式的影响”，载《上海政法学院学报（法治论丛）》2013 年第 1 期，第 123 页。

〔2〕　潘松：“论民事再审中当事人申请检察监督权的诉权属性”，载《辽宁公安司法管理干部学院学报》2015 年第 3 期，第 62~64 页。

〔3〕　许红霞、毛仲玉：“再审检察监督申请权问题研析”，载《河北法学》2016 年第 11 期，第 193~194 页。

人向检察机关申请再审检察建议或者抗诉的条件把握得过于宽松，甚至有的检察机关还千方百计地寻找启动再审的案源，使得许多不应当由检察机关启动再审的案件能够轻易地被启动再审。这种做法的危害是十分明了的。首先，对不应当启动再审的案件检察机关启动再审，法院大多是维持原判，无疑有损检察机关法律监督者的形象。其次，这种做法无意中刺激了当事人对法院的不信任，破坏了法院生效裁判应有的既判力，不利于法院生效裁判所确认的民事法律关系的稳定。吴英姿教授对此指出，抗诉是一把双刃剑，既能纠正错误的裁判，也能打破法院判决的既判力和损害司法权威。[1]检察机关启动再审应当适用谦抑性原则，从严掌握启动再审的条件。有学者认为，抗诉前提的假设性和模糊性、预防抗诉权的扩张与滥用、民事诉讼的平等性和自治性、检察抗诉的监督性和程序性、监督效能和监督资源的有限性，决定了民事抗诉的谦抑性。[2]权力的运行特点、民事诉讼的自身性质、对当事人私权的尊重、构建和谐司法的要求以及民事检察工作的长期协调和可持续发展，决定了民事抗诉必须坚持谦抑性原则。[3]笔者认为，检察机关启动再审应当适用谦抑性原则，还有一个十分重要的理由，即在我国现行民事诉讼体制下，检察机关启动再审是在当事人向法院申请再审之后进行的，在许多情况下，检察机关启动再审是对法院生效裁判既判力的第二次冲破，对当事人向检察机关申请再审检察建议或者抗诉的条件，应当依据检察机关启动再审谦抑性原则，作出比当事人向法院申请再审更为严格的设置。[4]

2001 年最高人民检察院《民行抗诉案件办案规则》第 5 条和第 12 条分别规定了申诉的受理条件和立案条件。从形式上讲，这种"受理—立案—审查决定"的模式在实践层面被很多人不理解。通常的思路是，当事人向检察机关申请再审检察建议或者抗诉，符合法定条件的，检察机关就应当受理，受理以后经审查再作出相关的决定。从内容上看，2001 年最高人民检察院《民

---

[1] 吴英姿等："民事抗诉实证研究"，载《国家检察官学院学报》2015 年第 4 期，第 139 页。

[2] 王德玲："民事抗诉中的法理冲突与协调"，载《法学论坛》2012 年第 5 期，第 64~65 页。

[3] 张兴中："民事抗诉谦抑性原则"，载《国家检察官学院学报》2010 年第 6 期，第 73~74 页。

[4] 当然，检察机关启动再审适用谦抑性原则，并不是要对检察机关民事诉讼的法律监督进行全面限制，因为检察机关对民事诉讼的法律监督可以分为再审型和纠正违法型，检察建议可以分为再审检察建议和一般的检察建议。对检察机关的再审型检察监督和再审检察建议应当进行较为严格的限制，但检察机关完全可以在纠正违法型检察监督和提出一般的检察建议方面大有作为，这方面的大有作为对法院生效裁判的既判力不会产生影响。

行抗诉案件办案规则》第 5 条对受理条件的规定过于简单，只有法院裁判已生效以及有具体的申诉理由和请求这两个条件，第 12 条的规定则是将可能存在抗诉理由作为受理条件，混淆了受理条件和审查的内容。2013 年最高人民检察院《民诉监督规则》第 30 条[1]规定了当事人申请检察监督的一般性条件，对当事人申请再审检察建议或者抗诉的特点并没有充分地体现，并且对条件的规定也不太全面。

笔者认为，可以从前置性程序条件、当事人条件、适用对象条件、诉讼请求条件、事由条件、管辖条件和申请材料条件几个方面来规范当事人向检察机关申请再审检察建议或抗诉的条件，同时还将讨论申请期限和是否收费的问题。

1. 前置性程序条件

在 2012 年《民事诉讼法》修改之前，民事诉讼再审程序启动的途径是平行的，当事人对法院的同一生效裁判，既可以向法院申请再审，又可以向检察机关申诉由检察机关启动再审。这种状况使民事诉讼再审程序呈现出一种无序化的状态。学者们在研究民事诉讼再审程序改革的过程中开始关注对这一问题的探讨。早在 1995 年，章武生教授就指出，只有当事人其他引发再审程序的救济手段已经穷尽都未奏效时，才可以向检察机关申诉。[2]李浩教授也认为，存在多元的发动再审的途径时，实行当事人向法院申请再审优先的原则，可以把大部分符合再审条件的案件解决在法院这个环节，可以避免多次申请、重复审查、浪费司法资源的情况，可以使检察机关集中办理那些真正需要由其审查的案件。[3]但也有学者持反对意见。例如，汤维建教授从诉讼权利的性质、监督程序与诉讼程序的性质、法律监督权与审判监督权的运作逻辑、监督权的性质以及实际效果等方面，论述了"申请再审不宜成为申请抗诉的前置程序"。[4]2012 年修改《民事诉讼法》时，采纳了章武生教授、李浩教授等多数学者的观点，第 209 条第 1 款确定了民事诉讼再审程序启动的

〔1〕 2013 年最高人民检察院《民诉监督规则》第 30 条规定："当事人申请监督符合下列条件的，人民检察院应当受理：（一）符合本规则第二十四条的规定；（二）申请人提供的材料符合本规则第二十五条至第二十八条的规定；（三）本院具有管辖权；（四）不具有本规则规定的不予受理情形。"
〔2〕 章武生："再审程序若干问题研究"，载《法学评论》1995 年第 1 期，第 55~56 页。
〔3〕 李浩："民事再审程序的修订：问题与探索——兼评《修正案（草案）》对再审程序的修订"，载《法律科学（西北政法学院学报）》2007 年第 6 期，第 138~139 页。
〔4〕 汤维建："申请再审不宜成为申请抗诉的前置程序"，载《检察日报》2011 年 10 月 10 日。

"当事人向法院申请在先、检察机关启动再审在后"的"法检顺位"。[1]但是，
2012年《民事诉讼法》第209条的规定，并没有使学术界的争论停止。有学
者从"'法检顺位'的目的论：纠错为中心?""'法检顺位'的强制论：诉讼
义务化?""'法检顺位'的谦抑论：检察机关独立性的忽视?"以及"'法检
顺位'的矫正思路"四个方面进行了分析，认为2012年《民事诉讼法》第
209条的规定与审判监督程序的立法目的不符，构成了对当事人诉讼权利行使
的强制，有违再审程序诉权化改造的初衷，使检察机关的法律监督权弱化。[2]
有学者针对2012年《民事诉讼法》第209条从博弈论的视角，分析了民事再
审监督机制的程序优化问题，主张应当"开辟特定类型案件的直接申请监督路
径"。[3]有学者认为，原来的平行申请模式存在严重损害司法权威和加剧司法
资源浪费的弊端，2012年《民事诉讼法》第209条的规定并没有从根本上解
决这一问题，主张采取由当事人选择向法院申请再审或者向检察机关申请抗
诉的模式，并且从分权制衡理论、司法最终解决原则、"程序穷尽"原则论述
了这种模式的法理依据，从充分保障当事人的程序选择权、有利于维护司法
的权威、有利于节约司法资源三个方面阐述了这种模式的制度价值。[4]但是，
从学术界的研究动态来看，多数学者对2012年《民事诉讼法》第209条的规
定持肯定的态度。李浩教授认为，2012年《民事诉讼法》第209条的规定会
在以下几个方面产生积极的影响：首先，它可以使当事人获得迅速的救济。
其次，它一方面为当事人申请再审提供了进一步的程序保障，另一方面也增
加了息讼服判的可能。再次，检察建议或者抗诉在后凸显了检察机关的监督
功能，使得再审制度更加有序化。最后，实行申请再审在先也可以使检察机
关更好地完成其在民事诉讼中的任务。[5]有学者认为："如果以申诉人的诉求

─────────────

〔1〕 2012年《民事诉讼法》第209条第1款规定："有下列情形之一的，当事人可以向人民检
察院申请检察建议或者抗诉：（一）人民法院驳回再审申请的；（二）人民法院逾期未对再审申请作出
裁定的；（三）再审判决、裁定有明显错误的。"

〔2〕 黄旭东、邓娟："民事审判监督程序中'法检顺位'规定之质疑"，载《探求》2013年第5
期，第55～62页。

〔3〕 林越坚、刘青青："博弈论视角下民事再审监督机制的程序优化"，载《法学》2015年第3期，
第113页。

〔4〕 赵盛和："民事审判监督程序中审判权与抗诉权的冲突与协调——规范申请再审与抗诉程序
之模式选择"，载《社会科学家》2015年第7期，第110～114页。

〔5〕 李浩："论民事再审程序启动的诉权化改造——兼析《关于修改〈民事诉讼法〉的决定》
第49条"，载《法律科学（西北政法大学学报）》2012年第6期，第174～175页。

作为一个圆心，那么，法院再审程序必定是距离圆心半径最小的圆环，……如果能经过法院再审而实现正当诉求，何必舍近求远寻求抗诉的支持呢？"[1]"法院纠错在先，检察抗诉在后"的制度设计，可以有效地改变启动再审程序的非规范化，对于遏制多重申请、多重处理再审申请的局面必然会起到重大的制约作用。[2]还有的学者认为，先向法院申请再审后向检察机关申请再审检察建议或者抗诉的合理性在于：有利于节省司法资源，是司法资源合理配置的必然选择；有利于提高检察监督的质量和效果，是检察机关司法谦抑性的内在要求；有利于提升法院对申请再审案件的审查质量，是再审特殊救济功能的本质内涵。

笔者认为，2012 年《民事诉讼法》第 209 条所规定的"当事人向法院申请再审在先，向检察机关申请再审检察建议或者抗诉在后"具有正当性。首先，从近几年司法实践中的情况来看，这一规定有利于对民事诉讼再审程序的启动机制进行规范，对民事诉讼再审程序的有序运行具有促进作用。其次，检察机关的法律监督权虽然在宪法中作规定，但检察机关对法院民事诉讼的检察监督不能与启动再审等同起来，启动再审只是检察机关民事诉讼法律监督制度的重要组成部分。检察机关启动再审与法院生效裁判的既判力存在冲突，与当事人的处分权需要进行协调，在一定程度上抑制检察机关对法院的生效裁判启动再审的权力不是没有道理的。但是，这并不意味着《民事诉讼法》对检察监督从整体上进行了简化，而是在"抑制"与"强化"之间进行了平衡。从《民事诉讼法》的规定来看，许多方面也对检察监督进行了强化。[3]

对 2012 年《民事诉讼法》第 209 条第 1 款的规定，需要具体明确的问题有：一是"申请检察建议"是指申请再审检察建议，对审判监督程序以外的其他审判程序中审判人员的违法行为，如果当事人申请提出检察建议，不适用这一规定，因为这种检察建议不会引起再审程序的发生，不需要法院先行处理。二是由于驳回再审申请的裁定不属于可以适用民事诉讼再审程序的对

---

〔1〕　张雪樵："抗诉介入时机：抑制负能量，增强监督性"，载《检察日报》2012 年 9 月 19 日。

〔2〕　师安宁："民事审判监督制度法律问题解析（八）"，载《人民法院报》2013 年 8 月 26 日。

〔3〕　例如，将执行程序纳入检察监督的范围，将法院调解列为检察监督的对象，增加检察建议为法定的检察监督方式，增加了检察机关对审判程序的事中监督或者同步监督，对检察机关在监督过程中进行调查核实的权力作了规定。百晓锋、范锋艳："申请再审是否为检察监督的前置程序——以新民诉法第 209 条与第 208 条的关系为中心"，载《海峡法学》2014 年第 2 期，第 115～116 页。

象，法院逾期未对再审申请作出裁定属于不作为。因此，就申请再审检察建议或者抗诉的对象而言，2012年《民事诉讼法》第209条第1款第1、2项针对的为法院的生效判决、裁定，2012年《民事诉讼法》第209条第1款第3项针对的为再审的判决、裁定。

最高人民法院、最高人民检察院的司法解释或规范性文件也对申请再审检察建议或抗诉的前置性条件作了规定。依2009年最高人民法院《驳回再审申请后检察机关抗诉法院应否受理问题答复》〔1〕和2011年最高人民法院、最高人民检察院《民事审判与行政诉讼监督意见》第8条第1句和第2句的规定，法院裁定驳回再审申请后，检察机关可以就原生效判决向法院提出抗诉。上述规定在2012年修正《民事诉讼法》之前，规定的情形较为单一，并且未将当事人向法院申请再审作为当事人向检察院申请抗诉的前提。2013年最高人民法院办公厅《民事再审审查工作座谈会纪要》第4条〔2〕规定了不作为申请再审案件受理而告知当事人依法向检察院申请检察建议或者抗诉的两种情形。2015年最高人民法院《适用民诉法解释》第383条的规定与2013年最高人民法院办公厅《民事再审审查工作座谈会纪要》第4条的规定相比，只是增加了"应当告知当事人可以向人民检察院申请再审检察建议或者抗诉，但因人民检察院提出再审检察建议或者抗诉而再审作出的判决、裁定除外"的规定。最高人民法院上述两个司法解释没有规定2012年《民事诉讼法》第209条第1款第2项的情形，对2012年《民事诉讼法》第209条的规定进行了限缩，有规避民事诉讼立法对法院审查再审事由期限要求的嫌疑。2013年最高人民检察院《民诉监督规则》第24条〔3〕规定了当事人可以向检察院申请监督的情形。这一规定存在的问题是：一是2012年《民事诉讼法》第209条第1款并没有规定法院调解，扩大了民事诉讼立法的内涵。二是没有区分

---

〔1〕 本书所称"2009年最高人民法院《驳回再审申请后检察机关抗诉法院应否受理问题答复》"，即《最高人民法院关于人民法院裁定驳回当事人再审申请后，检察机关就原生效判决又提起抗诉的，人民法院应否受理问题的请示与答复》（法发〔2009〕民他字第5号　2009年10月19日）。

〔2〕 2013年最高人民法院办公厅《全国民事再审审查工作座谈会纪要》第4条规定的不作为申请再审案件受理而告知当事人依法向检察院申请检察建议或者抗诉的两种情形为：一是再审申请人在法院驳回其再审申请后又向法院申请再审的；二是当事人认为再审判决、裁定有错误向法院申请再审的。

〔3〕 依2013年最高人民检察院《民诉监督规则》第24条的规定，有下列情形之一的，当事人可以向检察院申请监督：一是已经生效的民事判决、裁定、调解书符合《民事诉讼法》第209条第1款规定的；二是认为民事审判程序中审判人员存在违法行为的；三是认为民事执行活动存在违法情形的。

再审型检察监督和纠正违法型检察监督，不便于在司法实务中予以适用。2013 年最高人民检察院《民诉监督规则》第 31 条第 1 项至第 3 项〔1〕的规定是具有合理性的，但笔者认为，对申请再审检察建议或抗诉的前置性程序条件只要从正面予以规定即可。有学者认为："民事诉讼法第 209 条第 1 款第三项规定，当事人申请对再审裁判检察监督的条件是'再审裁判有明显错误'，因此，检察机关只能对有明显错误的再审裁判提出检察监督。"〔2〕笔者认为，这种认识是不正确的，应当按最高人民法院上述司法解释的理解，将 2012 年《民事诉讼法》第 209 条第 1 款第 3 项规定的"再审判决、裁定有错误"理解为"当事人认为再审判决、裁定有错误的"。对当事人而言，申请再审检察建议或抗诉是法律赋予其向法院申请再审以后的另一种救济途径，该救济途径的适用理应以被救济人的主观认识为前提，并且无论以何种方式启动再审，其钥匙或者密码只能是再审事由，检察机关不能代替法院对再审判决、裁定是否存在错误进行判断。

依据上述分析，可以对当事人向检察机关申请再审检察建议或者抗诉的前置性程序条件作出如下规定：一是当事人向法院申请再审，法院作出驳回申请的裁定，可以就生效判决、裁定向检察机关申请再审检察建议或者抗诉。二是当事人向法院申请再审，法院逾期未对再审申请作出裁定，可以就生效判决、裁定向检察机关申请再审检察建议或者抗诉。三是当事人向法院申请再审，法院作出了再审判决、裁定，当事人认为再审判决、裁定有明显错误的，可以就再审的判决、裁定向检察机关申请再审检察建议或者抗诉，但因检察院提出再审检察建议或者抗诉而作出的再审判决、裁定除外。

2. 当事人条件

与向法院申请再审一样，当事人向检察机关申请再审检察建议或者抗诉的目的也是在于启动再审程序，冲破法院生效判决、裁定或者再审判决、裁定的既判力，同样应当属于既判力主观范围的基本对象或者既判力主观范围扩张的主体。依照既判力主观范围的理论，某人如果不属于既判力主观范围

---

〔1〕 依 2013 年最高人民检察院《民诉监督规则》第 31 条第 1 项至第 3 项的规定，当事人根据 2012 年《民事诉讼法》第 209 条第 1 款的规定向检察院申请监督，有下列情形之一的，检察院不予受理：当事人未向法院申请再审或者申请再审超过法律规定的期限的；法院正在对民事再审申请进行审查的，但超过 3 个月未对再审申请作出裁定的除外；法院已经裁定再审且尚未审结的。

〔2〕 孙祥壮：《民事再审程序：从立法意图到司法实践》，法律出版社 2016 年版，第 203 页。

的基本对象或者既判力主观范围扩张的主体，就不会受到法院生效裁判既判力的约束，可以对法院的生效裁判另行提起诉讼。因此，向检察机关申请再审检察建议或者抗诉案件的当事人，是法院生效判决、裁定或者再审判决、裁定既判力主观范围的基本对象或者既判力主观范围扩张的主体，属于前述民事诉讼再审程序当事人范围的人。这一点与当事人申请再审不存在区别。

申请再审检察建议或者抗诉案件的申请人，应当依据申请再审检察建议或者抗诉前置性程序条件的不同情形来确定。法院作出驳回再审申请裁定后，就生效判决、裁定向检察机关申请再审检察建议或者抗诉的申请人，只能是向法院提出再审申请的人。"如果一方的申请再审被驳回，其他当事人要申请抗诉或者检察建议的，也需先向法院申请再审，不能因为存在一个驳回再审申请的裁定，就不受'法院纠错先行'的限制。"[1]基于同样的理由，在法院逾期未对再审申请作出裁定，就生效判决、裁定向检察机关申请再审检察建议或者抗诉的申请人，也只能是向法院提出再审申请的人。但是，法院作出了再审判决、裁定后，当事人不能向检察机关申请提出再审检察建议，[2]只能向检察机关申请抗诉，向检察机关申请抗诉的申请人是认为再审判决、裁定有明显错误的当事人，并不要求是向法院提出再审申请的人，因为此种情形法院已作出了再审判决、裁定，申请抗诉针对的是法院作出的再审判决、裁定，即使当事人未向法院提出再审申请，也不能要求其就再审判决、裁定先向法院提出再审申请，否则，就会导致民事诉讼再审程序运行的混乱。至于被申请人和依原审诉讼地位列明的人，与当事人向法院申请再审当事人条件的确定规则是相同的。

3. 适用对象条件

在法院作出驳回申请裁定后或者在法院逾期未对再审申请作出裁定，当事人就法院生效判决、裁定向检察机关申请再审检察建议或者抗诉，目的在于启动民事诉讼再审程序，所针对的法院裁判必须是可以适用民事诉讼再审程序的法院裁判。如果某些裁判不能适用民事诉讼再审程序，当事人对其向

〔1〕 江必新、孙祥壮、王朝辉：《新民事诉讼法审判监督程序讲座》，法律出版社 2012 年版，第149 页；孙祥壮：《民事再审程序：从立法意图到司法实践》，法律出版社 2016 年版，第 199 页。
〔2〕 法院作出了再审判决、裁定后，当事人不能向检察机关申请提出再审检察建议，而只能将申请抗诉的理由在后述相关内容中进行说明。

检察机关申请再审检察建议或者抗诉，就不可能达到启动再审程序的目的。因此，当事人向检察机关申请再审检察建议或者抗诉的对象必须是属于民事诉讼再审检察建议或者抗诉的适用对象。

法院作出了再审判决、裁定后，当事人不能向检察机关申请提出再审检察建议而只能申请抗诉，向检察机关申请抗诉所针对的裁判是法院生效的再审判决、裁定。依一审程序再审所作的判决、裁定，当事人依法提起上诉时，这种判决、裁定仍然是适用二审程序予以救济，只有在当事人放弃上诉权上诉期届满后，依一审程序再审所作的判决、裁定才是生效的判决、裁定。关于生效的再审判决、裁定的具体范围，将在后述相关问题中进行探讨。

此外，依《民事诉讼法》第208条第1款和第2款的规定，调解书损害国家利益、社会公共利益为检察机关对法院调解启动再审的事由，因此，检察机关对法院调解只能依职权启动再审，不能基于当事人的申请启动再审。当事人对法院调解不能向检察机关申请再审检察建议或者抗诉，如果认为法院调解损害国家利益、社会公共利益的，可以向检察机关申诉。

4. 诉讼请求条件

当事人向检察机关申请再审检察建议或者抗诉，目的是为了变更或者废除法院生效裁判或再审裁判的内容，维护自己的合法权益。如果当事人的请求事项与法院生效裁判或再审裁判的内容无关，他完全可以另行提起诉讼。从既判力理论来讲，只有法院的生效裁判或再审裁判中既判力的客观范围或者客观范围扩张的事项才对后诉产生约束力。因此，当事人向检察机关申请再审检察建议或者抗诉所请求的事项，要符合对当事人申请再审检察建议或者抗诉的再审诉讼请求的要求，应当是请求变更或者废除生效判决、裁定或者再审判决、裁定既判力客观范围或者既判力客观范围扩张的事项。这一条件与当事人申请再审也不存在区别。

5. 事由条件

当事人向检察机关申请再审检察建议或者抗诉的事由，也就是检察机关提出再审检察建议或者抗诉的法定事由。从我国现行民事诉讼立法的规定来看，检察机关对判决、裁定提出再审检察建议或者提出抗诉的法定事由，也是《民事诉讼法》第200条规定的13项再审事由，与当事人申请再审的法定事由是同一的。当事人向检察机关申请再审检察建议或者抗诉，应当列明存在《民事诉讼法》第200条规定的再审事由。如果未列明再审事由，或者列明的再审事由不属于《民事诉讼法》第200条的规定，则不符合申请再审检察建议或者抗诉的条件。就再审事由补充性原则而言，最高人民法院、最高人民检察院有关司法解释或规范性文件就当事人向检察机关申请检察建议或者抗诉对适用这一原则有一定程度的体现。2011年最高人民法院、最高人民检察院《民事审判与行政诉讼监督意见》第4条〔1〕对此作了规定，2013年最高人民检察院《民诉监督规则》第32条也规定了当事人对法院作出的一审民事判决、裁定依法可以上诉，但未提出上诉而向检察院申请监督的，除因其他不可归责于当事人的原因的特殊情形外，检察院不予受理。〔2〕上述规定无疑具有值得肯定的进步意义。但是，上述规定就再审事由补充性原则在向检察机关申请检察建议或者抗诉这一环节的体现并不全面。笔者认为，可以对当事人向检察机关申请再审检察建议或者抗诉的再审事由的补充性原则作如下的规范：当事人在上诉中或者向法院申请再审时主张了再审事由但被驳回，或者当事人知道再审事由的存在但在上诉中或向法院申请再审时未提出主张，当事人不得以该再审事由申请再审检察建议或者抗诉。2011年最高人民法院、最高人民检察院《民事审判与行政诉讼监督意见》第8条〔3〕规定的情形是不符合再审事由的补充性原则，当事人不得以该事由申请再审检察建议或者抗诉，检察机关不能以此种事由提出抗诉，无需等到案件审理后再"判决维持原判"。

6. 管辖条件

对当事人向检察机关申请再审检察建议或者抗诉进行管辖的检察机关进行确定，要解决两个问题。第一个问题是当事人申请再审检察建议或者抗诉应当由哪个检察机关受理。第二个问题是当事人申请再审检察建议或者抗诉，

---

〔1〕 依2011年最高人民法院、最高人民检察院《民事审判与行政诉讼监督意见》第4条的规定，在一审判决、裁定生效前，当事人向检察院申请抗诉的，检察院应当告知其依照法律规定提出上诉。对可以上诉的一审判决、裁定，当事人在生效后提出申诉的，应当对未提出上诉的理由进行说明；没有正当理由的，不予受理。

〔2〕 应当受理的特殊情形有：据以作出原判决、裁定的法律文书被撤销或者变更的；审判人员有贪污受贿、徇私舞弊、枉法裁判等严重违法行为的；法院送达法律文书违反法律规定，影响当事人行使上诉权的；当事人因自然灾害等不可抗力无法行使上诉权的；当事人因人身自由被剥夺、限制，或者因严重疾病等客观原因不能行使上诉权的；有证据证明他人以暴力、胁迫、欺诈等方式阻止当事人行使上诉权的；因其他不可归责于当事人的原因没有提出上诉的。

〔3〕 2011年最高人民法院、最高人民检察院《民事审判与行政诉讼监督意见》第8条规定："抗诉事由与被驳回的当事人申请再审事由实质相同的，可以判决维持原判。"

应当由检察机关的哪一个部门受理。关于第一个问题，从《民事诉讼法》第208条的规定来看，可以受理当事人申请再审检察建议或者抗诉的检察机关，是与作出生效判决、裁定或者再审判决、裁定的法院同级的检察机关或其上级检察机关，包括最高人民检察院。2001年最高人民检察院《民行抗诉案件办案规则》第10条和第11条的规定〔1〕与《民事诉讼法》的上述精神是基本相符的。2013年最高人民检察院《民诉监督规则》第11条至第17条专章规定了管辖问题，第45条和第46条规定了上级检察机关可以将受理的民事诉讼监督案件交由或者转由下级检察机关办理。2013年最高人民检察院《民诉监督规则》的上述规定应当理解为对整个民事诉讼监督案件所作的规定，从该规则第34条第1款和第35条的规定来看，明确了与作出生效判决、裁定或者再审判决、裁定的法院同级的检察机关是受理申请再审检察建议或者抗诉的检察机关。笔者认为，这一规定是恰当的。因为法院生效的判决、裁定大多是中级法院作出的，再审的判决、裁定在很多情况下是由高级人民法院作出。如果当事人申请再审检察建议或者抗诉的案件由上级检察机关甚至最高人民检察院直接受理，上级检察机关和最高人民检察院将不堪重负。当然，与作出生效判决、裁定或者再审判决、裁定的法院同级的检察机关不能再将案件交其下级检察机关，否则，就有违《民事诉讼法》的规定。关于应由检察机关的哪一个部门受理当事人申请再审检察建议或者抗诉的问题，2001年最高人民检察院《民行抗诉案件办案规则》第7条规定为由"控告申诉检察部门"受理。2013年最高人民检察院《民诉监督规则》第34条第1款和第35条规定为由"控告检察部门"受理。笔者认为，上述规定虽有利于检察机关统一收案，但并不具有足够的正当性，由民事检察部门直接受理更为恰当。当事人向检察机关申请再审检察建议或者抗诉，检察机关在受理时要审查其申请是否符合条件，控告检察部门大多不太熟悉业务，难以准确地确定对当事人的申请是否应当受理。有学者对此指出："受理主要是形式要件审查，但仍具有一定的专业性，由民事检察部门负责有利于保证案件质量。"〔2〕笔者同

---

〔1〕 2001年最高人民检察院《民行抗诉案件办案规则》第10条规定："下级人民检察院有抗诉权的案件，上级人民检察院认为案情复杂或者在本辖区有重大影响的，可以直接受理。"第11条规定："民事、行政抗诉案件，由有抗诉权或者有提请抗诉权的人民检察院立案。"

〔2〕 刘本荣："申请抗诉诉权化对现行抗诉办案模式的影响"，载《上海政法学院学报（法治论丛）》2013年第1期，第125页。

意这一主张。

7. 申请材料条件

对申请材料的要求，2001 年最高人民检察院《民行抗诉案件办案规则》第 8 条和 2013 年最高人民检察院《民诉监督规则》第 25 条至第 28 条作了规定。参照上述规定，并同时参照当事人向法院申请再审的材料要求，笔者认为，对当事人向检察机关申请再审检察建议或者抗诉的材料宜作如下规定：一是当事人向检察机关申请再审检察建议或者抗诉，应当提交申请书，并按照对方当事人和其他当事人的人数提出副本。二是申请再审检察建议或者抗诉的申请书应当载明下列内容：(1) 当事人的基本情况。当事人是自然人的，应列明姓名、身份证号码、邮寄地址及联系方式。当事人是法人或者其他组织的，应列明当事人的名称、邮寄地址、法定代表人或者主要负责人的姓名、身份证号码、联系方式。由诉讼代理人代为申请再审检察建议或者抗诉的，应列明诉讼代理人的姓名、单位、身份证号码、邮寄地址及联系方式。(2) 申请再审检察建议或者抗诉的生效判决、裁定或者再审的判决、裁定的作出法院及案号。(3) 列明存在《民事诉讼法》第 200 条明确规定的符合条件的抗诉事由，并说明理由。(4) 对生效判决、裁定或者再审判决、裁定予以变更或废除的具体请求及理由。(5) 受理申请再审检察建议或者抗诉的检察院的名称。(6) 申请人签名、捺印或者盖章。(7) 申请再审检察建议或者抗诉的时间。三是当事人申请再审检察建议或者抗诉，除提交申请书外，还应当提交以下材料：(1) 申请人是自然人的，提交申请人的身份证明。申请人是法人或者其他组织的，提交营业执照副本或者组织机构代码证以及法定代表人或者主要负责人的身份证明。(2) 申请再审检察建议或者抗诉的生效判决、裁定或者再审判决、裁定以及以前所作的所有的判决、裁定。(3) 委托他人代为申请再审检察建议或者抗诉的，应当提交授权委托书。(4) 当事人依法在法院复制的本案有关材料。(5) 证明申请再审检察建议或者抗诉符合法定事由的证据材料。(6) 其他证明再审申请符合条件的证据材料。上述第 1 项和第 2 项材料，当事人应当提交原件交检察机关核对。四是当事人申请再审检察建议或者抗诉，应当提交材料清单一式两份。五是条件允许的，当事人在提交申请再审检察建议或者抗诉的书面材料的同时，可要求其同时提交申请材料的电子文本。

关于当事人向检察机关申请再审检察建议或者抗诉的条件，还有申请期限和是否收费这两个问题需要探讨。

关于申请期限的问题，2001 年最高人民法院《审监工作座谈会纪要》第 14 条第 1 款和 2001 年最高人民检察院民行检察厅《规范省级检察院办理民行提请抗诉案件意见》第 1 条第 5 项规定为法院裁判生效 2 年之内。这是在当时民事诉讼立法环境下参照当事人向法院申请再审的期限所作的规定。为了尽快稳定当事人之间的民事法律关系和社会秩序，为了促使当事人及时向检察机关行使申请再审检察建议或者抗诉的权利，不少的学者主张应当规定当事人向检察机关申请再审检察建议或者抗诉的期限。这一主张无疑具有正当性。但问题的关键在于，在《民事诉讼法》没有规定的情况下，最高人民检察院或者最高人民法院能否对此作出规定。笔者认为，当事人向检察机关申请再审检察建议或者抗诉的权利，是公民所享有的宪法上的申诉权利的具体体现，是一种准诉权，也是一种诉讼权利，对这种权利行使的时间限制应当在《民事诉讼法》上作出规定，最高人民检察院或者最高人民法院对此作出规定，有司法权侵犯公民权之嫌。因此，在《民事诉讼法》对此作出规定之前，就当事人向检察机关申请再审检察建议或者抗诉的期限，最高人民检察院或者最高人民法院的规范性文件不宜作出规定。

关于当事人向检察机关申请再审检察建议或者抗诉是否收费的问题，2001 年最高人民检察院《民行抗诉案件办案规则》第 50 条和 2013 年最高人民检察院《民诉监督规则》第 123 条明确规定了不收费，最高人民法院的有关司法解释以及有关诉讼收费办法的规范性文件也明确了对检察机关启动再审的案件不收取诉讼费用。在学术界，有学者论述了检察收费的法律基础、现实基础和法理基础，从权力异化、社会影响视角、收费原因、当事人的眼光等方面探讨了这一问题，主张检察机关办理当事人申请再审检察建议或者抗诉的案件应当合理地收取一定的费用。[1]还有的学者明确提出，因当事人申诉的抗诉再审的案件应与因当事人申请而裁定再审的案件规定相同的诉讼收费办法。[2]笔者赞同李浩教授的观点，认为检察机关办理申请再审检

---

〔1〕　兰仁迅："检察院办理申诉抗诉案件收费刍议"，载《湖南省政法管理干部学院学报》2002 年第 4 期，第 79~81 页；兰仁迅："申诉抗诉案件收费问题的法哲学思考——与李浩先生商榷"，载《华侨大学学报（人文社会科学版）》2001 年第 2 期，第 74~81 页。

〔2〕　王燕："民事抗诉程序的缺失与补救攻略"，载《人民司法》2011 年第 7 期，第 94 页。

察建议或者抗诉案件不应收费，因为这种收费的合法性是存在疑问的，并且收费存在检察机关办理申请再审检察建议或者抗诉案件受利益驱动的可能性[1]。

（三）检察机关对当事人申请再审检察建议或者抗诉的受理

对这一问题，最高人民检察院以往的规范性文件并未作出明确和系统的规定。参照法院对当事人申请再审的受理，检察机关对当事人申请再审检察建议或者抗诉的受理，拟制定以下程序规则：

（1）与作出生效判决、裁定或者再审判决、裁定的法院同级的检察机关的民事检察部门，收到当事人申请再审检察建议或者抗诉的有关材料后，应当当场审查。经审查，认为当事人的申请符合条件的，应当当场决定受理，并向申请人制发受理通知书。申请再审检察建议或者抗诉不符合条件，但可以补正的，责令申请人限期补正。

（2）不能当场决定受理的，检察机关民事检察部门应当在接到当事人申请材料后 7 日内，经本部门集体讨论并经本部门负责人决定，依据以下情形作出处理：一是申请再审检察建议或者抗诉符合条件，决定受理。二是申请再审检察建议或者抗诉不符合条件，但属于检察机关对民事诉讼中审判人员违法行为或者执行活动的监督，检察机关依其他民事诉讼监督程序实施监督。不属于检察机关受案范围的，告知申请人向有关机关反映。三是申请再审检察建议或者抗诉不符合条件，且不能补正，或者虽能补正但无正当理由超过指定期限拒不补正的，说服当事人放弃申请。当事人坚持申请的，向当事人制发不予受理通知书。不予受理通知书应当载明不予受理的具体理由。当事人对不予受理决定有异议的，可以向上级检察机关申请复议。

（3）在 7 日内不能判断申请再审检察建议或者抗诉是否符合条件的，应当先予受理，受理以后再审查申请是否符合条件。

（四）受理申请的检察机关对当事人申请再审检察建议或者抗诉的审查

受理申请的检察机关对当事人申请再审检察建议或者抗诉的审查和处理，主要应规范以下问题：

---

[1] 李浩：“民事诉讼检察监督若干问题研究”，载《中国法学》1999 年第 3 期，第 126 页。

1. 审查的原则

2001 年最高人民检察院《民行抗诉案件办案规则》第 3 条规定了检察机关办理民事行政抗诉案件应当遵循的原则为公开、公正、合法。依 2013 年最高人民检察院《民诉监督规则》第 4 条的规定，检察机关办理民事诉讼监督案件应当遵循四项原则：一是以事实为依据，以法律为准绳原则。二是公开、公平、公正和诚实信用原则。三是尊重与保障当事人的诉讼权利的原则。四是监督和支持法院依法行使审判权和执行权的原则。2013 年最高人民检察院《民诉监督规则》第 4 条的规定是较为全面的，可以作为检察机关对当事人申请再审检察建议或者抗诉进行审查的原则。

2. 审查人员的确定及相关制度

2001 年最高人民检察院《民行抗诉案件办案规则》第 16 条第 1 款规定了及时指定检察人员进行审查。2011 年最高人民法院、最高人民检察院《民事审判活动与行政诉讼监督意见》第 14 条对检察机关办理民事监督案件的办案纪律提出了要求。2013 年最高人民检察院《民诉监督规则》第 6 条规定了办理民事诉讼监督案件实行检察官办案责任制，第 9 条以及第 18 条至第 22 条规定了回避制度，第 10 条也对检察人员的办案纪律作了规定。上述规定对检察机关依法办理民事诉讼监督案件提供了制度上的保障。在司法实践中，有的地方在检察机关对当事人申请再审检察建议或者抗诉进行审查时，实行合议制度。[1]笔者认为，就检察机关对当事人申请再审检察建议或者抗诉进行审查的审查人员的确定及相关制度，应提出以下原则要求：检察机关对当事人申请再审检察建议或者抗诉进行审查时，实行检察官办案责任制。案件重大复杂的，适用合议制度进行审查。参与审查的检察人员应当遵守最高人民检察院关于办理民事诉讼监督案件的纪律要求和回避制度。

3. 受理通知书等文书的送达和权利义务的告知

2001 年最高人民检察院《民行抗诉案件办案规则》第 13 条第 1 款[2]对这一问题作了规定。2013 年最高人民检察院《民诉监督规则》第 37 条和第

---

〔1〕　刘德华、王清、刘纪红："四川审查民行申诉案件实行合议制"，载《检察日报》2011 年 11 月 26 日。

〔2〕　2001 年最高人民检察院《民行抗诉案件办案规则》第 13 条第 1 款规定："人民检察院决定立案的民事、行政案件，应当通知申诉人和其他当事人。其他当事人可以在收到《立案通知书》之日起十五日内提出书面意见。"

38条[1]也规定了这一问题。参照上述规定，检察机关民事检察部门应当在决定受理之日起3日内做好3项工作：一是制作受理通知书，将受理通知书送达申请人，并书面告知其权利义务。二是将受理通知书、申请书副本送达被申请人和其他当事人，并书面告知其权利义务。被申请人在收到受理通知书和申请书副本之日起15日内可以提出书面意见，不提出书面意见的，不影响检察机关对案件的审查。三是将受理通知书抄送本院案件管理部门。

4. 审查的内容

检察机关对当事人申请再审检察建议或者抗诉进行审查的内容主要在于以下两个方面：一是对当事人主张的法定再审事由是否成立进行审查。2001年最高人民检察院《民行抗诉案件办案规则》第16条第2款、2013年最高人民检察院《民诉监督规则》第76条对此作了规定。从《民事诉讼法》第208条的规定以及以往民事诉讼立法的相关规定来看，也十分明确地体现了这一精神。这一审查内容在理论界和实务界不存在争议。二是对当事人申请再审检察建议或者抗诉是否符合条件，在必要时再次进行审查。当事人申请再审检察建议或者抗诉是否符合条件，一般情况下是在检察机关决定受理前进行审查，但在必要的时候，在对当事人申请再审检察建议或者抗诉进行审查的过程中要再次进行审查。这种审查与当事人向法院申请再审一样，也主要有三种情形：第一种情形为在受理前检察机关对申请再审检察建议或者抗诉是否符合条件并未作出判断而先行受理的。第二种情形为被申请人或者原审其他当事人在收到受理通知书和申请书副本以后，认为申请再审检察建议或者抗诉不符合条件而提出了异议的。第三种情形为审查人员在审查过程中发现申请再审检察建议或者抗诉可能不符合条件的。

需要讨论的问题是，检察机关在审查当事人申请再审检察建议或者抗诉时，是否需要就当事人对法院生效判决、裁定或者再审判决、裁定的内容予以变更或者废除的具体请求以及理由进行实质审查？换句话说，是否需要对

---

[1]　2013年最高人民检察院《民诉监督规则》第37条规定："控告检察部门应当在决定受理之日起三日内制作《受理通知书》，发送申请人，并告知其权利义务。需要通知其他当事人的，应当将《受理通知书》和监督申请书副本发送其他当事人，并告知其权利义务。其他当事人可以在收到监督申请书副本之日起十五日内提出书面意见，不提出意见的不影响人民检察院对案件的审查。"第38条规定："控告检察部门应当在决定受理之日起三日内将案件材料移送本院民事检察部门，同时将《受理通知书》抄送本院案件管理部门。"

法院生效判决、裁定或者再审判决、裁定的实体处理结果进行审查？2013 年
最高人民检察院《民诉监督规则》第 47 条[1]对此似乎持肯定的态度，第 61
条第 1 款也规定了"听证应当围绕民事诉讼监督案件中的事实认定和法律适
用等问题进行"。有学者认为，检察机关的审查包括对事实和证据的审查、对
法律关系的审查、对适用法律的审查以及对审判程序的审查，通过这种全面
审查，才确定对案件是否提出抗诉。[2]在实践中，绝大多数检察机关就当事
人对法院生效判决、裁定或者再审判决、裁定的内容予以变更或者废除的具
体请求及理由或者法院生效判决、裁定或者再审的判决、裁定的实体处理结
果进行审查，以追求提出再审检察建议或者抗诉的改判结果。笔者认为，上
述认识和做法并不具有合理性，理由在于：一是从《民事诉讼法》的规定来
看，对符合条件的申请，只要当事人主张的法定再审事由成立，就应当提出
再审检察建议或抗诉，并没有规定当事人对法院生效判决、裁定或者再审判
决、裁定的内容予以变更或者废除的具体请求及理由成立，或者法院生效判
决、裁定或者再审判决、裁定的实体处理结果错误是提出再审检察建议或抗
诉的条件。二是检察机关对申请再审检察建议或抗诉进行审查，目的在于决
定是否启动再审程序，并不是代替法院行使审判权对案件进行审理，检察机
关并未亲历审判过程，对案件的事实和法律问题的判断不一定比法院更加正
确。三是提出再审检察建议或抗诉的法定再审事由成立，不一定必然导致案
件实体结果的错误。赵钢教授对此指出，"是否改判"并不足以准确反映出民
事抗诉事由的正当性，将法院"是否改判"作为抗诉案件质量的衡量标准，
直接使得检察机关及其民事抗诉工作"自惭形秽""自陷被动"，也容易使检
察机关及其工作人员忽视民事抗诉工作的固有价值。[3]

　　5. 审查的方法

　　对当事人向检察机关申请再审检察建议或者抗诉进行审查的方法，可以

　　〔1〕 2013 年最高人民检察院《民诉监督规则》第 47 条："人民检察院审查民事诉讼监督案件，
应当围绕申请人的申请监督请求以及发现的其他情形，对人民法院民事诉讼活动是否合法进行审查。
其他当事人也申请监督的，应当将其列为申请人，对其申请监督请求一并审查。"
　　〔2〕 杨立新："关于民事行政申诉案件的案卷审查（上）"，载《人民检察》2001 年第 9 期，第
36～39 页；杨立新："关于民事行政申诉案件的案卷审查（下）"，载《人民检察》2001 年第 10 期，
第 36～38 页。
　　〔3〕 赵钢、朱建敏："略论民事抗诉程序价值取向的重构及其程序设计"，载《法学评论》2003
年第 6 期，第 11～12 页。

从以下两个层面予以规范：

（1）检察机关在进行审查时，应当认真审查当事人提供的申请材料和听取当事人的意见。

对当事人提供的申请材料进行审查和听取当事人的意见，是检察机关进行审查时必须采用的方法。

当事人提供的申请材料，不仅是判断当事人申请再审检察建议或者抗诉是否符合条件的重要依据，也是判断当事人申请再审检察建议或者抗诉是否存在法定事由的重要依据。听取当事人意见之所以应当作为审查的必经程序，是因为它是贯彻审查公开原则的要求，是确保审查结果正确的保障。

就听取当事人意见而言，2009 年最高人民检察院《加强对诉讼活动法律监督意见》第 18 条要求要"听取申诉人、被申诉人及其委托律师的意见"。2013 年最高人民检察院《民诉监督规则》第 48 条规定了当事人有权提供证据材料，第 50 条明确规定了"应当听取当事人意见"。需要指出的是，这里所指的听取当事人的意见，是指单独听取当事人的意见，不同于组织当事人双方同时到场的听证。听取当事人意见宜规定如下基本规则：一是由负责审查案件的主办检察官主持，2 名以上检察机关工作人员在场，可以在检察机关指定的场所进行，也可以在当事人所在地进行。二是当事人应当就案件是否应当提出再审检察建议或者抗诉提出意见，并提出具体理由。当事人可以提供证据材料。检察机关对当事人提供的证据材料，应当出具收据。三是当事人委托了代理人的，应当通知代理人参加，同时听取当事人和代理人的意见。四是应当制作笔录，笔录交当事人、代理人阅读后由当事人、代理人签名、盖章或者捺印。

（2）检察机关在进行审查时，必要时可以组织听证，或者向当事人或案外人调查核实有关情况。

组织听证是指同时听取当事人意见的一种方式。在检察机关通过审查当事人提供的材料和听取当事人的意见后，对该案件是否应当提出再审检察建议或者抗诉还难以作出判断时，为了使当事人之间能够面对面地各自发表自己的意见并相互进行辩驳，以达到"兼听则明"的效果，可以组织听证。在实践中，不少的检察机关在对当事人申请再审检察建议或者抗诉进行审查的过程中，早已采用了听证这种审查方法。2013 年最高人民检察院《民诉监督规则》第 50 条规定了听证的审查方法，在第 57 条至第 64 条对听证程序作出了较为具体的规定。这些规定对检察机关审查当事人申请再审检察建议或者抗诉基本上是可以适用的。

对检察机关是否享有调查取证的权力，学术界存在不同的认识。第一种意见是反对说。有学者认为，对当事人申请的案件证据方面的问题，检察机关原则上不应调查取证，否则，会影响当事人双方的平等地位，会影响检察机关的权威和形象；[1]检察机关不能过于主动收集证据，否则会形成公权力为私法主体服务的情形，并且这些证据在庭审时会遇到出示、质证等程序问题。[2]第二种意见是赞同说。张晋红教授从提起抗诉的根据、揭示或者接近案件事实真相等方面，论述了赋予检察机关一定调查取证权的必要性。[3]有学者认为，检察机关虽不能在属于诉权的范围内行使调查取证权，但可针对法院是否违法行使审判权来行使；[4]检察机关在当事人无力收集证据时可以进行证据收集，法院生效裁判错误且损害国家利益、社会公共利益，检察机关应当收集证据；[5]检察机关在抗诉程序中有权调取证据，并且可以委托鉴定。[6]对检察机关调查取证的问题，最高人民检察院和最高人民法院的有关司法解释先后作出了若干规定。2001年最高人民检察院《民行抗诉案件办案规则》第17条至第21条虽规定了"非确有必要时，不应进行调查"，但对可以调查的情形、要求当事人提供证据材料以及调取证据的程序规则都作了规定。对检察机关可以向当事人或者案外人调查核实的具体情形，2011年最高人民法院、最高人民检察院《民事审判与行政诉讼监督意见》第3条[7]作了规定。2013年最高人民检察院《民诉监督规则》第50条规定了必要时可以调查核实有关情况，在第65条至第73条则对"调查核实"作了专章的规

---

〔1〕　王燕："民事抗诉程序的缺失与补救攻略"，载《人民司法》2011年第7期，第94页。

〔2〕　王朝辉："民事抗诉制度的程序冲突与改造"，载《法律适用》2011年第8期，第53页。

〔3〕　张晋红、郑斌峰："关于检察机关民事抗诉权若干问题的思考"，载《河北法学》2000年第5期，第69~70页。

〔4〕　刘本荣、陈承洲："民事抗诉公权监督属性的迷失与归位"，载《西部法学评论》2013年第4期，第67页。

〔5〕　郑世保："从第七号指导性案例透析民事抗诉的类型化"，载《法学》2013年第12期，第51~52页。

〔6〕　谢琨："检察机关抗诉程序中的委托鉴定"，载《中国检察官》2016年第7期，第66~67页。

〔7〕　2011年最高人民法院、最高人民检察院《民事审判与行政诉讼监督意见》第3条规定："人民检察院对于已经发生法律效力的判决、裁定、调解，有下列情形之一的，可以向当事人或者案外人调查核实：（一）可能损害国家利益、社会公共利益的；（二）民事诉讼的当事人或者行政诉讼的原告、第三人在原审中因客观原因不能自行收集证据，书面申请人民法院调查收集，人民法院应当调查收集而未调查收集的；（三）民事审判、行政诉讼活动违反法定程序，可能影响案件正确判决、裁定的。"

定。笔者认为，可以赋予检察机关一定的调查取证权，但又必须对检察机关的调查取证权进行较为严格的限制。赋予检察机关一定的调查取证权，是民事证据制度的基本要求，是司法机关行使公权力的本质要求，是再审补充性原则的本质要求。[1] 如何对检察机关的调查取证权进行限制？《民事诉讼法》第 210 条的规定表明，履行提出再审检察建议或者抗诉职责的需要为检察机关向当事人或者案外人调查核实有关情况的前提。因此，对损害国家利益、社会公共利益的案件，由于检察机关可以依职权提出再审检察建议或者抗诉，可以向当事人或者案外人调查核实有关情况，并且调查收集的证据可以作为启动再审程序和再审审判的依据。但是，对不涉及国家利益、社会公共利益的案件，检察机关只能依当事人申请提出再审检察建议或者抗诉，其职责仅在于审查当事人的申请是否符合条件，当事人主张的法定再审事由是否成立。因此，检察机关向当事人或者案外人调查核实有关情况，仅限于当事人申请再审检察建议或者抗诉是否符合条件或者当事人主张的法定再审事由是否成立的证据，检察机关不能为查明案件事实真相而调查收集证据，并且检察机关调查收集的证据不能作为再审审理的证据使用。之所以此种情形下检察机关不能为查明案件事实真相而调查收集证据，是因为查明案件事实真相是法院行使审判权的职责，检察机关对民事诉讼的法律监督权不能直接取代法院的审判权，案件的事实真相应当由在再审程序启动后的再审法庭负责查明。例如，"对审理案件需要的主要证据，当事人因客观原因不能自行收集，书面申请人民法院调查收集，人民法院未调查收集的"，检察机关只需证明存在这种事实，并不能代替法院去调查收集证据。"原判决、裁定认定事实的主要证据是伪造的"，检察机关只需证明"伪造证据"的事实存在即可，不必对该事实进行调查核实。之所以检察机关调查收集的证据不能作为再审审理的证据使用，是因为在不涉及国家利益、社会公共利益的情形下，民事案件是当事人之间的私权争议，民事诉讼的结构平衡不能被打破。检察机关向当事人或者案外人调查核实有关情况的程序，可以适用 2013 年最高人民检察院《民诉监督规则》第 65 条至第 73 条对"调查核实"的规定。

针对检察机关对当事人申请再审检察建议或者抗诉进行审查的方法，有

---

[1] 江必新、孙祥壮、王朝辉：《新民事诉讼法审判监督程序讲座》，法律出版社 2012 年版，第 173~174 页。

必要研究检察机关是否有权向法院调取案卷和检察机关能否建议当事人和解的问题。

关于检察机关是否有权向法院调取案卷的问题，2001 年最高人民检察院《民行抗诉案件办案规则》第 14 条规定检察机关应在立案后调（借）阅法院的案卷，第 17 条还规定了原则上应就原审案卷进行审查。依 2009 年最高人民检察院《加强对诉讼活动法律监督意见》第 40 条的规定，检察机关应当加强与有关部门的沟通协调，明确调阅审判案卷的程序。2010 年最高人民法院办公厅、最高人民检察院办公厅还下发了《关于调阅诉讼卷宗有关问题的通知》。[1] 2013 年最高人民检察院《民诉监督规则》第 51 条[2]也对检察机关调阅法院诉讼案卷作了规定。在学术界，有学者对此予以赞同。张晋红教授认为，调阅案件有关卷宗材料本是检察机关了解案情的最直接方法，阅卷权实际上是知情权的细化和延伸。[3]李浩教授认为，检察机关的调阅卷宗权应当写入法律。[4]汤维建教授认为，对拟抗诉案件的有关卷宗材料，检察机关有权了解，根据检察机关的要求，法院应无条件提供相关的案卷材料。[5]何文燕教授和廖永安教授认为，在抗诉过程中，检察机关有权调阅一切与民事判决、裁定有关的案件材料，有权复制、摘录有关的民事案卷。[6]笔者认为，向法院调取卷宗没有必要作为检察机关的审查方法加以规定。理由在于：首先，根据当事人提交的申请材料，在听取当事人的意见后，对绝大多数案件是否提出再审检察建议或者抗诉就能够作出判断，向法院调取卷宗并无多大的必要性。其次，在当事人申请的材料中，包括了当事人在法院复制的本案有关材料，这些材料本身就是法院卷宗的核心部分。最后，调取卷宗周期较长，程序较为复杂，上级法院向下级法院调取卷宗有时还要花较长时间，

---

〔1〕 本书所称《关于调阅诉讼卷宗有关问题的通知》"，即《最高人民法院办公厅、最高人民检察院办公厅关于调阅诉讼卷宗有关问题的通知》（法办〔2010〕255 号 2010 年 6 月 11 日）。

〔2〕 2013 年最高人民检察院《民诉监督规则》第 51 条规定："人民检察院审查案件，可以依照有关规定调阅人民法院的诉讼卷宗。通过拷贝电子卷、查阅、复制、摘录等方式能够满足办案需要的，可以不调阅诉讼卷宗。"

〔3〕 张晋红、郑斌峰："关于检察机关民事抗诉权若干问题的思考"，载《河北法学》2000 年第 5 期，第 69 页。

〔4〕 李浩："民事再审程序的修订：问题与探索——兼评《修正案（草案）》对再审程序的修订"，载《法律科学（西北政法学院学报）》2007 年第 6 期，第 145 页。

〔5〕 汤维建："论民事抗诉制度的完善"，载《人民检察》2007 年第 9 期，第 39 页。

〔6〕 何文燕、廖永安：《民事诉讼理论与改革的探索》，中国检察出版社 2002 年版，第 402 页。

何况检察机关向法院调取卷宗。因此，将向法院调取卷宗作为审查方法之一，对检察机关办案效率的提高是不利的。

2011年最高人民法院、最高人民检察院《民事审判与行政诉讼监督意见》第12条第2款以及2013年最高人民检察院《民诉监督规则》第55条规定了当事人有和解意愿的可以建议当事人和解。在实践中，有的检察机关还将"建议当事人和解"实际上变成了主持当事人调解。在理论界，也有学者对检察机关建议当事人和解予以肯定。杨立新教授认为，当事人在审查案件中自愿和解，检察官应当准许，检察官还可主持双方当事人达成和解协议。[1]有学者认为，在民事申诉案件中，检察机关开展检察和解的正当性在于，是满足人民对司法需求的呼唤，是实现能动司法、避免机械法律监督的需要，能够节约诉讼成本和符合诉讼经济原则，系当事人行使处分权的结果，检察机关主持和解并未运用公权力之强制性。[2]有学者在分析民事申诉和解内涵的基础上，从民事申诉和解的性质、效力与法院判决既判力的关系等方面对民事申诉和解制度进行了法理分析，从基本原则、范围、操作程序等方面探讨了民事申诉和解制度的构建问题。[3]笔者认为，在对当事人申请再审检察建议或者抗诉进行审查的过程中，检察机关不能主持当事人双方进行调解，不能建议当事人和解，也不能以其他方式介入当事人的和解。在对当事人申请再审检察建议或者抗诉进行审查的过程中，检察机关行使的是法律监督权，面对的是已经产生既判力的法院生效裁判。产生既判力的法院裁判，在法律上被视为"真理"，在没有依法定程序变更或者撤销之前，都必须对其确认的内容予以尊重。检察机关在审查的过程中主持当事人双方进行调解，或者建议当事人和解，或者以其他方式介入当事人和解，如果达成了和解协议，实际上就变更了产生既判力的法院生效裁判的内容。而在此时，检察机关还在对当事人申请再审检察建议或者抗诉进行审查，再审程序尚未启动，法院的裁判仍然是有既判力的法院裁判，检察机关的这种做法可以说是不恰当地行使法律监督权来排除法院生效裁判的既判力。另一个重要的理由在于，无论是主持调解还是建议和解或者以其他方式参与和解，都是为了解决当事人之

---

〔1〕 杨立新："民事行政检察诉讼监督与司法公正"，载《法学研究》2000年第4期，第66页。

〔2〕 北京市门头沟区人民检察院课题组："民事申诉案件检察和解的理论困境及其解决"，载《中国司法》2009年第11期，第97~98页。

〔3〕 孟传香："民事申诉案件和解制度探析"，载《天津法学》2011年第3期，第77~81页。

间的实体权利义务之争行使审判权的体现。检察机关只能履行法律监督的职能，不能代法院行使审判权。

6. 中止审查和终结审查

中止审查是指因为某些原因的出现，使得审查程序应当暂停进行，待中止审查的原因消除后再恢复审查。2013 年最高人民检察院《民诉监督规则》第 74 条[1]规定了中止审查，但其第 1 款第 1、2 项只考虑了申请人而未考虑其他当事人是不太妥当的，第 1 款第 3 项的规定也是不恰当的，因为检察机关的审查并不是审理案件，"本案必须以另一案的处理结果为依据，而另一案尚未审结的"不能作为中止审查的理由。参照《民事诉讼法》第 150 条关于中止诉讼的规定，结合检察机关对当事人申请再审检察建议或者抗诉进行审查的实际，有下列情形之一的，检察机关应当中止对当事人申请再审检察建议或者抗诉所进行的审查：一是当事人死亡，需要等待继承人表明是否参加审查程序的。二是当事人丧失诉讼行为能力，尚未确定法定代理人的。三是当事人为法人或者其他组织，其终止后尚未确定权利义务承受人的。四是当事人因不可抗拒的事由，不能参加审查的。五是其他应当中止审查的情形。中止审查的，应当制作中止审查决定书，并送达当事人。中止审查的原因消除后，应当恢复审查。

终结审查不同于中止审查，它是指因为某些原因的出现，审查工作没有必要继续进行，从而结束正在进行的审查程序。在最高人民检察院以往的司法解释中，曾将"终结审查"称为"终止审查"。2001 年最高人民检察院《民行抗诉案件办案规则》第 22 条和第 23 条[2]关于"终止审查"的规定大体上是符合"终结审查"的涵义的。对终结审查决定的效力，依 2001 年最高人民检察院民行检察厅《规范省级检察院办理民行提请抗诉案件意见》第 1

---

　　〔1〕 2013 年最高人民检察院《民诉监督规则》第 74 条规定："有下列情形之一的，人民检察院可以中止审查：（一）申请监督的自然人死亡，需要等待继承人表明是否继续申请监督的；（二）申请监督的法人或者其他组织终止，尚未确定权利义务承受人的；（三）本案必须以另一案的处理结果为依据，而另一案尚未审结的；（四）其他可以中止审查的情形。中止审查的，应当制作《中止审查决定书》，并发送当事人。中止审查的原因消除后，应当恢复审查。"

　　〔2〕 2001 年最高人民检察院《民行抗诉案件办案规则》第 22 条规定："有下列情形之一的，人民检察院应当终止审查：（一）申诉人撤回申诉，且不损害国家利益和社会公共利益的；（二）人民法院已经裁定再审的；（三）当事人自行和解的；（四）应当终止审查的其他情形。"第 23 条规定："人民检察院决定终止审查的案件，应当向当事人送达《终止审查决定书》。"

条第 6 项和 2001 年最高人民检察院《民行抗诉案件办案规则》第 6 条第 4 项的规定，当事人对检察机关作出的终止审查决定不服再次提出申诉的，检察机关不予受理。2013 年最高人民检察院《民诉监督规则》第 75 条〔1〕对终结审查作了规定。从检察院对当事人申请再审检察建议或者抗诉进行审查的视角来分析，这一规定值得商榷。第 1 款第 2 项关于"和解协议"没有必要规定，因为笔者不主张检察机关主持调解或者建议和解或者以其他方式介入和解，如果当事人达成和解协议，按撤回申请的方式处理即可。损害国家利益、社会公共利益，属于检察机关依职权启动再审的情形，也没有必要规定。第 1 款第 3 项只考虑了申请人，没有考虑其他当事人，有欠全面。第 1 款第 4 项作为终结审查的情形不恰当，因为法人或者其他组织在终止后，其权利的享有或者义务的承担较为复杂，此种情形并不属于诉讼终止的情形。第 1 款第 5 项"发现已经受理的案件不符合受理条件的"应当决定不予提出再审检察建议或者抗诉。第 1 款第 6 项是针对依职权启动监督的规定，如果经审查不存在损害国家利益、社会公共利益的情形，应作出不提出再审检察建议或者抗诉的决定。第 1 款第 7 项"其他应当终结审查的情形"过于原则，就像《民事诉讼法》对诉讼终结不能有弹性规定一样。第 2 款的规定应进一步明确"终结审查决定书"的效力以及救济手段，并且"终结审查决定书"应当送达当事人。根据上述分析，参照《民事诉讼法》第 151 条关于诉讼终结的规定，结合检察机关对当事人申请再审检察建议或者抗诉进行审查的实际，有下列情形之一的，检察机关应当终结对当事人申请再审检察建议或者抗诉所进行的审查：一是因法院逾期未对再审申请作出裁定而提出申请再审检察建议或者抗诉，法院已经裁定再审的。二是申请人撤回申请的。三是申请人死亡，没有继承人或者继承人放弃权利的。四是被申请人死亡，没有遗产，也没有应当承担义务的人的。五是追索赡养费、抚养费、抚育费案件的一方当

---

〔1〕 2013 年最高人民检察院《民诉监督规则》第 75 条规定："有下列情形之一的，人民检察院应当终结审查：（一）人民法院已经裁定再审或者已经纠正违法行为的；（二）申请人撤回监督申请或者当事人达成和解协议，且不损害国家利益、社会公共利益或者他人合法权益的；（三）申请监督的自然人死亡，没有继承人或者继承人放弃申请，且没有发现其他应当监督的违法情形的；（四）申请监督的法人或者其他组织终止，没有权利义务承受人或者权利义务承受人放弃申请，且没有发现其他应当监督的违法情形的；（五）发现已经受理的案件不符合受理条件的；（六）人民检察院依职权发现的案件，经审查不需要采取监督措施的；（七）其他应当终结审查的情形。终结审查的，应当制作《终结审查决定书》，需要通知当事人的，发送当事人。"

事人死亡的。检察机关决定终结审查，应当制作终结审查决定书，送达当事人。当事人对终结审查决定书有异议的，可以向上级检察机关申请复议。当事人对检察机关决定终结审查的案件再次申请再审检察建议或者抗诉的，检察机关不予受理。

（五）受理申请的检察机关对当事人申请再审检察建议或者抗诉的处理

1. 处理的程序

2001 年最高人民检察院《民行抗诉案件办案规则》第 24 条〔1〕和 2013 年最高人民检察院《民诉监督规则》第 52 条和第 53 条〔2〕对审查终结的程序作了规定。参照上述规定，审查终结的程序可以分为以下几个步骤：一是审查工作结束后，承办人应制作审查终结报告，对案件的处理提出建议。二是处理建议经集体讨论并由民事检察部门负责人提出审核意见，报检察长批准。三是检察长认为有必要的，可以提交检察委员会讨论决定。2013 年最高人民检察院《民诉监督规则》第 31 条第 5 项〔3〕对审查终结决定的效力作了规定。

关于审查终结后处理决定的种类，2001 年最高人民检察院《民行抗诉案件办案规则》第 25 条〔4〕和 2013 年最高人民检察院《民诉监督规则》第 54 条〔5〕规定了这一问题。2001 年最高人民检察院《民行抗诉案件办案规则》第

---

〔1〕 2001 年最高人民检察院《民行抗诉案件办案规则》第 24 条规定："民事、行政案件审查终结，应当制作《审查终结报告》，载明：案件来源、当事人基本情况、审查认定的案件事实、诉讼过程、申诉或者提请抗诉的理由、审查意见及法律依据。"

〔2〕 2013 年最高人民检察院《民诉监督规则》第 52 条规定："承办人审查终结后，应当制作审查终结报告。审查终结报告应当全面、客观、公正地叙述案件事实，依据法律提出处理建议。承办人通过审查监督申请书等材料即可以认定案件事实的，可以直接制作审查终结报告，提出处理建议。"第 53 条第 1 款和第 2 款规定："案件应当经集体讨论，参加集体讨论的人员应当对案件事实、适用法律、处理建议等发表明确意见并说明理由。集体讨论意见应当在全面、客观地归纳讨论意见的基础上形成。集体讨论形成的处理意见，由民事检察部门负责人提出审核意见后报检察长批准。"

〔3〕 依 2013 年最高人民检察院《民诉监督规则》第 31 条第 5 项的规定，检察院已经审查终结作出决定的，向检察院申请监督，检察院不予受理。

〔4〕 2001 年最高人民检察院《民行抗诉案件办案规则》第 25 条规定："对于审查终结的案件，人民检察院应当分别情况作出决定：（一）原判决、裁定符合法律规定的抗诉条件的，向人民法院提出抗诉；（二）原判决、裁定不符合法律规定的抗诉条件的，作出不抗诉决定；（三）符合本规则第八章规定的检察建议条件且确有必要的，向人民法院或者有关单位提出检察建议。"

〔5〕 2013 年最高人民检察院《民诉监督规则》第 54 条规定："人民检察院对审查终结的案件，应当区分情况作出下列决定：（一）提出再审检察建议；（二）提请抗诉；（三）提出抗诉；（四）提出检察建议；（五）终结审查；（六）不支持监督申请。控告检察部门受理的案件，民事检察部门应当将案件办理结果书面告知控告检察部门。"

25 条的规定基本上是恰当的，2013 年最高人民检察院《民诉监督规则》第 54 条规定的"提出抗诉"属于上级检察机关所作的决定，"终结审查"与"审查终结"是不同的范畴，不能混为一谈。据此，审查终结后处理决定包括不予提出再审检察建议或者抗诉的决定、提出再审检察建议的决定和提请抗诉的决定。

2. 不予提出再审检察建议或者抗诉决定的作出

2001 年最高人民检察院民行检察厅《规范省级检察院办理民行提请抗诉案件意见》第 2 条第 1 项至第 7 项规定了不宜提请抗诉的 7 种情形。[1]2001 年最高人民检察院《民行抗诉案件办案规则》第 26 条规定了应作出不抗诉决定的 6 种情形。[2]上述规定的内容较为零乱，且无标准而言。2011 年最高人民法院、最高人民检察院《民事审判和行政诉讼监督意见》第 12 条第 1 款是从"审判活动合法、裁判正确"的方面进行规定，将对案件实体结果的审查纳入了审查范围。2013 年最高人民检察院《民诉监督规则》第 90 条原则上规定了"不符合提出再审检察建议或者提请抗诉条件"的情形。笔者认为，不予提出再审检察建议或者抗诉的决定作出的条件，要依据审查的内容来确定。经审查，当事人申请再审检察建议或者抗诉主张的法定再审事由不成立，或者当事人申请再审检察建议或者抗诉不符合条件的，检察机关应当作出不予提出再审检察建议或者抗诉的决定。

关于不予提出再审检察建议或者抗诉决定作出的程序问题，依《民事诉讼法》第 209 条第 2 款第 2 句的规定，检察机关作出不予提出再审检察建议或者抗诉的决定，当事人不得再次向检察机关申请再审检察建议或者抗诉。2001 年最高人民检察院《民行抗诉案件办案规则》第 6 条、2001 年最高人民检察院民行检察厅《规范省级检察院办理民行提请抗诉案件意见》第 1 条第 6

---

〔1〕 规定的不宜提请抗诉的七种情形为：申诉人在诉讼中未尽举证责任导致败诉的案件；现有证据不足以证明原判决、裁定存在错误的案件；足以推翻原判决、裁定的证据属于当事人在原审诉讼中未提供的新证据的案件；人民检察院自行收集或申诉人提供的证人证言与原审人民法院裁判所采信的证据相矛盾的案件；原审人民法院虽违反法定程序，但未影响正确裁判的案件；对原裁判中属于人民法院自由裁量的内容提出申诉的案件；涉案标的额及社会影响不大的案件。

〔2〕 规定的应当作出不抗诉决定的六种情形为：申诉人在原审过程中未尽举证责任的；现有证据不足以证明原判决、裁定存在错误或者违法的；足以推翻原判决、裁定的证据属于当事人在诉讼中未提供的新证据的；原判决、裁定认定事实或者适用法律确有错误，但处理结果对国家利益、社会公共利益和当事人权利义务影响不大的；原审违反法定程序，但未影响案件正确判决、裁定的；不符合法律规定的抗诉条件的其他情形。

项和 2015 年最高人民法院《适用民诉法解释》第 383 条第 1 款第 3 项都作了与《民事诉讼法》第 209 条第 2 款第 2 句内容基本相同的规定。依 2013 年最高人民检察院《民诉监督规则》第 90 条的规定，应在作出不予提出再审检察建议或者抗诉的决定后 15 日内制作不支持监督申请决定书，送达当事人。需要明确的一个问题是，不予提出再审检察建议或者抗诉的决定，是由负责审查的与作出生效判决、裁定或者再审判决、裁定的法院同级的检察机关作出，还是由上级检察机关作出？从 2001 年最高人民检察院《民行抗诉案件办案规则》第 27 条[1]的规定来看，似乎是由上级检察机关作出。笔者认为，不予提出再审检察建议或者抗诉的决定，宜由负责审查的与作出生效判决、裁定或者再审判决、裁定的法院同级的检察机关作出，但应强调说明理由，并应当赋予当事人对决定书享有向上级检察机关提出异议的权利。理由在于：不予提出再审检察建议或者抗诉，不会启动再审，并不是检察机关行使法律监督权的方式，没有必要由上级检察机关来决定。否则，上级检察机关还会产生重复审查，不利于减轻上级检察机关的负担，不利于做好当事人息讼服判的工作，也不利于理顺审查与结案的关系。

3. 提出再审检察建议决定的作出

《民事诉讼法》第 208 条第 1 款和第 2 款明确了地方各级检察机关对同级法院的判决、裁定或者调解书既可以提出再审检察建议，也可以提请上级检察机关提出抗诉，但最高人民检察院、上级检察院对下级法院的判决、裁定或者调解书只能提出抗诉。2013 年最高人民检察院《民诉监督规则》第 86 条的规定与《民事诉讼法》第 208 条第 2 款的规定并无差异。这实际明确了有权提出再审检察建议的检察机关是与作出生效判决、裁定的法院同级的检察机关。

2001 年最高人民检察院《民行抗诉案件办案规则》第 47 条[2]对检察机

---

〔1〕 2001 年最高人民检察院《民行抗诉案件办案规则》第 27 条规定："人民检察院决定不抗诉的案件，应当分别情况作出处理：（一）直接受理的民事、行政案件，应当制作《不抗诉决定书》，通知当事人；（二）下级人民检察院提请抗诉的案件，应当制作《不抗诉决定书》，送达提请抗诉的人民检察院。提请抗诉的人民检察院接到《不抗诉决定书》以后，应当通知当事人。"

〔2〕 2001 年最高人民检察院《民行抗诉案件办案规则》第 47 条规定："有下列情形之一的，人民检察院可以向人民法院提出检察建议：（一）原判决、裁定符合抗诉条件，人民检察院与人民法院协商一致，人民法院同意再审的；（二）原裁定确有错误，但依法不能启动再审程序予以救济的；（三）人民法院对抗诉案件再审的庭审活动违反法律规定的；（四）应当向人民法院提出检察建议的其他情形。"

关向同级法院提出检察建议作出了规定。2009 年最高人民检察院《检察建议工作规定》第 7 条[1]关于提出检察建议程序的规定对再审检察建议同样是适用的。2011 年最高人民法院、最高人民检察院《民事审判与行政诉讼监督意见》第 7 条第 1 款[2]不仅规定了地方各级检察机关可以向同级法院提出再审检察建议，而且明确了再审检察建议应经检察委员会决定，但没有对再审检察建议和抗诉适用的情形进行区分。2013 年最高人民检察院《民诉监督规则》第 88 条[3]对再审检察建议提出的程序作了规定，与 2009 年最高人民检察院《检察建议工作规定》[4]第 7 条的规定相比更为具体，且对再审检察建议与一般检察建议的区别有一定程度的体现。

关于再审检察建议适用范围的限制，2013 年最高人民检察院《民诉监督规则》第 83 条至第 85 条实际上是明确了不能提出再审检察建议而只能提请抗诉的 5 种情形。[5]笔者认为，上述规定是具有合理性的。不少学者对此予以肯定。例如，胡思博博士认为，再审检察建议制发主体具有同级对应性，对明显错误的再审裁判，检察机关也不宜向法院制发再审检察建议，否则，就会造成错判与纠错的主体同一化。[6]笔者认为，2013 年最高人民检察院《民

---

[1] 2009 年最高人民检察院《检察建议工作规定》第 7 条规定："提出检察建议，应当按照统一的格式和内容制作检察建议书，报请检察长审批或者提请检察委员会讨论决定后，以人民检察院的名义送达有关单位。检察建议书应当报上一级人民检察院备案，同时抄送被建议单位的上级主管机关。"

[2] 2011 年最高人民法院、最高人民检察院《民事审判与行政诉讼监督意见》第 7 条第 1 款规定："地方各级人民检察院对符合本意见第五条、第六条规定情形的判决、裁定、调解，经检察委员会决定，可以向同级人民法院提出再审检察建议。"

[3] 2013 年最高人民检察院《民诉监督规则》第 88 条规定："人民检察院提出再审检察建议，应当制作《再审检察建议书》，在决定提出再审检察建议之日起十五日内将《再审检察建议书》连同案件卷宗移送同级人民法院，并制作决定提出再审检察建议的《通知书》，发送当事人。人民检察院提出再审检察建议，应当经本院检察委员会决定，并将《再审检察建议书》报上一级人民检察院备案。"

[4] 本书所称"2009 年最高人民检察院《检察建议工作规定》"，即《最高人民检察院关于印发〈人民检察院检察建议工作规定（试行）〉的通知》（高检发〔2009〕24 号 2009 年 11 月 13 日）。

[5] 2013 年最高人民检察院《民诉监督规则》第 83 条至第 85 条规定的不能提出再审检察建议而只能提请抗诉的五种情形为：第一种情形是以原判决、裁定适用法律确有错误为再审事由，同级法院作出的生效判决、裁定；第二种情形是以审判人员审理该案件时有贪污受贿、徇私舞弊、枉法裁判行为为再审事由，同级法院作出的生效判决、裁定；第三种情形是同级法院作出的再审判决、裁定；第四种情形是同级法院经审判委员会讨论决定作出的生效判决、裁定。第五种情形是其他不适宜由同级法院纠正的生效判决、裁定。

[6] 胡思博："再审型民事检察监督的法律规制评析"，载《国家检察官学院学报》2014 年第 4 期，第 81 页。

诉监督规则》第 83 条至第 85 条规定的 5 种情形之所以不能提出再审检察建议而只能提请抗诉，第一种情形是为了发挥上级法院统一适用法律的功能，第二种情形和第四种情形是因为作出生效判决、裁定的法院纠正生效判决、裁定的错误可能存在障碍，第三种情形是同一法院对同一案件只能再审一次规则的要求，第五种情形是给予检察机关灵活处理的余地。笔者认为，可以考虑对再审检察建议的适用范围赋予当事人一定的选择权，即：对可以适用再审检察建议的案件，申请人不同意适用再审检察建议的，不适用再审检察建议。理由在于，提出再审检察建议不同于提出抗诉，不一定启动再审程序，如果在法院决定不启动再审程序时检察机关再提请抗诉，会花费较长的时间，基于尊重当事人程序选择权的考虑，可以赋予当事人选择权。有学者认为，不能放任当事人选择再审检察建议或抗诉，否则再审检察建议可能流于形式，也不能完全由检察机关决定，否则就会漠视当事人的意愿，而是应当采用当事人选择监督方式与检察院适度干预相结合的折中的方法。[1]这种认识似乎有一定道理，但在实务中不便操作，还是赋予当事人选择权为好，适用再审检察建议不能无视当事人的意志。如果当事人不选择再审检察建议而使再审检察建议流于形式，说明再审检察建议制度得不到当事人的认可而需要予以改进。

还需讨论的一个问题是"与法院沟通"是否作为再审检察建议的适用条件？2001 年最高人民检察院《民行抗诉案件办案规则》第 47 条和 2001 年最高人民法院《审监工作座谈会纪要》第 17 条曾经对此予以肯定，实践中也有这种做法，并且也取得了不错的效果，有学者对此予以赞同。有学者认为，再审检察建议的适用，应把握坚持协商一致和加强与法院沟通的原则；[2]检察机关与法院的沟通程度，与再审检察建议的运行情况呈正相关。[3]但是，也有学者对此表示反对。有学者认为，民事再审检察建议，如果只能依赖于检法协商，对其法律监督作用的发挥无疑会形成制约；[4]"与法院沟通"作

---

〔1〕　许红霞、毛仲玉："再审检察监督申请权问题研析"，载《河北法学》2016 年第 11 期，第 199 页。

〔2〕　石萍、李凤琴、崔真："再审检察建议在民行法律监督中的适用——以 2009 年《人民检察院检察建议工作规定（试行）》为视角"，载《天津法学》2010 年第 1 期，第 102 页。

〔3〕　高欣欣："关于适用民事再审检察建议的调研报告——以南京地区 13 个基层检察院适用情况为例"，载《四川警察学院学报》2012 年第 6 期，第 59 页。

〔4〕　李德恩、李江宁、陈祺："论再审检察建议的制度化"，载《吉首大学学报（社会科学版）》2012 年第 5 期，第 123 页。

为再审检察建议的适用条件，再审检察建议的监督效果就会取决于法院是否同意，法院有可能滥用"不同意权"，有可能不及时审查、不予回复、不启动再审、有错不纠，可能导致检察机关此项监督权被架空。[1]事实上，再审检察建议的提出要与法院沟通，甚至要取得法院的同意，主要的原因在于再审检察建议不同于抗诉，不具有绝对启动再审的效力，如果不与法院沟通好，很可能无法实现启动再审程序的目的。但是，再审检察建议是检察机关的一种监督手段，需要作为被监督者的法院同意，这在道理上是讲不通的，也会对检察机关法律监督者的地位予以弱化。笔者认为，要达到再审检察建议启动再审程序的目的，不能采用"与法院沟通"从而取得法院同意这种方法，而是要合理地设置再审检察建议的适用条件。如果再审检察建议确实有道理，符合法定条件，绝大多数情况下再审程序是能够被启动的，即使法院对再审程序不依法予以启动，检察机关还有提请抗诉这一保障手段。

还需要指出的是，提出再审检察建议决定是在当事人申请再审检察建议，或者抗诉符合条件和主张的法定再审事由成立的前提下作出的。

根据上述分析，笔者认为，检察机关提出再审检察建议，应当符合以下条件：一是当事人申请再审检察建议或者抗诉符合条件。二是当事人申请再审检察建议或者抗诉主张的法定再审事由成立，但"原判决、裁定适用法律确有错误的"以及"审判人员在审理案件时有贪污受贿、徇私舞弊、枉法裁判行为的"不能作为提出再审检察建议的事由。三是有权提出再审检察建议的检察机关，是与作出生效判决、裁定的法院同级的检察院，上级检察院、最高人民检察院不能提出检察建议。四是经申请人同意，向检察机关申请提出再审检察建议或者抗诉的人，不同意提出再审检察建议的，不得提出再审检察建议。五是对再审的判决、裁定以及经审判委员会讨论决定作出的判决、裁定和其他不宜由同级法院纠正的判决、裁定，不能提出再审检察建议。

至于检察机关提出再审建议的程序，拟明确以下规则：一是再审检察建议应当经检察委员会决定。二是以检察院的名义制作再审检察建议书，报上级检察院备案。三是在决定之日起15日内将再审检察建议书、当事人的申请书及证据材料连同案件卷宗移送同级法院。四是制作决定提出再审检察建议

---

〔1〕 彭智刚、于伟香："民事再审检察建议制度研究"，载《求索》2014年第12期，第116~117页。

通知书，连同再审检察建议书送达当事人。

4. 提请抗诉决定的作出

关于提请抗诉决定的作出，从民事诉讼立法和有关司法解释来看，1991年《民事诉讼法》第 185 条、2001 年最高人民检察院《民行抗诉案件办案规则》第 28 条和第 31 条、2007 年《民事诉讼法》第 187 条、2011 年最高人民法院、最高人民检察院《民事审判与行政诉讼监督意见》第 5 条第 1 款、2012 年现行《民事诉讼法》第 208 条、2013 年最高人民检察院《民诉监督规则》第 89 条和第 91 条都规定了除最高人民检察院可以同级抗诉外，只能提请上级检察机关向其同级法院提出抗诉，与作出生效裁判或者再审裁判的法院同级的检察院不能直接提出抗诉。在学术界，不少的学者赞同同级抗诉，并从诸多方面论述了理由，但民事诉讼立法和司法解释始终不采纳这种主张。理由在于，由上级检察院提出抗诉，是为了增加一道审查把关程序，过滤掉可抗可不抗的案件，筛选出真正符合法律规定的、值得启动再审的案件；[1]或者说，"之所以采取这样的制度构成，应当主要是出于对通过抗诉启动再审保持一种较为慎重或克制的态度。"[2]另一个理由为，在一般情况下，抗诉会启动再审程序，冲破法院生效裁判的既判力，由上级检察机关来审查决定是否抗诉，也是为了尽力维护法院生效裁判既判力的需要。除在提出主体方面存在差别外，提请抗诉和提出抗诉的条件应当是一致的。2001 年最高人民检察院《民行抗诉案件办案规则》第 32 条、2009 年最高人民检察院《加强对诉讼活动法律监督意见》第 20 条、2011 年最高人民法院、最高人民检察院《民事审判和行政诉讼监督意见》第 5 条第 1 款和第 6 条以及 1991 年《民事诉讼法》第 185 条、2007 年《民事诉讼法》第 187 条和 2012 年现行《民事诉讼法》第 208 条都只把抗诉事由作为提出抗诉的条件。2001 年最高人民检察院民行检察厅《规范省级检察院办理民行提请抗诉案件意见》第 2 条规定了省级检察院不宜提请抗诉的 8 种案件。[3]笔者认为，检察机关提请抗诉，

---

〔1〕 吴英姿等："民事抗诉实证研究"，载《国家检察官学院学报》2015 年第 4 期，第 148 页。

〔2〕 王亚新："民事再审：程序的发展及其解释适用"，载《北方法学》2016 年第 5 期，第 125 页。

〔3〕 这八种案件为：申诉人在诉讼中未尽举证责任导致败诉的案件；现有证据不足以证明原判决、裁定存在错误的案件；足以推翻原判决、裁定的证据属于当事人在原审诉讼中未提供的新证据的案件；人民检察院自行收集或申诉人提供的证人证言与原审人民法院裁判所采信的证据相矛盾的案件；原审人民法院虽违反法定程序，但未影响正确裁判的案件；对原裁判中属于人民法院自由裁量的内容提出申诉的案件；涉案标的额及社会影响不大的案件；最高人民法院作出裁判的案件。

只需从整体上规范以下三个条件即可：一是当事人申请再审检察建议或者抗诉符合条件。二是当事人申请再审检察建议或者抗诉主张的法定再审事由成立。三是不符合提出再审检察建议的条件或不适宜提出再审检察建议。关于提请抗诉的程序，2001 年最高人民检察院《民行抗诉案件办案规则》第 29 条[1]曾对此作了规定。2013 年最高人民检察院《民诉监督规则》第 89 条[2]的规定较为恰当，适用这一规定即可。

（六）上级检察机关的审查和处理

1. 对终结审查决定和不予提出再审检察建议或者抗诉决定申请复议的审查和处理

最高人民检察院的规范性文件对这一问题没有作出规定。笔者认为，对终结审查决定和不予提出再审检察建议或者抗诉的决定，当事人申请复议的，上级检察机关应当在收到复议申请之日起 15 日内作出复议决定，并通知当事人和作出决定的检察机关。

2. 对提请抗诉的审查和处理

1991 年《民事诉讼法》第 187 条、2007 年《民事诉讼法》第 189 条和现行《民事诉讼法》第 212 条都规定，检察院决定对法院的判决、裁定、调解书提出抗诉的应当制作抗诉书。

2001 年最高人民检察院《民行抗诉案件办案规则》第 38 条、第 39 条、第 40 条、第 41 条和 2013 年最高人民检察院《民诉监督规则》第 92 条、第 93 条对提请抗诉的审查和处理作了较为具体的规定。参照上述规定，笔者认为，对提请抗诉的审查和处理，需要明确以下规则：一是提请抗诉由上一级检察机关案件管理部门受理，提请抗诉的案件材料不符合规定的，应当要求提请抗诉的检察机关限期补齐。二是案件管理部门接收符合规定的案件材料后，应当将案件材料和案件登记表在 3 日内移送本院民事检察部门，民事检察部门应当指定专人审查。三是经审查，认为符合提请抗诉的条件，经集体

---

〔1〕 2001 年最高人民检察院《民行抗诉案件办案规则》第 29 条规定："人民检察院提请抗诉，应当制作《提请抗诉报告书》，并将审判卷宗、检察卷宗报上级人民检察院。《提请抗诉报告书》应当载明：案件来源、当事人基本情况、基本案情、诉讼过程、当事人申诉理由、提请抗诉理由及法律依据。"

〔2〕 2013 年最高人民检察院《民诉监督规则》第 89 条规定："人民检察院提请抗诉，应当制作《提请抗诉报告书》，在决定提请抗诉之日起十五日内将《提请抗诉报告书》连同案件卷宗报送上一级人民检察院，并制作决定提请抗诉的《通知书》，发送当事人。"

讨论和民事检察部门负责人审核，报检察长批准或者检察委员会决定，提出抗诉，制作抗诉书，在决定抗诉之日起 15 日内将抗诉书连同案件卷宗移送同级法院。抗诉书应当抄报上一级检察机关。检察机关决定提出抗诉，还应当制作决定抗诉通知书，送达当事人，或者委托提请抗诉的检察机关送达当事人。四是经审查，认为不符合提请抗诉的条件，应按决定提出抗诉的相同程序作出不予抗诉的决定，并在决定之日起 15 日内制作不予抗诉决定书送达当事人，或者委托提请抗诉的检察机关送达当事人。

（七）检察机关提出检察建议或者抗诉启动民事诉讼再审程序的期限

检察机关提出检察建议或者抗诉启动再审应当有法定期限的要求，是程序稳定性和司法效率性的要求，否则不利于民事法律关系的稳定，不利于法院生效裁判权威性和稳定性的维护，不利于促使检察机关提高办案效率。事实上，对检察机关启动再审程序的期限，最高人民检察院的有关规范性文件作了相关的规定。2001 年最高人民检察院《民行抗诉案件办案规则》第 12 条规定自受理之日起 30 日内立案，第 14 条规定在调（借）阅审判案卷后 3 个月内审查终结，第 30 条规定下级检察机关提请抗诉的上级检察机关在 3 个月内审查终结，还可经检察长批准予以延长。依《民事诉讼法》第 209 条第 2 款的规定，检察院作出提出或者不提出检察建议或者抗诉的决定的期限为 3 个月。可以看出，2001 年最高人民检察院《民行抗诉案件办案规则》所规定的期限明显长于《民事诉讼法》第 209 条第 2 款的规定，不能再予适用。2012 年《民事诉讼法》修改以后，2013 年最高人民检察院《民诉监督规则》第 56 条第 1 款也提出了 3 个月内审查终结并作出决定的要求，但不太具体，司法实践中难以操作。

检察机关启动再审程序，有的问题与作出生效判决、裁定或者再审判决、裁定的法院同级的检察机关自身可以作出决定，有的问题还需要上级检察机关决定，法院不采纳检察建议后还有可能提请抗诉，情况较为复杂。为使《民事诉讼法》第 209 条第 2 款的规定得到落实，对检察机关办案期限可作出如下规定：一是受理申请的检察机关应当在受理当事人申请之日起 3 个月内作出终结审查、不予提出再审检察建议或者抗诉、提出再审检察建议的决定。二是受理申请的检察机关应当自受理当事人申请之日起 2 个月内作出提请抗诉的决定。上一级检察机关应当自收到下级检察机关案卷材料之日起 1 个月内作出是否抗诉的决定。三是法院决定不接受检察建议，检察机关认为需要提请抗诉的，应当在收到法院通知之日起 7 日内作出提请抗诉的决定。四是审查中止、当事人申请复议、案卷材料递交的期间，不计入办案期限。五是经检察长批准可以延长办案期限。

（八）检察机关依职权对损害国家利益或者社会公共利益的案件启动民事诉讼再审程序的特殊规则

检察机关依职权对损害国家利益或者社会公共利益的案件启动民事诉讼再审程序，可作如下几个方面的规范：一是不需要当事人向检察机关申请提出再审检察建议或者抗诉，也不以当事人向法院申请再审为前置程序，只要法院的判决、裁定、调解书一经生效，检察机关就可以依职权提出再审检察建议或者抗诉。

二是检察机关向当事人或者案外人调查核实有关情况时调查收集的证据，可以作为启动再审程序的依据，可以在再审审理中作为再审审判的依据。三是检察机关应当在法定期限内及时审查和作出决定，办案期限不得延长。

（九）法院对检察机关提出再审检察建议的审查和处理

《民事诉讼法》没有规定法院如何审查检察机关提出的再审检察建议，最高人民法院和最高人民检察院的司法解释对此规定较为简单，有必要明确以下问题：

1. 审查的组织

立案庭应当在收到再审检察建议书等材料后立案登记，及时将案件移交审监庭或相关民事审判庭组成合议庭进行审查。

对再审检察建议的审查，可以与对当事人向法院申请再审的审查不同，立案庭只需进行立案登记即可，审查工作完全由审监庭或相关民事审判庭负责。再审检察建议是检察机关提出的，不像当事人向法院申请再审那样涉及对当事人申请再审诉权的程序保护问题，统一由审监庭或相关民事审判庭进行审查，有利于提高审查工作的效率，也有利于恰当地处理法院与检察机关之间的关系。由于再审检察建议案件是由作出生效裁判或再审裁判的法院受理，2015 年最高人民法院《适用民诉法解释》第 419 条规定了对再审检察建议"应当组成合议庭"审查，笔者认为，应当明确为另行组成合议庭，原来参与案件审理的审判人员不能参与对该案再审检察建议的审查。

2. 审查的内容

2001 年最高人民法院《审监工作座谈会纪要》第 17 条〔1〕对一般的检察建议作了规定，规定得较为抽象，没有体现再审检察建议的特点。2015 年最高人民法院《适用民诉法解释》第 415 条、第 416 条和第 419 条规定了再审检察建议。第 415 条规定对有明显错误的再审判决、裁定提出再审检察建议法院应予受理。这一规定是不恰当的。对同级法院作出的再审判决、裁定适用再审检察建议，如果采纳再审检察建议决定予以再审，同级法院就对同一案件进行了两次再审，不符合最高人民法院有关司法解释的精神，与《民事诉讼法》关于检察机关启动再审审理法院确定的要求也不相符。第 416 条第 1 款〔2〕就检察机关依当事人的申请对生效判决、裁定提出再审检察建议的条件作了规定，明确了"再审检察建议书和原审当事人申请书及相关证据材料已经提交"和"再审检察建议经该人民检察院检察委员会讨论决定"的条件，但对建议再审的对象没有作出限定，没有明确再审检察建议和抗诉适用范围上的区别。第 419 条规定了"发现原判决、裁定、调解书确有错误，需要再审的"为对再审检察建议裁定再审的条件，实际上是要求再审检察建议要符合法院依职权启动再审的事由。有学者据此认为："即使法院因检察建议的提出而启动再审，也不算检察院抗诉的再审途径，而应归结为法院自身的依职权提起再审。"〔3〕笔者认为，这一规定是不恰当的，因为如果法院不接受再审检察建议，检察机关还可依法抗诉，对抗诉后再审的案件，法院可依职权启动再审，对再审检察建议的案件适用法院依职权启动再审的标准进行审查，就会使民事诉讼再审程序的正常运行秩序被打乱。当然，再审检察建议不同于抗诉，它只是建设性的意见，对法院并没有绝对的约束力，如果只符合形式条

---

〔1〕 2001 年最高人民法院《审监工作座谈会纪要》第 17 条规定："人民检察院对人民法院的审判工作提出检察建议书的，人民法院应认真研究以改进工作；经与同级人民法院协商同意，对个案提出检察建议书的，如符合再审立案条件，可依职权启动再审程序。"

〔2〕 2015 年最高人民法院《适用民诉法解释》第 416 条第 1 款规定："地方各级人民检察院依当事人的申请对生效判决、裁定向同级人民法院提出再审检察建议，符合下列条件的，应予受理：（一）再审检察建议书和原审当事人申请书及相关证据材料已经提交；（二）建议再审的对象为依照民事诉讼法和本解释规定可以进行再审的判决、裁定；（三）再审检察建议书列明该判决、裁定有民事诉讼法第二百零八条第二款规定情形；（四）符合民事诉讼法第二百零九条第一款第一项、第二项规定情形；（五）再审检察建议经该人民检察院检察委员会讨论决定。"

〔3〕 王亚新、陈杭平、刘君博：《中国民事诉讼法重点讲义》，高等教育出版社 2017 年版，第 295 页。

件，法院并不启动再审程序。只有在法院审查提出再审检察建议的法定再审事由成立时，才决定启动再审程序进行审理。适度分离检察机关提出再审检察建议和法院采纳再审检察建议的法定标准，对减少法检的结论冲突是有利的。[1]

笔者认为，结合当事人向检察机关申请再审检察建议或者抗诉的条件和检察机关提出再审检察建议的条件的有关内容，对检察机关提出的再审检察建议，符合以下条件，才能启动民事诉讼再审程序：一是检察机关提出再审检察建议的案件，是当事人向法院申请再审，法院作出驳回申请的裁定，或者法院逾期未对再审申请作出裁定，当事人就生效判决、裁定向检察机关申请再审检察建议或者抗诉的案件。对再审的判决、裁定以及经审判委员会讨论决定作出的判决、裁定不能提出再审检察建议。二是向检察机关申请再审检察建议或抗诉的当事人，必须属于民事诉讼再审检察建议或者抗诉案件当事人范围的人。申请人是向法院提出再审申请的人。三是再审检察建议所针对的法院裁判必须是属于民事诉讼再审检察建议或者抗诉的适用对象的法院裁判。对法院调解书，除存在损害国家利益或者社会公共利益的情形，不能提出再审检察建议。四是申请再审检察建议的当事人的诉讼请求，应当符合对当事人申请再审检察建议或者抗诉的再审诉讼请求的要求。五是提出再审检察建议的法定再审事由成立，但"原判决、裁定适用法律确有错误的"以及"审判人员在审理案件时有贪污受贿、徇私舞弊、枉法裁判行为的"，不能作为提出再审检察建议的事由。六是有权提出再审检察建议的检察机关，是与作出生效判决、裁定的法院同级的检察机关，再审检察建议经该检察院检察委员会讨论决定，上级检察机关、最高人民检察院不能提出检察建议。七是再审检察建议书和原审当事人申请书及相关证据材料已经提交。

3. 审查的方法

法院对再审检察建议要进行形式审查和实质审查，法院对再审检察建议可以参照法院对当事人申请再审的审查方法进行。

4. 审查期限

2011 年最高人民法院、最高人民检察院《民事审判与行政诉讼监督意见》第 7 条第 2 款和 2015 年最高人民法院《适用民诉法解释》第 419 条都规

---

〔1〕 王朝辉："《民事诉讼法》司法解释审判监督程序若干问题解读"，载《法律适用》2015 年第 10 期，第 68 页。

定审查期限为 3 个月，自收到再审检察建议书之日起计算。

5. 再审检察建议的撤销

2009 年最高人民检察院《检察建议工作规定》第 8 条第 2 款关于检察建议撤销的规定，同样适用于再审检察建议。[1]

6. 审查后的处理

2011 年最高人民法院、最高人民检察院《民事审判与行政诉讼监督意见》第 7 条第 2 款[2]和 2015 年最高人民法院《适用民诉法解释》第 416 条第 2 款和第 419 条、[3]2013 年最高人民检察院《民诉监督规则》第 87 条[4]对此作了规定。参照上述规定，法院对再审检察建议经审查后，分以下三种情况处理：第一，再审检察建议符合条件，裁定再审，通知当事人。提出再审检察建议的检察机关，不得就本案向上级检察机关提请抗诉。第二，再审检察建议不符合条件但可以补正的，建议提出再审检察建议的检察机关补正，经补正后裁定再审。第三，再审检察建议不符合条件且不能补正的，或虽可以补正但建议提出再审检察建议的检察机关补正而不予补正的，函告提出再审检察建议的检察机关不予受理。提出再审检察建议的检察机关认为不予受理再审检察建议的决定不当的，可以提请上级检察机关依法提出抗诉。

（十）　法院对检察机关提出抗诉的审查和处理

1991 年《民事诉讼法》第 186 条规定了对检察机关提出抗诉的案件法院应当再审。2007 年《民事诉讼法》第 188 条和 2012 年《民事诉讼法》第 211 条改变了"应当再审"的规定，只是要求接受抗诉的法院在规定的期限内作

---

〔1〕　依据这一规定，检察长对本院提出的再审检察建议、上级检察机关对下级检察机关提出的再审检察建议，认为确有不当应当撤销的，应当由提出再审检察建议的检察机关制作撤回再审检察建议决定书，送达受理再审检察建议的法院，通知当事人。对检察机关撤销再审检察建议的案件，法院应当终结审查，制作终结审查决定书，送达提出再审检察建议的检察机关和当事人。

〔2〕　依 2011 年最高人民法院、最高人民检察院《民事审判与行政诉讼监督意见》第 7 条第 2 款的规定，法院应当将对再审检察建议的审查结果书面回复人民检察院。人民法院认为需要再审的，应当通知当事人。人民检察院认为人民法院不予再审的决定不当的，应当提请上级人民检察院提出抗诉。

〔3〕　2015 年最高人民法院《适用民诉法解释》第 416 条第 2 款规定："不符合前款规定的，人民法院可以建议人民检察院予以补正或者撤回；不予补正或者撤回的，应当函告人民检察院不予受理。"依 2015 年最高人民法院《适用民诉法解释》第 419 条的规定，法院对再审检察建议裁定再审的，应通知当事人；经审查，决定不予再审的，应当书面回复人民检察院。

〔4〕　2013 年最高人民检察院《民诉监督规则》第 87 条规定："对人民法院已经采纳再审检察建议进行再审的案件，提出再审检察建议的人民检察院一般不得再向上级人民检察院提请抗诉。"

出再审的裁定。民事诉讼立法的上述改变表明，对检察机关提出抗诉的案件并不是无需经过审查而无条件地启动再审程序。学者们就法院对检察机关抗诉进行审查的正当性进行了探讨。有学者认为，"检察机关对审判活动的法律监督实质上是检察权与审判权的平衡，是一种双向的平衡制约，而不同于人民代表大会对人民法院审判工作的单向的上对下的监督。"〔1〕"对抗诉案件的审查，不是限制检察机关的抗诉，而是减少检察机关抗诉的随意性和差误，维护司法机关整体的公信力，促进社会和谐稳定。"〔2〕在司法实践中，也出现过多起明显不符合抗诉条件的案件而未启动再审程序情形，民事抗诉权的滥用主要表现为"寻租"现象、"死磕"现象和违法启动等，〔3〕"凡抗必审"的提法是不严密的。《民事诉讼法》没有就如何对检察机关提出抗诉进行审查作出规定，最高人民法院、最高人民检察院的相关司法解释的规定也较为简单。笔者认为，对此至少应当明确以下问题：

1. 审查的组织

立案庭应当在收到抗诉书和抗诉案件的其他材料后立案登记，及时将案件移交审监庭或相关民事审判庭组成合议庭进行审查。由于抗诉案件是由作出生效裁判或再审裁判的上一级法院受理，不必明确为另行组成合议庭。

抗诉案件不同于当事人申请再审的案件，由一个部门统一进行审查即可。审查抗诉的法定期限较短，分两个部门审查不利于提高审查的效率，并且对抗诉案件的审查主要是形式审查。之所以由审监庭或相关民事审判庭进行审查，一是因为符合立审分离原则。二是因为绝大多数抗诉案件都会启动再审，有利于审监庭或相关民事审判庭及早熟悉案情。

2. 审查的内容

依 2015 年最高人民法院《适用民诉法解释》第 415 条的规定，对有明显错误的再审判决、裁定提出抗诉法院应予受理。即使就抗诉而言，这一规定也是不恰当的，因为对明显错误的再审判决、裁定，如果不涉及国家利益或者社会公共利益，检察机关不能依职权提出抗诉。2015 年最高人民法院《适

---

〔1〕 江必新、孙祥壮、王朝辉：《新民事诉讼法审判监督程序讲座》，法律出版社 2012 年版，第 159 页。

〔2〕 江必新、孙祥壮、王朝辉：《新民事诉讼法审判监督程序讲座》，法律出版社 2012 年版，第 158 页。

〔3〕 刘英俊："民事抗诉权的滥用与规制"，载《社会科学研究》2017 年第 4 期，第 78~79 页。

用民诉法解释》第 417 条第 1 款[1]对法院受理依当事人申请抗诉的条件作了规定，但不太全面和具体。法院应当对检察机关提出的抗诉是否符合条件进行审查，对这一点在认识上基本没有分歧。但是，对应否审查抗诉的法定再审事由是否成立的问题，存在不同的认识。有学者认为，受理抗诉的法院应当对抗诉的法定再审事由是否成立进行审查；[2]抗诉的法定再审事由不符合再审的立案条件而进入再审就是监督不当，会严重浪费司法资源，徒增当事人的讼累，危及法律的既判力，削弱司法稳定性，对司法和谐也会产生影响；[3]法院对抗诉享有再审审查权之妥当性在于，权力相互制衡之正当性，当事人诉权制约之正当性。[4]笔者认为，上述认识是不正确的，[5]只要检察机关抗诉的法定再审事由属于《民事诉讼法》明确规定的再审事由，即使法院认为所列抗诉的法定再审事由与事实或者说理不符，或者在理解上不应属于《民事诉讼法》所规定的再审事由，都要启动再审。这是法院自觉接受检察监督的要求，也是检察机关法律监督机关的宪法地位在民事诉讼程序中的体现。如果法院对抗诉的法定再审事由是否成立进行审查，抗诉与再审检察建议就没有本质上的区别，甚至抗诉也几乎等同于当事人申请再审。

　　笔者认为，依据上述论述，结合当事人向检察机关申请再审检察建议或者抗诉的条件和检察机关提出抗诉的要求，对检察机关提出的抗诉，符合以下条件，才能启动民事诉讼再审程序：一是检察机关提出抗诉的案件，是当事人向法院申请再审，法院作出驳回申请的裁定，或法院逾期未对再审申请作出裁定，当事人就生效判决、裁定向检察机关申请再审检察建议或者抗诉的案件，或者当事人向法院申请再审，法院作出了再审判决、裁定，当事人认为再审判决、裁定有明显错误向检察机关申请抗诉的案件。二是向检察机

---

〔1〕　2015 年最高人民法院《适用民诉法解释》第 417 条第 1 款规定："人民检察院依当事人的申请对生效判决、裁定提出抗诉，符合下列条件的，人民法院应当在三十日内裁定再审：（一）抗诉书和原审当事人申请书及相关证据材料已经提交；（二）抗诉对象为依照民事诉讼法和本解释规定可以进行再审的判决、裁定；（三）抗诉书列明该判决、裁定有民事诉讼法第二百零八条第一款规定情形；（四）符合民事诉讼法第二百零九条第一款第一项、第二项规定情形。"

〔2〕　张坤世："论抗诉程序与再审程序的分离"，载《理论探索》2007 年第 1 期，第 149~150 页。

〔3〕　王燕："民事抗诉程序的缺失与补救攻略"，载《人民司法》2011 年第 7 期，第 93 页。

〔4〕　张光宏："错位与矫正：民事抗诉审查权之重新配置"，载《人民司法》2011 年第 1 期，第 98~99 页。

〔5〕　因为检察机关提出抗诉，行使的是法律监督权，法院是被监督者，法院不能以自己的判断来代替检察机关的判断。

关申请抗诉的当事人，必须属于民事诉讼再审检察建议或者抗诉案件当事人范围的人。在法院作出驳回申请裁定后就法院的生效判决、裁定向检察机关申请再审检察建议或者抗诉，或者在法院逾期未对再审申请作出裁定就生效判决、裁定向检察机关申请再审检察建议或者抗诉，申请人只能是向法院提出再审申请的人。法院作出了再审判决、裁定后，向检察机关申请抗诉的申请人是认为再审判决、裁定有明显错误的当事人。三是在法院作出驳回再审申请裁定后或者在法院逾期未对再审申请作出裁定就法院生效判决、裁定向检察机关申请再审检察建议或者抗诉，所针对的法院裁判必须是属于民事诉讼再审检察建议或者抗诉的适用对象的法院裁判。法院作出了再审判决、裁定后当事人向检察机关申请抗诉，所针对的法院裁判是法院生效的再审判决、裁定。对法院调解，除存在损害国家利益或者社会公共利益的情形，不能提出抗诉。四是申请抗诉的当事人的诉讼请求，应当符合对当事人申请再审检察建议或者抗诉的再审诉讼请求的要求。五是对检察机关抗诉的事由只需作形式审查，只要求抗诉的事由属于《民事诉讼法》明确列举的再审事由，不必审查抗诉的法定再审事由是否成立。六是有权提出抗诉的检察机关，是与作出生效判决、裁定或再审判决、裁定的法院同级的检察机关的上一级检察机关。七是抗诉书和原审当事人申请书及相关证据材料已经提交。

3. 审查的方法

对检察机关提出抗诉的审查只是一种形式审查，在一般情况下采用书面审查的方法就能作出判断。如果采用书面审查的方法仍然难以判断的，可以参照法院对当事人申请再审进行审查的方法进行审查。

4. 审查期限

依《民事诉讼法》第211条规定，审查期限为30日，自法院收到检察机关抗诉书之日起计算。

5. 撤销抗诉和撤回抗诉

撤销抗诉，是指提出抗诉的检察机关的上级检察机关，认为检察机关提出的抗诉不当，撤销下级检察机关的抗诉决定。2001年最高人民检察院《民行抗诉案件办案规则》第43条对撤销抗诉作了规定。依据这一规定，上级检察机关撤销抗诉的，提出抗诉的检察机关应当制作撤回抗诉决定书，送达受理抗诉的同级法院，通知当事人，并报决定撤销抗诉的上级检察机关。

撤回抗诉，是指提出抗诉的检察机关自身发现抗诉不当予以撤回。2001

年最高人民检察院《民行抗诉案件办案规则》第 42 条、2003 年最高人民检察院民行检察厅《办理民行案件撤回抗诉意见》[1]对此作了规定。参照上述规定，对撤回抗诉可作如下规定：检察机关提出抗诉之后法院裁定再审之前，申请提出再审检察建议或者抗诉的当事人撤回申请，或者提出抗诉的检察机关发现抗诉不当的，应当由检察长或者检察委员会决定撤回抗诉，制作撤回抗诉决定书，送达受理抗诉的同级法院，通知当事人，并报送上一级检察机关。

6. 审查后的处理

2001 年最高人民法院《审监工作座谈会纪要》第 14 条第 2 款和第 21 条对抗诉不予受理的处理作了规定。2015 年最高人民法院《适用民诉法解释》第 417 条第 2 款规定了抗诉不符合条件的处理方法。参照上述规定，从总体上考虑，法院对抗诉案件审查后分以下几种情况作出处理：第一，抗诉符合条件，裁定再审。第二，抗诉不符合条件，但可以补正的，建议检察机关补正。检察机关补正后符合抗诉条件的，裁定再审。第三，抗诉不符合条件，不能补正的，或者虽能补正但检察机关不补正的，建议检察机关撤回抗诉，检察机关坚持抗诉的，裁定不予受理，不使用"驳回抗诉"的表达。之所以不使用"驳回抗诉"的表达，是因为检察机关抗诉不同于当事人申请再审，有学者列举了以下理由：一是法律依据不足。二是抗诉仅是检察机关引起再审发生的因素之一。三是如果驳回抗诉，是将检察机关作为民事案件的一方当事人来对待。四是民事诉讼当事人诉讼权利平等。五是民事案件与刑事案件有着本质的区别。[2]

---

〔1〕　本书所称"2003 年最高人民检察院民行检察厅《办理民行案件撤回抗诉意见》"，即《最高人民检察院民事行政检察厅关于人民检察院办理民事行政案件撤回抗诉的若干意见》（［2003］高检民发第 7 号　2003 年 5 月 22 日）。

〔2〕　王锦熙："民事抗诉案件裁定中'驳回检察机关抗诉'之错误性"，载《福建法学》2002 年第 1 期，第 53～54 页。

第九章

既判力理论与法院依职权启动
民事诉讼再审程序研究

一、是否保留法院依职权启动民事诉讼再审程序的探讨

（一）法院依职权启动民事诉讼再审程序的学术争鸣

我国的民事诉讼立法对法院依职权启动再审多次予以肯定，但在学术界，对是否应当赋予法院依职权启动再审的权力却一直存在不同的认识，主要存在取消说和保留说的分歧。

取消说主张，在民事诉讼中应当取消法院依职权启动再审的规定。何兵博士和潘剑锋教授认为，不告不理不仅适用于起诉和上诉，而且也应适用于再审之诉，法院不得在当事人不申请再审时自行提起再审。[1]李浩教授认为，法院依职权启动再审之所以要取消，是因为它不符合民事诉讼的处分原则、不符合诉审分离的原则，不利于民事法律关系的稳定，并且，在实践中这种情形也极少发生。[2]章武生教授认为，废除法院依职权启动再审的权力，是因为它违背了民事诉讼"不告不理"的原则和判决效力的基本理论，引发了再审程序中的诸多无序现象。[3]常怡教授和唐力博士认为，对法院依职权发动再审的方式予以取消，一是因为它与诉讼机制的内在要求不相符合，在法院系统内部，首先要维护和尊重法院裁判的终局性，二是法院完全可以依其系统自有的审级制度来保证案件的公正审理。[4]宋朝武教授认为，法院作为再

---

〔1〕 何兵、潘剑锋："司法之根本：最后的审判抑或最好的审判？——对我国再审制度的再审视"，载《比较法研究》2000 年第 4 期，第 426 页。

〔2〕 李浩："民事再审程序改造论"，载《法学研究》2000 年第 5 期，第 92~93 页。

〔3〕 章武生："论民事再审程序的改革"，载《法律科学（西北政法学院学报）》2002 年第 1 期，第 110~111 页。

〔4〕 常怡、唐力："民事再审制度的理性分析"，载《河北法学》2002 年第 5 期，第 16 页。

审程序的主体是十分不合理的，部分原因在于与其自身作为裁判者的角色形成冲突，有损生效裁判的既判力。[1]2003年，最高人民法院的民事诉讼法调研小组认为，我国再审制度设计上的主要弊病之一是法院决定再审，对法院的这一权力再行予以保留显然不符合时代的要求。[2]除上述学者外，还有不少学者赞同取消法院依职权启动再审，主要提出了如下理由：不符合诉讼职能分工和制衡理论、诉讼目的理论；有违私法自治原则和诉权原理，权力主体不享有诉权，不是适格的当事人，使得法院难以保持中立地位，与审判权的司法性质相矛盾，有损法官形象，不符合诉权与审判权的关系；有违民事诉讼的价值，有违程序公正，有违司法公正原则，损害民事效率；会重新燃起已经平息的纠纷，破坏社会秩序的稳定，影响程序的安定性；不符合我国民事诉讼制度的发展趋势；在实践中，会导致有关部门或者个人非法干扰法院审判工作，妨碍法院独立行使审判权，法律效果和社会效果都不好；等等。

在学术界，主张保留法院依职权启动再审的学者较少。最高人民法院副院长江必新认为，之所以对法院依职权启动再审予以保留，是因为"不告不理"原则主要适用于未确定的裁判，法院有责任纠正确有错误的生效裁判。[3]刘家兴教授认为，就我国当前的客观情况而言，对民事案件的国家干预予以排除，取消法院依职权决定再审，未必适宜。[4]有学者认为，法院提起再审制度存在的必要性在于，由再审程序的性质决定法院司法权的行使具有特殊性，当事人虽然享有申请再审的权利但仍然无法满足纠正裁判错误的需要，检察机关事后介入的特点决定了民事检察监督的被动性和局限性，法院作为专门机关适于提起再审；[5]法院依职权启动再审模式的存在价值在于与涉诉信访衔接的需要，以及维护国家和社会公共利益的需要。[6]

---

〔1〕　宋朝武："关于改革民事再审程序的几点思考"，载《法学评论》2003年第2期，第106~107页。

〔2〕　最高人民法院民事诉讼法调研小组编：《民事诉讼程序改革报告》，法律出版社2003年版，第253页。

〔3〕　江必新："论民事审判监督制度之完善"，载《中国法学》2011年第5期，第134页。

〔4〕　刘家兴："关于审判监督程序的回顾与思考"，载《中外法学》2007年第5期，第625页。

〔5〕　许红霞："论法院提起民事再审制度的特质与重构"，载《经济与社会发展》2006年第9期，第152~153页。

〔6〕　颜峰、黄立群："法院依职权启动再审问题的思考"，载《山东审判》2011年第2期，第56~57页。

（二）既判力理论视角下法院依职权启动民事诉讼再审程序的否定

在既判力制度的适用中，法院（法官）的角色十分重要。从历史发展的视角来看，既判力对法院（法官）的效力是十分悠久的。早在古罗马时期，虽然既判力制度还处于萌芽阶段，当时的理念就认为"判决一经作出，法官就不再是法官"。实际上是就判决对法院（法官）的效力予以认可。在近代法国的民事诉讼制度中，法国学者对判决的既判力曾经以审判权消耗理论进行解释，更加明确了既判力对法院（法官）的效力。审判权消耗理论的基本观点是：法院对案件作出生效裁判以后，对该案件法官就不得再行审理，法官应当从该案件中解脱出来而丧失对该案件的审理权。英美法系与既判力诉讼价值相类似的制度并没有明确其对法院（法官）的效力。这主要是因为英美法系与既判力诉讼价值相类似的制度，不由法官依职权进行调查，而是由当事人主动提出，法官具有较强的公信力而享有较为广泛的自由裁量权，凭借绝对的豁免权法官也可以从案件中解脱出来。一般认为，既判力对法院（法官）的效力主要通过对案件的摆脱效力和对既判力的尊重效力得以体现。

法院就某一案件作出生效裁判以后，就表明法院对该案件的审判权已经行使完毕，对该案件审理的摆脱就是法院生效裁判对法院（法官）的效力之一。[1]

法院（法官）对既判力的尊重效力，主要通过既判力的消极作用和积极作用来实现。对某一案件，法院作出了生效裁判以后，就法院生效裁判认定的同一诉讼标的，如果当事人再行起诉，法院不得受理，而应当以起诉不合法为由对当事人提起的诉讼予以驳回。法院在前诉中作出了生效裁判，如果后诉的诉讼标的与前诉的不同，但法院前诉生效裁判关于诉讼标的的判断是后诉的前提，或者在诉讼标的方面后诉与前诉处于矛盾关系，在后诉中，法院应以前诉生效裁判关于诉讼标的的认定作为判断的基础，不能作出与法院前诉生效裁判相抵触的裁判。既判力对法院的消极作用使法院的审判权被消灭，法院的重复受理被禁止，就法院已作生效裁判的案件禁止其再次进入诉讼程序。既判力对法院的积极作用是，并不对法院的受理予以禁止，只是不允许在后诉中法院作出相矛盾的裁判。

---

〔1〕《法国民事诉讼法》第481条第1款就既判力对法院（法官）的这种效力作了明确的规定，即："判决一经宣告，法官即停止管辖已作出裁判的争议；……"

　　从既判力对法院消极作用的内容来看，似乎与"一事不再理"原则相同，但两者实际上是存在差异的。"一事不再理"原则有两方面的涵义：一是法院的生效裁判对诉讼标的作出认定以后，当事人不能再次就同一诉讼标的向法院提起诉讼。二是诉讼系属的效力，即在诉讼系属中，对已经向法院提起诉讼且法院正在审理的案件，当事人不能再次提起诉讼。"一事不再理"原则第一方面的涵义十分相近于既判力对法院的消极作用，但其第二方面的涵义即所谓的诉讼系属效力，明显没有被既判力对法院的消极作用所涵盖。诉讼系属效力，是指在立案以后至法院作出生效裁判的整个诉讼过程中，对法院正在审理尚未作出生效裁判的案件不允许当事人再次提起诉讼，既判力对法院的消极作用则只有在法院裁判生效以后才能产生，如果法院的裁判尚未生效，既判力并未产生，则不可能产生既判力对法院的消极作用。[1]

　　既判力理论不仅对法院依职权启动再审予以直接否定，还认为既判力的作用具有职权调查性。所谓既判力作用的职权调查性，是指对既判力的作用法院应当依职权进行调查，并以此为基础来决定是否适用既判力制度。从历史发展的视角来看，这一问题存在一个变化的过程。在德国普通法时代，由于占主导地位的是既判力本质论的实体法说，理论上将既判力的本质视为当事人实体法上的契约，从尊重当事人意思自治来考虑，既判力制度的适用以当事人提出主张为前提，既判力的作用并不具有职权调查性，如果当事人没有提出主张，法院不能依职权主动适用既判力制度。在既判力本质论的诉讼法说出现以后，大陆法系才将既判力作用的职权调查性作为既判力制度中的普遍规则。既判力本质论的诉讼法说认为，既判力主要作用于诉讼场合，它是民事诉讼法这一公法上的强制性制度效力，它的适用不以当事人提出主张为前提，即使当事人没有提出主张，甚至双方当事人合意排除既判力，法院也有义务依职权进行调查并以此作为法院裁判的基础。在我国，由于缺失既判力职权援引规则，法官对既判力无法及时援引，为矛盾裁判的形成留下了生存的空间。有学者建议，应当在现有案件查询制度的基础上，将程序信息纳入民事案由，对民事案由的属性定位予以改变，从而建立既判力的职权援引

---

　　〔1〕　邓辉辉："论既判力的作用"，载《学术论坛》2010 年第 6 期，第 76～77 页。

规则。[1] 在此需要指出的是，英美法系与既判力诉讼价值相类似的制度，其作用并不具有职权调查性，而是以当事人提出主张为前提。

（三）目前保留法院依职权启动民事诉讼再审程序的原因

笔者认为，取消法院依职权启动再审具有足够的正当性，从长远来看无疑是我国民事诉讼再审制度的发展趋势。但就我国目前的实际情况而言，还有必要保留法院的这一权力，只是应当作出严格的限制。对法院依职权启动再审暂时予以保留，可以说是我国民事诉讼模式从职权主义向当事人主义过渡的体现。从《民事诉讼法》的规定来看，一个民事案件，经过一审，对一审的法院裁判不服可依法上诉适用二审程序审理，对二审的法院生效裁判不服可依法向法院申请再审，认为法院再审裁判错误的，还可以向检察机关申请提出再审检察建议或者抗诉，这种被称为"三加一"的路线图，构筑了我国民事纠纷解决的程序运行轨道。在一般情况下，经过了这样的程序运行轨道，法院裁判出现错误的可能性很小，绝大多数当事人对法院的裁判会予以服从。但在司法实践中，由于各方面因素的影响，在经历了"三加一"路线图的程序运行轨道后，仍有个别当事人继续信访申诉。有学者认为，应以"法治思维"重塑我国的申诉信访机制。[2] 但无论我国的申诉信访机制如何重塑，都不能对申诉人的正当诉求完全加以排斥和否定。就民事诉讼而言，如果当事人的申诉确需法院再审，《民事诉讼法》上又无法院依职权启动再审的规定，法院的再审在《民事诉讼法》上就找不到依据。这是保留法院依职权启动再审最主要的理由。王亚新教授对这一理由进行了较为深入的论述，认为法院依职权提起再审的程序是涉诉信访制度与再审制度之间暂时还不能缺少的一种衔接；[3] "是对已经穷尽法定程序仍在不断申诉信访而且确实需要纠错的少数案件采取'兜底'或'补漏'式救济"。[4] 因此，2007 年和2012 年修改《民事诉讼法》时，"人大法工委研究认为，多一条纠正错案的

---

〔1〕 林洋、陈琼丽："民事案由性质的反思与重构——兼论既判力职权援引规则"，载《中国石油大学学报（社会科学版）》2017 年第 6 期，第 46~51 页。

〔2〕 王德新：《诉讼文化冲突与民事诉讼制度的变革》，知识产权出版社 2017 年版，第 243~249 页。

〔3〕 王亚新："民事审判监督制度整体的程序设计——以《民事诉讼法修正案》为出发点"，载《中国法学》2007 年第 5 期，第 189 页。

〔4〕 王亚新、陈杭平、刘君博：《中国民事诉讼法重点讲义》，高等教育出版社 2017 年版，第 285 页。

途径有利于进一步实现司法公正，况且在特殊情形下，如国家外交对等因素等，有法条依据就会有支撑，立法机关基于上述理由而未采纳废除的意见"。〔1〕

二、既判力理论指导下法院依职权启动民事诉讼再审程序相关问题的探讨

1982 年《民事诉讼法（试行）》第 157 条、1991 年《民事诉讼法》第 177 条、2007 年《民事诉讼法》第 177 条、现行《民事诉讼法》第 198 条都对法院依职权启动再审作了规定。〔2〕这些规定都十分原则。法院依职权启动再审的弊端，在理论界和实务界已经形成共识，学者们对法院依职权启动再审的适用范围进行了探讨。有学者认为，有四种案件法院可以依职权启动再审：一是生效裁判确实损害了案外人利益，又不符合提起第三人撤销之诉的案件；二是检察机关建议再审的案件；三是涉及国家利益、社会公共利益，裁判结果确有错误的案件；四是极少数当事人不得申请再审，但确有明显错误确有改判必要的案件。〔3〕这种认识可能对司法实践有一定的指导作用，但在理论上缺乏正当性的分析。〔4〕笔者认为，在暂时保留法院依职权启动再审的情形下，当事人的申诉仍是法院依职权启动民事诉讼再审程序的前提，并且，法院依职权启动民事诉讼再审程序的条件应当较为严格。

（一）当事人申诉是法院依职权启动民事诉讼再审程序的前提

2008 年最高人民法院《适用民诉法审监程序解释》第 30 条对法院依职权启动再审规定了两个条件：一是当事人未申请再审，检察机关未抗诉。二是法院的生效裁判存在损害国家利益、社会公共利益等确有错误的情形。有学者认为，这一规定在 2012 年《民事诉讼法》实施后仍然具有适用意义。〔5〕

---

〔1〕　孙祥壮：《民事再审程序：从立法意图到司法实践》，法律出版社 2016 年版，第 34 页。

〔2〕　即：各级法院院长对本院已经生效的裁判发现确有错误认为需要再审的，应当提交审判委员会讨论决定；最高人民法院对地方各级法院已经生效的裁判，上级法院对下级法院已经生效的裁判，发现确有错误的，有权提审或者指令下级法院再审。

〔3〕　江必新主编：《民事诉讼法新制度讲义》，法律出版社 2013 年版，第 321 页；江必新、孙祥壮、王朝辉：《新民事诉讼法审判监督程序讲座》，法律出版社 2012 年版，第 32 页。

〔4〕　例如，就极少数当事人不得申请再审但确有明显错误确有改判必要的案件而言，既然该案件当事人不得申请再审，该案就不属于可以适用民事诉讼再审程序的对象，法院同样不得依职权启动再审。

〔5〕　梁展欣编：《民事诉讼法的变革》，人民法院出版社 2016 年版，第 34~35 页。

李浩教授据此认为，法院决定再审的条件为：生效裁判、调解协议确有错误，且存在损害国家利益、社会公共利益的情形；当事人未申请再审，检察机关未提出抗诉。[1]有学者认为，"当事人未申请再审，检察机关也没有抗诉"是法院依职权启动再审的条件之一。[2]从内容上看，上述两个条件对法院依职权启动再审进行了十分严格的限制。但笔者认为，这两个条件的限制并不具有合理性。在这种情形下法院依职权启动再审明显违背了"不告不理"的原则，与民事诉讼处分原则相冲突，也明显不符合民事诉讼法的立法精神，在程序运行过程中会存在诸多难以解决的问题。即使法院认为存在损害国家利益、社会公共利益的情形，法院也不能主动依职权启动再审。法院是裁决民事纠纷的机关，虽然在审理案件过程中对国家利益、社会公共利益的维护需要予以考虑，但国家利益、社会公共利益的代表机关并不是法院，对有损国家利益和社会公共利益错误情形的生效裁判予以纠正，完全可以通过对检察机关的抗诉事由进行完善来实现，[3]应当建议检察机关对这种案件进行审查以决定是否提出再审检察建议或者抗诉。从《民事诉讼法》的规定来看，"法律规定的机关和有关组织"以及"检察机关"才是法定的代表国家利益、社会公共利益的机关。因此，2008 年最高人民法院《适用民诉法审监程序解释》第30 条的这一规定，与法院的职能并不相适应。

不能认为法院依职权启动再审可以不需要当事人提出主张，只是当事人的这种主张不是严格意义上诉讼法上的主张，如果当事人不请求对案件进行再审，法院主动依职权启动再审就是对当事人处分权的侵犯，不符合民事诉讼的本质。"诉讼要发生，就必须从外部开始。除了非常例外的情形，法院不能主动启动任何诉讼。"[4]张卫平教授指出，依司法的消极性（被动性）要求，法院不应当在当事人没有主张权利救济时对错误的判决主动予以纠正。[5]就民事诉讼立法而言，之所以目前仍然保留法院依职权启动再审这一方式，主要是考虑到极少数的民事案件，当事人向法院申请再审和向检察机关申请

---

〔1〕 李浩：《民事诉讼法学》（第 2 版），法律出版社 2014 年版，第 395 页。

〔2〕 王学棉、蒲一苇、郭小冬：《民事诉讼法教程》，北京大学出版社 2016 年版，第 411 页。

〔3〕 冯浩：《民事再审事由研析》，中国法制出版社 2016 年版，第 225 页。

〔4〕 ［英］J. A. 乔罗威茨：《民事诉讼程序研究》，吴泽勇译，中国政法大学出版社 2008 年版，第 17 页。

〔5〕 张卫平："民事再审：基础置换与制度重建"，载《中国法学》2003 年第 1 期，第 105 页。

提出再审检察建议或者抗诉后，当事人对法院的再审裁判仍然不服而申诉，当事人依民事诉讼法所享有的救济机会已经不存在。如果当事人的申诉确实有理由，法院依职权启动再审就有民事诉讼法上的依据。

（二）法院依职权启动民事诉讼再审程序的条件

（1）只有当事人在向法院申请再审和向检察机关申请提出再审检察建议或者抗诉之后，当事人才可向法院申诉由法院依职权启动再审。

2007年《民事诉讼法》修正以后，有学者主张，法院依职权启动再审应被严格限定在当事人申请再审权行使过后。2012年《民事诉讼法》规定了向法院申请在先、向检察机关申请提出再审检察建议或者抗诉在后的程序运行规则。笔者进一步主张，法院依职权启动再审的权力，只有在当事人向法院申请再审、再向检察机关申请提出再审检察建议或者抗诉之后才能行使。也就是说，在当事人能够行使向法院申请再审的权利，能够向检察机关申请提出再审检察建议或者抗诉时，法院不能依职权启动再审。这种主张的基本理由在于：首先，当事人可以向法院申请再审或者向检察机关申请提出再审检察建议或抗诉，意味着还有可能使再审程序启动，而法院依职权启动再审就显得多余了。其次，在当事人可以向法院申请再审或者向检察机关申请提出再审检察建议或抗诉时，如果法院也可以依职权启动再审，就会存在启动再审程序的多种途径，会造成民事诉讼再审程序运行的混乱局面，也不利于对法院生效裁判既判力的维护。

（2）请求法院依职权启动再审的申诉人属于民事诉讼再审程序当事人的范围。

（3）请求法院依职权启动再审的申诉人的诉讼请求，应当符合对民事诉讼再审诉讼请求的要求。

（4）请求法院依职权启动再审的申诉人主张了《民事诉讼法》第200条或第201条规定的再审事由，法院经审查该再审事由成立。申诉人在以往的上诉或再审中主张的再审事由被驳回，或者当事人知道再审事由但在以往的上诉或再审中未提出主张，不得作为法院依职权启动再审的事由。

法院依职权启动再审的事由，依《民事诉讼法》第198条的规定，为对已经生效的判决、裁定、调解书发现确有错误。有学者认为，法院依职权启动再审不必遵从再审事由的设定，只需法院审查认为原裁判确有错误即可，"确有错误"的标准应当接近或者等同于改错的标准,需要改变裁判结果。[1]但是,"发现确有错误"是一个十分原则和抽象的规定,不符合确定再审事由的明确具体原则。启动本案再审的"密码"是再审事由,密码不对自然无法开启本案再审。[2]从诉讼理论而言,法院依职权启动再审无需再审事由的观点是不能成立的。在探讨法院启动再审的事由时,江伟教授主编的《民事诉讼法学》(第3版)认为:"按照司法统一和当事人适用法律一律平等的基本原则,处于相同情形的当事人,通过不同途径启动再审,应当适用相同的事由和标准。"[3]从行政诉讼立法的规定来看,2014年修改《中华人民共和国行政诉讼法》时,当事人申请再审和检察机关启动再审、法院依职权启动再审的事由是一致的。行政诉讼立法的这种做法值得民事诉讼于立法时予以借鉴,可以作为理解法院依职权启动民事诉讼再审条件的参考。有学者指出,法院依职权启动民事诉讼再审条件的"发现生效裁判确有错误",应当被理解为《民事诉讼法》第200条针对当事人申请再审时应符合的13种情形之一。[4]从民事诉讼再审事由确定的统一性原则和明确具体原则来考虑,不仅民事诉讼中当事人申请再审与检察机关通过抗诉或再审检察建议启动再审的事由应当统一,法院依职权启动再审的事由也应当与当事人申请再审、检察机关通过抗诉或再审检察建议启动再审的事由相同。因此,《民事诉讼法》第198条规定的"各级人民法院院长对本院已经发生法律效力的判决、裁定、调解书,发现确有错误",并不是指法院依职权启动再审不需要再审事由,而应当理解为已经生效的判决、裁定存在《民事诉讼法》第200条规定的情形之一,已经生效的调解书存在《民事诉讼法》第201条规定的情形。

　　法院依职权启动再审虽然要以当事人的申诉为前提,但它不同于当事人向法院申请再审。法院依职权启动再审,不仅要从形式上审查申诉人提出的再

---

　　[1] 孙祥壮:《民事再审程序:从立法意图到司法实践》,法律出版社2016年版,第36~37页。江必新、孙祥壮、王朝辉:《新民事诉讼法审判监督程序讲座》,法律出版社2012年版,第34页。江必新主编:《民事诉讼法新制度讲义》,法律出版社2013年版,第322页。江必新主编:《新民事诉讼法理解适用与实务指南》,法律出版社2012年版,第723页。孙祥壮:《民事再审程序原理精要与适用》,中国法制出版社2010年版,第51页。

　　[2] 张卫平:《民事诉讼法学:分析的力量》,法律出版社2016年版,第131页。

　　[3] 江伟主编:《民事诉讼法学》(第3版),北京大学出版社2015年版,第310页。

　　[4] 周航宇、陈晨:"论我国民事再审程序的启动",载《黑龙江省政法管理干部学院学报》2016年第1期,第90页。

审事由，而且还要对申诉人提出的再审事由进行实质性审查。法院经审查该再审事由成立时才能依职权启动再审。尤为重要的是，再审事由的补充性原则同样适用于法院依职权启动再审。当事人在以往的上诉或再审中主张的再审事由被驳回，或者当事人知道再审事由但在以往的上诉或再审中未提出主张，不得作为法院依职权启动再审的事由。

（5）有权依职权启动再审的法院只能是作出最终生效裁判法院的上级法院。

2002 年最高人民法院《规范再审立案意见（试行）》第 1 条至第 4 条是在当时民事诉讼立法的背景之下规范各级法院的再审立案权，并未对法院依职权启动再审进行限制。2002 年最高人民法院《发回重审和指令再审规定》[1]第 2 条和 2003 年最高人民法院《正确适用发回重审和指令再审规定》[2]第 1 条、第 2 条的规定限制了再审启动权的次数，明确了对同一案件同一法院只能作出一次再审裁判的规则。[3]因此，法院依职权启动再审，只能由作出最终生效裁判法院的上级法院行使这一权力，作出最终生效裁判的法院无权依职权启动再审。需指出的一个问题是，依 2011 年最高人民法院《第一次全国民事再审审查工作会议纪要》第 29 条第 2 款的规定，上级法院裁定驳回再审申请，原审法院依职权决定再审，应报经上级法院同意。此种情形依现行《民事诉讼法》的规定是由当事人向检察机关申请提出再审检察建议或者抗诉，且有权依职权启动再审的法院只能是作出最终生效裁判法院的上级法院，这一规定在目前已经没有价值。

（6）法院依职权启动再审的案件，由法院信访部门受理当事人的申诉，

---

〔1〕　本书所称"2002 年最高人民法院《发回重审和指令再审规定》"，即《最高人民法院关于人民法院对民事案件发回重审和指令再审有关问题的规定》（法释〔2002〕24 号　2002 年 7 月 31 日）。

〔2〕　本书所称"2003 年最高人民法院《正确适用发回重审和指令再审规定通知》"，即《最高人民法院关于正确适用〈关于人民法院对民事案件发回重审和指令再审有关问题的规定〉的通知》（法〔2003〕169 号　2003 年 11 月 13 日）。

〔3〕　依 2002 年最高人民法院《发回重审和指令再审规定》第 2 条的规定，各级法院依职权对同一案件进行再审的，只能再审一次，上级法院指令下级法院再审的，只能指令再审一次，因下级法院违反法定程序而指令再审的除外，对下级法院生效的再审裁判上级法院认为需要再次进行再审的，应当依法提审。2003 年最高人民法院《正确适用发回重审和指令再审规定》第 1 条、第 2 条主要明确了两个问题：一是无论以何种方式启动再审，对本院生效的民事裁判各级法院一般只能再审一次；二是上一级法院对下级法院已经再审的案件认为需要再审的，应当提审，提审的上级法院对该案只能再审一次。

如不符合条件，用通知书的形式予以驳回。如果符合条件，经审判委员会讨论决定作出再审裁定，立案庭登记立案后，由审监庭负责审理。

法院依职权启动再审的程序，只需规定如不符合条件，用通知书的形式予以驳回，以区别于对当事人申请再审案件的处理。[1]如果符合条件，经审判委员会讨论决定作出再审裁定，立案庭登记立案后，由审监庭负责审理。对法院依职权启动再审的程序不必作出具体的规定，更不必在《民事诉讼法》中予以规定，在操作时可由法院灵活地予以运用，因为这种启动方式多数情况下是备而不用的，只是为了解决极少数情况下当事人的申诉才保留了这种启动方式。

---

〔1〕 孙祥壮：《民事再审程序：从立法意图到司法实践》，法律出版社 2016 年版，第 38~39 页。

| 第十章 |

既判力理论与民事诉讼再审程序的
审理和裁判规则研究

~~~✦~~~

一、既判力理论与民事诉讼再审程序的审理规则

（一）审理规则的适用原则

对再审案件审理规则的适用原则，1982 年《民事诉讼法（试行）》第 160 条、1991 年《民事诉讼法》第 184 条第 1 款、2007 年《民事诉讼法》第 186 条第 1 款和现行《民事诉讼法》第 207 条第 1 款都作了相同的规定。[1]2008 年最高人民法院《适用民诉法审监程序解释》第 31 条第 1 款也明确了法院应依民事诉讼法规定按照一审或者二审程序审理再审案件。2015 年最高人民法院《适用民诉法解释》第 426 条规定的对小额诉讼案件再审所作的判决、裁定可以上诉，实际上是再审案件审理程序适用规则的当然要求，并不具有特殊性。

对民事诉讼立法的上述规定，学者们有不同的意见。赵钢教授主张："再审案件均应适用二审程序审理，而不是像现在这样以原审程序为转移。除此之外，为了防止再审无度，案件的再审均需以一次为限，不得突破。"[2]傅郁林教授认为，现行立法关于再审案件审理程序的适用规则，缺乏对再审适用条件和程序功能的技术构造和充分认识，在再审职能分层、级别管辖权、避免刺激再审需求等方面产生了许多困境。再审程序是不同于一审和二审的独立程序，应当依其自身的价值目标和功能单独规定其运行方式，在再审程序中，依统一标准来设立程序控制和条件控制。[3]笔者认为，上述认识是具有

---

[1]　即：法院按照审判监督程序再审的案件，生效的裁判是一审法院作出的，按照一审程序审理；生效裁判是二审法院作出的或者上级法院按照审判监督程序提审的，按照二审程序审理。

[2]　赵钢：《民事诉讼法学专题研究（二）》，中国政法大学出版社 2015 年版，第 9 页。

[3]　傅郁林："司法职能分层目标下的高层法院职能转型——以民事再审级别管辖裁量权的行使为契机"，载《清华法学》2009 年第 5 期，第 127~128 页。

合理性的。再审程序作为独立的程序，实行一审终审，是指法院适用再审程序审理，无论法院的裁判是一审生效还是二审生效，先适用再审程序的特别规定，再审程序没有特别规定的，适用第一审普通程序的规定；当事人不得对法院适用再审程序审理所作的裁判提出上诉。这种程序设计最大的好处在于有利于发挥再审程序定纷止争的功能。依现行民事诉讼立法的规定，对一审生效裁判适用一审程序再审，再审后当事人又享有了上诉权，引起了程序的反复，对诉讼程序的稳定和法院裁判既判力的维护是不利的。

关于再审案件审理程序的适用规则，我国民事诉讼立法参照了大陆法系国家和地区的立法。在大陆法系国家和地区的民事诉讼制度中，规定了再审的诉讼程序准用关于各审级诉讼程序的规定，有特别规定的除外。例如，依《意大利民事诉讼法》第 400 条的规定，前述受理再审案件的法官，在不违反本章规定的前提下，应按照该法院审理相应案件时所遵循的法律规定来审理再审案件。大陆法系国家和地区之所以作出这样的规定，是因为他们认为再审之诉为原诉讼程序之重开，故除非程序规则不符合再审的性质，原裁判适用何种审级程序，再审案件的审理也同样适用该审级程序。问题在于，在我国的民事诉讼制度中，再审程序并不被认为是重开原审诉讼程序，在性质上再审程序是一种特殊的救济措施，是具有补救性质的程序。既然是一种特殊救济措施而不是原诉讼程序的重开，再审程序就应当是一种独立的程序从而与一审、二审程序相区分。

笔者认为，在今后修改《民事诉讼法》时，可以将再审程序作为与一审、二审相对分离的独立的审判程序加以规定，并规定再审程序实行一审终审。在我国现行民事诉讼立法的条件下，仍然要深入研究再审案件审理的特殊规则。对再审案件审理程序的适用规则作如下的规范：法院审理再审案件的程序，法律或者司法解释有特别规定的，适用法律或者司法解释的特别规定。法律或者司法解释没有特别规定的，生效裁判是二审法院作出的，或者生效裁判是由一审法院作出但由上级法院提审的，按照二审程序审理。生效裁判是一审法院作出且上级法院没有提审而是由一审法院审理的，按照一审程序审理。

（二）裁定中止法院原裁判的执行

1982 年《民事诉讼法（试行）》第 158 条、1991 年《民事诉讼法》第 178 条、2007 年《民事诉讼法》第 178 条、现行《民事诉讼法》第 199 条都规定了申请再审对原裁判的执行力不产生影响。但是，法院经过审查，认为再审事由成立裁定再审，案件就会进入再审案件的审理阶段。被裁定再审的案件是已经产生既判力的法院生效裁判，在法院的生效裁判仍具有既判力的情况下，法院对案件的再次审理是无法进行的，因为既判力禁止后诉法院的重新审理和相异判断。否则，不利于维护法院生效裁判的权威性和公信力，甚至会导致既判力理论名存实亡。为了使法院裁定再审后顺利地进行再审案件的审理，法院生效裁判的既判力不能对法院产生拘束力。如何认识和解决这一问题，存在不同的主张和做法。

在德国，如果认为再审事由成立而法院决定再审，必须撤销法院原生效裁判，案件才能进入再审的审理阶段，即使再审的裁判结果与法院原生效裁判的结果相同，也需要将法院原生效裁判予以撤销，因为法院原生效裁判存在再审事由，系有瑕疵的裁判，对其予以确认或者维持是不合法的。日本学者小山升赞同德国的这一做法，认为只要法院的原生效裁判存在再审事由，就应予以撤销而使其既判力丧失，然后再进行再审案件的审理，在再审裁判结果与法院原生效裁判的结果相同时，并不是法院原生效裁判的既判力之延伸，而是对再审裁判新的既判力的重新赋予。[1]德国采取这种做法是因为再审被定位为恢复裁判的公信力而纠错，新裁判形式上的意义在于它通过再审程序获得了公信力，因而不同于原判。[2]

日本的做法不同于德国，如果认为再审事由成立而决定开始再审，不必事先撤销法院原生效裁判，要依再审的审理结果来确定是否撤销法院原生效裁判，如果再审审理认为虽然存在再审事由但法院原生效裁判正当，则驳回再审之诉。日本之所以没有采用德国的做法，最重要的理由在于再审并不是对法院原生效裁判的整个案件进行再次审理，再审的范围被限定为"不服申请的范围之内"，对整个法院原生效裁判在再审案件作出裁判之前予以撤销是没有必要的。对再审案件的审理与法院生效裁判既判力之间的关系，日本不少学者认为，再审程序冲破法院原生效裁判的既判力是理所当然的事情，但也有学者对此进行了探讨。兼子一认为，虽然在一般情况下法院生效裁判的

---

〔1〕　吴杰主编：《民事再审原理及程序构造》，法律出版社 2012 年版，第 115 页。

〔2〕　陈桂明："再审事由应当如何确立——兼评 2007 年民事诉讼法修改之得失"，载《法学家》2007 年第 6 期，第 4 页。

既判力应当失效而被撤销，在此基础上才开始对原诉讼标的的审理，但在某些情况下如果发现法院原生效裁判并无不当，不一定先要将法院原生效裁判予以撤销才开始审理再审案件，在再审结果认定法院原生效裁判不正确时，才能使法院原生效裁判的既判力失效。[1]在再审审理阶段，法院原生效裁判的既判力之所以不产生作用，日本学者伊藤真认为，是因为再审案件审理后作出的撤销判决之效果可以被追溯到法院认定再审事由之时。日本学者加波真一认为，是因为再审事由成立表明法院原生效裁判存在瑕疵，因而其既判力正当化的根据应当被否定。日本学者坂原正夫认为，法院认定再审事由决定再审，仅在再审程序中停止生效裁判的既判力，再审对既判力的作用只能局限于再审程序的范围之内。

在我国，1982年《民事诉讼法（试行）》第159条、1991年《民事诉讼法》第183条和2007年《民事诉讼法》第185条均规定按照审判监督程序决定再审的案件，裁定中止原判决的执行，裁定由院长署名，加盖法院印章。现行《民事诉讼法》第206条对这一问题的规定有三点变化：一是将裁定中止原判决的执行修改为裁定中止原判决、裁定、调解书的执行，使中止执行的对象更为周全。二是规定了追索赡养费、抚养费、抚育费、抚恤金、医疗费、劳动报酬等案件，可以不中止执行，以体现对此类案件权利人生活急需的特殊考虑。三是删除了"裁定由院长署名，加盖法院印章"的规定，解决了实践中存在的裁定再审中止执行由院长署名，而再审裁判由合议庭署名的不合理的现象。2013年最高人民法院办公厅《民事再审审查工作座谈会纪要》第11条规定了对于不予受理、驳回起诉或者驳回当事人全部诉讼请求等没有执行内容的裁判裁定再审的可以不中止执行，同时明确了对其他裁判裁定不中止执行的应当从严掌握。2015年最高人民法院《适用民诉法解释》第396条对裁定中止原裁判执行的程序作了规定。[2]

对我国民事诉讼制度确定的裁定再审中止法院原生效裁判执行的规定，学者们进行了探讨，有的对此持否定性的意见，有的主张应撤销法院原生效裁判。最高人民法院副院长江必新认为，应当取消启动再审一律停止法院原

---

〔1〕 吴杰主编：《民事再审原理及程序构造》，法律出版社2012年版，第114~115页。

〔2〕 依2015年最高人民法院《适用民诉法解释》第396条的规定，法院裁定再审依法需要中止执行的，应当在再审裁定书中写明中止原判决、裁定、调解书的执行；情况紧急的，可以将中止执行裁定口头通知负责执行的法院，并在通知后10日内发出裁定书。

裁判执行的制度，进一步限缩启动再审停止法院原裁判执行的范围，审监程序不应当成为当事人规避执行的"避难所"。[1]有学者认为，应确定再审不中止原判的执行，因为如果对提起再审的案件都中止执行，不利于对法院裁判既判力的维护，不利于债权人实现自己的债权，可能起到鼓励当事人申请再审的引导作用，当事人（债务人）也可能滥用再审申请权来拖延执行。[2]江伟教授主编的《民事诉讼法学》（第3版）则认为："立案再审的裁定必须撤销生效裁判，中止其既判力。"[3]李浩教授也认为，法院裁定再审时，撤销原判决是最好的选择，其优越性在于：符合再审制度的目的，是再审中诉讼标的特殊性之体现，适合再审案件的审理过程，与判决效力的理论相吻合，与上诉制度中发回重审的做法相一致，能够明确无误地表明再审是有充分理由的，有助于增进对程序公正的重视。[4]

笔者认为，法院裁定对案件进行再审之前，裁定撤销法院原生效裁判，可能是与既判力理论最相吻合的，可以作为今后对《民事诉讼法》修改时予以考虑的建议。在探索这一问题时，还是要把落脚点回到《民事诉讼法》的规定上来。从立法精神来看，《民事诉讼法》之所以规定裁定再审原则上中止法院原裁判的执行，是为了防止再审改判以后执行回转不能或者执行回转的困难。这种考虑也许有一定的道理，但并不全面。有的案件在法院裁定再审时已经执行完毕，中止执行已无意义。有的案件申请再审的当事人是胜诉方，只是因其权利没有得到法院生效裁判的完全支持而申请再审。如果法院裁定再审后中止执行，其已经获得法院生效裁判支持的权利反而暂时不能得到实现。当然，也有的案件申请再审的当事人是败诉方，其申请再审可能是为了拖延或者规避执行。实际上，真正有必要中止执行的主要是这种情形。即使对这种情形，也应当兼顾对当事人双方利益的平等保护。有学者主张："为尽量避免再审立案对生效裁判稳定性和再审被申请人利益的影响，在实行再审

---

〔1〕　江必新："论民事审判监督程序之完善"，载《中国法学》2011年第5期，第134页。江必新："审判监督制度的基本理念"，载《人民司法》2012年第13期，第24页。江必新：《新诉讼法讲义：再审的理念、制度与机制》，法律出版社2013年版，第71页。

〔2〕　詹伟雄："论民事再审程序之重构——以司法实践为视角"，载《民事程序法研究·第四辑》，第345~346页。

〔3〕　江伟主编：《民事诉讼法学》（第3版），北京大学出版社2015年版，第314页。

〔4〕　李浩："民事再审程序的修订：问题与探索——兼评《修正案（草案）》对再审程序的修订"，载《法律科学（西北政法学院学报）》2007年第6期，第143~144页。

立案不中止执行原生效裁判的原则的同时，应规定被申请执行人提供担保可以成为中止执行的例外。"[1]需要当事人提出申请并提供担保才可以中止执行，以防止当事人借再审程序的启动来逃避法律责任，如果再审审理后最终维持原判，申请中止执行的当事人应当赔偿对方当事人因中止执行所遭受的损失。[2]还需要指出的是，《民事诉讼法》第206条规定，追索赡养费、抚养费、抚育费、抚恤金、医疗费、劳动报酬等案件可以不中止执行是为了解决这些案件当事人紧迫的诉讼请求。按照江伟教授主编的《民事诉讼法学》（第3版）的理解："在再审程序中，这些紧迫的诉讼请求已经两级审判并已获得终审裁判的支持，可以推定其'权利义务关系明确'，符合第107条规定的另一条件。因此，法律直接规定这些案件可以先予执行，换一个角度，这些被立案再审裁定临时撤销、效力待定的原判决、裁定、调解书'可以不中止执行'。"[3]

根据上述分析，对《民事诉讼法》规定的"裁定中止原裁判的执行"，可从以下几个方面予以规范：一是法院裁定再审，对追索赡养费、抚养费、抚育费、抚恤金、医疗费、劳动报酬等案件，可以不中止执行。二是对其他案件，法院裁定再审中止执行应当具备以下条件：案件有执行内容；案件尚未执行完毕；由当事人提出申请并提供担保，再审审理后最终维持原判的，申请中止执行的当事人应当赔偿对方当事人因中止执行所遭受的损失。三是法院裁定再审决定中止执行的，应当在再审裁定书中写明中止原判决、裁定、调解书的执行，情况紧急的，可以将中止执行裁定口头通知负责执行的法院，并在通知后10日内送达裁定书。

（三）再审案件审理法院的确定

从域外民事诉讼立法来看，再审程序三个阶段的工作都是在同一法院完成的，不存在再审之诉合法性审查、再审事由审查与再审案件审理的法院相分离的情形。在我国的民事诉讼制度中，在法院裁定再审的同时，还存在需要确定再审案件审理法院的问题。这主要是因为我国大多由高级人民法院甚至最高人民法院管辖再审案件，如果在裁定再审后，对再审案件有管辖权的法

---

〔1〕 康万福：《民事再审制度理念与机制研究》，中国政法大学出版社2016年版，第181页。

〔2〕 杨逸强："审判监督与强制执行利益平衡问题研究"，载《人民司法》2013年第1期，第108页。

〔3〕 江伟主编：《民事诉讼法学》（第3版），北京大学出版社2015年版，第314页。

院都由自己审理，工作负担过重。因此，在我国，法院裁定再审时，在一般情形下由作出再审裁定的法院审理再审案件，但在作出再审裁定的法院是作出生效裁判的法院的上级法院时，《民事诉讼法》规定可以指令下级法院再审或者指定下级法院再审。[1]对再审案件审理法院的确定，主要应当明确以下几个问题：

1. 确定的原则

无论以何种方式启动再审，原则上应当由作出再审裁定的法院负责再审案件的审理，在例外情形下才能指令或者指定下级法院再审。因为无论指令再审还是指定再审，负责再审案件审理的法院与裁定再审的法院都不是同一法院，会给当事人进行诉讼造成不便，使当事人的诉讼成本因此提高，并且也不方便法院对审判工作进行有效的管理。

2. 关于指令再审的问题

关于指令再审的问题，我国的民事诉讼立法和最高人民法院的司法解释多次作了规定。1982年《民事诉讼法（试行）》第157条第2款和1991年《民事诉讼法》第177条第2款赋予了上级法院对下级法院的生效判决、裁定予以提审或者指令再审的自由裁量权。1995年最高人民法院《上一级检察院对基层法院生效裁判向中院抗诉可否交基层法院再审复函》[2]同样赋予了中级人民法院就上一级检察机关对基层法院的生效民事判决、裁定提出抗诉的案件，可以自己再审也可以交由原作出生效裁判的基层法院再审的自由裁量权。依2001年最高人民法院《审监工作座谈会纪要》第5条和第16条第1款的规定，上一级法院认为下级法院已经再审但确有必须改判的错误的，以及检察机关对生效的再审裁判提出抗诉的应当提审，下级法院以驳回通知书复查结案或者以驳回起诉再审结案的，以及检察机关对一般的生效裁判提出抗诉的应当指令再审，对提审和指令再审的适用情形进行了一定程度的明确，首次规定了对下级法院已经再审审理的案件上级法院原则上不得指令再审而应当提

---

〔1〕　所谓指令下级法院再审，是指指令作出生效裁判的法院再审；所谓指定下级法院再审，是指指定与作出生效裁判的法院同级的其他法院再审。

〔2〕　本书所称"1995年最高人民法院《上一级检察院对基层法院生效裁判向中院抗诉可否交基层法院再审复函》"，即《最高人民法院关于上一级人民检察院对基层人民法院已发生法律效力的判决、裁定向中级人民法院提出抗诉，中级人民法院可否交基层人民法院再审的复函》（〔1995〕法民字第24号　1995年10月9日）。

审。2002 年《发回重审和指令再审规定》第 3 条规定，同一法院对当事人申请再审的案件原则上只能再审一次。2003 年最高人民法院《正确适用发回重审和指令再审规定》对各级法院对一个民事案件只能再审一次更加强调。[1] 依2007 年《民事诉讼法》第 181 条第 2 款的规定，当事人申请再审的案件一般由中级以上法院审理，最高人民法院、高级人民法院裁定再审的案件可以由本院再审，也可交原审法院再审或交其他法院再审。对检察机关抗诉案件的审理法院，2007 年《民事诉讼法》第 188 条规定为裁定再审的法院，只有因证据瑕疵的事由提出抗诉的案件才可以交下一级法院再审，改变了检察机关抗诉的案件原则上由作出生效裁判的法院再审的规则。2007 年《民事诉讼法》第 177 条第 2 款的规定与 1991 年《民事诉讼法》第 177 条第 2 款对法院依职权启动再审、提审或者指令再审的规定相同。2008 年最高人民法院《适用民诉法审监程序解释》第 27 条对当事人申请再审案件审理法院的规定，明确了由裁定再审的法院提审为原则，内容与 2007 年《民事诉讼法》第 181 条第 2 款的规定基本相同，第 29 条规定了不得指令原审法院的四种情形，[2]对指令再审进行了必要的限制。2009 年最高人民法院《受理审查民事申请再审案件的若干意见》第 27 条明确了由裁定再审的法院审理为原则，第 28 条规定了可以指令原审法院再审的 3 种情形。[3]2011 年最高人民法院《第一次全国民事再审审查工作会议纪要》第 29 条第 1 款规定了上级法院裁定指令再审的案件，原审法院应当及时将再审结果反馈给上级法院。现行《民事诉讼法》第 204 条第 2 款对当事人申请再审审理法院的规定与 2007 年《民事诉讼法》第 181 条第 2 款的规定相比，因调整了申请再审案件的管辖法院增加了"但

---

〔1〕 依 2003 年最高人民法院《正确适用发回重审和指令再审规定》第 1 条、第 2 条和第 3 条的规定，对本院已经生效的民事判决、裁定，不论以何种方式启动，各级法院一般只能再审一次；上一级法院认为下级法院已经再审的民事案件需要再审的，应当依法提审，提审的法院对该案件只能再审一次；检察机关抗诉的案件，一般由作出生效裁判的法院再审，作出生效裁判的法院已经再审过的，由上一级法院提审，或者指令该法院的其他同级法院再审。

〔2〕 2008 年最高人民法院《适用民诉法审监程序解释》第 29 条规定的不得指令原审法院的四种情形为：原审法院对该案无管辖权的；审判人员在审理该案时有贪污受贿、徇私舞弊、枉法裁判行为的；原审判决、裁定系经审判委员会讨论作出的；其他不宜指令原审法院再审的。

〔3〕 依 2009 年最高人民法院《受理审查民事申请再审案件的若干意见》第 28 条的规定，可以指令原审法院再审的三种情形为：根据《民事诉讼法》第 179 条第 1 款第 8 项至第 13 项事由提起再审的；因违反法定程序可能影响案件正确判决、裁定提起再审的；上一级人民法院认为其他应当指令原审法院再审的。

当事人依照本法第一百七十九条的规定选择向基层人民法院申请再审的除外"的规定，第 211 条对抗诉案件审理法院的规定与 2007 年《民事诉讼法》第 188 条第 2 款的规定相比，增加了"但经该下一级人民法院再审的除外"的规定，体现了法院对一个民事案件只能再审一次的程序规则，第 198 条第 2 款对法院依职权启动再审、提审或者指令再审的规定与 1991 年《民事诉讼法》、2007 年《民事诉讼法》的规定基本相同，只是增加了"调解书"。2013 年最高人民法院办公厅《民事再审审查工作座谈会纪要》第 9 条和第 10 条明确了由裁定再审的法院审理，没有对裁定再审的法院可以指令再审作出规定。依 2015 年最高人民法院《适用民诉法解释》第 418 条的规定，申请再审被驳回的案件，检察机关因证据瑕疵的事由提出抗诉的，可交下一级法院再审。为了规范再审程序中指令再审的适用，2015 年最高人民法院《民事审监程序指令再审和发回重审规定》具体规定了指令再审的有关问题，第 1 条规定了对指令再审不得降低再审启动的标准，不得将不应再审的案件指令再审，第 2 条第 1 款规定了当事人申请再审的案件一般由裁定再审的法院审理，但又规定了最高人民法院、高级人民法院可以指令原审法院再审的四种情形，[1]与 2009 年最高人民法院《受理审查民事申请再审案件意见》第 28 条规定相比有明显的不同，尤其强调了其他情形应经审判委员会讨论决定，第 2 条第 2 款规定了检察机关抗诉启动再审的审理法院，但对《民事诉讼法》第 211 条第 2 款规定的"但经该下一级人民法院再审的除外"没有作出规定，第 2 条第 3 款明确了法院依职权启动再审的，不能指令下级法院再审，第 3 条规定了对当事人申请再审的案件即使符合指令再审条件也应当提审的六种情形，[2]第 6 条规定了上级法院裁定指令再审的应当在裁定书中阐明指令再审的具体理由，第 9 条规定了违反指令再审的规定应当依照相关规定追究有关人员的责任。

---

　　〔1〕　依 2015 年最高人民法院《民事审监程序指令再审和发回重审规定》第 2 条第 1 款的规定，最高人民法院、高级人民法院可以指令原审法院再审的四种情形为：依《民事诉讼法》第 200 条第 4 项、第 5 项或者第 9 项裁定再审的；生效裁判是由一审法院作出的；当事人一方人数众多或者当事人双方为公民的；经审判委员会讨论决定的其他情形。

　　〔2〕　依 2015 年最高人民法院《民事审监程序指令再审和发回重审规定》第 3 条的规定，对当事人申请再审的案件即使符合指令再审条件也应当提审的六种情形为：原判决、裁定系经原审法院再审审理后作出的；原判决、裁定系经原审法院审判委员会讨论作出的；原审审判人员在审理该案时有贪污受贿、徇私舞弊、枉法裁判行为的；原审法院对该案无再审管辖权的；需要统一适用法律或者裁量权行使标准的；其他不宜指令原审法院再审的情形。

对指令再审制度持反对意见者较多。有学者认为，指令再审的缺陷在于，违背了管辖恒定的原则，缺乏必要的原则和依据，随意性大，发改率低，并且不利于再审纠错功能的发挥。[1]指令再审是上级法院指令原来作出生效裁判的法院再审，不少学者认为，其还存在几个方面的缺陷：一是尽管再审时要另行组成合议庭，但原来作出裁判的法官和审理再审案件的法官在同一法院，再审案件的公正处理难以保证。二是民事诉讼制度中再审案件管辖权上提的规则，一个重要的原因在于当事人存在向上寻求正义的心理。上级法院裁定再审后，指令下级法院再审，在再审结果不符合当事人预期的情况下，当事人在心理上大多不会放弃继续申诉的决心，再审息讼的功能会大大减损。三是指令再审也不利于节约诉讼成本和提高诉讼效率。对检察机关抗诉案件的指令再审，有学者认为，检察机关抗诉的案件必须提审不得指令下级法院再审。理由在于：法院审理抗诉案件的审级应与提起抗诉案件的检察机关级别相适应，抗诉案件检察机关是引起再审的主体，上级法院自行引起再审与上级检察机关抗诉引起的再审存在区别，检察机关抗诉后只有参加同级法院的再审活动才能真正实现其审判监督的作用。[2]民事抗诉案件指令再审，违反了法、检审级对等原则，混淆了两种审判监督权的属性，削弱了民事检察监督的权威，歪曲了当事人上诉权的原则。[3]同是抗诉案件，有的由上级法院审理，有的指令下级法院再审，不利于对当事人的审级利益的平等保护，也与检察院抗诉案件的审理法院等级不一致。[4]笔者认为，一律否定指令再审包括否定对检察机关抗诉案件的指令再审并不符合我国的实际情况，也不完全具有正当性。事实上，指令再审可以减轻上级法院审理再审案件的压力，对下级法院依法和公正地审理案件具有督促作用，在一定程度上也有利于法院审理和方便当事人诉讼，并且指令再审并不一定必然会影响再审案件的质量。就检察机关抗诉的案件而言，抗诉的法律效力只是启动再审，并不涉及

---

〔1〕 倪克平、陶新枝："民事再审诉讼管辖权反思与重构"，载《山东审判》2012年第4期，第104页。

〔2〕 石小申："试论人民法院对民事抗诉案件能否指令再审"，载《政治与法律》1992年第5期，第52~54页。

〔3〕 钱洁萍、丁旬、张罗宝："民事抗诉案件指令下级法院再审质疑"，载《山东法学》1994年第1期，第36~37页。

〔4〕 吴泽勇、刘新生："《民事诉讼法》修改与再审程序的变迁"，载《河南大学学报（社会科学版）》2008年第4期，第84页。

由哪一级法院审理抗诉案件的问题。

问题在于，虽然指令再审制度的存在具有合理性，但上级法院裁定再审的案件，上级法院提审是原则，指令再审只能是例外，实践中的情形却与之相去甚远。例如，北京市高级人民法院，2011 年 1 月至 2012 年 11 月，裁定再审案件 395 件，提审 60 件，占 15.18%，指令再审 335 件，占 84.82%。[1] 2013 年 1 月至 2015 年 5 月，河北省高级人民法院受理民事抗诉案件 338 件，提审 178 件，指令再审 160 件；各中级人民法院受理民事抗诉案件 385 件，提审 76 件，指令再审 309 件。[2] 从全国的情况来看，2013 年以前，指令再审的比例逐年提高，从 2007 年的 20% 左右上升到 2013 年的 60% 左右。[3] 2013 年以来，由于最高人民法院的司法解释严格控制指令再审，指令再审的比例有所下降，但远未达到理想的状态。例如，2014 年至 2015 年，河北省高级人民法院民事抗诉案件的指令再审率从 2013 年的 66% 下降至 29%，但各市中级人民法院的指令再审率仍然偏高，2013 年至 2015 年平均为 62%。[4]

从民事诉讼立法和最高人民法院司法解释的规定来看，它们都意图限制指令再审，但效果不太明显，主要在于立法和司法解释的规定虽然具有相当的合理性，但不太系统，有的问题规定也不太明确。齐树洁教授和陈爱飞博士认为，应从以下几个方面来改革与完善指令再审制度：一是提升原审裁判质量，降低发改率。二是谨慎运用自主决定权，适当利用指定再审。三是完善指令再审的审前沟通与审后反馈机制，提高指令再审效率。四是加大指令再审函件的指导力度，发挥指令再审的实质功能。[5] 上述意见虽有一定合理性，但不太具体。笔者认为，指令再审制度的改革和完善，最为核心的问题应当是合理地限制这一制度的适用。在我国的民事诉讼制度体系下，对指令再审可以作出以下几个方面的规范：

---

〔1〕 刘冬京、喻德红："民事指令再审制度的困惑与完善路径"，载《法学评论》2014 年第 1 期，第 151 页。

〔2〕 郎立惠、程周彪："关于审理民事再审抗诉案件情况的调研报告"，载《经济研究导刊》2016 年第 6 期，第 182 页。

〔3〕 周斌："最高法出新规治再审重审'任性'毛病"，载《法制日报》2015 年 3 月 16 日。

〔4〕 郎立惠、程周彪："关于审理民事再审抗诉案件情况的调研报告"，载《经济研究导刊》2016 年第 6 期，第 185 页。

〔5〕 齐树洁、陈爱飞："民事指令再审制度的反思与重构——以×市中院 2009~2013 年的数据为考察样本"，载《河南财经政法大学学报》2016 年第 4 期，第 70~71 页。

第一，法院裁定再审，以裁定再审的法院审理再审案件为原则，以指令下级法院再审为例外。

第二，对本院的生效裁判裁定再审的，由裁定再审的法院审理再审案件，不得指令下级法院再审。

指令再审只适用于上级法院对下级法院的生效裁判裁定再审的情形。对本院生效裁判指令下级法院再审，不符合我国再审案件管辖制度的确定原则，下级法院也无法对上级法院生效裁判再次进行审理。

第三，对当事人申请再审的案件和检察机关抗诉的案件裁定再审后指令再审的条件。

从最高人民法院有关司法解释的规定来看，对这两种启动再审的方式限制再审的规则有的是相同的，有的则存在区别，有的规定是不太恰当的。例如，对指令再审的再审事由，就抗诉案件而言，为《民事诉讼法》第200条第1项至第5项的证据瑕疵方面的再审事由，2007年《民事诉讼法》也有相同的规定。但是，从2008年最高人民法院《适用民诉法审监程序解释》第29条、2009年最高人民法院《受理审查民事申请再审案件意见》第27条、2015年最高人民法院《民事审监程序指令再审和发回重审规定》第2条第1款和第3条对当事人申请再审案件指令再审的再审事由之规定来看，是较为反复且较为混乱的。笔者认为，《民事诉讼法》将对检察机关抗诉的案件指令再审的再审事由规定为《民事诉讼法》第200条第1项至第5项的证据瑕疵方面的再审事由是具有合理性的。因证据瑕疵启动再审，由作出生效裁判的法院审理再审案件，有利于案件事实的查明。当事人申请再审的案件，与检察机关抗诉的案件相比，只是启动的主体不同，在指令再审的再审事由上进行区分并无充分的理由，完全可以适用《民事诉讼法》关于对检察机关抗诉的案件指令再审的规定。最高人民法院有关司法解释的其他某些规定也存在值得商榷的地方。例如，2008年最高人民法院《适用民诉法审监程序解释》第29条和2015年最高人民法院《民事审监程序指令再审和发回重审规定》第2条第3款关于"其他不宜指令原审法院再审"的规定不太具体，司法实务中不好操作。2009年最高人民法院《受理审查民事申请再审案件意见》第28条和2015年最高人民法院《民事审监程序指令再审和发回重审规定》第2条第1款规定的其他情形可以指令再审，给法院的裁量权过大。2015年最高人民法院《民事审监程序指令再审和发回重审规定》第2条第1款规定的生效裁判是由一审法院作出的，以及当事人一方人数众多或者当事人双方为公民的可以指令再审，并不十分恰当，因为生效裁判是一审法院作出的，一审法院审理再审案件适用的是一审程序，当事人对再审裁判可以依法上诉，如果不指令再审而是提审，则适用二审程序审理，所作的再审裁判当事人不得上诉。因此，对生效裁判是一审法院作出的指令一审法院再审，不利于尽快审结民事再审案件。至于一方当事人人数众多或者当事人双方为公民的案件，在申请再审的管辖法院确定上已经赋予了当事人选择的权利，如果当事人选择向上级法院申请再审，上级法院裁定再审后又指令原审法院再审，不符合当事人行使程序选择权的主观意愿。依 2015 年最高人民法院《民事审监程序指令再审和发回重审规定》第 3 条的规定，对当事人申请再审的案件，原判决、裁定系经原审法院再审审理后作出的不得指令再审而应当提审。这一规定也是不准确的。因为按照现行民事诉讼制度的设计，对法院的再审裁判当事人是不能再次申请再审的，该条规定的"原审法院对该案无管辖权的"应当提审而不能指令再审，含义并不明确。当然，最高人民法院以往的司法解释的规定，也有许多值得肯定的地方。例如，同一法院对同一案件只能再审一次；原审裁判是经原审法院审判委员会讨论决定作出的不得指令再审；指令再审后，原审法院应当及时将再审结果反馈给上级法院；指令再审裁定应当说明具体理由；违反指令再审应当追究有关人员的责任。笔者还认为，为了对上级法院违反规定指令再审予以防止，下级法院和当事人应当享有提出异议的权利；被指令再审的下级法院只能对再审案件进行审理，不能审查再审事由，更不能对再审事由作出与上级法院相矛盾的判断。还需要讨论的一个问题是，能否依当事人的要求并在当事人缴纳上诉诉讼费用后将一审生效的裁判由上级法院依二审程序提审。2001 年最高人民法院《审监督工作座谈会纪要》第 22 条就抗诉案件对此作了规定。[1] 如果此种情形允许依当事人要求并在当事人缴纳上诉诉讼费用后将一审生效裁判由上级法院依二审程序提审，在程序运行过程中不好操作。上级法院裁定再审或决定提审的，当事人可以不缴纳上诉诉讼费用。一审法院裁定再审或上级法院指令再审的，当事人在缴纳上

---

[1] 2001 年最高人民法院《审监督工作座谈会纪要》第 22 条规定："对一审生效裁判文书抗诉的，当事人要求二审法院直接审理的，二审法院可以参照我院《人民法院诉讼收费办法补充规定》第 28 条第二项规定，收费后提审；当事人拒交诉讼费用的，交由一审法院再审。"

诉诉讼费用后要求上级法院提审的上级法院又可予以提审，这对当事人而言是不公平的。

依据上述分析，对当事人申请再审和检察机关抗诉的案件裁定再审后指令再审的条件，可作如下的规范：一是对当事人申请再审的案件，上级法院裁定再审后，同时符合以下条件，可以指令作出原生效裁判的法院审理：以《民事诉讼法》第 200 条第 1 项至第 5 项规定的再审事由裁定再审的；原生效裁判不是经原审法院审判委员会讨论决定作出的。二是对检察机关抗诉的案件，上级法院裁定再审后，同时符合以下条件，可以指令作出原生效裁判的法院再审：以《民事诉讼法》第 200 条第 1 项至第 5 项规定的再审事由裁定再审的；原审法院未对该案件进行再审审理和裁判，但不包括申请再审被驳回的情形；原生效裁判不是经原审法院审判委员会讨论决定作出的。

第四，法院依职权启动再审的，由裁定再审的法院审理再审案件，不得指令下级法院再审。

这一规则的理由在于，法院依职权启动再审，作为启动再审的最后途径，是上级法院对下级法院再审的生效裁判启动的再审，依同一法院对同一案件只能进行一次再审的原则，下级法院不能审理已经再审的再审案件。[1]

第五，指令再审的程序规则为：一是上级法院认为符合上述指令再审的条件需要指令再审的，应当作出指令再审的裁定，在裁定书中应当阐明指令再审的具体理由。二是指令再审裁定书应当送达受指令再审的下级法院和当事人。三是在收到上级法院指令再审的裁定 3 日内，下级法院和当事人可以提出异议，上级法院应当在收到异议 3 日内予以答复。四是上级法院指令再审，下级法院只能对再审案件进行审理，不能对再审事由进行审查，不能对再审事由作出与上级法院相矛盾的判断，再审案件审理完毕后，下级法院应当及时将审理结果反馈给上级法院。五是上级法院违反规定指令再审的，应当依照相关规定追究有关人员的责任。

3. 关于指定再审的问题

2003 年最高人民法院《正确适用发回重审和指令再审规定》第 3 条和第

---

〔1〕 虽然《民事诉讼法》第 198 条第 2 款规定对依职权启动再审的案件，上级法院有权提审或者指令下级法院再审，不指令下级法院再审并不违反这一规定，因为指令再审只是上级法院有权选择的方式之一。当然，今后在修正《民事诉讼法》时，如果仍然保留法院依职权启动再审的方式，可以删除"指令下级法院再审"的规定。

4 条分别规定了对作出生效裁判的法院已经再审过的检察机关抗诉的案件和各级法院院长发现本院生效的再审裁判确有错误依法必须改判的案件，既可以由上一级法院提审，也可以指定该法院的其他同级法院再审。2007 年《民事诉讼法》第 181 条第 2 款和现行《民事诉讼法》第 204 条第 2 款规定了可以"交其他人民法院再审"。2008 年最高人民法院《适用民诉法审监程序解释》第 27 条的规定与 2007 年《民事诉讼法》第 181 条第 2 款的内容基本相同，并首次使用了"指定再审"的概念，在第 28 条还规定了指定再审的根据和应考虑的因素。〔1〕

对指定再审制度，学者们进行了探讨。有学者对指定再审制度设立的正当性、适用的原则和完善的路径进行了探讨。〔2〕有学者认为，民事再审管辖制度存在地方保护主义影响司法公正、回避制度形同虚设、再审案件纠错难等弊端，再审案件实行异地审理，能够使再审案件得到及时和公正的审理，有利于法院裁判权威性的增强，有利于对原告和被告的合法权益进行保护，有利于消除司法怀疑，使当事人服判息讼，能够有效地抑制和克服地方保护主义。〔3〕

但是，对指定再审制度，司法实践中基本没有适用，2012 年《民事诉讼法》修改后，最高人民法院的相关司法解释也没有规定这一问题。原因在于，这一制度在设计时存在诸多难以解决的问题。例如：上级法院指定与作出生效裁判法院同级的其他法院审理再审案件，其他法院行使再审监督权不具有正当性，如果需要发回重审，难以确定重审法院；在再审审理后如果需要撤销原裁判，在法律上也找不到依据；在案件审结后的涉诉信访责任方面也不好明确；在查明案件事实方面，其他法院审理再审案件也存在现实的困难，并且有可能增加当事人的诉讼成本。

正是因为上述原因，笔者认为，指定再审制度不宜在民事诉讼立法上予以规定，今后在修改《民事诉讼法》时应当将其予以删除。

---

〔1〕　2008 年最高人民法院《适用民诉法审监程序解释》第 28 条规定："上一级人民法院可以根据案件的影响程度以及案件参与人等情况，决定是否指定再审。需要指定再审的，应当考虑便利当事人行使诉讼权利以及便利人民法院审理等因素。"

〔2〕　刘冬京、喻德红："民事指令再审制度的困惑与完善路径"，载《法学评论》2014 年第 1 期，第 149~155 页。

〔3〕　况继明："民事再审案件管辖制度研究"，载《民事程序法研究·第十四辑》，第 126~129 页。

（四）再审案件的审理程序

再审案件的审理程序，应当规范以下几个问题：

1. 再审案件审理的审判组织

1991年《民事诉讼法》第184条第2款、2007年《民事诉讼法》第186条第2款以及现行《民事诉讼法》第207条第2款都对再审案件审理的审判组织作了规定，要求法院审理再审案件应当另行组成合议庭。2015年最高人民法院《适用民诉法解释》第403条和第426条只规定了法院审理再审案件应当组成合议庭审理，没有使用"另行"二字。原因在于：一是从《民事诉讼法》的立法精神来看，"另行"组成合议庭是指原来作出生效裁判的合议庭成员不得再参加再审案件的审理。在再审案件管辖权上提且严格控制指令再审后，作出生效裁判的法院审理再审案件只是例外情形。二是从司法实践来看，再审事由审查和再审案件审理大多是由同一审判组织来进行，明确"另行组成合议庭"可能引起误解，可能使人理解为再审事由审查的审判组织不能再负责再审案件的审理。事实上，可以对司法实践中再审事由审查和再审案件的审理都由同一审判组织进行的做法予以肯定，同时也应当明确原来作出生效裁判的合议庭成员不得参与再审案件的审理。再审案件应当组成合议庭审理，是为了保证再审案件的质量。有的学者进一步认为："再审案件应当由资深法官审理。"[1]在目前申请再审案件较多，由相关民事审判庭审查和审理再审案件的情形下，这种主张是有积极意义的，有利于进一步保证再审案件的审判质量。对再审案件的审判组织，可以作出如下规定：法院审理再审案件，应当组成合议庭审理，可以由审查再审事由的同一审判组织进行审理，再审案件应当尽可能由资深法官审理，原来作出法院生效裁判的合议庭成员不得参与再审案件的审理。

2. 再审案件的审理方式

一审都应当开庭审理，再审适用一审程序应当开庭审理是没有疑问的。问题在于，依二审程序审理案件，《民事诉讼法》第169条[2]规定在符合法

---

[1] 蒋集跃、杨永华："论我国民事再审制度的完善——兼谈申诉问题的理性解决"，载《政法论坛（中国政法大学学报）》2003年第2期，第112页。

[2] 依《民事诉讼法》第169条的规定，二审程序虽然以开庭审理为原则，但是，经过阅卷、调查和询问当事人，对没有提出新的事实、证据或者理由，合议庭认为不需要开庭审理的，可以不开庭审理。

定条件下可以不开庭审理。对按二审程序审理的再审案件，2008 年最高人民法院《适用民诉法审监程序解释》第 31 条第 2 款[1]也规定了可以不开庭审理。2015 年最高人民法院《适用民诉法解释》第 403 条第 1 款在上述规定的基础上增加了"有特殊情况"的情形。由此可见，最高人民法院的司法解释同样规定了依第二审程序审理的再审案件可以不开庭审理，但规定的条件与《民事诉讼法》关于第二审程序可以不开庭审理的条件并不相同。相比较而言，《民事诉讼法》关于第二审程序可以不开庭审理的条件规定更加明确，最高人民法院的司法解释关于适用二审程序再审可以不开庭审理条件的规定较为模糊，"有特殊情况"完全是由法官主观上进行判断，可能导致适用二审程序再审不开庭比审级制度内二审不开庭的情形更为常见。因此，即使法院适用二审程序再审可以不开庭审理，不开庭审理的条件完全可以适用《民事诉讼法》关于二审程序可以不开庭审理条件的规定，没有必要对这一问题予以特别规定。有学者认为，再审案件应当一律开庭审理，因为再审程序是一种特殊的救济程序，应当对程序公正的要求予以最大限度的体现，给当事人提供充分的程序保障。[2]笔者赞同这一主张。法院审理再审案件，无论适用第一审程序还是第二审程序审理，都必须开庭审理。理由在于：再审程序是对法院生效裁判既判力的补强，程序的充分保障是法院裁判产生既判力的重要根据，对案件进行开庭审理是程序保障的基本要求，如果再审案件可以不开庭审理，就无法保障当事人的诉讼权利，也违背了程序公正的起码要求。

3. 再审案件审理的开庭审理

再审案件的开庭审理主要应当讨论，检察机关提出检察建议或者抗诉启动再审的案件开庭审理的特殊规则和再审案件开庭审理的庭审顺序问题。

（1）检察机关提出检察建议或者抗诉启动再审的案件开庭审理的特殊规则。这一特殊规则涉及的问题有：

第一，检察机关应否参与再审案件的开庭审理？1991 年《民事诉讼法》第 188 条，2007 年《民事诉讼法》第 190 条，现行《民事诉讼法》第 213

---

〔1〕 2008 年最高人民法院《适用民诉法审监程序解释》第 31 条第 2 款规定了再审案件原则上应当开庭审理，但又规定了按二审程序审理的，双方当事人已经以其他方式充分表达意见，且书面同意不开庭审理的，可以不开庭审理。

〔2〕 蒋集跃、杨永华："论我国民事再审制度的完善——兼谈申诉问题的理性解决"，载《政法论坛（中国政法大学学报）》2003 年第 2 期，第 112 页。

条，2001 年最高人民检察院《民事抗诉案件办案规则》第 44 条，2001 年最高人民法院《审监工作座谈会纪要》第 18 条和第 19 条第 1 款，2011 年最高人民法院、最高人民检察院《民事审判和行政诉讼监督意见》第 13 条第 1款，2013 年最高人民检察院《民诉监督规则》第 94 条和第 95 条都对此予以肯定。2015 年最高人民法院《适用民诉法解释》第 421 条第 1 款具体规定为：法院开庭审理抗诉案件，应当在开庭 3 日前通知检察机关，同级检察机关或者提出抗诉的检察机关应当派员出庭。在理论界，有学者不赞同检察机关派员出席再审案件的审理。有学者认为，对抗诉案件再审开庭，按由法院自行决定的方式进行，检察机关不参加庭审，接受抗诉的法院对审判过程和结果应当书面告知检察机关；[1]检察人员不出席再审案件的审理，可以使其与法院、被申诉人的冲突得以避免，对检察机关干预司法独立、影响当事人双方攻击与防御平等的指责也能很好地予以回应；[2]检察机关可以不参加再审的庭审，否则，不符合民事诉讼结构，客观上是支持一方当事人进行诉讼，容易造成检察机关与对方当事人之间的对立情绪，影响国家司法机关的形象和威信，影响诉讼程序与司法公正。[3]笔者认为，上述主张是正确的，检察机关抗诉启动的再审，是再审启动的方式之一，以其启动再审为由而出席再审法庭，理由并不充分，否则，法院依职权启动再审，难道法院院长和审判委员会成员也需要在再审中出庭吗？当然，对涉及国家利益、社会公共利益的案件，检察机关是依职权而不是依当事人的申请提出再审检察建议或者抗诉，在这种情形下的再审案件，检察机关应当派员出席法庭，因为此时检察机关不仅是法律监督者，而且也是程序意义上的当事人。《民事诉讼法》在修改时可以考虑上述建议。在现行民事诉讼立法的条件下，可规定对抗诉启动再审的案件，检察机关应派员出席再审法庭，对检察机关提出检察建议启动再审的案件，除涉及国家利益、社会公共利益的案件检察机关依职权提出再审检察建议的以外，检察机关不出席再审法庭，法院只在再审案件审理完毕后将

〔1〕 邵世星："民事审判监督程序的定位与结构设计"，载《国家检察官学院学报》2014 年第 2期，第 40 页。

〔2〕 赵信会、宋新龙："民事抗诉基础的转换与补充性抗诉机制的建立"，载《河北法学》2010年第 4 期，第 157 页。

〔3〕 郎立惠、程周彪："关于审理民事再审抗诉案件情况的调研报告"，载《经济研究导刊》2016年第 6 期，第 187~188 页。

案件的审判结果告知检察机关即可。之所以在一般情况下提出检察建议启动再审的案件检察机关不出席再审法庭，是因为检察机关提出检察建议与抗诉启动再审存在区别，《民事诉讼法》对此也没有作出规定。因此，对检察机关应否参与再审案件开庭审理的问题，可作如下规定：对检察机关抗诉启动再审的案件，以及对涉及国家利益、社会公共利益检察机关依职权提出再审检察建议的案件，审理再审案件的法院应当在开庭3日前通知检察机关，同级检察机关或者提出抗诉的检察机关应当派员出庭。对一般情况下检察机关提出再审检察建议的案件，检察机关不出席再审法庭，但法院应当在再审案件审理完毕后将再审案件的审判结果告知检察机关。

第二，检察机关出庭的称谓和席位安排。2001年最高人民法院《审监工作座谈会纪要》第19条第3款规定了检察机关出席再审法庭的裁判文书和标牌的称谓统一为"抗诉机关"。笔者认为，出席再审法庭标牌与裁判文书的称谓不一定要统一，标牌称"检察员"更为恰当，一是能与法院审判人员相对应，二是特殊情况下在提出检察建议时出庭称"抗诉机关"并不恰当。至于裁判文书的称谓，可为"抗诉机关"或者"提出再审检察建议的机关"。关于检察机关出庭的席位安排，在实践中的做法是五花八门，有的坐在旁听席，有的坐在当事人旁，有的与审判庭并行，但一般的做法是，出席法庭的检察人员的席位常常被安排在申诉人一侧，[1]大多是对传统的法庭布局稍加改造，将抗诉席设置在审判席的右前方斜向（45度角）。[2]有人认为，应置于旁听席前首而与审判席相对而设。[3]笔者认为，出席法庭的检察员的席位与审判庭平行的做法是较为恰当的。[4]

第三，检察机关出庭的任务。对这一问题，最高人民检察院与最高人民法院司法解释的规定不完全相同，司法解释前后的规定并不完全一致。对检察机关出席再审法庭的任务，2001年最高人民检察院《民行抗诉案件办案规

---

[1]　江必新、孙祥壮、王朝辉：《新民事诉讼法审判监督程序讲座》，法律出版社2012年版，第175页。

[2]　邵世星："民事审判监督程序的定位与结构设计"，载《国家检察官学院学报》2014年第2期，第40页。

[3]　从兵、刘忠、强龙："论检察机关在民事抗诉案中的地位"，载《江苏经济报》2000年7月20日。

[4]　因为检察机关提出抗诉的案件，在一般情况下行使的是法律监督权，法院是被监督者，监督者与被监督者处于平行位置是合理的。

则》第 45 条，2001 年最高人民法院《审判督工作座谈会纪要》第 19 条，2009 年最高人民检察院《加强对诉讼活动法律监督意见》第 22 条，2011 年最高人民法院、最高人民检察院《民事审判和行政诉讼监督意见》第 13 条第 2 款，2011 年最高人民法院、最高人民检察院《民事审判和行政诉讼监督意见》第 13 条第 2 款和 2013 年最高人民检察院《民诉监督规则》第 96 条都曾作出规定。[1] 2015 年最高人民法院《适用民诉法解释》第 421 条第 2 款的规定为：检察院因履行法律监督职责向当事人或者案外人调查核实的情况，应向法庭提交并予以说明，由双方当事人进行质证。对这一问题，学者们进行了探讨，存在不同的意见。有学者从诉答程序的性质、检察机关在再审审理过程中的地位以及抗诉书送达程序和宣读抗诉书可能引起的不良后果等方面论证了检察机关出庭不应宣读抗诉书。[2] 有学者认为，检察官在抗诉席上总体上应当是克制的、沉默的，要做到既存在又不过度存在。[3] 赞同检察机关宣读抗诉书的学者，对检察机关出庭是否应当参加法庭调查和法庭辩论也存在不同的看法。有学者认为，为了支持检察机关提出的抗诉，对抗诉人参加法庭调查和法庭辩论的权利应当予以明确。[4] 张晋红教授认为，检察机关享有出席再审法庭的质证权，在法庭上有权对抗诉观点予以阐明，并提出相关证据引证所持观点。[5] 汤维建教授认为，在再审法庭中，检察机关享有对诉讼

〔1〕 2001 年最高人民检察院《民行抗诉案件办案规则》第 45 条的规定为：宣读抗诉书；发表出庭意见；发现庭审活动违法的，向再审法院提出建议。2001 年最高人民法院《审判监督工作座谈会纪要》第 19 条的规定为：宣读抗诉书；不参与庭审的其他诉讼活动，以避免抗诉机关成为一方当事人的"辩护人"或者"代理人"，保障诉讼当事人平等的诉讼地位；由于抗诉机关的特殊地位，对方当事人不得对不参与庭审的抗诉机关出席法庭的人员进行询问、质问或者发表过激言论。依 2009 年最高人民检察院《加强对诉讼活动法律监督意见》第 22 条的规定，法院再审的庭审活动违反法律规定的，在庭审后及时提出纠正意见。2011 年最高人民法院、最高人民检察院《民事审判和行政诉讼监督意见》第 13 条第 2 款的规定为：宣读抗诉书；对检察院依职权调查收集的，包括有利于和不利于申诉人的证据予以出示，并对当事人提出的问题予以说明；检察人员发现庭审活动违法，应当待庭审结束或者休庭之后，向检察长报告，以检察院的名义提出检察建议。2013 年最高人民检察院《民诉监督规则》第 96 条的规定为：宣读抗诉书；对依职权调查收集的证据予以出示和说明；检察人员发现庭审活动违法，应当待庭审结束或者休庭之后，以检察院的名义提出检察建议。
〔2〕 应秀良："民事抗诉案件的审理范围与诉答程序"，载《法律适用》2011 年第 6 期，第 72 页。
〔3〕 何南宁："民事抗诉席摆放的符号学意义"，载《检察日报》2011 年 9 月 14 日。
〔4〕 黄健民、李杭明、邱伯友："民事抗诉工作研讨"，载《人民检察》1997 年第 1 期，第 29 页。
〔5〕 张晋红、郑斌峰："关于检察机关民事抗诉权若干问题的思考"，载《河北法学》2000 年第 5 期，第 70 页。

参与人的询问权、参与法庭调查和进行法庭辩论权以及发表检察意见权。[1]
但是，有学者认为，检察机关只能宣读抗诉书，不能参与一方当事人对另一
方当事人的攻击；[2]出庭检察人员不能与对方当事人进行辩论；[3]检察机关
派员出席再审法庭的主要职责是宣读抗诉书，不参与实质性的法庭诉讼活动，
不以法律监督者身份对庭审活动进行监督。[4]笔者认为，检察机关出席再审
法庭，对依当事人申请抗诉的不涉及国家利益、社会公共利益的案件，不宣
读抗诉书，也不参与法庭调查和法庭辩论。之所以不应宣读抗诉书，是因为
抗诉书仅仅起启动再审的作用，其功能在再审程序的第二个阶段已经得到了
实现，再审案件的开庭审理与检察机关的抗诉书并不存在直接的关联。实践
中，就不涉及国家利益、社会公共利益的案件，检察机关在抗诉时对法院生
效裁判实体处理结果进行审查并提出处理建议的做法是不恰当地行使法律监
督权，在《民事诉讼法》上并没有依据。之所以不参与法庭调查和法庭辩论，
是因为民事诉讼是平等主体之间私权争议的解决，检察机关参与法庭调查和
法庭辩论，在客观上必然会有利于一方当事人而对另一方当事人不利，对民
事诉讼当事人诉讼地位平等原则形成冲击或者破坏，并且也不利于检察机关
法律监督职能的行使。当然，对涉及国家利益、社会公共利益的案件，检察
机关依职权提出再审检察建议或者抗诉启动再审，检察机关出席再审法庭，
应当宣读再审检察建议或者抗诉书，并参与法庭调查和法庭辩论。因为，在
此种情形下，检察机关是国家利益、社会公共利益的代表人，不仅是法律监
督者，更是程序意义上的当事人。需要指出的是，检察机关出席再审法庭对
庭审活动的监督，可以当庭对法院审理再审案件的违法或者不合理的行为口
头提出监督意见。对法庭不予纠正或者较为严重的违法行为，可以在庭审结
束之后以检察机关的名义提出检察建议。

　　（2）再审案件开庭审理的庭审顺序。2001 年最高人民法院《审监工作座
谈会纪要》第 8 条、第 9 条以及第 11 条至第 13 条对再审案件开庭审理方式

---

　　〔1〕　汤维建："论民事抗诉制度的完善"，载《人民检察》2007 年第 9 期，第 40 页。
　　〔2〕　陈斯："检察监督权之探讨——以民事抗诉权之运行为例"，载《法学》2007 年第 10 期，
第 135 页。
　　〔3〕　王朝辉："民事抗诉制度的程序冲突与改造"，载《法律适用》2011 年第 8 期，第 53 页。
　　〔4〕　宋小海："论民事抗诉制度新构造与典型民事诉讼的原理相融性"，载《中外法学》2016 年
第 6 期，第 1642 页。

的规定几乎没有体现再审案件的特点，原来终审的一审或者二审程序也是同样的要求。也许正是基于这样的考虑，在2008年最高人民法院《适用民诉法审监程序解释》和2015年最高人民法院《适用民诉法解释》并没有规定这些问题，只是就开庭审理的庭审顺序作了规定。庭审顺序的规定依再审启动的方式不同而有所不同。对当事人申请再审案件的开庭审理，2008年最高人民法院《适用民诉法审监程序解释》第32条和2015年最高人民法院《适用民诉法解释》第404条均规定，先由再审申请人陈述再审请求及理由，后由被申请人答辩，其他原审当事人发表意见。这一规定是合理的。对检察机关抗诉的案件，最高人民法院的上述司法解释也作了同样的规定，即先由检察机关宣读抗诉书，再由申请抗诉的当事人陈述，后由被申请人答辩、其他原审当事人发表意见。依据前述对检察机关出席再审法庭任务的认识，上述规定宜作如下修改：对检察机关依职权提出再审检察建议或者抗诉启动再审的涉及国家利益、社会公共利益案件的开庭审理，先由检察机关宣读再审检察建议书或者抗诉书，再由当事人按照其在原审中的诉讼地位依次发表再审意见；对一般情形的抗诉案件，先由申请抗诉的当事人陈述再审请求及理由，后由被申请人答辩、其他原审当事人发表意见。对法院依职权裁定再审的案件，2008年最高人民法院《适用民诉法审监程序解释》第32条规定为当事人按照其在原审中的诉讼地位依次发表意见。依2015年最高人民法院《适用民诉法解释》第404条的规定，有申诉人的，先由申诉人陈述再审请求及理由，后由被申诉人答辩、其他原审当事人发表意见；没有申诉人的，先由原审原告或者原审上诉人陈述，后由原审其他当事人发表意见。由于笔者认为法院依职权裁定再审也应依申诉人提出申诉为前提，上述规定宜修改为：对法院依职权裁定再审案件的开庭审理，先由申诉人陈述申诉请求及理由，后由被申诉人答辩、其他原审当事人发表意见。至于2015年最高人民法院《适用民诉法解释》第404条关于当事人明确再审请求的要求，没有必要予以规定，因为在一般情形下，再审请求并不是在开庭审理过程中明确的，在申请再审、申请抗诉或再审检察建议或者申诉时就已经提出了具体的再审请求，开庭审理阶段只是陈述这种请求而已。

4. 再审案件的发回重审

依二审程序审理再审案件，如果发回一审法院重审，可能会引起一些负面效果。不少学者对这种做法予以否定。有学者认为，再审发回重审，不利于程序效益和程序安定的实现，不利于当事人服判息讼；[1]再审发回重审，须事先撤销原判，这在法律上没有依据，还可能发生执行回转，给法院带来不必要的工作负担，并且发回重审势必导致审级倒置和循环诉讼；[2]再审发回重审，达不到自我监督的目的，违反了实事求是、有错必纠的原则，可能引起执行程序的混乱，可能产生案件不能及时审结、影响法院声誉等不良后果；[3]为了对再审的严肃性、权威性和终局性予以维护，再审不能裁定发回重审；[4]再审发回重审，会造成审判结果的不合理，进而引起再审裁判的不稳定以及再审程序的不经济，需要予以取消。[5]还有的学者认为，再审发回重审，增加了诉讼成本，有损司法效率，浪费司法资源；影响了案件的既判力，对司法的公信力和权威性造成了损害；加大了查明事实的难度，不利于当事人服判息讼，不利于化解纠纷；造成了审理程序的混乱和法律适用的混乱；不利于纠正法院生效裁判的错误，不利于消除当事人的合理怀疑，与人民群众对司法的期待相距甚远。

应当承认，与一般的二审发回重审相比，依二审程序审理再审案件发回重审存在的弊端更加明显。但是，完全否定再审发回重审又是不恰当的，因为再审程序具有补强原生效裁判既判力的功能，适用再审程序审理的法院生效裁判既判力的正当性产生动摇，主要在于未能给予当事人充分的程序保障，而发回重审正是为了对当事人的程序权利尤其是审级利益给予补救。有学者认为，在再审案件审理过程中可以发回原审法院重审，其正当性在于，有利于审判权威的树立，有利于诉讼目的的实现，有利于审级利益的保护。[6]笔者认为，再审发回重审与再审制度的性质和功能并不相悖，符合再审制度的价值

〔1〕　康万福：《民事再审制度理念与机制研究》，中国政法大学出版社 2016 年版，第 143~144 页。

〔2〕　王岩红："民事再审案件如何运用二审程序规定的探讨"，载《内蒙古大学学报（哲学社会科学版）》1990 年第 4 期，第 83~84 页。

〔3〕　周曼华："按审判监督程序提起再审的案件不宜发回重审"，载《山东法学》1992 年第 4 期，第 48 页。

〔4〕　蒋集跃、杨永华："论我国民事再审制度的完善——兼谈申诉问题的理性解决"，载《政法论坛（中国政法大学学报）》2003 年第 2 期，第 112 页。

〔5〕　姜霞、龚露芳："民事再审程序的阶段性划分探析——对《关于适用〈中华人民共和国民事诉讼法〉审判监督程序若干问题的解释》的解读"，载《华中科技大学学报（社会科学版）》2009 年第 4 期，第 38 页。

〔6〕　王晓、甘国明："民事再审发回重审制度的正当性及规范化研究——以 C 市中级人民法院民事裁定案件为样本"，载《中国社会科学院研究生院学报》2016 年第 1 期，第 76~77 页。

追求，有利于均衡各级法院审判工作的合理分工，有利于对当事人合法权益（尤其是审级利益）的保护。

实践中存在的问题主要在于对再审发回重审的条件没有严格掌握，致使再审发回重审的比例过高。从全国的情况来看，再审发回重审的比例，从2007年的5%上升到2013年的15%以上，有的法院甚至超过了50%。新疆维吾尔自治区2014年审结的民事再审案件，发回重审及改判的占5成以上，以基本事实不清为原因的占93%。[1]就民事抗诉案件的再审，2013年1月至2015年5月，河北省高级人民法院、各市中级人民法院共审结267件，发回重审68件，发回率为25.5%。[2]因此，问题的关键在于如何对再审发回重审进行限制？有学者认为，完善民事再审发回重审，应从再审发回重审事由的严格限制、程序违法事由的区别处理、裁定书拘束力的确定以及裁定书说理性的强化等方面进行。[3]有学者认为，再审发回重审设置的理念为既判力的严格保护、民事程序的安定性要求、发回重审裁定的无实质性确定力以及再审审理模式；具体的限制措施为，实体性事由不应作为发回重审的依据，程序性事由发回重审应被严格限制为重大的程序性错误，并且应赋予当事人对是否发回重审的程序选择权。[4]这种限制的思路在于三个方面：一是与一般的二审发回重审相比，再审发回重审应有更为严格的条件和程序。二是再审发回重审的情形应当与再审事由相勾连，应当从再审事由中去规范可以发回重审的情形。也就是说，发回重审的情形应当属于《民事诉讼法》所规定的再审事由的范围。这不仅可以减少法院决定发回重审的主观随意性，而且可以使再审发回重审具有直接补足原生效裁判既判力的功能。三是廖永安教授主张"赋予当事人发回重审的程序选择权"[5]对再审发回重审同样是适用的。即使符合再审发回重审的条件，如果提出再审申请的当事人不同意发回重审，或者当事人双方同意依二审程序调解且调解达成协议，不发回重审。

［1］ 潘从武："再审案发回重审及改判率超半数"，载《法制日报》2015年5月14日。

［2］ 郎立惠、程周彪："关于审理民事再审抗诉案件情况的调研报告"，载《经济研究导刊》2016年第6期，第182页。

［3］ 王晓、甘国明："民事再审发回重审制度的正当性及规范化研究——以C市中级人民法院民事裁定案件为样本"，载《中国社会科学院研究生院学报》2016年第1期，第77~79页。

［4］ 李潇潇："民事再审发回重审的独立特质及双重限制模式构建"，载《法学家》2016年第3期，第108~112页。

［5］ 廖永安等：《民事诉讼制度专题实证研究》，中国人民大学出版社2016年版，第239~240页。

这可视为当事人对审级利益和程序权利的放弃，也是对当事人的程序选择权予以尊重的体现。"无论怎样精心设计的审判制度，在其中总是广泛存在着委诸个人自由选择的行为领域。"[1]对当事人民事程序选择权的尊重，是设计民事诉讼制度应当予以考虑的因素。此外，不允许一审无错二审存在错误发回重审，因为此种情形不存在审级利益保护的问题。

　　《民事诉讼法》对再审案件的发回重审，没有作出规定，但最高人民法院的司法解释有相应的规定。2001年最高人民法院《审监工作座谈会纪要》第4条[2]对再审案件发回重审的问题所作的规定，是因为程序违法发回重审。2008年最高人民法院《适用民诉法审监程序解释》第38条和第42条第1款规定了依二审程序审理再审案件发回原审法院重审的四种情形：一是原判决认定事实错误或者认定事实不清的，原审法院便于查清事实、化解纠纷的。二是原审程序遗漏必须参加诉讼的当事人且无法达成调解协议的。三是其他违反法定程序不宜在再审程序中直接作出实体处理的。四是案外人申请再审，案外人为必要的共同诉讼当事人，按二审程序再审时经调解不能达成协议的。上述第二种和第四种情形，在2015年最高人民法院《适用民诉法解释》第422条第2款和第424条第1款作了基本相同的规定。依2015年最高人民法院《民事审监程序适用指令再审和发回重审规定》第4条的规定，依二审程序审理再审案件，发现一审判决认定基本事实不清的一般应当通过庭审认定事实后依法作出判决，除一审未对基本事实进行审理可以发回重审外，不得以认定基本事实不清发回重审，一审判决认定事实错误的不得以基本事实认定不清发回重审。该条与前述规定相比，严格限制了因事实问题发回重审的情形。第5条规定了依二审程序审理再审案件一审程序严重违法可以发回重审的五种情形为：原判决遗漏必须参加诉讼的当事人的；无诉讼行为能力人未经法定代理人代为诉讼，或者应当参加诉讼的当事人，因不能归责于本人

---

　　〔1〕　〔日〕棚濑孝雄：《纠纷的解决与审判制度》，王亚新译，中国政法大学出版社1994年版，第6页。

　　〔2〕　2001年最高人民法院《审监工作座谈会纪要》第4条规定："民事、行政再审案件符合下列情形之一，可能影响案件正确判决、裁定的，上级法院裁定撤销原判，发回原审人民法院重审：（1）审判组织组成不合法的；（2）审理本案的审判人员、书记员应当回避未回避的；（3）依法应当开庭审理而未经开庭即作出判决的；（4）适用普通程序审理的案件当事人未经传票传唤而缺席判决的；（5）作为定案依据的主要证据未经当庭质证的；（6）民事诉讼的原判遗漏了必须参加诉讼的当事人，且调解不成的；（7）其他发回重审的情形。"

或者其诉讼代理人的事由，未参加诉讼的；未经合法传唤缺席判决，或者违反法律规定剥夺当事人辩论权利的；审判组织的组成不合法或者依法应当回避的审判人员没有回避的；原判决、裁定遗漏诉讼请求的。这一规定中程序严重违法发回重审的情形，基本上与再审事由的严重程序瑕疵的情形相一致。第6条规定了再审发回重审的裁定应当阐明具体理由，第9条规定了法院违反再审发回重审规定应追究相关人员的责任。此外，《民事诉讼法》第170条第2款和2002年最高人民法院《发回重审和指令再审规定》第1条对同一案件只能发回重审一次的规定对再审案件同样是适用的。[1]

与以往的司法解释相比，2015年最高人民法院《民事审监程序适用指令再审和发回重审规定》关于再审发回重审的规定有明显的进步，但也存在一些问题。一是第4条和第5条关于再审发回重审情形的规定，并没有完全与再审事由相勾连。第4条关于一审未对基本事实进行审理可以发回重审的规定，宜修改为以《民事诉讼法》第200条第1项至第5项规定的证据瑕疵方面的再审事由启动再审且一审程序未对相关证据进行审查和判断。第5条关于一审程序严重违法可以发回重审情形的规定之中，"原判决遗漏必须参加诉讼当事人的"并不属于再审事由，再审事由中的相应规定为"应当参加诉讼的当事人，因不能归责于本人或者其诉讼代理人的事由，未参加诉讼"。"审判人员审理该案时有贪污受贿、徇私舞弊、枉法裁判行为的"也应当属于可以发回重审的情形，因为此情形比"依法应当回避的审判人员没有回避的"对当事人程序权利的影响更大。二是在程序上没有体现对当事人程序选择权的尊重。三是没有强调发回重审只能发回一次，本案再审前原生效裁判审理过程中已发回重审的，在再审案件审理过程中不得发回重审。

笔者认为，对再审发回重审，可作如下规范：一是法院依二审程序审理再审案件，再审事由有一审法院审理过程中的以下情形之一的，可以裁定撤销原判，发回重审：以《民事诉讼法》第200条第1项至第5项规定的再审事由启动再审，且法院对相关证据未进行审查和判断的；以《民事诉讼法》

---

〔1〕 依《民事诉讼法》第170条第2款的规定，原审人民法院对发回重审的案件作出判决后，当事人提起上诉的，第二审人民法院不得再次发回重审。依2002年最高人民法院《发回重审和指令再审规定》第1条的规定，第二审人民法院根据《民事诉讼法》第153条第1款第3项的规定将案件发回原审法院重审的，对同一案件，只能发回重审一次；一审法院重审后，二审法院认为原判决认定事实仍有错误，或者原判决认定事实不清、证据不足的，应当查清事实后依法改判。

第200条第7项至第10项、第13项规定的再审事由启动再审的；以《民事诉讼法》第200条第11项规定的"原判决、裁定遗漏诉讼请求的"再审事由启动再审的。二是符合再审发回重审的情形，提出再审申请的当事人不同意发回重审的，不得发回重审。三是符合再审发回重审的情形，当事人双方同意依二审程序调解且达成调解协议的，不发回重审。当事人不同意调解或者调解达不成协议的，裁定撤销原判，发回重审。四是法院决定再审发回重审，应当作出裁定，阐明发回重审的具体理由。五是审判人员违反再审发回重审的规定，应当依相关规定追究其责任。

5. 再审案件的调解

对于法院审理再审案件能否进行调解，学界存在不同的认识。有学者对此持否定意见，认为再审案件进行调解可能会产生以下弊端：对诉讼法威严的挑战，不利于司法质量的提高，与我国现有司法队伍不协调，与我国经济环境不协调，调审主体合一影响调解公正，容易导致司法主体滥用职权。[1]但也有学者对此予以肯定，认为民事再审调解具有正当性，它体现了对当事人处分权的尊重，与再审纠错功能并不矛盾，有利于达成"案结事了"的效果，能够满足社会治理的需求。[2]另有学者认为，对调解在再审程序中的适用情形和功能限度应予以细化和缩限，存在实体性违法是再审进行调解的前提之一，否则就丧失了再审调解的最起码的正当性基础。[3]

对检察机关提出再审检察建议或者抗诉的案件，有学者主张不能进行调解，否则，有可能规避检察机关对法院审判权的监督。有的学者则认为抗诉再审案件可以进行调解，其价值在于：能够减少当事人及利害关系人的讼累使其利益与感情冲突得以缓和，能够推动检法机关加强司法公正提高司法效率和恪守司法为民的准则，有利于实现法律效果与社会效果的统一。[4]就检察机关提出再审检察建议或者抗诉的案件，有的主张法院和检察机关可以共同主持调解，有的则认为调解是法院审理再审的方式，检察机关不是审判权

---

〔1〕 刘琼："浅议民事再审案件中的诉讼调解"，载《湖北经济学院学报（人文社会科学版）》2007年第7期，第95~96页。

〔2〕 张丽霞、李静一："民事再审调解的正当性探论"，载《求索》2008年第5期，第146~147页。

〔3〕 韩静茹："错位与回归：民事再审制度之反思——以民事程序体系的新发展为背景"，载《现代法学》2013年第2期，第191页。

〔4〕 张蕾蕾："试论抗诉再审调解的价值、机制与限度"，载《哈尔滨师范大学社会科学学报》2011年第4期，第41~42页。

行使的机关，不能主持调解。

笔者认为，法院审理再审案件，包括检察机关提出再审检察建议或者抗诉的案件，可以进行调解。再审案件，包括检察机关提出再审检察建议或者抗诉的案件，仍然属于民事案件，不存在不能适用调解方式予以解决的正当理由，调解结案有利于平息民事纠纷。要讨论的问题是，再审案件的调解具有什么样的特殊性？2008 年最高人民法院《适用民诉法审监程序解释》第 36 条的规定[1]与二审的调解规则不存在区别。事实上，在二审程序中规定调解生效后原判决视为被撤销是具有合理性的，因为其针对的是法院的未生效判决。但是，法院对裁定的再审不存在调解的问题，再审不仅针对法院生效的判决，还针对法院生效的调解书，如果再审调解生效不撤销生效的判决、调解书，就有违既判力制度，因为"视为撤销"的生效判决、调解书在形式上仍然存在既判力。2015 年最高人民法院《适用民诉法解释》第 412 条的规定[2]将调解与判决相混同，建议予以删除。笔者同意韩静茹博士的观点，只有在生效的判决、调解书存在实体性违法的情形下，在再审案件审理过程中才能进行调解。至于检察机关提出再审检察建议或者抗诉的案件，笔者赞同检察机关不能与法院共同主持调解的主张，并且认为检察机关不能参与调解。理由在于：检察机关不享有审判权，调解则为审判权行使的方式之一，并且对民事案件，调解是民事争议双方的相互协商和互谅互让，检察机关并不是民事争议的当事人，不存在与任何一方当事人相互协商和互谅互让的前提。

6. 再审案件审理过程中的终结再审诉讼

在再审案件审理过程中，能否撤回再审案件而终结再审诉讼，应当依再审启动的不同方式进行讨论。

当事人向法院申请再审的案件，对再审申请人在再审案件审理过程中能否撤回再审申请而终结再审诉讼，存在不同的认识。有学者认为，在再审案件审理阶段，如果对再审申请人撤回再审申请予以准许，就无法对法院生效

---

〔1〕 2008 年最高人民法院《适用民诉法审监程序解释》第 36 条规定："当事人在再审审理中经调解达成协议的，人民法院应当制作调解书。调解书经各方当事人签收后，即具有法律效力，原判决、裁定视为被撤销。"

〔2〕 依 2015 年最高人民法院《适用民诉法解释》第 412 条的规定，在再审程序中，"部分当事人到庭并达成调解协议，其他当事人未作出书面表示的，人民法院应当在判决中对该事实作出表述；调解协议内容不违反法律规定，且不损害他人合法权益的，可以在判决主文中予以确认。"

裁判的错误予以纠正，应当取消当事人对再审案件的撤诉权。[1]从最高人民法院司法解释的规定来看，2008 年最高人民法院《适用民诉法审监程序解释》第 34 条第 1 款和 2015 年最高人民法院《适用民诉法解释》第 406 条第 1 款第 1 项和第 2 项都肯定了在再审期间，再审申请人可以撤回再审申请以及可以按自动撤回再审申请处理。笔者认为，这一规定是正确的，不仅符合程序的终局性价值应当优先于程序的纠错价值的民事诉讼的理念，而且是民事诉讼当事人处分原则的要求。如果不允许再审申请人撤回再审申请而终结再审诉讼，再审程序继续运行是否有意义也存在疑问，并且，当事人可能不服再审裁判而致使新的矛盾产生。当然，对再审申请人撤回再审申请，法院应当进行审查，审查的原则与审查一审撤诉和二审撤回上诉相同。[2]

与之相联系的一个问题是，按一审程序审理再审案件，原来的一审原告能否撤回起诉？2008 年最高人民法院《适用民诉法审监程序解释》第 35 条对此予以肯定。2015 年最高人民法院《适用民诉法解释》第 410 条增加了"经其他当事人同意，且不损害国家利益、社会公共利益、他人合法权益的"条件，并且规定"一审原告在再审审理程序中撤回起诉后重新起诉的，人民法院不予受理"。在诉讼理论界，对这一问题存在认识上的分歧。有学者认为，允许再审程序中的一审原告撤回起诉，是当事人行使处分权的体现，其符合再审程序的适用规则，并且有利于息诉，尽可能地支持当事人主动放弃争议。从法院的角度来讲，之所以允许再审程序的一审原告撤回起诉，可能是受到法院系统内部考核机制的影响，也可能是存在节省司法资源和加快结案的考虑。但是，不少的学者对此予以否认，认为依一审程序审理再审案件，一审的原告不能撤回起诉。有学者认为，从原审原告与程序的关系上看，再审之诉的提起人不是原审原告时，原审原告在再审程序中是被动应诉，其地位相当于原审程序中的"被告"，因此不能撤诉；[3]再审程序中的一审原告无权撤回起诉，是由法院生效裁判文书的既判力所决定的，且再审是不同于原一审的审判监督程序，允许原告撤回起诉，不具有撤诉的时间条件，也不符合

---

〔1〕　张南："浅谈民事审判监督程序的立法完善"，载《人大建设》2003 年第 4 期，第 23 页。

〔2〕　因此，再审申请人可以在再审案件审理期间撤回再审申请，是否准许，由法院裁定；再审申请人经传票传唤，无正当理由拒不到庭或者未经法庭许可中途退庭的，可以裁定按自动撤回再审申请处理。法院裁定准许撤回再审申请或者裁定按自动撤回再审申请的，裁定终结再审诉讼。

〔3〕　赵宏伟："审判监督程序当事人撤诉权的行使"，载《法学杂志》2003 年第 3 期，第 32 页。

再审的指导思想；[1]对再审的一审原告撤回起诉的问题，为了不让法官的努力付之东流，应采取直接禁止撤诉的方法，这不仅可以更彻底地实现目标，而且作为立法技术而言也显得简明因而在适用上问题较少；[2]允许再审的一审原告撤回起诉，有可能使被告的利益遭受损失，使被告之前诉讼的付出归于无用，不利于平等地保护当事人的合法权益；有可能使纠纷得不到彻底地解决，导致法院司法资源的浪费，不符合再审程序的立法精神。从最高人民法院上述司法解释的规定来看，2015 年最高人民法院《适用民诉法解释》第410 条似乎考虑到了对允许再审的一审原告撤回起诉所存在的问题。但是，这种规定在理论上是没有正当性的，再审的一审原告撤回起诉，使原生效裁判的既判力消灭，既允许其撤回起诉，又不允许其重新起诉，在法理上是讲不通的，并且不允许再审的一审原告撤回起诉，并不会影响当事人处分权的行使，当事人可以通过由法院主持调解来达到解决的目的。因此，法院依一审程序审理再审案件，原审的原告不能撤回起诉，其不到庭也不影响再审案件的审理。

检察机关作为国家利益、社会公共利益的代表机关，对依职权提起的涉及国家利益、社会公共利益的再审检察建议或抗诉案件有权撤回，检察机关撤回的，应当终结再审程序，但案件的当事人无权申请撤回再审案件，当事人不到庭也不影响法院对再审案件的审理。因为此类案件的抗诉不是基于当事人的申请，而是基于检察机关的职权，并且也是基于国家利益、社会公共利益有效保护的考虑。对检察机关依当事人申请提出再审检察建议或抗诉的案件，检察机关有权撤回，检察机关撤回的，裁定终结再审诉讼。这在认识上不存在分歧，2015 年最高人民法院《适用民诉法解释》第 406 条第 1 款第 3 项对此也作了规定。依 2001 年最高人民法院《审监工作座谈会纪要》第 18 条的规定，法院开庭审理抗诉案件，通知检察机关派员出庭，检察机关不派员出席法庭的，按撤回抗诉处理。笔者认为，这一规定是不恰当的，检察机关抗诉的功能仅仅在于引起再审程序的启动，对检察机关是否应当出席再审法庭在认识上还存在较大的分歧。因此，检察机关不出席再审法庭，除检察机关依职权提起的涉及国家利益、社会公共利益的抗诉案件可以按撤回再审

---

〔1〕 王伟华、姬红艳："按一审程序审理的民事再审案件当事人撤诉权探讨"，载《山东审判》2007 年第 6 期，第 102~103 页。

〔2〕 潘庆林："关于再审程序中原告撤回起诉的若干问题——最高人民法院相关司法解释的再解读"，载《法律适用》2010 年第 2、3 期，第 73 页。

检察建议或抗诉处理外，对基于当事人申请而抗诉的案件，检察机关不出席再审法庭不影响再审案件的审理。

对检察机关依当事人申请提出再审检察建议或抗诉的案件，提出再审检察建议或抗诉申请的当事人能否向法院申请撤回再审检察建议或抗诉，或者法院能否对其按撤回再审检察建议或抗诉申请处理而裁定终结再审诉讼呢？2001 年最高人民法院《审监工作座谈会纪要》第 20 条曾规定，经依法传唤，向抗诉机关申诉的一方当事人无正当理由不到庭或者表示撤回申请的，应建议检察机关撤回抗诉，抗诉机关同意的，按撤诉处理，作出裁定书。这一规定的理由在于，从法律关系的角度来讲，申请再审检察建议或抗诉的当事人应当向检察机关申请撤回，由检察机关对申请进行处理，然后再由检察机关向法院撤回再审检察建议或抗诉。有学者认为，在审查抗诉和抗诉案件审理期间，申请抗诉的当事人不能直接向法院申请撤回再审请求，应先向检察机关提出，检察机关审查后再撤回抗诉。[1] 在此种情形下，应建议检察机关撤回抗诉，因为抗诉启动的再审虽有当事人申请但体现的是国家意志，当事人的处分权被检察机关以监督权的形式行使，这是国家干预原则在民事诉讼中的体现。有学者还主张，为了避免抗诉权的过度行使侵害当事人的私权自治，应当明确此种情形检察机关必须撤诉。[2] 但是，2004 年最高人民法院《再审程序中如何处理当事人撤回原抗诉申请复函》[3] 和 2008 年最高人民法院《适用民诉法审监程序解释》第 34 条第 2 款、2015 年最高人民法院《适用民诉法解释》第 406 条第 2 款规定的内容发生了变化。[4] 最高人民法院的上述

---

〔1〕 陈建强："当事人请求权与检察机关抗诉权的耦合与界分——最高人民法院《关于适用民事诉讼法的解释》第 406 条规定之不当"，载《天津法学》2016 年第 4 期，第 26~31 页。

〔2〕 陈斯："检察监督权之探讨——以民事抗诉权之运行为例"，载《法学》2007 年第 10 期，第 135 页。

〔3〕 本书所称"2004 年最高人民法院《再审程序中如何处理当事人撤回原抗诉申请复函》"，即《最高人民法院关于人民法院在再审程序中应当如何处理当事人撤回原抗诉申请问题的复函》（法函〔2004〕25 号　2004 年 4 月 20 日）。

〔4〕 依 2004 年最高人民法院《再审程序中如何处理当事人撤回原抗诉申请复函》的规定，法院对于检察院提起抗诉的民事案件作出再审裁定后，当事人正式提出撤回原抗诉申请，检察院没有撤回抗诉的，法院应当裁定终止审理，但原判决、裁定可能违反社会公共利益的除外。2008 年最高人民法院《适用民诉法审监程序解释》第 34 条第 2 款、2015 年最高人民法院《适用民诉法解释》第 406 条第 2 款则规定了以下内容：检察机关因当事人申请提出抗诉的案件，在再审案件的审理过程中，申请抗诉的当事人撤回申请，或者经法院传票传唤无正当理由拒不到庭或者未经法庭许可中途退庭，终结再审不损害国家利益、社会公共利益或者他人合法权益的，法院应当裁定终结再审诉讼。

规定应当予以肯定，因为此种情形与当事人向法院申请再审案件相比并不存在实质上的区别，在向法院提出再审检察建议或抗诉并由法院裁定再审之后，检察机关的诉讼监督职能就已经大部分完成。[1]

对法院依职权启动再审的案件，申诉人不得撤回申诉，也不得对其按撤回申诉处理。这种案件是法院依职权主动提起，虽有当事人的申诉，但其本身是国家的意志而不是当事人的意志，应当体现国家干预原则。

除法院裁定再审后在再审案件审理过程中撤回再审案件而终结再审诉讼外，对于再审终结诉讼的其他情形，2015 年最高人民法院《适用民诉法解释》第 406 条和第 402 条第 1 项至第 4 项作了规定。上述规定有的是不太科学的。我们就这一问题在前述对当事人申请再审审查的"终结审查"已经作了分析，在此不再重复。在再审案件审理过程中，除裁定准许撤回再审申请或者裁定按自动撤回再审申请的终结再审诉讼外，再审终结诉讼只限于以下情形：一是申请再审人、申请再审检察建议或者抗诉的人、申诉人死亡，没有继承人或者继承人放弃权利的。二是被申请人、被申诉人死亡，没有继承人，也没有应当承担义务的人的。三是追索赡养费、抚养费、抚育费案件的一方当事人死亡的。

关于终结再审诉讼的法律后果，2008 年最高人民法院《适用民诉法审监程序解释》第 34 条第 3 款和 2015 年最高人民法院《适用民诉法解释》第 406 条第 3 款都作了规定，但终结再审诉讼后恢复执行的不仅限于原生效判决，提原生效裁判更为合适。对再审裁定终结诉讼的案件，检察院不得提出再审检察建议或抗诉，2003 年最高人民法院《对再审裁定终结诉讼案件能否抗诉复函》[2]对此作了规定。

此外，关于再审案件审理过程中的缺席判决问题，2001 年最高人民法院《审监工作座谈会纪要》第 20 条对抗诉案件审理的缺席判决作了规定，还规定了"经依法传唤，当事人均不到庭，应当裁定终结再审程序，但原审判决严重损害国家利益或者社会公共利益的除外。"2015 年最高人民法院《适用

---

〔1〕 李浩："处分原则与审判监督——对第 7 号指导案例的解读"，载《法学评论》2012 年第 6 期，第 147 页。

〔2〕 本书所称"2003 年最高人民法院《对再审裁定终结诉讼案件能否抗诉复函》"，即《最高人民法院对山东省高级人民法院关于〈人民检察院对人民法院再审裁定终结诉讼的案件能否提出抗诉的请示〉的复函》（〔2001〕民立他字第 19 号　2003 年 5 月 15 日）。

民诉法解释》第 403 条第 2 款规定了再审案件审理符合缺席判决条件的，可以缺席判决。上述规定均没有体现再审案件审理的特殊性，没有必要在再审案件的审理规则中予以规定。

7. 再审案件的审限

有学者认为，应当对再审案件的审理期限予以适当延长。[1] 还有的学者认为，再审因适用程序不同而适用不同的审理期限的规定不具有正当性，会造成实践运行中的混乱。因此，应当统一规定再审案件的审理期限，考虑到再审案件一般比较复杂，再审案件的审理期限应当比一般案件的审理期限更长。我们认为，上述认识是有道理的，建议对再审案件的审理期限作如下规定：法院审理再审案件，无论是适用一审程序还是适用二审程序进行审理，都应当自裁定再审之日起 8 个月内审结。对裁定再审的案件应当自裁定再审之日起 30 日内审结。有特殊情况需要延长的，由本院院长批准。中止诉讼、鉴定、调卷等期间不计入审理期限。[2]

二、既判力理论与民事诉讼再审程序的裁判规则

（一）再审案件裁判的种类

民事诉讼再审程序的适用对象包括法院生效的判决、裁定、调解，宜依民事诉讼再审程序不同的适用对象对再审案件裁判的种类分别予以规范。

最高人民法院的相关司法解释对再审裁判的种类从维持、改判、驳回起诉三个方面作了规定，但将裁定与判决一起作出规定是不恰当的，因为再审适用的裁定有特定范围的限制，对法院生效裁定再审后的裁判应当有其自身的规范。

关于维持，依 2008 年最高人民法院《适用民诉法审监程序解释》第 37 条和 2015 年最高人民法院《适用民诉法解释》第 407 条第 1 款的规定，法院经审理认为，原判决认定事实清楚，适用法律正确的，应予维持。我们认为，还应加上判决结果正确这一条件，并且应当明确是判决予以维持，并同时撤

---

〔1〕 江必新："论民事审判监督程序之完善"，载《中国法学》2011 年第 5 期，第 136 页；张艳丽、于鹏、周建华：《民事诉讼理论与制度》，法律出版社 2017 年版，第 419~420 页。

〔2〕 再审案件审理过程中有可能会重新鉴定，在上级法院审理再审案件时，如果再审事由审查阶段未调卷审查的，在再审案件审理过程中要调卷审理。所以，除中止诉讼外，鉴定、调卷期间也不计入审理期限。

销中止执行原生效判决的裁定。对此种情形,在域外的民事诉讼立法中,大多规定采用驳回再审请求的判决形式。[1]但是,我国民事诉讼再审程序中,基于当事人的申请启动再审采用驳回再审请求的判决形式没有问题,但基于检察机关提出再审检察建议或者抗诉和基于法院依职权启动再审采用驳回再审请求的判决形式就不太合适。

关于改判,占主导地位的观点为,由于再审改判修正的是法院生效判决,会使法院生效判决的既判力予以动摇,而二审改判针对的是法院一审未生效判决,与法院裁判的既判力无关。因此,再审改判要更为慎重,再审改判的标准应当比二审改判的标准高。最高人民法院的司法解释和不少学者的认识都赞同这种观点。依 2001 年最高人民法院《审监工作座谈会纪要》的要求,再审改判必须慎重,既要维护法院生效裁判的既判力和严肃性,又要纠正符合改判条件且必须纠正的法院生效裁判,并在第 6 条第 1 项至第 3 项和第 5 项明确了存在原判决定性明显错误的、违反法定责任种类和责任标准的、原判主文在数量方面确有错误且不属于裁定补救范围的、其他应当改判的情形等应当予以改判,第 7 条又明确了原判决虽存在瑕疵但一般不予改判的情形。[2]依 2008 年最高人民法院《适用民诉法审监程序解释》第 37 条的规定,判决结果正确,即使原判在认定事实、适用法律、阐述理由方面有瑕疵,应在纠正上述瑕疵后予以维持。因阐述理由的过程也就是认定事实和适用法律的过程,2015 年最高人民法院《适用民诉法解释》第 407 条没有规定"阐述理由",但规定了原判认定事实、适用法律错误导致裁判结果错误的应当依法改判、撤销或者变更。2008 年最高人民法院《适用民诉法审监程序解释》第 39 条第 1 款所规定的"新的证据证明原判决、裁定确有错误的,人民法院应予改判"完全可以适用上述一般规则来解决,没有单独规定的必要。在学术界,有学者认为,再审改判的标准包括裁判基础有重大瑕疵、诉讼程序有重大瑕

---

〔1〕 例如,《日本民事诉讼法》第 348 条第 2 款规定:"裁判所于前项情形中,认为判决正当时,应驳回再审请求。"

〔2〕 这些情形为:原判文书在事实认定、理由阐述、适用法律方面存在错误、疏漏,但原判文书主文正确或者基本正确的;原判结果的误差在法官自由裁量幅度范围内的;原判定性有部分错误,但即使定性问题纠正后,原判结果仍在可以维持范围内的;原判有漏证或错引、漏引法条情况,但原判结果仍在可以维持范围内的;原判应一并审理,但未审理部分可以另案解决的。原判有错误,但可以用其他方法补救,而不必进行再审改判的。

疵、适用法律确有错误三个方面。[1]这种观点较为笼统、抽象，对实践指导
作用不大。有学者对民事再审改判标准在实体正义和程序正义方面的审查要
求进行了探讨。[2]这种认识实际上是将再审事由与再审改判的标准相混淆。
有学者认为，再审改判应遵循适度从严原则和尊重原审自由裁量权原则，或
称属于自由裁量权范围不予改判原则。[3]常怡教授认为，原裁判符合严格规
则的标准，符合自由裁量的标准，原裁判中存在无害错误，不予改判。只有
原裁判中存在有害错误，才属于应当改判的范围。所谓无害错误，是指不影
响案件最终结果的错误，有害错误是指影响案件裁判结果实质正义的错误。[4]
无害错误规则是美国诉讼法上的一个著名规则，但这一规则是基于美国对终
局裁判的再审理念对终局裁决进行救济的事前审查规则，表明了美国法院只
对重大的错误提供救济。将这一规则适用于再审改判并不一定恰当，也不一
定适合我国国情，并且即使在美国，在有害错误与无害错误的识别标准上也
仍然未达成共识，甚至还显得有些混乱。[5]我们认为，对法院裁判既判力的
维护，关键在于限制再审程序的启动，在对再审案件进行裁判时，重点考虑
的是补强法院裁判的既判力。在再审案件审理后，原判决结果错误的，应予改
判；判决结果正确，但原判决认定事实、适用法律错误，也应对原判决认定事
实、适用法律的错误予以纠正。判决结果错误应当改判，是因为判决结果是
判决主文中关于诉讼标的的判断，属于既判力的客观范围，并且，再审程序
纠错功能的基本要求和当事人对再审程序的核心诉求是改变错误的判决结果。
判决在认定事实、适用法律方面存在错误，但判决结果是正确的可以判决维
持，是因为在一般情况下判决书中关于认定事实、适用法律的判断不产生既
判力，不属于既判力的客观范围，判决结果正确又撤销原判决后予以维持原
判决结果对当事人而言并无多少实际价值。判决在认定事实、适用法律方面

---

〔1〕　于金强："再审民商事案件改判标准研究"，载《山东审判》2013年第1期，第87~88页。
〔2〕　吴美来、阎强："论民事再审案件的改判标准——以维护裁判的既判力为中心"，载《西南政法大学学报》2012年第2期，第89~91页。
〔3〕　江必新主编：《民事诉讼法新制度讲义》，法律出版社2013年版，第348~349页。孙祥壮：《民事再审程序：从立法意图到司法实践》，法律出版社2016年版，第227页。江必新、孙祥壮、王朝辉：《新民事诉讼法审判监督程序讲座》，法律出版社2012年版，第183~184页。
〔4〕　常怡主编：《民事诉讼法学》，中国法制出版社2008年版，第505~506页。
〔5〕　王德新："美国生效判决的救济机制述评"，载张卫平主编：《民事程序法研究·第五辑》，第350页。

存在错误，但判决结果是正确的，在判决维持的同时还应当对认定事实、适用法律方面存在的错误进行纠正，是因为判决中关于认定事实、适用法律方面的判断虽在一般情况下不属于既判力的客观范围，但这种判断对后诉会起到"证明效"的作用，且只有在纠正错误后判决维持才更有说服力。因此，法院经审理认为，原判决结果是错误的，应予以改判，并同时撤销原生效判决；原判决认定事实、适用法律错误但判决结果正确，应在纠正错误后判决予以维持，并同时撤销中止执行原生效判决的裁定。

关于驳回起诉，2001 年最高人民法院《审监工作座谈会纪要》第 3 条规定了法院可裁定撤销原判，驳回起诉的具体情形。[1] 依 2015 年最高人民法院《适用民诉法解释》第 408 条的规定，按照二审程序审理再审案件，法院经审理认为不符合法定的起诉条件或者符合法定的不予受理情形的，应当裁定撤销一、二审判决，驳回起诉。我们认为，不符合法定的起诉条件或者符合法定的不予受理情形的，并不都应当驳回起诉。驳回起诉也并非只限于不符合法定的起诉条件或者符合法定的不予受理的情形。从《民事诉讼法》和最高人民法院司法解释对起诉条件或者不予受理情形的规定来看，可以驳回起诉的只限于以下几种情形：一是当事人不符合起诉条件的要求。二是不属于法院受理民事诉讼的范围[2]。三是对已生效裁判的案件提起诉讼或者起诉时起诉的事项已经在诉讼过程中且符合重复起诉条件的。但有的情形并不适用驳回起诉。例如，无论以何种方式启动再审，法院都要审查再审的诉讼请求，虽然再审的诉讼请求并不等同于起诉的诉讼请求，但通过判决主文关于诉讼标的的判断将两者联系起来，但再审案件一般不存在不符合"有具体的诉讼请求和事实、理由"的起诉条件这一情形。"管辖错误"在 2012 年修正《民事诉讼法》时已经从再审事由中删除，不属于受诉法院管辖也不宜驳回起

---

〔1〕 这些具体情形为：不属于法院受案范围的；法律规定必须经过前置程序，未经前置程序直接诉至法院的；当事人双方约定仲裁而一方直接诉至法院，对方在首次开庭前对人民法院受理该案提出异议，且不参加诉讼活动的，但法院终审裁定驳回其异议后，当事人参加诉讼活动的除外；诉讼主体错误的；其他不予受理的情形。

〔2〕《民事诉讼法》第 124 条第 1、2、3 项实际上是对不属于法院民事诉讼受案范围的具体规定，即依照行政诉讼法的规定，属于行政诉讼受案范围的，告知原告提起行政诉讼。依照法律规定，双方当事人达成书面仲裁协议申请仲裁、不得向人民法院起诉的，告知原告向仲裁机构申请仲裁。依照法律规定，应当由其他机关处理的争议，告知原告向有关机关申请解决。

诉。《民事诉讼法》第 124 条第 6 项和第 7 项的规定〔1〕只是对原告诉权在时间上予以限制，在对此类案件进行再审时，限制原告诉权行使的因素已经消除，没有必要驳回起诉。再审裁判适用驳回起诉，并不限于不符合法定的起诉条件或者符合法定的不予受理的情形。诉讼主体错误，如被告错误、第三人错误，并不属于不符合法定的起诉条件或者法定的不予受理的情形。诉讼主体错误，明显不能判决维持，也不能予以改判。之所以不能改判，是因为在诉讼主体错误时如果予以改判，需要更换当事人。原来未参加诉讼的正当当事人，如果不属于既判力主观范围的基本对象或者既判力主观范围扩张的主体，不能成为再审的当事人，故法院生效裁判存在诉讼主体错误的情形时也应当驳回起诉，由当事人另行起诉来解决正当当事人之间的争议。对案件的实体处理方式，既包括判决，也包括调解，在民事诉讼中调解的结案比例比判决更高，对调解生效的案件，也可能存在适用驳回起诉的问题。依一审程序再审的案件，同样可能存在法院对该案件作出了实体处理但需要驳回起诉的情形。例如，对不属于法院受理民事诉讼范围的案件，法院调解结案而生效或者一审判决后当事人未上诉而生效，或者小额诉讼案件依法不能上诉而生效，此种情形也需要驳回起诉。因此，法院经审理认为，原判决、调解有下列情形之一的，应当裁定撤销原判决、调解，驳回起诉：诉讼主体错误的；不属于法院受理民事诉讼范围的；对已有生效裁判的案件提起诉讼或者起诉时起诉的事项已经在诉讼过程中，且符合重复起诉条件的。

对生效裁定再审后的裁判，依 2001 年最高人民法院《审监工作座谈会纪要》第 1 条的规定，应当撤销错误的不予受理和驳回起诉的裁定并指令原审法院审理，对原管辖权异议裁定错误的处理也作出了规定。在 2012 年《民事诉讼法》修正后"管辖错误"不再作为再审事由，故管辖权异议的裁定不属于可以适用民事诉讼再审程序的对象。因此，法院经审理认为，生效的不予受理或者驳回起诉的裁定正确的，应裁定维持原裁定；生效的不予受理或者驳回起诉的裁定错误的，应裁定撤销原裁定，并同时指令原审法院审理。

对法院调解的再审裁判，依 2008 年最高人民法院《适用民诉法审监程序

---

〔1〕 依《民事诉讼法》第 124 条第 6 项和第 7 项的规定，依照法律规定，在一定期限内不得起诉的案件，在不得起诉的期限内起诉的，以及判决不准离婚和调解和好的离婚案件，判决、调解维持收养关系的案件，没有新情况、新理由，原告在 6 个月内又起诉的，不予受理。

解释》第 40 条和 2015 年最高人民法院《适用民诉法解释》第 409 条第 1 款第 1 项和第 2 款的规定，[1]对法院调解裁定再审后，如果对法院调解启动再审的事由不成立，应裁定驳回再审申请。但是，"调解违反自愿原则或者调解协议的内容违反法律"是对法院调解启动再审的法定再审事由，应当在裁定再审之前的再审事由审查阶段予以确认，如果不存在这种再审事由，对法院调解的再审就不能启动，不能在对法院调解裁定再审后再对法院调解启动再审的再审事由进行审查，否则，就违反了再审之诉阶段的划分。依 2015 年最高人民法院《适用民诉法解释》第 409 条第 1 款第 2 项和第 2 款的规定，[2]对法院调解裁定再审后，如果检察机关对法院调解提出抗诉或者再审检察建议的事由不成立，应裁定终结再审程序。在此种情形下裁定终结再审程序并不恰当，因为"终结再审程序"是再审程序的非正常结束。2001 年最高人民法院《审监工作座谈会纪要》第 6 条第 4 项曾规定调解案件严重违反自愿原则或者法律规定的应予改判。但是，调解和判决是不同的裁判方式，原来是调解结案，并未作出判决，何来改判？我们认为，对生效的法院调解再审后的裁判，是以调解存在再审事由启动了再审为前提的，要区分不同情形的再审事由来处理。对生效的法院调解，再审事由为当事人"提出证据证明调解违反自愿原则或者调解协议的内容违反法律的"，法院再审后，应根据再审认定的事实依法作出判决，并撤销原法院调解。因为，在此种情形下，原生效法院调解的内容不能在法律上产生约束力。对生效的法院调解，再审事由为检察机关提出再审检察建议或者抗诉提出的"调解书损害国家利益、社会公共利益的"，法院经再审审理，认为法院调解损害国家利益、社会公共利益的，应当根据再审认定的事实依法作出判决，撤销法院调解；认为法院调解未损害国家利益、社会公共利益的，应当作出维持原法院调解的判决，并同时撤销中止执行原法院调解的裁定。这种情形之所以区别对待，是因为检察机关就生效法院调解提出抗诉，对检察机关提出的"调解书损害国家利益、

---

〔1〕 依 2008 年最高人民法院《适用民诉法审监程序解释》第 40 条和 2015 年最高人民法院《适用民诉法解释》第 409 条第 1 款第 1 项和第 2 款的规定，对调解书裁定再审后，如果当事人提出的调解违反自愿原则的事由不成立，且调解书的内容不违反法律强制性规定的，裁定驳回再审申请，需要继续执行的，自动恢复执行。

〔2〕 依 2015 年最高人民法院《适用民诉法解释》第 409 条第 1 款第 2 项和第 2 款的规定，对调解书裁定再审后，法院认为检察机关对生效调解书提出抗诉或者再审检察建议所主张的损害国家利益、社会公共利益的事由不成立的，裁定终结再审程序，需要继续执行的，自动恢复执行。

社会公共利益的"再审事由，在法院裁定再审前不能像对当事人申请再审的案件那样进行审查，需依法官再审审理后的不同情形来予以解决。对生效的法院调解，如果是法院依职权启动再审，法院在再审审理之后，也应当根据再审认定的事实依法作出判决，并撤销原法院调解。

需要指出的是，2008 年最高人民法院《适用民诉法审监程序解释》第 42 条第 2 款和 2015 年最高人民法院《适用民诉法解释》第 424 条第 2 款对案外人不是必要的共同诉讼当事人申请再审案件的再审裁判作了规定。由于我们认为案外人申请再审，案外人同样是既判力主观范围的基本对象或者既判力主观范围扩张的主体，对案外人申请再审案件的再审裁判没有作出特别规定的必要。2008 年最高人民法院《适用民诉法审监程序解释》第 39 条第 2 款和 2015 年最高人民法院《适用民诉法解释》第 411 条规定了因申请人提出新证据而致使再审改判的规则，但这一规则是建立在对再审事由"新证据"的界定较为宽松的背景之下的，由于我们认为如果当事人存在过错是不能以"新证据"为由启动再审的，故这一规则并不具备存在的前提。

（二）再审案件裁判的效力

1. 再审案件裁判的范围

依 2013 年最高人民法院办公厅《全国法院民事再审审查工作座谈会纪要》第 5 条的规定，《民事诉讼法》第 209 条第 1 款第 3 项规定的再审判决、裁定有以下几种：一是一审法院对于生效一审判决、裁定由本院再审后作出的，在法定期间内当事人未上诉的判决、裁定。二是二审法院对于生效二审判决、裁定由本院再审后作出的判决、裁定。三是上级法院对于生效判决、裁定提审后作出的判决、裁定。法院再审所作的调解是生效的再审裁判，在认识上不存在分歧，有学者对再审程序中作出的调解属于再审裁判进行了较为充分的分析。[1] 对依一审程序再审当事人上诉以后所作的二审判决、裁定和再审过程中发回重审当事人在法定期间内未上诉的生效判决、裁定以及当事人上诉以后所作的二审判决、裁定，是否属于再审判决、裁定，在理论和实务界存在争议，在实践中大多不作为生效的再审裁判来对待，而只是将其视为普通的生效裁判。对依一审程序再审当事人上诉以后所作的二审判

〔1〕 潘庆林："'再审判决、裁定'的认定问题——对《民诉法解释》第 383 条的再解释"，载《法律适用》2016 年第 4 期，第 74 页。

决、裁定，有学者认为不属于实质意义上的再审判决，当事人对此仍可在法院系统内申请再审。[1]但是，有学者指出："一审生效的裁判经再审，上诉后作出的裁判属再审裁判。"[2]有学者从再审裁判和二审裁判的本质属性和审理对象、现行民事诉讼法有限再审的立法目的和价值取向以及当事人诉讼权利的行使等方面论证了一审生效裁判经再审作出裁判的性质应属于再审裁判。[3]有学者还认为，按照一审程序再审是针对一项生效裁判是否应当改判进行，是一个典型的再审程序，这一程序的上诉也是再审程序的上诉，此类裁判应当归于再审裁判范围。[4]对再审过程中发回重审当事人在法定期间内未上诉的生效判决、裁定以及当事人上诉以后所作的二审判决、裁定，有学者认为，再审发回重审不同于依一审程序对案件进行再审，应当被视为是一个新的一审案件。[5]有学者则认为，依二审程序再审发回重审的案件，此类裁判也应当属于再审生效裁判，因为再审发回重审后并未脱离再审程序，诉讼程序的构造和功能设置不允许普通程序和再审程序存在回转或者倒流的空间，发回重审并不等同于诉讼的重新启动，将再审发回重审后的程序定位为普通程序，将会引起实务中一些无法调和的矛盾；[6]如果将再审发回重审适用非再审的一审程序，存在的弊端在于法律适用的冲突可能导致规避法律制裁现象的泛滥，民事诉讼程序无法处于安定状态，违背了法的秩序价值，造成了诉讼参与人的诉讼地位错位。[7]我们认为，依一审程序再审当事人上诉以后所作的二审判决、裁定和再审过程中发回重审当事人在法定期间内未上诉的生效判决、裁定以及当事人上诉以后所作的二审判决、裁定都属于再审判决、裁定，否则，再审程序启动前原程序的运行将变得毫无意义，不利于对原生效裁判既判力

〔1〕 师安宁："审判监督程序的特殊问题（一）"，载《人民法院报》2016年9月5日。
〔2〕 张爱珍："一审生效的裁判经再审，上诉后作出的裁判属再审裁判"，载《人民司法》2016年第32期，第57~59页。
〔3〕 最高人民法院审监庭第五合议庭："关于一审生效裁判经再审作出裁判性质的调研"，载《人民司法》2016年第25期，第57~58页。
〔4〕 郑学林："简论民事再审审查制度实施的若干问题"，载《中国政法大学学报》2014年第1期，第89~90页。
〔5〕 刘干："对再审发回重审后新作出的判决能否申请再审"，载《人民法院报》2018年1月3日。
〔6〕 曹海琴、冯波："走出民事再审中发回重审之困境的思考"，载《山东警察学院学报》2013年第1期，第27~29页。
〔7〕 肖森华："民事再审发回重审后的程序适用探讨"，载《福建法学》2010年第4期，第86~88页。

的维护，并且"将重审裁判和再审上诉裁判定性为再审裁判，可以减少当事人申请再审这一环节的再救济，有利于纠纷最终解决"。[1]由此可见，生效的再审判决、裁定包括：一是一审法院对于生效一审判决、裁定由本院再审后在法定期间内当事人未上诉的判决、裁定。二是二审法院对于生效二审判决、裁定由本院再审后作出的判决、裁定。三是上级法院对于生效判决、裁定提审后作出的判决、裁定。四是再审发回重审所作的当事人未上诉的判决、裁定。五是依照一审程序再审或者再审发回重审的判决、裁定，当事人上诉后所作的判决、裁定。

2. 再审案件裁判既判力的标准时

在明确了生效再审裁判的范围之后，有必要讨论再审裁判既判力的标准时。一般认为，再审裁判改变了法院原生效裁判的结果，再审裁判既判力的标准时为再审裁判生效之时。但是，对再审裁判维持法院原生效裁判的结果时，再审裁判既判力的标准时如何确定，则存在不同的看法。有学者认为，应当统一确定为法院原生效裁判生效之时。另有学者认为，应当依不同的情形分别确定，如果当事人在再审中提出了新的诉讼资料或者实施了新的攻击防御方法，法院对此进行了审理，再审裁判既判力的标准时为再审裁判生效之时。如果当事人在再审中没有提出新的诉讼资料和实施新的攻击防御方法，或者虽已提出或实施，但法院未进行审理，再审裁判既判力的标准时为法院原生效裁判生效之时。我们认为，在法院经过再审审理后，认为原裁判认定事实清楚、适用法律正确、判决结果正确，对原生效裁判予以维持时，再审裁判既判力的标准时为法院原生效裁判生效之时是没有疑问的。在法院经过再审审理后，认为裁判结果正确但原生效生效裁判认定事实、适用法律错误，在纠正错误后对原生效裁判予以维持时，再审裁判既判力的标准时也应为法院原生效裁判生效之时，因为纠正的认定事实、适用法律内容的判断属于判决理由的判断，一般不会产生既判力，不存在既判力的标准时的问题。因此，在再审裁判维持法院原生效裁判的结果时，将再审裁判既判力标准时确定为法院原生效裁判生效之时是较为恰当的。

可见，再审案件裁判既判力的标准时为：生效的再审裁判改变了法院原生效裁判的结果，从再审裁判生效之日起产生既判力。生效的再审裁判维持

---

[1] 王朝辉："作为民事再审对象的生效判决、裁定"，载《人民司法》2016年第13期，第104页。

法院原生效裁判的结果，从法院原裁判生效之日起产生既判力。

3. 再审案件裁判效力的表现

再审案件裁判效力的表现，应依再审启动的不同方式分别予以讨论。

（1）当事人申请再审的案件再审裁判效力的表现。对当事人申请再审的案件法院所作的生效的再审判决、裁定和调解，当事人能否再次向法院申请再审，学者们普遍持反对的观点。江伟教授和徐继军博士认为，不得对经过再审的案件进行再审。[1]还有的学者明确指出，只能对同一案件进行一次再审。[2]我们也认为，未行使再审申请权的当事人不得对再审裁判再次申请再审，否则，就是对再审审查制度中的"诉讼化"机制的否定。[3]

从最高人民法院有关的司法解释来看，对这一问题的规定有一个变化的过程。依 2002 年最高人民法院《规范再审立案意见》第 15 条的规定，上级法院对经终审法院的上一级法院依再审程序后作出维持原判的案件，一般不予受理，但再审申请人提出新的事由且符合民事诉讼法的规定除外。依 2011 年最高人民法院《第一次全国民事再审审查工作会议纪要》第 6 条的规定，当事人对再审改变原审结果的民事判决、调解书，认为有法定再审事由，向上一级法院申请再审的，上一级法院应当受理。依 2012 年《民事诉讼法》第 209 条第 1 款的规定，对有明显错误的再审判决、裁定，当事人可以依法向检察机关申请检察建议或者抗诉。依 2013 年最高人民法院办公厅《全国法院民事再审审查工作座谈会纪要》第 4 条的规定，当事人认为再审判决有错误向法院申请再审的，告知当事人向检察机关申请检察建议或者抗诉，不作为申请再审案件受理。2015 年最高人民法院《适用民诉法解释》第 383 条亦规定了法院不予受理对再审判决、裁定提出的再审申请，应当告知当事人可以对再审判决、裁定向检察机关申请再审检察建议或者抗诉，但因检察机关提出再审检察建议或者抗诉而再审作出的判决、裁定除外。也就是说，对当事人申请再审的案件而言，当事人对再审裁判申请再审的，不予受理，无论再审裁判是维持原生效裁判还是改判。2015 年最高人民法院《适用民诉法解释》第 383 条的规定是正确的，符合《民事诉讼法》的立法精神的。一个案件是

---

〔1〕 江伟、徐继军："论我国民事审判监督制度的改革"，载《现代法学》2004 年第 2 期，第 34 页。

〔2〕 景汉朝、卢子娟："论民事审判监督程序之重构"，载《法学研究》1999 年第 1 期，第 37 页。

〔3〕 因为在同一再审程序中，未行使再审申请权的当事人同样享有申请再审的权利。

否构成一个新案，并不取决于法院裁判的内容，而在于诉讼当事人是否相同，诉讼标的、诉讼请求是否相同。对当事人申请再审的案件，没有必要赋予当事人再次申请再审的权利，因为依现行《民事诉讼法》的规定，如果认为再审判决、裁定有错误，当事人还享有向检察机关申请提出再审检察建议或者抗诉的权利。据此，对当事人申请再审的案件，就法院所作的再审判决、裁定和调解，当事人不得再次申请再审，但可以依法对再审判决、裁定向检察机关申请提出再审检察建议或者抗诉。还需要说明的是，从域外的立法规定来看，虽然原则上规定对再审判决不能再次申请再审，如《法国民事诉讼法》第 603 条第 2 款规定对再审之诉做出的判决不得经申请再审攻击之，《意大利民事诉讼法》第 403 条规定对再审判决不能再次申请再审，只能提出对该案在再审之前本来就能够提出的质疑，但域外立法大多规定了因新的事由或者因后来发生的事由申请再审的可以再次申请再审。我国不必作出这样的规定，因为当事人在法院作出再审裁判后还可向检察机关申请提出检察建议或者抗诉，当事人申请再审的案件，法院只能依此为依据再审一次，这既能有效地限制再审程序的启动，也不会对当事人的利益造成不利的影响。

（2）检察机关提出再审检察建议或者抗诉的案件再审裁判效力的表现。对检察机关提出再审检察建议或者抗诉启动再审的案件，法院作出生效的再审判决、裁定和再审调解后，当事人不得再向法院申请再审，这在认识上不存在分歧，但当事人能否再次向检察机关提出再审检察建议或者抗诉的申请？检察机关能否再次提出再审检察建议或者抗诉？最高人民检察院和最高人民法院的有关司法解释曾对此作了规定。2001 年最高人民检察院《民事抗诉案件办案规则》第 46 条只规定了法院就抗诉案件作出的再审判决、裁定，检察机关应当进行审查。2013 年最高人民检察院《民诉监督规则（试行）》第 31 条第 6 项规定当事人就法院根据检察院的抗诉或者再审检察建议再审后作出的民事判决、裁定、调解书向检察院申请监督的检察院不予受理，但第 117 条第 1 项和第 3 项又规定了法院审理民事抗诉案件作出的判决、裁定、调解书仍符合抗诉条件的或者法院对检察建议的处理结果错误的，检察机关应当按照有关规定跟进监督或者提请上级检察机关监督。这就意味着，法院对抗诉或者提出再审检察建议启动再审的案件作出再审裁判后，检察机关可以再一次提出再审检察建议或者抗诉。从最高人民法院的态度来看，依 1995 年最高人民法院《检察机关对抗诉再审维持原判案件再次抗诉应否受理批复》[1]的规定，对抗诉案件，无论是同级法院再审还是指令下级法院再审，凡是维持原裁判的，原提出抗诉的检察机关再次抗诉的，法院不予受理，原提出抗诉的检察院的上级检察院提出抗诉的，法院应当受理。依 2001 年最高人民法院《审监工作座谈会纪要》第 14 条的规定，同一检察院提出过抗诉的案件，检察院提出抗诉的，法院不予受理。2015 年最高人民法院《适用民诉法解释》第 383 条第 2 款则规定对因检察机关提出再审检察建议或者抗诉而再审作出的判决、裁定，当事人不能再次向检察机关提出再审检察建议或者抗诉的申请，而不论再审生效裁判的内容是维持还是改变原生效裁判。我们认为，2015 年最高人民法院《适用民诉法解释》第 383 条第 2 款的规定是正确的，检察机关只能行使一次启动再审的权力。检察机关提出再审检察建议或者抗诉的次数如果不加限制，就可能不断地出现提出再审检察建议或者抗诉—再审—提出再审检察建议或者抗诉—再审的循环状态，法院的生效裁判就会不断地被质疑、被审查，不仅会对法院生效裁判的稳定性造成损害，既判力制度名存实亡，法院审判权的权威性不断地被冲击，同时也有损检察机关法律监督者的形象。学者们对此也普遍予以赞同。段厚省博士认为，在抗诉的次数上，应以一次为限。[2]有学者认为，如果检察机关向法院提出抗诉没有次数上的限制，势必会实质性地影响法院的终审裁判，也会使检、法两家摩擦得以加剧，不利于当事人息诉，抗诉提出次数应以一次为限。[3]

当然，由于《民事诉讼法》保留了法院依职权启动再审的方式，当事人就法院对提出再审检察建议或者抗诉启动再审的案件作出再审裁判后还享有向法院申诉的民主权利。

（3）法院依职权启动再审的案件再审裁判效力的表现。法院依职权启动再审的案件，法院作出生效的再审判决、裁定和调解后，当事人不得再向法院申请再审，不得再向检察机关提出再审检察建议或者抗诉的申请，也不得

---

[1] 本书所称"1995 年最高人民法院《检察机关对抗诉再审维持原判案件再次抗诉应否受理批复》"，即《最高人民法院关于人民检察院提出抗诉按照审判监督程序再审维持原裁判的民事、经济、行政案件，人民检察院再次提出抗诉应否受理的批复》（法复［1995］7 号　1995 年 10 月 6 日）。

[2] 段厚省："论既判力规则与民事抗诉机制的冲突及协调"，载江伟教授执教五十周年庆典活动筹备组编：《民事诉讼法学前沿问题研究》，北京大学出版社 2006 年版，第 405 页。

[3] 王燕："民事抗诉程序的缺失与补救攻略"，载《人民司法》2011 年第 7 期，第 94 页。

再向法院提出申诉。在我国现行民事诉讼制度框架内，法院依职权启动再审作出再审裁判后，民事纠纷的解决就彻底打上了句号。

关于再审裁判，还有一个再审裁判宣告的问题。2015 年最高人民法院《适用民诉法解释》第 425 条对此作了规定。由于上述规定与二审程序裁判宣告的规定完全相同，没有必要作为再审程序的特殊规则。

司法解释建议稿（代结论）

司法解释建议稿之一：最高人民法院关于适用民事诉讼再审程序若干问题的规定建议稿

一、民事诉讼再审程序的适用对象

第 1 条 对下列判决、裁定，可以适用民事诉讼再审程序：

（一）第二审法院作出的判决以及不予受理、驳回起诉的裁定；

（二）最高人民法院作出的判决以及不予受理、驳回起诉的裁定；

（三）基层法院依小额诉讼程序审理后作出的判决；

（四）当事人放弃上诉权上诉期限届满的地方法院作出的第一审判决以及不予受理、驳回起诉的裁定。

第 2 条 对依《民事诉讼法》第 153 条的规定作出的先行判决已经生效的，可以适用民事诉讼再审程序。

第 3 条 对已经生效的法院调解，可以适用民事诉讼再审程序，但当事人不得就已经生效的法院调解向检察机关申请提出再审检察建议或者抗诉。

第 4 条 对下列判决、裁定，不能适用民事诉讼再审程序：

（一）未生效的法院判决、裁定、调解；

（二）已生效的婚姻关系、收养关系等人身关系案件的判决、调解；

（三）依特别程序、督促程序、公示催告程序和破产程序等非讼程序审理案件作出的生效判决、裁定；

（四）不予受理、驳回起诉的裁定以外的其他生效裁定；

（五）法院的决定、命令、通知。

第 5 条 法院作出的不予受理、驳回起诉的裁定生效后，当事人再次起诉时符合起诉条件且不属于《民事诉讼法》第 124 条规定的不予受理情形的，法院应当依法受理。

二、民事诉讼再审程序的当事人

第 6 条 原诉讼中的原告和被告，为民事诉讼再审程序的当事人。

第 7 条 原诉讼中的必要共同诉讼人，不论是否参加了原诉讼，均为民事诉讼再审程序的当事人。

第 8 条 参加了原诉讼的有独立请求权的第三人，为民事诉讼再审程序的当事人。

参加了原诉讼并且法院对其与原诉讼的一方当事人之间的民事实体法律关系进行了审理和裁判的无独立请求权的第三人，为民事诉讼再审程序的当事人。

没有参加原诉讼的有独立请求权的第三人和无独立请求权的第三人，以及虽然参加了原诉讼但法院对其与原诉讼的一方当事人之间的民事实体法律关系没有进行审理和裁判的无独立请求权的第三人，不能成为民事诉讼再审程序的当事人，但可依法提起第三人撤销之诉。

第 9 条 原诉讼中的当事人为个人合伙，个人合伙的诉讼代表人和全体合伙人，均为民事诉讼再审程序的当事人。

第 10 条 代表人诉讼的诉讼代表人，为民事诉讼再审程序的当事人。

人数确定的代表人诉讼，未实际参加诉讼的当事人为民事诉讼再审程序的当事人。

人数不确定的代表人诉讼，人数众多的一方当事人胜诉的，未实际参加诉讼的当事人为民事诉讼再审程序的当事人。人数众多的一方当事人败诉的，未实际参加诉讼的当事人不能成为民事诉讼再审程序的当事人，可以以个人名义另行提起诉讼。

第 11 条 在原诉讼过程中，争议的民事权利义务转移的，法院应当根据当事人的申请，在审查属实的基础上，裁定准许受让人参加诉讼和让与人退出诉讼，受让人和让与人均为民事诉讼再审程序的当事人。如果让与人并未退出诉讼，受让人并未参加诉讼，让与人为民事诉讼再审程序的当事人，受让人不能成为民事诉讼再审程序的当事人。

第 12 条 法院的裁判生效后，当事人将法院生效裁判确认的债权债务转让的，债权债务的受让人不能成为民事诉讼再审程序的当事人。

第 13 条　根据法律的直接规定，以自己的名义代替他人进行诉讼，代替他人进行诉讼的当事人和被他人代替进行诉讼的人，均为民事诉讼再审程序的当事人。

第 14 条　公益诉讼案件，提起公益诉讼的主体和有权提起公益诉讼但没有提起公益诉讼的主体，均为民事诉讼再审程序的当事人。公益诉讼案件中个人利益受到损害的受害人，不能成为民事诉讼再审程序的当事人，有权就个人利益受到的损害依法提起诉讼。

三、民事诉讼再审的诉讼请求

第 15 条　当事人有权对法院生效裁判的主文中对于当事人诉讼请求的判断，提出变更或者撤销的再审诉讼请求。

第 16 条　当事人对于数量上具有可处分性的债权，仅就部分请求向法院提起诉讼，就已经起诉的部分诉讼请求法院在生效裁判的主文中所作的判断，当事人有权提出变更或者撤销的再审诉讼请求。当事人也可提出尚未起诉的剩余诉讼请求作为再审诉讼请求，但对有证据证明因客观原因无法提出的剩余诉讼请求，当事人可以另行提起诉讼。

第 17 条　就法院生效裁判的理由中对于诉讼抵销的判断，以抵销抗辩的金额为限，当事人有权提出变更或者撤销的再审诉讼请求。

第 18 条　在再审案件的审理过程中，不论再审案件是否发回重审，当事人都不能提起反诉，并且只能在本规定第 15 条至第 17 条所规定的当事人有权提出的再审诉讼请求的范围内增加或者变更再审诉讼请求。

第 19 条　属于民事诉讼再审程序当事人范围的人，认为法院的生效裁判有错误而主张自己的权利，可以依法申请再审。当事人以及与执行标的物存在权利义务关系的人，认为法院的生效裁判并无错误，仅对执行标的物主张自己的权利，可依法提起执行异议之诉。

四、再审案件审理和裁判的对象

第 20 条　当事人申请再审的案件以及法院依职权启动再审程序的案件，以当事人的再审诉讼请求作为法院审理和裁判的对象。

第 21 条　法院审理再审案件，发现法院的生效裁判损害国家利益、社会公共利益或者他人合法权益的，应当一并审理。

五、民事诉讼再审程序的再审事由

第 22 条　《民事诉讼法》第 200 条第 1 项规定的"有新的证据，足以推翻原判决、裁定的"再审事由，应当同时具备以下条件：

（一）"新的证据"是在法院裁判生效以前形成的证据，但对未来权利予以确认的预测型裁判除外。

当事人以法院裁判生效以后新发生的事实提起诉讼的，应当依法予以受理。

（二）当事人因客观原因没有在原诉讼中向法院提交"新的证据"。

当事人有证据证明不可能知道在法院裁判生效以前存在某一事实，可以以该事实为由向法院提起诉讼。

对当事人的未来权利法院的生效裁判进行了确认，当事人以法院的裁判生效以后发生的且在裁判生效以前不可能考虑和预见的事实为由，有权提起变更法院生效裁判的诉讼。

（三）"新的证据"应当由当事人提出。

法院依职权调取的证据，不能作为"新的证据"。

（四）"新的证据"原则上限于书证、物证、视听资料和电子数据。当事人陈述、证人证言、鉴定意见和勘验笔录不能作为"新的证据"。

（五）"新的证据"应当可以使提出该证据的当事人得到有利的裁判。

第 23 条　《民事诉讼法》第 200 条第 2 项规定的"原判决、裁定认定的基本事实缺乏证据证明的"再审事由，是指原判决、裁定对基本事实的认定没有证据证明，又不是众所周知的事实、推定的事实、自然规律、定理以及为法院生效裁判、仲裁机构的生效裁决、有效公证文书所确认或者证明的事实。

第 24 条　《民事诉讼法》第 200 条第 3 项规定的"原判决、裁定认定事实的主要证据是伪造的"再审事由，是指以下情形之一：

（一）原判决、裁定认定事实的证据是伪造或者变造的；

（二）证人、鉴定人、翻译人员作伪证、作虚假鉴定、作虚假翻译，且原判决、裁定是以此认定事实的；

（三）当事人的诉讼代理人、对方当事人及其诉讼代理人犯有与诉讼事件相关的罪行，且原裁判是基于这种行为作出的。

前款规定的情形，当事人必须依相关法律程序证明存在此种再审事由。

第 25 条　《民事诉讼法》第 200 条第 4 项规定的"原判决、裁定认定事实的主要证据未经质证的"再审事由，是指以当事人根本不知晓的证据作为原裁判认定事实的证据，或者应当予以质证的证据，未在法庭上出示，也未通过其他途径质证，原裁判以此认定案件事实的。

当事人对原判决、裁定认定事实的证据在原审中拒绝发表质证意见或者在质证中未对证据发表质证意见的，不属于"原判决、裁定认定事实的主要证据未经质证的"再审事由。

第 26 条　《民事诉讼法》第 200 条第 5 项规定的"对审理案件需要的主要证据，当事人因客观原因不能自行收集，书面申请法院收集，法院未调查收集的"再审事由，只有存在于第二审时，才可以作为民事诉讼再审事由。

第 27 条　《民事诉讼法》第 200 条第 6 项规定的"原判决、裁定适用法律确有错误的"再审事由，是指有下列情形之一，导致原判决、裁定结果错误的：

（一）适用的法律与案件的性质明显不符的；

（二）确定民事责任明显违背当事人约定或者法律规定的；

（三）适用已经失效或者尚未施行的法律的；

（四）违反法律溯及力规定的；

（五）违反法律适用规则的。

有下列情形之一，导致原判决、裁定结果错误的，视为符合《民事诉讼法》第 200 条第 6 项规定的"原判决、裁定适用法律确有错误的"再审事由：

（一）判决理由与主文明显有矛盾的；

（二）后诉法院作出的生效民事裁判与前诉法院作出的生效民事裁判相抵触的；

（三）民事诉讼与刑事诉讼存在关联，先进行刑事诉讼时，刑事诉讼的最终结果为有罪裁决或者不存疑的无罪裁决，民事生效裁判的结果与刑事裁决相矛盾的，但刑事裁决被依法撤销或者被变更的除外；

（四）民事案件的处理以行政行为合法性认定为前提，法院的民事生效裁判与关于行政行为合法性认定的生效行政裁判相矛盾的，但行政裁判被依法撤销或者被变更的除外；

（五）原诉讼举证责任分配不当，导致不应承担举证责任的当事人败诉的。

第 28 条　《民事诉讼法》第 200 条第 7 项规定的"审判组织的组成不合法的"再审事由，是指以下情形之一：

（一）审理案件的人员不具备审判资格的；

（二）人民陪审员独任审理的或人民陪审员参与第二审审理的；

（三）合议庭审理的案件独任审判的；

（四）在裁判文书上签名的审判人员与参加开庭的审判人员不一致的，但依法变更的除外；

（五）合议庭成员未达到法定人数的；

（六）未依法告知当事人审判人员变更的。

《民事诉讼法》第 200 条第 7 项规定的"依法应当回避的审判人员没有回避的"再审事由，是指作出生效裁判的审判人员依法应当回避没有回避，不包括作出未生效裁判的审判人员，也不适用于书记员、翻译人员、鉴定人、勘验人。

第 29 条　《民事诉讼法》第 200 条第 8 项规定的"无诉讼行为能力人未经法定代理人代为诉讼的"再审事由，是指无诉讼行为能力人未经法定代理人代为诉讼，或者未经法定代理人委托代理人进行诉讼。委托代理人超越当事人、法定代理人的授权进行诉讼且未经当事人、法定代理人追认的，视为符合《民事诉讼法》第 200 条第 8 项规定的再审事由。

《民事诉讼法》第 200 条第 8 项规定的"应当参加诉讼的当事人，因不能归责于本人或其诉讼代理人的事由，未参加诉讼的"再审事由，是指除必要共同原告明确表示放弃实体权利未参加诉讼的其他必要共同诉讼人未参加诉讼的情形。

第 30 条　《民事诉讼法》第 200 条第 9 项规定的"违反法律规定，剥夺当事人辩论权利的"再审事由，是指以下情形之一：

（一）应当开庭审理而未开庭审理的；

（二）未依法送达起诉状副本、上诉状副本或者答辩状副本致使当事人无法行使辩论权利的。

第 31 条　《民事诉讼法》第 200 条第 10 项规定的"未经传票传唤，缺席判决的"再审事由，是指未使用传票传唤或者未合法使用传票传唤缺席判决的。

一方当事人知道对方当事人的地址，不提供或者故意错误提供，法院采取公告送达后缺席判决的，应视为"未经传票传唤，缺席判决的"情形。

第 32 条　《民事诉讼法》第 200 条第 11 项规定的"原判决、裁定遗漏或者超出诉讼请求的"再审事由，包括一审诉讼请求、二审诉讼请求，但对一审判决、裁定遗漏或者超出诉讼请求当事人未提起上诉的除外。

遗漏诉讼请求只有在无法进行补充审理和判决的情形下，超越诉讼请求只有在有违司法公正的情形下，才能成为再审事由。

第 33 条　《民事诉讼法》第 200 条第 12 项规定的"据以作出原判决、裁定的法律文书被撤销的"再审事由中的法律文书，包括法院的生效裁判、仲裁机构的生效裁决、具有强制执行效力的公证债权文书。

第 34 条　《民事诉讼法》第 200 条第 13 项规定的"审判人员审理该案时有贪污受贿，徇私舞弊，枉法裁判行为的"再审事由，是指该行为已经由生效的相关刑事法律文书或者纪律处分决定确认的情形，并且这种行为致使该案件的裁判结果对当事人造成了不利影响。

第 35 条　《民事诉讼法》第 201 条规定的调解违反自愿原则，是指调解的开始、调解的进行或者调解协议的达成不是当事人真实意思的表示。"调解协议的内容违反法律规定"，是指调解协议的内容违反法律、法规、规章、司法解释的禁止性规定。

六、当事人向法院申请再审的条件

第 36 条　属于本规定第 6 条至第 14 条规定的民事诉讼再审程序当事人范围的人，提出再审申请的人为再审申请人。未提出再审申请与申请人的再审请求相对立的人，为再审被申请人。既不提出再审申请，与再审申请人的再审请求又不存在对立关系的人，依原审诉讼地位列明。

第 37 条　对本规定第 1 条至第 3 条规定的可以适用民事诉讼再审程序的法院裁判，当事人有权申请再审。

第 38 条　当事人申请再审的诉讼请求，应当符合本规定第 15 条至第 17 条对民事诉讼再审诉讼请求的要求。

第 39 条　当事人对判决、裁定申请再审，必须列明民事诉讼法第 200 条规定的再审事由之一，对调解书申请再审，必须列明《民事诉讼法》第 201

条规定的再审事由。当事人申请再审时，未列明再审事由，或者列明的再审事由不属于《民事诉讼法》规定的范围，不予受理。

法院裁判生效以前，当事人在上诉中主张了再审事由但被驳回，或者当事人知道再审事由的存在但在上诉中未提出主张，在法院裁判生效以后，当事人不得以该再审事由申请再审。

第 40 条 当事人一方人数众多或者当事人双方为公民的案件，可以向原审法院申请再审，也可以向原审法院的上一级法院申请再审，但当事人对小额诉讼的法院裁判应向原审法院申请再审，当事人以"原判决、裁定适用法律确有错误"为再审事由申请再审，或者当事人对经审判委员会讨论决定作出的生效裁判申请再审，应当向原审法院的上一级法院提出。

当事人一方人数众多的案件，是指再审申请人或者再审被申请人或者依原审诉讼地位列明的人一方为三人以上的案件。"人数众多的一方当事人"，包括公民、法人和其他组织。当事人双方为公民的案件，是指再审申请人和再审被申请人均为公民的案件。

对当事人一方人数众多的案件或者当事人双方为公民的案件，当事人同时向原审法院和原审法院的上一级法院申请再审，或者不同的当事人分别向原审法院和原审法院的上一级法院申请再审，除上述特别规定由原审法院上一级法院受理的以外，由原审法院受理。

对当事人一方人数众多的案件或者当事人双方为公民的案件以外的其他案件，当事人只能向原审法院的上一级法院申请再审。

第 41 条 当事人申请再审的事由为"有新的证据，足以推翻原判决、裁定的"，或者"原判决、裁定认定事实的主要证据是伪造的"，或者"据以作出原判决、裁定的法律文书被撤销或者变更的"，或者"审判人员审理该案件时有贪污受贿，徇私舞弊，枉法裁判行为的"，应当自知道或者应当知道再审事由之日起六个月内申请再审。当事人应书面说明知道或者应当知道所依据的再审事由的时间，并提交相应的证据。当事人无法提供证据证明，申请再审的期限从法院裁判生效之日起开始计算。

当事人申请再审的事由为本条第 1 款规定的再审事由以外的其他再审事由，应当自法院裁判生效之日起六个月内申请再审。法院裁判生效之日依下列规则确定：

（一）再审申请人对二审判决、裁定以及小额诉讼案件的判决、裁定申请再审的，以再审申请人在判决、裁定的送达回证上签收之日开始计算申请再审的期限；

（二）再审申请人对不需要制作调解书的调解协议申请再审的，以双方当事人、审判人员、书记员在调解协议上签名或者盖章之日开始计算申请再审的期限；

（三）再审申请人对可以上诉的一审判决、裁定申请再审的，以双方当事人都收到法院的判决、裁定且判决、裁定上诉期均已届满之日开始计算申请再审的期限；

（四）再审申请人对法院调解书申请再审的，以当事人双方均收到法院调解书之日开始计算申请再审的期限；

（五）当事人无法提供证据证明裁判生效之日的，作出生效判决、裁定或者调解书的法院应当出具裁判生效之日的书面证明。

当事人申请再审超过申请再审期限，如果是因不可抗力或者其他非因当事人的主观原因造成的，当事人可以向法院申请延期，法院经审查属实的，应当予以准许。对于当事人能够举证证明的在途期间，应当在申请再审的期限内予以扣除。

当事人对 2013 年 1 月 1 日之后生效的法院裁判申请再审的期限，适用现行《民事诉讼法》的规定。当事人对 2013 年 1 月 1 日以前生效的法院裁判申请再审的期限，依 2007 年的《民事诉讼法》和现行《民事诉讼法》规定计算，适用期限较长的规定。

第 42 条　当事人申请再审，应当提交再审申请书，并按照对方当事人和原审其他当事人的人数提出副本。

再审申请书应当载明下列内容：

（一）当事人的基本情况，当事人是自然人的，应当列明当事人的姓名、身份证号码、邮寄地址及联系方式，当事人是法人或者其他组织的，载明当事人的名称，法定代表人或者主要负责人的姓名、职务、身份证号码、邮寄地址及联系方式，由诉讼代理人代为申请再审的，载明诉讼代理人的姓名、单位、身份证号码、邮寄地址及联系方式；

（二）申请再审的生效裁判的作出法院及案号；

（三）列明存在符合民事诉讼法明确规定的再审事由，并说明理由；

（四）对法院生效裁判的内容予以变更或者废除的具体请求及理由；

（五）受理再审申请的法院名称；

（六）申请再审人的签名、捺印或者盖章；

（七）申请再审的时间。

当事人申请再审，除提交再审申请书外，还应当提交以下材料：

（一）申请人是自然人的，提交申请人的身份证明，申请人是法人或者其他组织的，提交法定代表人或者主要负责人的身份证明；

（二）申请再审的法院生效裁判文书，裁判文书是二审生效的，应当同时提交一审的裁判文书；

（三）委托他人代为申请再审的，应当提交授权委托书；

（四）证明申请再审符合法定期限要求的证据材料；

（五）证明申请再审存在《民事诉讼法》明确规定的再审事由的证据材料；

（六）其他证明再审申请符合条件的证据材料。

上述第（一）和第（二）项材料，当事人应当提供原件交法院核对。

当事人申请再审，应当提交材料清单一式两份。

条件允许的，当事人在提交申请再审的书面材料的同时，可要求其同时提交申请再审材料的电子文本。

七、法院对当事人申请再审是否符合条件的立案审查

第 43 条　立案庭在收到当事人提交的再审申请书和申请再审的其他有关材料后，应当接收材料，并在申请人提交材料清单上注明收到日期，加盖收件章，将其中的一份清单返还当事人。

第 44 条　立案庭应当在接收材料时当场进行审查。经审查，认为当事人的申请符合本规定第 36 条至第 42 条规定的条件，当场决定受理并立案登记编定案号，及时将案件移交审监庭或者相关民事审判庭。申请再审不符合本规定第 36 条至第 42 条规定的条件但可以补正的，责令申请人限期补正。当事人的申请明显不符合本规定第 36 条至第 42 条规定的条件且无法补正的，应当说服当事人放弃申请。当事人坚持申请的，向当事人制发不予受理通知书，不予受理通知书应当载明不予受理的具体理由。

第 45 条　不能当场决定是否受理的，立案庭应当在收到再审申请书之日起七日内依据下列情形分别作出处理：

（一）申请再审符合本规定第 36 条至第 42 条规定的条件，法院决定受理并立案登记编定案号，及时将案件移交审监庭或者相关民事审判庭；

（二）申请再审不符合本规定第 36 条至第 42 条规定的条件且不能补正，或者虽能补正但超过指定期限拒不补正的，应当说服当事人放弃申请，当事人坚持申请的，向当事人制发不予受理通知书，不予受理通知书应当载明不予受理的具体理由；

（三）不能判断当事人的申请再审是否符合本规定第 36 条至第 42 条规定的条件，应当先行受理，受理以后由审监庭或者相关民事审判庭再审查当事人的申请再审是否符合本规定第 36 条至第 42 条规定的条件。

第 46 条　对不予受理再审申请的通知，当事人有异议的，可以向决定不予受理的法院申请复议。法院对当事人的申请再审决定不予受理后，当事人再次申请再审符合本规定第 36 条至第 42 条规定的条件，法院应当依法予以受理。

八、法院对当事人提出的再审事由是否成立的审查

第 47 条　法院对当事人提出的再审事由是否成立进行审查时，应遵循以下原则：

（一）依法履行监督职能，保障当事人诉讼权利的原则；

（二）对当事人双方合法权益平等保护原则；

（三）依法裁定原则，对再审事由成立的案件，裁定再审；对再审事由不成立的案件，裁定驳回再审申请；

（四）保护当事人的申请再审权与维护生效裁判既判力并重的原则。

第 48 条　审监庭或者相关民事审判庭应当在立案登记后三日内另行组成合议庭，原来参与案件审理的审判人员不得参与对再审事由的审查。

第 49 条　法院应当在再审立案之日五日内依法定送达方式向再审申请人送达受理通知书，并向被申请人及原审其他当事人送达应诉通知书、再审申请书副本等材料，书面告知当事人在再审事由审查阶段的诉讼权利义务。

被申请人及原审其他当事人应当在收到材料之日起十五日内提出书面意见，不提出书面意见的，不影响法院的审查。

第 50 条　在再审事由审查阶段，当事人享有的主要诉讼权利有：补充有关材料和证据、向法院陈述意见、申请回避、撤回再审申请、变更或者增加

再审事由、对法院的裁定提出复议申请。当事人的主要诉讼义务为：依法行使诉讼权利、遵守诉讼秩序、按要求参加法院主持的听证。

第 51 条 法院应当依照《民事诉讼法》第 200 条或者第 201 条的规定以及本规定第 22 条至第 35 条关于再审事由的规定，针对当事人主张的再审事由是否成立进行审查。对当事人未主张的再审事由，不予审查。当事人依据的事实或者理由与主张的再审事由不一致的，可以向当事人予以释明。

就立案庭对当事人申请再审是否符合条件难以作出判断而先予受理的案件、被申请人或者原审其他当事人认为申请再审不符合条件在再审事由审查阶段提出异议的案件以及法院在审查再审事由的过程中认为申请再审可能不符合条件的案件，在再审事由审查阶段，法院应当对当事人申请再审是否符合本规定第 36 条至第 42 条规定的条件再次进行审查。

在对再审事由是否成立进行审查的过程中直至法院再审裁判作出之前，被申请人或者原审其他当事人提出再审申请的，将其列为再审申请人，依法审查其提出的再审申请是否符合本规定第 36 条至第 42 条规定的条件，并依本条第 1 款的规定审查其提出的再审事由是否成立。

在法定的申请再审期限内当事人书面要求增加或者变更的属于《民事诉讼法》明确列举的再审事由，法院应当对此进行审查。

法院在对当事人提出的再审事由是否成立进行审查时，不必审查被申请再审的法院生效裁判是否存在错误。

第 52 条 法院在进行审查时，应当审查当事人提交的书面材料和询问当事人。

根据案件的具体情况，法院可以依职权调查核实案件事实，可以向原审法院了解案件审理中的有关情况，可以要求当事人补充有关材料，但不得依当事人申请或者依职权委托鉴定或勘验。

根据案件的具体情况，法院可以组织当事人听证。听证应当在五日前通知当事人，由审判长主持。

根据案件的具体情况，法院可以调卷审阅原审卷宗。原审法院应当在收到上级法院的调卷函后，在一个月内按要求报送卷宗。

在对再审事由是否成立进行审查的阶段，法院不能进行调解。

第 53 条 再审事由审查期间，申请人撤回再审申请的，是否准许，由法院裁定。申请人经传票传唤，无正当理由拒不接受询问或者参加听证，或者未经许可中途退出的，可以裁定按撤回再审申请处理。

在准许撤回再审申请或者按撤回再审申请处理后，申请人原则上不得再次申请再审，但有以"知道或者应当知道"起算申请再审期限的再审事由存在的除外。

被申请人及原审其他当事人不参加询问、听证或未经许可中途退出的，视为放弃在询问、听证过程中陈述意见的权利。

第 54 条 有下列情形之一的，应当中止对再审事由的审查：

（一）一方当事人死亡，需要等待继承人表明是否参加审查程序的；

（二）一方当事人丧失诉讼行为能力，尚未确定法定代理人的；

（三）作为一方当事人的法人或者其他组织终止，尚未确定权利义务承受人的；

（四）一方当事人因不可抗拒的事由，不能参加审查程序的；

（五）其他应当中止审查的情形；

中止审查的，应当制作中止审查决定书，送达当事人。

中止审查的原因消除后，应当恢复审查。

第 55 条 有下列情形之一的，应当终结对再审事由的审查：

（一）申请人撤回再审申请被准许或者裁定按撤回再审申请处理的；

（二）申请人死亡，没有继承人或者继承人放弃权利的；

（三）被申请人死亡，没有遗产，也没有应当承担义务的人的；

（四）追索赡养费、抚养费、抚育费案件的一方当事人死亡的。

法院决定终结审查，应当制作终结审查决定书，送达当事人。

当事人对终结审查决定有异议的，可以向受理再审申请的法院提出复议申请。对法院终结审查的案件，当事人再次提出再审申请的，除另有规定外，法院不予受理。

第 56 条 法院经过审查，认为再审事由成立，且符合本规定第 36 条至第 42 条规定的当事人申请再审的条件的，裁定再审。认为再审事由不成立，或者不符合本规定第 36 条至第 42 条规定的当事人申请再审条件的，裁定驳回再审申请。

裁定由审判人员、书记员签名，加盖法院印章。

裁定一经送达，即发生法律效力。当事人对裁定有异议的，可以向受理再审申请的法院申请复议，但不得再次向法院申请再审。

第 57 条　法院对再审事由进行审查，应当在再审立案之日起三个月内审查完毕并作出裁定。有特殊情况需要延长的，经本院院长批准，可以延长三个月。

审查中止期间、公告期间、调卷期间不计入审查期限。

在再审事由审查过程中，被申请人或者原审其他当事人提出再审申请，或者申请人变更或者增加再审事由的，审查期限重新计算。

九、法院依职权启动民事诉讼再审程序

第 58 条　当事人申诉是法院依职权启动民事诉讼再审程序的前提

第 59 条　法院依职权启动民事诉讼再审程序，应同时具备以下条件：

（一）只有当事人在向法院申请再审和向检察机关申请提出再审检察建议或者抗诉之后，当事人才可以向法院提出申诉由法院依职权启动再审；

（二）请求法院依职权启动再审的申请人属于本规定第 6 条至第 14 条规定的民事诉讼再审程序当事人范围的人；

（三）请求法院依职权启动再审的申请人的诉讼请求，应当符合本规定第 15 条至第 17 条对民事诉讼再审诉讼请求的要求；

（四）请求法院依职权启动再审的申请人主张了《民事诉讼法》第 200 条或第 201 条规定的再审事由，法院经审查该再审事由成立，当事人在以往的上诉或再审中主张的再审事由被驳回，或者当事人知道再审事由但在以往的诉的上诉或再审未提出主张，不得作为法院依职权启动再审的事由；

（五）有权依职权启动再审的法院只能是作出最终生效裁判法院的上级法院；

（六）法院依职权启动再审的案件，由法院信访部门受理当事人的申诉，如不符合条件，用通知书的形式予以驳回，如果符合条件，经审判委员会讨论决定作出再审裁定，立案庭登记立案后，由审监庭负责审理。

十、民事诉讼再审程序的审理规则

第 60 条　法院审理再审案件的程序，法律或者司法解释有特别规定的，适用法律或者司法解释的特别规定。法律或者司法解释没有特别规定的，生效裁判是二审法院作出的，或者生效裁判是由一审法院作出但由上级法院提审的，按照二审程序审理。生效裁判是一审法院作出且上级法院没有提审而

是由一审法院审理的，按照一审程序审理。

第 61 条 法院裁定再审，对追索赡养费、抚养费、抚育费、抚恤金、医疗费、劳动报酬等案件，可以不中止执行。

对其他案件，法院裁定再审中止执行应当具备以下条件：

（一）案件有执行内容；

（二）案件尚未执行完毕；

（三）由当事人提出申请并提供担保，再审审理后最终维持原判的，申请中止

执行的当事人应当赔偿对方当事人因中止执行所遭受的损失。

法院裁定再审决定中止执行的，应当在再审裁定书中写明中止原判决、裁定、调解书的执行；情况紧急的，可以将中止执行裁定口头通知负责执行的法院，并在通知后十日内送达裁定书。

第 62 条 无论以何种方式启动再审，以作出再审裁定的法院负责再审案件的审理为原则，以指令下级法院再审为例外。

对本院的生效裁判裁定再审的，由裁定再审的法院审理再审案件，不得指令下级法院再审。

对当事人申请再审的案件，上级法院裁定再审后，同时符合以下条件，可以指令作出原生效裁判的法院审理：

（一）以《民事诉讼法》第 200 条第 1 项至第 5 项规定的再审事由裁定再审的；

（二）原生效裁判不是经原审法院审判委员会讨论决定作出的。

法院依职权启动再审的，由裁定再审的法院审理再审案件，不得指令下级法院再审。

指令再审应遵守以下的程序规则：

（一）上级法院认为符合指令再审的条件需要指令再审的，应当作出指令再审的裁定，在裁定书中应当阐明指令再审的具体理由；

（二）指令再审裁定书应当送达受指令再审的下级法院和当事人；

（三）在收到上级法院指令再审的裁定三日内，下级法院和当事人可以提出异议，上级法院应当在收到异议三日内予以答复；

（四）上级法院指令再审，下级法院只能对再审案件进行审理，不能对再审事由进行审查，更不能对再审事由作出与上级法院相矛盾的判断，再审案

件审理完毕后，下级法院应当及时将审理结果反馈给上级法院；

（五）上级法院违反规定指令再审的，应当依照相关规定追究有关人员的责任。

第 63 条　法院审理再审案件，应当组成合议庭审理，可以由审查再审事由的同一审判组织进行审理。再审案件应当尽可能由资深法官审理，原来作出法院生效裁判的合议庭成员不得参与再审案件的审理。

第 64 条　法院审理再审案件，无论适用第一审程序还是第二审程序审理，都必须开庭审理。

第 65 条　对当事人申请再审案件的开庭审理，先由再审申请人陈述再审请求及理由，后由被申请人答辩，其他原审当事人发表意见。

对法院依职权裁定再审案件的开庭审理，先由申诉人陈述申诉请求及理由，后由被申诉人答辩、其他原审当事人发表意见。

第 66 条　法院依二审程序审理再审案件，再审事由有一审法院审理过程中的以下情形之一的，可以裁定撤销原判，发回重审：

（一）以《民事诉讼法》第 200 条第 1 项至第 5 项规定的再审事由启动再审，且法院对相关证据未进行审查和判断的；

（二）以《民事诉讼法》第 200 条第 7 项至第 10 项、第 13 项规定的再审事由启动再审的；

（三）以《民事诉讼法》第 200 条第 11 项规定的"原判决、裁定遗漏诉讼请求的"再审事由启动再审的。

符合再审发回重审的情形，提出再审申请的当事人不同意发回重审的，不得发回重审。

符合再审发回重的情形，当事人双方同意依二审程序调解且达成调解协议的，不发回重审。当事人不同意调解或者调解达不成协议的，裁定撤销原判，发回重审。

法院决定再审发回重审，应当作出裁定，阐明发回重审的具体理由。

审判人员违反再审发回重审的规定，应当依相关规定追究其责任。

第 67 条　在再审案件审理过程中，法院的生效判决、调解存在实体性违法，可以进行调解。当事人在再审案件审理过程中达成调解协议的，法院应当制作调解书，并裁定撤销原生效的判决、调解。调解书经各方当事人签收后，即具有法律效力。

第 68 条　再审申请人可以在再审案件审理期间撤回再审申请，是否准许，由法院裁定。再审申请人经传票传唤，无正当理由拒不到庭或者未经法庭许可中途退庭的，可以裁定按自动撤回再审申请处理。法院裁定准许撤回再审申请或者裁定按自动撤回再审申请的，裁定终结再审诉讼。

在再审案件审理过程中，除裁定准许撤回再审申请或者裁定按自动撤回再审申请的终结再审诉讼外，有以下情形之一的，终结再审诉讼：

（一）再审申请人、申请再审检察建议或者抗诉的人、申诉人死亡，没有继承人或者继承人放弃权利的；

（二）被申请人、被申诉人死亡，没有继承人，也没有应当承担义务的人的；

（三）追索赡养费、抚养费、抚育费案件的一方当事人死亡的。

终结再审诉讼后，法院裁定中止执行的原生效裁判自动恢复执行。

法院依一审程序审理再审案件，原审的原告不能撤回起诉，其不到庭也不影响再审案件的审理。

对法院依职权启动再审的案件，申诉人不得撤回申诉，也不得对其按撤回申诉处理。

第 69 条　法院审理再审案件，无论是适用一审程序还是二审程序进行审理，应当自裁定再审之日起八个月内审结。对裁定再审的案件应当自裁定再审之日起三十日内审结。有特殊情况需要延长的，由本院院长批准。中止诉讼、鉴定、调卷等期间不计入审理期限。

十一、民事诉讼再审程序的裁判规则

第 70 条　法院经审理认为，原判决认定事实清楚，适用法律正确，判决结果正确的，判决予以维持，并同时撤销中止执行原生效判决的裁定。

第 71 条　法院经审理认为，原判决结果错误的，应当予以改判，并同时撤销原生效判决。判决结果正确但原判决认定事实、适用法律错误的，应当在纠正错误后判决予以维持，并同时撤销中止执行原生效判决的裁定。

第 72 条　法院经审理认为，原判决、调解有下列情形之一的，应当裁定撤销原判决、调解，驳回起诉：

（一）诉讼主体错误的；

（二）不属于法院受理民事诉讼范围的；

（三）对已有生效裁判的案件提起诉讼或者起诉时起诉的事项已经在诉讼过程中，且符合重复起诉条件的。

第73条　法院经审理认为，生效的不予受理或者驳回起诉的裁定正确的，裁定维持原裁定。生效的不予受理或者驳回起诉的裁定错误的，裁定撤销原裁定，并同时指令原审法院审理。

第74条　对生效的法院调解，再审事由为当事人"提出证据证明调解违反自愿原则或者调解协议的内容违反法律的"，法院再审后，应根据再审认定的事实依法作出判决，并撤销原生效的法院调解。

对生效的法院调解，如果是法院依职权启动再审，法院在再审审理之后，也应当根据再审认定的事实依法作出判决，并撤销原生效的法院调解。

第75条　生效的再审判决、裁定包括：

（一）一审法院对于生效一审判决、裁定由本院再审后在法定期间内当事人未上诉的判决、裁定；

（二）二审法院对于生效二审判决、裁定由本院再审后作出的判决、裁定；

（三）上级法院对于生效判决、裁定提审后作出的判决、裁定；

（四）再审发回重审所作的当事人未上诉的判决、裁定；

（五）依照一审程序再审或者再审发回重审的判决、裁定，当事人上诉后所作的判决、裁定。

第76条　生效的再审裁判改变了法院原生效裁判的结果，从再审裁判生效之日起产生效力。生效的再审裁判维持法院原生效裁判的结果，从法院原裁判生效之日起产生效力。

第77条　对当事人申请再审的案件，就法院所作的生效的再审判决、裁定和再审调解，当事人不得再次申请再审，但当事人对再审判决、裁定可以依法向检察机关申请再审检察建议或者抗诉。

第78条　法院依职权启动再审的案件，法院作出生效的再审判决、裁定和再审调解后，当事人不得再向法院申请再审，不得再向检察机关提出再审检察建议或者抗诉的申请，也不得再向法院提出申诉。

司法解释建议稿之二：最高人民检察院关于民事诉讼再审检察建议或者抗诉若干问题的规定建议稿

一、检察机关提出再审检察建议或者抗诉的情形

第1条 对损害国家利益、社会公共利益的民事案件，检察机关可以依职权提出再审检察建议或者抗诉。

第2条 对不涉及国家利益、社会公共利益的民事案件，检察机关只能基于当事人的申请而不能依职权提出再审检察建议或者抗诉。

二、民事诉讼再审检察建议或者抗诉的适用对象

第3条 对下列判决、裁定，检察机关可以依法提出再审检察建议或者抗诉：

（一）第二审法院作出的判决以及不予受理、驳回起诉的裁定；

（二）最高人民法院作出的判决以及不予受理、驳回起诉的裁定；

（三）基层法院依小额诉讼程序审理后作出的判决；

（四）当事人放弃上诉权上诉期限届满的地方法院作出的第一审判决以及不予受理、驳回起诉的裁定。

第4条 对依《民事诉讼法》第153条的规定作出的先行判决已经生效的，检察机关可以依法提出再审检察建议或者抗诉。

第5条 对已经生效的法院调解损害国家利益、社会公共利益的，检察机关可以依职权提出再审检察建议或者抗诉，但当事人不得对已经生效的法院调解申请提出再审检察建议或者抗诉。

第6条 对下列判决、裁定，检察机关不能提出再审检察建议或者抗诉：

（一）未生效的法院判决、裁定、调解；

（二）已生效的婚姻关系、收养关系等人身关系案件的判决、调解；

（三）依特别程序、督促程序、公示催告程序和破产程序等非讼程序审理案件作出的生效判决、裁定；

（四）不予受理、驳回起诉的裁定以外的其他生效裁定；

（五）法院的决定、命令、通知。

三、民事诉讼再审检察建议或者抗诉案件的当事人

第7条 原诉讼中的原告和被告，为民事诉讼再审检察建议或者抗诉案件的当事人。

第8条 原诉讼中的必要共同诉讼人，不论是否参加了原诉讼，均为民事诉讼再审检察建议或者抗诉案件的当事人。

第9条 参加了原诉讼的有独立请求权的第三人，为民事诉讼再审检察建议或者抗诉案件的当事人。

参加了原诉讼并且法院对其与原诉讼的一方当事人之间的民事实体法律关系进行了审理和裁判的无独立请求权的第三人，为民事诉讼再审检察建议或者抗诉案件的当事人。

没有参加原诉讼的有独立请求权的第三人和无独立请求权的第三人，以及虽然参加了原诉讼但法院对其与原诉讼的一方当事人之间的民事实体法律关系没有进行审理和裁判的无独立请求权的第三人，不能成为民事诉讼再审检察建议或者抗诉案件的当事人，但可依法提起第三人撤销之诉。

第10条 原诉讼中的当事人为个人合伙，个人合伙的诉讼代表人和全体合伙人，均为民事诉讼再审检察建议或者抗诉案件的当事人。

第11条 代表人诉讼的诉讼代表人，为民事诉讼再审检察建议或者抗诉案件的当事人。

人数确定的代表人诉讼，未实际参加诉讼的当事人为民事诉讼再审检察建议或者抗诉案件的当事人。

人数不确定的代表人诉讼，人数众多的一方当事人胜诉的，未实际参加诉讼的当事人为民事诉讼再审检察建议或者抗诉案件的当事人。人数众多的一方当事人败诉的，未实际参加诉讼的当事人不能成为民事诉讼再审检察建议或者抗诉案件的当事人，可以以个人名义另行提起诉讼。

第12条 在原诉讼过程中，争议的民事权利义务转移的，法院裁定准许受让人参加诉讼和让与人退出诉讼的，受让人和让与人均为民事诉讼再审检察建议或者抗诉案件的当事人。如果让与人并未退出诉讼，受让人并未参加诉讼，让与人为民事诉讼再审检察建议或者抗诉案件的当事人，受让人不能成为民事诉讼再审检察建议或者抗诉案件的当事人。

第13条 法院的裁判生效后，当事人将法院生效裁判确认的债权债务转

让的，债权债务的受让人不能成为民事诉讼再审检察建议或者抗诉案件的当事人。

第 14 条　根据法律的直接规定，以自己的名义代替他人进行诉讼，代替他人进行诉讼的当事人和被他人代替进行诉讼的人，均为民事诉讼再审检察建议或者抗诉案件的当事人。

第 15 条　公益诉讼案件，无论检察机关是否提起公益诉讼，检察机关均可依法向人民法院提出再审检察建议或者抗诉。其他有权提起公益诉讼的主体，无论是否提起公益诉讼，均可以作为民事诉讼再审检察建议或者抗诉案件的当事人。公益诉讼案件中个人利益受到损害的受害人，有权就个人利益受到的损害依法提起诉讼。

四、当事人申请再审检察建议或者抗诉的再审诉讼请求

第 16 条　当事人有权对法院再审裁判或者生效裁判的主文中对于当事人诉讼请求的判断，在申请再审检察建议或者抗诉时提出变更或者撤销的再审诉讼请求。

第 17 条　当事人对于数量上具有可处分性的债权，仅就部分请求向法院提起诉讼，就已经起诉的部分诉讼请求法院在再审裁判或者生效裁判的主文中所作的判断，当事人在申请再审检察建议或者抗诉时有权提出变更或者撤销的再审诉讼请求。当事人也可提出尚未起诉的剩余诉讼请求作为申请再审检察建议或者抗诉时的再审诉讼请求，但对有证据证明因客观原因无法提出的剩余诉讼请求，当事人可以另行提起诉讼。

第 18 条　就法院再审裁判或者生效裁判的理由中对于诉讼抵销的判断，以抵销抗辩的金额为限，当事人在申请再审检察建议或者抗诉时有权提出变更或者撤销的再审诉讼请求。

第 19 条　检察机关提出再审检察建议或者抗诉的案件，在再审案件的审理过程中，不论再审案件是否发回重审，当事人都不能提起反诉，并且只能在本规定第 16 条至第 18 条所规定的当事人有权提出的再审诉讼请求的范围内增加或者变更再审诉讼请求。

五、检察机关提出再审检察建议或者抗诉的再审事由

第 20 条　《民事诉讼法》第 200 条第 1 项规定的"有新的证据，足以推

翻原判决、裁定的"再审事由，应当同时具备以下条件：

（一）"新的证据"是在法院裁判生效以前形成的证据，但对未来权利予以确认的预测型裁判除外。

当事人以法院裁判生效以后新发生的事实提起诉讼的，应当依法予以受理。

（二）当事人因客观原因没有在原诉讼中向法院提交"新的证据"。

当事人有证据证明不可能知道在法院裁判生效以前存在某一事实，可以以该事实为由向法院提起诉讼。

对当事人的未来权利法院的生效裁判进行了确认，当事人以法院的裁判生效以后发生的且在裁判生效以前不可能考虑和预见的事实为由，有权提起变更法院生效裁判的诉讼。

（三）"新的证据"应当由当事人提出。

除涉及国家利益、社会公共利益的案件外，检察机关依职权调取的证据，不能作为"新的证据"。

（四）"新的证据"原则上限于书证、物证、视听资料和电子数据。当事人陈述、证人证言、鉴定意见和勘验笔录不能作为"新的证据"。

（五）"新的证据"应当可以使提出该证据的当事人得到有利的裁判。

第 21 条 《民事诉讼法》第 200 条第 2 项规定的"原判决、裁定认定的基本事实缺乏证据证明的"再审事由，是指原判决、裁定对基本事实的认定没有证据证明，又不是众所周知的事实、推定的事实、自然规律、定理以及为法院生效裁判、仲裁机构的生效裁决、有效公证文书所确认或者证明的事实。

第 22 条 《民事诉讼法》第 200 条第 3 项规定的"原判决、裁定认定事实的主要证据是伪造的"再审事由，是指以下情形之一：

（一）原判决、裁定认定事实的证据是伪造或者变造的；

（二）证人、鉴定人、翻译人员作伪证、作虚假鉴定、作虚假翻译，且原判决、裁定是以此认定事实的；

（三）当事人的诉讼代理人、对方当事人及其诉讼代理人犯有与诉讼事件相关的罪行，且原裁判是基于这种行为作出的。

前款规定的情形，当事人必须依相关法律程序证明存在此种再审事由。

第 23 条 《民事诉讼法》第 200 条第 4 项规定的"原判决、裁定认定事实的主要证据未经质证的"再审事由，是指以当事人根本不知晓的证据作为原裁判认定事实的证据，或者应当予以质证的证据，未在法庭上出示，也未通过其他途径质证，原裁判以此认定案件事实的。

当事人对原判决、裁定认定事实的证据在原审中拒绝发表质证意见或者在质证中未对证据发表质证意见的，不属于"原判决、裁定认定事实的主要证据未经质证的"再审事由。

第 24 条 《民事诉讼法》第 200 条第 5 项规定的"对审理案件需要的主要证据，当事人因客观原因不能自行收集，书面申请人民法院收集，人民法院未调查收集的"再审事由，只有存在于第二审时，才可以作为民事诉讼再审事由。

第 25 条 《民事诉讼法》第 200 条第 6 项规定的"原判决、裁定适用法律确有错误的"再审事由，是指有下列情形之一，导致原判决、裁定结果错误的：

（一）适用的法律与案件的性质明显不符的；

（二）确定民事责任明显违背当事人约定或者法律规定的；

（三）适用已经失效或者尚未施行的法律的；

（四）违反法律溯及力规定的；

（五）违反法律适用规则的。

有下列情形之一，导致原判决、裁定结果错误的，视为符合《民事诉讼法》第 200 条第 6 项规定的"原判决、裁定适用法律确有错误的"再审事由：

（一）判决理由与主文明显有矛盾的；

（二）后诉法院作出的生效民事裁判与前诉法院作出的生效民事裁判相抵触的；

（三）民事诉讼与刑事诉讼存在关联，先进行刑事诉讼时，刑事诉讼的最终结果为有罪裁决或者不存疑的无罪裁决，民事生效裁判的结果与刑事裁决相矛盾的，但刑事裁决被依法撤销或者被变更的除外；

（四）民事案件的处理以行政行为合法性认定为前提，法院的民事生效裁判与关于行政行为合法性认定的生效行政裁判相矛盾的，但行政裁判被依法撤销或者被变更的除外；

（五）原诉讼举证责任分配不当，导致不应承担举证责任的当事人败诉的。

第 26 条 《民事诉讼法》第 200 条第 7 项规定的"审判组织的组成不合法的"再审事由，是指以下情形之一：

（一）审理案件的人员不具备审判资格的；

（二）人民陪审员独任审理的或人民陪审员参与第二审审理的；

（三）合议庭审理的案件独任审判的；

（四）在裁判文书上签名的审判人员与参加开庭的审判人员不一致的，但依法变更的除外；

（五）合议庭成员未达到法定人数的；

（六）未依法告知当事人审判人员变更的。

《民事诉讼法》第 200 条第 7 项规定的"依法应当回避的审判人员没有回避的"再审事由，是指作出生效裁判的审判人员依法应当回避没有回避，不包括作出未生效裁判的审判人员，也不适用于书记员、翻译人员、鉴定人、勘验人。

第 27 条 《民事诉讼法》第 200 条第 8 项规定的"无诉讼行为能力人未经法定代理人代为诉讼的"再审事由，是指无诉讼行为能力人未经法定代理人代为诉讼，或者未经法定代理人委托代理人进行诉讼。委托代理人超越当事人、法定代理人的授权进行诉讼且未经当事人、法定代理人追认的，视为符合《民事诉讼法》第 200 条第 8 项规定的再审事由。

《民事诉讼法》第 200 条第 8 项规定的"应当参加诉讼的当事人，因不能归责于本人或其诉讼代理人的事由，未参加诉讼的"再审事由，是指除必要共同原告明确表示放弃实体权利未参加诉讼的其他必要共同诉讼人未参加诉讼的情形。

第 28 条 《民事诉讼法》第 200 条第 9 项规定的"违反法律规定，剥夺当事人辩论权利的"再审事由，是指以下情形之一：

（一）应当开庭审理而未开庭审理的；

（二）未依法送达起诉状副本、上诉状副本或者答辩状副本致使当事人无法行使辩论权利的。

第 29 条 民事诉讼法第 200 条第 10 项规定的"未经传票传唤，缺席判决的"再审事由，是指未使用传票传唤或者未合法使用传票传唤缺席判决的。

一方当事人知道对方当事人的地址，不提供或者故意错误提供，法院采取公告送达后缺席判决的，应视为"未经传票传唤，缺席判决的"情形。

第 30 条 《民事诉讼法》第 200 条第 11 项规定的"原判决、裁定遗漏或者超出诉讼请求的"再审事由，包括一审诉讼请求、二审诉讼请求，但对一审判决、裁定遗漏或者超出诉讼请求当事人未提起上诉的除外。

遗漏诉讼请求只有在无法进行补充审理和判决的情形下，超越诉讼请求只有在有违司法公正的情形下，才能成为再审事由。

第 31 条 《民事诉讼法》第 200 条第 12 项规定的"据以作出原判决、裁定的法律文书被撤销的"再审事由中的法律文书，包括法院的生效裁判、仲裁机构的生效裁决、具有强制执行效力的公证债权文书。

第 32 条 《民事诉讼法》第 200 条第 13 项规定的"审判人员审理该案时有贪污受贿，徇私舞弊，枉法裁判行为的"再审事由，是指该行为已经由生效的相关刑事法律文书或者纪律处分决定确认的情形，并且这种行为致使该案件的裁判结果对当事人造成了不利影响。

六、当事人向检察机关申请再审检察建议或者抗诉的条件

第 33 条 当事人向法院申请再审，法院作出驳回申请的裁定，可以就生效判决、裁定向检察机关申请再审检察建议或者抗诉。

当事人向法院申请再审，法院逾期未对再审申请作出裁定，可以就生效判决、裁定向检察机关申请再审检察建议或者抗诉。

当事人向法院申请再审，法院作出了再审判决、裁定，当事人认为再审判决、裁定有明显错误的，可以就再审的判决、裁定向检察机关申请抗诉，但因检察院提出再审检察建议或者抗诉而作出的再审判决、裁定除外。

第 34 条 向检察机关申请再审检察建议或者抗诉案件的当事人，必须属于本规定第 7 至第 15 条规定的民事诉讼再审检察建议或者抗诉案件当事人范围的人。

在法院作出驳回申请裁定后就法院的生效判决、裁定向检察机关申请再审检察建议或者抗诉，或者在法院逾期未对再审申请作出裁定就生效判决、裁定向检察机关申请再审检察建议或者抗诉，申请人只能是向法院提出再审申请的人。法院作出了再审判决、裁定后，向检察机关申请抗诉的申请人是认为再审判决、裁定有明显错误的当事人。

属于本规定第 7 条至第 15 条规定的民事诉讼再审检察建议或者抗诉案件当事人范围的人，与申请人的再审诉讼请求存在对立关系的人，为被申请人。

既不是申请人，又与申请人的再审诉讼请求不存在对立关系的人，依原审诉讼地位列明。

第35条 在法院作出驳回再审申请裁定后或者在法院逾期未对再审申请作出裁定，当事人就法院生效判决、裁定向检察机关申请再审检察建议或者抗诉，所针对的法院裁判必须是符合本规定第3条至第5条规定的属于民事诉讼再审检察建议或者抗诉的适用对象的法院裁判。

法院作出了再审判决、裁定后，当事人向检察机关申请抗诉，所针对的法院裁判是法院生效的再审判决、裁定。生效的再审判决、裁定包括：

（一）一审法院对于生效一审判决、裁定由本院再审后在法定期间内当事人未上诉的判决、裁定；

（二）二审法院对于生效二审判决、裁定由本院再审后作出的判决、裁定；

（三）上级法院对于生效判决、裁定提审后作出的判决、裁定；

（四）再审发回重审所作的当事人未上诉的判决、裁定；

（五）依照一审程序再审或者再审发回重审的判决、裁定，当事人上诉后所作的判决、裁定。

当事人对法院调解不能向检察机关申请再审检察建议或者抗诉。

第36条 当事人申请再审检察建议或者抗诉的诉讼请求，应当符合本规定第16条至第18条对当事人申请再审检察建议或者抗诉的再审诉讼请求要求。

第37条 当事人向检察机关申请再审检察建议或者抗诉，应当列明存在《民事诉讼法》第200条规定的再审事由。如果未列明再审事由，或者列明的再审事由不属于《民事诉讼法》第200条的规定，则不符合申请再审检察建议或者抗诉的条件。

当事人在上诉中或者向法院申请再审时主张了再审事由但被驳回，或者当事人知道再审事由的存在但在上诉中或向法院申请再审时未提出主张，当事人不得以该再审事由申请再审检察建议或者抗诉。

第38条 当事人向检察机关申请再审检察建议或者抗诉，应当向与作出生效判决、裁定或者再审判决、裁定的法院同级的检察机关民事检察部门提出。

当事人直接向上级检察机关或者最高人民检察院申请再审检察建议或者

抗诉时，应告知其向本条第 1 款规定的检察机关提出，该检察机关不能再将案件交其下级检察机关办理。

第 39 条　当事人向检察机关申请再审检察建议或者抗诉，应当提交申请书，并按照对方当事人和其他当事人的人数提出副本。

申请再审检察建议或者抗诉的申请书应当载明下列内容：

（一）当事人的基本情况，当事人是自然人的，应列明姓名、身份证号码、邮寄地址及联系方式，当事人是法人或者其他组织的，应列明当事人的名称、邮寄地址、法定代表人或者主要负责人的姓名、身份证号码、联系方式，由诉讼代理人代为申请再审检察建议或者抗诉的，应列明诉讼代理人的姓名、单位、身份证号码、邮寄地址及联系方式；

（二）申请再审检察建议或者抗诉的生效判决、裁定或者再审的判决、裁定的

作出法院及案号；

（三）列明存在《民事诉讼法》第 200 条明确规定的符合条件的抗诉事由，并说明理由；

（四）对生效判决、裁定或者再审判决、裁定予以变更或废除的具体请求及理由；

（五）受理申请再审检察建议或者抗诉的检察院的名称；

（六）申请人签名、捺印或者盖章；

（七）申请再审检察建议或者抗诉的时间。

当事人申请再审检察建议或者抗诉，除提交申请书外，还应当提交以下材料：（一）申请人是自然人的，提交申请人的身份证明，申请人是法人或者其他组

织的，提交营业执照副本或者组织机构代码证以及法定代表人或者主要负责人的身份证明；

（二）申请再审检察建议或者抗诉的生效判决、裁定或者再审判决、裁定以及以前所作的所有的判决、裁定；

（三）委托他人代为申请再审检察建议或者抗诉的，应当提交授权委托书；

（四）当事人依法在法院复制的本案有关材料；

（五）证明申请再审检察建议或者抗诉符合法定事由的证据材料；

（六）其他证明再审申请符合条件的证据材料。

对第（一）项和第（二）项材料，当事人应当提交原件交检察机关核对。

当事人申请再审检察建议或者抗诉，应当提交材料清单一式两份。

条件允许的，当事人在提交申请再审检察建议或者抗诉的书面材料的同时，可要求其同时提交申请材料的电子文本。

七、检察机关对当事人申请再审检察建议或者抗诉的受理

第 40 条 与作出生效判决、裁定或者再审判决、裁定的法院同级的检察机关的民事检察部门，收到当事人申请再审检察建议或者抗诉的有关材料后，应当当场审查。经审查，认为当事人的申请符合本规定第 33 条至第 39 条规定的条件的，应当当场决定受理，并向申请人制发受理通知书。申请再审检察建议或者抗诉不符合本规定第 33 条至第 39 条规定的条件，但可以补正的，责令申请人限期补正。

第 41 条 不能当场决定受理的，检察机关民事检察部门应当在接到当事人申请材料后七日内，经本部门集体讨论并经本部门负责人决定，依据以下情形作出处理：

（一）申请再审检察建议或者抗诉符合本规定第 33 条至第 39 条规定的条件，决定受理；

（二）申请再审检察建议或者抗诉不符合本规定第 33 条至第 39 条规定的条件，但属于检察机关对民事诉讼中审判人员违法行为或者执行活动的监督，检察机关依其他民事诉讼监督程序实施监督，不属于检察机关受案范围的，告知申请人向有关机关反映；

（三）申请再审检察建议或者抗诉不符合本规定第 33 条至第 39 条规定的条件，且不能补正，或者虽能补正但无正当理由超过指定期限拒不补正的，说服当事人放弃申请，当事人坚持申请的，向当事人制发不予受理通知书书，不予受理通知书书应当载明不予受理的具体理由，当事人对不予受理决定有异议的，可以向上级检察机关申请复议。

第 42 条 在七日内不能判断申请再审检察建议或者抗诉是否符合本规定第 33 条至第 39 条规定的条件的，应当先予受理，受理以后再审查申请是否符合条件。

八、检察机关对当事人申请再审检察建议或者抗诉的审查

第43条 检察机关对当事人申请再审检察建议或者抗诉的审查和处理，应当遵循以下原则：

（一）以事实为依据，以法律为准绳原则；

（二）公开、公平、公正和诚实信用原则；

（三）尊重与保障当事人的诉讼权利的原则；

（四）监督和支持法院依法行使审判权的原则。

第44条 检察机关对当事人申请再审检察建议或者抗诉进行审查时，实行检察官办案责任制，案件重大复杂的，适用合议制进行审查。参与审查的检察人员应当遵守最高人民检察院关于办理民事诉讼监督案件的纪律要求和回避制度。

第45条 检察机关民事检察部门应当在决定受理之日起三日内做好以下工作：

（一）制作受理通知书，将受理通知书送达申请人，并书面告知其权利义务；

（二）将受理通知书、申请书副本送达被申请人和其他当事人，并书面告知其权利义务，被申请人在收到受理通知书和申请书副本之日起十五日内可以提出书面意见，不提出书面意见的，不影响检察机关对案件的审查；

（三）将受理通知书抄送本院案件管理部门。

第46条 检察机关对当事人申请再审检察建议或者抗诉进行审查时，应当依照《民事诉讼法》第200条的规定以及本规定第20条至第32条的规定，对当事人主张的法定再审事由是否成立进行审查。

就在受理前检察机关对申请再审检察建议或者抗诉是否符合条件并未作出判断而先行受理的案件、被申请人或者原审其他当事人在收到受理通知书和申请书副本以后认为申请再审检察建议或者抗诉不符合条件而提出了异议的案件以及审查人员在审查过程中发现申请再审检察建议或者抗诉可能不符合条件的案件，检察机关应当对当事人申请再审检察建议或者抗诉是否符合本规定第33条至第39条规定的条件再次进行审查。

检察机关在审查当事人申请再审检察建议或者抗诉时，不必对法院生效判决、裁定或者再审判决、裁定的实体处理结果进行审查。

第 47 条 检察机关在进行审查时，应当认真审查当事人提供的申请材料和听取当事人的意见。听取当事人意见，依以下基本规则进行：

（一）由负责审查案件的主办检察官主持，两名以上检察机关工作人员在场，可以在检察机关指定的场所进行，也可以在当事人所在地进行；

（二）当事人应当就案件是否应当提出再审检察建议或者抗诉提出意见，并提出具体理由，当事人可以提供证据材料，检察机关对当事人提供的证据材料，应当出具收据；

（三）当事人委托了代理人的，应当通知代理人参加，同时听取当事人和代理人的意见；

（四）应当制作笔录，笔录交当事人、代理人阅读后由当事人、代理人签名、盖章或者捺印。

检察机关在进行审查时，必要时可以组织听证，或者向当事人或案外人调查核实有关情况。

听证依 2013 年最高人民检察院《民诉监督规则》第 57 条至第 64 条对听证程序的规定进行。

除涉及国家利益、社会公共利益的案件，检察机关向当事人或者案外人调查核实有关情况，仅限于当事人申请再审检察建议或者抗诉是否符合条件或者当事人主张的法定再审事由是否成立的证据，检察机关不能为查明案件事实真相而调查收集证据，并且检察机关调查收集的证据不能作为再审审理的证据使用。检察机关向当事人或者案外人调查核实有关情况的程序，适用 2013 年最高人民检察院《民诉监督规则》第 65 条至第 73 条对"调查核实"的规定。

检察机关在对当事人申请再审检察建议或者抗诉进行审查的过程中，不能主持当事人双方进行调解，不能建议当事人和解，也不能以其他方式介入当事人的和解。

第 48 条 有下列情形之一的，检察机关应当中止对当事人申请再审检察建议或者抗诉所进行的审查：

（一）当事人死亡，需要等待继承人表明是否参加审查程序的；

（二）当事人丧失诉讼行为能力，尚未确定法定代理人的；

（三）当事人为法人或者其他组织，其终止后尚未确定权利义务承受人的；

（四）当事人因不可抗拒的事由，不能参加审查的；

（五）其他应当中止审查的情形。

中止审查的，应当制作中止审查决定书，发送达当事人。

中止审查的原因消除后，应当恢复审查。

第 49 条 有下列情形之一的，检察机关应当终结对当事人申请再审检察建议或者抗诉所进行的审查：

（一）因法院逾期未对再审申请作出裁定而提出申请再审检察建议或者抗诉，法院已经裁定再审的；

（二）申请人撤回申请的；

（三）申请人死亡，没有继承人或者继承人放弃权利的；

（四）被申请人死亡，没有遗产，也没有应当承担义务的人的；

（五）追索赡养费、抚养费、抚育费案件的一方当事人死亡的。

检察机关决定终结审查，应当制作终结审查决定书，送达当事人。当事人对终结审查决定书有异议的，可以向上级检察机关申请复议。

当事人对检察机关决定终结审查的案件再次申请再审检察建议或者抗诉的，检察机关不予受理。

九、受理申请的检察机关对当事人申请再审检察建议或者抗诉的处理

第 50 条 审查工作结束后，承办人应制作审查终结报告，对案件的处理提出建议。

处理建议经集体讨论并由民事检察部门负责人提出审核意见，报检察长批准。检察长认为有必要的，可以提交检察委员会讨论决定。

对检察机关已经审查终结作出的决定，再次向检察机关申请提出再审检察建议或者抗诉的，检察机关不予受理。

第 51 条 经审查，当事人申请再审检察建议或者抗诉主张的法定再审事由不成立，或者当事人申请再审检察建议或者抗诉不符合本规定第 33 条至第 39 条规定的条件的，检察机关应当作出不予提出再审检察建议或者抗诉的决定。

受理申请的检察机关决定不予提出再审检察建议或者抗诉的，应当在作出决定后十五日内制作不予提出再审检察建议或者抗诉决定书，送达当事人。决定书应当说明理由。

当事人对决定有异议的，有权向上级检察机关申请复议。

检察机关作出不予提出再审检察建议或者抗诉的决定后，当事人不得再次申请再审检察建议或者抗诉，也不得向法院申请再审。

检察机关作出不予提出再审检察建议或者抗诉的决定，如认为有必要提出其他检察建议的，可以向法院或者有关单位提出其他检察建议。

第52条 检察机关提出再审检察建议，应当符合以下条件：

（一）当事人申请再审检察建议或者抗诉符合本规定第33条至第39条的条件；

（二）当事人申请再审检察建议或者抗诉主张的法定再审事由成立，但"原判决、裁定适用法律确有错误的"以及"审判人员在审理案件时有贪污受贿，徇私舞弊，枉法裁判行为的"不能作为提出再审检察建议的事由；

（三）有权提出再审检察建议的检察机关，是与作出生效判决、裁定的法院同级的检察机关，上级检察机关、最高人民检察院不能提出检察建议；

（四）经申请人同意，向检察机关申请提出再审检察建议或者抗诉的人，不同意提出再审检察建议的，不得提出再审检察建议；

（五）对再审的判决、裁定以及经审判委员会讨论决定作出的判决、裁定和其他不宜由同级法院纠正的判决、裁定，不能提出再审检察建议。

检察机关提出再审建议，应当遵循以下程序：

（一）再审检察建议应当经检察委员会决定；

（二）以检察院的名义制作再审检察建议书，报上级检察院备案；

（三）在决定之日起十五日内将再审检察建议书、当事人的申请书及证据材料连同案件卷宗移送同级法院；

（四）制作决定提出再审检察建议通知书，连同再审检察建议书送达当事人。

第53条 当事人申请再审检察建议或者抗诉符合本规定第33条至第39条规定的条件，主张的法定再审事由成立，不符合提出再审检察建议的条件或不适宜提出再审检察建议的，应当作出提请抗诉的决定。

检察机关提请抗诉，应当制作提请抗诉报告书，在决定提请抗诉之日起十五日内将提请抗诉报告书连同案件卷宗报送上一级检察机关，并制作提请抗诉通知书，送达当事人。

十、上级检察机关的审查和处理

第54条 对终结审查决定和不予提出再审检察建议或者抗诉的决定，当事人申请复议的，上级检察机关应当在收到复议申请之日起十五日内作出复议决定，并通知当事人和作出决定的检察机关。

第55条 提请抗诉由上一级检察机关案件管理部门受理，提请抗诉的案件材料不符合规定的，应当要求提请抗诉的检察机关限期补齐。

案件管理部门接收符合规定的案件材料后，应当将案件材料和案件登记表在三日内移送本院民事检察部门，民事检察部门应当指定专人审查。

经审查，认为符合本规定第53条规定的提请抗诉的条件，经集体讨论和民事检察部门负责人审核，报检察长批准或者检察委员会决定，提出抗诉，制作抗诉书，在决定抗诉之日起十五日内将抗诉书连同案件卷宗移送同级法院。抗诉书应当抄报上一级检察机关。检察机关决定提出抗诉，还应当制作决定抗诉通知书，送达当事人，或者委托提请抗诉的检察机关送达当事人。

经审查，认为不符合本规定第53条规定的提请抗诉的条件，应按决定提出抗诉的相同程序作出不予抗诉的决定，并在决定之日起十五日内制作不予抗诉决定书发送当事人，或者委托提请抗诉的检察机关送达当事人。

十一、检察机关提出检察建议或者抗诉启动民事诉讼再审程序的期限

第56条 受理申请的检察机关应当在受理当事人申请之日起三个月内作出终结审查、不予提出再审检察建议或者抗诉、提出再审检察建议的决定。

第57条 受理申请的检察机关应当自受理当事人申请之日起二个月内作出提请抗诉的决定。上一级检察机关应当自收到下级检察机关案卷材料之日起一个月内作出是否抗诉的决定。

第58条 法院决定不接受检察建议，检察机关认为需要提请抗诉的，应当在收到法院通知之日起七内作出提请抗诉的决定。

第59条 审查中止、当事人申请复议、案卷材料递交的期间，不计入办案期限。

第60条 经检察长批准可以延长办案期限。

十二、检察机关依职权对损害国家利益、社会公共利益的案件启动民事诉讼再审程序的特殊规则

第 61 条 不需要当事人向检察机关申请提出再审检察建议或者抗诉，也不以当事人向法院申请再审为前置程序，只要法院的判决、裁定、调解一经生效，检察机关就可以依职权提出再审检察建议或者抗诉。

第 62 条 检察机关向当事人或者案外人调查核实有关情况时调查收集的证据，可以作为启动再审程序的依据，可以在再审审理中使用作为再审审判的依据。

第 63 条 检察机关应当在法定期限内及时审查，及时作出决定，办案期限不得延长。

司法解释建议稿之三：最高人民法院、最高人民检察院关于检察机关对民事案件提出再审检察建议或者抗诉若干问题的规定建议稿

一、检察机关对民事案件提出再审检察建议或者抗诉的情形

第 1 条 对损害国家利益、社会公共利益的民事案件，检察机关可以依职权提出再审检察建议或者抗诉。

第 2 条 对不涉及国家利益、社会公共利益的民事案件，检察机关只能基于当事人的申请而不能依职权提出再审检察建议或者抗诉。

二、检察机关对民事案件提出再审检察建议或者抗诉的适用对象

第 3 条 对下列判决、裁定，检察机关可以依法提出再审检察建议或者抗诉：

（一）第二审法院作出的判决以及不予受理、驳回起诉的裁定；

（二）最高人民法院作出的判决以及不予受理、驳回起诉的裁定；

（三）基层法院依小额诉讼程序审理后作出的判决；

（四）当事人放弃上诉权上诉期限届满的地方法院作出的第一审判决以及不予受理、驳回起诉的裁定。

第4条　对依《民事诉讼法》第153条的规定作出的先行判决已经生效的，检察机关可以依法提出再审检察建议或者抗诉。

第5条　对已经生效的法院调解损害国家利益、社会公共利益的，检察机关可以依职权提出再审检察建议或者抗诉，但当事人不得对已经生效的法院调解申请提出再审检察建议或者抗诉。

第6条　对下列判决、裁定，检察机关不能提出再审检察建议或者抗诉：

（一）未生效的法院判决、裁定、调解；

（二）已生效的婚姻关系、收养关系等人身关系案件的判决、调解；

（三）依特别程序、督促程序、公示催告程序和破产程序等非讼程序审理案件作出的生效判决、裁定；

（四）不予受理、驳回起诉的裁定以外的其他生效裁定；

（五）法院的决定、命令、通知。

三、民事诉讼再审检察建议或者抗诉案件的当事人

第7条　原诉讼中的原告和被告，为民事诉讼再审检察建议或者抗诉案件的当事人。

第8条　原诉讼中的必要共同诉讼人，不论是否参加了原诉讼，均为民事诉讼再审检察建议或者抗诉案件的当事人。

第9条　参加了原诉讼的有独立请求权的第三人，为民事诉讼再审检察建议或者抗诉案件的当事人。

参加了原诉讼并且法院对其与原诉讼的一方当事人之间的民事实体法律关系进行了审理和裁判的无独立请求权的第三人，为民事诉讼再审检察建议或者抗诉案件的当事人。

没有参加原诉讼的有独立请求权的第三人和无独立请求权的第三人，以及虽然参加了原诉讼但法院对其与原诉讼的一方当事人之间的民事实体法律关系没有进行审理和裁判的无独立请求权的第三人，不能成为民事诉讼再审检察建议或者抗诉案件的当事人，但可依法提起第三人撤销之诉。

第10条　原诉讼中的当事人为个人合伙，个人合伙的诉讼代表人和全体合伙人，均为民事诉讼再审检察建议或者抗诉案件的当事人。

第11条　代表人诉讼的诉讼代表人，为民事诉讼再审检察建议或者抗诉案件的当事人。

人数确定的代表人诉讼，未实际参加诉讼的当事人为民事诉讼再审检察建议或者抗诉案件的当事人。

人数不确定的代表人诉讼，人数众多的一方当事人胜诉的，未实际参加诉讼的当事人为民事诉讼再审检察建议或者抗诉案件的当事人。人数众多的一方当事人败诉的，未实际参加诉讼的当事人不能成为民事诉讼再审检察建议或者抗诉案件的当事人，可以以个人名义另行提起诉讼。

第 12 条　在原诉讼过程中，争议的民事权利义务转移的，法院裁定准许受让人参加诉讼和让与人退出诉讼的，受让人和让与人均为民事诉讼再审检察建议或者抗诉案件的当事人。如果让与人并未退出诉讼，受让人并未参加诉讼，让与人为民事诉讼再审检察建议或者抗诉案件的当事人，受让人不能成为民事诉讼再审检察建议或者抗诉案件的当事人。

第 13 条　法院的裁判生效后，当事人将法院生效裁判确认的债权债务转让的，债权债务的受让人不能成为民事诉讼再审检察建议或者抗诉案件的当事人。

第 14 条　根据法律的直接规定，以自己的名义代替他人进行诉讼，代替他人进行诉讼的当事人和被他人代替进行诉讼的人，均为民事诉讼再审检察建议或者抗诉案件的当事人。

第 15 条　公益诉讼案件，无论检察机关是否提起公益诉讼，检察机关均可依法向法院提出再审检察建议或者抗诉。其他有权提起公益诉讼的主体，无论是否提起公益诉讼，均可以作为民事诉讼再审检察建议或者抗诉案件的当事人。公益诉讼案件中个人利益受到损害的受害人，有权就个人利益受到的损害依法提起诉讼。

四、当事人申请再审检察建议或者抗诉的再审诉讼请求

第 16 条　当事人有权对法院再审裁判或者生效裁判的主文中对于当事人诉讼请求的判断，在申请再审检察建议或者抗诉时提出变更或者撤销的再审诉讼请求。

第 17 条　当事人对于数量上具有可处分性的债权，仅就部分请求向法院提起诉讼，就已经起诉的部分诉讼请求法院在再审裁判或者生效裁判的主文中所作的判断，当事人在申请再审检察建议或者抗诉时有权提出变更或者撤销的再审诉讼请求。当事人也可提出尚未起诉的剩余诉讼请求作为申请再审

检察建议或者抗诉时的再审诉讼请求，但对有证据证明因客观原因无法提出的剩余诉讼请求，当事人可以另行提起诉讼。

第 18 条 就法院再审裁判或者生效裁判的理由中对于诉讼抵销的判断，以抵销抗辩的金额为限，当事人在申请再审检察建议或者抗诉时有权提出变更或者撤销的再审诉讼请求。

第 19 条 检察机关提出再审检察建议或者抗诉的案件，在再审案件的审理过程中，不论再审案件是否发回重审，当事人都不能提起反诉，并且只能在本规定第 16 条至第 18 条所规定的当事人有权提出的再审诉讼请求的范围内增加或者变更再审诉讼请求。

五、再审检察建议或抗诉案件审理和裁判的对象

第 20 条 检察机关依职权提出再审检察建议或抗诉的涉及国家利益、社会公共利益的案件，以检察机关提出的对法院生效裁判实体处理结果予以纠正的要求作为法院审理和裁判的对象。

检察机关因当事人申请提出再审检察建议或抗诉的案件，以当事人在申请再审检察建议或者抗诉时提出的再审诉讼请求作为法院审理和裁判的对象。

第 21 条 法院审理检察机关提出再审检察建议或抗诉的再审案件，发现法院的生效裁判或者再审裁判损害国家利益、社会公共利益或者他人合法权益的，应当一并审理。

六、检察机关提出再审检察建议或者抗诉的再审事由

第 22 条 《民事诉讼法》第 200 条第 1 项规定的"有新的证据，足以推翻原判决、裁定的"再审事由，应当同时具备以下条件：

（一）"新的证据"是在法院裁判生效以前形成的证据，但对未来权利予以确认的预测型裁判除外。

当事人以法院裁判生效以后新发生的事实提起诉讼的，应当依法予以受理。

（二）当事人因客观原因没有在原诉讼中向法院提交"新的证据"。

当事人有证据证明不可能知道在法院裁判生效以前存在某一事实，可以以该事实为由向法院提起诉讼。

对当事人的未来权利法院的生效裁判进行了确认，当事人以法院的裁判

生效以后发生的且在裁判生效以前不可能考虑和预见的事实为由，有权提起变更法院生效裁判的诉讼。

（三）"新的证据"应当由当事人提出。

除涉及国家利益、社会公共利益的案件外，检察机关依职权调取的证据，不能作为"新的证据"。

（四）"新的证据"原则上限于书证、物证、视听资料和电子数据。当事人陈述、证人证言、鉴定意见和勘验笔录不能作为"新的证据"。

（五）"新的证据"应当可以使提出该证据的当事人得到有利的裁判。

第 23 条　《民事诉讼法》第 200 条第 2 项规定的"原判决、裁定认定的基本事实缺乏证据证明的"再审事由，是指原判决、裁定对基本事实的认定没有证据证明，又不是众所周知的事实、推定的事实、自然规律、定理以及为法院生效裁判、仲裁机构的生效裁决、有效公证文书所确认或者证明的事实。

第 24 条　《民事诉讼法》第 200 条第 3 项规定的"原判决、裁定认定事实的主要证据是伪造的"再审事由，是指以下情形之一：

（一）原判决、裁定认定事实的证据是伪造或者变造的；

（二）证人、鉴定人、翻译人员作伪证、作虚假鉴定、作虚假翻译，且原判决、裁定是以此认定事实的；

（三）当事人的诉讼代理人、对方当事人及其诉讼代理人犯有与诉讼事件相关的罪行，且原裁判是基于这种行为作出的。

前款规定的情形，当事人必须依相关法律程序证明存在此种再审事由。

第 25 条　《民事诉讼法》第 200 条第 4 项规定的"原判决、裁定认定事实的主要证据未经质证的"再审事由，是指以当事人根本不知晓的证据作为原裁判认定事实的证据，或者应当予以质证的证据，未在法庭上出示，也未通过其他途径质证，原裁判以此认定案件事实的。

当事人对原判决、裁定认定事实的证据在原审中拒绝发表质证意见或者在质证中未对证据发表质证意见的，不属于"原判决、裁定认定事实的主要证据未经质证的"再审事由。

第 26 条　《民事诉讼法》第 200 条第 5 项规定的"对审理案件需要的主要证据，当事人因客观原因不能自行收集，书面申请人民法院收集，人民法院未调查收集的"再审事由，只有存在于第二审时，才可以作为民事诉讼再审事由。

第 27 条 《民事诉讼法》第 200 条第 6 项规定的"原判决、裁定适用法律确有错误的"再审事由，是指有下列情形之一，导致原判决、裁定结果错误的：

（一）适用的法律与案件的性质明显不符的；

（二）确定民事责任明显违背当事人约定或者法律规定的；

（三）适用已经失效或者尚未施行的法律的；

（四）违反法律溯及力规定的；

（五）违反法律适用规则的。

有下列情形之一，导致原判决、裁定结果错误的，视为符合《民事诉讼法》第 200 条第 6 项规定的"原判决、裁定适用法律确有错误的"再审事由：

（一）判决理由与主文明显有矛盾的；

（二）后诉法院作出的生效民事裁判与前诉法院作出的生效民事裁判相抵触的；

（三）民事诉讼与刑事诉讼存在关联，先进行刑事诉讼时，刑事诉讼的最终结果为有罪裁决或者不存疑的无罪裁决，民事生效裁判的结果与刑事裁决相矛盾的，但刑事裁决被依法撤销或者被变更的除外；

（四）民事案件的处理以行政行为合法性认定为前提，法院的民事生效裁判与关于行政行为合法性认定的生效行政裁判相矛盾的，但行政裁判被依法撤销或者被变更的除外；

（五）原诉讼举证责任分配不当，导致不应承担举证责任的当事人败诉的。

第 28 条 《民事诉讼法》第 200 条第 7 项规定的"审判组织的组成不合法的"再审事由，是指以下情形之一：

（一）审理案件的人员不具备审判资格的；

（二）人民陪审员独任审理的或人民陪审员参与第二审审理的；

（三）合议庭审理的案件独任审判的；

（四）在裁判文书上签名的审判人员与参加开庭的审判人员不一致的，但依法变更的除外；

（五）合议庭成员未达到法定人数的；

（六）未依法告知当事人审判人员变更的。

《民事诉讼法》第 200 条第 7 项规定的"依法应当回避的审判人员没有回避的"再审事由，是指作出生效裁判的审判人员依法应当回避没有回避，不包括作出未生效裁判的审判人员，也不适用于书记员、翻译人员、鉴定人、勘验人。

第 29 条 《民事诉讼法》第 200 条第 8 项规定的"无诉讼行为能力人未经法定代理人代为诉讼的"再审事由，是指无诉讼行为能力人未经法定代理人代为诉讼，或者未经法定代理人委托代理人进行诉讼。委托代理人超越当事人、法定代理人的授权进行诉讼且未经当事人、法定代理人追认的，视为符合《民事诉讼法》第 200 条第 8 项规定的再审事由。

《民事诉讼法》第 200 条第 8 项规定的"应当参加诉讼的当事人，因不能归责于本人或其诉讼代理人的事由，未参加诉讼的"再审事由，是指除必要共同原告明确表示放弃实体权利未参加诉讼的其他必要共同诉讼人未参加诉讼的情形。

第 30 条 《民事诉讼法》第 200 条第 9 项规定的"违反法律规定，剥夺当事人辩论权利的"再审事由，是指以下情形之一：

（一）应当开庭审理而未开庭审理的；

（二）未依法送达起诉状副本、上诉状副本或者答辩状副本致使当事人无法行使辩论权利的。

第 31 条 民事诉讼法第 200 条第 10 项规定的"未经传票传唤，缺席判决的"再审事由，是指未使用传票传唤或者未合法使用传票传唤缺席判决的。

一方当事人知道对方当事人的地址，不提供或者故意错误提供，法院采取公告送达后缺席判决的，应视为"未经传票传唤，缺席判决的"情形。

第 32 条 《民事诉讼法》第 200 条第 11 项规定的"原判决、裁定遗漏或者超出诉讼请求的"再审事由，包括一审诉讼请求、二审诉讼请求，但对一审判决、裁定遗漏或者超出诉讼请求当事人未提起上诉的除外。

遗漏诉讼请求只有在无法进行补充审理和判决的情形下，超越诉讼请求只有在有违司法公正的情形下，才能成为再审事由。

第 33 条 《民事诉讼法》第 200 条第 12 项规定的"据以作出原判决、裁定的法律文书被撤销的"再审事由中的法律文书，包括法院的生效裁判、仲裁机构的生效裁决、具有强制执行效力的公证债权文书。

第 34 条 《民事诉讼法》第 200 条第 13 项规定的"审判人员审理该案

时有贪污受贿，徇私舞弊，枉法裁判行为的"再审事由，是指该行为已经由生效的相关刑事法律文书或者纪律处分决定确认的情形，并且这种行为致使该案件的裁判结果对当事人造成了不利影响。

七、检察机关依职权对损害国家利益、社会公共利益的案件启动民事诉讼再审程序的特殊规则

第 35 条 不需要当事人向检察机关申请提出再审检察建议或者抗诉，也不以当事人向法院申请再审为前置程序，只要法院的判决、裁定、调解一经生效，检察机关就可以依职权提出再审检察建议或者抗诉。

第 36 条 检察机关向当事人或者案外人调查核实有关情况时调查收集的证据，可以作为启动再审程序的依据，可以在再审审理中使用作为再审审判的依据。

第 37 条 检察机关应当在法定期限内及时审查，及时作出决定，办案期限不得延长。

八、法院对检察机关提出再审检察建议的审查和处理

第 38 条 立案庭应当在收到再审检察建议书等材料后立案登记，及时将案件移交审监庭或相关民事审判庭另行组成合议庭进行审查，原来参与案件审理的审判人员不能参与对该案再审检察建议的审查。

第 39 条 对检察机关提出的再审检察建议，符合以下条件，才能启动民事诉讼再审程序：

（一）检察机关提出再审检察建议的案件，是当事人向法院申请再审，法院作出驳回申请的裁定，或者法院逾期未对再审申请作出裁定，当事人就生效判决、裁定向检察机关申请再审检察建议或者抗诉的案件，对再审的判决、裁定以及经审判委员会讨论决定作出的判决、裁定不能提出再审检察建议；

（二）向检察机关申请再审检察建议或者抗诉案件的当事人，必须属于本规定第 7 条至第 15 条规定的民事诉讼再审检察建议或者抗诉案件当事人范围的人，

在法院作出驳回申请裁定后就法院的生效判决、裁定向检察机关申请再审检察建议或者抗诉，或者在法院逾期未对再审申请作出裁定就生效判决、裁定向检察机关申请再审检察建议或者抗诉，申请人只能是向法院提出再审申请的人；

（三）再审检察建议所针对的法院裁判必须是符合本规定第 3 条至第 5 条规定的属于民事诉讼再审检察建议或者抗诉的适用对象的法院裁判，对法院调解，除存在损害国家利益或者社会公共利益的情形，不能提出再审检察建议；

（四）申请再审检察建议的当事人的诉讼请求，应当符合本规定第 16 条至第 18 条对当事人申请再审检察建议或者抗诉的再审诉讼请求的要求；

（五）提出再审检察建议的法定再审事由成立，但"原判决、裁定适用法律确有错误的"以及"审判人员在审理案件时有贪污受贿，徇私舞弊，枉法裁判行为的"不能作为提出再审检察建议的事由；

（六）有权提出再审检察建议的检察机关，是与作出生效判决、裁定的法院同级的检察机关，再审检察建议经该检察院检察委员会讨论决定，上级检察机关、最高人民检察院不能提出检察建议；

（七）再审检察建议书和原审当事人申请书及相关证据材料已经提交。

第 40 条 法院对再审检察建议，既要进行形式审查，又要进行实质审查，参照法院对当事人申请再审的审查方法进行。

第 41 条 法院对再审检察建议的审查期限为三个月，自收到再审检察建议书之日起计算。

第 42 条 检察长对本院提出的再审检察建议、上级检察机关对下级检察机关提出的再审检察建议，认为确有不当应当撤销的，应当由提出再审检察建议的检察机关制作撤回再审检察建议决定书，送达受理再审检察建议的法院，通知当事人。对检察机关撤销再审检察建议的案件，法院应当终结审查，制作终结审查决定书，送达提出再审检察建议的检察机关和当事人。

第 43 条 法院对再审检察建议经审查后，分以下情况处理：

（一）再审检察建议符合本规定第 39 条规定的条件，裁定再审，通知当事人，提出再审检察建议的检察机关，不得就本案向上级检察机关提请抗诉；

（二）再审检察建议不符合条件但可以补正的，建议提出再审检察建议的检察机关补正，经补正后裁定再审；

（三）再审检察建议不符合本规定第 39 条规定的条件且不能补正的，或者虽可以补正但建议提出再审检察建议的检察机关补正而不予补正的，函告提出再审检察建议的检察机关不予受理，提出再审检察建议的检察机关认为不予受理再审检察建议的决定不当的，可以提请上级检察机关依法提出抗诉。

九、法院对检察机关提出抗诉的审查和处理

第 44 条　立案庭应当在收到抗诉书和抗诉案件的其他材料后立案登记，及时将案件移交审监庭或相关民事审判庭组成合议庭进行审查。

第 45 条　对检察机关提出的抗诉，符合以下条件，才能启动民事诉讼再审程序：

（一）检察机关提出抗诉的案件，是当事人向法院申请再审，法院作出驳回申请的裁定，或法院逾期未对再审申请作出裁定，当事人就生效判决、裁定向检察机关申请再审检察建议或者抗诉的案件，或者当事人向法院申请再审，法院作出了再审判决、裁定，当事人认为本规定第 58 条所列的生效再审判决、裁定有明显错误向检察机关申请抗诉的案件；

（二）向检察机关申请再审检察建议或者抗诉案件的当事人，必须属于本规定第 7 条至第 15 条规定的民事诉讼再审检察建议或者抗诉案件当事人范围的人，

在法院作出驳回申请裁定后就法院的生效判决、裁定向检察机关申请再审检察建议或者抗诉，或者在法院逾期未对再审申请作出裁定就生效判决、裁定向检察机关申请再审检察建议或者抗诉，申请人只能是向法院提出再审申请的人，法院作出了再审判决、裁定后，向检察机关申请抗诉的申请人是认为再审判决、裁定有明显错误的当事人；

（三）在法院作出驳回申请裁定后或者在法院逾期未对再审申请作出裁定就法院生效判决、裁定向检察机关申请再审检察建议或者抗诉，所针对的法院裁判必须是符合本规定第 3 条至第 6 条规定的属于民事诉讼再审检察建议或者抗诉的适用对象的法院裁判，法院作出了再审判决、裁定后向检察机关申请抗诉，所针对的法院裁判是本规定第 58 条所列的生效再审判决、裁定，对法院调解，除存在损害国家利益或者社会公共利益的情形，不能提出抗诉；

（四）申请抗诉的当事人的诉讼请求，应当符合本规定第 16 条至第 18 条规定的对当事人申请再审检察建议或者抗诉的再审诉讼请求的要求；

（五）对检察机关抗诉的事由只需作形式审查，只要求抗诉的事由属于《民事诉讼法》明确列举的再审事由，不必审查抗诉的法定再审事由是否成立；

（六）有权提出抗诉的检察机关，是与作出生效判决、裁定或再审判决、

裁定的法院同级的检察机关的上一级检察机关；

（七）抗诉书和原审当事人申请书及相关证据材料已经提交。

第 46 条 对检察机关提出抗诉的审查，在一般情况下采用书面审查的方法。采用书面审查的方法仍然难以判断的，可以参照法院对当事人申请再审进行审查的方法进行审查。

第 47 条 对检察机关提出抗诉的审查期限为 30 日，自法院收到检察机关抗诉书之日起计算。

第 48 条 提出抗诉的检察机关的上级检察机关，认为检察机关提出的抗诉不当，撤销下级检察机关的抗诉决定，由提出抗诉的检察机关制作撤回抗诉决定书，送达受理抗诉的同级法院，通知当事人，并报决定撤销抗诉的上级检察机关。

检察机关提出抗诉之后法院裁定再审之前，申请提出再审检察建议或者抗诉的当事人撤回申请，或者提出抗诉的检察机关发现抗诉不当的，应当由检察长或者检察委员会决定撤回抗诉，制作撤回抗诉决定书，送达受理抗诉的同级法院，通知当事人，并报送上一级检察机关。

第 49 条 法院对抗诉案件审查后，分以下几种情况作出处理：

（一）抗诉符合本规定第 45 条规定的条件，裁定再审；

（二）抗诉不符合本规定第 45 条规定的条件，但可以补正的，建议检察机关补正，检察机关补正后符合抗诉条件的，裁定再审；

（三）抗诉不符合本规定第 45 条规定的条件，不能补正的，或者虽能补正但检察机关不补正的，建议检察机关撤回抗诉，检察机关坚持抗诉的，裁定不予受理，不使用"驳回抗诉"的表达。

十、再审检察建议或抗诉案件的审理和裁判

第 50 条 对检察机关抗诉的案件，上级法院裁定再审后，同时符合以下条件，可以指令作出原生效裁判的法院再审：

（一）以《民事诉讼法》第 200 条第 1 项至第 5 项规定的再审事由裁定再审的；（二）原审法院未对该案件进行再审审理和裁判，但不包括申请再审被驳回的情形；

（三）原生效裁判不是经原审法院审判委员会讨论决定作出的。

符合再审发回重审的情形，提出再审检察建议或者抗诉申请的当事人不同意发回重审的，不得发回重审。

符合再审发回重的情形，当事人双方同意依二审程序调解且达成调解协议的，不发回重审。当事人不同意调解或者调解达不成协议的，裁定撤销原判，发回重审。

第 51 条 对检察机关抗诉启动再审的案件以及检察机关对涉及国家利益、社会公共利益的案件依职权提出再审检察建议的案件，审理再审案件的法院应当在开庭三日前通知检察机关，同级检察机关或者提出抗诉的检察机关应当派员出庭。对一般情况下检察机关提出再审检察建议的案件，检察机关不出席再审法庭，但法院应当在再审案件审理完毕后将再审案件的审判结果告知检察机关。

第 52 条 检察机关出席再审法庭的标牌称"检察员"，出席法庭的检察员的席位与审判庭平行。

第 53 条 检察机关出席再审法庭，对依当事人申请抗诉的不涉及国家利益、社会公共利益的案件，不宣读抗诉书，也不参与法庭调查和法庭辩论。

检察机关出席再审法庭对庭审活动的监督，可以当庭对法院审理再审案件的违法或者不合理的行为，口头提出监督意见。对法庭不予纠正或者较为严重的违法行为，可以在庭审结束之后以检察机关的名义提出检察建议。

第 54 条 对检察机关依职权提出再审检察建议或者抗诉启动再审的涉及国家利益、社会公共利益案件的开庭审理，先由检察机关宣读再审检察建议书或者抗诉书，再由当事人按照其在原审中的诉讼地位依次发表再审意见。对一般情形的抗诉案件，先由申请抗诉的当事人陈述再审请求及理由，后由被申请人答辩、其他原审当事人发表意见。

第 55 条 再审案件的调解由法院主持，对检察机关提出再审检察建议或者抗诉的案件，检察机关不与法院共同主持调解，也不参与法院的调解。

第 56 条 检察机关依职权提起的涉及国家利益、社会公共利益的再审检察建议或抗诉案件，检察机关撤回的，应当终结再审程序，但案件的当事人无权申请撤回再审案件，当事人不到庭也不影响法院对再审案件的审理。检察机关不出席再审法庭的，可以按撤回再审检察建议或抗诉处理。

对检察机关依当事人申请提出再审检察建议或抗诉的案件，检察机关撤回的，裁定终结再审诉讼。检察机关不出席再审法庭的，不影响再审案件的审理。

对检察机关依当事人申请提出再审检察建议或抗诉的案件，在再审案件的审理过程中，申请再审检察建议或抗诉的当事人撤回申请，或者经法院传票传唤无正当理由拒不到庭或者未经法庭许可中途退庭，终结再审不损害国家利益、社会公共利益或者他人合法权益的，法院应当裁定终结再审诉讼。

第 57 条　对再审裁定终结诉讼的案件，检察院不得提出再审检察建议或者抗诉。

第 58 条　生效的再审判决、裁定包括：

（一）一审法院对于生效一审判决、裁定由本院再审后在法定期间内当事人未上诉的判决、裁定；

（二）二审法院对于生效二审判决、裁定由本院再审后作出的判决、裁定；

（三）上级法院对于生效判决、裁定提审后作出的判决、裁定；

（四）再审发回重审所作的当事人未上诉的判决、裁定；

（五）依照一审程序再审或者再审发回重审的判决、裁定，当事人上诉后所作的判决、裁定。

第 59 条　对生效的法院调解，再审事由为检察机关提出再审检察建议或者抗诉提出的"调解书损害国家利益、社会公共利益的"，法院经再审审理，认为生效的法院调解损害国家利益、社会公共利益的，应当根据再审认定的事实依法作出判决，撤销原生效的法院调解。生效的法院调解未损害国家利益、社会公共利益的，应当作出维持原生效的法院调解的判决，并同时撤销中止执行原生效的法院调解的裁定。

第 60 条　对检察机关提出再审检察建议或者抗诉启动再审的案件，法院作出生效的再审判决、裁定和再审调解后，当事人不得再次向法院申请再审，当事人不得再次向检察机关提出再审检察建议或者抗诉的申请，检察机关也不得再次提出再审检察建议或者抗诉。

参考文献

一、著作类

1. 王福华：《民事诉讼基本结构》，中国检察出版社 2002 年版。

2. 张卫平：《程序公正实现中的冲突与衡平——外国民事诉讼研究引论》，成都出版社 1993 年版。

3. 柴发邦主编：《中国民事诉讼法学》，中国人民公安大学出版社 1992 年版。

4. 张嘉军等：《政策抑或法律：民事诉讼政策研究》，法律出版社 2015 年版。

5. 江必新主编：《新民事诉讼法专题讲座》，法律出版社 2012 年版。

6. 孙祥壮：《民事再审程序原理精要与适用》，中国法制出版社 2010 年版。

7. 王亚新：《对抗与判定——日本民事诉讼的基本结构》（第 2 版），清华大学出版社 2010 年版。

8. 康万福：《民事再审制度理念与机制研究》，中国政法大学出版社 2016 年版。

9. 张晋藩主编：《中国民事诉讼制度史》，巴蜀书社 1999 年版。

10. 李青：《清代档案与民事诉讼制度研究》，中国政法大学出版社 2012 年版。

11. 江必新、孙祥壮、王朝辉：《新民事诉讼法审判监督程序讲座》，法律出版社 2012 年版。

12. 江伟主编：《民事诉讼法专论》，中国人民大学出版社 2005 年版。

13. 蔡虹：《民事诉讼法学》（第 4 版），北京大学出版社 2016 年版。

14. 齐树洁主编：《民事诉讼法》（第 11 版），厦门大学出版社 2017 年版。

15. 谭兵、李浩主编：《民事诉讼法学》，法律出版社 2009 年版。

16. ［日］中村英郎：《新民事诉讼法讲义》，陈刚、林剑锋、郭美松译，常怡审校，法律出版社 2001 年版。

17. 张卫平：《民事诉讼法》（第 4 版），法律出版社 2016 年版。

18. 郭翔：《民事诉讼法关键词》，法律出版社 2006 年版。

19. 《民事诉讼法学》编写组：《民事诉讼法学》（马克思主义理论研究和建设工程重点教材），高等教育出版社 2017 年版。

20. 杨建华原著，郑杰夫增订：《民事诉讼法要论》，北京大学出版社 2013 年版。

21. 张卫平、陈刚编著：《法国民事诉讼法导论》，中国政法大学出版社 1997 年版。

22. ［美］杰克·H. 弗兰德泰尔、玛丽·凯·凯恩、阿瑟·R. 米勒：《民事诉讼法》（第 3 版），夏登峻等译，夏登峻校，中国政法大学出版社 2003 年版。

23. ［日］新堂幸司：《新民事诉讼法》，林剑锋译，法律出版社 2008 年版。

24. 江伟主编：《民事诉讼法学关键问题》，中国人民大学出版社 2010 年版

25. 邵明：《民事诉讼法学》，中国人民大学出版社 2007 年版。

26. 刘家兴、潘剑锋主编：《民事诉讼法学教程》（第 4 版），北京大学出版社 2013 年版。

27. 李浩：《民事诉讼法学》（第 3 版），法律出版社 2016 年版。

28. 江伟主编：《民事诉讼法学》（第 3 版），北京大学出版社 2015 年版。

29. ［德］汉斯—约阿希姆·穆泽拉克：《德国民事诉讼法基础教程》，周翠译，中国政法大学出版社 2005 年版。

30. ［德］奥特马·尧厄尼希：《民事诉讼法》（第 27 版），周翠译，法律出版社 2003 年版。

31. 王福华：《民事诉讼法学》（第 2 版），清华大学出版社 2015 年版。

32. 田平安主编：《民事诉讼法学》（第 4 版），法律出版社 2015 年版。

33. 赵钢、占善刚、刘学在：《民事诉讼法》（第 3 版），武汉大学出版社 2015 年版。

34. 江必新：《新诉讼法讲义：再审的理念、制度与机制》，法律出版社 2013 年版。

35. 胡军辉：《民事既判力扩张问题研究》，中国人民公安大学出版社 2011 年版。

36. 张卫平：《民事诉讼：关键词展开》，中国人民大学出版社 2005 年版。

37. ［德］罗森贝克、施瓦布、戈特瓦尔德：《德国民事诉讼法》（下），李大雪译，中国法制出版社 2007 年版。

38. 江伟主编：《民事诉讼法学原理》，中国人民大学出版社 1999 年版。

39. 汤维建主编：《民事诉讼法学原理与案例教程》（第 2 版），中国人民大学出版社 2010 年版。

40. 吕太郎：《民事诉讼之基本理论（一）》，中国政法大学出版社 2003 年版。

41. 陈刚：《民事诉讼法制的现代化》，中国检察出版社 2003 年版。

42. 常廷彬：《民事判决既判力主观范围研究》，中国人民公安大学出版社 2010 年版。

43. 齐树洁主编：《美国司法制度》，厦门大学出版社 2006 年版。

44. 李响：《美国民事诉讼法的制度、案例与材料》，中国政法大学出版社 2006 年版。

45. 胡军辉：《美国民事既判力理论研究》，北京师范大学出版社 2015 年版。

46. ［美］史蒂文·苏本、玛格瑞特（绮剑）·伍：《美国民事诉讼的真谛：从历史、文化、实务的视角》，蔡彦敏、徐卉译，法律出版社 2002 年版。

47. 汤维建主编：《美国民事诉讼规则》，中国检察出版社 2003 年版。

48. 邵明：《现代民事诉讼基础理论：以现代正当程序和现代诉讼观为研究视角》，法律出版社 2011 年版。

49. 蔡彦敏、洪浩：《正当程序法律分析——当代美国民事诉讼制度研究》，中国政法大学出版社 2000 年版。

50. ［美］斯蒂文·N. 苏本等：《民事诉讼法——原理、实务与运作环境》，傅郁林等译，中国政法大学出版社 2004 年版。

51. 沈达明编著：《比较民事诉讼法初论》，中国法制出版社 2002 年版。

52. 常怡主编：《民事诉讼法学》，中国法制出版社 2008 年版。

53. 田平安主编：《民事诉讼法学研究》，高等教育出版社 2008 年版。

54. 江伟、邵明、陈刚：《民事诉权研究》，法律出版社 2002 年版。

55. 江伟主编：《中国民事诉讼法专论》，中国政法大学出版社 1998 年版。

56. ［日］中村宗雄、中村英郎：《诉讼法学方法论——中村民事诉讼理论精要》，陈刚、段文波译，中国法制出版社 2009 年版。

57. ［日］高桥宏志：《民事诉讼法：制度与理论的深层分析》，林剑锋译，法律出版社 2003 年版。

58. 江伟主编：《民事诉讼法》（第 5 版），高等教育出版社 2016 年版。

59. 陈桂明：《程序理念与程序规则》，中国法制出版社 1999 年版。

60. 汤维建主编：《民事诉讼法学》（第 2 版），北京大学出版社 2014 年版。

61. ［日］田中成明：《现代社会与审判：民事诉讼的地位和作用》，郝振江译，北京大学出版社 2016 年版。

62. ［日］小岛武司：《诉讼制度改革的法理与实证》，陈刚等译，法律出版社 2001 年版。

63. 傅郁林：《民事司法制度的功能与结构》，北京大学出版社 2006 年版。

64. ［日］谷口安平：《程序的正义与诉讼》，王亚新、刘荣军译，中国政法大学出版社 1996 年版。

65. 黄娟：《当事人民事诉讼权利研究——兼谈中国民事诉讼现代化之路径》，北京大学出版社 2009 年版。

66. ［德］狄特·克罗林庚：《德国民事诉讼法律与实务》，刘汉富译，法律出版社 2000 年版。

67. 肖建华：《民事诉讼当事人研究》，中国政法大学出版社 2002 年版。

68. 郝振江：《非讼程序研究》，法律出版社 2017 年版。

69. 赵蕾：《非讼程序论》，中国政法大学出版社 2013 年版。

70. 徐昕译：《英国民事诉讼规则》，中国法制出版社 2001 年版。

71. 江伟主编：《民事诉讼法》（第 6 版），中国人民大学出版社 2013 年版。

72. ［韩］孙汉琦：《韩国民事诉讼法导论》，陈刚审译，中国法制出版社 2010 年版。

73. 张文志等：《民事诉讼检察监督论》，法律出版社 2007 年版。

74. 张步洪：《新民事诉讼法讲义——申诉、抗诉与再审》，法律出版社 2012 年版。

75. 江伟、肖建国主编：《民事诉讼法》（第 7 版），中国人民大学出版社 2015 年版。

76. 常怡主编：《比较民事诉讼法》，中国政法大学出版社 2002 年版。

77. 赵钢：《民事诉讼法学专题研究（二）》，中国政法大学出版社 2015 年版。

78. 王亚新、陈杭平、刘君博：《中国民事诉讼法重点讲义》，高等教育出版社 2017 年版。

79. 杜闻：《民事再审程序研究》，中国法制出版社 2006 年版。

80. 张卫平：《民事诉讼：回归原点的思考》，北京大学出版社 2011 年版。

81. ［美］杰弗里·C. 哈泽德、米歇尔·塔鲁伊：《美国民事诉讼法导论》，张茂译，中国政法大学出版社 1999 年版。

82. 江伟等：《〈中华人民共和国民事诉讼法〉修改建议稿（第三稿）及立法理由》，人民法院出版社 2005 年版。

83. 黄国昌：《民事诉讼理论之新开展》，北京大学出版社 2008 年版。

84. 肖建华：《中国民事诉讼法判解与法理——当事人问题研析》，中国法制出版社 2001 年版。

85. 江必新主编：《民事诉讼新制度讲义》，法律出版社 2013 年版。

86. 章武生等：《民事诉讼法学》，浙江大学出版社 2010 年版。

87. 许士宦：《新民事诉讼法》，北京大学出版社 2013 年版。

88. 张卫平：《民事诉讼法学：分析的力量》，法律出版社 2016 年版。

89. 张卫平、李浩：《新民事诉讼法原理与适用》，人民法院出版社 2012 年版。

90. ［法］洛伊克·卡迪耶：《法国民事司法法》（原书第 3 版），杨艺宁译，卢建平审校，中国政法大学出版社 2010 年版。

91. 张卫平：《民事诉讼法》（第 3 版），中国人民大学出版社 2015 年版。

92. 张艳丽、于鹏、周建华：《民事诉讼理论与制度》，法律出版社 2017 年版。

93. 董少谋主编：《民事诉讼法学》（第 3 版），法律出版社 2017 年版。

94. 刘金华：《民事诉讼法专题研究》，中国政法大学出版社 2014 年版。

95. 张丽丽：《第三人撤销之诉研究》，知识产权出版社 2016 年版。

96. 韩艳：《第三人撤销之诉制度研究》，浙江大学出版社 2017 年版。

97. 王学棉、蒲一苇、郭小冬：《民事诉讼法教程》，北京大学出版社 2016 年版。

98. 张卫平主编：《最高人民法院民事诉讼法司法解释要点解读》，中国法制出版社 2015 年版。

99. 杨卫国：《案外第三人撤销之诉研究》，中国法制出版社 2015 年版。

100. 全国人大常委会法制工作委员会民法室编著：《2012 民事诉讼法修改决定条文释解》，中国法制出版社 2012 年版。

101. ［美］理查德·D.弗里尔：《美国民事诉讼法》（下），张利民、孙国平、赵艳敏译，商务印书馆2013年版。

102. 丁宝同：《民事判决既判力研究》，法律出版社2012年版。

103. 田平安主编：《民事诉讼法·基础理论篇》，厦门大学出版社2009年版。

104. 李祖军：《民事诉讼目的论》，法律出版社2000年版。

105. 张艳丽主编：《民事诉讼法》（第2版），北京大学出版社2017年版。

106. 李龙：《民事诉讼标的理论研究》，法律出版社2003年版。

107. 段厚省：《请求权竞合与诉讼标的研究》，吉林人民出版社2004年版。

108. 张卫平：《诉讼构架与程式——民事诉讼的法理分析》，清华大学出版社2000年版。

109. 江伟主编：《民事诉讼法》（第2版），高等教育出版社、北京大学出版社2004年版。

110. 江伟主编：《民事诉讼法》（第3版），高等教育出版社2007年版。

111. 林剑锋：《民事判决既判力客观范围研究》，厦门大学出版社2006年版。

112. 叶自强：《中国民事诉讼法》，法律出版社2004年版。

113. 姚瑞光：《近年修正民事诉讼法总评》，中国政法大学出版社2011年版。

114. ［法］让·文森、塞尔日·金沙尔：《法国民事诉讼法要义》（上），罗结珍译，中国法制出版社2001年版。

115. 赵泽君：《民事诉讼规则疑难问题例说》，中国检察出版社2003年版。

116. 蔡虹：《民事诉讼法学》（第2版），北京大学出版社2010年版。

117. 肖建华主编：《民事诉讼立法研讨与理论探索》，法律出版社2008年版。

118. 王锡三：《民事诉讼法研究》，重庆大学出版社1996年版。

119. 冯浩：《民事再审事由研析》，中国法制出版社2016年版。

120. 段厚省：《民事诉讼标的论》，中国人民公安大学出版社2004年版。

121. 廖中洪主编：《民事诉讼法·诉讼程序篇》，厦门大学出版社2005年版。

122. 杨荣馨主编：《民事诉讼原理》，法律出版社2003年版。

123. 史西岗等：《再审抗诉法律实务》，人民法院出版社2013年版。

124. 黄海涛：《民事诉讼法学实践问题研究》，中国政法大学出版社2015年版。

125. 《美国联邦民事诉讼规则·证据规则》，白绿铉、卞建林译，中国法制出版社2000年版。

126. 齐树洁主编：《台湾地区民事诉讼制度》，厦门大学出版社2016年版。

127. 齐树洁主编：《港澳民事诉讼法》，厦门大学出版社2014年版

128. 邵明：《民事诉讼法理研究》，中国人民大学出版社2004年版。

129. 王利明：《司法改革研究》（修订本），法律出版社2001年版。

130. 鲁千晓、吴新梅：《诉讼程序公正论》，人民法院出版社2004年版。

131. 樊崇义主编：《诉讼原理》，法律出版社2003年版。

132. 杨一平：《司法正义论》，法律出版社1999年版。

133. 景汉朝：《中国司法改革策论》，中国检察出版社2002年版。

134. 唐德华主编：《民事诉讼理念与机制》，中国政法大学出版社2005年版。

135. ［日］小岛武司、伊藤真编：《诉讼外纠纷解决法》，丁婕译，向宇校，中国政法大学出版社2005年版。

136. 章武生等：《司法现代化与民事诉讼制度的建构》，法律出版社2000年版。

137. 廖中洪：《中国民事诉讼程序制度研究》，中国检察出版社2004年版。

138. 江必新等：《新民事诉讼法再审程序疑难问题解答与裁判指导》，法律出版社2014年版。

139. 李哲：《刑事裁判的既判力研究》，北京大学出版社2008年版。

140. 刘学在：《民事诉讼辩论原则研究》，武汉大学出版社2007年版。

141. 江伟主编：《民事诉讼法》（第4版），中国人民大学出版社2008年版。

142. 柴发邦主编：《民事诉讼法教程》，法律出版社1983年版。

143. 刘敏：《当代中国的民事司法改革》，中国法制出版社2001年版。

144. 韩波：《当代中国民事诉讼思潮探究》，华中科技大学出版社2015年版。

145. 王德新：《诉讼文化冲突与民事诉讼制度的变革》，知识产权出版社2017年版。

146. 常怡主编：《民事诉讼法学》（第4版），中国政法大学出版社2016年版。

147. 吴杰主编：《民事再审原理及程序构造》，法律出版社2012年版。

148. 李晓春、刘丽：《诉讼法基本范畴研究》，吉林人民出版社2002年版。

149. 刘敏：《诉权保障研究——宪法与民事诉讼法视角的考察》，中国人民公安大学出版社2014年版。

150. 孙祥壮：《民事再审程序：从立法意图到司法实践》，法律出版社2016年版。

151. 《法国新民事诉讼法典｜附判例解释Ⅰ》（上册），罗结珍译，法律出版社2008年版。

152. ［法］让·文森、塞尔日·金沙尔：《法国民事诉讼法要义》（下），罗结珍译，中国法制出版社2001年版。

153. 黎晓平、蔡肖文：《澳门民事诉讼制度改革研究》，社会科学文献出版社2016年版。

154. 汤维建：《美国民事司法制度与民事诉讼程序》，中国法制出版社2001年版。

155. 柯葛壮等：《诉讼法的理念与运作》，上海人民出版社2005年版。

156. 廖永安等：《诉讼费用研究——以当事人诉权保护为分析视角》，中国政法大学出版社2006年版。

157. 江伟主编：《民事诉讼法学》（第2版），复旦大学出版社2010年版。

158. 孙谦、郑成良主编：《司法改革报告——中国的检察院、法院改革》，法律出版社2004年版。

159. 何文燕、廖永安：《民事诉讼理论与改革的探索》，中国检察出版社2002年版。

160. 最高人民法院民事诉讼法调研小组编:《民事诉讼程序改革报告》,法律出版社 2003 年版。

161. 梁展欣编:《民事诉讼法的变革》,人民法院出版社 2016 年版。

162. 李浩:《民事诉讼法学》(第 2 版),法律出版社 2014 年版。

163. [英] J. A. 乔罗威茨:《民事诉讼程序研究》,吴泽勇译,中国政法大学出版社 2008 年版。

164. 廖永安等:《民事诉讼制度专题实证研究》,中国人民大学出版社 2016 年版。

165. [日] 棚濑孝雄:《纠纷的解决与审判制度》,王亚新译,中国政法大学出版社 1994 年版。

二、论文类

1. 刘学在:"既判力论在中国的困境探析——以民事诉讼为视角",载《北京科技大学学报(社会科学版)》2003 年第 3 期。

2. 柯阳友、孙蕊:"既判力理论在我国实践中的运用",载樊崇义主编:《诉讼法学研究》(第 10 卷),中国检察出版社 2006 年版。

3. 亓荣霞:"再审程序若干概念辨析",载《政法论坛》2003 年第 2 期。

4. 汤维建、毕海毅、王鸿雁:"评民事再审制度的修正案",载《法学家》2007 年第 6 期。

5. 张卫平:"再审事由修正:更符合民事诉讼的特性",载《检察日报》2007 年 10 月 29 日。

6. 王桂江:"评析我国新民事再审制度",载《法治论坛》2008 年第 4 期。

7. 韩静茹:"错位与回归:民事再审制度之反思——以民事程序体系的新发展为背景",载《现代法学》2013 年第 2 期。

8. 叶自强:"论判决的既判力",载《法学研究》1997 年第 2 期。

9. 吴明童:"既判力的界限研究",载《中国法学》2001 年第 6 期。

10. 傅攀峰:"普通法系国际商事仲裁裁决既判力问题的处理经验及其启示——以 Associated Electric v. European Re 案为例",载《仲裁研究》2012 年第 2 期。

11. 胡军辉:"论美国既判力援引程序及其借鉴",载《政治与法律》2014 年第 10 期。

12. [美] 凯文·M. 克莱蒙特:"既判力:司法之必需",袁开宇译,载《清华法治论衡》2015 年第 2 期。

13. 谢冬慧:"从民族性格看德国的潘德克顿法学",载《法学评论》2015 年第 2 期。

14. 张小龙、曹志平:"胡塞尔现象学中的因果性问题",载《科学技术哲学研究》2015 年第 5 期。

15. 邓辉辉:"关于既判力本质说的评介",载《政法论丛》2005 年第 4 期。

16. 向忠诚:"行政判决既判力本质论",载《吉首大学学报(社会科学版)》2010 年第 1 期。

17. 汪振林:"程序保障第三波理论之探析",载陈刚主编:《比较民事诉讼法(2001 年卷-

2002 年卷）》，中国人民大学出版社 2002 年版。

18. 王国龙："判决的既判力与司法公信力"，载《法学论坛》2016 年第 4 期。

19. 邓辉辉："行政判决与民事判决既判力根据之比较"，载《河北法学》2007 年第 9 期。

20. 邓辉辉："论既判力理论在民事诉讼司法实践中的适用"，载《河北法学》2012 年第 6 期。

21. 林剑锋："既判力相对性原则在我国制度化的现状与障碍"，载《现代法学》2016 年第 1 期。

22. 吴展才："人民检察院民事再审启动权之合理性探讨——从既判力的角度"，载《韶关学院学报》2009 年第 10 期。

23. 蔡虹："非讼程序的理论思考与立法完善"，载《华中科技大学学报（社会科学版）》2004 年第 3 期。

24. 张大海："诉讼调解既判力论"，载《政法论坛》2008 年第 5 期。

25. 杨会新："程序保障视角下诉讼调解既判力分析"，载《华东政法大学学报》2017 年第 5 期。

26. 张艳、成家林："论法院调解的既判力"，载《滨州学院学报》2015 年第 1 期。

27. 邓辉辉："法院调解的既判力问题研究"，载《学术论坛》2014 年第 7 期。

28. 张亮："我国督促程序之支付令既判力问题探析——以德国、奥地利督促程序之支付令效力为借镜"，载《山东社会科学》2017 年第 9 期。

29. 周序中等："试论支付令的既判力问题"，载《北京经济瞭望》1999 年第 3 期。

30. 史长青："支付令既判力之研判"，载《法学杂志》2016 年第 9 期。

31. 邓辉辉："论既判力的裁判形式"，载韦以明、梁娟主编：《法学论丛·2004 年卷》，中国人民公安大学出版社 2004 年版。

32. 汤维建："论民事抗诉制度的完善"，载《人民检察》2007 年第 9 期。

33. 田忠："民事抗诉对象的范围应扩展"，载《人民检察》2010 年第 23 期。

34. 马登科："民事检察抗诉制度的再完善"，载《华南农业大学学报（社会科学版）》2009 年第 3 期。

35. 雷万亚："民事抗诉制度的价值及程序问题分析"，载《国家检察官学院学报》2005 年第 5 期。

36. 周平："论民事审判监督置换为民事诉讼法律监督司法规律的法制归位（上）"，载《中国检察官》2013 年第 7 期。

37. 常怡、唐力："民事再审制度的理性分析"，载《河北法学》2002 年第 5 期。

38. 刘君博："转型中的再审程序"，载《司法改革论评》2013 年第 1 期。

39. 韩成军："检察机关抗诉权及其优化配置"，载《中州学刊》2012 年第 3 期。

40. 张卫平："民事再审：基础置换与制度重建"，载《中国法学》2003 年第 1 期。

41. 江伟、徐继军："论我国民事审判监督制度的改革"，载《现代法学》2004 年第 2 期。

42. 景汉朝、卢子娟："论民事审判监督程序之重构"，载《法学研究》1999 年第 1 期。

43. 虞政平："论我国审判监督程序的改革"，载《暨南学报（哲学社会科学版）》2012 年第 8 期。

44. 滕威："我国民事再审立案审查制度之构建"，载《金陵法律评论》2005 年第 2 期。

45. 潘剑锋："程序系统视角下对民事再审制度的思考"，载《清华法学》2013 年第 4 期。

46. 肖建华、唐玉富："小额诉讼制度建构的理性思考"，载《河北法学》2012 年第 8 期。

47. 杨荣新、乔欣："重构我国民事诉讼审级制度的探讨"，载《中国法学》2001 年第 5 期。

48. 刘冬京："关于再审程序修改的若干问题分析——以 2007 年民事诉讼法修正案为对象"，载《法学论坛》2008 年第 2 期。

49. 邵明："现代民事再审原理论——兼论我国民事再审程序的完善"，载《中国人民大学学报》2007 年第 6 期。

50. 胡思博："论民事裁判的不可再审性"，载《中国政法大学学报》2014 年第 4 期。

51. 张彦强："对再审中发现执行和解且履行完毕情形的处理原则"，载《人民司法》2013 年第 16 期。

52. 邓辉辉、向忠诚："既判力理论视角下的民事裁定再审范围研究"，载《社会科学家》2017 年第 12 期。

53. 王祺国："民事诉讼当事人申请再审范围的限制"，载《政治与法律》1993 年第 3 期。

54. 潘元松："论民事审判监督程序的适用对象"，载《人民司法》2009 年第 9 期。

55. 常怡、陈鸣飞："管辖权异议裁定生效后能否进入审判监督程序"，载《法律适用》2003 年第 9 期。

56. 王林清、刘鹏飞："民事裁定再审问题研究"，载《法学评论》2012 年第 4 期。

57. 李浩："管辖错误与再审事由"，载《法学研究》2008 年第 4 期。

58. 李浩："删而未除的'管辖错误'再审——基于 2013 年以来最高人民法院裁定书的分析"，载《法学研究》2015 年第 2 期。

59. 汤维建："'管辖错误'作为再审事由不宜删除"，载《法学家》2011 年第 6 期。

60. 汤维建："'管辖错误'作为再审事由的正当性确证及其适用"，载《人民法院报》2009 年 5 月 26 日。

61. 潘剑锋："论'管辖错误'不宜作为再审事由"，载《法律适用》2009 年第 2 期。

62. 王朝辉："作为民事再审对象的生效判决、裁定"，载《人民司法（应用）》2016 年第 13 期。

63. 张卫平："再审事由规范的再调整"，载《中国法学》2011 年第 3 期。

64. 朱川、周喆："按撤诉处理裁定的再审申请审查标准"，载《人民司法》2012 年第 18 期。

65. 王朝辉："《民事诉讼法》司法解释审判监督程序若干问题解读"，载《法律适用》2015 年第 10 期。

66. 陈建新："对执行程序中的裁定能否提出抗诉"，载《检察日报》2000 年 6 月 26 日。

67. 鲁俊华："检察机关对民事执行的抗诉监督"，载《国家检察官学院学报》2010 年第 4 期。

68. 朱金高："法院不宜依职权对临时性救济措施决定再审"，载《法学》2012 年第 5 期。

69. 张丽霞："日本民事再审制度的运行现状及启示"，载《南开大学法政学院学术论丛》2002 年第 0 期。

70. 欧元捷、许尚豪："论调解书的再审启动制度——以法院调解的属性为视角"，载《山东警察学院学报》2014 年第 1 期。

71. 郭翔："美国判决效力理论及其制度化借鉴——基于争点效力理论的分析"，载张卫平主编：《民事诉讼法研讨（一）》，厦门大学出版社 2016 年版。

72. 张戈译："国际法协会 2004 年柏林大会国际商事仲裁委员会关于既判力原则与仲裁的中期报告"，载《商事仲裁》2015 年第 1 期。

73. 蒲一苇："无独立请求权第三人参加诉讼与判决效力范围——以既判力主观范围的扩张为中心"，载胡夏冰、冯仁强等：《民事诉讼法学：规范的逻辑》，法律出版社 2016 年版。

74. 刘明生："辅助参加与法院职权通知之效力——以既判力与参加效之区辨为中心"，载《民事程序法研究·第十四辑》，厦门大学出版社 2015 年版。

75. 李晓蕊："巴西集团诉讼中的既判力规则"，载《人民法院报》2012 年 12 月 14 日。

76. 邓辉辉："行政判决与民事判决既判力主观范围之比较"，载《广西社会科学》2007 年第 7 期。

77. 王永亮："美国法中既判力规则对案外人的适用"，载《人民法院报》2006 年 1 月 6 日。

78. 祝里里："既判力所及之特定继受人研究——以台湾地区的立法和司法实践为素材"，载《上海交通大学学报（哲学社会科学版）》2015 年第 4 期。

79. 赵钢、刘学在："论代位权诉讼"，载《法学研究》2000 年第 6 期。

80. 翁晓斌："我国民事判决既判力的范围研究"，载《现代法学》2004 年第 6 期。

81. 贺桂华、范林军："代位权诉讼既判力述论"，载《广西民族大学学报（哲学社会科学版）》2007 年第 4 期。

82. 郭美松译："范示诉讼（model action）之提倡"，载陈刚主编：《自律型社会与正义的综合体系——小岛武司先生七十华诞纪念文集》，陈刚等译，中国法制出版社 2006 年版。

83. 蒋集跃、杨永华："论我国民事再审制度的完善——兼谈申诉问题的理性解决"，载《政法论坛》2003 年第 2 期。

84. 吴泽勇："第三人撤销之诉的原告适格"，载《法学研究》2014 年第 3 期。

85. 卢正敏："论案外人申请再审制度中的适格案外人"，载《厦门大学学报（哲学社会科学版）》2012 年第 1 期。

86. 石春雷："第三人撤销之诉与案外人申请再审比较研究"，载《牡丹江大学学报》2015 年第 6 期。

87. 王亚新："第三人撤销之诉的解释适用"，载《人民法院报》2012 年 9 月 26 日。

88. 李卫国、伍芳瑶："论第三人撤销之诉与案外人申请再审的适用关系"，载《湖北社会科学》2017 年第 5 期。

89. 田媛媛："试析第三人撤销之诉与案外人申请再审之关系"，载《湖北函授大学学报》2015 年第 13 期。

90. 蔡虹："民事再审程序立法的完善——以《中华人民共和国民事诉讼法修正案（草案）》为中心的考察"，载《法商研究》2012 年第 2 期。

91. 许少波："第三人撤销之诉与申请再审的选择"，载《河南大学学报（社会科学版）》2015 年第 1 期。

92. 达瓦玉珍、李云、方晋晔："互补抑或相悖：案外人权利救济路径之厘清——第三人撤销之诉与再审制度的整合与重构"，载贺荣主编：《司法体制改革与民商事法律适用问题研究——全国法院第 26 届学术讨论会获奖论文集》，人民法院出版社 2015 年版。

93. 阚道祥："案外人救济机制竞合问题研究——以我国新《民事诉讼法》施行为背景"，载《太原大学学报》2013 年第 3 期。

94. 谭秋桂："论第三人撤销之诉与民事再审制度的协调"，载《人民法院报》2014 年 8 月 27 日。

95. 王福华："第三人撤销之诉的制度逻辑"，载《环球法律评论》2014 年第 4 期。

96. 汪晖："案外人撤销之诉制度与案外人申请再审制度之比较"，载《人民法院报》2013 年 5 月 22 日。

97. 谢琼丽："案外人权利保护路径——基于案外人申请再审制度与第三人撤销之诉的辩争"，载《探求》2015 年第 4 期。

98. 高明智："关于案外人撤销之诉制度的理解与适用"，载《人民法院报》2012 年 12 月 12 日。

99. 蒲一苇："第三人撤销之诉适用范围的实体法分析"，载张卫平主编：《民事诉讼法研讨（一）》，厦门大学出版社 2016 年版。

100. 王亚新："第三人撤销之诉原告适格的再考察"，载《法学研究》2014 年第 6 期。

101. 郑学林："简论民事再审审查制度实施的若干问题"，载《中国政法大学学报》2014 年第 1 期。

102. 蔡虹、冯娟："案外人申请再审制度初探"，载《山东警察学院学报》2012 年第 2 期。

103. 詹伟雄："论民事再审程序之重构——以司法实践为视角"，载《民事程序法研究》2008 年第 0 期。

104. 向忠诚："论行政判决既判力的效力范围"，载《政法论丛》2008 年第 1 期。

105. 傅攀峰："国际投资仲裁中既判力原则的适用标准——从形式主义走向实质主义"，载《比较法研究》2016 年第 4 期。

106. 邓辉辉："部分请求诉讼的既判力问题研究"，载《广西社会科学》2015 年第 3 期。

107. 严仁群："既判力客观范围之新进展"，载《中外法学》2017 年第 2 期。

108. 邓辉辉："论判决理由的既判力"，载《理论探索》2006 年第 6 期。

109. 邓辉辉："行政判决与民事判决既判力客观范围之比较"，载《广西社会科学》2007 年第 6 期。

110. 王静："法院对抵销抗辩的认定具有既判力"，载《人民司法》2014 年第 2 期。

111. ［德］卡尔·奥古斯特·贝特尔曼："声明不服和撤销——对于民事诉讼法中的法律救济的正确理解"，载［德］米夏埃尔·施蒂尔纳编：《德国民事诉讼法学文萃》，赵秀举译，中国政法大学出版社 2005 年版。

112. 于海生："论再审之诉的诉讼标的"，载《云南大学学报（法学版）》2004 年第 2 期。

113. 李浩："构建再审之诉的三个程序设计"，载《法商研究》2006 年第 4 期。

114. 耿翔："论我国再审诉讼标的一元说的实践意义——兼评《民事诉讼法》第 209、205 条的适用"，载《法律适用》2015 年第 3 期。

115. 黄良友："民事再审之诉若干问题研究"，载《河北法学》2010 年第 1 期。

116. 刘振、马倩："民事再审裁判理念之提炼及其运用"，载《法律适用》2014 年第 8 期。

117. 颜卉："民事再审之诉的功能及当事人的诉权形态分析——以新修改的《民事诉讼法》第 252 条为视角"，载《民事程序法研究》2016 年第 1 期。

118. 肖森华："民事再审发回重审后的程序适用探讨"，载《福建法学》2010 年第 4 期。

119. 张卫平："案外人异议之诉"，载《法学研究》2009 年第 1 期。

120. 马登科："基于案外人再审之诉民事执行救济扩展的比较与探讨"，载《广东行政学院学报》2010 年第 6 期。

121. 邱星美："民事再审案件审理范围探讨"，载《法律适用》2006 年第 12 期。

122. 李春霖、夏军："试论申请再审制的若干问题"，载《政法论坛》1996 年第 5 期。

123. 沈德咏："关于再审之诉改革的几个问题"，载《人民司法》2005 年第 9 期。

124. 王水明："民事抗诉案再审范围应以抗诉范围为准"，载《检察日报》2007 年 12 月 24 日。

125. 江必新："论民事审判监督制度之完善"，载《中国法学》2011 年第 5 期。

126. 应秀良："民事抗诉案件的审理范围与诉答程序"，载《法律适用》2011 年第 6 期。

127. 杨飞跃："如何确定民事抗诉再审案件的审理范围"，载《人民法院报》2007 年 1 月

15 日。

128. 邓辉辉："行政判决与民事判决既判力时间范围之比较"，载《广西社会科学》2007年第 8 期。

129. 林剑锋："既判力时间范围制度适用的类型化分析"，载《国家检察官学院学报》2016年第 4 期。

130. 张兰芳、邓继好："既判力的基准时与重复起诉的识别"，载《山西大同大学学报（社会科学版）》2016 年第 1 期。

131. 张力："论既判力的界线"，载江伟教授执教五十周年庆典活动筹备组编：《民事诉讼法学前沿问题研究》，北京大学出版社 2006 年版。

132. 郎立惠："论民事再审审查程序对新证据的认定"，载《河北学刊》2014 年第 3 期。

133. 王娣、王德新："论既判力的时间范围"，载《时代法学》2008 年第 4 期。

134. 钟文："论我国民事再审程序与'证据随时提出主义'"，载《沈阳教育学院学报》2000 年第 3 期。

135. 付婷婷："民事再审启动事由中新证据的界定"，载《山西省政法管理干部学院学报》2008 年第 2 期。

136. 邓和军："论动态新证据观——以民事再审新证据为分析对象"，载《海南大学学报（人文社会科学版）》2008 年第 6 期。

137. 湖北省高级人民法院审判监督第三庭："民事再审新证据的认定与运用"，载《人民司法》2010 年第 17 期。

138. 李海霞："民事再审新证据适用的困境与完善"，载《河南科技大学学报（社会科学版）》2012 年第 3 期。

139. 王橄："论我国民事再审事由中'新的证据'的限制"，载《中州大学学报》2012 年第 1 期。

140. 王胜全："判决生效后新生成的证据不能用作再审新证据"，载《人民法院报》2009年 11 月 24 日。

141. 储敏："民事再审新证据探析"，载《江淮论坛》2005 年第 1 期。

142. 赵敏、王俊、孙海峰："对民事再审新证据的整体解读"，载《东方法学》2011 年第2 期。

143. 卢正敏："民事诉讼再审新证据之定位与运用"，载《厦门大学学报（哲学社会科学版）》2009 年第 3 期。

144. 李后龙、花玉军、葛文："再审新证据认定和运用的实证分析"，载《人民司法》2009年第 21 期。

145. 罗飞云："民事再审新证据的认定与运用"，载《法律科学（西北政法大学学报）》2011 年第 5 期。

146. 李浩："再审的补充性原则与民事再审事由"，载《法学家》2007年第6期。

147. 李浩："民事诉讼法典修改后的'新证据'——《审监解释》对'新证据'界定的可能意义"，载《中国法学》2009年第3期。

148. 陈朝阳："论我国民事再审程序的重构——看得见的正义"，载《福建政法管理干部学院学报》2003年第1期。

149. 李乾、张继峰："关于我国再审事由中'新的证据'的要件分析"，载《南阳师范学院学报》2014年第7期。

150. 李树训："从再审职能角度看再审程序中'新的证据'"，载《湘南学院学报》2017年第1期。

151. 于金强："再审新证据制度之反思与重构"，载《山东审判》2012年第1期。

152. 张卫平："有限纠错——再审制度的价值"，载《法律适用》2006年第7期。

153. 章武生："论民事再审程序的改革"，载《法律科学（西北政法学院学报）》2002年第1期。

154. 李祖军："论民事再审程序,"载《现代法学》2002年第2期。

155. 黄良友："论构建民事再审之诉的基本理念"，载《海南大学学报（人文社会科学版）》2010年第6期。

156. 付少军："'案件再审难'之我见"，载《人民法院报》2011年6月11日。

157. 王信芳："民事再审制度功能实现的路径思考"，载《法学》2009年第10期。

158. 任俊琳："民事再审功能的重新审视——兼评我国《民事诉讼法》第179条的再审条件"，载《法学杂志》2012年第10期。

159. 赵信会："民事再审事由：理念反思与修改评价"，载《甘肃政法学院学报》2009年第6期。

160. 邓辉辉："既判力视角下民事诉讼再审程序的进一步改革和完善"，载《广西社会科学》2011年第11期。

161. 王新华、梁伟栋："民事再审程序中父爱主义的缺陷——从我国民事再审程序的价值功能谈起"，载《华东交通大学学报》2009年第6期。

162. 傅郁林："司法职能分层目标下的高层法院职能转型——以民事再审级别管辖裁量权的行使为契机"，载《清华法学》2009年第5期。

163. 齐树洁："论我国民事上诉制度的改革与完善——兼论民事再审制度之重构"，载《法学评论》2004年第4期。

164. 何兵、潘剑锋："司法之根本：最后的审判抑或最好的审判？——对我国再审制度的再审视"，载《比较法研究》2000年第4期。

165. 王敏："略论我国民事上诉审与再审关系之衡平"，载《宁夏社会科学》2003年第5期。

166. 江伟、崔蕴涛："程序救济与再审事由设置"，载《江淮论坛》2011 年第 1 期。

167. 江必新："民事再审事由：问题与探索——对《民事诉讼法》有关再审事由规定的再思考"，载《法治研究》2012 年第 1 期。

168. 赵钢、刘学在："民事审监程序修改过程中若干争议问题之思考"，载《中国法学》2009 年第 4 期。

169. 陈桂明："再审事由应当如何确定——兼评 2007 年民事诉讼法修改之得失"，载《法学家》2007 年第 6 期。

170. 赵信会："民事再审事由修改的理念及反思"，载《北方法学》2009 年第 4 期。

171. 张丽霞："日本民事再审程序中值得借鉴的几个方面"，载《河南社会科学》2002 年第 1 期。

172. 李浩："民事再审程序的修订：问题与探索——兼评《修正案（草案）》对再审程序的修订"，载《法律科学（西北政法学院学报）》2007 年第 6 期。

173. 许尚豪："论独立民事抗诉再审程序之构建"，载《政治与法律》2010 年第 4 期。

174. 许尚豪、康健："分理、分离、独立——民事抗诉特别程序的立场及路径"，载《法律科学（西北政法大学学报）》2017 年第 2 期。

175. 张华："再审事由与抗诉事由之分离研究"，载《中共郑州市委党校学报》2015 年第 6 期。

176. 熊国钦："民事抗诉程序之重构"，载《人民检察》2011 年第 12 期。

177. 邵世星："民事审判监督程序的定位与结构设计"，载《国家检察官学院学报》2014 年第 2 期。

178. 刘义柱："关于民事再审事由适用的若干思考"，载《山东审判》2014 年第 3 期。

179. 肖建国："民事再审事由的类型化及其审查——基于解释论的思考"，载《法律适用》2013 年第 4 期。

180. 罗倩："'明显违背立法本意'之追问——评《审判监督解释》第 13 条第六项"，载《广西政法管理干部学院学报》2011 年第 2 期。

181. 刘学在："违法剥夺当事人辩论权利之再审事由的认定"，载《公民与法（法学版）》2010 年第 7 期。

182. 胡夏冰："'遗漏诉讼请求'能否作为再审事由"，载《人民法院报》2009 年 6 月 16 日。

183. 兰蔚生："损害他人利益的调解书也应纳入抗诉范围"，载《检察日报》2016 年 10 月 17 日。

184. 向瑛、黄铁文："论司法终结性——以再审制度为视角"，载《东南大学学报（哲学社会科学版）》2009 年第 S1 期。

185. 刘绍彬、李卓甫："再审程序对既判力的冲突问题研究"，载《成都行政学院学报》

2015 年第 2 期。

186. 江必新："审判监督制度的基本理念"，载《人民司法》2012 年第 13 期。

187. 杨秀清："民事再审制度的理论阐释"，载《河北法学》2004 年第 5 期。

188. 陶建国、张维新："既判力与我国民事再审事由的重构"，载樊崇义主编：《诉讼法学研究》（第 10 卷），中国检察出版社 2006 年版。

189. 宁静波、魏建："民事再审制度的法经济学分析"，载《山东大学法律评论》2010 年第 0 期。

190. 刘练军："既判力、再审制度与司法公正"，载《杭州师范大学学报（社会科学版）》2012 年第 5 期。

191. 胡军辉："论民事既判力效力对司法公信力的影响"，载《湘潭大学学报（哲学社会科学版）》2013 年第 5 期。

192. 江伟："民事再审程序的价值取向与申请再审程序的完善"，载《法商研究》2006 年第 4 期。

193. 王刚："诉讼中的正义——关于我国再审制度的法理思考"，载《福建法学》2003 年第 4 期。

194. 曹也汝："略论再审程序的独立价值"，载《金陵法律评论》2007 年第 1 期。

195. 周晖国："论民事再审制度改革的价值转变"，载《江海学刊》2006 年第 5 期。

196. 段厚省："论既判力规则与民事抗诉机制的冲突与协调"，载江伟教授执教五十周年庆典活动筹备组编：《民事诉讼法学前沿问题研究》，北京大学出版社 2006 年版。

197. 韩清、赵信会："既判力视域下的民事检察制度建构"，载《河北法学》2011 年第 11 期。

198. 宋炉安："我国再审制度批判"，载樊崇义主编：《诉讼法学研究》（第 6 卷），中国检察出版社 2003 年版。

199. 宋建立："对再审立案标准与再审改判原则若干问题的思考"，载《法律适用（国家法官学院学报）》2001 年第 7 期。

200. 王信峰："民事申请再审制度的抽象思考和多维审视"，载《山东审判》2015 年第 6 期。

201. 陈桂明、吴如巧："再审案件审理权的配置——以《民诉法》修改为视角的分析"，载《甘肃政法学院学报》2009 年第 4 期。

202. 吴世琦："民事申请再审上提一级审查对再审管辖制度的影响及对策"，载《法律适用》2009 年第 12 期。

203. 江必新、谷国艳："论民事诉讼申请再审期间制度之重构——以《民事诉讼法》修改为背景"，载《现代法学》2011 年第 6 期。

204. 廖永安、王聪："我国民事再审案件受理费制度检视——以再审之诉的功能为视角"，载《湘潭大学学报（哲学社会科学版）》2018 年第 1 期。

205. 王玮："检视与反思：民事再审审查环节存在的问题及对策建议——以民事再审权利救济功能的实现为视角"，载《山东审判》2011 年第 6 期。

206. 周喆："民事申请再审案件受理程序规范化改造"，载《广西社会主义学院学报》2012 年第 2 期。

207. 公丕祥："关于增加民事申请再审案件调解结案方式的建议"，载《法制资讯》2012 年第 Z1 期。

208. 初昊铭："浅议诉讼调解在民事再审立案阶段的实践运用，"载《山东审判》2015 年第 2 期。

209. 林劲松："民事抗诉制度的基础性缺陷"，载《河北法学》2005 年第 1 期。

210. 成永军："对我国民事再审启动主体制度存在问题的思考"，载《河南师范大学学报（哲学社会科学版）》2007 年第 4 期。

211. 袁小文、万金湖："质疑我国的民事抗诉制度"，载《湖南广播电视大学学报》2009 年第 1 期。

212. 侯永宽："论民事抗诉制度的废除——以当事人主义诉讼模式为视角"，载《安徽大学法律评论》2010 年第 1 期。

213. 黄宣："论我国民事诉讼再审程序的改革"，载《西南政法大学学报》1999 年第 2 期。

214. 刘猛："略论民事诉讼中人民检察院的抗诉——兼论民事诉讼中再审程序的完善"，载《沈阳教育学院学报》2002 年第 4 期。

215. 孙莉、张径舟："民事再审发动程序之重构"，载《法学论坛》2002 年第 5 期。

216. 王贵东、杨宪文："民事再审程序提起主体制度之改造"，载《河北法学》2005 年第 10 期。

217. 张雅洁："我国民事再审程序启动主体研究"，载《河北公安警察职业学院学报》2017 年第 1 期。

218. 汤维建、季桥龙："民事再审程序启动机制研究——以检察机关一元化审理申请再审案件模式为中心"，载《山东社会科学》2009 年第 9 期。

219. 王鸿翼、杨明刚："审判监督程序中再审启动主体制度的重构"，载《人民检察》2006 年第 9 期。

220. 张学武："我国民事再审程序启动主体的反思与重构"，载《法学论坛》2008 年第 4 期。

221. 吴伟瑾、余扬帆："浅谈我国民事再审程序启动主体的重构——以完善民事抗诉制度为契机"，载陈桂明、王鸿翼主编：《司法改革与民事诉讼监督制度完善：中国法学会民事诉讼法学研究会年会论文集》（2010 年卷·上卷），厦门大学出版社 2010 年版。

222. 蔡福华："应将检察院作为民事再审的唯一启动主体"，载《检察日报》2011 年 12 月

23 日。

223. 肖森华："刍议民事抗诉再审启动一元机制"，载《重庆交通大学学报（社会科学版）》2008 年第 2 期。

224. 杨立新："民事行政诉讼检察监督与司法公正"，载《法学研究》2000 年第 4 期。

225. 邓思清："论审判监督的理论基础"，载《法律科学（西北政法学院学报）》2003 年第 3 期。

226. 田凯、张韶国："论权力分工制约与我国抗诉制度的正当性"，载《河南省政法管理干部学院学报》2008 年第 4 期。

227. 陈斯："检察监督权之检讨——以民事抗诉权之运行为例"，载《法学》2007 年第 10 期。

228. 卢君、孙南翔："民事抗诉再审制度理论审视与实效分析——以当事人穷尽上诉救济之建构为视角"，载《法律适用》2012 年第 7 期。

229. 李琪、王朝辉："我国民事再审制度与法律续造"，载《法律适用》2014 年第 9 期。

230. 李浩："民事再审程序改造论"，载《法学研究》2000 年第 5 期。

231. 张晋红、郑斌峰："关于检察机关民事抗诉权若干问题的思考"，载《河北法学》2000 年第 5 期。

232. 张晋红："对取消与弱化民事抗诉制度的几点质疑"，载《国家检察官学院学报》2004 年第 3 期。

233. 范愉："司法监督的功能及制度设计（上）——检察院民事行政案件抗诉与人大个案监督的制度比较"，载《中国司法》2004 年第 5 期。

234. 蔡虹："民事抗诉机制与再审程序关系探析"，载《法商研究》2006 年第 4 期。

235. 田平安："完善民事抗诉制度是立法的紧迫课题"，载《检察日报》2007 年 5 月 14 日。

236. 王亚新："民事审判监督制度整体的程序设计——以《民事诉讼法修正案》为出发点"，载《中国法学》2007 年第 5 期。

237. 宋小海："论民事抗诉制度的程序法定位　基于修改后民事诉讼法的分析"，载《中外法学》2010 年第 4 期。

238. 梁开斌："民事再审构造的程序视角分析"，载《民事程序法研究》2011 年第 0 期。

239. 温树斌："民事抗诉制度的尴尬"，载《河北法学》2012 年第 2 期。

240. 夏黎阳："民事行政个案再审检察建议之适用与完善"，载《法学杂志》2006 年第 5 期。

241. 夏黎阳："民事再审检察建议的运行机制"，载《国家检察官学院学报》2015 年第 3 期。

242. 彭智刚、于伟香："民事再审检察建议制度研究"，载《求索》2014 年第 12 期。

243. 胡思博："论民事再审检察建议柔中带刚的效力本质"，载《探求》2015 年第 2 期。

244. 陈冰如、赵辉："民事再审检察建议研究"，载《甘肃广播电视大学学报》2016 年第 6 期。

245. 田彬、孙洁、李瑾："论民事再审检察建议"，载《人民检察》2016 年第 15 期。

246. 谢琼丽："民事再审检察建议案件的价值定位与架构完善——兼与民事抗诉制度并行的角度"，载《法治论坛》2016 年第 3 期。

247. 郜超："不宜以检察建议方式提起再审抗诉"，载《检察日报》2007 年 12 月 13 日。

248. 陈长均："对符合抗诉条件的民行裁判不宜适用再审检察建议"，载《检察日报》2009 年 5 月 4 日。

249. 李昕："俄罗斯民事抗诉制度的新发展"，载《学术论坛》2013 年第 2 期。

250. 王朝辉："民事抗诉制度的程序冲突与改造"，载《法律适用》2011 年第 8 期。

251. 韩静茹："民事检察建议刍议——以与抗诉的关系协调为视角"，载《西南政法大学学报》2013 年第 1 期。

252. 熊国钦："民事抗诉程序之重构"，载《人民检察》2011 年第 12 期。

253. 刘拥："论民事行政抗诉程序规范化建设的几个问题"，载《法学评论》2007 年第 4 期。

254. 李浩："处分原则与审判监督——对第 7 号指导性案例的解读"，载《法学评论》2012 年第 6 期。

255. 赵信会、宋新龙："民事抗诉基础的转换与补充性抗诉机制的建立"，载《河北法学》2010 年第 4 期。

256. 宋小海："论民事抗诉制度新构造与典型民事诉讼的原理相融性"，载《中外法学》2016 年第 6 期。

257. 郑世保："从第七号指导性案例透析民事抗诉的类型化"，载《法学》2013 年第 12 期。

258. 刘本荣："申请抗诉诉权化对现行抗诉办案模式的影响"，载《上海政法学院学报（法治论丛）》2013 年第 1 期。

259. 郎立惠、程周彪："关于审理民事再审抗诉案件情况的调研报告"，载《经济研究导刊》2016 年第 6 期。

260. 王燕："民事抗诉程序的缺失与补救攻略"，载《人民司法》2011 年第 7 期。

261. 董红卫："方式与选择：民事检察监督改革的基本思路"，载《民事程序法研究》2006 年第 0 期。

262. 郭建华："民事抗诉制度研究"，载《国家检察官学院学报》2000 年第 1 期。

263. 潘松："论民事再审中当事人申请检察监督权的诉权属性"，载《辽宁公安司法管理干部学院学报》2015 年第 3 期。

264. 许红霞、毛仲玉："再审检察监督申请权问题研析"，载《河北法学》2016年第11期。

265. 吴英姿等："民事抗诉实证研究"，载《国家检察官学院学报》2015年第4期。

266. 王德玲："民事抗诉中的法理冲突与协调"，载《法学论坛》2012年第5期。

267. 张兴中："民事抗诉谦抑性原则"，载《国家检察官学院学报》2010年第6期。

268. 章武生："再审程序若干问题研究"，载《法学评论》1995年第1期。

269. 汤维建："申请再审不宜成为申请抗诉的前置程序"，载《检察日报》2011年10月10日。

270. 黄旭东、邓娟："民事审判监督程序中'法检顺位'规定之质疑"，载《探求》2013年第5期。

271. 林越坚、刘青青："博弈论视角下民事再审监督机制的程序优化"，载《法学》2015年第3期。

272. 赵盛和："民事审判监督程序中审判权与抗诉权的冲突与协调——规范申请再审与抗诉程序之模式选择"，载《社会科学家》2015年第7期。

273. 李浩："论民事再审程序启动的诉权化改造——兼析《关于修改〈民事诉讼法〉的决定》第49条"，载《法律科学（西北政法大学学报）》2012年第6期。

274. 张雪樵："抗诉介入时机：抑制负能量，增强监督性"，载《检察日报》2012年9月19日。

275. 师安宁："民事审判监督制度法律问题解析（八）"，载《人民法院报》2013年8月26日。

276. 百晓锋、范锋艳："申请再审是否为检察监督的前置程序——以新民诉法第209条与第208条的关系为中心"，载《海峡法学》2014年第2期。

277. 兰仁迅："检察院办理申诉抗诉案件收费刍议"，载《湖南省政法管理干部学院学报》2002年第4期。

278. 兰仁迅："申诉抗诉案件收费问题的法哲学思考——与李浩先生商榷"，载《华侨大学学报（人文社会科学版）》2001年第2期。

279. 李浩："民事诉讼检察监督若干问题研究"，载《中国法学》1999年第3期。

280. 刘德华、王清、刘纪红："四川：审查民行申诉案件实行合议制"，载《检察日报》2011年11月26日。

281. 杨立新："关于民事行政申诉案件的案卷审查（上）"，载《人民检察》2001年第9期。

282. 杨立新："关于民事行政申诉案件的案卷审查（下）"，载《人民检察》2001年第10期。

283. 赵钢、朱建敏："略论民事抗诉程序价值取向的重构及其程序设计"，载《法学评论》

2003 年第 6 期。

284. 刘本荣、陈承洲："民事抗诉公权监督属性的迷失与归位"，载《西部法学评论》2013年第 4 期。

285. 谢琨："检察机关抗诉程序中的委托鉴定"，载《中国检察官》2016 年第 17 期。

286. 北京市门头沟区人民检察院课题组："民事申诉案件检察和解的理论困境及其解决"，载《中国司法》2009 年第 11 期。

287. 孟传香："民事申诉案件和解制度探析"，载《天津法学》2011 年第 3 期。

288. 胡思博："再审型民事检察监督的法律规制评析"，载《国家检察官学院学报》2014年第 4 期。

289. 石萍、李凤琴、崔真："再审检察建议在民行法律监督中的适用——以 2009 年《人民检察院检察建议工作规定（试行）》为视角"，载《天津法学》2010 年第 1 期。

290. 高欣欣："关于适用民事再审检察建议的调研报告——以南京地区 13 个基层检察院适用情况为例"，载《四川警察学院学报》2012 年第 6 期。

291. 李德恩、李江宁、陈祺："论再审检察建议的制度化"，载《吉首大学学报（社会科学版）》2012 年第 5 期。

292. 彭智刚、于伟香："民事再审检察建议制度研究"，载《求索》2014 年第 12 期。

293. 王亚新："民事再审：程序的发展及其解释适用"，载《北方法学》2016 年第 5 期。

294. 刘英俊："民事抗诉权的滥用与规制"，载《社会科学研究》2017 年第 4 期。

295. 张光宏："错位与矫正：民事抗诉审查权之重新配置"，载《人民司法》2011 年第1 期。

296. 王锦熙："民事抗诉案件裁定中'驳回检察机关抗诉'之错误性"，载《福建法学》2002 年第 1 期。

297. 许红霞："论法院提起民事再审制度的特质与重构"，载《经济与社会发展》2006 年第 9 期。

298. 刘家兴："关于审判监督程序的回顾与思考"，载《中外法学》2007 年第 5 期。

299. 颜峰、黄立群："法院依职权启动再审问题的思考"，载《山东审判》2011 年第 2 期。

300. 邓辉辉："论既判力的作用"，载《学术论坛》2010 年第 6 期。

301. 林洋、陈琼丽："民事案由性质的反思与重构——兼论既判力职权援引规则"，载《中国石油大学学报（社会科学版）》2017 年第 6 期。

302. 陈桂明："再审事由应当如何确定——兼评 2007 年民事诉讼法修改之得失"，载《法学家》2007 年第 6 期。

303. 杨逸强："审判监督与强制执行利益平衡问题研究"，载《人民司法》2013 年第 1 期。

304. 倪克平、陶新枝："民事再审诉讼管辖权反思与重构"，载《山东审判》2012 年第4 期。

305. 石小申："试论人民法院对民事抗诉案件能否指令再审"，载《政治与法律》1992 年第 5 期。

306. 钱洁萍、丁旬、张罗宝："民事抗诉案件指令下级法院再审质疑"，载《山东法学》1994 年第 1 期。

307. 吴泽勇、刘新生："《民事诉讼法》修改与再审程序的变迁"，载《河南大学学报（社会科学版）》2008 年第 4 期。

308. 刘冬京、喻德红："民事指定再审制度的困惑与完善路径"，载《法学评论》2014 年第 1 期。

309. 周斌："最高法出新规治再审重审'任性'毛病"，载《法制日报》2015 年 3 月 6 日。

310. 齐树洁、陈爱飞："民事指令再审制度的反思与重构——以×市中院 2009-2013 年的数据为考察样本"，载《河南财经政法大学学报》2016 年第 4 期。

311. 况继明："民事再审案件管辖制度研究"，载《民事程序法研究》2015 年第 2 期。

312. 从兵、刘忠、强龙："论检察机关在民事抗诉案中的地位"，载《江苏经济报》2000 年 7 月 20 日。

313. 何南宁："江苏常州检察院探索民行抗诉席摆放的符号学意义"，载《检察日报》2011 年 9 月 14 日。

314. 黄健民、李杭明、邱伯友："民事抗诉工作研讨"，载《人民检察》1997 年第 1 期。

315. 王朝辉："民事抗诉制度的程序冲突与改造"，载《法律适用》2011 年第 8 期。

316. 王红岩："民事再审案件如何适用二审程序规定的探讨"，载《内蒙古大学学报（哲学社会科学版）》1990 年第 4 期。

317. 周曼华："按审判监督程序提起再审的案件不宜发回重审"，载《山东法学》1992 年第 4 期。

318. 姜霞、龚露芳："民事再审程序的阶段性划分探析——对《关于适用〈中华人民共和国民事诉讼法〉审判监督程序若干问题的解释》的解读"，载《华中科技大学学报（社会科学版）》2009 年第 4 期。

319. 潘从武："再审案发回重审及改判率超半数"，载《法制日报》2015 年 5 月 14 日。

320. 李潇潇："民事再审发回重审的独立特质及双重限制模式构建"，载《法学家》2016 年第 3 期。

321. 刘琼："浅议民事再审案件中的诉讼调解"，载《湖北经济学院学报（人文社会科学版）》2007 年第 7 期。

322. 张丽霞、李静一："民事再审调解的正当性探论"，载《求索》2008 年第 5 期。

323. 张蕾蕾："试论抗诉再审调解的价值、机制与限度"，载《哈尔滨师范大学社会科学学报》2011 年第 4 期。

324. 张南："浅谈民事审判监督程序的立法完善"，载《人大建设》2003 年第 4 期。

325. 赵宏伟："审判监督程序当事人撤诉权的行使"，载《法学杂志》2003 年第 3 期。

326. 王伟华、姬红艳："按一审程序审理的民事再审案件当事人撤诉权探讨"，载《山东审判》2007 年第 6 期。

327. 潘庆林："关于再审程序中原告撤回起诉的若干问题——最高法院相关司法解释的再解释"，载《法律适用》2010 年第 Z1 期。

328. 陈建强："当事人请求权与检察机关抗诉权的耦合与界分——最高人民法院《关于适用民事诉讼法的解释》第 406 条规定之不当"，载《天津法学》2016 年第 4 期。

329. 李浩："处分原则与审判监督——对第 7 号指导性案例的解读"，载《法学评论》2012 年第 6 期。

330. 于金强："再审民商事案件改判标准研究"，载《山东审判》2013 年第 1 期。

331. 吴美来、阎强："论民事再审案件的改判标准——以维护裁判的既判力为中心"，载《西南政法大学学报》2012 年第 2 期。

332. 王德新："美国生效判决的救济机制述评"，载张卫平主编：《民事程序法研究·第 5 辑》，厦门大学出版社 2006 年版。

333. 潘庆林："'再审判决、裁定'的认定问题——对《民诉法解释》第 383 条的再解释"，载《法律适用》2016 年第 4 期。

334. 师安宁："审判监督制度中的特殊问题（一）"，载《人民法院报》2016 年 9 月 6 日。

335. 张爱珍："一审生效的裁判经再审、上诉后作出的裁判属再审裁判"，载《人民司法（案例）》2016 年第 32 期。

336. 最高人民法院审监庭第五合议庭，叶小青等："关于一审生效裁判经再审作出裁判性质的调研"，载《人民司法（应用）》2016 年第 25 期。

337. 刘干："对再审发回重审后新作出的判决能否申请再审"，载《人民法院报》2018 年 1 月 3 日。

338. 曹海琴、冯波："走出民事再审中发回重审之困境的思考"，载《山东警察学院学报》2013 年第 1 期。